5. Saarbrücker Arbeitstagung

Rechnungswesen und EDV

Einsatz von Personalcomputern

Herausgegeben von W. Kilger und A.-W. Scheer

Springer-Verlag Berlin Heidelberg GmbH

CIP-Kurztitelaufnahme der Deutschen Bibliothek

Rechnungswesen und EDV / . . . Saarbrücker Arbeitstagung. – Würzburg ; Wien : Physica-Verlag

NE; Saarbrücker Arbeitstagung

5. Einsatz von Personalcomputern. – 1984.

ISBN 978-3-7908-0322-8 ISBN 978-3-662-00402-9 (eBook)
DOI 10.1007/978-3-662-00402-9

Ursprünglich erschienen bei Physica-Verlag, Rudolf Liebing GmbH + Co., Würzburg 1984.

VORWORT

Aufgrund des großen Erfolges der 4. Saarbrücker Arbeitstagung mit dem Thema ***Rechnungswesen und EDV*** , der deutlich werden ließ, daß die Diskussion über die Grundlagen, Gestaltungsalternativen, Verfahrens- und Schnittstellenprobleme eines EDV-gestützten Rechnungswesens in der betrieblichen Praxis auf unvermindert reges Interesse stößt, haben wir uns entschlossen, das obige Thema (bis auf weiteres) als Generalthema der Saarbrücker Arbeitstagungen beizubehalten. Hierbei werden aber die Schwerpunkte jeweils verändert und an erkennbare Entwicklungstendenzen des computergestützten Rechnungswesens angepaßt.

Der Schwerpunkt der 5. Saarbrücker Arbeitstagung und damit des vorliegenden Tagungsbandes liegt auf Fragen des Einsatzes von Personal Computern (Mikrocomputern) im Rechnungswesen und Controlling. Das Ziel des Tagungsprogramms besteht darin, einen Überblick über die Möglichkeiten zu geben, die der organisatorischen Gestaltung und den Auswertungsverfahren des Rechnungswesens durch die Entwicklung leistungsfähiger Personal Computer eröffnet werden.

In ***Übersichtsvorträgen*** werden zunächst die Entwicklungstendenzen des innerbetrieblichen Rechnungswesens von einer überwiegend periodenorientierten zu einer stärker aktionsorientierten betriebswirtschaftlichen Steuerungsrechnung aufgezeigt und untersucht, ob der Einsatz von Personal Computern ein zusätzliches Auswertungsinstrument oder integraler Bestandteil eines computergesteuerten Rechnungswesens ist.

Da individuelle Auswertungen eines Benutzers eine wirksame Datenbasis voraussetzen, wird erörtert, ob und inwieweit die Konzeption der Grundrechnung in besonderem Maße als Grundlage einer datenbankorientierten Kostenrechnung geeignet ist.

In einem weiteren Vortrag wird ein Überblick über die Einsatzmöglichkeiten von spread sheet Programmen im Rechnungswesen gegeben.

Ein großer Teil der Vorträge entfällt auf ***Anwenderberichte***, in denen kompetente Anwender konzipierte und bereits realisierte Lösungen für den Einsatz von Personal Computern für nahezu alle in Frage kommenden Teilgebiete des betrieblichen Rechnungswesens und des Controlling erörtern. Die Anwenderberichte erstrecken sich nicht nur auf die zentralen Teilgebiete der Kosten- und Leistungsrechnung, wie die Kostenplanung, die Kostenkontrolle, die Kalkulation und die Erfolgsrechnung, sondern auch auf die Erfolgsplanung und Verkaufssteuerung und das Berichtswesen internationaler Unternehmungen.

Parallel zu den Anwenderberichten werden ***Herstellerkonzeptionen*** für den Einsatz von Personal Computern und der hierzu erforderlichen Standard-Software vorgestellt.

Einige Spezialthemen (z.B. die Probleme der Ergebnisplanung und -kontrolle in Hochinflationsländern) begleiten den Schwerpunkt des Einsatzes von Mikrocomputern.

Die Beiträge dieses Tagungsbandes sollen potentiellen Anwendern dazu dienen, auf dem schwierigen Weg der Realisierung neuer Lösungen des EDV-gestützten Rechnungswesens mit Hilfe von Personal Computern Irrwege zu vermeiden und sich im "Gestrüpp" des Hard- und Softwaremarktes auf dem Gebiet der Mikrocomputer zurechtzufinden.

Die Herausgeber danken ihren Mitarbeitern Dipl.-Kfm. Jörg Becker, Dipl.-Kfm. Hubert Jäger, Dipl.-Kfm. Udo Venitz, Dipl.-Kfm. Volker Warschburger, Lucie Bender sowie Ulrike Gräff für ihre hilfreiche Unterstützung.

Inhaltsverzeichnis

A. Übersichtsvorträge, Anwenderberichte, Systemkonzepte

Heinlein, L.: Von der periodenbezogenen Kostenrechnung zur aktionsorientierten betriebswirtschaftlichen Steuerungsrechnung. 9

Klass, J.: Einsatz der Planungssprache FCS auf Mikro- und Großrechner zur Integration des Kommunikationssystems 33

Scheer, A.-W.: Personal Computer: Zusätzliches Auswertungsinstrument oder integraler Bestandteil eines EDV-gesteuerten Rechnungswesens? 45

B. Endbenutzerauswertungen, Kostenplanung, Berichtswesen, Anwenderberichte

Nastansky, L.: Interaktive Kostenplanung und -kontrolle mit Tabellenkalkulationssystemen auf Personal-Computern 73

Reinhard, H. and *U. Scherotzki*: Variables Suchen und Drucken (VSD) -Anwendungssprache für den Endbenutzer zur Erstellung von Auswertungen, Analysen und Modellrechnungen 99

Klöber, U.: Der Personal Computer im Berichtswesen internationaler Unternehmungen . . 117

Lederle, H.: Ergebnisplanung und -kontrolle in Ländern mit hohen Inflationsraten – dargestellt am Beispiel Brasiliens. 133

Wartmann, R.: Arbeiten mit randbeschrifteten Tabellen (als relationale Datenbank, zur Reportgenerierung, bei Modell- bzw. Programmentwicklung). 153

Vikas, K.: Unterstützung der Kostenplanung durch Einsatz von Personal Computern 177

Biehl, W.: Verkaufssteuerung mit Deckungsbeiträgen in einem Unternehmen der chemischen Industrie 209

C. PC-Anwendungen im Handelsbetrieb, Industrieholding, Controlling, Standardsoftware, Arbeitsplatzsysteme, Einführungsstrategie

Gamm, W.: Einsatz von HP-Personal Computern im Rechnungswesen und Administration bei HP. 245

Hirsch, E.: Unterstützung kreativer Aufgaben im betrieblichen Rechnungswesen durch multifunktionale Arbeitsplatzsysteme EMS 5815. 263

Borchers, R.: Einsatz der individuellen Datenverarbeitung im Controlling. 281

Braun, D.: Der wirtschaftliche Einsatz von Personal Computern im Controlling eines Handelsbetriebes 303

Berger, G.: Einsatz von PC's zur Finanzbuchführung in einer Industrieholding. 329

Lange, W.: Anwendungsbetreuung kommerzieller EDV-Projekte im zentralen Rechnungs- und Berichtswesen 349
Rethans, M., und *H.-G. Danzer*: Nixdorf-Mikrosysteme mit Standardsoftware für das Rechnungswesen 367
Dupré, W.: EDV-gestützte Planungs- und Informationssysteme zur Unterstützung des Controlling und der Geschäftsführung 385

D. Grundrechnung, Anwendungen in Mittelbetrieben, Standardsoftware, Tabellenkalkulation, Grafik

Kilger, W.: Die Konzeption der Grundrechnung als Grundlage einer datenbankorientierten Kostenrechnung 411
Quandt, H.: Ein Mikrocomputersystem der flexiblen Plankostenrechnung für kleine und mittelständige Betriebe 435
Heining, H.: Internationaler Einsatz von HP-Standardsoftware im Finanz- und Rechnungswesen 469
Orlowski, H.: Erfahrungen des Rechnungswesens bei der Entwicklung und Einführung einer EDV-gestützten Kosten- und Leistungsrechnung 483
Wolter, G.: Rechnerunterstützte Vorkalkulation im Anlagenbau 507
Bürgel, H.D., und *H. Bruse*: Planung, Steuerung und Kontrolle von Forschungs- und Entwicklungskosten bei der Standard Elektrik Lorenz AG 519
Hoepfner, B.: Der Einsatz des IBM-PC's im Finanz- und Rechnungswesen 543
Mattes, A.: Personal Computer als arbeitsplatzorientierte Werkzeuge im Rechnungswesen für Tabellenkalkulation und Geschäftsgrafik 559

A. Übersichtsvorträge, Anwenderberichte, Systemkonzepte

Von der periodenbezogenen Kostenrechnung zur aktionsorientierten betriebswirtschaftlichen Steuerungsrechnung

Dr. *Leo Heinlein*, Joh. A. Benckiser GmbH, Ludwigshafen/Rhein

1) Der Anlaß

2) Das operative Szenario

3) Das kostenrechnerische Szenario

4) Der Lösungsansatz

5) Die neuen Teilrechnungen

6) Der Verbund mit der Datenverarbeitung

7) Zwischenbilanz

1) Der Anlaß

Über einen weiten Zeitraum hinweg war die Beziehung zwischen Betriebswirtschaft und Datenverarbeitung eine Art "Herr-Diener-Verhältnis", sicherlich solange nicht ganz zu unrecht, als es noch keine Echtzeitverarbeitung gab, keine Datenbanken mit ausreichender Kapazität und effizienter Steuerungsorganisation, keine Verteilung von Datenverarbeitungsintelligenz vor Ort, noch nicht die präzise Erfassung der operativen Vorgänge in allen Details.

Die naturwissenschaftliche Theorie lebt von der Stimulanz, die sich aus neuen Meßgeräten, Meßverfahren, neuen Informationen ergibt. Meßgerät, Meßverfahren, Information gestalten hier Theorie, bestätigen sie oder machen sie obsolet.

Die Datenverarbeitung von heute beginnt nun, wie es scheint, zögernd zwar noch, die gleiche herausfordernde, produktive Rolle gegenüber den uns vertrauten betriebswirtschaftlichen Konzepten zu übernehmen wie Meßgerät, Meßverfahren, Information bei der Naturwissenschaft.

Ein Ansatz für diese neue Rolle der Datenverarbeitung könnte - und das soll diese Studie zeigen - das gewohnte traditionelle Kostenrechnungsverfahren sein, also die Sequenz: Kostenstellenrechnung, Kostenträgerrechnung, Ergebnisrechnung oder ausführlicher: Kostenstellenrechnung, Kostenverteilungsrechnung, Produktionsabrechnung, Fertigwarenbestandsabrechnung, Ergebnisrechnung.

Zwei Szenarien möchte ich an den Anfang stellen, die konkrete Unternehmenssituationen beschreiben und auf die auch die konkreten Lösungen bezogen sind, die ich im folgenden erläutere.

2) Das operative Szenario

Das erste Szenario beschreibt die operativen Abläufe, konkret den operativen Prozeß vom Eingang eines Kundenauftrages bis zu seiner Erledigung in einem Unternehmen, das Fertiglager unterhält, über mehrere Fertigungsstufen nach Stücklisten produziert, den Beschaffungsmärkten in vielfältiger Weise verbunden ist, eine zentrale Datenverarbeitungsanlage betreibt, kombiniert mit vor Ort installierten Bildschirmen, Druckern, Arbeitsplatzcomputern, PC's oder wie immer man diese dezentralisierte Datenverarbeitungsintelligenz nun nennen mag. Wobei die mit diesem Szenario verfolgte Absicht ist, zu allgemeinen Aussagen über die Informations- und Steuerungsstrukturen zu kommen, die den operativen Ablauf dieses oder ähnlicher Unternehmen bestimmen und die durch die Datenverarbeitungstechnik in praxi präzise und zeitadäquat beschrieben werden können.

1. Akt: Die Bearbeitung des Kundenauftrages. Der Verkaufssachbearbeiter, der ihn entgegennimmt, wendet sich an seinen Bildschirm und tastet ihn ein. Er sieht, ob er ausliefern darf, ob es sich also um den Auftrag eines "nicht faulen" Kunden handelt, ob der bestellte Artikel auf Lager ist, er sieht den Verkaufspreis des Artikels, die mit dem Kunden individuell vereinbarten Boni und Rabatte. Es genügt dann ein Tastendruck und der Auftrag ist im "elektronischen System", was bedeutet: Die angegebene Artikelmenge wird für den Kunden reserviert, die Versandpapiere werden automatisch X-Tage vor Versandtermin geschrieben, sicherlich nicht mehr zentral, sondern über peripher in den einzelnen Lagern aufgestellte On-line Drucker. Es kommt zur automatischen Rechnungsschreibung, zur automatischen Mahnung, wenn das Geld nicht rechtzeitig eingeht, schließlich zum automatischen Kontoausgleich: Alles gespeichert in einem penibel geführten Logbuch, in dem natürlich auch jede einzelne Preis-, Bonus-, Rabatt- und Frachtposition gesondert festgehalten ist.

2. Akt: Die Bearbeitung des Betriebsauftrages. Kann der Kundenauftrag nicht mehr ab Fertiglager bedient werden oder sinkt die Fertiglagermenge unter einen kritischen Bestand, muß produziert werden. Das "elektronische System" ermittelt die zu fertigende Menge, löst sie in Fertigungsstufen und Fertigungskomponenten auf, prüft, ob die benötigten Materialien auf Lager sind und ob genügend freie Personen- und Maschinenkapazitäten zur Verfügung stehen. Automatisch werden für die einzelnen Fertigungsstufen die Fertigungspapiere geschrieben, die Materialbereitstellungen veranlaßt. Parallel zur Fertigung zeichnen

die Betriebsdatenerfassungsgeräte die Ist-Daten, mengen- und zeitpräzise auf und geben sie entweder sofort oder schichtweise an die zentrale Datenverarbeitung weiter, wo dann in einer Datenbank die Erledigungshistorie des Auftrages wiederum in allen Mengen- und Zeitdetails und mit allen Vorgaben gespeichert wird.

3. Akt: Die Bearbeitung der Einkaufsbestellung. Bei fehlenden Einsatzstoffen oder bei Unterschreitung eines kritischen Einsatzstoffbestandes erhält der Einkäufer die zu bestellende Menge vom System zugespielt, wobei ihm zusätzlich auf seinem Bildschirm gezeigt wird, welche Lieferanten hierfür in Frage kommen, welche Preise gelten und welche Konditionen vereinbart sind. Im Regelfall braucht der Einkäufer nur noch den Lieferanten zu wählen, automatisch wird die Bestellung geschrieben, automatisch der Liefertermin überwacht, automatisch der Wareneingang bewertet, automatisch die eingehende Rechnung geprüft und auf dem Lieferantenkonto gebucht, automatisch die Zahlung angewiesen, wobei der Zahlungsakt dann nur noch darin besteht, der beauftragten Bank die digitalisierten Daten unmittelbar oder über Magnetband zuzuspielen.

Soweit zu den drei Akten des Szenarios, zu denen ich fünf Aussagen machen möchte.

Die erste Aussage, wohl die trivialste: Jedes Fertigungsunternehmen organisiert sich in den drei operativen Prozeßsystemen: Vertrieb, Betrieb und Beschaffung, miteinander verbunden über einfache oder komplexe, logistische Regelkreise.

Die zweite Aussage: Jedes dieser drei operativen Prozeßsysteme arbeitet vorgangsbezogen, wobei die Vorgänge sich je nach Prozeßsystem im Kundenauftrag, im Betriebsauftrag, in der Einkaufsbestellung konkretisieren. Insofern denken, diskutieren, disponieren, entscheiden und handeln die operativen Sachbearbeiter zumeist in Vorgängen, in Aktionseinheiten.

Die dritte Aussage: Die Abwicklung der Vorgänge und die Reaktion auf Abweichung von vorgegebenen Abwicklungsschienen ist weitgehend determiniert und kann mittels logischer und mathematischer Programme beschrieben werden.

Die vierte Aussage: Die diesen logischen und mathematischen Programmen zugrunde liegenden Informationen lassen sich in drei Informationsgruppen zusammenfassen:

- die Angaben über den Auftrag

- die Sollvorgaben für den Auftragsvollzug

- die Daten über die Auftragserledigung

wobei die mittlere Gruppe, die Sollvorgaben für den Auftragsvollzug relativ konstant ist, denn richtige Sollvorstellungen ändert man nicht von Tag zu Tag.

Die fünfte Aussage: Bei Einsatz moderner elektronischer Systeme können die zu den einzelnen Informationsgruppen gehörenden Einzelinformationen in statu nascendi, also ohne Zeitverzögerung erfaßt, gespeichert und verarbeitet werden, was zu einer Outputaktualität führt, die Prozeßsteuerungen zuläßt.

3) Das kostenrechnerische Szenario

Das zweite Szenario soll zeigen, wie der gerade geschilderte operative Ablauf von der traditionellen Kostenrechnung erfaßt und abgebildet wird, und zwar in der Absicht, ob diese Abbildung den operativen Prozeß in allen Details, exakt auch auf der Zeitachse widerspiegelt oder ob es zu Loslösungen, Ablösungen, zu Verdichtungen, unter Umständen Verzerrungen, womöglich auch Informationsverschüttungen kommt, also zu Bildern, in denen der operative Sachbearbeiter seine Vorgänge, seine Prozesse nicht mehr wiederfindet.

Das traditionelle Szenario hat fünf Akte: Nämlich die schon am Anfang erwähnte Sequenz der klassischen Teilrechnungen: Kostenstellenrechnung, Kostenverteilungsrechnung, Produktionsabrechnung, Fertigwarenbestandsabrechnung und Ergebnisrechnung. Gespielt werden diese fünf Akte einmal monatlich, wenn die Umsatzdaten und alle Primärinformationen des Abrechnungsmonats vorliegen.

Ihr Inhalt:

In der Kostenstellenrechnung, dem 1. Akt werden die kostenstellenbezogenen Primärkosten des Abrechnungsmonats denjenigen Kostenstellen zugeordnet, in denen sie entstanden sind. Handelt es sich um Umlagekostenstellen, werden die hier gesammelten Kosten iterativ oder über raffinierte mathematische Verfahren, kausal oder statistisch, an die Endkostenstellen weitergeleitet mit dem Ergebnis, daß am Ende des 1. Aktes alle kostenstellenbezogenen Primärkosten entweder auf Endkostenstellen der Fertigung, des Vertriebs oder der Verwaltung versammelt sind.

In der Kostenverteilungsrechnung, dem 2. Akt, werden die Kosten der Endkostenstellen, jetzt ein Gemisch von Primär- und Sekundärkosten, weiter verteilt, und zwar: Die Kosten der Fertigungsendkostenstellen weitgehend kausal auf die Produkte, die hier während des Monats erzeugt, bearbeitet und weiterverarbeitet wurden, die Kosten der Vertriebs- und Verwaltungsendkostenstellen vorwiegend über statistische Schlüssel auf die Produkte, die während des Monats verkauft wurden.

In der Produktionskostenabrechnung, dem 3. Akt, werden die von Anfang an produktbezogenen Primärkosten, das sind die Kosten der Einsatzstoffe, mit den auf die Produkte weitergewälzten Kostenstellenkosten zusammengerechnet, wobei diese Rechnung einen zusätzlichen Komplexitätsgrad bekommt, wenn es sich nicht um einen einstufigen, sondern um mehrstufige Fertigungsprozesse handelt, möglicherweise kombiniert mit Stoffrückläufen und Wiedereinsätzen.

In der Fertigwarenbestandsrechnung, dem 4. Akt, kommt es durch die Zusammenrechnung der Kosten, der im Abrechnungsmonat gefertigten Produkte mit den Kosten des Fertigwarenaltbestandes zur Ermittlung der neuen Produktionskostensätze, in der Regel Mischpreise, sowie zur entsprechenden Bewertung der verkauften Produkte, der sonstigen "mischpreisempfangenden" Vorgänge und des neuen Fertigwarenbestandes.

In der Artikelergebnisrechnung, dem 5. Akt, dem Finale, erfolgt dann die Gegenüberstellung der Kosten der verkauften Produkte mit den Umsatzerlösen und Erlösschmälerungen. Man erkennt, ob sich aller Aufwand, das Bemühen aller Mitarbeiter gelohnt hat oder nicht.

Vergleichen wir nun das kostenrechnerische Szenario 2 mit dem operativen Szenario 1.

Die dominierende Größe im operativen Szenario war der Vorgang, die Einzelaktion. Vorgang und Einzelaktion gibt es im traditionellen kostenrechnerischen Szenario nicht mehr, sie sind hier untergegangen. Insofern ist das zweite Szenario, die Welt des Kostenrechners, für den operativen Sachbearbeiter unmittelbar nicht zugänglich, begrenzt zugänglich nur bei Hilfestellung durch den Betriebswirt, voll zugänglich aber nie, weil die Aktionseinheit, der Vorgang, in dem er denkt, disponiert handelt und letztlich seinen Erfolg sucht, in der traditionellen Welt des Kostenrechners eben nicht existiert.

Drei Barrieren stehen dem entgegen.

Barriere 1: Die herkömmliche Kostenrechnung ist eine zeitbezogene, periodenbezogene, eine Monatsrechnung. Die vorgangsbezogen entstehenden Mengen und Werte werden hier aggregiert und vermischen sich dabei zu monatlichen Durchschnittszahlen ohne Aussage mehr über ihr Zustandekommen, ob als zufällige, disponierbare, damit steuerbare Größe oder als systemimmanente Größe; verschüttet ist die Aussagemöglichkeit über die vorhandenen statistischen Streuungen.

Barriere 2: Die herkömmliche Kostenrechnung ist ein streng sequentielles Verfahren: Kostenstellenrechnung, Kostenverteilungsrechnung, Produktionsabrechnung, Fertigwarenbestandsabrechnung und Ergebnisrechnung laufen stets in fest definierter Reihenfolge hintereinander ab. Die beiden wichtigsten Rechnungen liegen dabei an dritter bzw. fünfter Rangstelle, was den für die operativen Sachbearbeiter so notwendigen Erfolgsausweis zusätzlich, und zwar systemimmanent verzögert.

Barriere 3: Die Weiterwälzung der Kosten von der Kostenstellenrechnung über vier Stationen bis zur Ergebnisrechnung führt, wenn auch nicht notwendigerweise, jedoch in praxi meist nur zu einem betriebswirtschaftlichen Ergebnis, es gibt in der Regel keine Ergebnisdifferenzierung nach den operativen Prozeßsystemen: Vertrieb, Betrieb, Beschaffung.

4) Der Lösungsansatz

Fassen wir nochmals zusammen: Das operative Beschreibungsinstrumentarium führt zu einer anderen Abbildung der betrieblichen Prozesse als das kostenrechnerische Instrumentarium. Verständlich, daß die unterschiedliche Darstellung dann auch Ursache für ein ganzes Bündel von Schwierigkeiten im Unternehmensalltag wird: Da gibt es Dissenzen zwischen den operativen Sachbearbeitern und den Kostenrechnern bei der Beurteilung von Tatbeständen und Entscheidungsgrundlagen. Es gibt Verzögerungen, überflüssige Interpretationen, Pseudoprobleme und vieles mehr.

Will man aus diesem Dilemma heraus, gibt es wohl nur folgende vier Lösungsansätze:

- die Verwendung des Vorganges, der Einzelaktion als abrechnungstechnische Einheit in der Kosten- und Ergebnisrechnung, damit Abkehr von der rein periodenbezogenen Rechnung

- die Einführung von sequenzfreien, autonomen Bewertungsverfahren zur Ermittlung der vorgangsbezogenen Istkosten, damit Abkehr von der traditionellen, sequenziellen Rechnung, die ja eine Bewertungsrechnung über fünf Stufen ist

- die Einführung von betriebswirtschaftlichen Abrechnungskreisen, identisch mit den operativen Prozeßsystemen: Vertrieb, Betrieb, Beschaffung, damit Abkehr vom prozeßneutralen Ergebnisausweis

- die dezentrale Steuerung der betriebswirtschaftlichen Auswertungen hinsichtlich Inhalt und Termin durch die zuständigen operativen Sachbearbeiter bzw. durch die den Prozeßverantwortlichen unmittelbar unterstellten Bereichscontroller

Das aus diesen Lösungsansätzen entwickelte aktionsbezogene, betriebswirtschaftliche Steuerungssystem, oder wie ich es im Unternehmen nenne, "das BW 80-System", weil 1980 damit begonnen wurde, setzt sich aus vier autonomen betriebswirtschaftlichen Teilrechnungen zusammen:

- der vorgangsbezogenen vertrieblichen Steuerungsrechnung

- der vorgangsbezogenen betrieblichen Steuerungsrechnung

- der vorgangsbezogenen Beschaffungsabweichungsrechnung

- der vorgangs- und periodenbezogenen Investitionsauslastungsrechnung

Sie ersetzen die traditionelle Ergebnisrechnung, die Produktionskostenabrechnung, die Fertiglagerbestandsabrechnung und die Kostenverteilungsrechnung, ins neue System übernommen wird nur die Kostenstellenrechnung.

5) Die neuen Teilrechnungen

I

Die erste Teilrechnung des BW 80-Systems ist die vorgangsbezogene vertriebliche Steuerungsrechnung, das ist die Deckungsbeitrags- und Ergebnisrechnung je Einzelauftrag, je Ausgangsrechnungsposition.

Ich möchte diese Rechnung an drei Fragen beschreiben

- was macht ihren Inhalt aus
- erreicht man die gesetzten Abrechnungsziele
- wie steht es mit dem Auswertungspotential

Zur Frage nach dem Inhalt: Auf der Erlösseite enthält die vertriebliche Steuerungsrechnung alle den Nettopreis bestimmenden Größen in Einzelausweis, gesondert also jede Boni- und Rabattposition sowie die einzelnen Frachtpositionen. Auf der Kostenseite enthält sie die unverdichteten Stücklisten- und Arbeitsplanpositionen mit den Multiplikatoren "Steuerungsmenge" und "Steuerungspreis", wobei die "Steuerungsmenge" die Vorgabemenge für die Einsatzstoffe sowie für die Personal- und Maschinenzeiten ist, der "Steuerungspreis", der letzte Bestellpreis, der letzte Bezugspreis oder wenn der letzte Bezugspreis zuweit zurückliegt, der Anfragepreis des Einkaufes bzw. der aktuelle Kostenstellensatz für die Verrechnung der involvierten Kostenstellen.

Zur Frage nach der Zielerreichung: Durch die Abrechnung des einzelnen Kundenauftrages, der einzelnen Ausgangsrechnungsposition wird die Identität mit dem operativen Vorgang erreicht. Es entsteht die Identifikation der "operativen Seite" mit dem betriebswirtschaftlichen Zahlenstoff.

Durch die Verwendung der Vorgabemenge laut Stückliste als "Steuerungsmenge", wird die vertriebliche Steuerungsrechnung gegen den Einfluß von möglichen Verbrauchsabweichungen im Betrieb abgeschottet. Es entsteht die geforderte klare Verantwortungsabgrenzung zwischen Vertrieb und Betrieb. Durch die Verwendung von Bestellpreisen, Bezugspreisen oder Anfragepreisen als "Steuerungspreis" gewinnt die Rechnung, die angestrebte hohe Aktualität, und zwar eine in der Regel höhere Aktualität als bei Verwendung der üblichen Mischpreise, wo Aktualitätsdefizite auftreten können, wenn die Lagerreichweite lang und die Preisveränderungsrate innerhalb dieser Reichweite hoch ist. Die Verwendung so definierter Steuerungspreise führt ferner dazu, daß die vertriebliche Steuerungsrechnung ihre Bewertungsprobleme ausschließlich über Primärinformationen, also autonom löst und damit zu beliebigen Terminen, wenn nötig vorgangsbezogen "gefahren" werden kann.

Die Frage zum Auswertungspotential: Dies ist nahezu unbegrenzt, denn aus den kundenauftragsbezogenen Ergebnisrechnungen können Hochaggregierungen in allen denkbaren Kombinationsmöglichkeiten erfolgen, beliebige Verflechtungen also von artikelbezogenen, kundenbezogenen, vertreterbezogenen, regionsbezogenen Mengen und Werten. Was auch bedeutet, daß es nach Einführung des neuen Abrechnungssystems keine eigenständige Umsatzstatistiken mehr gibt; sie werden alle aus den Daten der vertrieblichen Steuerungsrechnung entwickelt und wo sinnvoll um Deckungsbeiträge und Ergebnisse ergänzt. Bei uns haben sich inzwischen Standardauswertungen ausgebildet, wir machen ABC-Analysen, eine "Top-Kunden-Verfolgung" ad hoc Auswertungen und Analysen für einzelne Kunden, einzelne Artikel, einzelne Vertreter, einzelne Gebiete, einzelne Lager.

II

Die zweite Teilrechnung des BW 80-Systems ist die vorgangsbezogene betriebliche Steuerungsrechnung, das ist die Verbrauchsabrechnung je Betriebsauftrag.

Auch diese Rechnung möchte ich an den bereits angeführten drei Fragen beschreiben: Inhalt, Zielerreichungsgrad, Auswertungspotential.

Zum Inhalt: Auf der Vorgabeseite, quasi der Erlösseite enthält die betriebliche Steuerungsrechnung die aus der Stückliste herausgerechneten Vorgabemengen positionsbezogen, dazu die entsprechenden Vorgabewerte, ermittelt aus den Steuerungspreisen, wie wir sie aus der vertrieblichen Steuerungsrechnung schon kennen. Auf der Istseite, quasi der Kostenseite, enthält sie die über Betriebsdatenerfassungsgeräte festgestellten Istmengen und Istkosten, die Istkosten wiederum aus den Steuerungspreisen abgeleitet.

Zur Zielerreichung: Durch die Abrechnung der einzelnen Betriebsaufträge ist auch hier die Identität mit dem operativen Vorgang erreicht. Arbeitsvorbereiter, Meister, Betriebsingenieur, Werksleiter finden damit ihre Aktionen in der betriebswirtschaftlichen Darstellung, wie angestrebt, in richtiger Abgrenzung und der geforderten exakten Beschreibung. Durch die Verwendung gleicher Preise für die Bewertung der Vorgabe- und Istmengen ist der Verantwortungsbereich Betrieb klar abgegrenzt. Durch die Verwendung der Steuerungspreise hierfür wird erreicht, daß der Wert der Verbrauchsabweichung, falls es zu dieser kommt, absolut kompatibel mit dem Ergebnis der Steuerungsrechnung des Vertriebes ist, weil hier mit den gleichen Wertansätzen gearbeitet wird. Die Verwendung ausschließlich von Primärinformationen, unabhängig von Abrechnungssequenzen, macht auch die betriebliche Steuerungsrechnung zu einer autonomen Rechnung. Man kann sie deshalb schichtweise, täglich, wöchentlich, im Grenzfall auch auftragsbezogen abrufen.

Zum Auswertungspotential: Das detaillierte, zeit-, mengen- und kostenbezogene Zahlenmaterial, das sich bei der betrieblichen Steuerungsrechnung ansammelt, eignet sich hervorragend für den Einsatz statistisch-mathematischer Verfahren, und erlaubt damit eine große Vielfalt von Analyserechnungen. Mögliche Fragestellungen solcher Rechnungen: "Sind die Vorgabemengen richtig angesetzt, handelt es sich bei den Verbrauchsabweichungen um Zufallsabweichungen, um vermeidbare Abweichungen, um systemimmanente Abweichungen, die nur zu korrigieren sind, wenn man die dem Prozeßablauf zugrunde liegenden Betriebsstrukturen ändert?"

III

Die vertriebliche und betriebliche Steuerungsrechnung arbeitet mit den uns inzwischen vertrauten Steuerungspreisen. Die dritte Teilrechnung, die Beschaffungsabweichungsrechnung zeigt die Ergebnisveränderung, wenn man die Steuerungspreise durch die Mischpreise ersetzt. Die Preisabweichung, die sich hieraus ergibt, ist in der Regel gering, wenn die Lagerreichweiten kurz sind. Sie kann bedeutsam werden bei langen Reichweiten, entstanden durch Übereindeckungen aus spekulativen Gründen, zur Absicherung gegen Versorgungsengpässe oder wegen falscher Markteinschätzung.

Diese Preisabweichungen werden als Nebenprodukt der operativen

Bestandsabrechnungen gewonnen. Sie werden global je Einsatzstoff ausgewiesen und sie werden detailliert den einzelnen Einsatzstoffpositionen der abgerechneten Einzelaufträge, und zwar separat, nicht vermischt mit dem Steuerungspreis, zugeordnet. Damit sind diese Abweichungen, die in den Verantwortungsbereich "Beschaffung" fallen, klar gegenüber Vertrieb und Betrieb abgegrenzt. Die Gesamtanalyserechnungen für den Beschaffungsbereich sind Aufgabe anderer Programmsysteme.

IV

Mit der Beschreibung der Beschaffungsabweichungsrechnung, vorher der vertrieblichen und betrieblichen Steuerungsrechnung, habe ich die drei rein vorgangsbezogenen Rechnungen des BW 80-Systems vorgestellt. Anders die vierte Teilrechnung, die Investitionsnutzungsrechnung: Sie ist eine vorgangs- und zeitbezogene Rechnung, unabhängig vom Einzelauftrag, aber abhängig von der Summe der Einzelaufträge, konkreter von der Summe der einzelnen Inanspruchnahmen der Investitionsgüter in einer Zeitperiode, wobei diese Zeitperiode beliebig gewählt werden kann: Ein Tag, ein Jahr, oder jede Zeit dazwischen.

Als Investitionsgüter werden verstanden: Die Investitionen in Mitarbeitern und in Sachanlagen, separiert in getrennten Kostenstellen. Definiert werden sie durch drei Größen: Durch die Fixkosten je Zeitperiode, durch ihre "natürliche" bzw. "technische" Kapazität je Zeitperiode und durch die "Steuerungskapazität", die entweder die natürliche Kapazität oder der geplante Auslastungsgrad sein kann.

Die vertriebliche und betriebliche Steuerungsrechnung berücksichtigt die Inanspruchnahme der Investitionsgüter über Kostensätze, die sich aus den aktuellen Fixkosten der Zeitperiode und der Steuerungskapazität ergeben und dies, wie wir wissen, vorgangs- und arbeitsplanpositionsweise. Die Investitionsnutzungsrechnung übernimmt diese Nutzungspartikel aus den einzelnen Aufträgen unverändert, also mit präzisen Uhrzeiten, Zeitverbräuchen und Kosten und setzt sie den jeweiligen Kapazitätsmengen und Kapazitätskosten eines Investitionsgutes gegenüber. Trivial natürlich, daß sich als Schlußdifferenz dieser Rechnung die Beschäftigungsabweichung insgesamt ergibt.

Das Besondere liegt im Zahlenstoff, der hier zusammengetragen ist und der den Beschäftigungsablauf für jedes Investitionsgut detailliert,

Schematische Darstellung der Ergebnisentwicklung im BW-80-System

	Teilrechnung	Ergebnis	Formel
1	Steuerungsrechnung-Vertrieb Vorgangsbezogen	Istmenge V · Istpreis V – S-Einsatzmenge V · S-Preis Vertriebsergebnis	$m_i^V \cdot p_i$ $- r_s^V \cdot k_s$ VE
2	Steuerungsrechnung-Betrieb Vorgangsbezogen	S-Einsatzmenge P · S-Preis – Isteinsatzmenge P · S-Preis Betriebsergebnis	$r_s^P \cdot k_s$ $- r_i^P \cdot k_s$ BE
3	Beschaffungsabweichungs-Rechnung Vorgangsbezogen	Ist · Einsatzmenge P · S-Preis – Ist · Einsatzmenge P · Mischpreis S-Preis-Mischpreisabweichung	$r_i^P \cdot k_s$ $- r_i^P \cdot k_m$ MA
4	Σ	Prozeßergebnis	Σ VE, BE, MA
5	Investitionsnutzungs-Rechnung Vorgangs- und zeitbezogen	S-Einsatzmenge P · S-Preis – Investitionskosten/Zeitperiode Investitionsnutzungsabweichung	$r_s^P \cdot k_s$ $- K_i$ IA
6	Σ	Gesamtergebnis	Σ VE, BE, MA, IA
	V = Verkauf, P = Produktion, S = Steuerungsmenge/Preis, M = Mischpreis		

betriebsauftragsbezogen, menge-kosten-zeitpräzise widergibt, was auch dazu führt, daß gesonderte Auslastungsstatistiken nicht mehr ausgefertigt zu werden brauchen, sie lassen sich meist alle aus der Investitionsnutzungsrechnung, wenn erwünscht um Kosten ergänzt, ableiten. Zudem ist der detaillierte Zahlenstoff geeignet für Antworten auf viele Fragen. Fragen des Arbeitsvorbereiters: "Gab es vermeidbare Nichtinanspruchnahme von Kapazitäten, gab es Lastgradabweichungen gegenüber der Stückliste und welche Kostennachteile entstanden dadurch?". Fragen des Betriebs- und Werksleiters: "Wo sind abbaubare Überkapazitäten und was bringt ihr Abbau, wo sind die Engpässe und können sie wirtschaftlich behoben werden?".

Im Endausbau soll die Investitionsnutzungsrechnung zur Wirtschaftlichkeits-, zur "Investitionsergebnisrechnung" für die einzelnen Investitionsgüter werden, damit bestehende Strukturen bestätigen oder Strukturänderungen oder neue Strukturen anregen. Lösungsidee: Die Erlös- und Cash-flow-Rückrechnung.

V

Soweit zur Beschreibung der vier Teilrechnungen des neuen Systems. Was hat sich geändert gegenüber der im zweiten Szenario geschilderten Abrechnungssequenz?

- Aus der Kostenverteilungsrechnung ist die Investitionsnutzungsrechnung geworden.

- Aus der Bestandsrechnung, die Beschaffungsabweichungsrechnung.

- Aus der Produktionskostenrechnung die betriebliche Steuerungsrechnung.

- Aus der prozeßneutralen Ergebnisrechnung eine prozeßorientierte Rechnung mit der vertrieblichen Steuerungsrechnung als Mittelpunkt.

Erreicht sind die vier gesetzten Abrechnungsziele:

- in allen Teilrechnungen, selbst der Investitionsnutzungsrechnung dominiert der Einzelauftrag, der Vorgang, die Aktion

- es gibt keine starren Abrechnungssequenzen mehr, jede Rechnung ist autonom und kann zu beliebigen Zeitpunkten abgerufen werden

- berücksichtigt werden die operativen Verantwortungskreise: Vertrieb, Betrieb, Beschaffung

- unmittelbar verstehbar für den operativen Sachbearbeiter bzw. die operative Hierarchie wird der betriebswirtschaftliche Zahlenstoff und man kommt ohne den betriebswirtschaftlichen Dolmetscher aus.

6) Der Verbund mit der Datenverarbeitung

Das gerade beschriebene Konzept der aktionsorientierten betriebswirtschaftlichen Steuerungsrechnung, die Focussierung auf den Kunden-, Betriebs- und Beschaffungsauftrag und die detaillierte, stücklistenbezogene Beschreibung des einzelnen Vorganges ist als manuelle Rechnung nicht realisierbar. Das Konzept impliziert den Einsatz der Datenverarbeitungstechnik und setzt, da zu sperrig für die Stapelverarbeitung, Dialog- und Echtzeitsysteme, zentrale und dezentrale, "verteilte" Datenverarbeitungsintelligenz voraus. Womit ich bei dem zweiten und letzten Problemkreis dieser Studie bin: Der Verflechtung des BW 80-Konzeptes mit der Datenverarbeitung, konkret den Fragen nach

- dem Hardwarekonzept
- den Systemprogrammen
- den operativen Basisprogrammen
- den speziellen BW 80-Programmen
- dem Inhalt der vorgangsbezogenen Informationsmodule als Kern des neuen Systems

Notwendig wird eine Hardware-Konfiguration sein, die sich wie folgt zusammensetzt

- Zentraleinheiten mit hoher Rechengeschwindigkeit, schnellen Zugriffszeiten, großen internen und externen Speichern
- kompatibler Betriebsdatenerfassungsgeräte zur Realtimeerfassung der Kostenfaktoren, im wesentlichen der Stoffkosten und der Inanspruchnahme der einzelnen Investitionsgüter
- vor Ort aufgestellter Bildschirme und Drucker für den peripheren In- und Output

- PC's dort, wo zusätzliche individuelle Auswertungen und Analysen sinnvoll werden, sicher bei den zuständigen operativen Bearbeitern für Marketing, Außendienststeuerung, Betriebssteuerung, Beschaffungssteuerung und Logistik, sicher auch bei den Bereichscontrollern und Zentralcontrollern

An Systemprogrammen wird man benötigen

- angemessene Betriebssysteme, entsprechend mächtige Datenbankverwaltungen und sehr effiziente Dialogsteuerungen

An operativen Basisprogrammen, dialogisiert und in Echtzeit arbeitend, braucht man komplexe, integrierte Systeme für

- Kundenauftragsabwicklung, Produktionsplanung und Steuerung, Lager- und Versandabwicklung, Beschaffung und Finanzbuchhaltung

An speziellen Programmen für das BW 80-System sind nötig

- Beschickungsprogramme für die Informationsmodule, den Bausteinen der vier Teilrechnungen, insbesondere der vertrieblichen und betrieblichen Steuerungsrechnung; Mittelpunkt dieser Programmgruppe ist das Verwaltungs- und Beschickungsprogramm für die Steuerungsmengen und Steuerungspreise (Steuerungskalkulation)

- Darauf aufgesetzte, die Basisinformation nicht überschreibende, Verdichtungsprogramme für die Vor-, Zwischen- und Nachverdichtung des Informationsstoffes sowie Datenselektionsprogramme zur Optimierung des Zeitfaktors

- Auswertungsprogramme für die standardisierten Auswertungen der vier Teilrechnungen sowie ein Integrationsprogramm für die Zusammenfassung der Teilergebnisse zum Gesamtergebnis

Schematische Darstellung der Programmarchitektur im BW-80-System

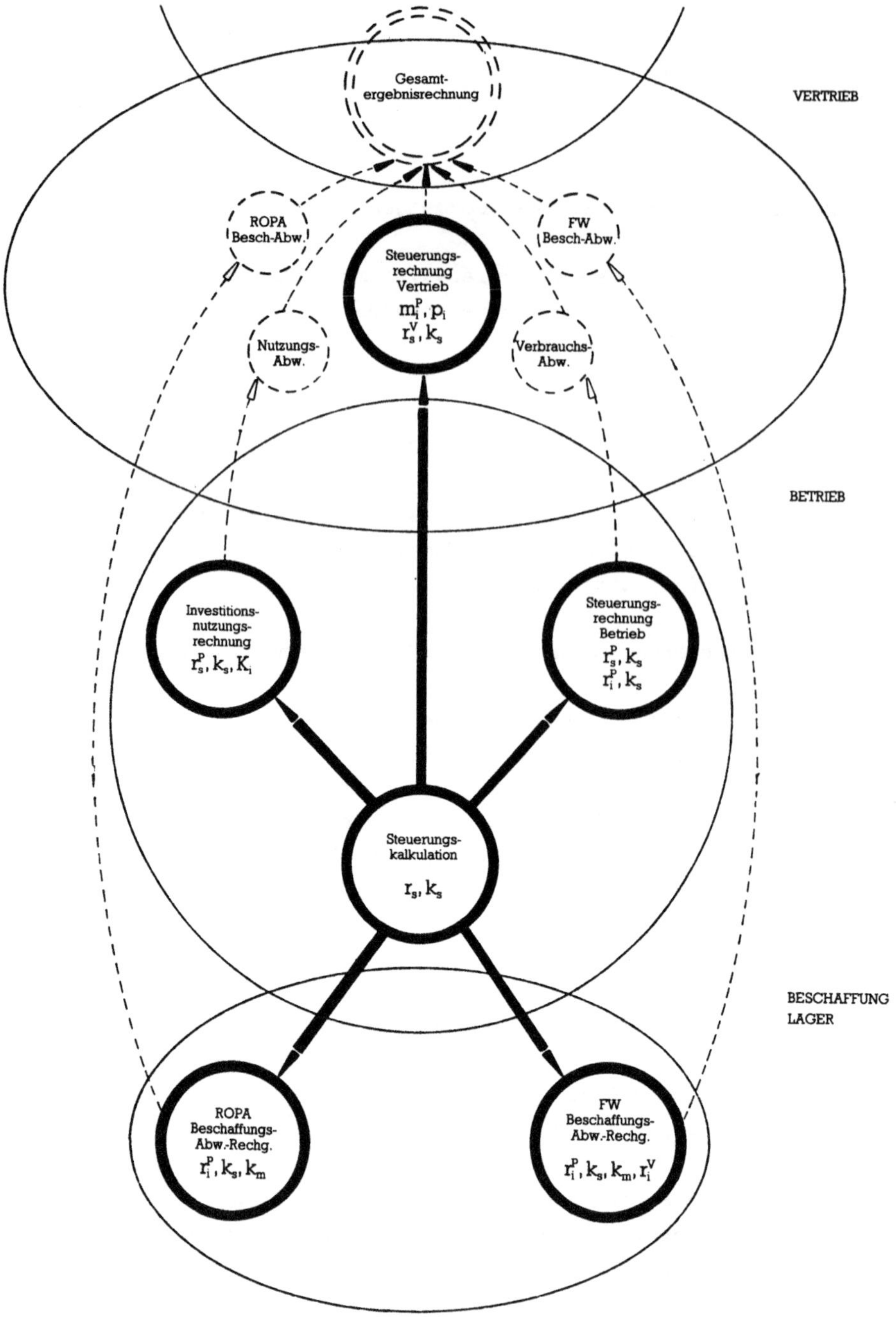

- sowie entsprechende PC-Programme

Ein Wort noch zu den vorgangsbezogenen Informationsmodulen, dem Kern, den Bausteinen der vertrieblichen und betrieblichen Steuerungsrechnung, der Beschaffungsabweichungs- und Investitionsnutzungsrechnung. Uniform aufgebaut, enthalten sie maximal vier Datengruppen

- die Beschreibungsdaten; das sind bei der vertrieblichen Steuerungsrechnung insbesondere: Rechnungsdatum, Rechnungsnummer, Rechnungsposition, Kundennummer, Kundenhierarchie, Region, Vertreternummer, Artikelnummer, Artikelhierarchie, Lagerort

- die Erlöspositionen, das sind Eckpreisumsatz, Bruttoumsatz, die einzelnen Boni und Rabatte, sonstige Vergütungen sowie die Ausgangsfrachten der Versandkette ab Betrieb bis zum Kunden

- die prozeßbezogenen Kostenpositionen; das sind die einzelnen Einsatzstoffkosten, die Energiekosten, die proportionalen Umweltkosten und alle übrigen Stoffeinsätze

- die investitionsbezogenen Kostenpositionen; das sind die Mengen- und Kosteninformationen über die in Anspruch genommenen Investitionsgüter

7) Zwischenbilanz

Mit der Beschreibung der Lösungsansätze, der vier Teilrechnungen und ihre Übertragung auf die Datenverarbeitungstechnik habe ich das für einen bestimmten Unternehmenstyp konzipierte BW 80-System in seiner Grobstruktur vorgestellt.

Bei uns realisiert ist die vorgangsbezogene vertriebliche Steuerungsrechnung. Vor der Realisierung steht der Einsatz von Betriebsdatenerfassungsgeräten, die betriebliche Steuerungsrechnung und die Vernetzung von PC's mit der zentralen Datenverarbeitung.

Bei jedem Realisierungsschritt gab es, quasi "im Feld", kleine und große Probleme zu lösen; keines dieser Probleme rührte jedoch an der Konzeption des neuen Systems. Sie hat sich bislang bewährt.

Die gemachten Erfahrungen weisen in drei Richtungen

- in Richtung der weiteren Verfeinerung der Prozeßbeschreibung,

- in Richtung der Integration der betriebswirtschaftlichen Erlös- und Kostenrechnung mit der Investitions-, Cash-flow- und der aus der Cash-flow-Rechnung abgeleiteten Finanzierungsspielraumrechnung,

- in Richtung einer Definition der Beziehung zwischen Steuerungsrechnung und Planrechnung.

Die erste Zielrichtung ist klar: Es geht darum, zusätzliche relevante operative Prozeßbestandteile systemgerecht in die jeweiligen Informationsmodule, insbesondere für die vertriebliche und betriebliche Steuerungsrechnung einzubauen.

Die zweite Zielrichtung drängt sich auf: Der Vorgang, die operative Aktionseinheit, hat nicht nur kostenrechnerische Bedeutung, sondern auch investitions- und finanzwirtschaftliche Bedeutung; insofern entsteht - systemimmanent - ein Druck, diese drei Rechnungen im Sinne einer Reintegration zu einer Gesamtrechnung zusammenzuführen.

Die dritte Zielrichtung braucht einige Erläuterungen: Die Steuerungsrechnung erhält über die aktuellen Steuerungspreise wesentliche Impulse aus der konkreten, gegenwärtigen Marktsituation. Sie erhält über die aktuellen Vorgabedaten der Stückliste oder der Rezepturen eben solche Impulse aus den gerade geltenden Konzepten für Prozeßablauf und Prozeßstruktur. Dies bedeutet, daß die Steuerungsrechnung sehr flexibel in der Wahl ihrer Orientierungsgrößen angelegt ist. Sie ist gedacht für die schnelle Erfassung von marktbezogenen und ablaufbezogenen, externen und internen Chancen und Risiken. Damit hat das BW 80-System keine unmittelbare, keine "mechanische" Beziehung zu den festen Jahresplandaten, die in dieser Betrachtung mehr Szenario-Charakter haben, strategische Sollpositionen beschreiben: Man denke nur daran, wie oft und schnell ein "marktabgeleiteter" Planansatz von der realen Entwicklung eben dieses Marktes überholt wird. "Eine vorausgewußte Zukunft ist ein Widersinn (Popper)". Was sicherlich kein Argument gegen die Planung an sich ist. Aber es ist ein Argument für die Frage, ob die derzeitige Positionierung der Planung, speziell der traditionellen Jahresplanung, innerhalb der strategischen und operativen Gesamtrechnung noch stimmt oder überholungsbedürftig ist. Und es ist mit Sicherheit auch ein Argument, die Planung als weiteren "Prüffall" für Datenverarbeitung und Informatik zu sehen und ihrem Auftrag, der kritischen Beurteilung traditioneller betriebswirtschaftlicher Konzepte.

Ich habe Ihnen ein operativ-, aktions- und vorgangsbezogenes betriebswirtschaftliches Steuerungs- und Rechensystem, teilweise realisiert, teilweise in Realisierung, teilweise noch in Idee, vorgestellt, für das es Ansätze, Muster, Beispiele, Lösungen auch anderswo schon gibt, wie das Protokoll der vorjährigen Saarbrücker Jahrestagung ja zeigt.

Einsatz der Planungssprache FCS auf Mikro- und Großrechner zur Integration des Kommunikationssystems

J. Klass, Metro International AG, Zug

1. EINLEITUNG

2. DAS UNTERNEHMEN

3. DIE ZIELSETZUNGEN

4. DIE ORGANISATORISCHE UMSETZUNG

5. ZUSAMMENFASSUNG

1. EINLEITUNG

Mit dem Eintritt der IBM in den Marktbereich der Personal-Computer eröffneten sich konzeptionell vollkommen neue Möglichkeiten. Der IBM-PC als intelligente

'multifunktionale Arbeitsplatz-Station'

schafft die Voraussetzungen für den rationellen 'Stand-alone-Einsatz' in den Fachabteilungen, ermöglicht aber auch bedarfsweise die Kommunikation mit internen oder externen Datenbanken. Der breitgefächerte Einsatz dieser Geräte in den Fachabteilungen wird durch ein ausserordentlich günstiges Preis-Leistungsverhältnis erleichtert. Der optimale Nutzen wird naturgemäss nur dann erreicht, wenn die Leistungsfähigkeit der PC-Hardware durch kostengünstige Standard-Software unterstützt wird.

Das folgende Referat vermittelt Ihnen an einem praktischen Beispiel die sinnvolle Verknüpfung des PC-Einsatzes mit Standard-Software im Rahmen eines integrierten Kommunikations- und Datenverarbeitungs-Systems.

2. DAS UNTERNEHMEN

Die METRO-Unternehmensgruppe ist ein internationales Handelsunternehmen. Die Warenbeschaffung erfolgt durch Einkaufszentralen je Land in Verbindung mit weltweit-tätigen Importgesellschaften. Der Vertrieb des umfassenden Food- und Nonfood-Sortiments geschieht auf 'Cash & Carry-Basis' in den grossflächigen METRO-Grosshandelsmärkten.

Abbildung 1 gibt einen Ueberblick über Datenbanken, Informations-Systeme und Verknüpfungen innerhalb des 'Integrierten METRO-Systems'.

3. DIE ZIELSETZUNGEN

Integrierte Datenverarbeitungs-Systeme spielen in unserem Haus seit vielen Jahren eine dominierende Rolle. Der wirtschaftliche Einsatz der verfügbaren Personal-Ressourcen und eingesetzten Systeme verlangte in der Vergangenheit jedoch die Konzentration auf nutzenbringende Massenanwendungen. Von den Fachabteilungen gewünschte Applikationen in Randgebieten wurden aus Prioritätsgründen häufig zurückgestellt.

Die Verfügbarkeit der als offenes System konzipierten IBM PC's und die durch das Baukasten-System erkennbaren langfristigen Einsatzmöglichkeiten führten zu einer neuen Unternehmensphilosophie für den Bereich Daten- und Kommunikations-Verarbeitung.

- Arbeitsplatz der Zukunft

  In umfangreichen Untersuchungen unserer Organisatoren und Analytiker wurden die künftigen Anforderungen der einzelnen Arbeitsplätze ermittelt. Für unser Unternehmen ergab sich dabei eine sinnvolle Unterteilung nach

  - Arbeitsplätzen für Schreibkräfte
  - Arbeitsplätzen für Sekretärinnen
  - Arbeitsplätzen für Sachbearbeiter und
  - Arbeitsplätzen für Manager.

  Die Grundkonzeption des 'multifunktionalen Arbeitsplatzes' ist aus der Abbildung 2 ersichtlich. Die unterschiedlichen technischen Ausstattungen der einzelnen Arbeitsplätze (Tastaturen, Drucker-Qualität, Arbeitsspeicher, externer Speicher u.a.) können bedarfsgerecht ausgewählt werden.

- Integrierte Informations- und Datenverarbeitung

  Aufbauend auf dem vorhandenen 'Integrierten METRO-System' (Abbildung 1) wurde eine Gesamtkonzept erstellt, das die gesamte Bürokommunikation über interne und externe Netzwerke in die vorhandenen Systeme einbezieht. Abbildung 3 vermittelt ihnen diesen Ueberblick.

  Folgende Grundsatzüberlegungen wurden dabei berücksichtigt:

  - Die unter '4. Datenverarbeitungsebene' aufgeführten EDV-Systeme (HOST) sind weitestgehend identisch mit dem heute vorhandenen 'Integrierten METRO-System'. Die ausserordentlich effiziente Arbeitsweise dieser Systeme sollte durch die Bürokommunikation möglichst wenig beeinträchtigt werden.

- Unsere Arbeitsplatzanalyse ergab (in Uebereinstimmung mit von anderer Seite publizierten einschlägigen Untersuchungen), dass ca. 80 % der auf der Stufe '1. Arbeitsplatz-Ebene' benötigten Daten nur an diesen Arbeitsplätzen bzw. innerhalb der Abteilung benötigt werden. Daraus wurde die Konsequenz gezogen, dass es unzweckmässig ist, diese Daten im zentralen EDV-System (HOST) zu speichern und damit unnötige Belastungen des Zentral-Systems und des Netzwerkes zu bewirken. - Die logische Ableitung war der Aufbau der Stufe '2. Abteilungs-Ebene'. Im Zeitalter der PC's ist hier an einen 'Super-PC' gedacht, der die Verwaltungs-, Steuerungs- und Speicherungs-Funktionen für die angeschlossenen 'multifunktionalen Arbeitsplätze' übernimmt. Wir gehen davon aus, dass ein solches System mit ca. 2 MB Arbeitsspeicher sowie 1 GB Plattenspeicher ausgerüstet ist und etwa 32 Arbeitsplätze steuert. Diese Grössenordnungen sind aufgrund der weiteren technischen Entwicklungen und den zwischenzeitlichen Testerfahrungen modifizierbar.

- Die Stufe '3. Vermittlungs-Ebene' hat die Aufgabe über ein internes Ringleitungsnetz (LAN) in einem Stufenplan sämtliche 'multifunktionalen Arbeitsplätze' einer Unternehmenseinheit miteinander zu verbinden. Gleichzeitig werden die Super-PC's der Abteilungsebene in dieses Netz integriert und damit die Voraussetzungen für ein gegenseitiges 'back-up' geschaffen. - Die 3. Ebene ermöglicht den direkten Dialogverkehr mit dem zentralen HOST der 4. Ebene. Durch die Leistungsstärke der Super-PC's auf der 2. Ebene und die bedarfsgerechte dezentrale Speicherung der Dateien wird die Systembelastung durch den Dialogverkehr in einem vertretbaren Rahmen gehalten. Schwerpunktmässig erfolgt ein Dateien-Transfer zwischen allen Ebenen. Bei entsprechendem Bedarf haben wir auf der Arbeitsplatz-Ebene an den einzelnen PC's Plattenspeicherkapazität für eigene Dateien und Programmpakete vorgesehen; der Regelfall ist jedoch die Zusammenarbeit der 'multifunktionalen Arbeitsplätze' der 1. Ebene mit dem Super-PC der Abteilungsebene. Im Prinzip erwarten wir von dieser Kombination, dass wir den zusätzlichen Hardware-Aufwand der 2. Ebene durch Einsparungen auf der 1. Ebene überkompensieren können und - insgesamt gesehen - dieses Gesamtsystem leistungsfähiger und sicherer ist.

  An das LAN der 3. Ebene ist eine zentrale Datensicherung angeschlossen.

- Die Effizienz der Bürokommunikations-Systeme ist im wesentlichen vom Umfang der verfügbaren Anwendungen einerseits und der Anzahl der Teilnehmer andererseits abhängig; je umfangreicher die Anwendungen und je grösser die Anzahl der Teilnehmer, umso leichter ist es Rationalisierungserfolge zu erzielen.

Ein wesentlicher Schritt in diese Richtung ist die Verbindung der internen Kommunikationsnetze mit der Aussenwelt. Ueber einen Kommunikations-Server für öffentliche Netze/Dienste (BTX, Telefon, Datex, Teletex) planen wir den elektronischen Daten- und Informationsaustausch mit Lieferanten, Kunden, Banken, Versicherungen, externen Datenbanken sowie anderen Unternehmen der METRO-Gruppe. Neben dem Leitungsaufbau hat der Kommunikations-Server die Aufgabe, die von ausserhalb eingehenden Informationen unmittelbar an die Arbeitsplatz-Ebene (bedarfsweise Zwischenspeicherung auf der Abteilungs-Ebene) weiterzuleiten. Andererseits müssen ausgehende Informationen in der gleichen Weise in entgegengesetzter Richtung zu der Arbeitsplatz-Ebene des adressierten Unternehmens geleitet werden. Selbstverständlich muss im Rahmen dieser Informationsübermittlung auch ein Dialogverkehr (z.B. bei Abfragen externer Datenbanken) möglich sein.

4. DIE ORGANISATORISCHE UMSETZUNG

Die Realisierung des 'integrierten Kommunikations- und Datenverarbeitungs-Systems' kann naturgemäss nur in Stufen erfolgen. In vielen kleinen Schritten wird die Praktikabilität erprobt und das System den sich möglicherweise wandelnden Anforderungen angepasst.

- Aktivierung der Anwender

Die Abbildung 4 gibt einen Ueberblick über die im Jahre 1983 unbefriedigten Anforderungen unserer Fachabteilungen. Im Anschluss an das PC-Announcement haben wir unser Gesamtkonzept erstellt und danach die Fachabteilungen aufgefordert, ihre Anforderungen unter dem Gesichtspunkt des PC-Einsatzes möglichst exakt zu formulieren. Die eingehenden Anforderungen wurden analysiert, erforderlichenfalls modifiziert und in umsetzbare Aufgabenstellungen transformiert.

- Aufbau eines Information-Centers

Der koordinierte PC-Einsatz setzt umfangreiches Wissen hinsichtlich der vorhandenen Anwendungen und Datenstrukturen sowie der verfügbaren Standard-Software voraus. Wir haben daher je Standort zwei hochqualifizierte EDV/ORG-Mitarbeiter freigestellt mit der Zielsetzung, die Fachabteilungen zu beraten, die Anwendungen zu überwachen und im Hinblick auf das Gesamtkonzept voranzutreiben.

Voraussetzung für diese Tätigkeit war eine umfassende Hard- und Software-Schulung für den PC-Einsatz sowie eine Analyse des Software-Marktes. Innerhalb dieser Aufgabenstellung wurden auch die am Markt befindlichen Planungs- und Entscheidungs-Software-Systeme untersucht, da sich hier ein Schwerpunkt bei den 'Stand-alone-Anwendungen' abzeichnete. Bei diesem Auswahlprozess fiel die Entscheidung zugunsten der Firma EPS; neben dem überzeugenden Leistungsspektrum der Methoden-Datenbank und Software-Routinen (offenes System), war die Verfügbarkeit von aufeinander aufbauenden Systemen für 'Stand-alone-Anwendungen' mittels PC (Micro-FCS) und Mainframe-Software (FCS-EPS) für Spezialauswertungen der vorhandenen Datenbanken eine wichtige Komponente. - Wir gehen davon aus, dass die Schulung unserer Mitarbeiter eine wichtige Investition darstellt und es für den Erfolg eines Systemeinsatzes wesentlich ist, dass dieses über einen längeren Zeitraum bei sich wandelnden Voraussetzungen und Anforderungen auf mehreren Ebenen weiterhin einsetzbar ist.

- <u>Einsatz von PC's in den Fachabteilungen</u>

Zielsetzungen beim PC-Einsatz in den Fachabteilungen waren einerseits konkrete Problemlösungen und andererseits das Sammeln von Erfahrungen im Umgang und erfolgreichen Einsatz der PC's am Arbeitsplatz. Folgende Voraussetzungen mussten gegeben sein:

- Eine klar definierte und lösbare Aufgabe,
- Auswahl der benötigten Hardware,
- Auswahl der verfügbaren Standard-Software und
- Unterstützung der Anwender durch das Information-Center

Die bisher realisierten Anwendungen bzw. geplanten Anwendungen sind deckungsgleich mit der Abbildung 4. Während des Referats werden die einzelnen Anwendungen näher erläutert.

Abbildung 5 zeigt das Zusammenspiel der verschiedenen EPS-Systeme. In der ersten Phase wurden alle Anwendungen auf der Basis des Micro-FCS gelöst. Später wurden verschiedene PC's mit dem Mainframe-Link versehen und dadurch der Datentransfer mit dem Gross-System ermöglicht. Die Phase 3 befindet sich in der Vorbereitung.

- Verwendung von Standard-Software

Es würde den Rahmen dieses Vortrages sprengen, wenn die zwischenzeitlich für IBM PC's marktreife Standard-Software auch nur aufgelistet würde. Ueber diesen Punkt geben einschlägige Fachhändler die erforderlichen Informationen. - Wichtig erscheinen mir jedoch folgende allgemein-gültige Aussagen:

- Zur preisgünstigen PC-Hardware gehört zwangsläufig leistungsfähige Standard-Software; je kleiner ein Unternehmen ist, umso bedeutsamer ist dies, denn die Wartungs- und Pflegekosten eines Systems spielen bei der späteren Anwendung eine wesentliche Rolle;

- Für eine effiziente PC-Nutzung werden in den meisten Unternehmen mehrere Anwendungs-Pakete benötigt; hier ist es vorteilhaft, wenn diese Anwendungs-Pakete von einem Software-Haus erstellt wurden und damit am ehesten ein integrierter Datenfluss innerhalb der Anwendungen gewährleistet ist;

- PC-Software sollte ebenso wie die Hardware möglichst als Baukasten (offenes System) konzipiert sein, damit neue Anwendungen problemlos einbezogen werden können;

- Auch ganz spezielle Anwendungen in grossen Firmen (mit Mehrfachnutzung?) erfordern heute nur noch in Ausnahmefällen eine individuelle Programmierung, da es in diesen Fällen wirtschaftlicher ist PC-bezogene Programm- und Report-Generatoren für die Programmentwicklung einzusetzen.

Bei der Fülle der heute schon verfügbaren Programmpakete und der erkennbaren weiteren Entwicklung hilft in den meisten Fällen intensives Durchforsten der vorhandenen Bibliotheken für eine zufriedenstellende Problemlösung mittels Standard-Software.

5. ZUSAMMENFASSUNG

Die technische Weiterentwicklung der PC's wird voraussichtlich im Jahre 1985 dazu führen, dass eine vollständige Hardware-Palette vom preisgünstigen, netzwerkfähigen 'PC-Junior' bis hin zum 'Super-PC' sämtliche Hardware-Anforderungen abdeckt. Auch die Software-Entwicklung macht rasante Fortschritte, da hier zunehmend die Erfahrungen von der Gross-System-Seite einfliessen. Beide Entwicklungen können von innovativen Unternehmen für die rationelle Bewältigung der künftigen Anforderungen eingesetzt werden.

Abb. 1

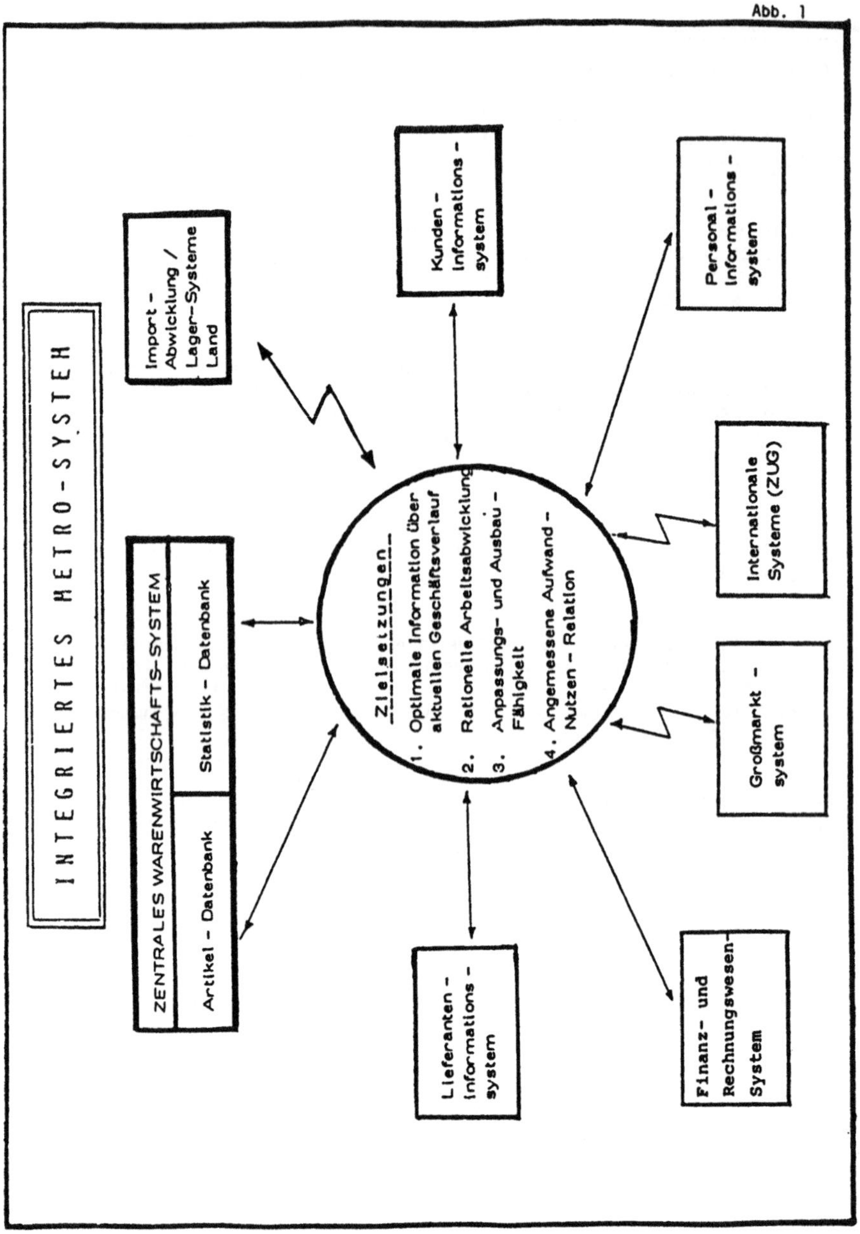
INTEGRIERTES METRO-SYSTEM
ZENTRALES WARENWIRTSCHAFTS-SYSTEM
Artikel - Datenbank
Statistik - Datenbank
Import - Abwicklung / Lager-Systeme Land
Kunden - Informations - system
Personal - Informations - system
Internationale Systeme (ZUG)
Großmarkt - system
Finanz- und Rechnungswesen-System
Lieferanten - Informations - system
Zielsetzungen
1. Optimale Information über aktuellen Geschäftsverlauf
2. Rationelle Arbeitsabwicklung
3. Anpassungs- und Ausbau - Fähigkeit
4. Angemessene Aufwand - Nutzen - Relation

ARBEITSPLATZ DER ZUKUNFT

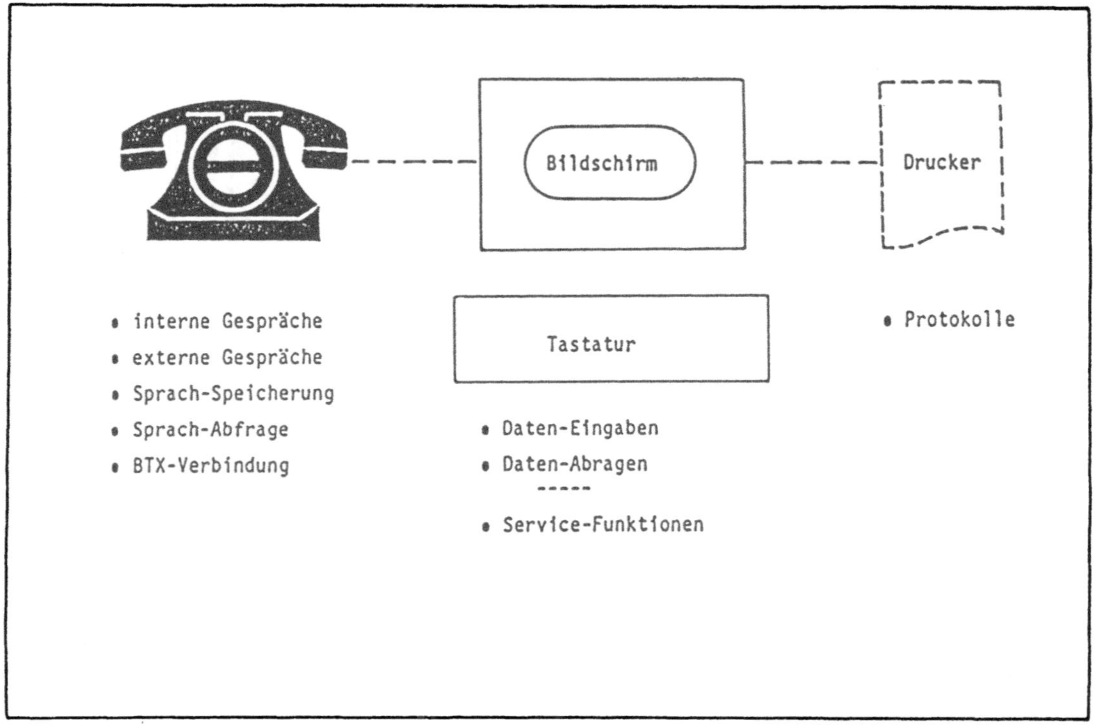

Abb. 2

INTEGRATION KOMMUNIKATIONS- UND DATENVERARBEITUNGS-SYSTEME

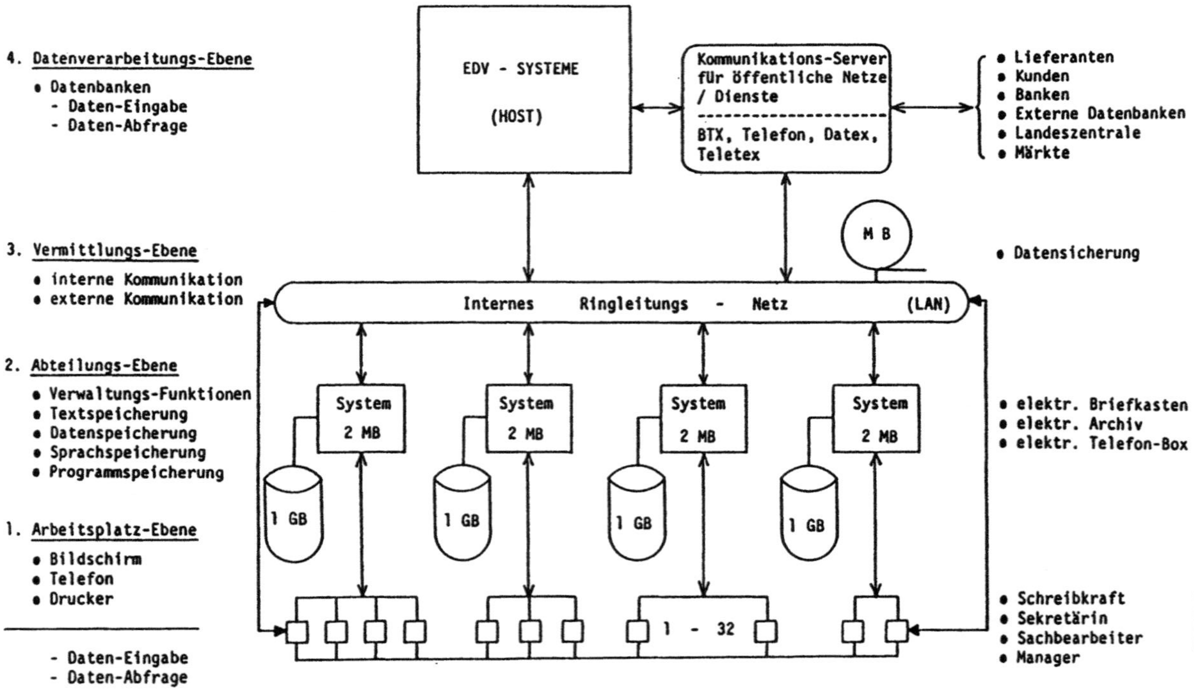

Abb. 3

FCS-EPS-ANWENDUNGEN IN DER METRO

realisierte Anwendungen

- Umsatz-, Spannen- und Bestandesplanung
- Budgetierung von Kosten und Erträgen
- Umsatzhochrechnung
- Planung von Werbeaktivitäten
- Warenwirtschaftsanalysten (Soll-Ist-Vergleiche)
- einfache Kundenanalysen
- Personalkostenplanung

geplante/mögliche Anwendungen

- integrierte Budgetierung
- Budgetanalysen
- kurzfristige Umsatz- und Ertragsprognosen
- Entscheidungsunterstützung bei Preisstatistik und Werbung
- Werbeumsatz und Ertragsprognose
- Marktforschung
- Investitionsrechnung und Planung
- Konsolidierung und Analyse von Bilanzen und Erfolgsrechnungen
- Prognosen, Sensitivitäts- und Risiko-Analysen in verschiedenen Bereichen

Abb. 4

Micro-FCS auf PC (mit Mainframe-Link)

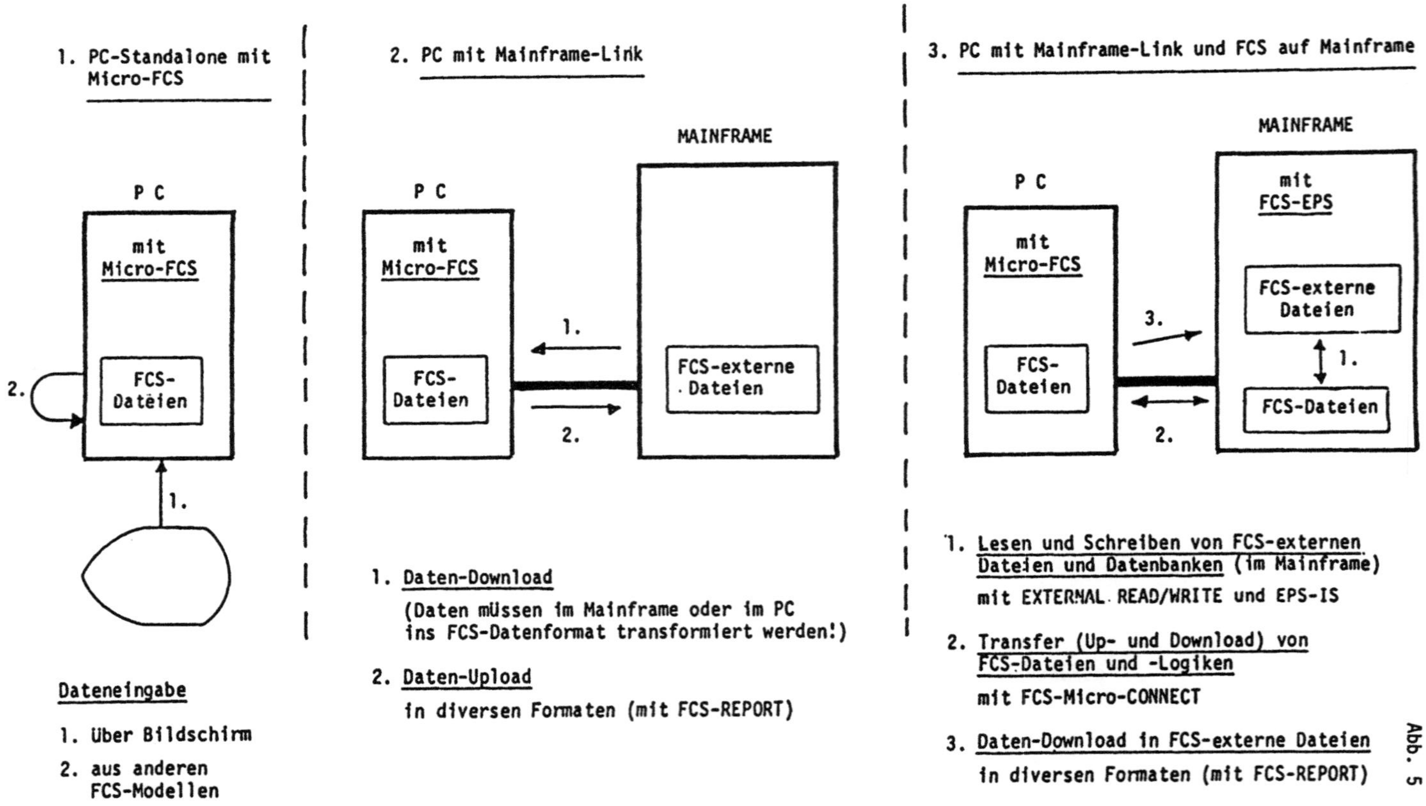

Abb. 5

Personal Computer: Zusätzliches Auswertungsinstrument oder integraler Bestandteil eines EDV-gesteuerten Rechnungswesens?

Prof. Dr. *A.-W. Scheer*, Institut für Wirtschaftsinformatik (IWi), Uni Saarbrücken

Gliederung:

A. Grundsätzliche Einsatzkriterien für den Personal Computer im Rechnungswesen

I. Einsatzformen des Personal Computers

II. Eigenschaften des Personal Computers

a) Hardware

b) Systemsoftware

c) Anwendungssoftware

d) Benutzersicht

e) Organisation

III. Voraussetzungen für den Einsatz von Personal Computern

IV. Bewertung der Eigenschaften von Personal Computern für den Einsatz im Rechnungswesen

B. Schwerpunkte des PC-Einsatzes im Rechnungswesen

I. Kostenartenrechnung

II. Kostenstellenrechnung

III. Kalkulation

IV. Ergebnisrechnung

C. Architektur des PC-Einsatzes im integrierten Rechnungswesen

D. Ein Beispiel

E. Literaturverzeichnis

Gegenwärtig angebotene EDV-Systeme zum Rechnungswesen zeichnen sich durch eine zentrale Konzeption aus. Da das Rechnungswesen die Mehrzahl der Daten aus sogenannten vorgelagerten Anwendungsgebieten erhält, ist es natürlich, die Auswertungssysteme in der Nähe dieser zentral gespeicherten Daten zu lokalisieren. Da die Systeme für das Rechnungswesen aber bisher weitgehend Batch-orientiert sind und ein relativ starres Auswertungskorsett enthalten, sind viele Anwender mit dem Komfort der Systeme unzufrieden und wünschen sich mehr Flexibilität bei der Zusammenstellung von Auswertungen sowie zur Unterstützung in Entscheidungssituationen. Dieses ist einer der Gründe, daß gerade das Rechnungswesen so stark am Einsatz von Mikrocomputern interessiert ist. Hier erhofft man sich eine geringere Abhängigkeit von den starren EDV-Systemen und damit auch die Möglichkeit, selbständig ad hoc-Auswertungen vornehmen zu können.

Der vorschnelle Einsatz von Mikrocomputern birgt aber die Gefahr in sich, daß Fragen des Datenanschlusses an die vorgelagerten EDV-Systeme des Rechnungswesens unterschätzt werden und gleichzeitig die Möglichkeiten der Mikros überschätzt werden. Es muß deshalb gefordert werden, die Vorteile der Mikrocomputer sinnvoll mit den Vorteilen übergreifender EDV-Systeme zu verbinden.

Dabei muß unterschieden werden, ob der Personal Computer als zusätzliches Auswertungsinstrument zu einem bereits bestehenden zentralen EDV-System des Rechnungswesens eingesetzt werden soll oder aber als integraler Bestandteil eines neuen EDV-Konzeptes.

Es wird deshalb untersucht, welche grundsätzlichen Einsatzkriterien für den Mikrocomputer im Rechnungswesen bestehen, welche Fragestellungen aus dem Rechnungswesen für den Einsatz von Mikrocomputern besonders geeignet sind und in welcher Form beispielhafte Lösungen gestaltet werden können.

A. Grundsätzliche Einsatzkriterien für den Personal Computer im Rechnungswesen

Zunächst werden die Einsatzformen des Personal Computers kurz dargestellt, anschließend die Eigenschaften des Personal Computers sowie die Voraussetzungen für ihre Realisierung erörtert. Die Einsatzformen werden den Eigenschaften des PC's gegenübergestellt und es wird bewertet, welche Eigenschaften bei den verschiedenen Einsatzformen besonders zur Geltung kommen. Diese Ergebnisse bilden die Voraussetzung für die Entwicklung einer sinnvollen Strategie des PC-Einsatzes im Rechnungswesen.

I. Einsatzformen des Personal Computers

Grundsätzlich können Mikrocomputer in verschiedenen Einsatzformen genutzt werden (vgl. Abb. 1):

- 0 isolierte dedizierte Workstation
- 0 Ergänzung zu übergreifenden EDV-Systemen
- 0 integraler Bestandteil übergreifender EDV-Systeme
- 0 Kommunikationsrechner
- 0 Entwicklungsrechner
- 0 "kleiner" Universalrechner

Abb. 1: Einsatzformen von Personal Computern

Isolierte dedizierte Workstation: hier wird der Mikrocomputer für eine abgegrenzte Aufgabe, die weder über Daten noch über Programme mit anderen Aufgaben verknüpft ist, eingesetzt. Typische Beispiele hierfür sind Auswertungen in einem Labor, Einsatz als alleiniges Textverarbeitungssystem, Einsatz als Grafik-Arbeitsplatz usw.

Ergänzung zu übergreifenden EDV-Systemen: hier wird der Mikrocomputer zwar mit einem zentralen EDV-System verknüpft, er ist aber nicht in den logischen Ablauf der übergreifenden Anwendungssoftware eingebunden, sondern stellt zusätzliche Auswertungsmöglichkeiten (z. B. Grafik oder Spreadsheet-Systeme) anhand gesondert für diese Aufgaben eingerichteter Dateien zur Verfügung.

Integraler Bestandteil übergreifender EDV-Systeme: hier werden die Fähigkeiten des Mikrocomputers von vornherein in einem übergreifenden EDV-Anwendungssystem einbezogen. Dabei kann er im Prinzip auch die gleichen Aufgaben wahrnehmen wie als "Ergänzung zu übergreifenden EDV-Systemen", der Unterschied besteht aber darin, daß er nicht an ein fertiges System als Zusatz angekoppelt wird, sondern von vornherein mit seinen Eigenschaften in die Entwicklung eines Gesamtsystems integriert worden ist.

Kommunikationsrechner: hier dient der Mikrocomputer dazu, zwischen verschiedenen EDV-Systemen zu vermitteln. Hierbei kommt seine Fähigkeit als offenes System zum Tragen. Beispielsweise können über ihn Bildschirmtextanwendungen, Teletex-Anwendungen, internationale Time-Sharing-Netze usw. genutzt werden. Bei dieser Einsatzform steht also keine spezifische betriebswirtschaftliche Anwendungsfunktion im Vordergrund sondern die Vermittlung zwischen verschiedenartigen Hardware- und Kommunikationssystemen.

Entwicklungsrechner: Es ist zu erwarten, daß in zunehmendem Ausmaß Mikrocomputer als Entwicklungsrechner zur Erstellung von EDV-Programmen, die auch auf der Groß-EDV eingesetzt werden können, dienen. Diese Fähigkeiten besitzt beispielsweise der Rechner IBM-PC-/370, auf dem das Betriebssystem VM bzw. CMS ablauffähig ist. Diese Nutzungsform wird vor allen Dingen im Bereich der Systemerstellung des EDV-Bereichs genutzt werden.

"Kleine Universalrechner": hier wird der Mikrocomputer als generelles EDV-System zur Abwicklung der üblichen betriebswirtschaftlichen und administrativen Vorgänge eingesetzt. Diese Anwendungsform ist typisch für Handwerksbetriebe usw. und soll hier nicht weiter betrachtet werden.

Im weiteren sind hauptsächlich die Einsatzformen "Ergänzung zu übergreifenden EDV-Systemen" und "Integraler Bestandteil übergreifender EDV-Systeme" von Bedeutung. Bei einer konkreten Nutzung können aber auch Aspekte der anderen Einsatzformen eine Rolle spielen.

II. Eigenschaften des Personal Computers

Die Eigenschaften von Personal Computern werden aus der Sicht eines Anwenders und da wiederum eines Anwenders im Rechnungswesen betrachtet. Hierbei werden sowohl die unmittelbaren Eigenschaften von PC's, wie sie von den technischen Spezifikationen oder der Software bestimmt werden, einbezogen, als auch die damit verbundenen ökonomischen Folgen (vgl. Abb. 2).

a) Hardware

Aufgrund der Standardisierung beim Einsatz von Mikroprozessoren ist das Preis-Leistungs-Verhältnis von Mikrocomputern gegenüber der Groß-EDV äußerst günstig. Dieses bezieht sich allerdings nur auf die Verarbeitungsleistung innerhalb des Prozessors. Dagegen ist das

WESENTLICHE VORTEILE
VON PERSONAL COMPUTERN

HARDWARE	0	günstiges Preis/Leistungsverhältnis bei Verarbeitung
	0	Grafik/Farbe/Sprache ...
	0	Entlastung Host/Netz
SYSTEMSOFTWARE	0	Kommunikation (offenes System)
	0	benutzerfreundliche Betriebssysteme (Einplatzsystem)
	0	Datenbanksysteme
ANWENDUNGSSOFTWARE	0	Spreadsheets ...
	0	integrierte Office-Software (Text, Daten, Kalkulation, Grafik ...)
	0	differenzierte Branchensoftware
BENUTZERSICHT	0	hohe Verfügbarkeit des Systems
	0	variable Auswertungen (weg von Listen)
	0	kurze Antwortzeit
	0	Benutzerführung
	0	gute Dokumentation
	0	hohe Motivation
ORGANISATION	0	Dezentralisierungsmöglichkeit (geringere Abhängigkeit von zentraler EDV)
	0	Nutzung Entwicklungskapazität der Fachabteilung

Abb. 2

Preis-Leistungs-Verhältnis der Speicherung von Daten (auf Festplatte oder Disketten) vergleichsweise ungünstig.

Die Gestaltung des Mikrocomputers als offenes System ermöglicht einmal den Anschluß von Grafik-Terminals, Plottern, Farbterminals, Sprachein- und -ausgabegeräten sowie die Kommunikation mit vielfältigen anderen Hard- und Software-Systemen.

Durch Einsatz von Mikrocomputern kann ein zentraler Hostrechner sowie ein Rechnernetz bei insgesamt gleichem Anwendungsstand wirksam entlastet werden. Durch Auslagerung von Dialogfunktionen auf den Mikro kann insbesondere in der Spitzenzeit eine wirksame Entlastung des Host erreicht werden. Es ist bekannt, daß insbesondere morgens zwischen 10.00 h und 11.00 h bei intensivem Dialogverkehr erhebliche Wartezeiten bei zentralen Systemen auftreten. Die dabei entstehenden Antwortzeiten sind häufig Maßstab für die Auslegung der Rechnerkapazität und bewirken ein im Grunde zu mächtig ausgebautes Hardware-System. Durch die Rechnerentlastung aufgrund des Einsatzes von Mikrocomputern kann damit ein wesentlicher Kapazitätseffekt auch für den Hostrechner erzielt werden.

Bei großen Terminalnetzen, wie sie z. B. für verzweigte Unternehmungen mit Filialeinsatz typisch sind, kann mit einer Verlagerung von Rechenfunktionen nicht nur der Host-Rechner entlastet werden, sondern darüber hinaus auch der Datentransport im Netz verringert werden. Dieses gilt z. B. bereits durch die Übernahme von Maskenaufbereitungsfunktionen durch den Mikro, so daß lediglich noch Netto-Daten durch das Netz transportiert werden und nicht mehr Daten in editierter Maskenform.

b) Systemsoftware

Auf Mikrocomputern werden benutzerfreundliche Betriebssysteme eingesetzt, deren Komfort den von Großsystemen teilweise übertrifft. (z. B. Unix, MS-DOS). Durch die im Augenblick vorherrschende Nutzung der Mikros als Einplatzsystem brauchen die Datensicherungsvorkehrungen (z. B. Restart) nicht so kompliziert gestaltet zu sein wie die der Time-Sharing-Systeme der Groß-EDV.

Auf Mikrocomputern werden bereits Datenbanksysteme mit einem ähnlich mächtigen Funktionsumfang wie dem bei Großsystemen angeboten. Hierbei ist auch zu bemerken, daß in zunehmendem Maße eine enge Integration von Datenbanksystemen der Großrechnerebene mit den entsprechenden Systemen der angeschlossenen Mikrocomputer realisiert wird. So ist es bei dem System ORACLE geplant, sowohl auf dem Mikro als auch auf dem Host die einheitliche Sprache SQL einzusetzen. Somit kann vom Mikrocomputer aus ein Datenextraktionsbefehl mit den gleichen Befehlswörtern auf dem Host gestartet werden und anschließend die Ergebnisrelation in den Mikrorechner übertragen werden, mit denen dann die extrahierten Daten dezentral auf dem Mikro weiterverarbeitet werden können (vgl. Abb. 3). Die Kommunikation zwischen Groß-EDV und Mikrocomputern besitzt gerade im Rechnungswesen eine hohe Bedeutung.

```
INSERT INTO        PC-DATENBANK-FILE
   SELECT          ATTRIBUTE
   FROM            HOST-DATENBANK-FILE
   WHERE           AUSSCHLUSSKRITERIUM
```

Abb. 3 ORACLE - Extraktionsbefehl

In Abbildung 4 und 5 sind unterschiedliche Formen der Datenübertragung dargestellt. Technische Voraussetzung für die Übertragung ist der Dateitransfer. Bei einem File-Transfer wird eine Ausgabedatei vom Host-Rechner an den Mikrorechner übertragen. Der Aufbau dieser Datei ist dabei unstrukturiert und muß im Mikro neu formatiert werden. Sollen vom Mikro auch Bildschirmmasken des Host-Rechners verarbeitet werden, so ist eine Terminalemulation erforderlich. Bei der Terminalemulation verhält sich der Mikro zu dem Großrechner, als ob er ein Terminal wäre. Hier ist z. B. die bekannte IRMA-Karte beim IBM-PC in Bezug auf IBM-Großsysteme zu nennen. Durch besondere Erweiterungen (IBM 3270-PC) sind darüber hinaus weitergehende Funktionen von Terminals (Farb- und Fenstertechnik) möglich.

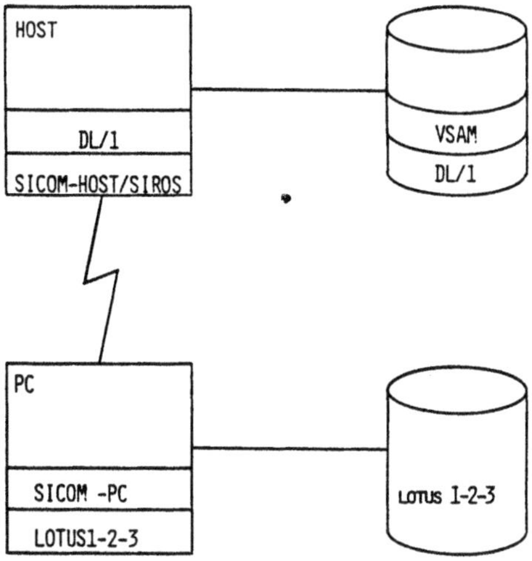

Abb. 4 Datenübertragung mit Hilfe von Berichtsgeneratoren

Bei Einsatz von Mikro-orientierten Berichtsgeneratoren (vgl. Abb. 4) kann ein Berichtsgenerator vom Mikro aus (über die Terminalemulationsfunktion) gestartet werden, die Daten werden auf dem Host zusammengestellt und an den Mikro übertragen (Dateitransfer). Dabei werden die Daten in einem Format übergeben, das von diesem mit einem bestimmten Auswertungsprogramm (z. B. Lotus 1-2-3) weiterverarbeitet werden kann. Diese Möglichkeit wird z. B. durch das System SICOM des System-Hauses Ton Beller realisiert.

Besonders enge Möglichkeiten bestehen dann, wenn über Datenbanksysteme eine Verbindung zwischen Host und Mikro hergestellt wird, da hier auch komplizierte Datenstrukturen übertragen werden können (vgl. Abb. 5). Im ersten Fall ist die Terminalemulation zur Anfrage an eine zentrale Datenbank dargestellt. Zur Entlastung des Host können im Fall 2 bestimmte Utilities eines Datenbanksystems (z. B. Maskenaufbereitung) auf den Mikro verlagert werden und somit das Datenbanksystem auf mehrere Hardware-Komponenten verteilt werden.

Eine engere Verbindung besteht dann, wenn auf dem Host und auf dem Mikro zwar unterschiedliche Datenbanksysteme eingesetzt werden, eine besondere Systemkomponente aber die Koordination zwischen diesen Datenbanksystemen, z.B. einen Datenaustausch, übernimmt. Eine derartige Form wird von dem System IDMS/R angestrebt.

Die besonders enge Integration zwischen Mikro und Host des Systems ORACLE, die in der Nutzung des gemeinsamen Datenbanksystems auf Mikro- und Host-Ebene besteht, wurde bereits erörtert (vgl. Abb. 3).

Der Zugang von Mikros zu zentralen Datenbasen ist gerade für das Rechnungswesen von besonderer Bedeutung, da es als eine nachgelagerte Auswertungsfunktion auf den Zugriff der vorgelagerten datenerzeugenden und häufig zentral orientierten Anwendungen angewiesen ist.

c) Anwendungssoftware

Der Erfolg der Mikrocomputer beruht wesentlich auf dem Angebot besonderer benutzerfreundlicher Software-Systeme. Typisch dafür sind die Spreadsheet-Programme, deren erstes System VisiCalc als das am meisten verkaufte Software-System der Welt gilt. Der Einsatz von Spreadsheet-Programmen erfordert bei einfachen Anwendungen nur geringe Programmierkenntnisse, da sie als nicht prozedurale Sprachen konzipiert sind. Sie beziehen sich auf die übliche Benutzeroberfläche eines Sachbearbeiters bei einer Problemlösung, die häufig die Gestalt einer Tabelle (z. B. ein BAB, ein Planungsschema usw.) besitzt.

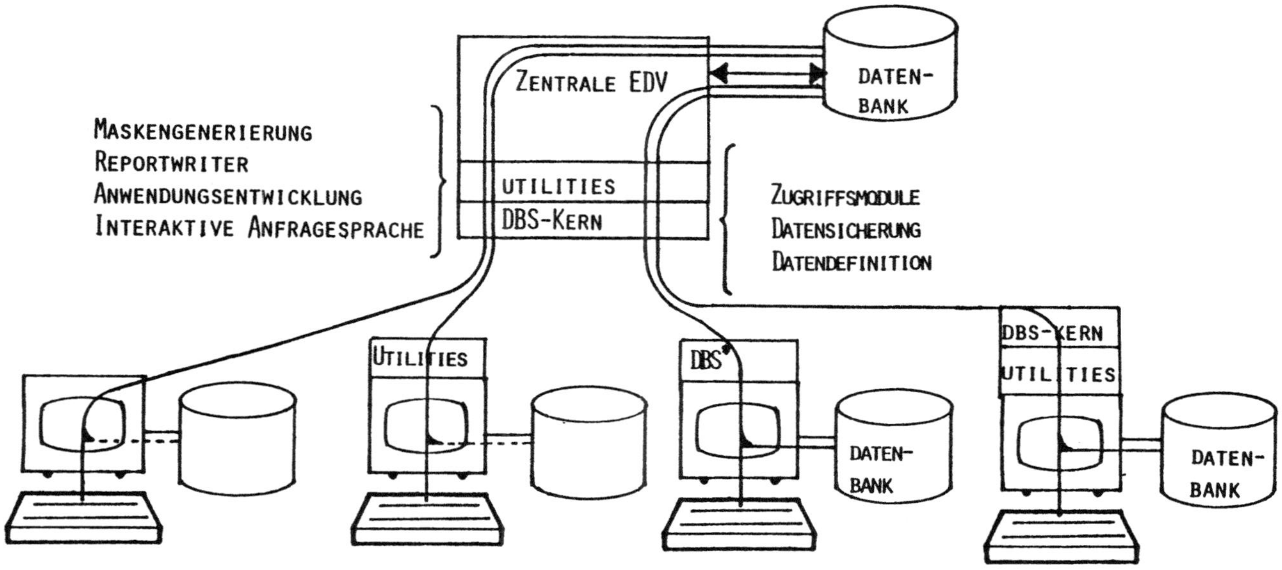

a) Terminalemulation; Nutzung des zentralen Datenbanksystems [327x]

b) Dezentrale Maskenerstellung, Berichtsaufbereitung mit ausgelagerten Utilities zur Entlastung des Host-Rechners [ORACLE]

c) Koordination verschiedener Datenbanksysteme DBS-DBS* durch Ulility des Host-DBS [IDMS/R - IDB]

d) Gemischter und unabhängiger Einsatz des gleichen DBS unter einheitlicher Oberfläche [ORACLE]

Abb. 5

Bei diesen Systemen ist auch bereits ein höherer Integrationsgrad erreicht worden, als er bei der Groß-EDV gilt. Bei dem System Lotus 1-2-3 kann z. B. Spreadsheet-Technik mit Datenverwaltungsfunktionen und grafischer Ausgabe verarbeitet werden. Bei angekündigten Systemen (z. B. SYNPHONIE) ist auch der Einsatz von Datenbanksystemen sowie von Textverarbeitung unter einer einheitlichen Benutzeroberfläche möglich. Die Entwicklung dieser benutzerfreundlichen Software ist Voraussetzung für den Einsatz von PC's als individuelle Datenverarbeitungsmöglichkeit in der Fachabteilung.

Durch die hohe Standardisierung der Mikros (z. B. durch die Nutzung einheitlicher Prozessoren oder Betriebssysteme) ist eine höhere Portabilität der Anwendungssoftware gegeben als dieses zur Zeit bei der Groß-EDV möglich ist. Damit steht ein vergleichsweise wesentlich größerer Markt für Anwendungssoftware auch für spezielle Auswertungswünsche zur Verfügung. Dieses gilt nicht nur auf der Tool-Ebene (Einsatz von Spreadsheets, Grafik, Sprache usw.), sondern auch für den Einsatz von spezieller Anwendungssoftware. Hier ist eine wesentlich differenziertere Auffächerung gerade auch für betriebswirtschaftliche Anwendungen nach Branchen, Betriebsgrößenklassen usw. zu erwarten. Wenn auch die gegenwärtige Anwendungssoftware noch Mängel bzgl. ihres EDV-technischen und betriebswirtschaftlichen Niveaus aufzeigt, ist hier für die Zukunft doch mit einer wesentlichen Weiterentwicklung zu rechnen.

d) Benutzersicht

Unter der Benutzersicht sollen solche Vorteile zusammengefaßt werden, die zwar aus Hardware- oder Software-Eigenschaften resultieren, aber insbesondere aus der Sicht des Benutzers den Einsatz von Mikrocomputern gegenüber der Nutzung der zentralen EDV attraktiv machen.

Da der Mikrocomputer einem speziellen Sachbearbeiter zugeteilt ist, besitzt er für diesen eine hohe Verfügbarkeit. Der Benutzer ist nicht abhängig von Wartungszeiten, Spitzenauslastungszeiten oder dem Schichtbetrieb des Rechenzentrums. So können auch Anwendungen, die in solchen Zeiten Online-Auskunftsfunktionen erfordern, in denen das Rechenzentrum keinen Dialogbetrieb unterhält, ohne Schwierigkeiten auf den Mikrocomputer verlagert werden.

Durch die Übernahme von Ergebnissen in Datei-Form aus zentralen Systemen auf den Mikrorechner kann der Benutzer in variabler Form die von ihm benötigten Informationen zusammenstellen. Der Benutzer ist nicht mehr abhängig von vorformatierten Listen, die ohnehin kaum in der Lage sind, seine speziellen Informationsbedürfnisse zu befriedigen (entweder zu umfangreich oder zu wenig aussagekräftig).

Durch die direkte personelle Zuordnung des Mikrocomputers sind die Antwortzeiten bei geeigneten Anwendungen geringer als bei Time-Sharing-Systemen. Die direkte Zuordnung eines Mikrocomputers als Arbeitsmittel für den Sachbearbeiter erhöht auch die Motivation zum Arbeiten mit der EDV.

Eine benutzerfreundliche Führung über Menütechnik sowie ausgeprägte Hilfsfunktionen ermöglichen es auch dem gelegentlichen Benutzer, sich schnell wieder in Anwendungssystemen (z. B. Spreadsheet) zurechtzufinden. Mikrocomputer besitzen durch den Einsatz der Maus-Technik, Touch-Screen-Technik, Fensterdefinition usw. eine wesentlich freundlichere Benutzerführung als die Groß-EDV (wenn diese die Entwicklung auch inzwischen versucht aufzuholen).

e) Organisation

Der Einsatz von Mikrocomputern verringert die Abhängigkeit der Fachabteilungen von den zentralen EDV-Systemen. Damit besteht eine organisatorische Dezentralisierungsmöglichkeit des EDV-Einsatzes. Diese kann sich aber auch, wie aus den Ausführungen bereits deutlich wurde, nur auf Verarbeitungsfunktionen beziehen, da die Datenhaltung aufgrund übergreifender Nutzungsmöglichkeiten zentral organisiert werden muß.

Die Nutzung der Entwicklungskapazität von EDV-Systemen durch die Fachabteilungen selbst ist ein wesentliches Argument der durch den bekannten Anwendungsentwicklungsstau geprägten Kapazitätssituation der Groß-EDV. Diese Nutzung kann sich allerdings in erster Linie nur auf solche Auswertungsfunktionen beziehen, die nicht in einen zusammenhängenden organisatorischen Ablauf eingebunden sind.

III. Voraussetzungen für den Einsatz von Personal Computern

Für den Einsatz eines Personal Computers als zusätzliche Auswertungsmöglichkeit sind vor allen Dingen die Voraussetzungen aus den Eigenschaften des Mikrocomputers selbst abzuleiten. Der Mikrocomputer muß aufgrund seiner Rechengeschwindigkeit und seiner Speicherfähigkeit in der Lage sein, die gewünschten Aufgaben zu erledigen. Im Rechnungswesen werden hier vor allen Dingen die Speichergrenzen wirksam. Bei umfangreichen Kalkulationen, die von dem Mikro durchgeführt werden sollen, kann die Speicherung der benötigten Mengendaten (Stücklisten, Arbeitspläne) eine an sich sinnvolle Anwendung begrenzen. Die Rechenfunktionen sind dagegen im Rahmen des Rechnungswesens lediglich von untergeordneter Bedeutung. Nur bei der Verbindung zur Planungsrechnung, z.B. durch den Einsatz von größeren Linear Programming Modellen, könnten Rechenzeitgrenzen auftreten. Aber auch hier bieten die Mikros z. B. durch den Einsatz spezieller Arithmetikprozessoren (z. B. Intel 8087) recht mächtige Möglichkeiten.

Beim Einsatz von Mikrocomputern in integrierten Systemen muß darauf geachtet werden, daß die aus dem integrierten System auf den Mikro zu verlagernde Funktion auch den erhofften Zweck erzielt. Dieses bedeutet, daß eine genügend große Anzahl von Dialogschritten dezentralisiert werden kann, die nicht den Zugriff auf zentrale Daten benötigt. Anders ausgedrückt, eine Dialogfunktion kann nur dann auf dem Mikro ausgelagert werden, wenn sie sowohl bezüglich ihrer Rechenanforderungen als auch ihrer Datenanforderungen lokal bearbeitbar ist. Das bedeutet, daß insbesondere dann, wenn Simulationsüberlegungen im Rahmen eines interaktiven Entscheidungsprozesses oder Dialogschritte mit lediglich vom Benutzer einzugebenden Daten oder mit lokal verfügbaren Daten durchgeführt werden, zur Verlagerung auf den Mikro geeignet sind.

Ebenfalls ist für den Einsatz von Mikros in integrierten Systemen unabdingbar, daß eine hardwaremäßige und systemsoftwaremäßige Vernetzung des Mikros mit dem Host-Rechnersystem hergestellt wird.

IV. Bewertung der Eigenschaften von Personal Computern für den Einsatz im Rechnungswesen

Anhand der aufgezeigten Einsatzformen und der Eigenschaften des Mikrocomputers ist in Abbildung 6 eine Bewertung durchgeführt worden. Hierbei sind die dritte und vierte Zeile (der Einsatz des Mikrocomputers als Ergänzung zu übergreifenden EDV-Systemen und als integraler Bestandteil von übergreifenden EDV-Systemen) von besonderer Bedeutung. Die Größe der Punkte gibt die Bedeutung der einzelnen Eigenschaften für die Einsatzform an. Gleichzeitig sind die wesentlichen Argumente verbal in die Bewertungsfelder eingetragen worden.

Als Ergänzung zu übergreifenden EDV-Systemen ist der zusätzliche Einsatz von Grafik, die Nutzung von Spreadsheets, die Dokumentation und Motivation des Benutzers sowie die Nutzung der Entwicklungskapazität der Fachabteilungen zur Erfüllung von Sonderwünschen herausgestellt.

Für den Einsatz innerhalb eines integrierten DV-Systems ist vor allen Dingen die Entlastung des Host sowie des Netzes durch die Verlagerung von Transaktionen auf den Mikro zu sehen, weiterhin die Nutzung des Rechners als offenes System durch Anschluß an internationale Time-Sharing-Netze und BTx-Systeme. Gleichzeitig können die bessere Verfügbarkeit sowie die geringeren Antwortzeiten der Mikros genutzt werden und organisatorisch ein Schritt zur Dezentralisierung erreicht werden.

	HARDWARE	SYSTEMSOFTWARE	ANWENDUNGSSOFTWARE	BENUTZER	ORGANISATION
	PREIS/LEISTUNG GRAFIK/ SPRACHE ENTLASTUNG HOST ENTLASTUNG NETZ	BETRIEBSSYSTEM DATENBANKSYSTEM KOMMUNIKATION (NETZ/BTX USW.)	SPREAD-SHEETS INTEGRIERTE OFFICE-SOFTWARE BRANCHENSOFTWARE	VERFÜGBARKEIT ANTWORTZEIT BENUTZERFÜHRUNG DOKUMENTATION MOTIVATION	DEZENTRALISIERUNG ENTWICKLUNGSKAPAZ. DER FACHABTEILUNG
ISOLIERTER ARBEITSPLATZRECHNER (WORKSTATION)	● PREIS/ LEISTUNG		● SPREAD SHEETS INTEGRIERTE OFFICE SW	● DOKUMENTATION MOTIVATION	
ERGÄNZUNG ZU ÜBERGREIFENDEN E D V - SYSTEMEN	• GRAFIK		● SPREAD SHEETS INTEGRIERTE OFFICE SW	● DOKUMENTATION MOTIVATION	• ENTWICKLUNGS-KAPAZITÄT
INTEGRALER BESTAND-TEIL ÜBERGREIFEDER E D V - SYSTEME	● ENTLASTUNG HOST/NETZ	• NETZ BTX		● VERFÜGBARKEIT ANTWORTZEIT MOTIVATION	• DEZENTRALI-SIERUNG
KOMMUNIKATIONSRECHNER		● OFFENES SYSTEM NETZ, BTX			
ENTWICKLUNGSRECHNER	• ENTLASTUNG HOST/NETZ	● BETRIEBS-SYSTEM			▲ DEZENTRALI-SIERUNG
"KLEINER" UNIVERSAL-RECHNER	● PREIS/-LEISTUNGS-VERHÄLTNIS		● BRANCHEN-SOFTWARE		

● HOCH
• MITTEL
▲ GERING

ABB. 6 GROBE BEWERTUNG DER PC - VORTEILE FÜR UNTERSCHIEDLICHE EINSATZFORMEN

Während der Einsatz eines Personal Computers als Ergänzung zu übergreifenden EDV-Systemen vor allen Dingen die Software- und Hardware-Vorteile herausstellt, die die Groß-EDV nicht zu bieten hat bzw. der anwendenden Abteilung nicht zur Verfügung steht, stehen beim Einsatz des Mikrocomputers als integraler Bestandteil eines übergreifenden Systems somit die Entlastung des Host-Rechners und des Netzes im Vordergrund. Die Aufgaben könnten prinzipiell auch vom Großrechner durchgeführt werden, Kosten- und Kapazitätsüberlegungen lassen aber ein Ausgliedern dieser Funktionen als sinnvoll erscheinen.

Bei integrierten Funktionen müssen die auf dem PC ausgelagerten Abläufe mit dem Gesamtsystem abgestimmt werden. Es kann hierbei auch nicht der Fachabteilung überlassen werden, den PC allein nach ihren eigenen Vorstellungen einzusetzen. Dieses bedeutet gleichzeitig, daß die Programmierung zumindest mit der zentralen EDV abgestimmt sein muß, in der Regel aber direkt von ihr übernommen werden sollte. Es ist auch davor zu warnen, daß der Einsatz von Personal Computern automatisch mit der Programmierung durch Fachabteilungen gleichgesetzt wird. Die vielgerühmten Spreadsheet-Programme sind inzwischen bereits so mächtig und durch den Anschluß von Datenbankanwendungen auch bezüglich der EDV-Technik so anspruchvoll geworden, daß der volle Funktionsumfang nur von einem EDV-Geübten wahrgenommen werden kann.

Bei Zusatzfunktionen ist dagegen der Anspruch auf die Professionalität der Anwendungen geringer. Hier liegt auch das eigentliche Entwicklungspotential der Fachabteilungen. Die PC-Nutzung ersetzt den heute manuell auf Notizzetteln oder selbst eingerichteten Formularen durchgeführten Rechenaufwand.

B. Schwerpunkte des PC-Einsatzes im Rechnungswesen

Nachdem im letzten Abschnitt lediglich eine generelle Bewertung des PC-Einsatzes im Rechnungswesen vorgenommen wurde, wird nun diese Bewertung für die wesentlichen Teilfunktionen im innerbetrieblichen Rechnungswesen durchgeführt. Diese Bewertung bildet die Grundlage für eine systematische Einführung von Personal Computern im Rechnungswesen. Die Ergebnisse dieser Bewertung sind in Abbildung 7 dargestellt.

In Spalte 1 werden die Kostenrechnungsfunktionen unterteilt, in die Hauptfunktionen: Kostenartenrechnung, Kostenstellenrechnung, Kalkulation und Ergebnisrechnung, eingetragen.

In Spalte 2 ist angegeben, ob der PC-Einsatz mehr eine Zusatzfunktion zu zentralen Systemen des Rechnungswesens oder ein integraler Bestandteil ist.

Kostenrechnungs-funktion	Z=Zusatz-funktion I=Integraler Bestandteil	PC-EIGNUNG			NUTZUNG VON PC-EIGENSCHAFTEN					
		Datenbedarf: Z=mehr zentral D=mehr dezentral Z/D=gemischt	lokale Dialogintensität: H=hoch m=mittel g=gering	PC-Eignung H=hoch m=mittel g=gering, -=keine	Hardware	Systemsoftware	Anwendungssoftware	Benutzersicht	Organisation	Priorität des PC-Einsatzes (H=hoch, m=mittel, g=gering, -=keine)
(1)	(2)	(3)	(4)	(5)	(6)	(7)	(8)	(9)	(10)	(11)
1. Kostenartenrechnung										
1.1. Stammdatenpflege	I	Z	g	-						-
1.2. Kostenplanung										
Preisplanung	Z	Z/D	m	H	(H)		m	H	H	H
Mengenplanung	Z	Z/D	m	H	(H)		m	H	H	H
Planänderung	I	D	H	H	H		H	H	H	H
1.3. Istkostenübernahme aus vorgelagerten Anwendungen	I	Z	g	-						-
1.4. Istkostenerfassung	I	Z/D	m	m			m	m		m
1.5. Istkostenaufbereitung										
Ermittl.kalk. Kosten	I	Z/D	H	H	g	g	H	H	m	H
Periodenabgrenzung	I	Z/D	m	m	g	g	H	H	m	m
1.6. Kostenartenabstimmung	I	Z	H	-						-
2. Kostenstellenrechnung										
2.1. Stammdatenpflege	I	Z	g	-						-
2.2. Kostenplanung Bezugsgrößen	I	Z/D	m	m	(H)		m	m		m
Beschäftigung	Z	Z	m	m	(H)		m	m		m
Gemeinkosten										
- Kostenauflösung	Z	D	H	H	(H)		m	H		H
- Innerbetr. Leistungsabr.	I	Z/D	H	H	m-H		m-H	H		m-H
2.3. Soll-Ist-Vergl.	I	Z/D	m	m	m		m	H	H	m
3. Kalkulation										
3.1. Pflege Kalkulationsschema	I	Z/D	m	m	m		H	m	m	m-H
3.2. Plankalkulation	I	Z	g	-					-	-
3.3. Vorkalkulation	I	Z/D	H	H	H	m	H	H	H	H
3.4. Nachkalkulation	I	Z/D	m	m	m		m	m	m	m
3.5. Herstellkosten-Soll-Ist-Vergl.	I	Z	g	g	g		m	m	m	g
4. Ergebnisrechnung	I	Z	m	g	m	g	m	H	m	m

Abb. 7

In Spalte 5 wird anhand des Datenbedarfes (Spalte 3) und der Intensität der Dialogisierung (Spalte 4) die grundsätzliche Eignung zur Ausgliederung von Transaktionen auf den Personal Computer bewertet.

In den Spalten 6 bis 10 wird die Intensität der Nutzung der herausgearbeiteten PC-Eigenschaften dargestellt.

In der Spalte 11 wird zusammenfassend eine Prioritätkennzeichnung für den Nutzen des Einsatzes von Personal Computern für die entsprechende Funktion vergeben.

Es wird nur der Einsatz von PC's bewertet, der über die Terminalemulation hinausgeht, da sonst kein Unterschied zu einem zentralen Terminalsystem herausgearbeitet werden kann.

I. Kostenartenrechnung

Stammdatenpflege: Da die Verwaltung der Kostenartenstammdaten in der Regel in dem zentralen EDV-System durchgeführt wird, gleichzeitig auch nur wenige Dialogschritte bei der Veränderung eines Stammdatenwertes notwendig sind, liegt hier eine zentrale Funktion ohne PC-Einsatz vor.

Kostenplanung: Da die Kostenplanung sowohl nach Kostenarten als auch nach Kostenstellen durchgeführt werden kann, ist sie in Abbildung 7 zweimal aufgeführt. Bei der Kostenplanung ist zu unterscheiden, ob diese mehr zentral innerhalb des Rechnungswesens bearbeitet wird oder dezentral von den einzelnen Kostenplanern in den Abteilungen (bzw. Kostenstellen). Bei einer zentralen Kostenplanung kann die gesamte Planung auf **einem** Personal Computer mit einem entsprechend mächtigen Programm durchgeführt werden. Im zweiten Fall können unterschiedliche PC's in den jeweiligen Fachabteilungen zum Einsatz kommen. Dieses bedeutet, daß im ersten Fall auch die gesamten Kostenarten- und Kostenstellendaten dem Planer zur Verfügung gestellt werden müssen, während im zweiten Fall nur die die jeweilige Kostenstelle betreffenden Datengruppen gespeichert werden müssen. Im folgenden wird mehr von der zweiten Alternative ausgegangen. Dieses bedeutet, daß die benötigten Datenausschnitte zum Zeitpunkt der Planung dem dezentralen EDV-System zur Verfügung gestellt werden oder sogar generell von dem dezentralen PC verwaltet werden. Diesem Vorgehen steht nicht entgegen, daß nach Übertragung der dezentral durchgeführten Planungsdaten in den zentralen Rechner diese wiederum von einer "zentralen" Kostenplanungsstelle in einen dort eingesetzten Personal Computer geladen werden, um zu Abstimmungs-und Verteilungsrechnungen weiterbearbeitet zu werden.

Die Integration der verschiedenen Kostenplanungsstellen zu einem Gesamtplan wird in diesem Fall jeweils über den gemeinsamen Host-Rechner durchgeführt und nicht über eine direkte Vernetzung der Personal Computer.

Bei der Preisplanung können einmal dezentrale Preise gespeichert werden, zum anderen kann auch auf zentrale Preisdateien zugegriffen werden. Das gleiche gilt für die Mengenplanung. Muß beispielsweise für die Mengenplanung ein zentraler Produktionsplan in seine Komponenten aufgelöst werden, so werden dafür Stücklisteninformationen benötigt, die in der Regel auf dem zentralen Rechner zur Verfügung stehen. Aus diesem Grunde wird die Mengenplanung auch als Mischform angesehen.

Gerade das Ändern von Planwerten durch sogenannte Simulationsfunktionen ist ein sehr geeignetes Einsatzgebiet für den Personal Computer. Hierbei können die durch die Spreadsheet-Programme angebotenen "what-if"-Simulationen genutzt werden, um bestimmte Veränderungen von Plangrößen (Preise, Mengen usw.) sofort in ihren Auswirkungen sichtbar zu machen.

Es ist bekannt, daß die Kostenplanung mit einem hohen Aufwand an manueller und schematischer Berechnung verbunden ist, so daß gerade hier durch die EDV-Unterstützung eine wirksame Verbesserung der Akzeptanz einer analytischen Kostenplanung zu erwarten ist (vgl. K. VIKAS, "Unterstützung der Kostenplanung durch Einsatz von Personal Computern", in diesem Tagungsband).

Die Preis- und Mengenplanung wird als Zusatzfunktion innerhalb eines integrierten Systems angesehen, da sie bisher weitgehend auf manuelle Formularauswertungen beschränkt war. Es wird somit keine bisher zentral durchgeführte EDV-Funktion auf dem PC verlagert, sondern eine bereits ausgegliederte Funktion wird auf den PC übertragen.

Der Einsatz von Personal Computern im Rahmen der Kostenplanung entlastet bei den Simulationsrechnungen den Host (die Preis- und Mengenplanung wird nur in Klammern aufgeführt, da sie bisher auch auf dem Host-Rechner kaum durchgeführt wird).

Der Einsatz von Spreadsheet-Programmen ist vor allen Dingen bei Planänderungsrechnungen sinnvoll.

Der Benutzer wird bei interaktiven Prozessen der Planung unterstützt. Die Entlastung der Kostenplaner ist ein wesentlicher organisatorischer Vorteil. Insgesamt bildet der Anwendungsbereich der Kostenplanung eine hohe Eignung für den Einsatz von Personal Computern.

Istkostenübernahme: Bei der Istkostenübernahme werden Daten aus vorgelagerten Anwendungsbereichen automatisch übernommen. Da diese Daten in der Regel auf dem Host-Rechner gespeichert sind, bietet sich keine sinnvolle Einsatzmöglichkeit für den Personal Computer.

Istkostenerfassung: Werden pro Kostenstelle gesonderte Istkosten erfaßt, die nicht aus vorgelagerten Systemen übernommen werden, so kann hier dezentral pro Kostenstelle eine kontinuierliche Erfassung durchgeführt werden. Diese besitzt den Vorteil, daß Monatsspitzen vermieden werden und Fehler bei einer entsprechenden Einbettung von Plausibilitätsüberlegungen rechtzeitig erkannt und berichtigt werden können. Insgesamt wird eine mittlere PC-Eignung vergeben, da häufig die Istkosten auch für weitergehende zentrale Auswertungen benötigt werden und deswegen innerhalb eines zentralen Systems erfaßt werden. Die PC-Eigenschaft wird vor allen Dingen aus der Benutzersicht der höheren Verfügbarkeit begründet.

Istkostenaufbereitung: Bei der Istkostenaufbereitung werden vom Kostenrechner kalkulatorische Kosten (z. B. Zinsen oder Abschreibungen) ermittelt. Hierbei können umfangreichere Berechnungen erforderlich sein. Diese Berechnungen können durchaus den Einsatz von Personal Computern sinnvoll machen. Voraussetzung ist aber, daß auf zentrale Daten der Anlagenbuchführung zugegriffen werden kann.

Bei der Periodenabgrenzung können ebenfalls unterschiedliche Annahmen in Form von "what-if"-Analysen bewertet werden. Auch hier kann sich der Einsatz von Personal Computern lohnen. Allerdings ist dieser Einsatz als weniger vordringlich anzusehen.

Kostenartenabstimmung: Die Kostenartenabstimmung greift auf die gesamten Kostenartendaten zu. Insbesondere ist auch eine Abstimmung mit den vorgelagerten Systemen (z. B. Finanzbuchführung) erforderlich. Aus diesem Grunde ist der Einsatz von Personal Computern nicht geeignet.

II. Kostenstellenrechnung

Stammdatenpflege: Werden die Kostenstellenstammdaten zentral gepflegt, so ist keine Eignung für den PC-Einsatz gegeben.

Kostenplanung: Die Einsatzformen des Personal Computers bei der kostenstellenbezogenen Kostenplanung entsprechen weitgehend den Argumenten der kostenartenbezogenen Planung. Es ist vorstellbar, daß die Bezugsgrößen innerhalb einer Kostenstelle dezentral verwaltet werden, obwohl Kostenarten- und Kostenstellendaten als zentrale Stammdaten gelten.

Innerhalb der Gemeinkostenplanung ist die Kostenauflösung (Trennung zwischen fixen und variablen Kosten) ein besonders dialogintensiver Vorgang.

Die innerbetriebliche Leistungsverrechnung bezieht sich darum auf alle Hilfskostenstellen eines Betriebes. Sie ist damit keine Anwendung einer einzelnen Kostenstelle. Die

Leistungsfähigkeit von modernen Spreadsheet-Systemen ermöglicht aber auch die Verwaltung von umfangreichen BAB's. Auch die Möglichkeit zur Behandlung interdependenter Beziehungen, wie sie durch die gegenseitige Leistungsverrechnung von sekundären Hilfskostenstellen besteht, ist durch Spreadsheet-Programme gegeben.

Da wiederum die Planungsfunktionen als zur Zeit noch weitgehend aus EDV-Systemen des Rechnungswesens ausgegliedert betrachtet werden, werden Beschäftigungsplanung und Kostenauflösung als Zusatzfunktionen bewertet.

Soll-Ist-Vergleich: Im Rahmen des Soll-Ist-Vergleichs können den Abteilungen aus einer zentralen Rechnung die sie betreffenden Daten zur Verfügung gestellt werden, so daß sie am Personal Computer differenziert ausgewertet werden können. Hier können grafische Hilfsmittel (wie auch bereits bei der Kostenauflösung oder anderen Planungsfunktionen) hilfreich unterstützend eingesetzt werden. Diese Funktion entlastet die zentralen EDV-Systeme von der Druckausgabe vollständiger Soll-Ist-Kostenvergleiche, so daß sich die Kostenverantwortlichen entsprechend ihren Fragestellungen differenziert oder verdichtet über Kostenabweichungen informieren können.

III. Kalkulation

Die Kalkulation wird in Plan-, Vor- und Nachkalkulation unterschieden. Dabei ist strenggenommen eine Plankalkulation auch eine Vorkalkulation, da sie vor der Auftragsabwicklung durchgeführt wird. Die Kalkulation ist eng mit den in einem Unternehmen eingesetzten Fertigungsverfahren sowie der hergestellten Produkte (Stückgüter, Fließgüter, Kuppelprodukte) verbunden, so daß eine Standardisierung der Kalkulation schwierig ist. Aus diesem Grunde werden Kalkulationsverfahren von vielen EDV-Systemen nur unvollkommen angeboten. Umso sinnvoller kann deshalb hier der Personal Computer in integrierten Systemen des Rechnungswesens eingesetzt werden. Die Host-Systeme liefern Basisdaten, die dann auf dem PC anhand dezentral verwalteter Kalkulationsschemata ausgewertet werden.

Kalkulationsschema: Das Kalkulationsschema richtet sich vor allem nach dem Kalkulationsobjekt, d. h. der Produktart (Stückgüter, Fließgüter, Kuppelprodukte). Werden in einem Unternehmen unterschiedliche Produktarten bearbeitet, so müssen auch unterschiedliche Kalkulationsschemata eingesetzt werden. Es ist sinnvoll, das Kalkulationsschema für die einzelnen Anwendungsfälle möglichst standardisiert zu gestalten, um eine einheitliche Kostenermittlung innerhalb des Unternehmens zu gewährleisten, sowie bei Zeitvergleichen eine Vergleichbarkeit herzustellen.

Das Kalkulationsschema kann aber nach den Kalkulationsarten ebenfalls differieren. So ist für die Vorkalkulation in der Regel nur ein sehr grobes Mengen-und Wertegerüst bekannt, so daß hier auch gesonderte Kalkulationsverfahren mit entsprechendem Aufbau eingesetzt werden. Die Vorkalkulation ist zudem organisatorisch (z. B. bei Einzelfertigung) sehr eng mit dem Vertrieb verbunden und damit häufig auch mit dem Auftragsbearbeitungssystem EDV-technisch verzahnt.

Insgesamt kommt gerade bei der Kalkulation dem Einsatz von Spreadsheet-Programmen besonderes Gewicht zu, da diese von vornherein auf die Matrix- bzw. Tabellensicht einer Kalkulation ausgerichtet sind.

Plankalkulation: Bei einer Plankalkulation wird in der Regel einmal jährlich das gesamte Mengen- und Wertgerüst des Gozintografen der Produktzusammensetzung durchgerechnet. Es werden somit die zentral gespeicherten Stücklisten und Arbeitsplaninformationen benötigt, so daß eine derart umfangreiche Plankalkulation für den Einsatz auf dedizierten Personal Computern nicht geeignet ist.

Vorkalkulation: Im Rahmen der Vorkalkulation werden neben Daten aus vergleichbaren Kalkulationsfällen auch kundenwunschorientierte Daten (Varianteninformationen oder Zusatzwünsche) eingegeben. Hier braucht der Benutzer zur Suche ähnlicher Kalkulationsfälle nur am Anfang des Kalkulationsvorgangs die zentralen Datenbanken durchzusuchen und geeignete Bezugsdaten in seinen PC zu übertragen, um dann anhand dieser Daten die konkrete Kalkulation aufzubauen. Häufig haben sich hier auch "Daumenregeln" entwickelt, die bereits in einer sehr frühen Phase einer Angebotserstellung Kostenrichtwerte ergeben. Beispielsweise werden Maschinen global nach ihrem erwarteten Gewicht bewertet oder Kräne nach der verlangten Höhe.

Wegen der Unsicherheit der Datensituation ist hier auch eine Sensitivitätsanalyse über die "what-if"-Eigenschaften der Spreadsheet-Programme besonders hervorzuheben.

Bei einer nach Artikelgruppen organisierten Auftragsbearbeitung können auch Standardstücklisten und Standardarbeitspläne dezentral verwaltet werden, so daß die Suchvorgänge auf die Datenbestände der Groß-EDV entfallen können. Bei einer solchen Organisationsform kann der Einsatz eines Datenbanksystems für Mikrocomputer bereits sinnvoll sein. Allerdings muß gewährleistet werden, daß die Datenpflege der zentralen Stücklisten- und Arbeitsplandateien in dezentralen Datenbeständen gesichert wird.

Es ist bekannt, daß die Bedeutung der Entwicklungs- und Konstruktionsphase in dem Lebenszyklus von Produkten ein betriebswirtschaftlich immer höheres Gewicht erhält (vgl. A.-W. Scheer, EDV-orientierte Betriebswirtschaftslehre, S. ...). Aus diesem Grunde wächst auch die Forderung, Kalkulationsvorgänge möglichst frühzeitig in die Entwicklungsphase der Produkte einzubeziehen. Auch hier kann der Einsatz von Mikrocomputern, die auch als Workstations für CAD-Anwendungen dienen, genutzt werden.

Nachkalkulation: Bei der Nachkalkulation müssen die Istkosten zur Verfügung gestellt werden. Sie können zwar aus dem zentralen System dezentral abgerufen werden, dieses ist aber nur bei einem größeren Verarbeitungsumfang sinnvoll. Dieses kann gegeben sein, wenn bereits mit unvollständig vorliegenden Istkosten eine Nachkalkulation durchgeführt und auf die erwarteten Gesamtkosten hochgerechnet werden soll. In diesem Fall würden fortlaufend die Kosten für einen besonders wichtigen Auftrag im Mikrocomputer erfaßt.

Herstellkosten Soll-Ist-Vergleich: Der Soll-Ist-Vergleich fußt im wesentlichen auf den zentral gespeicherten Ist-Daten und bildet somit eine vor allen Dingen zentrale Verarbeitungsfunktion. Die Ergebnisdaten können allerdings auch dezentral gespeichert werden, um aus der Kostenrechnungsabteilung individuell und differenziert ausgewertet zu werden.

IV. Ergebnisrechnung

Die Ergebnisrechnung umfaßt die Aufgabengebiete Betriebsleistungsrechnung, Deckungsbeitragsrechnung sowie den Plan-Ist-Vergleich. Diese Aufgaben sollen hier nur summarisch bewertet werden. Die Funktionen werden periodisch durchgeführt und benutzten umfangreiche Daten der operativen Ebene. Allerdings können auch ad hoc-Auswertungen, z. B. die Analyse von Kunden vor einer Auftragsannahme oder vor einer Vertriebsaktion durchgeführt werden. In diesen Fällen wird jeweils auf zentrale Daten zugegriffen, diese in den Mikrocomputer übertragen und dort mit den Spreadsheet-Programmen oder auch grafischen Hilfsmitteln ausgewertet. In diesem Sinne kann der Personal Computer auch zur Unterstützung der Ergebnisrechnung einbezogen werden.

C. Architektur des PC-Einsatzes im integrierten Rechnungswesen

In Abbildung 7 haben sich vor allen Dingen die Funktionen Kostenplanung (nach Arten und Stellen), die Ermittlung kalkulkatorischer Kosten im Rahmen der Istkostenaufbereitung, die Gemeinkostenauflösung und die Vorkalkulation als besonders geeignet für die PC-Unterstützung herausgestellt. Die Funktionen innerbetriebliche Leistungsverrechnung (durch Nutzung der eingebauten Simultanabgleiche in Spreadsheet-Programmen) sowie die Pflege von Kalkulationsschemata folgen mit kurzem Abstand.

Als mittlere Eignung haben sich die Funktionen Istkostenerfassung, Periodenabgrenzung im Rahmen der Istkostenaufbereitung, Planung von Bezugsgrößen und Beschäftigung innerhalb der Kostenstellenplanung, der Soll-Ist-Kostenvergleich innerhalb der Kostenstellenplanung, die Nachkalkulation und Teile der Ergebnisrechnung ergeben.

Geringe Eignung wurde dagegen für die Herstellkosten Soll-Ist-Vergleichrechnung erkannt.

Die Funktionen Stammdatenpflege der Kostenarten, Istkostenübernahme aus vorgelagerten Anwendungen, Kostenartenabstimmung, Stammdatenpflege der Kostenstellen und die Plankalkulation wurden dagegen als nicht für den PC sinnvolle Anwendungen herausgearbeitet.

Eine geringe PC-Eignung bedeutet übrigens nicht, daß diese Funktionen nicht dialoggeeignet sind, vielmehr erfordert die Nähe zu den zentralen Datenbanken den Einsatz des Host-Rechners.

Diese Aufteilung der Funktionen des innerbetrieblichen Rechnungswesens auf Host-Rechner, Personal Computer in der Abteilung Rechnungswesen sowie Personal Computer in anderen Fachabteilungen ist zusammenfassend in Abbildung 8 dargestellt. Sie gibt somit die Hardwarearchitektur mit der Funktionsaufteilung eines PC-integrierten Rechnungswesens wieder.

Die dem Host-Rechner zugeordneten Funktionen decken sich weitgehend mit den zur Erstellung einer "Grundrechnung" benötigten Anwendungen. Auf dem Host-Rechner wird somit im wesentlichen eine Datenbank der Kostenrechnung gepflegt, die von den Sonderrechnungen, die mehr zum Personal Computer tendieren, ausgewertet werden.

D. Ein Beispiel

Die Integration eines Personal Computers in das EDV-gestützte Rechnungswesen soll abschließend an einem Beispiel demonstriert werden (vgl. Abb. 9). Hierbei wird die Vorkalkulation, die im Punkt B. III. als besonders PC-geeignet herausgestellt wurde, gewählt. Auf dem Host-Rechner sind die Mengendaten (Stücklisten, Arbeitspläne und Betriebsmittel) gespeichert. Für eine Vorkalkulation wird ein Suchprogramm des Host-Rechners verwendet, das anhand bestimmter Spezifikationen ähnliche Produkte für ein neu zu konstruierendes oder als Variantenfertigung zu erstellendes Teil aus den Datenbeständen extrahiert. Die Mengendaten werden im PC zwischengespeichert. Für diesen Extraktionsvorgang kann ein integriertes Berichtsgeneratorsystem eingesetzt werden oder aber ein integriertes Datenbanksystem, das sowohl auf dem Host als auch auf dem PC verfügbar ist.

Auf dem Personal Computer ist die Berechnungsvorschrift für die Kalkulation, d. h. das Kalkulationsschema, gespeichert. Die Bewertungsansätze (Kostenansätze, Materialpreise, Zuschlagsätze) sind entweder dezentral auf dem Personal Computer gespeichert oder werden zusammen mit den Mengendaten aus den Stücklisten- und Betriebsmitteldatensätzen des Host übernommen. Befinden sich bestimmte Daten in einem anderen örtlich entfernten Betrieb des Unternehmens, zu dem keine DFÜ-Verbindung der Host-Rechner besteht, so kann vom PC über Teletex eine Information über einen Kostensatz oder Ähnliches angefordert werden. Wurde der Kundenauftrag von einer Außenstelle des Vertriebs entge-

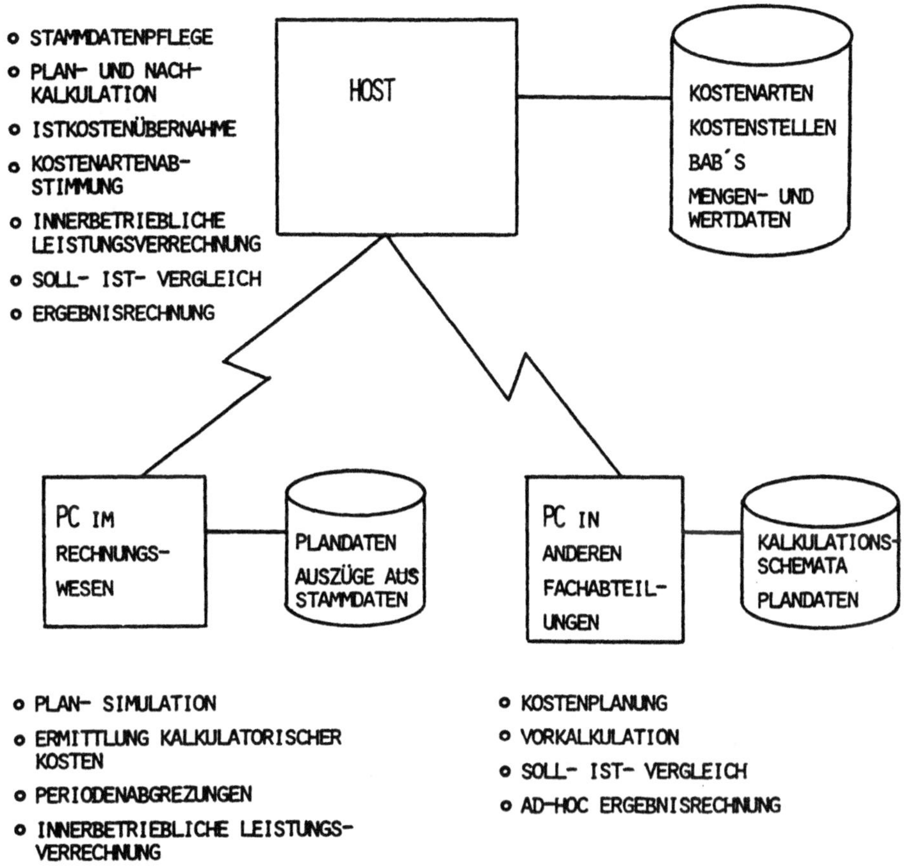

ABB. 8 HARDWARE- UND FUNKTIONSARCHITEKTUR EINES SYSTEMS FÜR DAS RECHNUNGSWESEN MIT INTEGRIERTEN PC´S

gengenommen und befindet sich die Auftragsverhandlung erst in der Anfangsphase, so daß lediglich eine Handskizze des Kundenwunsches vorliegt, so kann dieser per Telefax übertragen werden. Der Kalkulator kann eigene Schätzwerte zu den übernommenen Daten in das Kalkulationsschema, das von einem Spreadsheet-Programm erstellt wurde, eingeben.

Die Ergebnisse können nach einzelnen Kostenbestandteilen grafisch ausgegeben werden, z. B. in Form einer Kuchenabbildung oder in Form von Stäbchendiagrammen. Gleichzeitig können anhand des Ergebnisses Simulationen durchgeführt werden, um die Empfindlichkeit des Deckungsbeitrages in Bezug auf bestimmte Kostenarten herauszufinden.

Ein menügesteuertes Kalkulationssystem, mit dessen Hilfe unterschiedliche Kalkulationsarten (Plankalkulation, Vorkalkulation, Nachkalkulation) und Kalkulationsobjekte (Stückgüter, Fließgüter und Kuppelprodukte) bearbeitet werden können, wurde am Institut für Wirtschaftsinformatik auf Basis von Lotus 1-2-3 entwickelt (Lambing, Entwurf und Implementierung von Kalkulationsverfahren in Lotus 1-2-3).

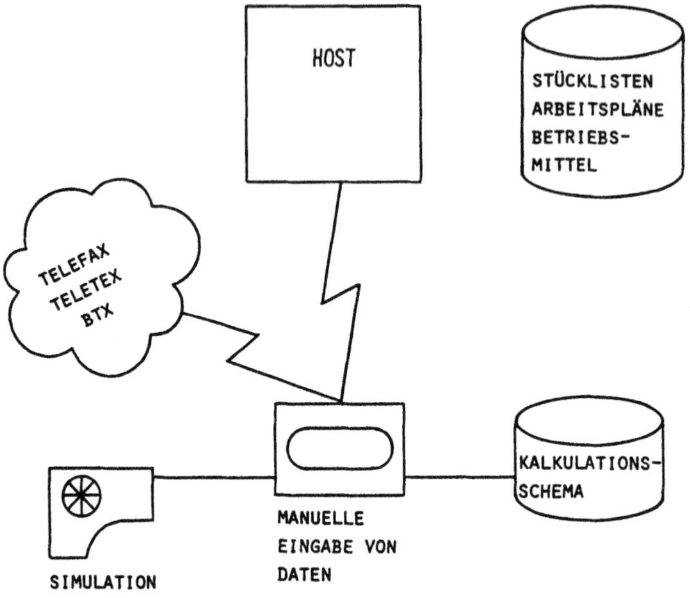

ABB. 9

Literatur:

Scheer, A.-W., EDV-orientierte Betriebswirtschaftslehre, Heidelberg-Berlin-New York-Tokyo 1984

Scheer, A.-W. und Mitarbeiter, Personal Computing - EDV-Einsatz in Fachabteilungen, Verlag CW-Publikationen, München 1984

B. Endbenutzerauswertungen, Kostenplanung, Berichtswesen, Anwenderberichte

Interaktive Kostenplanung und -kontrolle mit Tabellenkalkulationssystemen auf Personal Computern

Prof. Dr. *L. Nastansky*, Universität–Gesamthochschule Paderborn

1. Einführung

1.1 VISICALC und die anschließende Entwicklung

Spread-Sheet Systeme, oder deutsch zumeist: Tabellenkalkulationsprogramme bzw. -systeme, haben entscheidend zur professionellen Nutzung von Personal-Computern für betriebswirtschaftliche Anwendungen beigetragen.
Zur Hervorhebung der durch diese neuartigen Datenverarbeitungskonzeptionen eingeleiteten Entwicklung sei auch an dieser Stelle nicht versäumt, auf einige pointenhafte Facetten zu verweisen: Tabellenkalkulationsprogramme sind binnen kurzem die zahlenmäßig am häufigsten verkauften Softwareprodukte geworden. Sie sind dabei, herkömmliche Vorstellungen über Entwicklung und laufende Nutzung von interaktiven Anwendungssystemen erheblich in Bewegung zu bringen. In ihrem Gefolge ist (in den USA) eine ganze neuartige Industrie von Softwarehäusern entstanden.

In der vergleichsweise kurzen 4-jährigen Zeitspanne seit der Verfügbarkeit des ersten Spread-Sheet Systems (im weiteren: SSS= Spread-Sheet System, SS= Spread-Sheet) "VISICALC" für einen Apple-Mikrocomputer hat sich das Leistungsprofil der SSSs erheblich abgerundet und ausgeweitet. Bei VISICALC stand die isolierte Nutzung für quantitativ-analytische betriebswirtschaftliche ad-hoc Planungsüberlegungen am Arbeitsplatz im Vordergrund. Ein wichtiges Merkmal war dabei die besondere Ausrichtung auf "what-if" Überlegungen, also auf Sensitivitätsanalysen betriebswirtschaftlicher Einfachprobleme wie auch komplexerer quantitativer Modelle. Inzwischen bieten die auf Grundlage der ersten Version von VISICALC fortentwickelten SSSs flexible Entwicklungsumgebungen für die Implementierung computergestützter betrieblicher Planungs- und Administrationssysteme jeglicher Art und - abgesehen von ausgesprochenen Massendatenverarbeitungsaufgaben - in praktisch kaum limitierter Komplexität und Größenordnung.

Das breite Einsatzprofil von SSSs erlaubt dabei eine Verwendung in allen Unternehmungen unabhängig von der Betriebsgröße. Im Großunternehmen ist der SSS-Einsatz auf Personal-Computern (im weiteren: PC) im Verbund mit den anderen EDV-Ressourcen des betrieblichen Informations- und Kommunikationssystems zu sehen. Im mittleren oder kleineren Betrieb erlauben SSSs die Implementierung leistungsfähiger computergestützter Konzepte in einem günstigen Kosten-/Nutzenverhältnis. Im Großunternehmen wird das typische Profil SSS-gestützter Aufgabenstellungen zunächst eher komplementär zu den bereits vorhandenen EDV-Lösungen zu sehen sein; für Neuimplementierungen bieten SSSs darüberhinaus alternative Designmöglichkeiten zu herkömmlicher Softwareentwicklung. Im mittleren und kleineren Betrieb gestatten SSSs die vielleicht erstmalige Bereitstellung kostengünstiger und dennoch individueller computergestützter Anwendungen. Zu weiteren Überlegungen zum Profil dieser unterschiedlichen PC- und SSS-Anwendungsumgebungen siehe etwa NASTANSKY (1983-2, S. 155 ff.).

1.2 Ziel dieses Beitrags

In diesem Beitrag sollen konzeptionelle Überlegungen und Anwendungsfelder für interaktive und integrierte Einsatzmöglichkeiten von SSSs auf PCs bei der Kostenplanung und -kontrolle diskutiert werden.

Mit interaktiv ist dabei vor allem gemeint, daß die Planungs- und Entscheidungsvorbereitungsfunktionen der Kosten- und Leistungsrechnung (im weiteren: KLR) im Vordergrund stehen sollen. Damit unterscheidet sich das Profil der notwendigen computergestützten Informationsverarbeitung innerhalb der KLR wesentlich vom mehr abwickelnden und administrativen Profil anderer betriebswirtschaftlicher Aufgabenstellungen, etwa denen des externen Rechnungswesens. SSSs sind vom prinzipiellen Design her interaktiv sowie auf flexible und individuelle Manipulation in komplexen Rechenwerken ausgerichtet. Sie bieten deshalb für viele typische kostenrechnerische Planungs- und Kalkulationsüberlegungen oder Abwägungen eine isomorphe Implementierungsumgebung.

Mit integriert soll betont werden, daß keine Einschränkung auf isolierte Anwendungen mit Einmalcharakter vorgenommen wird. Vielmehr ist der SSS-Einsatz auf einem PC sowohl technisch gegebenenfalls im Netzverbund mit anderen EDV-Systemen als auch insbesondere organisatorisch eingebettet in den betriebswirtschaftlichen Rahmen des KLR-Systems zu verstehen.

1.3 Grundprobleme des betrieblichen PC-Einsatzes

Hauptanliegen dieses Beitrages ist, vielfältige Möglichkeiten der PC-gestützten Durchformung von Daten und Informationen für Kostenplanung und -kontrolle in der KLR durch SSSs aufzuzeigen. SSSs bieten dazu einen Werkzeugkasten für computergestützte flexible Informationsaufbereitung im Dialog.

Diese bewußt weiche Formulierung soll helfen, ein Mißverständnis von vornherein auszuschließen: Im weiteren steht nicht im Vordergrund aufzuzeigen, welche Datenverarbeitungsprobleme der KLR inzwischen auf PCs mit SSSs abgewickelt werden können. (Mikrocomputer - wie auch die Autoren, die sich mit ihrer Anwendung auseinandersetzen - sind sehr schnell aus dem Defensivszenario des Nachweisenmüssens gegenüber "Groß-EDV" herausgewachsen). Selbstverständlich läßt sich ein Großteil bisher auf größeren kommerziellen Computern implementierter Software für KLR auch auf Mikrocomputern implementieren; selbstverständlich kann man dazu auch häufig SSSs verwenden. Diese Überlegungen einer Art 1:1 Transfer von EDV-Aufgaben sollen hier nicht so sehr angesprochen werden.
Vielmehr soll im weiteren beispielhaft ein Spektrum von flexiblen Konzeptionen und Lösungsmöglichkeiten für Datenmanagement und -aufbereitung in der KLR durch eine vor allem werkzeugkastenartige Nutzung der SSSs vorgestellt werden. Die Summe der (in den mehr oder weniger willkürlich ausgewählten Beispielen) realisierten Datenmanipulationsmöglichkeiten soll dabei aufzeigen, daß durch SSSs insgesamt eine neue qualitative Komponente für individuelle Planungs- und Entscheidungsvorbereitung in der KLR möglich ist.
Dabei geht es insbesondere etwa um flexible interaktive Datenaufbereitungs- und Berechnungsaufgaben bei vorhandenen Daten, um die (selbstverständliche) Integration von Graphik, um die Herausfilterung von relevanten Daten für vielfältige Planungen und Entscheidungsvorbereitung, um Alternativberechnungen mit vorhandenen oder speziell bereitgestellten Daten, oder um die Verzahnung von KLR-Aufgaben mit Dispositionsproblemen in anderen betrieblichen Teilbereichen.

1.4 Einsatzerfahrung von Tabellenkalkulationssystemen auf PCs?

Die berechtigte Frage nach direkter praktischer Anwendbarkeit der im weiteren vorgestellten Datenverarbeitungskonzeptionen läßt sich etwas pauschal wie folgt beantworten.

Alle weiteren Anwendungsbeispiele sind auf PC-Hardware implementiert, die seit etwa einem Jahr in Massenproduktion bereitsteht. Die verwandte SSS-Software ist in den ersten Versionen gleichfalls seit etwa einem Jahr verfügbar. Stabile konzeptionelle Strukturkomponenten typischer SSSs scheinen sich auf den in diesem Jahr auf dem US-Markt angebotenen neuen Versionen von integrierten SSSs der sog. 3. Generation allmählich herauszuprägen; vielfältige wichtige Designfragen sind jedoch nach wie vor im Fluß (z.B. Integrationsformen für Datenmanagementfunktionen). Großunternehmen beginnen erst allmählich, eine technische Integration des PC-Einsatzes vorzubereiten. Modelle für die organisatorisch-konzeptionelle Integration in das vorhandene betriebliche Informations- und Kommunikationssystem stecken in den Kinderschuhen. Kleinere und mittlere Unternehmungen versuchen zunehmend den PC-Einsatz vornehmlich für abgeschlossene turn-key Anwendungen in dedizierten Funktionsbereichen. Vor diesem Hintergrund einer unentwickelten Infrastruktur generell für den PC-Einsatz scheint die Frage nach praktischer Erfahrung mithin ein wenig müßig.

Im weiteren muß also vor allem ein Aufzeigen von technischen Möglichkeiten des SSS-Einsatzes in der KLR im Vordergrund stehen. Alle vorgestellten Anwendungen lassen sich dabei von den notwendigen qualitativen und quantitativen PC-Leistungsdaten im praktischem Einsatz im Rechnerverbund in Großunternehmen oder stand-alone in mittleren und kleineren Betrieben realisieren. Häufig vorgetragene Argumente auf PC-Beschränkungen hinsichtlich etwa unzureichenden Haupt- oder Massenspeicherplatzes oder Verarbeitungsgeschwindigkeit sind schon jetzt fast sekundär. In pragmatischer Extrapolation der technischen Entwicklung ist abzusehen, daß derartige Leistungseckdaten für das hier angesprochene Anwendungsfeld kaum valide Leistungsabgrenzungen aus Endnutzersicht zwischen "Groß-EDV" und Mikrocomputern mehr zulassen werden.

Die Hauptprobleme für die Bewährung des PC-Einsatzes generell, so auch für Anwendungen von SSSs in der KLR, liegen vielmehr auf ganz anderen Ebenen: unterentwickelte Organisationskonzepte für PC-Einsatz (siehe z.B. auch SCHEER 1984, etwa S. 72), fehlendes PC know-how und Erfahrung im klassischen EDV-Bereich, fehlender Mitarbeiter/-innenausbildungsstand in Fachabteilungen, fehlende betriebsinterne und externe Infrastruktur für Hardware- und Softwarebeschaffung sowie Wartung, schlechte Qualität im Design der turn-key Anwendungen durch bisher nur geringe Beteiligung professioneller Systementwickler u.a.m..

2. Nutzung von Tabellenkalkulationssystemen auf Personal-Computern

2.1 PC-Konfigurationen und Tabellenkalkulationssysteme

Die weiteren Argumentationen gehen von folgender typischer <u>Hardwarekonfiguration</u> (siehe z.B. NASTANSKY 1983-1) eines PCs aus:

- PC-Zentraleinheit und Speicher:
  16/32-bit Technologie; 0,5-1 MegaByte Hauptspeicher; Massenspeicher ca. 10 MegaByte auf Festplatte, direkt oder über (schnelles) lokales Netz verfügbar; Datensicherungs- und Archivierungsmedien für individuelle Benutzerdaten, z.B. Disketten oder Streamer (PC-Magnetbandsysteme) gegeben.
- Bedienerkonsole:
  Bildschirm graphikfähig; Tastatur ist bei SSS regelmäßig für Eingabe und Systemsteuerung hinreichend.

- Papierausgabe:
  (low-cost) Matrixdrucker, graphikfähig; Zugriff auf Papierausgabemedien für qualitativ hochwertigen Text (z.B. entsprechender Matrixdrucker oder Typenradschreibmaschine).
- Netzverbund:
  Schnittstellen zu anderen EDV-Systemen des betrieblichen Informations- und Kommunikationssystems (z.B. PC-Verbund, Terminal-Modus an betriebsinternen und/oder externen Fremdsystemen, Zugriff auf lokales Netz).

Zwar lassen sich die meisten der im weiteren vorgestellten Anwendungsmöglichkeiten auch auf den weit verbreiteten 8-bit Systemen mit z.T. weitaus geringeren Leistungs-Eckdaten realisieren. Diese Technologie ist jedoch nur als Übergangsphase anzusehen. Die Investitionskosten für den skizzierten typischen professionellen 16/32-bit PC-Arbeitsplatz liegen je nach Ausstattung z.Zt. bei ca. 20-30 % der jährlichen Bruttopersonalkosten qualifizierter Mitarbeiter/-innen des unten angesprochenen Anwendertyps 2a). Die Kostentendenz ist nach wie vor fallend.

SSSs liegen nunmehr in einer dritten Generation vor und umfassen dabei typischerweise Rechen-, Textaufbereitungs-, Datenmanagement-, Graphik- und Kommunikationsfunktionen. Sie werden ohne Beratungsservice auf einem anonymen Massenmarkt vertrieben und stammen praktisch ausschließlich aus den USA. Ein solches Produkt besteht üblicherweise aus SSS-Software, Installationsprogrammen, Help-System, Demonstationsbeispielen und Tutorien auf Diskettendateien sowie einer Dokumentation. Das Beispiel des z.Zt. (auf dem amerikanischen Markt) erfolgreichsten SSS LOTUS 1-2-3 mag eine Vorstellung über die inzwischen erreichte Komplexität vermitteln. Bei LOTUS 1-2-3 umfassen die auf Disketten gelieferten Informationen an Code, Daten und Text insgesamt ca. 1 MegaByte in ca. 60 Dateien.

Die im weiteren vorgestellten Anwendungsbeispiele wurden auf den weitverbreiteten SSSs: LOTUS 1-2-3 (1983), LISACALC (1983), MULTIPLAN (1983) und SUPERCALC-3 (1983) erstellt. (Auf dem deutschen Markt liegen die Preise dieser SSSs bei etwa DM. 1200,- +/- 400,-; sie umfassen regelmäßig eine Lizenz für Nutzung auf genau einem Mikrocomputer.) Die benutzten Betriebssysteme waren MSDOS VS-2.0, CONCURRENT CP/M-86 VS-3.1 sowie das APPLE-LISA Bürosystem. Die verwandte Hardware war: APPLE LISA, IBM-PC, MAD-PC, VICTOR/SIRIUS PC, sowie low-cost Matrixdrucker und Typenradschreibmaschine.

Die aktuelle Entwicklung bei SSSs geht in Richtung einer Ausdifferenzierung der Funktionen und Einbettung in modulare Werkzeugkästen mit Funktionen für: Tabellenkalkulation, Text- und Dokumentenverarbeitung, Datenmanagement, Graphik, integrierte Kommunikation über betriebsinterne und öffentliche Netze sowie z.T. Termin-/Projektmanagement. Beispiele für derartige Entwicklungen sind etwa: OPEN ACCES (1984), SYMPHONIE (1984) oder SMART SYSTEM (1984).

2.2 Prinzip eines Tabellenkalkulationssystems

Ein wesentliches Designmerkmal von SSSs ist eine tabellenorientierte Sicht auf Daten und Verarbeitungsfunktionen (zu einer Einführung generell in SSSs siehe z.B. HENDERSON-COBB 1984). Ein Spread-Sheet (im weiteren: SS) kann man sich als 2-dimensionale Matrix vorstellen, in deren Felder verschiedenartigste Informationen wie etwa: Daten als Zahlen oder Texte, Verarbeitungsausdrücke/Formeln zur Datenverknüpfung oder Verarbeitungskommandos eingebracht werden können. Die maximal zulässige Tabellengröße ist von SSS zu SSS unterschiedlich. Viele SSSs erlauben etwa 63x255 Matrizen (SpaltenzahlxZeilenzahl), LOTUS 1-2-3 läßt 256x2048 Tabellen zu, es werden SSS mit Dimensionen bis zu 999x9999 angeboten (SMART 1984).

Als Beispiel zur Erläuterung wesentlicher Aufbauprinzipien eines SSS sei LISACALC genommen. In Abb. 1 findet sich ein geöffnetes LISACALC-Formular. Dort ist als Anwendungsfall ein Grundproblem der innerbetrieblichen Leistungsverrechnung mit gegenseitigen Leistungsabtausch der Hilfskostenstellen (für didaktische Zwecke aufbereitet) visualisiert. In diesem SS werden die Kalkulationssätze für die Hilfskostenstellen bestimmt. Der auf dem Bildschirm dargestellte Ausschnitt des SS umfaßt die Spalten(indizes): A bis N und die Zeilen(indizes): 1 bis 26. Beispielhaft seien die Inhalte einiger Felder erläutert:

- A1..A3 Text (erläuternde Funktion)
- B5, G3..G19 Text (zur semi-graphischen Visualisierung)
- H6, E19, E14 Zahlenkonstante (Eingabefelder für numerische Daten)
  hier: Eingabedaten für HiKoSt. STROM
  E14: Primäre Gemeinkosten
  H6: Leistungsabgabe an HiKoSt. WERKSTATT
  E19: Summe der Leistungsabgaben an alle HauptKoSt.
- E15, E17 Rechenergebnisse (Ergebnisfelder von numerischen Verarbeitungsoperationen)
  hier: errechnete Werte für HiKoSt. STROM
  E15: Summe der Fremd-Leistungsabgaben nach der Formel:
  H6+E19
  E17: Errechneter Kalkulationssatz unter Berücksichtigung des gegenseitigen Leistungsabtauschs im Hilfskostenstellenbereich nach der Formel:
  (E14 + H12*K7)/ E15
  d.h.:(PrimK. + Sek.K.von HiKoSt.WERKST)/Bez.größe

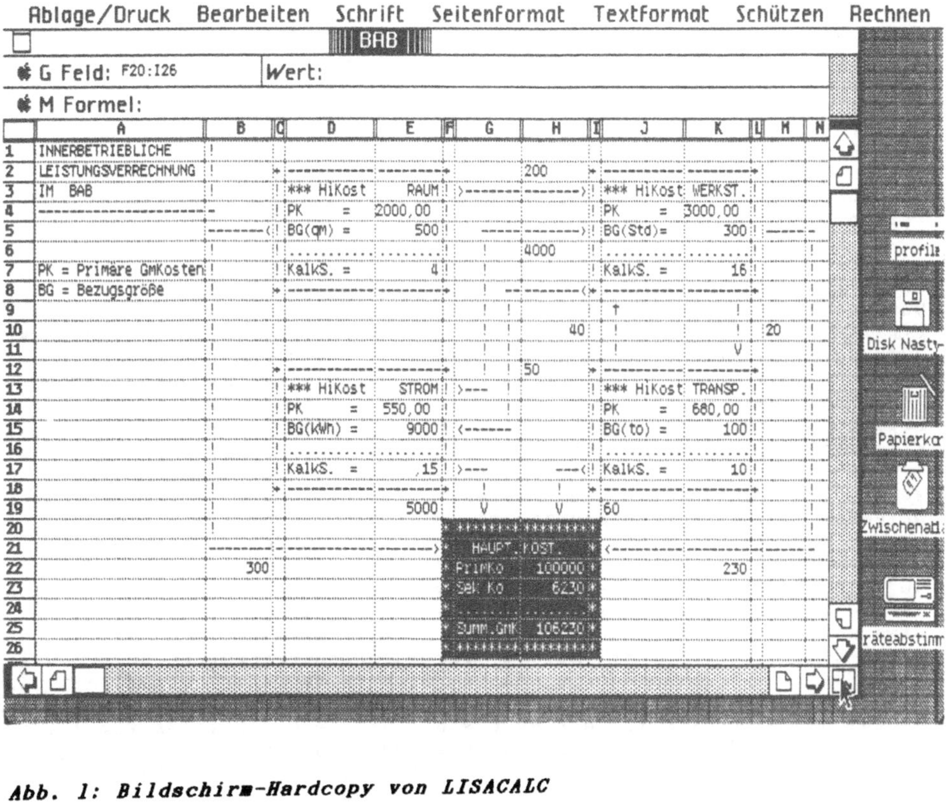

Abb. 1: Bildschirm-Hardcopy von LISACALC

Die Rechenverknüpfungen für die anderen Kostenstellen sind analog unter Verweis auf die jeweils gültigen Datenadressen (=SS-Feldindizes) aufgebaut. Im vorliegenden Beispiel ergeben sich natürlich durch die verwandte Formellogik zirkulare Beziehungen. Diese reflektieren isomorph die Zirkularitätsbeziehung im zugrundeliegenden Anwendungsproblem. Was macht man bei SSs damit? Dazu unter Punkt 4.2 mehr.

In der Anwendungsphase des SS's ist die Sicht auf Ausgabefelder (durch Endnutzer) regelmäßig wie in Abb. 1 dargestellt: auf dem Bildschirm wird das Ergebnis der entsprechenden Verküpfungsfunktion eines Feldes angezeigt. Eintragungen erfolgen in der Anwendungsphase nur in Eingabefelder durch entsprechende Positionierung des Feld-Cursors auf das Feld und Tastatureingabe der Eingabedaten. In der Entwurfsphase dagegen werden (durch Systementwickler) die notwendigen Verknüpfungsausdrücke/Formeln in die (späteren) Ausgabefelder nach den für das SSS gültigen Regeln eingegeben.

Vom essentiellen Design eines SSS sind dabei Anwendungsphase und Entwurfsphase nur logisch unterscheidbare Zustände. Ein SSS läßt prinzipiell zu, daß in jedem Augenblick sowohl neue Verknüpfungen eingegeben werden können wie auch Berechnungen auf Basis des aktuellen SS-Zustands durchgeführt werden können. Durch diese Konzeption ergibt sich die hohe interaktive Modellierungsflexibilität von SSS.
Es kommen weitere Merkmale hinzu, die eine problemnahe und schrittweise Systementwicklung unterstützen. Die tabellarische Problemsicht des implemtierten Aufgabenfeldes erlaubt eine weit höhere intuitive und weniger abstrakte Darstellung des Anwendungsproblems als etwa in Form von Quellcode einer höheren Programmsprache. Weiterhin sind die Bedienungsfunktionen leistungsfähiger SSS in der Ausgestaltung der Benutzerführung, Menütechnik, Hilfsinformationen, Editierfunktionen u.a.m. sehr ausgefeilt. Bei der Bildschirmgestaltung bieten sich durch Integration von Konzepten wie Fenstertechniken oder individueller Feldformatierung für die Repräsentation der Feldinhalte auf dem Bildschirm sehr flexible Aufbaumöglichkeiten. In Abb. 1 sind etwa die gewählten Bildschirmformate für die Spalte A: weit, Spalten F und L: eng, Feld E4: Geldbetrag, Felder J4..J7: linksjustierter Text, usw.. Schutzkonzepte für Felder erlauben eine Sicherung gegenüber unbeabsichtigten Änderungen; damit lassen sich dann SSs für turn-key Anwendungen vorbereiten.

Der aktuelle Zustand eines Anwendungsproblems, das in einem SSS entworfen wird, läßt sich jederzeit als Datei wegspeichern. Diese Dateien enthalten sowohl Anwendungsdaten wie auch die Verarbeitungslogik in Verknüpfungsausdrücken. Diese Codierung einer konkreten Anwendungsaufgabe ist nur zusammen mit dem jeweilig gewählten SSS interpretierbar. Man nennt derartige Datenstrukturen eines Anwendungsproblems Template.
Ergebnis einer Systementwicklung für ein konkretes Anwendungsproblem mit einem SSS ist also nicht ein Programm, sondern ein Template. Damit ist die klassische EDV-Differenzierung: einerseits Funktionsverschlüsselung in Programmcode, andererseits Faktenverschlüsselung in Daten aufgehoben. Template-Konzeptionen wie bei SSSs erlauben vom Prinzip her ein weitaus höheres Maß an Flexibilität in der Systementwicklung und insbesondere auch der anschließenden laufenden Anpassung an neue Gegebenheiten in den Lebenszyklusphasen des Anwendungsbetriebs. Solche Architekturen finden etwa auch in Expertensystemen Verwendung (vgl. etwa ROBERTS 1983, S. 232).
Diese Möglichkeit, SSS-Templates für Standardanwendungen zu produzieren, hat - wie eingangs erwähnt - bereits zu einer neuartigen Industrie von Systementwicklungshäusern geführt, die offenbar in starker Expansion ist. Dies ist einleuchtend. Standard-Templates für ein betriebswirtschaftliches Anwendungsproblem lassen sich regelmäßig ungleich leichter modifizieren und an betriebsindividuelle Gegebenheiten anpassen als Standard-Software mit der zugehörigen Datenorganisation;

sie lassen sich insbesondere auch leichter fortentwickeln und pflegen.

Die gewählten Datenstrukturen für SSS-Templates sind bei den verschiedenen auf dem Markt befindlichen SSSs recht unterschiedlich. Ein zunehmendes Bemühen um Kompatibilität ist erkennbar, von verschiedenen SSSs akzeptierte Datenaustauschformate (DIFs) existieren bereits, Konvertierungsprogramme werden angeboten. Für eine Normierung ist die Entwicklung jedoch noch zu sehr im Fluß. Das Hauptproblem liegt darin, daß die verschiedenen SSSs z.T. sehr unterschiedliche Verarbeitungsfunktionen aufweisen. Da ein Template auch die Verarbeitungsstruktur eines Anwendungsproblems in codierter Form repräsentiert, wird hier Normierung - wenn überhaupt - erst bei einer Angleichung der Verarbeitungsfunktionen möglich.
Mit diesem kurzen Eingehen auf den z.Zt. gegebenen Kompatibilitätsstand der Templatestruktur zwischen verschiedenen SSSs sollte jedoch nicht hervorgehoben werden, daß sich im SSS-Umfeld auf PCs besonders schwerwiegende Datenaustauschprobleme stellen. Vielmehr ist die Datenaustauschflexibilität für Anwendungsdaten auf PCs regelmäßig sehr viel höher als in der Groß-EDV Umgebung. Dies gilt in verstärkter Form für SSSs. Üblicherweise sind verschiedene Umcodierungsfunktionen zum Datenaustausch mit anderen PC-Verarbeitungsumgebungen wie Textverarbeitung, Datenbanksystemen oder Graphik integriert. Zunehmend gilt dies auch für PC-externe Kommunikation über lokale oder öffentliche Kommunikationsnetze. Als Beispiel sei auf die realtime-Fähigkeit von SYMPHONIE verwiesen, Daten aus dem öffentlichen Telefonnetz über Modem-Schnittstelle in ein aktives SS-Fenster einzuschleusen (SYMPHONIE 1984, S. 266).

2.3 Systemdesigner vs. Endnutzer bei Tabellenkalkulationssystemen

Nach durchgängiger Meinung, wie sie vor allem durch Softwarehändler und -häuser sowie durch die populärwissenschaftliche PC-Kioskpresse geprägt ist, richten sich SSSs in ihrer "Benutzerfreundlichkeit" an "Endnutzer". Aus dem Kontext ergibt sich zumeist implizit, daß damit wohl ein Personenkreis angesprochen ist, der sich mit einem Merkmalsraster wie etwa: Computer-Novice, Gelegenheitsanwender, an Problemlösungen und einfacher Handhabung interessiert, unerfahren im Software-Design, wenig technisches Computer-Basiswissen vorhanden, fehlende Bereitschaft der Auseinandersetzung mit komplexer Computermaterie u.ä. umschreiben läßt.

Diese undifferenzierte Sichtweise führt zu vielen Mißverständnissen. Die Pauschalierung schadet bei der Einschätzung der Komplexität von SSSs durch die alteingesessenen Groß-EDV Softwareentwickler und Systemanalytiker. Sie schadet insbesondere aber auch im schwierigen Umfeld der Mitarbeiter/-innenvorbereitung und Schulung bei Einführung neuer auf SSSs basierender Planungs- und Administrationskonzeptionen in den Fachabteilungen. State-of-the-art SSSs bieten komplexe und mächtige Designmöglichkeiten für Systementwicklung und die Erstellung von flexiblen turn-key Lösungen zur Anwendung durch EDV-ungeschulte Mitarbeiter/-innen in Fachabteilungen.
Es ist deshalb notwendig, zumindest von drei verschiedenen Klassen von Nutzern eines SSS auszugehen:

- 1) <u>Systemanalytiker/-designer</u>, <u>Softwareentwickler</u> in der EDV-Abteilung

Diesem Nutzerkreis bieten SSSs eine Systementwicklungsumgebung, die sich insbesondere durch nichtprozedurale Sichtweisen, Datenzentrierung, vergleichsweise mächtige Verarbeitungskonzeptionen, Zusammenfall bestimmter Entwicklungs- und Testzyklen u.a.m. gegenüber herkömmlichen problemorientierten Programmsprachen wie etwa COBOL oder PL/I auszeichnet. Die Systementwicklung mit SSS ist weniger EDV-technokratielastig und anwendungsnäher, erfordert jedoch für die Entwicklung komplexer Anwendungen hohe Systemstrukturierungs- und Modellierungsfähigkeiten. Ergebnisse der Systementwicklung für ein betriebliches Anwendungsfeld sind u.a. die Bereitstellung von SSS-Templates, die eine PC-gestützte Abwicklung der Anwendungsaufgabe durch Mitarbeiter/-innen in den Fachabteilungen ermöglichen.

- 2a) PC-geschulte qualifizierte Endnutzer in der Fachabteilung

  Diesem Nutzerkreis bieten SSSs einen leistungsfähigen Werkzeugkasten zur eigenständigen Implementierung und Lösung fallweiser betriebswirtschaftlicher Aufgabenstellungen in der Fachabteilung. Weiterhin ist dieser Benutzerkreis in der Lage, vorhandene SSS-Lösungen, die als Standard-Templates vorliegen, individuell anzupassen, zu modifizieren oder zu ergänzen.

- 2b) PC-ungeschulte Endnutzer/PC-Bediener in der Fachabteilung

  Dieser Nutzerkreis unterscheidet sich in seinem Qualifikationsprofil kaum vom Bediener eines Terminals zur Groß-EDV in der Fachabteilung. Für diesen Endnutzertypus sind die SSS-Templates als turnkey Lösungen vorzubereiten. Die Abgrenzungen zwischen dem Anwendertypus 2a) und 2b) sind selbstverständlich als fließend anzusehen.

Entsprechend dem oben angesprochenen Hauptanliegen dieses Beitrags sollen im weiteren vor allem Problemkreise diskutiert werden, welche die unter 1) und 2a) skizzierten Anwender betreffen.

3. Designkonzepte für die Anwendung von Tabellenkalkulationssystemen in der Kosten- und Leistungsrechnung

31. Grundsätzliche Fragen des Spread-Sheet Designs

Es ist ein Mißverständnis anzunehmen, daß "benutzerfreundliche" Konzepte in der EDV - was immer das auch sein mag - sofortige Problemlösungen ermöglichen müssen und mithin etwa mühselige Designarbeit ersparen oder abnehmen können. Wenn die Welt komplex ist, wie es nun einmal etwa gerade die Realität von KLR-Systemen ist, muß das computerimplementierte System zwangsläufig diese Komplextität wiederspiegeln. Wenn von daher also eine anspruchsvolle und leistungsfähige Nutzung von SSSs angestrebt wird, wird sorgfältige Systemanalyse als Basis für die Systementwicklung notwendig. (Im weiteren ist - wie oben erklärt - vor allem von integrierten und deshalb vom KLR-Problem her komplexen Anwendungen die Rede. Für Überlegungen bei einfacheren und isolierten Einmalanwendungen sei auf die anwendungsnahen und z.T. sehr informativen zahlreichen PC-Kioskzeitschriften verwiesen).

Ein SS wird regelmäßig die in Abb. 2 angeführten konzeptionellen Bereiche umfassen. Diese konzeptionellen Bereiche können sich mit vollständigen Bildschirminhalten decken, müssen es aber nicht. Dazu später mehr.
Im weiteren werden ohne jeglichen Anspruch auf Vollständigkeit einige Überlegungen zu Gestaltungsfragen vorgetragen.

(1) Die Benutzerführung durch das gesamte System ist zu garantieren. Dazu lassen sich verschiedenartigste SSS-Konzeptionen verwenden. In Abb. 2 wird direkt mit SSS-Kommandos gearbeitet. Eine Implementierung von Menütechnik für turn-key Anwendungen mit einfacher tastaturgesteuerter Anwahl von Alternativen ist bei manchen SSSs gleichfalls möglich.

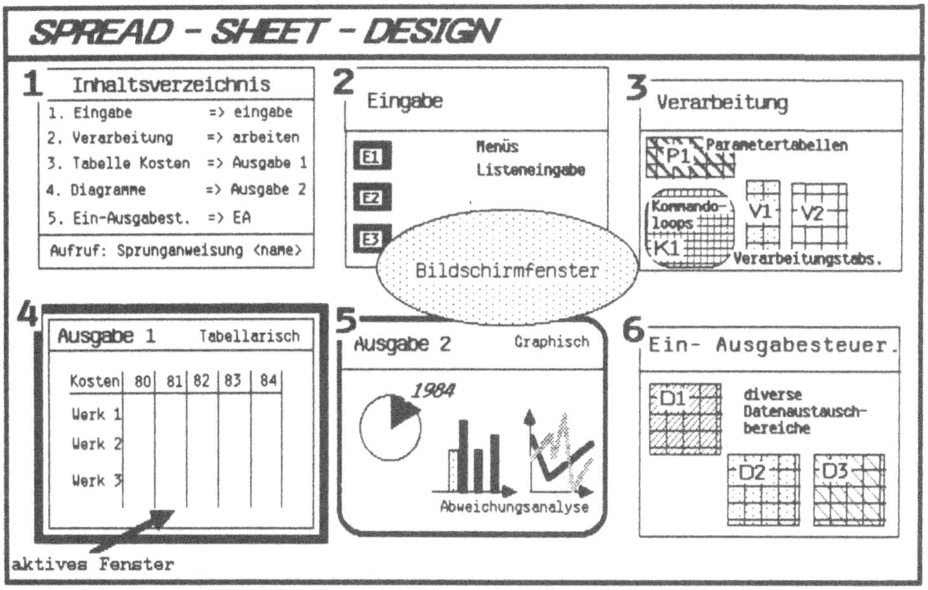

Abb. 2: Spread-Sheet Design und Bereiche eines Spread-Sheets

(2) Für die Dateneingabe von Anwendungsdaten sind vielfältige Gestaltungsmöglichkeiten denkbar. Bei Sensitivitätsnanalysen wird man regelmäßig direkt die betroffenen Felder ansteuern. Bei der sukzessiven Erfassung von Datensätzen ist die Implementierung einer Benutzerführung sinnvoll. Siehe dazu etwa das Konzeptionsbeispiel bei McDERMOTT (1984, S. 234) oder das Fenster für die Erfassung von IST-Kosten in Abb. 3. Manche SSSs lassen hier durch ihre insert-/delete-Funktionen für Spalten/Zeilen die Verwaltung voll variabler Eingabebereiche ohne explizite Dimensionsreservierung zu.

(3) Verarbeitungsbereiche eines SS sind für unterschiedlichste Informationen vorzusehen. In Parametertabellen (P1) lassen sich Systemkonstante ablegen. In Verarbeitungstabellen (V1, V2) lassen sich Zwischenwerte speichern. Wie auch bei der Systementwicklung mit höheren Programmsprachen besteht bei SSSs ein gewisser trade-off zwischen Umfang der Datenhaltung für Zwischenwerte einerseits und Verknüpfungskomplexität und Rechen-/Verarbeitungszeiten andererseits. Design bei Spread-Sheets erfordert hier jedoch ein gewisses Umdenken, da die typischen Schleifenkonstruktionen prozeduraler Programmsprachen fehlen, dafür komplementär jedoch die Verknüpfungsausdrücke/Formeln zu vervielfältigen sind. Bei manchen SSSs lassen sich SSS-Kommandosequenzen im SS selber ablegen (K1) und dann für die Teilautomatisierung komplexerer Verarbeitungsvorgänge oder Batchabläufe aktivieren.

(4) Flexible Bildschirmausgabe-Aufbereitungsmöglichkeiten sind eines der wichtigsten SSS-Merkmale. Hier sind entsprechende Masken für tabellarisch anzuzeigende Anwendungsdaten vorzusehen. Entsprechend können Druckaufbereitungsbereiche angelegt werden.

(5) Die Integration von Business-Graphics ist bei SSSs der 3. Generation ein selbstverständliches Leistungsmerkmal. Die grundsätzliche Idee ist dabei, für die in einem bestimmten SS vorliegenden strukturellen und numerischen Daten flexible Optionen für Darstellungen etwa als Balken-, Linien-, Kuchen- oder X/Y-Diagramme vorzusehen. Diese Diagramme lassen sich dann bei der Arbeit mit dem SSS in-

teraktiv als sog. pre-views auf Zeichenbildschirm in Semigraphik (z.B. eine Option bei SUPERCALC-3) oder - wenn vorhanden - auf einem graphikfähigen (Farb-)Bildschirm in Rastergraphik ausgeben. In dieser Arbeitsform läßt sich das SSS als Intelligenzverstärker für betriebswirtschaftliche Datenanalyse unter Berücksichtung komplexer Zusammenhänge im Dialog verwenden: Jegliche Zahlen-/Strukturänderung läßt sich in einem geeigneten Diagramm sofort visualisieren und nachvollziehen (vgl. auch NASTANSKY-PEINE 1983). Hier sind an den Systementwickler hohe Anforderungen für zweckmäßige Anwendungsgestaltung gegeben. Die anschließende technische Umsetzung innerhalb des SSS mit den entsprechenden sehr mächtigen Graphik-Kommandos ist gemessen an diesen Designanforderungen trivial und nebensächlich.
Die Diagramme lassen sich weiterhin mit vielfältigen Optionen für Gestaltung und Qualität auf einem graphikfähigen Ausgabemedium auf Papier ausgeben (alle Diagramme dieses Beitrags wurden auf low-cost Matrixdruckern erstellt).

(6) Als Schnittstellen zu anderen Spread-Sheets und gegebenenfalls anderen Anwendungsumgebungen wie Textverarbeitung, Datenbankarbeit oder Graphik sind Datenaustauschbereiche (D1 bis D3) vorzusehen.

32. Fenstermanagement

Entsprechend der logischen Konzeption bei SSSs ist die Sicht auf ein Anwendungsproblem durch Datenfenster auf Tabellenausschnitte des SS. Diese(s) Datenfenster wird auf physikalische Medien abgebildet, z.B. den Bildschirm. Vergleichsweise unabhängig davon, daß Fenstermanagement bei PC-Betriebssystemen und -Anwendungen in neuerer Zeit ein wichtiger Entwicklungszweig ist, waren Fensterkonzeptionen bei SSSs schon immer vorgesehen.

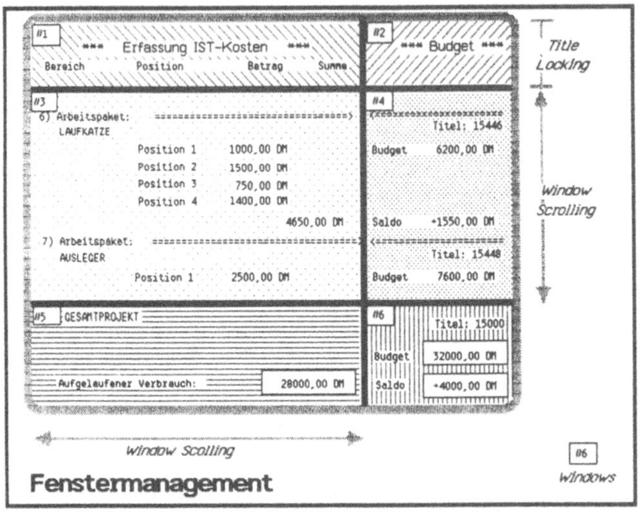

Abb. 3: Fenstermanagement und title-lock

Hier gibt es vielfältige Ausgestaltungsvarianten. Prinzip ist, daß auf dem Bildschirm ein Fenster oder mehrere zugleich auf die Tabelle geöffnet werden können. Wenn mehrere Fenster geöffnet sind, können diese unabhängig voneinander auf beliebige Tabellenausschnitte positioniert werden. In der Anwendung kann man dann beliebig von einem Fenster zum anderen wechseln. Damit ist es möglich, sich wichtige Problemdatenausschnitte auf dem im Vergleich zur SSS-Tabellengröße nur

sehr begrenzten physikalischen Ausgabemedium simultan zu vergegenwärtigen. Datenformatierung und visuelle Attribute lassen sich dabei individuell in den Fenstern festlegen. Bei MULTIPLAN kann man z.B. unterschiedliche Farbkombinationen Vorder-/Hintergrundfarbe wählen.
Regelmäßig zu finden ist die Option des "title-locking" für Kopfzeilen oder Frontspalten eines Anwendungsproblems. Diese Option erlaubt z.B. das Durchrollen eines größeren Datenbereichs bei feststehenden Überschriften. In Abb. 3 sind in der Anwendung z.B. die Überschriften in Fenster #1 und #2 blockiert. Die Daten selber rollen in den Fenstern #3 und #4 synchronisiert durch. Neben der für diese Anwendung sinnvollen horizontalen Synchronisation sind vertikale Synchronisation oder keine Synchronisation zwischen den Fenstern möglich.
Informationen über aktuell aufgelaufene Summen werden in den Fenstern #5 und #6 angezeigt. Jegliche Neuerfassung eines IST-Kostenbetrags im aktiven Fenster #3 wird sofort im Fenster #5 beim aktuell aufgelaufenen Verbrauch angezeigt.

33. Verarbeitungsreihenfolge und Datentransfer zwischen Spread-Sheets

Bei komplexen SS-Anwendungssystemen, bei denen das Anwendungsproblem mit einer Vielzahl von verzahnten einzelnen SSs gelöst wird, muß die richtige Verarbeitungsreihenfolge eingehalten werden. In Abb. 4 ist ein entsprechendes Netzwerk für den Datenfluß zwischen einzelnen Modulen beispielhaft wiedergegeben.

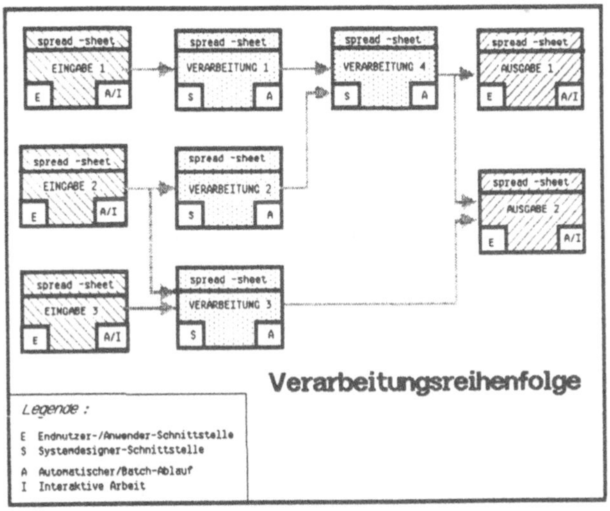

Abb. 4: Verzahnung zwischen Spread-Sheets einer Anwendung

Bei der Nutzung von SSS für die Implementierung eines geschlossenen Kostenrechnungssystems mit Kostenarten-, Kostenstellen- und Kostenträgerrechnung ist die Festlegung einer solchen Ablauforganisation unumgänglich, um die Daten in den einzelnen Rechenwerken auf einem verträglichen Stand zu halten (siehe etwa 4.1).
Es bieten sich hier vielfältige Designmöglichkeiten für die Entwicklung eines professionellen und stabilen Gesamtsystems, die im Grundsatz kaum andere Fragen aufwerfen als bei Modulverzahnung in gewohnten anderen EDV-Umgebungen. Eingabemodule kann man etwa durch entsprechende Benutzerführung und Versionsinformationen/Datum absichern. Die Abarbeitungsreihenfolge von Verarbeitungsmodulen läßt sich durch Kommandoprozeduren automatisieren. Ausgabemodule lassen sich z.B. durch

die Übergabe von Datumfeldern und Versionsinformationen auf Verträglichkeit im Versionsstand der Anwendungsdaten sichern.

Für den Datentransfer zwischen SSs existieren vielfältige leistungsfähige Konzepte. In Abb. 5 ist beispielhaft Datentransfer im Zuge der Generierung eines SOLL-IST-Vergleichs wiedergegeben.

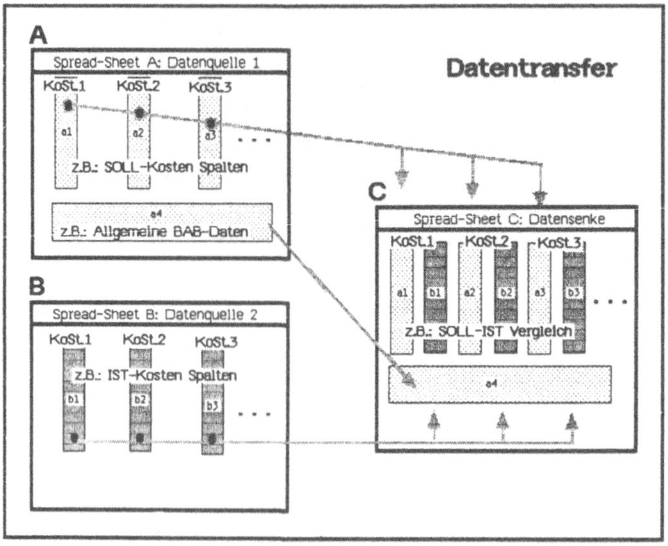

Abb. 5: Datentransfer zwischen Spread-Sheets einer Anwendung

Dabei werden z.B. die Daten spaltenweise übertragen. Für die Einlagerung der Daten im Zielbereich sind verschiedene Optionen möglich: z.B. "lösche/lade", "addiere auf" oder "subtrahiere von" den korrespondierenden Feldpositionen im Zielbereich. Mit der Option "addiere auf" lassen sich z.B. aus einer Abfolge monatlicher SOLL/IST-Vergleiche die oft im BAB ausgewiesenen Spalten kumulierter und/oder durchschnittlicher Beträge seit Jahresanfang erzeugen.

4. Anwendungsbeispiele für Tabellenkalkulationssysteme bei Kostenplanung und -kontrolle

41. Geschlossenes Plankostenrechnungssystem mit Kostenarten-, Kostenstellen- und Kostenträgerrechnung

In Abb. 6 ist die Verzahnungslogik der einzelnen Module eines mit MULTIPLAN implementierten geschlossenen Plankostenrechnungssystems wiedergegeben. Die folgenden Abbildungen zeigen verschiedene Ausschnitte und Bildschirmfenster einiger Module innerhalb dieses Gesamtsystems.

Abb. 7 zeigt die IST-Kostenerfassung im Modul KOSTENERFASSUNG. Bei der Erfassung rollen die einzelnen Kostenarten-Zeilen durch. Versionsinformationen sind in das obere title-lock Fenster eingeblendet. Benutzerhinweise zu einer notwendigen Reorganisation der Eingabedaten nach Erfassung finden sich unten.

Beispielhaft sei nur ein Implementierungsdetail angesprochen. Bei der IST-Kostenerfassung werden automatisch (Sortier-)Schlüssel generiert, welche unter anderem die Verzahnung mit dem BAB definieren

(Abb. 8). Dadurch ist flexibles und individuelles Datenmanagement ohne starre Zuordnung von SS-Tabellenadressen möglich. Eines der verwandten mächtigen und notwendigerweise komplizierten Tabellensuchkommandos ist unten eingeblendet.

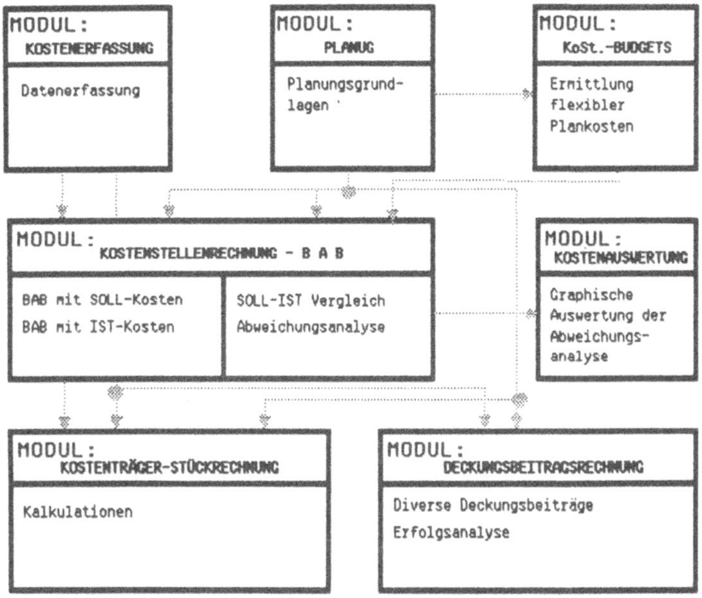

Abb. 6: Gesamtsystem Kostenarten-, -stellen- und -trägerrechnung

Kostenerfassungsblatt #3 — Datum der letzten Änderung: 01.01.84

Sortier-schlüssel	Kostenart Nr.	Kostenart Bezeichnung	Kosten-stelle	Kosten-träger	Betrag
100400	400	Kostenart	100		120,00 DM
100400	400	Kostenart	100		2000,00 DM
200410	410	.	200		.
310452	452	.	310		.
350414	414	.	350		.
110422	422	.	110		.
120410	410	.	120		.
250405	405	.	250		.
250401	401	.	250		.
140402	402	.	140		.
600412	412	.	600		.
600475	475	.	600		.
500496	496	.	500		.
510414	414	.	510		.
240471	471	.	240		.
300412	412	Kostenart	300		400,00 DM

Hinweise: Bitte nach der Eingabe die Sortierschlüssel neu berechnen lassen und zwischen Zeile 10 und 100 sortieren

Sortierschlüssel= Kostenstelle*1000+Kostenart

Abb. 7: Kostenartenrechnung: Erfassung der IST-Kosten

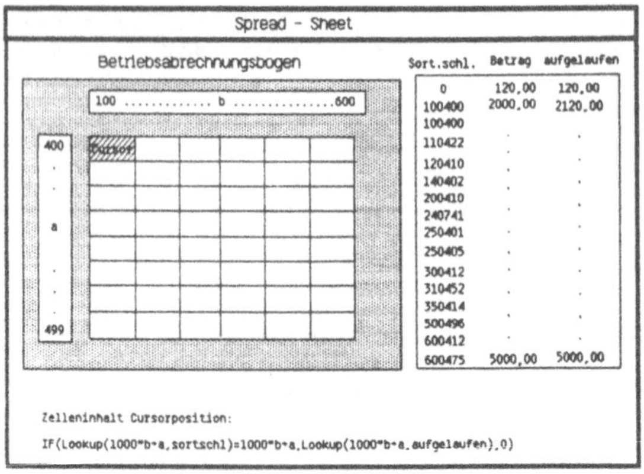

Abb. 8: Beispiel zur Schlüsselorganisation

Abb. 9 gibt einen Einblick in den Modul KoSt.-BUDGETS. Hier werden die Plan- und SOLL-Kosten für die einzelnen Kostenstellen ermittelt und verwaltet.

In Abb. 10 sind die SOLL-Kosten aller Kostenstellen im BAB zusammengestellt. Dies ist ein Ausschnitt aus dem Modul KOSTENSTELLENRECHNUNG-BAB. Die Daten der in Abb. 8 beispielhaft angeführten Kostenstelle "Montage" finden sich dort als BAB-Spalte wieder.

Zu möglichen Gestaltungsformen der (Plan-) Kalkulation sei weiter unten auf Punkt 4.3 verwiesen.

STELLE: Montage — KSt.Nr.: 23
LEITER: Meihner — Jahr : 1983
PLAN : 25050 Lohnstd. — SOLL : 26460

KA	Planverbrauch proport.	fix	ME	Plan-preis	Plan-proport.	Soll proport.	fix	gesamt
START=>								
410	4200	2700	VE	9.45	39690	41924	25515	67439
411	850	350	VE	4.50	3825	4040	1575	5615
414	756	360	VE	25.00	18900	19964	9000	28964
431	1470	1031	Std	13.00	19110	20186	13403	33589
435		3692	Std	13.00	0	0	47996	47996
440			29%	Pausch	5542	5854	17806	23660
450	9400		DM	Pausch	9400	9929	0	9929
460			DM	Pausch	0	0	0	0
469		2000	DM	Pausch	0	0	2000	2000
474			DM	Pausch	0	0	0	0
475			DM	Pausch	0	0	0	0
477			DM	Pausch	0	0	0	0
479		6400	DM	Pausch	0	0	6400	6400
480	*****************		k.Abschr.				14231	14231
481	*****************		9%Zinsen				0	0
491	324	180	cbm	2.50	810	856	450	1306
492	52000	49600	kWh	0.11	5720	6042	5456	11498
493		355	Std	100	0	0	35500	35500
Gesamt:					102997	108794	179331	288126

Abb. 9: Kostenstellenrechnung: Ermittlung der Plan- und Sollkosten

BAB Mai/1983I Soll-Kosten 1			Allg.Kostenst.		Fert. Hilfsst.	Hauptkostenstellen					
Lfd. Nr.	Kosten- art	Betrag	Wasser- zentrale	Kraft- zentrale	Arbeits- vorber.	Fertigung 1	Fertigung 2	Montage	Material- wirtschaft	Verwaltg.	Vertrieb
1	410	106451	501	6615	0	19542	11816	67439	539	0	0
2	411	42273	0	0	0	27262	9396	5618	0	0	0
3	414	38548	0	400	0	4798	3585	28964	800	0	0
4	431	134435	0	10688	41600	16796	10513	33589	13250	0	0
5	435	338611	3003	4797	42003	21996	19006	47996	13806	94003	92001
6	440	137183	871	6811	24245	11250	8561	23660	7846	27261	26680
7	450	45822	200	1500	500	12700	4693	9929	800	11500	4000
8	460	16000	0	0	0	0	0	0	0	16000	0
9	469	24200	150	1450	100	8500	2900	2000	500	3000	5600
10	474	29757	0	0	0	0	0	0	4774	2000	22983
11	475	26498	0	0	500	0	0	0	3582	3600	18815
12	477	34230	0	0	0	0	0	0	0	0	34230
13	479	42695	0	500	6900	3275	1890	6400	2230	14700	6800
14	480	61222	729	6846	385	19077	9231	14231	1246	4300	5169
15	481	0	0	0	0	0	0	0	0	0	0
16	491	20810	750	450	375	8175	6505	1306	1050	500	1700
17	492	45374	732	4866	198	12063	10497	11498	3947	825	748
18	493	88000	0	0	0	23000	29500	35500	0	0	0
19	Su. 1-17	1232109	6936	52923	116885	188433	128093	288126	54370	177697	218727
20	Umlage 1		7793			3061	2436	489	393	187	637
21	Umlage 2			53091		14114	12282	13453	4618	965	875
22	Umlage 3				117258	30647	39308	47303	0	0	0
23	Su.18-21	1226215				236255	182119	349371	59382	178849	220239
24	Plan-ZS					130%	135%	125%	6%	12%	17%
25	Z.Basis					177400	141000	278100	970000	1552230	1552230
26	Verr.GK	1255500				225000	192600	344100	62000	189400	242400
27	über-/ Unter- deckung	-29285				11255	-10481	5271	-2618	-10551	-22161

Abb. 10: Kostenstellenrechnung: SOLL-Kostenübersicht im BAB

4.2 Innerbetriebliche Leistungsverrechnung

Zirkularitätsproblem und SS-Rekalkulationsstrategien

SS-Anwendungen innerhalb der innerbetrieblichen Leistungsverrechnung (im weiteren: IBL) sollen etwas breiter vorgestellt werden. Diese Betonung im vorliegenden Beitrag entspricht sicherlich in den meisten praktischen Anwendungsfällen kaum dem Gewicht der IBL innerhalb der Kostenplanung und -kontrolle. Jedoch bietet die prinzipielle Modellierungs- und Berechnungskomplexität der IBL eine gute Demonstrationsmöglichkeit für die qualitativen und quantitativen Verarbeitungsdimensionen von SSSs.

Im eingangs angeführten SS-Beispiel Abb. 1 lagen Zirkularitätsbeziehungen vor. Die ausgewiesenen ermittelten Kalkulationssätze sind Gleichgewichtskalkulationssätze unter rechnerisch richtiger Berücksichtigung des zirkularen Leistungsabtauschs im Hilfkostenstellenbereich. Beim Design derartig komplexer Verknüpfungen wie in der IBL muß man die Verarbeitungs-/Berechnungsstrategien des verwandten SSS's berücksichtigen. SSSs unterscheiden sich in den Verarbeitungs-/Berechnungsstrategien und in den Möglichkeiten, diese zu beeinflussen.

Keine Berücksichtigung der in den aktuellen Anwendungsdaten implizit verschlüsselten Strukturen erfolgt bei den Optionen zeilen- oder spaltenweise Abarbeitung der Tabelle in einem SSS-Abarbeitungszyklus von <u>links-oben nach rechts-unten</u>. Hierbei kann es prinzipiell passieren, daß bei Berechnung eines bestimmten Feldes auf noch nicht aktualisierte Daten in weiter unten/rechts befindlichen Feldern zugegriffen wird, die dann später im gleichen Abarbeitungszyklus erst neu berechnet werden. Es muß dann gegebenenfalls ein neuer Berechnungszyklus gestartet werden, um die richtigen Ergebnisse dann (weiter links-oben) auch zu berücksichtigen, usw.. Je nach der im Anwendungsproblem durch die eingegebenen Verknüpfungsausdrücke implizit steckende Verknüpfungsstruktur konvergiert die Berechnung in einer Abfolge von Rekalkulationsschritten. Diese Rekalkulation kann manuell gesteuert werden oder automatisch durch Vorgabe von Iterationszählern.

Damit ist es möglich, die in der IBL als "Iterationsverfahren" bekannte Methode der Ermittlung von Kalkulationssätzen bei Berücksichtigung gegenseitigen Leistungsabtauschs ohne jeglichen Umweg in natürlicher Isomorphie auf ein SS zu übertragen. In Anwendungsbeispiel Abb. 1 ist dies implizit ohne die Berücksichtigung eines besonderen Zirkularitätsproblems geschehen. Es läßt sich herleiten, daß die vergleichsweise triviale numerische Struktur des IBL-Problems Konvergenz garantiert. In Abb. 11 ist ein einfaches Demonstrationsbeispiel aus der Kostenrechnungsliteratur mit dem Zwischenstand nach 4 Iterationen und dem (pfenniggenauen) Endstand für die Kalkulationssätze nach 6 Iterationen tabellarisch wiedergegeben (WASZKOWIAK 1980, 219-220).

Abgebende HilfsKost. (Nr.)	Primaer-kosten (DM)	Empfangende Hilfskostenstellen 1 (jeweilige Bezugsgroesse)	2	3	4	Gesamt-Abgabe (Bez.gr.)	KALKUL. SATZ (DM)
1	1000.00		10	0	20	100	16.92
2	2000.00	5		30	0	80	31.99
3	1500.00	15	5		10	90	27.33
4	800.00	10	20	0		110	12.83

Iterations-
zaehler: 4

VS-1.1 23-06-84 (Waszkowiak: KRP 5/1980, S. 219) IBLKRP5A.CAL

Innerbetriebliche Leistungsverrechnung A1:I20

Abgebende HilfsKost. (Nr.)	Primaer-kosten (DM)	Empfangende Hilfskostenstellen 1 (jeweilige Bezugsgroesse)	2	3	4	Gesamt-Abgabe (Bez.gr.)	KALKUL. SATZ (DM)
1	1000.00		10	0	20	100	16.99
2	2000.00	5		30	0	80	32.04
3	1500.00	15	5		10	90	27.35
4	800.00	10	20	0		110	12.85

Iterations-
zaehler: 6

Abb. 11: Iterationsverfahren der IBL

Neben den einfachen zeilen-/spaltenweisen Rekalkulationsstrategien gibt es auch komplexere Vorgehensweisen. Dabei versucht das SSS bei der Rekalkulation intern eine Abarbeitungsreihenfolge für die einzelnen Felder zu generieren, bei der jeweils nur auf schon aktuell berechnete Werte zugegriffen wird. Dies ist immer möglich, wenn sich die gegebenenfalls vorliegenden verketteten Feldverweise als Baum darstellen lassen. Das angesprochene IBL-Problem läßt sich (natürlich) in dieser Form generell nicht als Baum auflösen, weil das Problem an sich zirkular ist. In diesem Fall erkennt das SSS die Zirkularität. Die anschließende Behandlung ist bei den verschiedenen SSS unterschiedlich und regelmäßig schlecht oder nicht dokumentiert.
LISACALC macht intern einen Konvergenztest bei gegenseitiger Abhängigkeit von Feldern. Speziell für das IBL-Problem ist dies (zufällig) ein ideales SSS-Designmerkmal: Als Anwender braucht man weder vom Zirkularitätsproblem in der IBL zu wissen, noch sich darum in irgendeiner Weise explizit zu kümmern. In den eingegebenen Daten gegebenenfalls implizit vorliegende Zirkularität wird automatisch konvergierend aufgelöst (wie etwa im Beispiel Abb. 1).

Praktische Anwendung von SSS für IBL

Die Ermittlung von Kalkulationssätzen im Hilfskostenstellenbereich läßt sich bei Zugrundelegung praxisrelevanter Dimensionen in den meisten Fällen mit einem SSS auf einem PC lösen. In pragmatischer Anwendungssicht ist dabei zu berücksichtigen, daß sich die in einem Betrieb real vorliegende wechselseitige Verflechtungsdichte in Grenzen halten wird, die Zahl der gegenseitig abzurechnenden und simultan zu berücksichtigenden Hilfskostenstellen nicht allzu groß sein wird und die angestrebte Genauigkeit der zu ermittelnden Kalkulationssätze durch die Datengenauigkeit der Inputdaten sowie den Abrechnungszweck "Planung und Kontrolle" relativiert wird. Auch dieses klassische Kostenrechnungsproblem, das Gegenstand vieler theoretischer Betrachtungen und algorithmischer Überlegungen ist, läßt sich in einem SSS also im praktischen Anwendungsbetrieb auf PCs lösen.

```
I B L !          ------------------------------------------
----- !          : Innerbetriebliche Leistungsverrechnung :
      !          :        --> Helps: <GoTo> DK1           :
HiKoSt!          ------------------------------------------
Index !
!!!!!!!     1       2       3       4       5       6       7       8       9      10
-------------------------------------------------------------------------------------------
von  1            10.00    0.00   20.00           10.00    0.00   20.00
 :   2    5.00            30.00    0.00    5.00            30.00    0.00
 :   3   15.00    5.00            10.00   15.00    5.00            10.00
 v   4   10.00   20.00    0.00            10.00   20.00    0.00
     5            10.00    0.00   20.00                    30.00    0.00
     6    5.00            30.00    0.00    5.00    5.00            10.00
     7   15.00    5.00            10.00   15.00   20.00    0.00
     8   10.00   20.00    0.00            10.00
     9                                    10.00    0.00   20.00           10.00    0.00
    10                             5.00           30.00    0.00    5.00            30.00
    11                            15.00    5.00            10.00   15.00    5.00
    '2                            10.00   20.00    0.00            10.00   20.00    0.00
                                                            ..                     30.00
                                                                    5.00    5.00
                                                                           20.00    0.00

                                                                                   20.00
                                                                                    .00
```

Abb. 12: Ausschnitt Verflechtungsmatrix eines 50x50 Beispiels

Um Vorstellungen über Rechenzeiten zu gewinnen, hat der Verfasser ein 50x50 Beispiel mit simulierten Daten auf LOTUS 1-2-3 implementiert. In Abb. 12 findet sich ein Ausschnitt aus der Verflechtungsmatrix. Diese 50x50 Matrix mit erfundenen Zahlen in einer angestrebten Dichte von ungefähr 75% zu füllen, dauert bei Verwendung der typischen range-move- und copy-Kommandos eines SSS etwa 10 Minuten. In Abb. 13 findet sich ein Ausschnitt der Benutzerführung des mit einem Zeitaufwand von ca. 3 Stunden entwickelten Templates.

```
------------------------------------------
: Innerbetriebliche Leistungsverrechnung :
:           H e l p   S c r e e n        :
------------------------------------------

A)EINGABE
  1. Mengengeruest IBL-Leistgs.aust.               <GoTo> MENGEN
     -> Matrix (50x51), Felder: B7 ..AZ56                AIJ
     -> HauptKoSt.,     Felder: AZ7..AZ56          <GoTo> KOSTHA
  2. Primaere Kosten
     -> Spalte  BB,     Felder: BB7..BB56                PRIMKO
B)ERGEBNIS                                         <GoTo> ERGEBN
     -> Ergebnismatrix, Felder: BA1..BG56
C)RECHENTABELLE
     -> Zwisch.kalk.,   Felder: BL7..DI57
D)HELP SCREEN                                      <GoTo> HELP
     -> hier,           Felder: DK1..DQ20

VS-2.3   23-06-84            ** IBL50 **           L. Nastansky
```

Abb. 13: Benutzerführung für IBL-Modul

Ein pfenniggenaues Gleichgewicht für die Kalkulationssätze stellt sich nach etwa 40 Iterationen ein. Siehe dazu den Ergebnisausschnitt in Abb. 14 und die dort angeführte Kontrollrechnung über Summe des

Leistungsempfangs und Summe der Leistungsabgabe jeder Hilfskostenstelle. Auf einem IBM-PC sind dazu etwa 5 Minuten Rechenzeit notwendig; eine Vergleichsrechnung auf einem MAD-PC (vgl. MAD 1984) mit einer Intel 80186 CPU erbrachte ca. 2,4 Minuten.

I B L *			*** EMPFANGENE KOSTEN ****				*** ABGEGEBENE KOSTEN ****		
----- *		*				41			*
*		*	66600.00	117689.92	184289.92	Iter.	66600.00	117689.92	184289.92
HiKoSt*		MENGE	=======	=======	=======		=======	=======	=======
Index *		Abgabe-	>Primaere	Sekund.	Summe	<<KALK.>>	An	An	Summe
*******		menge	> Kosten	Kosten		<<SATZ >>	HauKoSt	HiKoSt	
von	1	130.00	1000.00	2846.71	3846.71	29.59	2071.31	1775.41	3846.71
:	2	115.00	2000.00	2788.50	4788.50	41.64	1873.76	2914.74	4788.50
:	3	120.00	1500.00	3185.58	4685.58	39.05	2342.79	2342.79	4685.58
v	4	180.00	800.00	4650.52	5450.52	30.28	2422.45	3028.06	5450.52
	5	200.00	1000.00	5179.40	6179.40	30.90	2162.79	4016.61	6179.40
	6	150.00	2000.00	5600.93	7600.93	50.67	2280.28	5320.65	7600.93
	7	185.00	1500.00	6335.69	7835.69	42.36	2541.31	5294.39	7835.69
		180.00	800.00	4770.13	5570.13	30.95	2475.61	3094.51	5570.13
		[illegible]	1000.00	3673.82	4673.82	[illegible]	[illegible]	2563.06	4673.82
			[illegible]	[illegible]				[illegible]	6225.11
									[illegible]

Abb. 14: IBL-Kalkulationssätze mit Iterationsverfahren bei 50x50 Matrix

Dieses simulierte Beispiel erfordert von seiner Verflechtungsdichte her weit mehr Verarbeitungsaufwand als im Durchschnitt praktischer Anwendungsfälle zu erwarten ist. Kalkulationssätze in einem Fehlerintervall von maximal etwa 3% stellen sich nach ungefähr 15 Iterationen ein. Damit dürften die im alltäglichen Anwendungsbetrieb gegebenenfalls notwendigen PC-Verarbeitungszeiten kein Anwendungshindernis darstellen.

Sensitivitätsnalyse mit Graphik

Zur Veranschaulichung der interaktiven Anwendungsmöglichkeiten integrierter Business Graphics für Analysezwecke sei auf das oben angeführte IBL-Beispiel zurückgegriffen. In Abb. 15 findet sich eine Visualisierung der Tabellendaten aus Abb. 11 in einem Balkendiagramm.

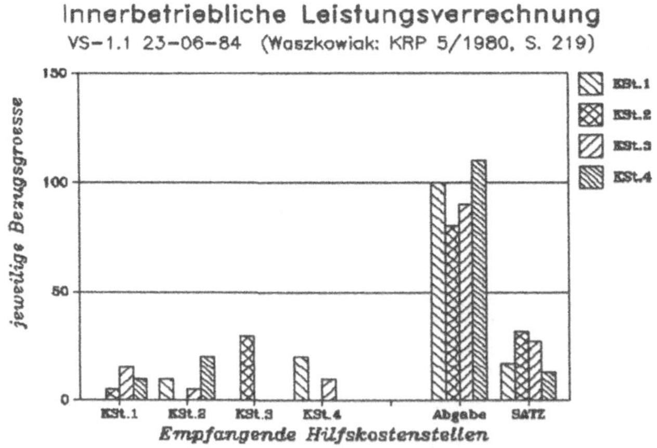

Abb. 15: Balkendiagramm zum IBL-Beispiel Abb. 11

Gesucht sind in einer Alternativenbetrachtung die Auswirkungen auf die Kalkulationssätze

- bei einer Verminderung der gesamten Leistungsabgabe von Hilfskostenstelle 1,
- gleichzeitiger Erhöhung der Leistungsabgabe von Hilfskostenstelle 4 an 1
  sowie
- entsprechender Verminderung der Leistungsabgabe von Hilfskostenstelle 4 an den gesamten Hauptkostenstellenbereich.

Die neuen Ausgangsdaten wie auch das Berechnungsergebnis nach einigen weiteren Iterationen sind in Abb. 16 wiedergegeben.

Abgebende HilfsKost. (Nr.)	Primaer-kosten (DM)	Empfangende Hilfskostenstellen Bezugsgroesse 1	2	3	4	Gesamt-Abgabe (Bez.gr.)	KALKUL. SATZ (DM)
1	1000.00		10	0	20	60	41.40
2	2000.00	5		30	0	80	36.33
3	1500.00	15	5		10	90	28.78
4	800.00	50	20	0		110	17.42

Iterations-zaehler:	12

Abb. 16: Ergebnisse der Sensitivitätsanalyse als Tabelle

Das neue Balkendiagramm für die abgewandelte Situation zeigt Abb. 17. Im Vergleich mit Abb. 14 werden die Strukturverschiebungen im IBL-Gefüge durch das unterschiedliche Muster in der Balkenanordnung visualisiert. Der eigentliche Stellenwert der Graphik wird jedoch erst im praktischen Dialogbetrieb mit dem SSS am PC-Arbeitsplatz deutlich. Bei jeder SS-Änderung im Rahmen einer Sensitivitätsanalyse wird die preview Graphik auf einem Graphikmonitor sofort entsprechend aktualisiert und kann entsprechend zu Verbesserung des Problemverständnisses der zugrundeliegenden Planungsüberlegung beitragen.
Wie oben schon erwähnt, gibt es bei einer eventuell gewünschten Druckausgabe der Diagramme vielfältige Aufbereitungsoptionen. Eine dieser Optionen umfaßt die Möglichkeit einer praktisch stufenlosen Vergrößerung/Verkleinerung der ausgegebenen Diagramme; das Balkendiagramm in Abb. 17 ist entsprechend gegenüber dem in Abb. 15 ein wenig verkleinert.

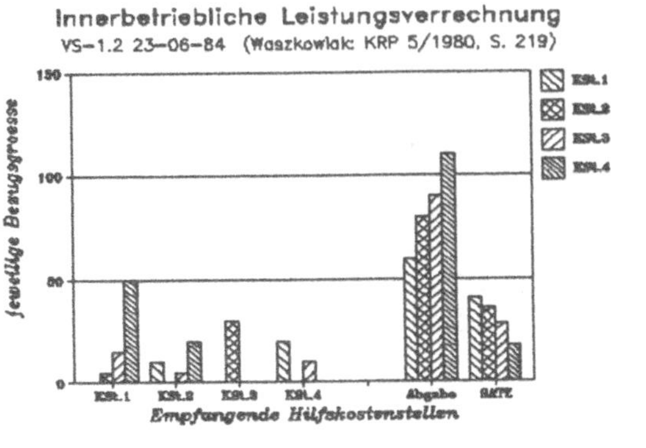

Abb. 17: Ergebnisse der Sensitivitätsanalyse als Balkendiagramm

4.3 Kostenträgerrechnung

In Abb. 18 ist ein typisches Formular einer Plankalkulation auf Grenzkostenbasis mit parallelem Vollkostenausweis wiedergegeben. Das Beispiel stammt von KILGER (1974, S. 615). Die notwendigen zu übernehmenden Daten aus Kostenarten- und Kostenstellenrechnung können z.B. in einem geschlossenen Kostenrechnungssystem auf SSS-Basis, wie oben dargestellt, übergeben werden. Sie können aber auch aus anderen Datenbasen des betrieblichen Informationssystems mit Kommunikations- und Datenmanagement-Software herausgefiltert werden und über Datenaustauschmodule an das SSS übergeben werden. Schließlich mag auch eine manuelle Erstellung sinnvoll sein, wenn es sich um Kostenplanung von wichtigen A-Produkten handelt. Mit dem vorliegenden Kalkulations-SS, lassen sich dann die typischen Sensitivitätsanalysen durchführen.

```
<< MASCHINENBAU GmbH >>      Artikel-                      Datum:    31-06-84
   PLANKALKULATION           bezeichnung:     Ventil
 fuer Fertigerzeugnisse      Art.-Nr.:        24427        Stueck:   1
*******************************************************************************
: Berechnung der             :                              Preis  Grenzkosten
: Planmaterialkosten         :            ME       Menge    DM/ME   DM/Stueck
...............................................................................
  Materialart A                           kg        1.54     2.00        3.08
  Materialart B                           kg        0.44     3.10        1.36
...............................................................................
** I. Einzelmaterialkosten                                               4.44
      Materialgmk.(Grenzk.:          3 % von I.)                          0.13
-------------------------------------------------------------------------------
** II. Planmaterialkosten                                                 4.58
===============================================================================
: Berechnung der             :
: Planfertigungskosten       :
...............................................................................
  Fertigungsstelle                                         Kost.satz
                             Bezugsgroesse Einsatz-  DM/Bez.    Kosten
  Nr.    Bezeichnung         Art      Menge faktor   einheit   DM/Stueck
...............................................................................
     411 Fertig.stelle A     Ftg.std   0.25     1.10      6.40       1.76
     412 Fertig.stelle B     Ftg.std   0.35     1.07      5.30       1.98
     514 Fertig.stelle C     Maschst   0.15     1.05     15.10       2.38
     515 Fertig.stelle D       kg      1.80     1.02      0.50       0.92
     521 Fertig.stelle E     Ftg.std   0.10     1.00      4.20       0.42
...............................................................................
** III.Plangrenzfertigungskosten                                          7.46
      Fixkostenzuschlag:         41.5 % von III.)                         3.10
-------------------------------------------------------------------------------
** IV. Plangr. fert. k. + fixe Planherst. k.                             10.56
===============================================================================
: Berechnung der             :                            Gesamt-K.  Grenz-K.
: Planherstellkosten         :                            DM/Stueck  DM/Stueck
...............................................................................
**  V. Planherst. k. (II+IV bzw. II+III)                    15.13      12.04
===============================================================================
: Berechnung der             :                            Gesamt-K.  Grenz-K.
: Verwaltungs- & Vertriebsk.:                             DM/Stueck  DM/Stueck
...............................................................................
      Verwaltungsgmk.(4.9% GesK & 2% GrenzK von V.)          0.74       0.24
      Vertriebsgmk. (12.7% GesK & 5% GrenzK von V.)          1.92       0.60
      Verpackungskosten                                      0.10       0.10
      Provision      (7% von VIII.)                          1.51       1.51
      Frachtkosten                                           0.30       0.30
-------------------------------------------------------------------------------
** VI. Verwaltgs. & Vertiebskost.                            4.57       2.75
===============================================================================
** VII.Planselbstkosten (V. + VI.)                          19.70      14.79
===============================================================================
****  VIII. Planerloes                          ****        21.50      21.50
****  IX.   Planerfolg (VIII. - VII.)           ****         1.80       6.71
===============================================================================
```

Abb. 18: Parallelkalkulation in der Grenzplankostenrechnung

In Abb. 19 wurden die Grenz-Fertigungskosten für den Artikel herausgefiltert und mit dem SSS-Business-Graphics Modul als "Kuchendiagramm" in ihrem relativen Anteil dargestellt.

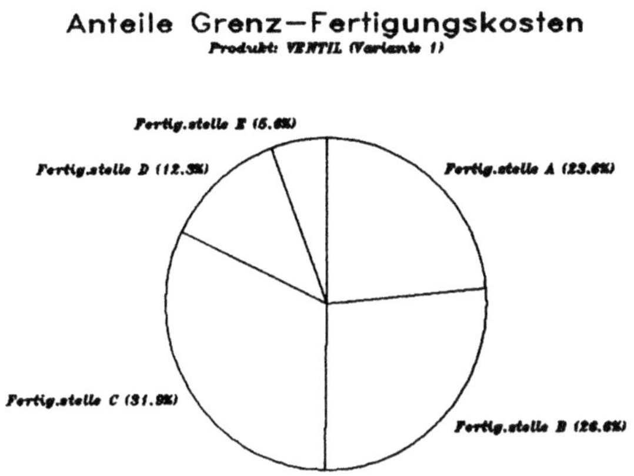

Abb. 19: Fertigungskostenanteile für VENTIL, Verfahrensvariante 1

In Abb. 20 sind die Fertigungskostenanteile einer im Dialog analysierten Verfahrensvariante des Artikels wiedergegeben (die zugrundeliegenden Zahlen sind hier aus Platzgründen nicht dokumentiert).

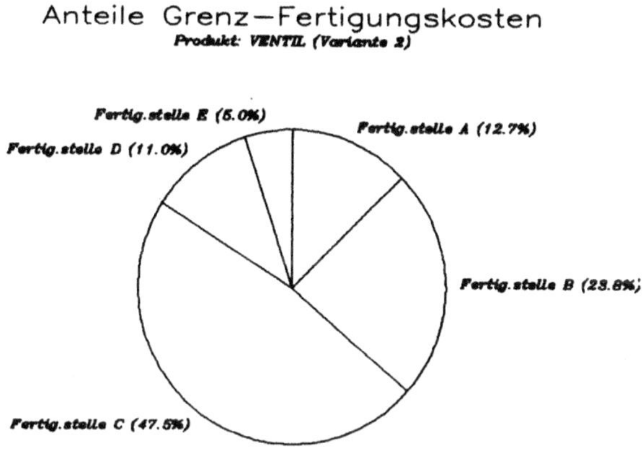

Abb. 20: Fertigungskostenanteile für VENTIL, Verfahrensvariante 2

Abb. 21 enthält die Gegenüberstellung einer stückbezogenen Erfolgsanalyse des Artikels auf Grenz- und Vollkostenbasis (Grenzkostenrechnungspuristen mögen die kostentheoretischen Implikationen dieser Graphik nachsehen). Dies ist gleichfalls nichts anderes als eine visuelle Aufbereitung der im Zuschlagskalkulationsformular Abb. 18 steckenden Informationen, hier mit der SSS-Diagrammoption: "kumuliertes Balkendiagramm".

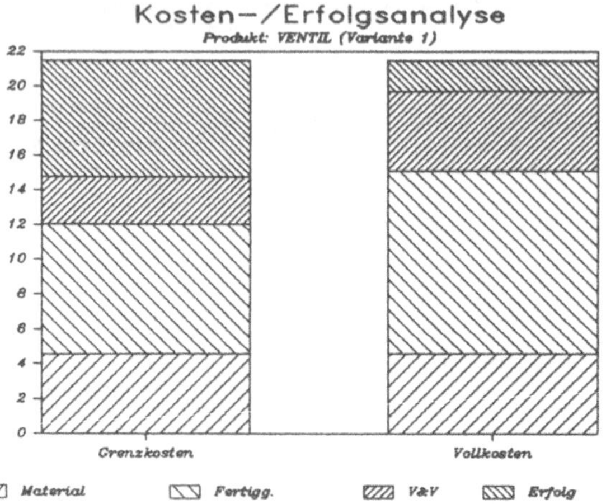

Abb. 21: Erfolgsanalyse in der Kostenträger-Stückrechnung für VENTIL

Ein anderes SSS-Anwendungsbeispiel für die Kalkulation einer 2-Komponenten Lackmischung findet sich bei NASTANSKY (1983-2, S. 196 f).

4.4 Kostenplanung/Kostenanalyse

Ein weiteres Beispiel für die Werkzeugkastenphilosophie bei SSS-Anwendungen sei aus dem Bereich der Kostenplanung gewählt. Ein klassisches KLR-Problem ist dabei die analytische Kostenanalyse ("Streupunkt-Verfahren") zur Bestimmung von Fixkostenanteilen und variablen Kosten einer bestimmten Kostenart in einem bestimmten betrieblichen Teilprozeß.
Zur Formalisierung bietet sich hier die Regressionsanalyse an. SSSs bieten eine geeignete Umgebung, die dafür notwendigen Rechenoperationen in einer einfachen Rechentabelle zu implementieren. Für die Bestimmung der Regressionskoeffizienten und anschließende Herleitung des Fixkostenbetrages sowie des variablen Kalkulationssatzes sind dann nur die (X,Y)=(Beschäftigung/Kosten)-Punkte einzugeben. Als Beispiel sei ein Fall aus der KLR-Literatur gewählt (BUGGERT 1976, S. 177); dort sind die notwendigen Rechenmanipulationen in tabellarischer Form zeigt. Entsprechend ist auch (der tabellarische Teil für) das SS aufgebaut. In Abb. 22 zeigt sich das visualisierte Ergebnis in einem SS X/Y-Diagramm. Bei der Arbeit am PC-Arbeitsplatz läßt sich hier interaktiv u.a. der Einfluß von alternativen Kostenpunkt-Eingaben auf den Verlauf der resultierenden Kostenfunktion (z.B. Verschiebung, Drehung, Änderung des Fixkostenblocks) verfolgen. (Auch hier mag gelten, ähnlich wie bei Abb. 21, ... Honny soit qui mal y pense ... wenn mit einer vielleicht eleganten Technik ein Problem gelöst wird, zu dessen theoretisch-methodischer Qualität Schmalenbach seinerzeits das geflügelte Wort des Vergleichs von Schlendrian mit Schlendrian geprägt hat.)

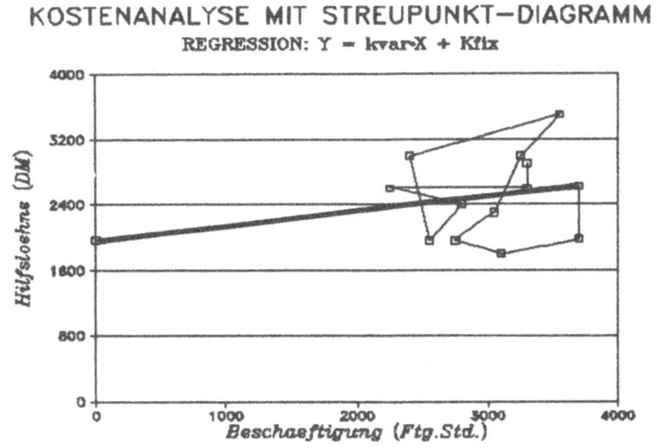

Abb. 22: Kostenanalyse im Streupunkt-Diagramm

4.5 Projektkostenrechnung

Neben Einsatzmöglichkeiten im Rahmen der periodischen laufenden Abrechnung bieten sich weitere integrierte Anwendungsgebiete von SSSs für Aufgaben der KLR. Als ein solcher Anwendungsfall sei die Projektkostenplanung und -verfolgung vorgestellt.

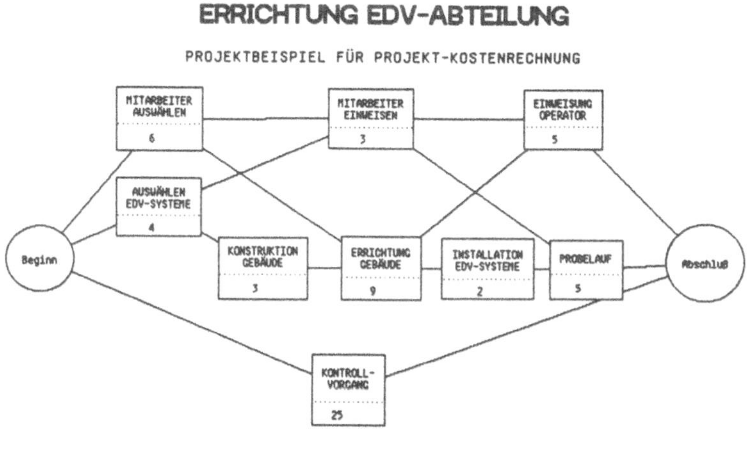

Abb. 23: Vorgangsknoten-Netzplan Projektbeispiel

In Abb. 23 findet sich ein (auf PC erstellter) Vorgangsknoten-Netzplan zu einem Projektbeispiel. Die Funktionen: Terminplanung und -kontrolle, Kapazitätsplanung wie auch Kostenplanung sind in integrierten SSS-Modulen implementiert. Abb. 24 enthält die SSS-Menüsteuerung des Kostenmanagement-Moduls.

```
#####################################################################
#---------------------#*********************************************#
# Vorg.  Bezeichnung  # M E N U E   K O S T E N P L A N U N G #
# Nr.                 #*********************************************#
#---------------------#***=> HILFE  G(oto),N(ame),Hilfe <=***#
#####################################################################
#   1   Projektstart   # Bitte eingeben:                            #
#   2   Kontrollvorg   #     Anfangszeitpunkt:          0           #
#   3   Auswähl. EDV   #     Kalkulationsintervall:     1           #
#   4   Mitarb. ausw   #                                            #
#   5   Konst. Gebäu   # Eingabe:                                   #
#   6   Bau Gebäude    #     1. Kosten:                 Kosten      #
#   7   Install. EDV   # Ausgabe:                                   #
#   8   Mitarb einw.   #     1. Kostenliste:            Liste       #
#   9   Einw. Operat   #     2. Kostengraph:            Graph       #
#  10   Probelauf      #     3. Kum. Kostengraph:       Kumgraph    #
#####################################################################
```

Abb. 24: SSS-Menü für Kostenmanagement in der Projektplanung

In Abb. 25 ist eine tabellarische Aufgliederung der bei der Projektkostenrechnung üblichen zeitlichen Kostenverteilung in einem Vorgangs-/Zeit-Diagramm im SS aufbereitet.

K O S T E N L I S T E

Bezeich.	t<=2.5	5	7.5	10	12.5	15	17.5	20	22.5	25	Summe Kosten
Projektst.	0	0	0	0	0	0	0	0	0	0	0
Kontrollv	100	100	100	100	100	100	100	100	100	100	1000
Ausw. EDV	625	375	0	0	0	0	0	0	0	0	1000
Mitar aus	417	417	167	0	0	0	0	0	0	0	1000
Konst Geb	0	333	667	0	0	0	0	0	0	0	1000
Bau Gebäu	0	0	56	278	278	278	111	0	0	0	1000
Inst. EDV	0	0	0	0	0	0	750	250	0	0	1000
Mitar ein	0	0	0	0	0	0	500	500	0	0	1000
Einw Oper	0	0	0	0	0	0	0	400	500	100	1000
Probelauf	0	0	300	500	200	0	0	0	0	0	1000
Ziel	0	0	0	0	0	0	0	0	0	0	0
Summe =	1142	1225	1289	878	578	378	1461	1250	600	200	

Abb. 25: Kostenverteilung im Projektbeispiel

In Abb. 26 wird eine entsprechende semi-graphische Aufstellung der kumulierten Kostenbeträge durchgeführt.

```
---------------------------------------------------------------------
KOSTEN      G R A F I K  K U M U L I E R T E  K O S T E N
---------------------------------------------------------------------
9001                                                             9001
8182                                               8201  8801  ####
7364                                               ####  ####  ####
6546                                        6951   ####  ####  ####
5727                                        ####   ####  ####  ####
4909                          4912   5490   ####   ####  ####  ####
4091                   4534   ####   ####   ####   ####  ####  ####
3273            3656   ####   ####   ####   ####   ####  ####  ####
2454            ####   ####   ####   ####   ####   ####  ####  ####
1636     2367   ####   ####   ####   ####   ####   ####  ####  ####
 818  1142 ####  ####   ####   ####   ####   ####   ####  ####  ####
---------------------------------------------------------------------
 t<=   2.5   5    7.5    10    12.5    15    17.5    20   22.5   25
=====================================================================
```

Abb. 26: Kumulierte Kostenbeträge im Projektbeispiel

Dieser Beitrag wäre nicht möglich gewesen ohne die vielfältigen Anregungen und Arbeiten meiner Studenten. Stellvertretend möchte ich insbesondere D. Wichert (SSS-Designfragen, geschlossenes KLR-System) und W. Keßler (Projektkostenrechnung) danken.

Quellenverweise

Buggert (1976), W., Technik der Kosten- und Leistungsrechnung, 2. Aufl., Darmstadt (Winkler) 1976.
Henderson, Th.B. und O.F. Cobb, Von Visicalc bis Lotus 1-2-3. Planen - kalkulieren - darstellen. Haar b. München (Computer persönlich) 1984.
Kilger (1974), W., Flexible Plankostenrechnung. 6. Aufl., Opladen (Westdeutscher Verlag) 1974.
Lotus 1-2-3. User's Manual, VS-1A, Cambridge, MA (Lotus Development Corp.) 1983.
LisaCalc. Benutzerhandbuch, München (Apple Comp.) 1983.
MAD (1984). Testbericht. In: Computer Persönlich, 14/1984, S. 152-159.
McDermott (1984), P., The Little Black Book. In: PC-World, 6/1984, S. 232-238.
Multiplan. User's Manual for IBM-PC, VS-1.0, Bellevue, WA (Microsoft) 1983.
Nastansky (1983-1), L., Mikrocomputer: Ein Überblick über Aufbau, Anwendungen und Konzeptionen für ökonomische Anwendungen, Arbeitspapier Schwerpunkt Wirtschaftsinformatik, FB-5 Universität Paderborn, 4/83, 36 S.
Nastansky (1983-2), L., Einsatz von Mikrocomputern im Marketing. In: Marktorientierte Unternehmensführung, Hrsgb. J. Mazanec und F.Scheuch, Wien (Service-Fachverlag) 1983, S. 153-173.
Nastansky, L. und H. Peine (1983), Busyplot. Concepts and implementation of a microcomputer based generalized business data - business graphics interface. In: Microcomputers. D.R. Wilson, C.J. van Sprongen (eds.), Amsterdam-New York-Oxford (North Holland/Elsevier) 1983, S. 223-234.
Open Access. Benutzerhandbuch, SPI Software Products International GmbH, Hamburg 1984.
Roberts (1983), S., Artificial intelligence. In: Mini-Micro Systems, 12/1983, S. 229-233.
Scheer (1984), A.-W., EDV-orientierte Betriebswirtschaftslehre. Berlin-Heidelberg-New York (Springer) 1984.
Smart System. In: PC-World, 6/1984.
SuperCalc-3. User's Manual, VS-1.0, San Jose, CA (Sorcim Corp.) 1983.
Symphonie. In: PC-World (von: A. Micossi), 6/1984, S. 266-267.
VisiCalc.
Waszkowiak (1980), G., Einsatzmöglichkeiten und Grenzen des Gleichungsverfahrens bei Anwendung des Gauß'schen Algorithmus. In: Kostenrechnungspraxis, 5/1980, S. 217-224.

Prof. Dr. Ludwig Nastansky
Schwerpunkt Wirtschaftsinformatik & OR
FB Wirtschaftswissenschaft
Universität GH Paderborn

Warburger Str. 100
D-4790 Paderborn
(05251) 60-2804/-2808

Variables Suchen und Drucken (VSD)
Anwendungssprache für den Endbenutzer zur Erstellung von Auswertungen, Analysen und Modellrechnungen

H. Reinhard / *U. Scherotzki*, RWE AG, Essen

1. Entwicklung anforderungsgerechter Datenverarbeitunssysteme

Die Erfassung und Verarbeitung von Informationen erfolgt heute in fast allen betrieblichen Bereichen mit Hilfe EDV-gestützter Systeme. In der betrieblichen Praxis hat eine Vielzahl sogenannter Abrechnungs- und Informationssysteme große Verbreitung gefunden. Selbst kleinere Unternehmen setzen Rechner für die Finanzbuchhaltung und die Personalabrechnung ein. In der vergleichsweise langen Zeitspanne zwischen Entwicklung bzw. Kauf, Implementierung und praktischem Einsatz dieser Systeme - ein Prozeß, der häufig mit erheblichen organisatorischen Anpassungsprozessen verbunden ist - haben sich aber auch die Leistungen und Möglichkeiten der Rechner wesentlich verbessert und weiterentwickelt. Fortschritte wurden durch die Nutzung moderner Formen der Speicherung und durch die Entwicklung flexibler Programmsysteme erzielt. So ermöglichen Datenbanken in einzelnen Bereichen bereits eine sehr zeitnahe Informationsgewinnung. Abrechnungs- und Informationssysteme eignen sich vor allem für häufig wiederkehrende Verarbeitungsprozesse; ihre Anwendungsmöglichkeiten bleiben damit auf spezifische Aufgaben und Funktionen begrenzt.

Die verschiedenen bereichsbezogenen Abrechnungs- und Informationssysteme generieren zahlreiche Dateien, die im Rechenzentrum ständig verändert und aktualisiert werden. Das bedeutet, daß heute die wichtigsten Unternehmensdaten gespeichert vorliegen und zwar nicht wie früher in Karteien oder Listen, sondern auf maschinell lesbaren Datenträgern, wie Platten, Magnetbändern etc. Durch die Menge der Daten und die Form der Speicherung sind so die notwendigen Voraussetzungen einer übergreifenden und umfassenden Informationsverarbeitung gegeben. Allerdings wird für die zielgerichtete Nutzung der Informationsmöglichkeiten ein Instrumentarium benötigt, das eine nach vielfältigen Fragestellungen flexible, also entscheidungsorientierte Informationsverarbeitung gestattet. Entscheidungsorientierung erfordert ein hohes Maß an Zeitnähe, erfordert die Berücksichtigung der individuellen Informationsbedürfnisse des Fachbereichs, die Befreiung von unnötigem Datenballast. Die Lösung komplexer betriebswirtschaftlicher Aufgaben bei ständig wechselnden Einflußfaktoren verlangen immer mehr den unmittelbaren Dialog zwischen Fachbereich und Rechner. Voraussetzung hierfür ist ein leicht anzuwendendes Instrumentarium, mit dem der Mitarbeiter im Fachbereich selbständig Fragen formulieren kann, und das ihm schnelle Ergebnisse und Auswertungen ermöglicht. Die Flexibilität dieses Instrumentariums muß dabei so groß sein, daß bei Modellrechnungen - etwa bei Planungsrechnungen - Alternativen unmittelbar mitvollzogen werden können und daß bei fortschreitenden Erkenntnissen neue oder erweiterte Fragestellungen unmittelbar möglich sind.

Die Entwicklung und Gestaltung kostenwirtschaftlicher EDV-Systeme, die diesen Anforderungen gerecht werden, ist zwangsläufig ein langer und schwieriger Prozeß, der nicht nur die Software betrifft sondern der auch die Hardware, die Verarbeitungsformen und die Datenbasis tangiert. Das Produkt muß dabei den spezifischen Gegebenheiten des Unternehmens Rechnung tragen.

Wie in anderen Unternehmen haben wir Programmsysteme zur Erstellung von Berichten und Rechenmodellen entwickelt. So u.a. Listengeneratoren, die verhältnismäßig schnell aus größeren Datenbeständen gewünschte Informationen selektieren und ausdrucken können; im Rahmen von Datenbanken bestehen aufgrund festgelegter Hierarchiestufen und Verknüpfungen zum Teil sehr zeitnahe Informationsgewinnungsmöglichkeiten. Andererseits sind komplexe Berichtssysteme entwickelt worden, die aus verschiedenen Dateien Berichte und Planungsrechnungen erstellen. Allerdings können hiermit - in einer bestimmten Bandbreite - überwiegend nur gleichartige Verarbeitungsprozesse gelöst werden. Auswertungen sind in vielen Fällen nur in einer starren Form möglich. Daher lassen sich in der Regel kurzfristig erforderliche Berichte, die außerdem noch die Daten aus unterschiedlichen Dateien benötigen, nur mit erheblichem Zeit- und Kostenaufwand realisieren.

Konkret sah der Lösungsweg der Vergangenheit im allgemeinen folgendermaßen aus: Zunächst waren organisatorische Vorkehrungen zu treffen, die sich aus der Fragestellung der Fachbereiche ergaben: Gründung einer Projektgruppe, Aufgabenbeschreibung mit Aufwandschätzung, Genehmigung durch die Geschäftsleitung, anschließend Programmvorgabe und Test. Das Ergebnis war nicht selten fehlerhaft, weil sich der Fachbereich und der für die Realisierung zuständige Bereich nicht ausreichend verständigt hatten. Nun wiederholte sich der Prozeß, bis ein zufriedenstellendes Ergebnis erzielt wurde. Nicht selten kam es auch zu Verzögerungen aufgrund von Engpässen im DV-Bereich.

Diese kostenintensive und zeitraubende Vorgehensweise ist für die Entwicklung etwa der erwähnten Abrechnungssysteme mit häufig wiederkehrenden und gleichbleibenden Verarbeitungprozessen unvermeidlich und daher richtig. Für die vorgenannten Anforderungen an flexible, entscheidungsorientierte Informationssysteme mußten alternative Lösungswege gefunden werden. Dabei haben wir grundsätzlich auch den Kauf von Software in Betracht gezogen. Der Software-Markt bietet dem Endbenutzer des Fachbereichs heute eine Vielzahl von Produkten an. Doch zwischen den unternehmensspezifischen Anforderungen und der Realisierung klafft häufig ein tiefer Graben. Bei Verkaufsgesprächen werden oft nur die positiven Seiten eines Produkts dargestellt, später im praktischen Einsatz, erfährt der Anwender dann sehr schnell die Grenzen des Systems. Hat man sich erst einmal entschieden, stellt dann aber fest, daß das gekaufte Produkt den spezifischen Anforderungen nicht wie erwartet gerecht wird, ist die Lösung von Standardsoftware-Systemen nicht selten mit sehr hohen Kosten verbunden.

Von objektiven Nachteilen abgesehen, ist die Entscheidung für Standardsoftware mit Risiken behaftet, da bei der Auswahl zahlreiche Kriterien in Betracht zu ziehen sind und die Markttransparenz allein durch die Fülle des Angebots beeinträchtigt ist. Insbesondere stellen sich folgende Fragen:

1. Welche Mächtigkeit hat das System?
2. Ist es schnell erlernbar?
3. Ist eine besondere Softwareumgebung erforderlich?
4. Können auch größere Datenbestände kostengünstig verarbeitet werden?
5. Welche Datenschutzmöglichkeiten bestehen?
6. Wird das System auch den zukünftigen Anforderungen noch gerecht?

Wir haben - u.a. auch aufgrund der nur angeschnittenen Problematik des Software-Kaufs - ein eigenes System entwickelt, das wir VSD (Variables Suchen und Drucken) genannt haben. VSD erfüllt die eingangs skizzierten Anforderungen in vielen für uns wichtigen Anwendungsbereichen. Wir setzen VSD seit 10 Jahren ein. Entsprechend haben wir Erfahrungen mit einer Vielzahl einfacher Auswertungen und auch mit komplizierten Modellrechnungen gemacht. Mehr als 100 Mitarbeiter aus verschiedenen Fachbereichen benutzen dieses System für unterschiedliche Problemlösungen in unserem Unternehmen. Im Gegensatz zu Endbenutzersprachen, die nur Lösungen auf bestimmten begrenzten Gebieten, z.B. im Bereich der betriebswirtschaftlichen Planung ermöglichen, haben wir mit VSD ein Sprachsystem entwickelt, das dem Sachbearbeiter des Fachbereichs vergleichsweise unkompliziert und schnell den unmittelbaren Zugriff bis auf die Basisdaten der Abrechnungssysteme erlaubt und ihm gleichzeitig gestattet, diese Daten in Modellrechnungen, Berichten bzw. Analysen auszuwerten. VSD kann in allen Anwendungsbereichen eingesetzt werden, und zwar direkt vom jeweils zuständigen Sachbearbeiter. Abgesehen davon, daß der Bereich der Datenverarbeitung entlastet wird, sehen wir die unmittelbare Anwendung durch den Sachbearbeiter als außerordentlich vorteilhaft an, da sie ein hohes Maß an Flexibilität, Individualität und Zeitnähe bedeutet; Vorteile sehen wir auch darüber hinaus in der Kostenwirtschaftlichkeit, die u.a. die hohe Effizienz und die organisatorische Vereinfachung mit sich bringen.

2. Funktionsweise und Anwendungsmöglichkeiten von VSD

2.1 Zugriff auf Basisdaten

Wie eingangs erwähnt, sind in unserem Unternehmen viele wichtige Daten auf maschinell lesbaren Datenträgern gespeichert. Die Dateien sind jedoch unterschiedlich strukturiert. So gibt es bei uns Dateien, die im Rahmen von Datenbanksystemen erstellt worden sind und Dateien, die nur sequentiell gelesen werden können. Segmente und Satzaufbauten sind unterschiedlich. Hinzu kommt, daß sich diese Dateien durch Ergänzungen, Veränderungen oder bei der Neuerstellung von Abrechnungssystemen ändern. Für die Weiterverarbeitung der mit den verschiedenen Systemen erstellten Bestands- und Bewegungsdaten zu Auswertungen, Berichten oder in Modellen müssen die Daten angesprochen, ausgesondert, verdichtet und umstrukturiert werden. In der Lösung dieses Prozesses besteht die eigentliche Schwierigkeit, die mit VSD gelöst werden konnte. Mit VSD lassen sich die vorhandenen Dateien - auch Datenbanken - beliebig lesen und verknüpfen, und zwar ohne die mühselige und kostspielige Erstellung von Zwischendateien (Schaubild 1). VSD ist ein Sprachsystem, das sowohl komplexe Funktionen, etwa Modellrechnungen, als auch Einzelbefehle ausführen kann.

Schaubild (2) zeigt einige sinnvolle Voraussetzungen und Vorgehensweisen für den Einsatz des Systems, z.B. auf einem IBM Großrechner in Verbindung mit einem PC.

Bei Datenbanksystemen verfügt in der Regel der Sachbearbeiter bereits über ein Datenein- und -ausgabegerät. In diesen Fällen kann dasselbe Gerät ebenfalls für die VSD Anwendung genutzt werden.

Dem Sachbearbeiter werden die Lesezugriffe auf die Originaldateien, für die er zuständig ist, gestattet. Die Felder oder Spalten der Dateien können symbolisch oder in Form von Satz- oder Segmentspaltenangaben frei wählbar gelesen und verarbeitet werden (z.B. Umstrukturieren, Verdichten, Verändern, Ergänzen, Rechnen, Sortieren).

Neben dem Zugriff auf die Daten der Abrechnungssysteme steht dem Sachbearbeiter - sofern dies erforderlich ist - eine bestimmte Platten- und/oder Bandkapazität für das Speichern von verdichteten, errechneten oder eingegebenen Informationen zur Verfügung.

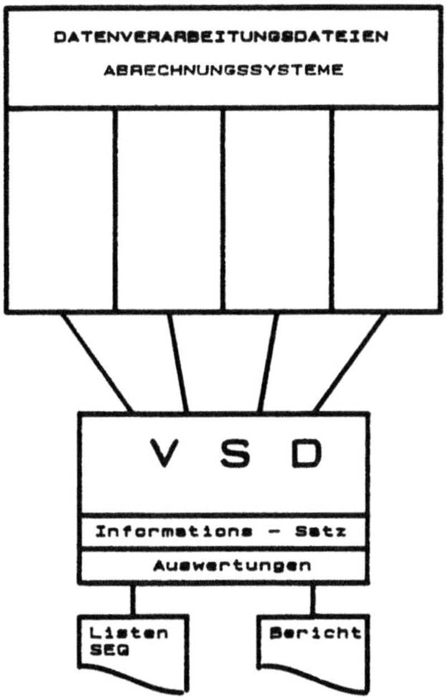

Schaubild 1

Wir haben festgestellt, daß aus großen Datenbeständen nur verhältnismäßig wenige Informationen in verdichteter Form genügen, um eine Vielzahl von Fragestellungen zu beantworten. In diesen Fällen ist es unter Kostengesichtspunkten sinnvoll, daß der Anwender zunächst die umfangreichen Datenbestände aus den Abrechnungssystemen in verdichteter Form in der ihm zur Verfügung gestellten Berichtsdatei speichert und danach mit kleinen Datenbeständen und somit kürzeren Maschinenlaufzeiten seine Anwendungen erstellt.

Bei der Sammlung von Daten ist darauf zu achten, ob Abrechnungssysteme, wie dies bei uns z.B. der Fall ist, in einigen Fällen Veränderungsdaten nur für einen Zeitraum von ein bis drei Jahren speichern. Für die Zwecke der Berichtserstellung und Planungsrechnung ist dieser Zeitraum oft zu kurz. Auf der erwähnten Berichtsdatei wird daher dann in der erwähnten Form das verdichtete Datenvolumen für einen längeren Zeitraum gespeichert.

Mit dem Einsatz des Systems VSD auf Personalcomputer (PC) sind weitere Einsparungen möglich. Das Kosten-/Nutzenverhältnis ist bei Anwendung auf PC besonders bei der Verarbeitung von kleineren und mittleren Datenvolumen günstiger als bei Anwendung auf dem Großrechner. Bei den entsprechenden Aufgabenstellungen wird vom PC mit Hilfe von VSD auf die Orginalabrechnungsdateien zugegriffen. Die benötigten Daten werden verdichtet, umstrukturiert und in die PC-Datei übertragen. Danach kann mit VSD auf dem PC die gewünschte Anwendung erfolgen.

Erstellen von Berichtsdateien und moeglicher Einsatz von PC

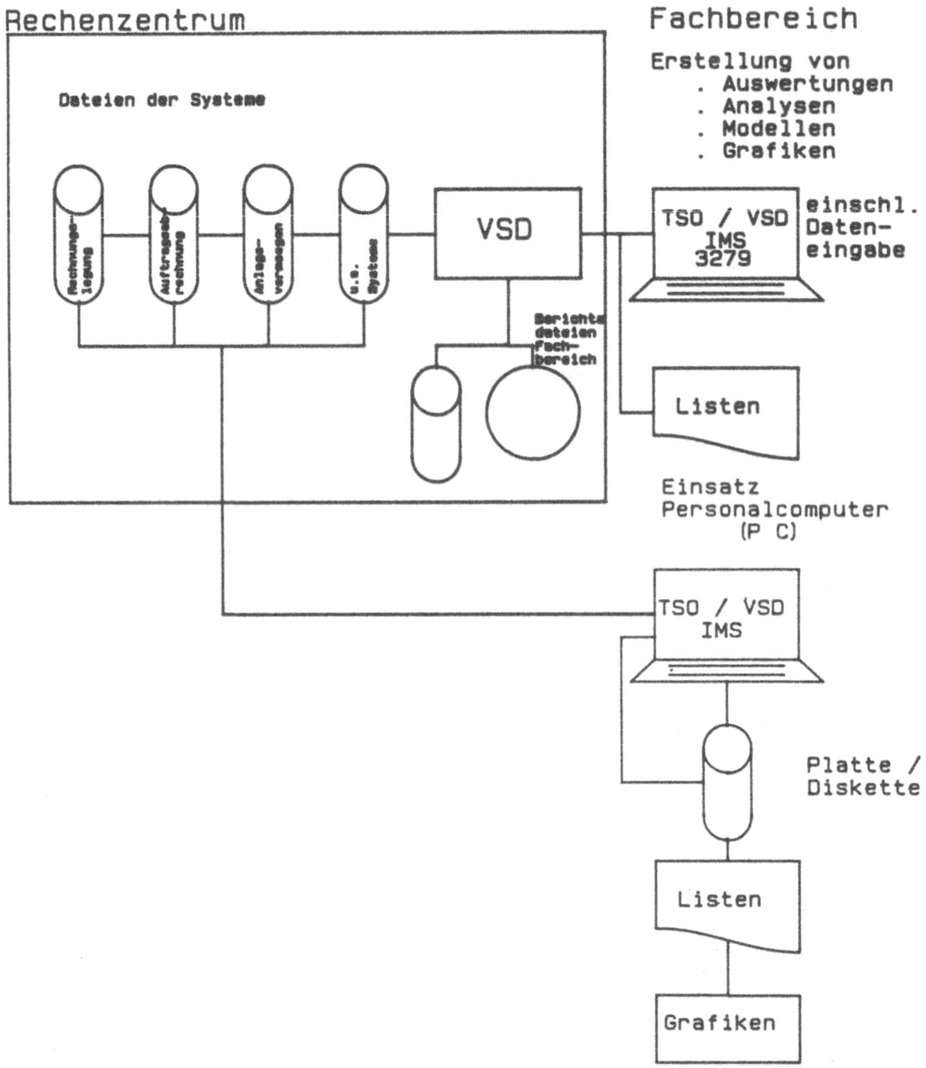

Schaubild 2

V S D - Ablaufplan

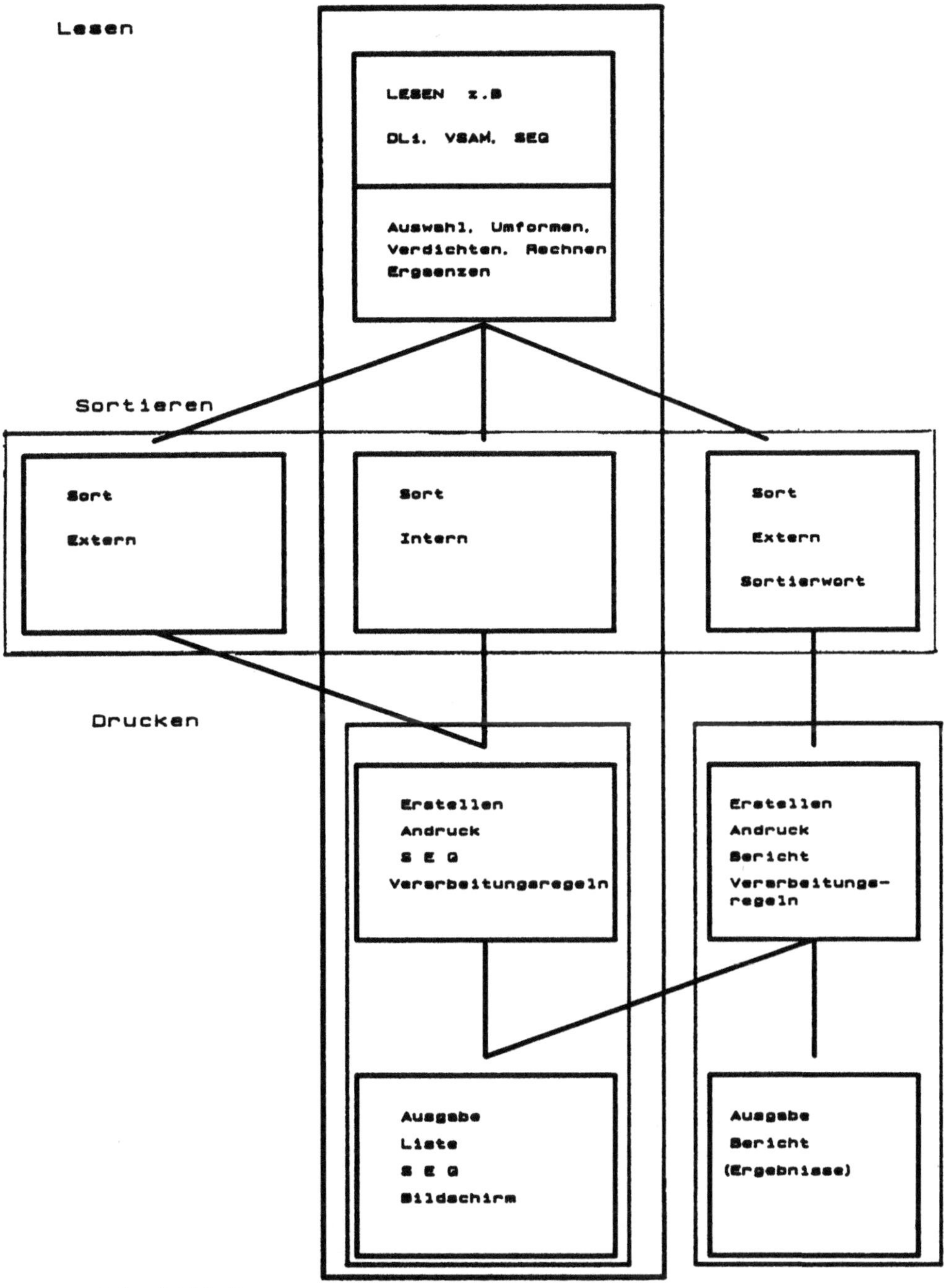

Schaubild 3

2.2 Anwendungsmöglichkeiten

VSD erfüllt die eingangs skizzierten Anforderungen:

- der Fachbereich kann den Rechner direkt für die Lösung seiner Aufgaben einsetzen

- der Fachbereich kann die Möglichkeiten des Großrechners am Arbeitsplatz nutzen

- mit Hilfe eines einfachen und zugleich komplexen Sprachsystems können Fragen formuliert werden

- die entsprechenden Ergebnisse, Berichte, Kennzahlen, Analysen und Planungsrechnungen liegen dem Fachbereich unmittelbar vor

- Informationen verschiedener Datenbestände lassen sich frei verknüpfen, zusätzlich können beliebige Daten, Kennzahlen oder Statistiken zusätzlich eingegeben, miteinander in Verbindung gebracht und zielgerichtet ausgewertet werden.

Schaubild (3) zeigt die Hauptverarbeitungsschritte im System VSD.

Die Handhabung von VSD ist grundsätzlich für alle Anwendungsbereiche gleich. Je nach Fragestellung sind zwei Grundformen der Ergebnisdarstellung möglich:

1. Erstellung von Listen
2. Erstellung von Berichten

In den Listen werden die zu sortierenden Daten nach vorgegebenen Verarbeitungsregeln nacheinander in dem gewünschten Druckbild dargestellt. Diese Art der Anwendung empfiehlt sich besonders beim Ausdruck großer Datenbestände. VSD erzielt sehr schnelle Maschinenlaufzeiten, da das System in der Maschinensprache Assembler realisiert wurde.

Mit VSD können die erstellten Ausdrucke auch auf die für Mikroverfilmung geeigneten Banddateien ausgegeben werden. Die direkte Banderstellung wird bei uns z.B. dann durchgeführt, wenn im Rahmen der Grundsätze ordnungsmäßiger Buchführung aus Sicherheitsgründen eine Mikroverfilmung vorgesehen werden kann, die Daten aber aufgrund der VSD-Möglichkeiten für die tägliche Arbeit nicht benötigt werden.

ANDRUCK SEQ

1. Andruck von Informationen

2. Vorschub Zeilen und Seiten

3. Summieren

4. Verdichten der Liste (Sammelgang)

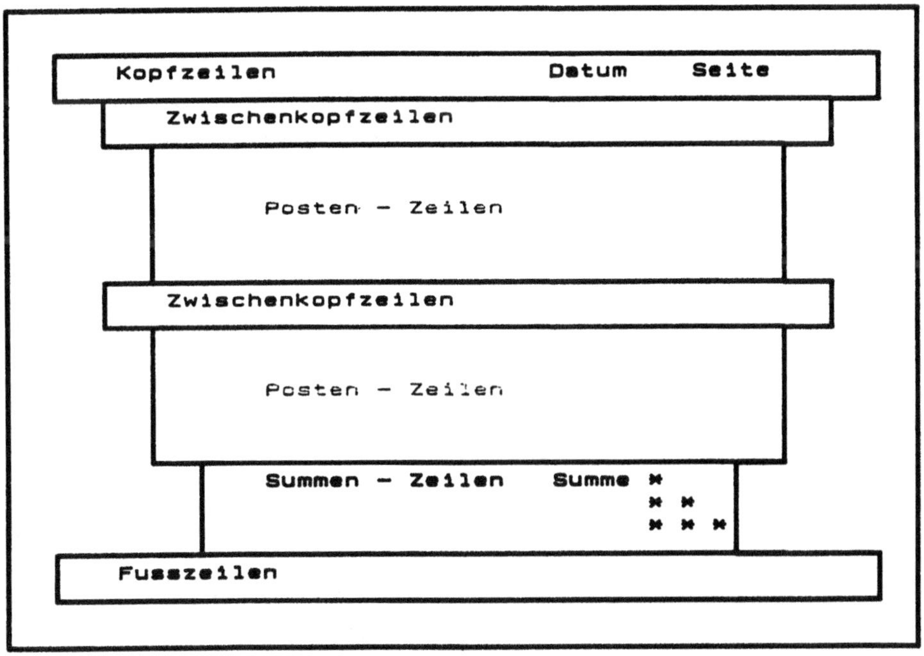

Schaubild 4

Berichtserstellung

1. Zuordnung der Eingabe

   nach Berichts-Nr.

   Seite

   Zeile

   Spalte

2. Verarbeitung

   rechnen, abfragen, verzweigen, uebertragen

3. Andruck

4. Ausgabe Ergebnisse

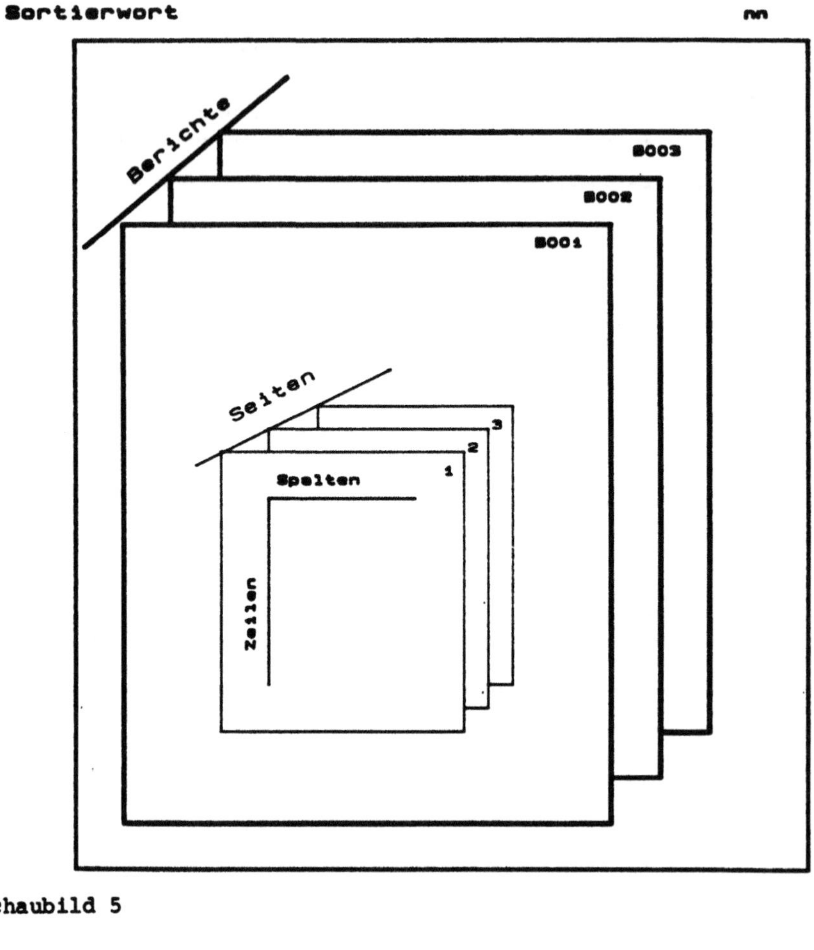

Schaubild 5

VSD erlaubt eine freie Gestaltung des Listenbildes. In Schaubild (4) sind einige Varianten dargestellt.

Für die Erstellung von Auswertungen in Form von Berichten, Seiten, Spalten, Zeilen eignen sich besonders die Funktionen der Berichterstellung. Mit einfach zu erlernenden Rechen- und Verarbeitungsregeln, in denen wiederkehrende Verarbeitungen in Form von Schleifen mit wenig Aufwand realisiert werden können, lassen sich Auswertungen, Modell- und Planungsrechnungen leicht verwirklichen.

Für häufig wiederkehrende Verarbeitungen, z. B. Umlagerechnungen für Vollkostenrechnungen bestehen vorgefertigte Unterprogramme, die lediglich aufzurufen sind. Das gleiche gilt auch für Multiple Regressionsrechnungen.

Die wichtigsten Berichterstellungsfunktionen zeigt Bild (5).
Berichte werden nicht durch eine Reihe von vorgegebenen Befehlen definiert. Der Anwender gestaltet den Bericht durch Vorgabe der kompletten Berichtsseite. Er kann Texte, Sonderzeichen, Trennstriche, Wertfelder in beliebiger Form anordnen. Der Andruck der Wertfelder ist mit Kommastellen, ohne Kommastellen, mit 1000erPunkttrennung und in anderen Darstellungsformen möglich.

Eine einfache Form einer Berichtsdefinition zeigt das folgende Bild (6).

```
L50XXX P500575
A N D R U C K   DER   E I N G A B E K A R T E N          05.07.84

1...5...10...15...20...25...30...35...40...45...50...55...60...65...70...75...80

B001         &20,1&
P001
Z001 -------------------------------
Z002 | KOSTENVERGLEICH  'T.MM.JJ |    'BLATT              'SEITE
Z003 |-------------------------------------------------------------
Z004 | GRUPPE-KOSTENART|  ABT. A  |  ABT. B  |  ABT. C  |   SUMME  |
Z005 |-----------------+----------+----------+----------+----------|
Z006 |                 |$00.000,00-|$00.000,00-|$00.000,00-|$00.000,00-|
Z007 | 015 PERSONAL    |$00.000,00-|$00.000,00-|$00.000,00-|$00.000,00-|
Z008 | 016 SOZIALAUFW. |$00.000,00-|$00.000,00-|$00.000,00-|$00.000,00-|
Z009 | 138 FREMDL.U.-L.|$00.000,00-|$00.000,00-|$00.000,00-|$00.000,00-|
Z010 | 139 FREMDLEISTG.|$00.000,00-|$00.000,00-|$00.000,00-|$00.000,00-|
Z011 | 238 MATERIAL    |$00.000,00-|$00.000,00-|$00.000,00-|$00.000,00-|
Z012 | 239 EINSATZST.  |$00.000,00-|$00.000,00-|$00.000,00-|$00.000,00-|
Z013 | 357 SONSTIGE I  |$00.000,00-|$00.000,00-|$00.000,00-|$00.000,00-|
Z014 | 358 SONSTIGE II |$00.000,00-|$00.000,00-|$00.000,00-|$00.000,00-|
Z015 | 770 SONSTIGE III|$00.000,00-|$00.000,00-|$00.000,00-|$00.000,00-|
Z016 |-----------------+----------+----------+----------+----------|
Z017 |     SUMMEN      |$00.000,00-|$00.000,00-|$00.000,00-|$00.000,00-|
Z018 -------------------------------------------------------------
Z019 |     UEBERTRAG   |$00.000,00-|$00.000,00-|$00.000,00-|$00.000,00-|
Z020 -------------------------------------------------------------
```

Schaubild 6

Bei der Vorgabe von Rechenfunktionen können die vom Rechner vergebenen Namen der Wertfelder verwandt werden.

Das Abfragen und Umstrukturieren von Datenfeldern macht das folgende Beispiel deutlich:

Aufgabenstellung: Welche Kostenstellen haben die Kostenarten A 101 bis B 102?

Danach ist der Eingabesatz für die Weiterverarbeitung nur auf die benötigten Datenfelder (Kostenstelle, Kostenart, Wert 2) zu reduzieren.

Der Eingabesatz sieht wie folgt aus

Kostenstelle 1 - 4	Kostenart 5 - 12	Abt. 13-14	Wert 1 15-19	Wert 2 20-24

Lösung: Auswahl — Vorgabe für den Rechner

Wo steht die zu betrachtende Information und wieviel Stellen hat die Information (die ersten 4 Stellen der Kostenart)?

Befehl 1

Spalte/Länge	
5,	4

Welche der zu betrachtenden Informationen sollen verarbeitet werden (=A 101 bis B 102)?

Befehl 2

von	bis
A 101	B 102

Umstrukturieren der gefundenen Sätze

Übertragung der Stellen 1-12 und 20-24 in den Ausgabesatz

	Wohin Ausgabesatz	Länge der Information	Wohin Eingabe satz
Befehl 3	1	12	1
" 4	13	5	20

Auch das symbolische Ansprechen von Feldern einer Datenbank ist möglich.

Für Anwender in unserem Hause, die VSD nicht regelmäßig einsetzen, kann im Rahmen einer Standardauswertung durch das Erlernen von wenigen Befehlen ein hohes Maß an Flexibilität in der Fragestellung erreicht werden.

VSD hat sich auch hilfreich bei der Suche von den in Abrechensystemen nicht erkannten Fehlern erwiesen. Die manuellen und zeitraubenden Plausibilitätsprüfungen bei der Dateneingabe können stark verringert werden.

3. Erfahrungen im Fachbereich mit VSD

3.1 Vorzüge und Empfehlungen

Die Mitarbeiter im Fachbereich werden durch VSD von sonst manuell durchzuführenden Routinearbeiten entlastet und sind in der Lage, Aufgabenstellungen schneller und besser zu lösen. Der Einsatz von VSD ermöglicht die Erstellung notwendiger Auswertungen, die vorher nicht oder nur selten wegen des zu großen Arbeitsaufwandes in Angriff genommen wurden. Durch die Möglichkeit, Aufgaben direkt am Arbeitsplatz zu lösen, werden Kommunikations- und Terminprobleme und damit vorhandene Informationsverluste vermieden. Viele der bisher erforderlichen Standardauswertungen aus Abrechnungssystemen, die zwangsläufig einen erheblichen Umfang haben, werden durch den Einsatz von VSD nicht mehr benötigt. Zudem entfällt erheblicher Nacharbeitungsaufwand, bedingt durch den geringeren Umfang der Auswertungen.

Der Vorteil beim Einsatz von VSD liegt insbesondere auch darin, daß der Fachbereich - ohne den Datenverarbeitungsbereich zu beanspruchen - in die Lage versetzt wird, Auswertungswünsche kurzfristig realisieren zu können. Mit der Einführung von VSD hat der Fachbereich den zur Durchführung seiner Aufgaben erforderlichen Integrationsgrad erreicht.

Durch seine alleinige Zuständigkeit erhält der Sachbearbeiter ein hohes Maß an Eigenverantwortung. Zugleich wird damit bewirkt, daß die sonst auftretenden Informationsverluste (Fachabteilung/Datenverarbeitung) für die hier genannten Anwendungen vermieden werden können und somit die Effektivität entsprechend gesteigert wird. Dies führt zu einem höheren Motivations- und Identifikationsgrad der Mitarbeiter. Außerdem wird eine eventuell bestehende ablehnende Haltung gegenüber dem Medium Datenverarbeitung abgebaut. Die bisherigen Erfahrungen haben diese Aussagen eindeutig unterstrichen.

Neben den Vorteilen - schneller, mehr und detaillierter vorgeben, auswerten und prüfen zu können - verbleibt dem Sachbearbeiter künftig mehr Zeit für Abweichungsanalysen und Kommentierungen.

Es hat sich als wertvoll erwiesen, den Sachbearbeitern nach den ersten gewonnenen praktischen Erfahrungen, in einer weiteren Schulung Logiken und Vorgehensweisen für die besten Lösungsmöglichkeiten einer Aufgabenstellung mit Hilfe des Rechners zu erläutern. Für einen reibungslosen und kostengünstigen Einsatz des Systems VSD ist wesentlich, daß der Datenverarbeitungsbereich den Fachbereich in folgenden Punkten berät und unterstützt:

- Schulung des Fachbereiches,
- Unterstützung - soweit am Anfang erforderlich - bei der Erstellung von Auswertungen und Hilfe bei der Behebung von Fehlern,
- Bereitstellung von Informationen über Laufzeitverhalten und Speicherkapazität einschließlich der entsprechenden Kosten und Hinweise auf mögliche Kostenminimierungen
- Unterstützung bei Datenschutzüberlegungen.

3.2 Praktische Anwendungsbeispiele

Zur Veranschaulichung der Nutzungsmöglichkeiten von VSD seien abschließend noch zwei Anwendungsbeispiele aus dem Rechnungswesen kurz dargstellt.

1. System Kostenträgerrechnung
2. Das System der monatlichen Berichterstattung (MB).

Kostenträgerrechnug

Die Kostenträgerechnung ist ein komplexes System, das die Aufgabe hat, Voll- oder Teilkosten verschiedenen Kostenträgern, das können Spannungs-Ebenen oder auch Kundengruppen sein, zuzuzordnen. Bei der Vollkostenrechnung müssen verschiedene Schlüsselsysteme angewendet werden. Die Teilkostenrechnung erfolgt nach dem Direct-costing-Verfahren.

Das nachstehende Schaubild (7) zeigt, wie mit Hilfe des VSD-Instrumentariums einmal auf verschiedene Dateien zugegriffen wird, zum anderen VSD als Datensammel- und Rechensystem eingesetzt wird. Bei der Kostenträgerrechnung greift VSD auf sequentielle Dateien bzw. auf Datenbanksysteme zu, im einzelnen auf die Verkaufsstatistik, die Mengen und Erlöse enthält (Programmiersprache Cobol), auf technische Dateien, die Energiemengen, Leistungswerte, Benutzungsstunden, Netzverluste, Kundenzahlen usw. enthalten (Programmiersprache überwiegend PL1 und PLANCODE) als auch auf die VSD-Abrechnungssysteme Kostenarten- und Kostenstellenrechnung. Alle erforderlichen Daten aus diesen Dateien werden zunächst mit Hilfe von VSD gelesen und im Kostenrechnungssystemen mit VSD ausgewertet.

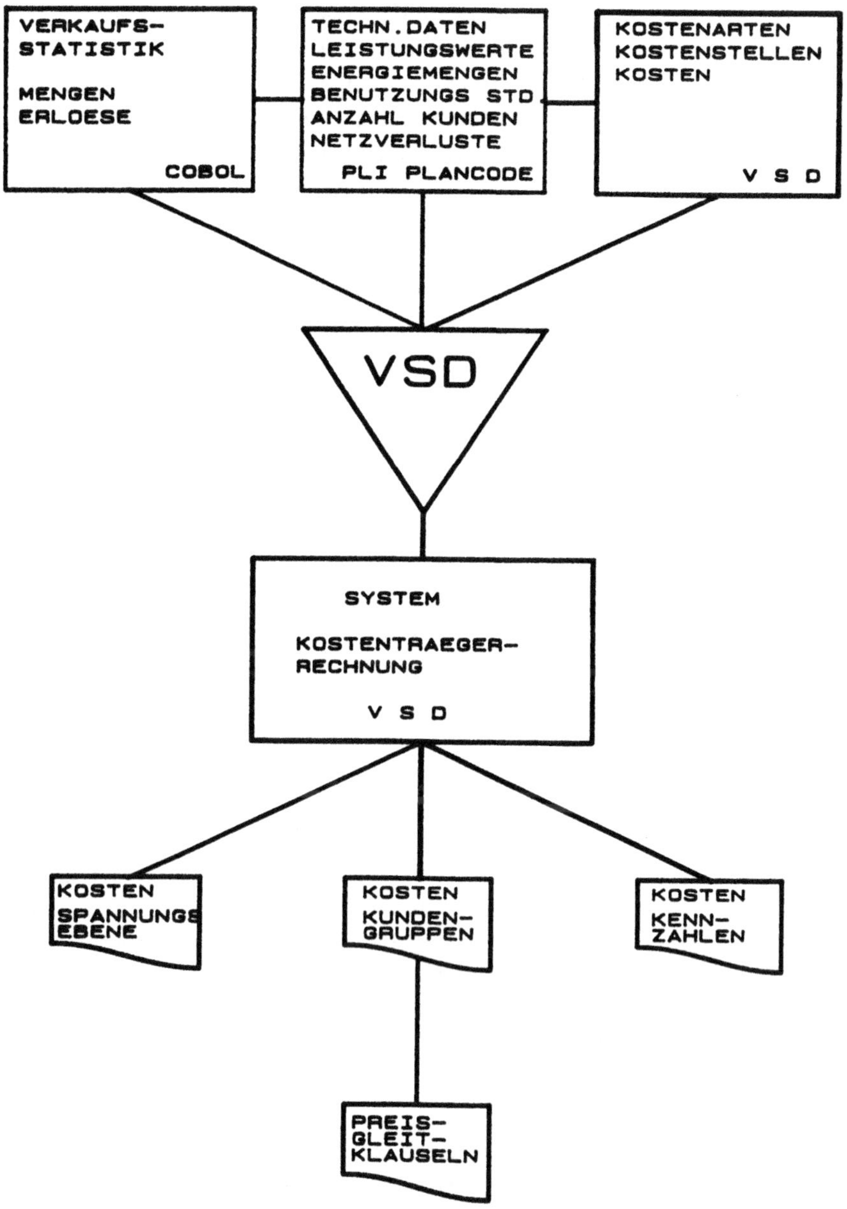
VERKAUFS-
STATISTIK
MENGEN
ERLOESE
COBOL
TECHN.DATEN
LEISTUNGSWERTE
ENERGIEMENGEN
BENUTZUNGS STD
ANZAHL KUNDEN
NETZVERLUSTE
PLI PLANCODE
KOSTENARTEN
KOSTENSTELLEN
KOSTEN
V S D
VSD
SYSTEM
KOSTENTRAEGER-
RECHNUNG
V S D
KOSTEN
SPANNUNGS
EBENE
KOSTEN
KUNDEN-
GRUPPEN
KOSTEN
KENN-
ZAHLEN
PREIS-
GLEIT-
KLAUSELN

Schaubild 7

Die branchen-spezifischen Besonderheiten der Stromversorgung bedingen ein relativ kompliziertes Zuordnungsverfahren, insbesondere soweit eine Vollkostenrechnung durchgeführt werden muß. Das Hauptproblem liegt darin, verursachungsgerechte Kriterien für die Zuordnung vor allem der festen Kosten zu finden. Kostenabhängigkeiten ergeben sich z.B. nach Höhe, Zeitpunkt und Zeitdauer der Inanspruchnahme von elektrischer Leistung der jeweiligen Kostenträger. Eine verursachungsgerechte Zuordnung ist daher nur auf der Basis umfangreicher Leistungsdaten möglich.

Neben der Hauptfunktion der Kostenträgerrechnung, der Zuordnung von Voll- bzw. Teilkosten auf Spannungsebenen und Kundengruppen, ermitteln wir mit dem System auch verschiedene Kostenkennzahlen, wie z.B. Leistungskosten in DM/kW für die verschiedenen Netzspannungsebenen im Stromverteilungsbereich oder kundenbezogene Vertriebskosten; schließlich ist die Ermittlung von Kostenfunktionen und -strukturen ein wichtiger Anwendungsbereich.

Die nur grobe Skizzierung dieses Beispiels verdeutlicht, daß überall dort, wo in direktem Zugriff Planungs- bzw. qualifizierte Auswertungsanforderungen an eine Vielzahl unterschiedlich strukturierter Dateien gestellt werden müssen und die dort beschafften Informationen nicht nur dargestellt, sondern als Rechengrößen weiterverarbeitet werden müssen, mit VSD ein optimales Lösungsangebot zur Verfügung steht.

System der monatlichen Berichterstattung (MB)

Bei dem System handelt es sich um ein Instrument, daß die monatliche Ergebnisrechnung voll automatisiert. Neben der monatlichen Erfolgsrechnung kann das System Plandaten übernehmen und diese sowohl der Gewinn- und Verlustrechnung als auch der Bilanz zuordnen, so daß die Erfolgs- und Bilanzplanung laufend angepaßt werden kann. Obwohl die Bezeichnung "monatliches Berichtssystem" dies nicht vermuten läßt, findet dieses Instrument auch für langfristige Planungsrechnungen (Erfolgsrechnung und Bilanzen) Verwendung.

Der Listenandruck (Schaubild 8) gibt einen Überblick über die Entwicklung der Betriebskosten nach verschiedenen Kostenarten im Vorjahresvergleich. Das MB-System ermöglicht eine schnelle Abweichungsanalyse: In der Kostenübersicht fällt beispielsweise eine signifikante Veränderung bei der Kostenart "Fremdleistungen" auf. Mit MB kann die Abweichung in Teilschritten eingegrenzt bzw. dargestellt werden, und zwar nach Geschäftsbereichen, Betriebsverwaltungen bis hin zu einzelnen Kostenkonten (Schaubild 9).

Schaubild 8

Liste 01 0900 HAUPTVERWALTUNG Betriebsart: Z
Berichtsmonat MAI 83/84 Periode: 11
Datum: 05.07.84 Betriebsabrechnung **B e t r i e b s k o s t e n**

	Berichtsmonat				Seit-Beginn			
	Berichtsjahr DM	Vorjahr DM	Abweichung TDM	Abweichung %	Berichtsjahr DM	Vorjahr DM	Abweichung TDM	Abweichung %
13 Strombezugskosten RWE...	288.941.094,55-	277.015.904,71-	11.925	4,13	3.233.505.338,32-	2.992.515.212,47-	240.990	7,45
15 Strombezugskosten Fremde	110.667.487,56-	103.170.227,70-	7.497	6,77	1.180.677.138,02-	1.061.819.731,90-	118.857	10,07
17 Einsatzstoffe..........	88.841.242,65-	95.522.645,30-	6.681-	7,52-	1.020.531.843,91-	943.110.727,79-	77.421	7,59
19 Nebenkosten............	2.311.614,65-	1.967.832,01-	344	14,87	24.662.062,63-	23.942.877,24-	719	2,92
21 Zwischensumme	490.761.439,41-	477.676.609,72-	13.085	2,67	5.459.376.382,88-	5.021.388.549,40-	437.988	8,02
24 Personalkosten.........	36.673.891,00-	36.073.600,12-	600	1,64	400.013.283,21-	385.921.215,26-	14.092	3,52
26 Fremdleistungen........	9.311.330,56-	10.494.866,30-	1.184-	12,71-	93.367.015,80-	97.724.922,70-	4.358-	4,67-
28 Fremdlief. u.-leistung.	6.557.719,21-	5.909.564,85-	648	9,88	72.887.536,12-	74.993.708,68-	2.106-	2,89-
30 allgem. Material.......	5.458.142,39-	5.869.479,32-	411-	7,54-	54.648.831,69-	55.226.718,87-	578-	1,06-
32 Versicherungen.........	836.875,88-	613.864,97-	223	26,65	9.075.059,54-	6.346.709,80-	2.728	30,06
34 andere Steuern.........	1.321,95-	4.389,95-	3-	232,08-	289.958,59-	293.293,44-	3-	1,15-
36 *) alle sonstigen Aufw.	5.185.166,99-	2.403.981,05-	2.781	53,64	54.789.697,35-	52.753.798,55-	2.036	3,72
38 Zwischensumme	64.024.447,98-	61.369.746,56-	2.655	4,15	685.071.382,30-	673.260.367,30-	11.811	1,72
41 HV-Umlagen: Besitzsteu.	4.279.949,11-	5.143.054,33-	863-	20,17-	47.036.025,52-	52.198.669,52-	5.163-	10,98-
43 " Verw.-Kost.	12.649.582,00-	12.210.204,33-	439	3,47	149.305.239,16-	139.637.873,06-	9.667	6,47
45 Entsorgungsrueckstell.	13.580.000,00-	15.053.333,33-	1.473-	10,85-	135.019.999,96-	129.766.666,63-	5.253	3,89
47 Zwischensumme	30.509.531,11-	32.406.591,99-	1.897-	6,22-	331.361.264,64-	321.603.209,21-	9.758	2,94
50 Konzessionsabgaben......	9.385.755,46-	8.424.910,11-	961	10,24	108.124.268,07-	98.931.240,06-	9.193	8,50
53 Gesamt-Betriebskosten	594.681.173,96-	579.877.858,38-	14.803	2,49	6.583.933.297,89-	6.115.183.365,97-	468.750	7,12
56 *)darin enthalten 57 (o.p-Kost)	1.165.334,70	1.069.318,74	96-	8,24-	9.191.898,22-	9.406.454,53-	215-	2,33-
59 1.Ist-Kosten Grossrep.	4.679.290,33	6.662.748,65	1.983	42,39	35.598.449,67	46.834.941,92	11.236	31,56
61 2.Plan- " Grossrep.	3.084.372,00-	4.964.666,66-	1.880-	60,96-	44.653.991,96-	56.838.333,28-	12.184-	27,29-
63 3.sonstige Aufw.......	1.029.583,63-	628.763,25-	401	38,93	6.687.641,98-	8.032.873,47-	1.345-	20,12-
65 4. Rueckstellungen....	600.000,00		600-	100,00-	6.551.286,05	8.629.810,30	2.079	31,73

BAR NACH ZUORDNUNG JAHR 83/84 MO 05 MAI 05.07.84 SEITE 1

ZUOD NG.	KONTO	BV-NR	BA	TY	EINHT.	BERICHTS-MONAT BERICHTS-JAHR	BERICHTS-MONAT VOR-JAHR	SEIT-BEGINN BERICHTS-JAHR	SEIT-BEGINN VOR-JAHR
0000	0000	0010	P	F	DM	149.228,94-	150.764,71-	1.297.972,00-	1.210.907,22-
	0000	0020	P			118.284,21-	82.318,53-	1.008.156,52-	1.084.434,47-
	0000	0020	U			155,13-		374,81-	
	0000	0040	P			202.156,59-	221.813,51-	2.020.067,14-	2.244.794,16-
	0000	0040	R			25.115,78-	8.333,33-	152.419,08-	86.561,74-
	0000	0050	P			214.570,28-	280.909,52-	2.944.597,01-	3.161.895,04-
	0000	0070	P			89.295,95-	118.207,47-	911.938,78-	948.604,05-
	0000	0090	E			313.839,08-	256.460,68-	4.399.173,65-	5.077.615,95-
	0000	0090	N			2.269,52-	8.662,16-	39.872,01-	29.691,26-
	0000	0110	P			1.117.138,87-	1.213.083,92-	12.076.422,56-	11.185.023,63-
	0000	0120	P			131.795,01-	218.900,28-	1.341.992,41-	1.732.241,08-
	0000	0130	P			249.916,65-	322.546,97-	2.741.065,82-	2.785.502,94-
	0000	0160	P			96.086,95	36.811,20-	308.622,99-	422.086,37-
	0000	0170	P			210.957,15-	240.806,33-	2.153.593,70-	1.834.292,95-
	0000	0180	E			760.244,73-	519.267,97-	7.230.599,13-	7.966.248,15-
	0000	0180	F			455.330,64-	432.238,21-	5.398.560,43-	5.041.835,74-
	0000	0180	N			1.428,53-	1.406,70-	28.268,21-	16.745,83-
	0000	0210	P			169.373,98-	98.783,07-	3.350.871,74-	3.205.752,36-
	0000	0210	R			74.248,03-	15.137,91	577.897,70-	410.946,44-
	0000	0210	T			7.046,01-	27.228,15	96.347,44-	113.689,20-
	0000	0210	U					94,25-	247,66-
	0000	0220	P			141.385,17-	150.269,89-	1.698.152,09-	1.614.057,00-
	0000	0240	P			256.639,90-	391.384,60-	2.993.199,98-	3.289.218,12-
	0000	0240	R			36.666,71-	14.505,53-	175.719,67-	196.053,14-
	0000	0240	U					1.248,96-	391,66-
	0000	0260	L			1.253,21-	3.767,92-	48.280,48-	32.787,25-
	0000	0260	M			5.312,74-	8.036,82-	57.312,09-	54.988,93-
	0000	0260	P			33.491,03-	22.807,45-	284.993,50-	260.398,82-
	0000	0260	S			1.736,80-	1.340,89-	41.684,75-	44.218,78-
	0000	0280	P			498.010,42-	662.961,18-	5.548.704,10-	6.343.274,33-
	0000	0310	L					26,80-	
	0000	0310	P			101.616,75-	44.680,36-	1.146.023,78-	1.155.158,24-
	0000	0310	S				70,38-	37.135,58-	26.583,27-
	0000	0350	E			48.259,01-	65.953,33-	328.900,03-	348.541,77-
	0000	0350	H				210,40-	1.684,42-	5.190,82-
	0000	0350	P			41.467,97-	11.255,45-	249.781,96-	261.738,69-
	0000	0360	E			567.959,80-	401.902,97-	5.512.155,54-	5.806.093,48-
	0000	0360	F			741.895,62-	277.970,89-	5.390.465,60-	4.203.780,37-
	0000	0360	N			1.329,92-	1.481,46-	37.161,85-	5.885,27-
	0000	0370	P			4.394,36-	6.371,93-	44.050,03-	53.786,59-
	0000	0400	E				361.510,66-		4.058.752,63-
	0000	0400	E			269.663,75-		3.340.914,67-	
	0000	0400	F			44.395,30-	33.076,17-	1.225.530,52-	322.560,07-
	0000	0430	E			982.320,26-	623.612,06-	5.577.691,73-	6.232.868,23-
	0000	0440	P					102.370,66-	87.190,00-
	0000	0460	A			1.242.390,78-	3.231.486,53-	9.173.158,70-	14.483.930,13-
	0000	0550	T			907,81-		4.592,10-	8.006,75-
	0000	0560	T			6.652,19-	4.836,05-	105.312,63-	102.640,85-
	0000	0570	T			8.210,65-	4.900,50-	64.436,12-	81.022,33-
	0000	0600	E			79.062,11-	1.524,23-	2.097.418,08-	86.687,09-
					SU. KTO	9.311.330,39-	10.494.866,15-	93.367.013,80-	97.724.920,85-
					SU. ZUORDNG.	9.311.330,39-	10.494.866,15-	93.367.013,80-	97.724.920,85-
						9.311.330,39-	10.494.866,15-	93.367.013,80-	97.724.920,85-

Schaubild 9

Der Personal Computer im Berichtswesen internationaler Unternehmungen

U. Klöber, General Elektrik, Hürth-Efferen

I. Die Bedeutung umfassender Informations-Systeme für das Management internationaler Unternehmungen

II. Das Berichtswesen in internatinalen Unternehmungen

III. Personal Computer und Berichtswesen

IV. Kommunikation und zentrale Verarbeitung im internationalen Berichtswesen

V. Zukunftsperspektiven

VI. Der Einsatz von Personal Computern im internationalen Berichtswesen am Beispiel der Bertelsmann AG

DIE BEDEUTUNG UMFASSENDER INFORMATIONSSYSTEME FÜR DAS MANAGEMENT INTERNATIONALER UNTERNEHMUNGEN

Die Frage der Mittel, mit denen Informationssysteme wie Berichtswesen realisiert werden, ist untrennbar verbunden mit der Bedeutung dieser Informationssysteme für das jeweilige Unternehmen. Einfach ausgedrückt: Läßt sich der Aufwand für Personal Computer für Berichtswesen rechtfertigen ?

Deshalb soll zunächst das 'Warum' von internationalen Informationssystemen wie Berichtswesen untersucht werden, bevor das 'Wie' diskutiert wird, etwa Personal Computer im Berichtswesen.

I.1. Bestimmende Faktoren

Vier grundlegende Trends bestimmen das Handeln internationaler Unternehmen:

- Marktbewegung durch Verlust angestammter Märkte und Entstehen neuer Märkte
- Energieverknappung bzw. -Verteuerung und erhöhter Wettbewerb führen zu gewaltigem Kostendruck
- Qualitatives statt quantitatives Wachstum erfordern Umdenkprozesse
- Kurze Produktzyklen, vergrößerte Produktvielfalt.

Die Suche nach neuen Märkten und Produktionssteigerung (Kostenreduktion und höhere Stückzahlen) machen verstärkt eine internationale Arbeitsteilung notwendig.

Daraus resultieren vielfältige Probleme:

- Dominanz der Zentrale in allen Funktionen
- Besonderheiten in Sprache, Kultur und Politik
- Markt und Marktbedürfnisse unterscheiden sich oft fundamental
- Geographie erschwert die Kommunikation und Integration.

Aus diesen Problemen ergeben sich neue Anforderungen an internationale Unternehmungen:

- Steigerung der Flexibilität und Reaktionsfähigkeit

- Bewältigung der ausgedehnten inner- und außerbetrieblichen Beziehungen

- Steigerung der Selbständigkeit und Entscheidungsfähigkeit der einzelnen Auslandsgesellschaft

- Reduktion des physischen Transports.

Diese neuen Anforderungen können nur mit modernen umfassenden Informationssystemen bewältigt werden.

I.2. Zentrale Verantwortung und dezentrale Verantwortung

Da fast überall unterschiedliche Randbedingungen herrschen, wird einer einheitlichen Führung aller ausländischen Niederlassungen nur eingeschränkter Erfolg beschieden sein.

Die Führung internationaler Unternehmen erfordert daher hohe Flexibilität und Phantasie. Allerdings bewältigen die heute eingesetzten Instrumente vielfach noch nicht die hohen individuellen Ansprüche jeder Auslandsgesellschaft.
Es muß daher ein Kompromiß gefunden werden zwischen einheitlicher Führung und individuellen Ansprüchen der Auslandsgegesellschaften und ausländischen Niederlassungen.

I.3. Probleme und Schwierigkeiten beim Einsatz von Informationssystemen in internationalen Unternehmen

- Die Verbilligung von Hardware, insbesondere das relativ preisgünstige Angebot von Personal Computern fördern die Tendenz zu autonomen Lösungen.

- Die im Vergleich zum Produktionssektor sehr schwach gestiegene Produktivität in der Büroarbeit, von Hilfstätigkeiten über Sachbearbeitung und Spezialistentätigkeit bis zu Managementfunktionen, bedingt die Suche nach Automatisierungsmaßnahmen in diesem Bereich.

- Betreueung der Auslandsniederlassungen

- Einheitlichkeit bei der Abwicklung von Funktionen

- Versorgung der Auslandsorganisationen mit geeigneten Geräten und dem dazugehörenden Service.

- Schwierigkeiten und Akzeptanzprobleme der traditionellen Daten- und Informationsverarbeitung in der Hauptverwaltung.

I.4. Strukturfolgen der Informationsverarbeitung 'vor Ort'

- Niederlassungen werden zusätzlich zu ihren (Vertriebs-) Aufgaben mit Fragen der Informationsverarbeitung konfrontiert.

- Aufbau rudimentärer Infrastruktur

  - Betrieb der Geräte
  - Personal

- Mehr Informationen bedeuten mehr Autonomie und mehr Macht, daher verstärkte Auseinandersetzung mit der Hauptverwaltung. Wo Informationssysteme dieses 'MEHR' an Informationen für die Außenstellen nicht bringen, z. B. beim Einweg-Berichtswesen, stellt sich ebenfalls eine verstärkte Auseinandersetzung mit der Hauptverwaltung ein.

- Die Situation erfordert neue Verfahren des Zusammenlebens.

I.5. Schlüsselbedeutung der Informationstechnik für internationale Unternehmen:

- Informationstechnik und modernes Informationsmanagement werden zum Ertragsfaktor der Zukunft.

- Informationstechnik und modernes Informationsmanagement sind Schlüssel zu Wettbewerbsfähigkeit und Erfolg.

- Nur die konsequente Durchdringung internationaler Unternehmen mit modernen Informationssystemen macht eine wirkungsvolle und zugeschneiderte Führung möglich.

I.6. Forderungen und Wünsche

- Dezentrale, individualisierte Organisationsformen anstelle zentraler Organisationsformen.

- Flexible, integrierte Arbeitsvorgänge anstelle tayloristischer Arbeitsteilung

- Unterstützung jedweder Kommunikationsform (Sprache, Daten, Text, Bild)

- Lösung des 'Entsorgungsproblems': Ablage und Archivierung von Informationen.

- Unterstützung komplexer Entscheidungsvorgänge. Berichtswesen als decision support system, nicht als deskriptives Zahlenwerk.

- Befriedigung des Informationsbedarfs von Fach- und Führungskräften.

I.7. Die kontrollierte Dezentralisierung in internationalen Unternehmen

- Die Nutzung von Informationssystemen in den Niederlassungen muß im Einklang mit der Struktur des Gesamtunternehmens stehen

- Zum Abbau der Anwendungsprobleme kann die Niederlassung nur wenig beitragen, denn sie ist kein Informationsverarbeiter

- Größere Flexibilität erfordert ein Maximum an Intelligenz vor Ort

- Zur Vermeidung von autonomen Verarbeitungsinseln sind Regeln für das Zusammenleben zwingend vorgeschrieben, vor allem

  Einheitliche Nutzung und
  Verfügbarkeit aller Informationen

- Viele Arme können den Kopf nicht ersetzen - Zentrales Informationsmanagement ist notwendig.

I.8. Strategie zum Einsatz von Informationssystemen

- Autonome Lösungen haben keinen hohen Integrationsanspruch und sollten daher nach wirtschaftlichen Kriterien zentral oder dezentral betrieben werden.

- Schnelles Veralten von Informationen und bessere Organisationsqualität erfordern oft auch die direkte Einbeziehung von Informationen in den Auslandsniederlassungen.

- Netz, Geräte und Software müssen deshalb so ausgewählt werden, daß ein reibungsloser Kommunikationsfluß zwischen allen Punkten des Unternehmens hergestellt werden kann.

- Lösungen mit großen wirtschaftlichen Erfolgen können für einen begrenzten Zeitraum auch als Ausnahme vollkommen individuell ausfallen.

- Überwindung der technischen Kommunikationsprobleme der nationalen PTT's durch übergreifende Netze.

- Zur Vermeidung von Fehlinvestitionen oder Verzögerung sinnvoller Lösungen müssen klare Konzepte für die Beschaffung von Geräten und Verfahren entwickelt werden.

I.9. Zentrale Verantwortlichkeit auf dem Weg zur Dezentralisierung

- Dezentralisierung darf nur kontrolliert nach einem Konzept erfolgen. Die übergeordneten Interessen des Gesamtunternehmens sind wichtiger als der kurzfristige Erfolg einer Auslandsniederlassung.

- Initiativen müssen zunehmend von der Auslandsgesellschaft ausgehen. Das setzt jedoch Kenntnisse der Möglichkeiten und Grenzen der Informationstechnik voraus.

- Identifikation mit den Lösungen ist durch aktive Mitgestaltung zu erreichen.

- Soweit wie möglich ist die operative Verantwortung in die Niederlassung zurückzuverlagern

  - Betrieb von Geräten
  - Selbstversorgung mit Informationen

- Viele Köche verderben den Brei. Strategien können nur an einer Stelle entwickelt und durchgesetzt werden.

- Dienststellen der Hauptverwaltung besitzen in den meisten Fällen die beste Qualifikation hierfür. Sie dürfen jedoch die Interessen des Gesamtunternehmens nicht aus den Augen verlieren:

  - Umsetzung der Ziele in Informations- und Kommunikationssysteme weltweit sicherzustellen

  - Ausdehnung der Zuständigkeiten auf das gesamte Spektrum der Informationstechnik voranzutreiben

  - Informationsmanagement einzurichten

  - Planung und Bereitstellung der

    informationstechnischen Infra-Struktur (Vorleistungen)

  - Beratung und Betreuung der Niederlassungen

  - Bereitstellung des notwendigen Service.

II. DAS BERICHTSWESEN IN INTERNATIONALEN UNTERNEHMUNGEN

II.1. Berichtswesen als Informationssystem

Information stützt sich in erster Linie auf Daten und Fakten. Der Rahmen, in dem diese erfaßt, gesammelt, abgelegt, gespeichert oder dokumentiert werden, geschieht in einem Unternehmen zumeist nach vorgegebenen Regeln.

Im Berichtswesen gilt es, die grundlegenden Daten und Fakten schnellstmöglich in unterschiedlichen Auswertungen der nächst höheren Verdichtungsstufe bereitzustellen.

Die relevanten Informationen sind so zu verarbeiten, daß ein einheitlicher Informationsfluß über die gesamte Breite der Unternehmung gewährleistet ist.

Dieses heißt aber, nicht alle informationstechnischen Verarbeitungen vorzunehmen, sondern in verstärktem Maße zu kommunizieren.
Nur so ist sichergestellt, daß die ständigen Veränderungen der inner- und außerbetrieblichen Daten zur Steuerung des Unternehmens mit Erfolg eingesetzt werden können.

Die Informationen müssen nach Maßgabe durch die Unternehmensleitung über alle hierarschichen Ebenen, die in dem Planungs- und Entscheidungsprozess einbezogen sind, in Form eines integrierten Berichtwesens dargestellt werden.

Zufriedengestellt werden muß hierbei außer der Unternehmensleitung noch der große Kreis der Benutzer differenzierter Anfragen.
Neben einem immer kontinuierlichen Berichtssystem sind kurzfristige Berichte über Ausnahmesituationen und prognostizierende Berichterstattungen notwendig.

Auszurichten hat man sich also nicht nur an der 'normalen Situation' sondern auch an den Ausnahmesituationen, was außer einem praktikablen auch noch ein sehr variables Informationssystem notwendig macht.

Es muß deshalb den nachfolgenden Kriterien entsprechen:

- Schnelligkeit: Die Daten müssen z. B. in Form von Zeitreihenanalysen, verdichteten Zeitpunktaussagen schnell bereitgestellt werden.

  Die Verknüpfung von Informationselementen nach nicht vorhergesehenen Kriterien muß ohne großen Aufwand möglich sein.

- Quantität: Der Abbau manueller Erstellungen inclusive Mehrfacherfassungen muß gewährleistet sein. Das Erarbeiten von größeren Datenmengen ist aus Zeit- und Kostengründen nur noch per Datenverarbeitung gerechtfertigt.

- Qualität: Die vorhandenen Informationen müssen aussagekräfter bzw. nutzbar gemacht werden u.a. durch statistische Methoden.

- Ausbaufähigkeit: Es ist nur ein machbarer Aufbau sinnvoll, um zum einen verschiedenartige Anfragen gleichzeitig beantworten zu können und um zum anderen bestehende oder noch zu erstellende Datenklassen verknüpfen zu können.

Das Berichtswesen als 'organisierte Information darf jedoch nicht eine Informationsflut mit sich bringen. Welche Informationen wichtig sind und verdichtet werden dürfen, ist letztlich Bestandteil der praktizierten Unternehmenspolitik.

Ein Berichtswesen stellt 'Lenkungs-Daten' zur Verfügung also wichtige Bestandteile und Hinweise auf Abweichungen von Kennzahlen und vorgegebenen Toleranzbereichen. Damit kann man gewährleisten, daß eine Vertiefung der Information nur dann erfolgt, wenn sie auf Grund weniger selektierter Daten für notwendig erarchtet wird.

II.2. Grundlegende Trends und internationales Berichtswesen

Aus den in Kapitel I genannten Gründen wie die zunehmende Exportorientierung der Wirtschaft, sich schneller ändernde Marktsituationen, kürzer werdende Produktzyklen, steigende Produktvielfalt, gewinnt das Berichtswesen zunehmend an Bedeutung für international tätige Unternehmen.

Gleichzeitig zeigt sich nach unseren Erfahrungen ein Trend vom rein deskriptiven Berichtswesen (jährliche Bilanz, G + V) hin zum Berichtswesen als Steuerungsinstrument. Dies bedeutet gleichzeitig ein starker Trend zur Verkürzung der Berichtsperioden.

Während das mehr deskriptive Berichtswesen sich auf Jahres- oder Quartalsperioden beschränkt, handelt es sich beim Berichtswesen als Steuerinstrument meist um wöchentliche oder kürzere Perioden.

Dieses Berichtswesen als Steuerinstrument ist sehr stark an Marktdaten orientiert: Kunden, Wettbewerb, Auftragseingang, Servicegrad, Außenstände.

II.3. Berichtswesen und neue Technologien

Nach unseren Erfahrungen verfügen praktisch alle größeren internationalen Unternehmen über ein Berichtswesen in irgendeiner Form. Manuelles Erstellen von Berichten und Versand per Post ist nicht selten. Versenden von EDV-Listen oder Berichten per Telex ist häufig.

Die wachsende Bedeutung des Berichtwesens in internationalen Unternehmen einerseits und die neuen ('kostengünstigen') Mittel des Personal Computing (z. B. PC) drängen die Überlegung auf, die neuen Mittel im Berichtswesen einzusetzen. Man sieht vielfach zum ersten Mal Ansatzpunkte, ein DV-gestütztes Berichtswesen zu tragbaren Kosten zu verwirklichen.

Hierbei ist allerdings zu untersuchen, ob der Personal Computer im speziellen Fall

- die Anforderungen an das Berichtswesen abdecken kann

- allein für das Berichtswesen aus Kostengründen tragbar ist

- welche anderen Anwendungen mit ihm realisiert werden können

- den Kommunikationsanforderungen im internationalen Berichtswesen gewachsen ist, u.a.m.

Häufig wird übersehen, daß die wesentlichen Elemente eines aktiven Berichtswesens die schnelle und elektronische Kommunikation zwischen Auslandsgesellschaft und Zentrale (nicht nur in einer Richtung) und der Zugriff auf einen gemeinsamen 'zentralen' Datenbestand sind. Allein der zentrale Datenbestand erlaubt übergeordnete Auswertungen.

Wo man über die Rolle des Personal Computers im internationalen Berichtswesen nachdenkt, muß man über die Rolle und die Möglichkeiten des Personal Computers in der internationalen Telekommunikation und seine Eignung als Mittel zum Zugriff auf 'zentrale' Datenbestände nachdenken.

III. PERSONAL COMPUTER UND BERICHTSWESEN

Personal Computer und Berichtswesen gehören keineswegs selbstverständlich zusammen.

Natürlich kann man mit Programmen wie VisiCalc, Multiplan, Lotus 1 2 3, Mercur und vielen anderen auf einem Personal Computer Berichte erstellen.

Beim Berichtswesen, insbesondere dem internationalen Berichtswesen, sind jedoch noch andere Komponenten zu berücksichtigen, abgesehen davon, daß die tabellenorientierten Programme, wie sie im allgemeinen auf PC's verwendet werden, für komplexere Verarbeitung nicht ausreichen.

Die Grundlage des Berichtswesens ist häufig Datenmaterial, das auf einem größeren Rechner der berichtenden Tochtergesellschaften oder Niederlassungen vorhanden ist.

Wie kommt man also an dieses Datenmaterial ohne aufwendige Neueingabe in den PC ?
Diese Frage hängt mit dem Thema 'Der Personal Computer als multifunktionaler Arbeitsplatz' zusammen, in diesem Fall heißt das: 'Der PC als Terminal zu hauseigenen Datenverarbeitungsanlagen.
Auftragsabwicklung mit Auftragseingang und Verkaufsstatistik, Buchhaltung mit Haupt- und Nebenbüchern laufen in der Regel auf einem zentralen Computer der Tochtergesellschaft oder Niederlassung.

Berichtswesen bedeutet Standardisierung, Vorgabe von Berichtsformaten. Dies verlangt auch nach Standardisierung bei der Software, mit der auf dem PC die Berichte erzeugt werden. Also möglichst einheitliche Software in allen berichtenden Einheiten: Dies auch unter dem Gesichtspunkt des erhöhten Aufwandes für Programmänderungen und Know-How bei unterchiedlicher Software.

Da die Berichte letztlich in der Zentrale über die Unternehmenshierarchie verdichtet werden und für Analyse und Planung dienen, ist sehr erstrebenswert, dies mit derselben Software zu tun, mit der die Berichte auf dem PC erzeugt werden, oder zumindest kompatible Software zu verwenden.

Da die Verdichtung oder Konsolidierung von Berichten den PC häufig überfordert, da die Masse der Daten zu groß ist, ist also Software einzusetzen, die sowohl auf dem PC zum Erstellen der Berichte und für Personal Computing dienen kann, als auch auf der DV-Anlage der Zentrale oder der verdichtenden Einheiten eingesetzt werden kann.

Dies ermöglicht auch die zentrale Erstellung und Wartung von Programmen für das Berichtswesen.

Softwareprodukte, die dies ermöglichen sind z. B. Mercur, FCS, Focus.
Andere Spread-Sheet-Programme wie MegalCalc können DIF-Dateien verarbeiten und sind somit kompatibel zu Programmen wie Lotus. Multiplan, VisiCalc. Über seine internationalen Rechenzentren stellt General Electric Programme wie Focus, DMS, Tabol für zentrale Verarbeitung im Berichtswesen zur Verfügung, die mit gleichem Funktionsumfang wie auf dem Großrechner auf dem PC einsatzfähig sind.

IV. KOMMUNIKATION UND ZENTRALE VERARBEITUNG IM INTERNATIONALEN BERICHTSWESEN

Internationales Berichtswesen dient zur Steuerung und Kontrolle von großen Unternehmen.
Im internationalen Berichtswesen müssen oft große Entfernungen und Zeitunterschiede überbrückt werden. Schließen wir einmal das Versenden von Listen oder Disketten für das internationale Berichtswesen aus, so ist die Rolle des Personal Computers als Mittel der Telekommunikation mit den verdichtenden Einheiten zu untersuchen.

IV.1. Telekommunikation mit Personal Computern im internationalen Berichtswesen

Praktisch jeder Personal Computer bietet die Möglichkeit zur ansynchronen Kommunikation über eine RS232-C-Schnittstelle, auch als V24 oder TTY bekannt. Diese Schnittstelle ist ein weltweit anerkannter und gängiger Standard. Sie stellt wohl auch die billigste Möglichkeit der Kommunikation mit Personal Computern dar.
Zusammen mit einem Kommunikationsprogramm, einem Akustik-Koppler oder Modem wird die Kommunikation über öffentliche oder private Netze ermöglicht. Dies ist auch die billigste Möglichkeit, die Terminalfunktion des PC in bezug auf einen Host zu realisieren.

Für die internationale Kommunikation bieten sich außerdem private Netze an, die diese Art von Kommunikation unterstützen und internationale Punkt-zu-Punkt-Verbindungen über Wählleitungen vermeiden helfen. So unterstützt das MARK III Netz von General Electric unter anderem diese Art der Kommunikation und bietet dem Benutzer eines Personal Computers den lokalen Zugriff auf das Netz.

IV.2. Electronic Mail mit Personal Computern im internationalen Berichtswesen

Dort, wo die Verdichtung und Weiterverarbeitung auf einem hauseigenen Rechner der Zentrale erfolgt, bietet sich für schnelle Übermittlung der Berichte ohne Mehrfacherfassung internationale Electronic-Mail-Systeme an, die dem Personal Computer den Zugang über die oben beschriebene asynchrone Schnittstelle ermöglichen.

Diese internationalen Electronic-Mail-Systeme basieren meist auf privaten Internationalen Netzen mit integrierten Rechenzentren. In diesen Rechenzentren befinden sich die privaten Schließfächer der berichtenden Einheiten und der Zentrale.

Der PC-Benutzer legt seinen Bericht im Schließfach der Zentrale ab, von wo diese die gesammelten Berichte aller PC-Benutzer abrufen kann.

Diese Vorgehensweise empfiehlt sich insbesondere bei Zeitunterschieden im internationalen Berichtswesen und/oder, wenn sehr viele Außenstellen Berichte an einen zentralen Rechner abliefern.

Mit der Nutzung eines internationalen Electronic-Mail-Systems wird gleichzeitig die Möglichkeit eröffnet, vom reinen Abliefern von Berichten zu einer Kommunikation in beiden Richtungen zwischen Außenstelle und Zentrale zu gelangen. Dies eröffnet auch Möglichkeiten, außerhalb des reinen Berichtswesens, etwa in der Bürokommunikation.

Electronic Mail nach dem Mailbox-Prinzip als Mittel der persönlichen Kommunikation von Arbeitsplatz zu Arbeitsplatz und der PC als Mittel für Personal Computing ergänzen sich in idealer Weise. Die zusätzlichen Möglichkeiten der Kommunikation mit Personal Computern erleichtern auch die Investitionsentscheidung, da sie das Anwendungsspektrum um eine Komponente erweitern.

IV.3 Zentrale Verarbeitung im internationalen Berichtswesen

Unter zentraler Verarbeitung ist hier die Verdichtung, analytische und prognostische Behandlung des Zahlenmaterials der berichtenden Einheiten zu verstehen.

Eine 'zentrale' Verarbeitung kann jedoch durchaus an vielen Stellen eines Unternehmens stattfinden, je nach horizontaler und vertikaler Struktur und Philosophie seines Berichtswesen.
Zentrale Verarbeitung findet also nicht nur in der (Konzern-) Zentrale eines internationalen Unternehmens statt

Folgende einfache hierarchische Struktur zeigt dies

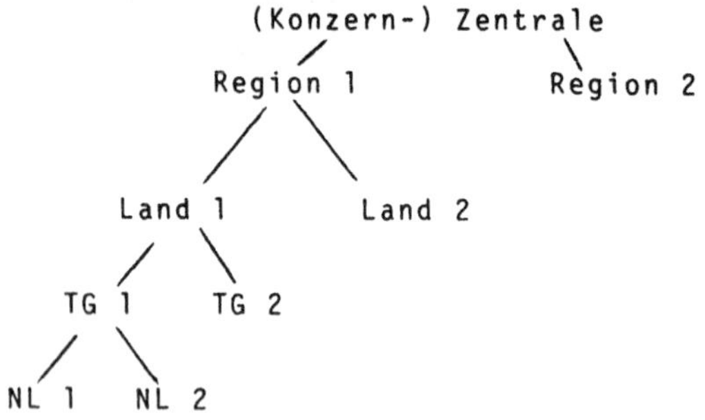

TG = Tochtergesellschaft

NL = Niederlassung

Für den strukturierten Teil der zentralen Verarbeitung, die Verdichtung, gilt als Idealvoraussetzung die Erstellung standardisierter Berichte durch die berichtenden Einheiten gleiche Software wie die zentralen Einheiten einsetzen und ihre Berichte auf elektronischem Wege an die zentralen Systeme übergeben.

Sind diese Voraussetzungen geschaffen, können auch die umstrukturierten Aufgaben wie Analyse und Forecasting einfach und schnell auf dem Datenmaterial der berichtenden Einheiten aufsetzen.

Nach unseren Erfahrungen spielt der Personal Computer in der zentralen Verarbeitung lediglich die Rolle eines Terminals. Allerdings beinhaltet diese Rolle häufig mehr als das Übertragen von Berichten. Es werden aus zentralen Datenbanken Soll- oder Planwerte für Berichtsperioden übernommen, die in das lokale Berichtswesen auf dem Personal Computer eingehen. In zentralen Einheiten wird mit dem Personal Computer als Terminal die zentrale Verarbeitung gesteuert. Wo das Datenvolumen und die Software auf PC und zentralen Systemen dies erlauben, können mit dem Personal Computer Datenmengen aus dem zentralen System extrahiert und auf den PC weiterverarbeitet werden.

Für die zentrale Verarbeitung ist der Personal Computer in den meisten Fällen überfordert. Dies gilt sowohl für die Bewältigung des Datenvolumens als auch die Anforderungen an die Kommunikation.

Als Mittelpunkt einer sternförmigen Kommunikation ist der PC sehr schnell überfordert, für zentrale Verarbeitung mit gleichzeitigem Zugriff mehrerer Benutzer sind die Personal Computer technisch nicht eingerichtet, das Datenvolumen im internationalen Berichtswesen in der zentralen Verarbeitung überfordert den PC gelegentlich.

V. ZUKUNFTSPERSPEKTIVEN

Personal Computer im internationalen Berichtswesen bieten ganz neue Chancen, zu einem Berichtswesen als Lenkungsinstrument zu kommen. Der Personal Computer erlaubt international Standardisierung und individuelles Personal Computing gleichzeitig, er unterstützt zentrale und dezentrale Interessen. Der Personal Computer bietet darüber hinaus die Möglichkeit, das Berichtswesen als Mittel der Kommunikation vertikal und horizontal im Unternehmen zu etablieren.

VI. DER EINSATZ VON PERSONAL COMPUTERN IM INTERNATIONALEN BERICHTSWESEN AM BEISPIEL DER BERTELSMANN AG

Die Bertelsmann AG erstellt ihre Konzernbilanz (Handelsbilanz, jährlich und quartalweise) mit Hilfe von Personal Computern und dem MARK III System von General Electric Informations-Service.

Die Personal-Computer werden in den Profit-Centern zur Erfassung der Bilanz- und G + V-Daten und zur Erstellung der Bilanz und G + V des jeweiligen Profit-Centers eingesetzt.

Teilweise werden von den Personal Computern Daten direkt aus Buchhaltungssystemen entnommen, die auf Großrechenanlagen der Profit-Center laufen.

Die Konsolidierung der Einzelberichte der Profit-Center wird in einem internationalen Rechenzentrum des MARK III Service durchgeführt.
Hier wird nicht nur über den Konzern konsolidiert sondern es können frei wählbar Bilanzkreise für Teilkonsolidierungen festgelegt werden.

Für die lokale Verarbeitung auf dem Personal Computer werden keine Spread-Sheet-Programme eingesetzt.
Die Software wurde individuell für diese Aufgabenstellung unter Einsatz von Programmentwicklungstools und Datenbank-Software entwickelt, da die Tabellenprogramme der Komplexität und notwendigen Flexibilität der Aufgabenstellung nicht gerecht wurden.

Für die zentrale Verarbeitung wird ein hierarchisches Datenbanksystem und ein Berichtsgenerator eingesetzt.

Jedes Profit-Center hat mehrere Dutzend Berichte für die nächst höhere Verdichtungsstufe zur Verfügung zu stellen.
Die Definition dieser Berichte ist in einer zentralen Methoden-Datenbank enthalten, ebenso wie alle Rechen- und Prüfregeln für die einzelnen Formulare und die Konsolidierung.

Für die lokale Verarbeitung werden die Methoden aus der Methodendatenbank auf den Personal Computer übernommen.

Die Pflege der Methoden erfolgt zentral.

Ergebnisplanung und -kontrolle in Ländern mit hohen Inflationsraten dargestellt am Beispiel Brasiliens

Dr. *H. Lederle*, Volkswagen AG, Wolfsburg

Inhaltsübersicht

I. Entwicklung der Inflation und System der Inflationsanpassung in Brasilien

II. Auswirkungen der Inflation auf die Entwicklung der Aufwendungen und Erträge

III. Planung und Kontrolle nach landesrechtlichen und konzerneinheitlichen Vorschriften

IV. Formen der Ergebnisplanung und -kontrolle

V. Vorgehensweise bei der Planung und Kontrolle

Rechnungswesen und EDV: PC-Einsatz. © 1984 PHYSICA-VERLAG Würzburg-Wien

I. Entwicklung der Inflation und System der Inflationsanpassung in Brasilien

Viele deutsche Unternehmen besitzen Tochtergesellschaften in sogenannten Weichwährungsländern mit hohen Inflationsraten. Auch diese Tochtergesellschaften brauchen, wenn sie zielorientiert im Konzernverbund geführt werden sollen, eine ausgebaute Planungs- und Kontrollrechnung. Bei der Erstellung dieser Planungs- und Kontrollrechnung (PuK) treten durch die hohe Inflation und die daraus resultierenden wirtschaftspolitischen Maßnahmen dieser Länder zusätzliche Probleme auf. Diese möchte ich am Beispiel Brasiliens aufzeigen.

Brasilien hat zwischen 1950 und 1980 einen starken wirtschaftlichen Aufschwung erlebt. Das Bruttoinlandsprodukt ist in dieser Periode im Durchschnitt um über 7 v. H. pro Jahr gestiegen (davon Industrie etwa 9 v. H. und Landwirtschaft 4,3 v. H.).

Ende der 70er Jahre traten zunehmend wirtschaftliche Schwierigkeiten auf. Die Inflation nahm zu (vgl. Abb. 1).

Abb. 1

INFLATIONSRATEN IN BRASILIEN VON 1960 - 1983

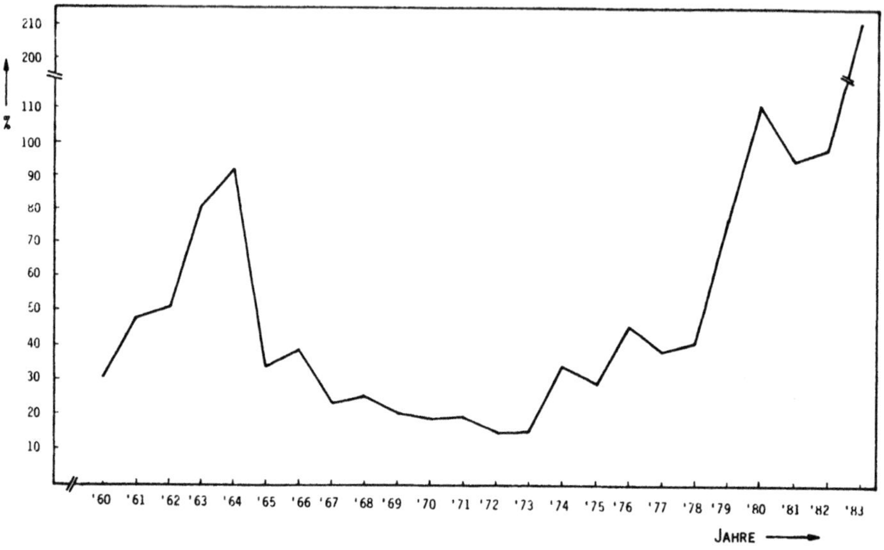

1981 erlebte das Land einen starken Konjunktureinbruch. Diese wirtschaftliche Entwicklung führte zusammen mit der zunehmenden Auslandsverschuldung im Oktober 1982 zum Zusammenbruch der internationalen Zahlungsfähigkeit. Das Land erhielt daraufhin starke Auflagen vom IWF, die es zum Teil erfüllte.

Als Folge der wirtschaftlichen Situation stieg die Inflation 1983 nochmals stark an.

Aber nicht nur die hohen Inflationsraten erschweren die PuK im Land. Dazu kommt, daß die Voraussagen über die künftige Inflationsentwicklung in den letzten Jahren sehr häufig nicht eintraten. Zum Teil lagen die tatsächlichen Steigerungsraten um 100 % über den Vorhersagen.

Da Brasilien seit Jahren mit relativ hohen Inflationsraten lebt, hat man dort schon in den 60er Jahren ein System der Inflationsanpassung entwickelt. Dieses wird mit Geldwertberichtigung - Correção Monetária - bezeichnet. Im Laufe der Zeit wurde das System mehrfach geändert und weiterentwickelt. Wir wollen hier nur die Grundzüge des heute gültigen Systems darstellen. Dieses System der Geldwertberichtigung ist im Rechnungswesen anzuwenden. Es gilt aber auch im Prinzip z. B. bei Kreditverträgen im Bank- und Kreditwesen, bei allen Mietverträgen und auch bei Steuererstattungen bzw. -nachzahlungen.

Ziel der Anwendung der Geldwertberichtigung im Rechnungswesen ist es, den Auswirkungen der Kaufkraftänderung der nationalen Währung, des Cruzeiros, auf die finanzielle Lage und das Ergebnis Rechnung zu tragen. Diese Inflationsbilanzierung als Bestandteil der brasilianischen Rechnungslegung ist im Aktiengesetz von 1976 (Art. 185) ausdrücklich festgelegt. Im Aktiengesetz sind allerdings nur die Grundzüge kodifiziert, die im Dekret-Gesetz Nr. 1598 vom 26. Dezember 1977 und weiteren Anweisungen der Finanzverwaltung für die handelsrechtlich-buchmäßige Darstellung und vor allem in steuerlicher Hinsicht näher ausgestaltet wurden.

Nach diesen Vorschriften sind bei allen Einzelpositionen des Anlagevermögens einschließlich der Rechnungsabgrenzungen, Abschreibungen und sonstigen Wertminderungen und des Eigenkapitals die Geldwerte monatlich oder mindestens vierteljährlich unter Anwendung des offiziellen Indexes für die Erhöhung des Nettowertes von Bundesschatzobligationen (ORTN = Obrigações Reajustáveis do Tesouro Nacional) zu berichtigen. Die Gegenbuchung für die Geldwertberichtigung von Bilanzpositionen erfolgt ergebniswirksam auf einem Konto "Geldwertberichtigung", dessen Saldo in der Gewinn- und Verlustrechnung ausgewiesen wird. Dieser Saldo wird auch bei der Steuerrechnung berücksichtigt. Entsteht aus der Geldwertberichtigung ein nicht realisierter Inflationsgewinn, kann für diesen Anteil die Steuerpflicht aufgeschoben werden. Die Entwicklung dieses sog. ORTN-Indexes für die Geldwertberichtigung ab 1974 ist in Abb. 2 zusammen mit der Inflation dargestellt.

In dieser Abbildung ist auch noch der ab 1979 ermittelte Verbraucherpreisindex INPC (Índice Nacional de Preços ao Consumidor) eingezeichnet, der für die Lohnanpassung benutzt wird.

Abb. 2

Entwicklung der Inflationsraten, der ORTN- und INPC-Raten von 1974 - 1983

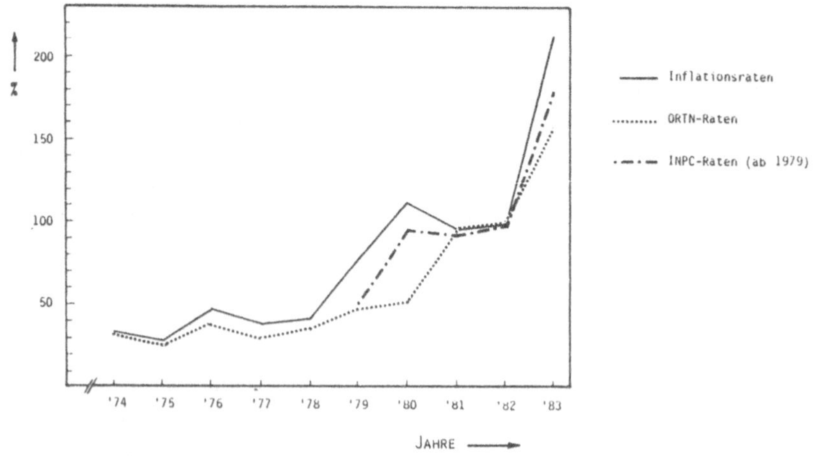

II. Auswirkungen der Inflation auf die Entwicklung der Aufwendungen und Erträge

Durch die Inflation werden alle Aufwendungen und Erträge eines Unternehmens beeinflußt. Daher wollen wir - bevor wir auf die Planung und Kontrolle eingehen - zuerst kurz die Auswirkungen der Inflation auf wichtige Erträge und Aufwendungen aufzeigen. Dabei müssen wir stark vereinfachen.

Infolge der Verschlechterung der wirtschaftlichen Lage und des Ansteigens der Inflationsrate hat die Regierung in den letzten Jahren häufig die gesetzlichen Vorschriften, z. B. über Importbeschränkungen, Exportförderung, Preisanhebungen und Lohnanpassungen, geändert. Diese wirken sich auch auf die Aufwendungen und Erträge aus. Daher ergaben sich in den Abrechnungen laufend Änderungen, und auch die Planungen waren häufig nach kurzer Zeit überholt und mußten angepaßt werden. Gegenüber der Bundesrepublik Deutschland entsteht daher in Brasilien für die Ergebnisplanung und -kontrolle neben der Inflation noch das Problem, daß sich die rechtlichen Vorschriften viel häufiger ändern und der Umfang der Änderungen in vielen Fällen stärker ist als bei uns.

Erlöse

In Brasilien ist es normalerweise üblich, daß die Preise jeden Monat neu angepaßt werden. Abb. 3 zeigt die Inflation und die Preisanpassung eines Industrieprodukts im Jahre 1981. Eine ähnliche Entwicklung ergibt sich für viele in Brasilien verkaufte Erzeugnisse.

Abb. 3

ENTWICKLUNG DER PREISE EINES AUSGEWÄHLTEN INDUSTRIELLEN PRODUKTES UND DER INFLATIONSRATEN 1981 IN BRASILIEN

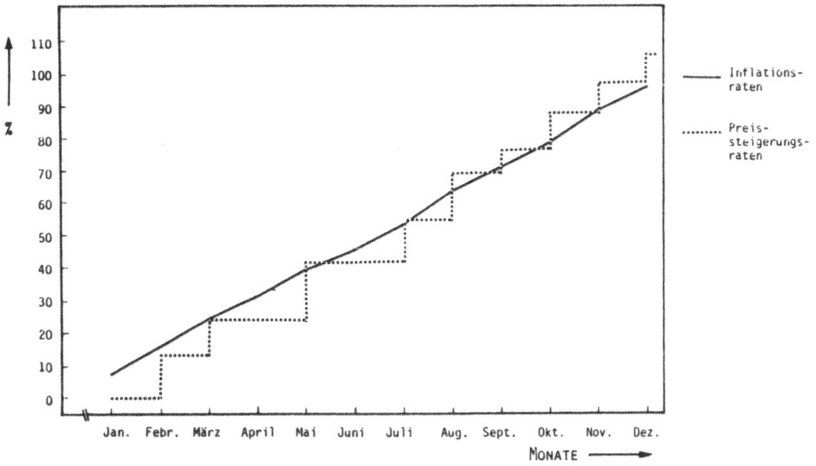

Bis Ende 1980 unterlagen Preiserhöhungen für fast alle Industrieprodukte der vorherigen Genehmigung durch den CIP (Conselho Interministerial de Preços = Interministerieller Preisrat). Zur Genehmigung mußten entsprechende Unterlagen eingereicht werden. Um den Preisanstieg zu dämpfen, wurden 1979 und 1980 keine monatlichen Anpassungen mehr zugelassen. Die Preise durften vielmehr zuerst nur alle zwei Monate, später nur viermal bzw. zweimal pro Jahr angehoben werden.

In 1981 wurde dann der größte Teil der Preisbindung aufgehoben. Aber bereits im Februar 1983 wurde die Preiskontrolle für wichtige Industriegüter wieder eingeführt. Von da an durften wichtige Industriegüter monatlich nur in Höhe von 90 %, ab Juni von 80 % der jeweiligen ORTN-Rate angepaßt werden.

Im Februar 1984 trat die Preisüberwachung dann wiederum in eine neue Phase. Von da an konnten Unternehmen Preiserhöhungen mit Begründung und Nachweis, wie z. B. letztem Monatsstatus, Betriebs- und Produktionsabrechnung u.a.m. nachträglich beantragen. Ab Juli 1984 ist die Preisbindung für einen Teil der Produkte weitgehend wieder aufgehoben worden.

Materialpreise

Unterliegen die bezogenen Materialien auch der Preiskontrolle, erhöhen sich die Materialpreise entsprechend der Genehmigung der CIP-Behörde. Dabei können die Preisanhebungen über oder unter den eigenen Erlösanhebungen liegen.

Von der Preiskontrolle sind jedoch nicht alle Güter betroffen. Das kann für ein Unternehmen bedeuten, daß seine eigenen Produkte voll der Preiskontrolle unterliegen, aber ein Teil der bezogenen Materialien von der Kontrolle befreit ist. Erhöhen die Zulieferer dieser Materialien die Preise stärker, als die Erlöse mit Genehmigung der CIP angepaßt werden können, ergibt sich zwangsläufig eine Ergebnisverschlechterung.

Lohnerhöhungen

Seit Jahren schon werden die Löhne im Prinzip zweimal pro Jahr angepaßt. Die Inflations- und Lohnentwicklung in einem Jahr zeigt Abb. 4.

Abb. 4

ENTWICKLUNG DER LÖHNE UND INFLATIONSRATEN 1981 IN BRASILIEN

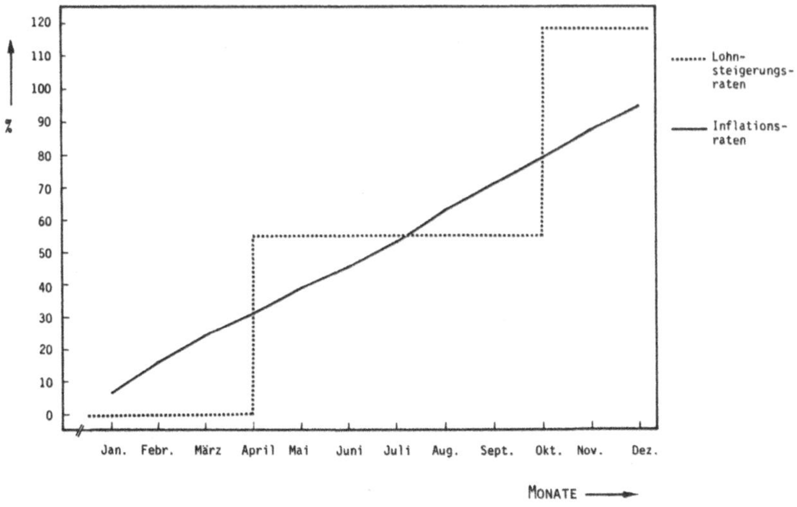

Auch die Anpassung der Löhne wurde in den letzten Jahren mehrfach geändert. Zur Zeit beträgt die halbjährliche Lohn- und Gehaltsanpassung in Abhängigkeit von der Lohn- und Gehaltshöhe zwischen 60 und 100 % der zwei Monate vor der jeweiligen Anpassung festgestellten halbjährlichen Steigerungsrate des Nationalen Verbraucherpreisindexes (INPC).

Abschreibungen

Das Anlagevermögen wird in der Regel monatlich in Höhe der ORTN-Raten aufgewertet. Von diesem aufgewerteten Wert werden die Abschreibungen vorgenommen. Damit ist im Prinzip - wenn die ORTN entsprechend der Inflation angepaßt werden - eine Abschreibung vom Wiederbeschaffungswert sichergestellt. Das ist aber in Wirklichkeit nicht der Fall, denn die ORTN-Raten bleiben - wie Abb. 2 zeigt - häufig hinter der Inflation zurück. Auf die Konsequenzen für die PuK werden wir später noch weiter eingehen.

Zinsen

Bei Aufnahme eines inländischen Kredits beinhaltet der Zins auch die Geldwertberichtigung. D. h. bei einer Inflation von 200 % beträgt der Zins z. B. etwa 220 %. Zum Teil werden die Zinsen jedoch von der Regierung festgelegt. Um die Inflation einzudämmen, lagen die Zinsen in der Vergangenheit häufig auch unter der Inflation. Die Banken haben dann meist zusätzliche Gebühren verlangt.

Geldwertberichtigung

Anlagevermögen und Eigenkapital werden - wie wir bereits sahen - mit den ORTN-Raten aufgewertet. Die Aufwertung des Anlagevermögens führt zu einem Ertrag. Dagegen ergibt sich aus der Aufwertung des Eigenkapitals ein Aufwand. Übersteigt das Anlagevermögen das Eigenkapital, wird in der GuV als Saldo ein Ertrag gezeigt. Ist das Eigenkapital höher als das Anlagevermögen, ergibt sich in der GuV ein Aufwand.

Sonstige Erträge und Aufwendungen

Alle übrigen Erträge und Aufwendungen, z. B. für Mieten, Energie, sonstige Fremdleistungen werden entsprechend der Inflations-, der ORTN-, der INPC-Raten oder sonstiger Indizes angepaßt, die von dem jeweiligen Unternehmen oder staatlichen Institutionen festgelegt werden. Dabei kann die Häufigkeit der Anpassung unterschiedlich sein. D. h. die Anpassung kann monatlich, vierteljährlich, halbjährlich oder nach frei gewählten Perioden erfolgen.

Betrachtet man die Entwicklung der einzelnen Aufwendungen und Erträge, so zeigt sich, daß alle Einzelposten mehr oder weniger von der Inflation abhängen. Wird die Inflationsentwicklung nicht richtig vorhergesagt, ist es daher praktisch unmöglich, die Aufwendungen und Erträge in richtiger Höhe in der Landeswährung, dem Cruzeiro, zu planen.

III. Planung und Kontrolle nach landesrechtlichen und konzerneinheitlichen Vorschriften

Besitzt ein deutscher Konzern eine Tochtergesellschaft in Brasilien, muß diese nach den brasilianischen handelsrechtlichen und steuerlichen Vorschriften Abschlüsse erstellen und - soweit es sich um eine publizitätspflichtige Gesellschaft handelt - als Anzeige in einer Zeitung veröffentlichen. Für eine Tochtergesellschaft in Brasilien wird man daher immer eine Ergebnisplanung und -kontrolle unter Berücksichtigung der landesrechtlichen Vorschriften in Cruzeiros durchführen.

Durch die hohe Inflation sind die Daten der einzelnen Jahre jedoch sehr schwer vergleichbar. In Abb. 5 haben wir Ergebnisdaten in zwei aufeinanderfolgenden Jahren in Cruzeiros und DM gegenübergestellt. Es wird in dem sehr einfachen Beispiel angenommen, daß die Inflation im zweiten Jahr 100 % betrug und sich der Kurs der DM entsprechend der Inflation veränderte.

Im zweiten Jahr haben sich die Cr$-Werte verdoppelt, obwohl die Werte in realer Kaufkraft etwa gleich geblieben sind. Das wird durch Zahlen in DM deutlich.

Abb. 5

ERGEBNISDATEN IN ZWEI AUFEINANDERFOLGENDEN JAHREN IN CRUZEIROS UND DM

	In Cruzeiro				In DM	
	Jahr 1		Jahr 2		Jahr 1	Jahr 2
	Cr$	(% vom Umsatz)	Cr$	(% vom Umsatz)		
Umsatzerlöse	10 000		20 400		50	51
Betriebsergebnis	1 000	(10)	1 800	(9)	5	4,5
Ergebnis vor Steuern	600	(6)	1 200	(6)	3	3
Ergebnis nach Steuern	400	(4)	800	(4)	2	2

Annahmen: Kurs im Jahr 1: 1 DM ≙ 200 Cr$
Kurs im Jahr 2: 1 DM ≙ 400 Cr$
Inflation im Jahr 2 100 % und DM-Kurs entwickelt sich entsprechend der Inflation

Da die Voraussage der Inflation häufig sehr schwierig ist, weichen in der Regel - wie wir bereits angedeutet haben - die tatsächlichen Inflationsraten stark von den vorausgesagten Raten ab. In Abb. 6 haben wir daher die Entwicklung eines Wertes über 5 Jahre bei einer Inflationsrate von 100 % und 60 %

gegenübergestellt. Das Beispiel zeigt, daß man bei einem Abweichen der tatsächlichen von der vorausgeschätzten Inflation nach einigen Jahren die Zahlen nicht mehr vergleichen kann.

Abb. 6

ENTWICKLUNG EINES WERTES IN CR$
IN 5 JAHREN BEI UNTERSCHIEDLICHEN INFLATIONSRATEN

	JAHRE				
	1	2	3	4	5
INFLATION PRO JAHR 60 %	100	160	256	410	655
INFLATION PRO JAHR 100 %	100	200	400	800	1 600

Für die Ergebnisrechnung nach nationalem Recht entsteht außerdem noch folgendes Problem: Das Anlagevermögen wird laufend mit den ORTN-Raten aufgewertet. In Abb. 2 sehen wir, daß die ORTN-Raten häufig hinter der Inflation zurückbleiben. Das war z. B. 1980 und 1983 der Fall. 1980 betrug die Inflation 110 %. Die ORTN-Raten wurden aber nur um 51 % erhöht. 1983 lagen die Inflationsraten bei 211 %, die ORTN-Raten bei 157 %. In Abb. 7 wird versucht, anhand eines Beispiels die Konsequenzen aufzuzeigen, die sich ergeben, wenn die ORTN-Raten hinter der Inflation zurückbleiben. In dem Beispiel wurden vereinfachende Annahmen getroffen. Eine Maschine wird mit 100 Cr$ angeschafft und in zwei Jahren abgeschrieben. Die Inflation beträgt in beiden Jahren 100 %. Aber die ORTN-Raten werden im ersten Jahr nur um 50 %, im zweiten Jahr um 100 % angepaßt. Es wird einmal die Abschreibung vom Wiederbeschaffungswert und zum anderen die Abschreibung von dem mit der ORTN-Rate aufgewerteten Betrag berechnet. Die Abschreibungen vom Wiederbeschaffungswert und ORTN-Wert werden in DM umgerechnet. Dabei wird unterstellt, daß sich der Cr$ gegenüber der DM entsprechend der Inflation verteuert.

Aus dem Beispiel ergibt sich, daß bei einem Zurückbleiben der ORTN-Raten hinter der Inflation das Unternehmen - ausgedrückt in Hartwährung (DM) - nicht mehr die erforderlichen Abschreibungen verrechnet. D. h. das Unternehmen weist im nationalen Abschluß Scheingewinne aus. Diese sind zu versteuern. Die Substanzerhaltung ist damit nicht mehr gesichert.

Die nicht verrechneten Abschreibungen werden um so höher, je größer die Differenz zwischen Inflations- und ORTN-Raten und je länger die Nutzungsdauer der einzelnen Wirtschaftsgüter nach einem Zurückbleiben der ORTN-Raten ist.

Abb. 7

VERGLEICH DER ABSCHREIBUNGEN VOM WIEDERBESCHAFFUNGSWERT UND DEM MIT DEN ORTN-RATEN AUFGEWERTETEN WERT

	Wert am 01.01.1980		Bruttowert*) 31.12.1980		Abschreibung 1 9 8 0		Bruttowert*) 31.12.1981		Abschreibung 1 9 8 1	
	Cr$	DM	Cr$	DM	Cr$	DM	Cr$	DM	Cr$	DM
Abschreibung vom Wiederbeschaffungswert	100	10	200	10	75	5	400	10	150	5
							$\sum$ Abschreibung 10 DM			
Abschreibung vom ORTN-Wert	100	10	150	7,5	62,5	4,2	300	7,5	112,5	3,75
							$\sum$ Abschreibung 7,95 DM			
Kurs	01.01.1980 10		31.12.1980 20		ø 1980 15		31.12.1980 40		ø 1981 30	

Annahmen: Anschaffungswert einer Masçhine am 01.01.1980 = 100 Cr$
Abschreibung in 2 Jahren: Kurs am 01.01.1980 100 Cr$ ≘ 10 DM
1980: Inflation 100 %, ORTN-Rate 50 %, Verteuerung des Cr$ gegenüber der DM 100 %
1981: Inflation 100 %, ORTN-Rate 100 %, Verteuerung des Cr$ gegenüber der DM 100 %

*) Außer dem Bruttowert werden auch die bereits vorgenommenen Wertberichtigungen aufgewertet.

Ein weiteres Problem dieser nationalen Ergebnisrechnung ist, daß Aufwendungen teilweise später erfaßt werden als bei uns. So werden z. B. längerfristige Rückstellungen nicht als solche, sondern als Rücklagen für Eventualverbindlichkeiten im Rahmen der Gewinnverwendung gezeigt. In der Periode der tatsächlichen Zahlung werden diese Beträge dann als Aufwand ausgewiesen.

Besitzt ein deutscher Konzern eine Tochtergesellschaft in Brasilien und bezieht er diese in seinen Weltabschluß ein, so wird zusätzlich ein Hartwährungsabschluß in DM aufgestellt. Für diesen werden Anlagevermögen und Eigenkapital historisch in DM geführt. D. h. jedes Anlagegut wird im Zeitpunkt des Erwerbs in DM umgerechnet. Dieser Wert wird in einer eigenen Kartei festgehalten. Die Abschreibungen für den Hartwährungsabschluß werden dann von diesem DM-Wert berechnet. Dieser Hartwährungsabschluß wird heute bereits von einigen Unternehmen nach konzerneinheitlichen Vorschriften erstellt. Nach dem Vorschlag der 7. EG- Richtlinie[1] ist künftig für alle Tochtergesellschaften im Ausland eine solche einheitliche Bewertung vorgeschrieben.

1) Vgl. Siebente Richtlinie des Rates vom 13. Juni 1983, Artikel 29

Für die Ergebnisrechnung dieses Hartwährungsabschlusses werden in der Regel die einzelnen Aufwendungen und Erträge mit einem Durchschnittskurs umgerechnet. Die Abschreibungen werden direkt aus der DM-Kartei übernommen. Den Jahresüberschuß rechnet man im allgemeinen mit dem Stichtagskurs um. Etwa auftretende Differenzen, da die einzelnen Posten mit unterschiedlichen Kursen erfaßt werden, weist man als sonstigen Aufwand aus.

Der Kurs Cr$ zu DM errechnet sich aus dem Kurs des Cr$ zum US$ und dem Kurs des US$ zur DM. Der Cruzeiro hat jeweils einen festen Kurs zum US$, der von der brasilianischen Regierung festgelegt wird. Durch die hohe Inflation in Brasilien ist es erforderlich, den Kurs laufend anzupassen. Das erfolgt durch sog. Mini-Abwertungen des Cr$ gegenüber dem US$, die in kurzfristigen Abständen - in letzter Zeit mehrmals pro Monat - durchgeführt werden. In der Vergangenheit kam es aber häufiger vor, daß die Anpassung des Kurses Cr$ zum US$ nicht entsprechend der Inflation vorgenommen wurde. Die brasilianische Regierung war daher aus wirtschaftspolitischen Gründen 1979 und 1983 gezwungen, sog. Maxi-Aufwertungen durchzuführen und die versäumten Anpassungen nachzuholen. Das wird auch aus Abb. 8 deutlich, die die Entwicklung der Inflation und die Verteuerung des US$ von 1974 bis 1983 zeigt. Vergleicht man die Entwicklung von ORTN-Raten (Abb. 2) und Verteuerung des US$ gegenüber der Inflation, so zeigt sich, daß beide zeitweise hinter der Inflationsentwicklung zurückblieben. Durch wirtschaftspolitischen Druck von außen war die brasilianische Regierung jedoch in der Vergangenheit gezwungen, das Zurückbleiben der Verteuerung des US$ gegenüber der Inflation nachzuholen, während bei niedrigeren ORTN-Raten keine Nachholung erfolgte.

Abb. 8

ENTWICKLUNG DER INFLATIONSRATEN UND VERTEUERUNG DES US$ UND DER DM GEGENÜBER DEM CRUZEIRO IN % VON 1974 - 1983

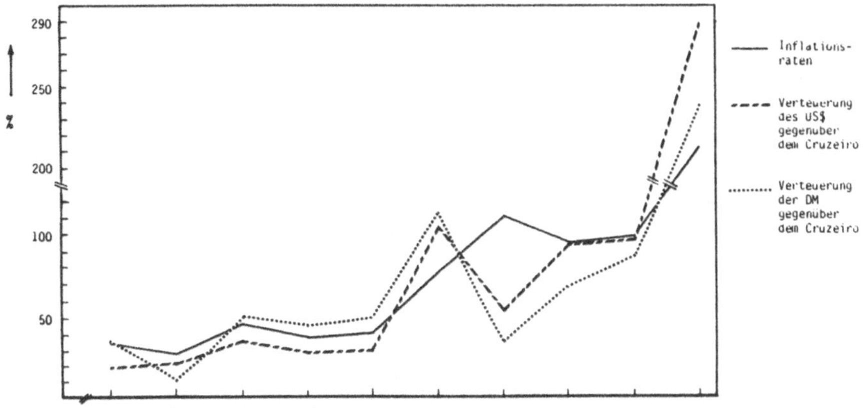

	'74	'75	'76	'77	'78	'79	'80	'81	'82	'83
										JAHRE →
Cr$/US$ (Mittelkurs)	7,42	9,05	12,31	16,00	20,85	42,43	65,34	127,48	251,41	981,50
Cr$/DM (Mittelkurs)	3,08	3,43	5,19	7,57	11,36	24,45	33,35	56,53	105,79	359,42

Da wegen der kaum vorhersehbaren Inflation Cruzeiro-Werte über mehrere Jahre schwer zu planen sind, gehen brasilianische Gesellschaften dazu über, längerfristige Planungen in US$ durchzuführen. Bei diesen Planungen ist jedoch diese unterschiedliche Entwicklung von Inflation und Verteuerung des Cr$ gegenüber dem US$ zu beachten.

In den Kurs Cr$ zur DM geht außerdem noch die Entwicklung des US$ zur DM ein, die in den letzten Jahren schwer vorhersehbar war. In Abb. 8 haben wir daher zusätzlich noch die Verteuerung des Cr$ zur DM eingezeichnet. Die Abweichungen zur Verteuerung des Cr$ zum US$ ergeben sich nur aus der Kursentwicklung US$ zur DM, die unten zusätzlich noch angegeben ist.

Plant man Ergebnisdaten einer Tochtergesellschaft in Brasilien in DM, muß man daher außer der Entwicklung des Cr$ zum US$ noch die Kursentwicklung des US$ zur DM berücksichtigen.

Damit steht man bei der Ergebnisplanung und -kontrolle einer Tochtergesellschaft in Brasilien vor folgender Schwierigkeit: Führt man die Ergebnisplanung und -kontrolle nach nationalen Vorschriften in Cr$ durch, muß berücksichtigt werden, daß die Inflation - wie wir aufzeigten - schwer vorhersehbar ist. Das hat zur Folge, daß später die Planwerte mit den Istwerten kaum noch verglichen werden können. Dazu kommt, daß nach den nationalen Vorschriften Aufwendungen zum Teil später erfaßt werden als bei uns und die Substanzerhaltung - wie wir gezeigt haben - nicht gesichert ist.

Plant und kontrolliert man in Hartwährung in US$ oder DM, ergeben sich zusätzlich die eben aufgezeigten Kursprobleme, die sich jedoch bei längerfristiger Betrachtung teilweise ausgleichen.

IV. Formen der Ergebnisplanung und -kontrolle

Trotz dieser Schwierigkeiten braucht man für eine Tochtergesellschaft, die in einen deutschen Weltabschluß einbezogen wird, einmal eine Ergebnisplanung und -kontrolle nach landesrechtlichen Vorschriften in Cruzeiros und zum anderen nach konzerneinheitlichen Vorschriften in DM. Beide Rechnungen sind ineinander überzuleiten. Diese beiden Grundformen sind in Abb. 9 dargestellt. Die Ergebnisplanung und -kontrolle nach landesrechtlichen Vorschriften in Cr$ dient für die Publizitätspolitik und die Steuerpolitik im Land, während die Ergebnisplanung und -kontrolle nach konzerneinheitlichen Vorschriften in DM die Basis für die Ergebnisplanung und -kontrolle des Gesamtkonzerns bildet.

Abb. 9

GRUNDFORMEN DER ERGEBNISPLANUNG UND -KONTROLLE
EINER TOCHTERGESELLSCHAFT IN BRASILIEN,
DIE IN EINEN WELTABSCHLUSS EINBEZOGEN WIRD

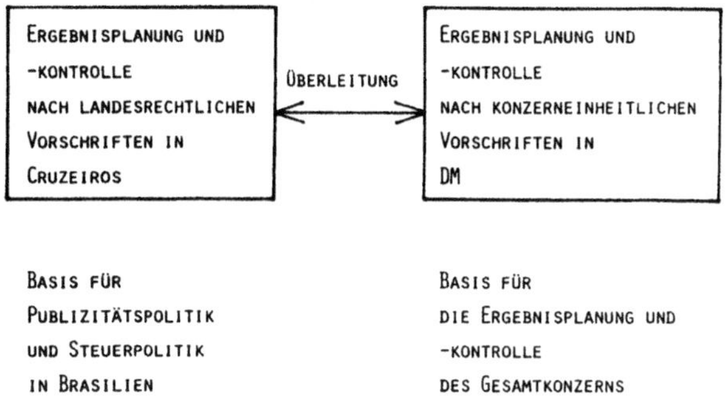

Eine Ergebnisrechnung in Brasilien ist nach den dortigen aktienrechtlichen Vorschriften etwa gegliedert, wie es Abb. 10 zeigt. Sie ist nach dem Umsatzverfahren aufgebaut und lehnt sich an die in den USA üblichen Ergebnisrechnungen an. Diese Rechnung weist z. B. in den Bruttoumsatzerlösen auch die Umsatzsteuern (ICM und IPI), die den Charakter von Mehrwertsteuern haben, mit aus. Außerdem ist der Inhalt der einzelnen Aufwendungen und Erträge anders definiert als bei uns. Ein Posten ist der Saldo aus der Geldwertberichtigung, auf dessen Entstehung wir bereits eingegangen sind.

Abb. 10

BEISPIEL FÜR DIE GLIEDERUNG EINER GEWINN- UND VERLUSTRECHNUNG NACH DEN BRASILIANISCHEN AKTIENRECHTLICHEN VORSCHRIFTEN

BRUTTOUMSATZERLÖSE

UMSATZSTEUERN

NETTOUMSATZERLÖSE

KOSTEN DER VERKAUFTEN ERZEUGNISSE UND WAREN BZW. ERBRACHTEN DIENSTLEISTUNGEN

BRUTTOERGEBNIS

BETRIEBSBEDINGTE AUFWENDUNGEN

VERTRIEBSAUFWENDUNGEN

ZINSEN UND ÄHNLICHE AUFWENDUNGEN ABZÜGLICH ZINSERTRÄGE UND ÄHNLICHE ERTRÄGE

VERWALTUNGSAUFWENDUNGEN UND ALLGEMEINE AUFWENDUNGEN

SONSTIGE BETRIEBSBEDINGTE ERTRÄGE

BETRIEBSERGEBNIS

SALDO DER GELDWERTBERICHTIGUNG

NICHT BETRIEBSBEDINGTE ERTRÄGE

NICHT BETRIEBSBEDINGTE AUFWENDUNGEN

JAHRESERGEBNIS VOR ERTRAGSTEUERN

ERTRAGSTEUERN

JAHRESÜBERSCHUSS (JAHRESFEHLBETRAG)

Damit diese Ergebnisrechnung auch bei der Konzernzentrale in Deutschland richtig gelesen und interpretiert werden kann, wird man sie in eine bei uns übliche Form umgliedern. Das kann eine Gliederung in Form einer kalkulatorischen Ergebnisrechnung oder nach dem aktienrechtlichen Schema des § 157 AktG sein. Deutsche Konzerne benutzen für die interne Planung und Kontrolle kalkulatorische Ergebnisrechnungen. Diese kann man als Vollkostenrechnung oder als Teilkostenrechnung - wie es in Abb. 11 dargestellt ist - aufbauen. Solche Rechnungen sind vor allem zweckmäßig, wenn Lieferbeziehungen bestehen (z. B. die Tochtergesellschaft in Brasilien an deutsche oder andere ausländische Konzerngesellschaften liefert). Diese kalkulatorische Ergebnisrechnung bildet die Überleitung für die Ergebnisrechnung der einzelnen Produkte bzw. Produktgruppen. Eine solche kalkulatorische Ergebnisrechnung setzt allerdings - wenn sie aussagefähig sein soll - voraus, daß auch die Kostenarten-, Kostenstellen- und Kostenträgerrechnung bei der Tochtergesellschaft in Brasilien weitgehend nach konzerneinheitlichen Regeln aufgebaut sind. In Abb. 12 sind die möglichen Formen der Ergebnisrechnung gegenübergestellt. Dabei haben wir die einzelnen Formen von eins bis sieben durchnumeriert.

Abb. 11

GLIEDERUNG EINER KALKULATORISCHEN ERGEBNISRECHNUNG
NACH KONZERNEINHEITLICHEN VORSCHRIFTEN

A) VOLLKOSTENRECHNUNG

Umsatzerlöse
./. Kosten der Umsatzerlöse
Bruttoergebnis
./. Verwaltungskosten
./. Vertriebskosten

Betriebsergebnis
sonstige Erträge
sonstige Aufwendungen
Neutrales Ergebnis
Ergebnis vor Steuern
Gewinnsteuern
Ergebnis nach Steuern

B) TEILKOSTENRECHNUNG

Umsatzerlöse
./. variable Kosten

Deckungsbeitrag
./. fixe Kosten

Betriebsergebnis
sonstige Erträge
sonstige Aufwendungen
Neutrales Ergebnis
Ergebnis vor Steuern
Gewinnsteuern
Ergebnis nach Steuern

Abb. 12

MÖGLICHE FORMEN DER ERGEBNISPLANUNG UND -KONTROLLE
EINER TOCHTERGESELLSCHAFT IN BRASILIEN

In Landeswährung						In DM	
a) Wertansatz						a) Wertansatz	
landesrechtliche Vorschriften			konzerneinheitliche Vorschriften		← Überleitung →	konzerneinheitliche Vorschriften	
b) Gliederung						b) Gliederung	
Landesrecht	kalkulatorische Ergebnisrechnung[1]	aktienrechtliches Schema	kalkulatorische Ergebnisrechnung[1]	aktienrechtliches Schema		kalkulatorische Ergebnisrechnung[1]	aktienrechtliches Schema
1	2	3	4	5		6	7

1) nach konzerneinheitlichen Vorschriften

Wir haben bereits gesehen, daß bei diesen Rechnungen, bei denen die Wertansätze nach landesrechtlichen Vorschriften erfolgen, die Aufwendungen zum Teil später angesetzt werden als bei uns und vor allem wegen des Zurückbleibens der ORTN-Raten hinter der Inflation eine Substanzerhaltung nicht sichergestellt ist.

Man muß daher, wenn man die wirkliche Ergebnislage einer Tochtergesellschaft in Brasilien beurteilen will, eine Ergebnisrechnung aufstellen, in der die Aufwendungen und Erträge mit bei uns üblichen Werten angesetzt werden. Zusätzlich ist eine Substanzerhaltungsrechnung durchzuführen.

Eine solche Ergebnisrechnung kann wieder gegliedert sein in Form der kalkulatorischen Rechnung oder nach dem aktienrechtlichen Schema. Benutzt man die kalkulatorische Rechnung, kann man für die Ermittlung des Betriebsergebnisses kalkulatorische Abschreibungen auf Basis von tatsächlichen Wiederbeschaffungswerten ansetzen. Diese Wiederbeschaffungswerte erhält man durch Aufwertung der Anlagegegenstände entsprechend der Inflation. Darüber hinaus ist es in Brasilien empfehlenswert, von Zeit zu Zeit die tatsächlichen Tageswerte festzustellen und dann für die Zukunft von diesen auszugehen. Die bilanziellen Abschreibungen gewinnt man für diese Rechnung aus den DM-Abschreibungen der DM-Kartei der Anlagegüter, indem man diese DM-Werte mit dem aktuellen Kurs in Cruzeiros umrechnet. Da in praktisch allen Aufwendungen und Erträgen, auch den Ergebnisrechnungen nach konzerneinheitlichen Wertansätzen Inflationsanpassungen enthalten sind, darf man unseres Erachtens - wenn die Rechnung interpretierbar bleiben soll - die Geldwertberichtigung nicht eliminieren.

Zur Gewinnung der Ergebnisrechnungen nach konzerneinheitlichen Vorschriften in DM sind die nach konzerneinheitlichen Vorschriften in Cruzeiros erstellten Ergebnisrechnungen in DM umzurechnen. Zusätzlich ist für eine nach dem deutschen Aktiengesetz zulässige Ergebnisrechnung der Saldo der Geldwertberichtigung zu eliminieren. Diese Ergebnisrechnung in DM kann wieder in Form der kalkulatorischen Ergebnisrechnung oder nach dem aktienrechtlichen Schema aufgebaut sein.

Alle bisher aufgezeigten Formen der Ergebnisrechnung (vgl. Abb. 12) wird man sicher nicht für die PuK benutzen. Teilweise fallen die Formen nur als Zwischenstufen an. Welcher Form man den Vorzug gibt, hängt sicher auch vom Planungs- und Kontrollsystem des jeweiligen Konzerns ab.

Unseres Erachtens benötigt man für die Planung und Kontrolle externer Daten, die veröffentlicht werden, vor allem die Formen eins und sieben. Form eins zeigt das Ergebnis, wie es in Brasilien publiziert wird. Die Form sieben liefert die Daten, die in den Gesamtkonzernabschluß einfließen und im Rahmen dieses Abschlusses veröffentlicht werden.

Für die interne Planung und Kontrolle wird man vor allem die Formen zwei, vier und sechs benutzen. Dabei dienen Form zwei und vier insbesondere der Planung und Kontrolle im Land, während Form sechs den Ergebnisbeitrag für den Gesamtkonzern in DM aufzeigt.

Für die Planung und Kontrolle in Brasilien kann man unseres Erachtens u. U. auch Form zwei und vier zusammenfassen. Bis zum Betriebsergebnis ermittelt man die Daten nach konzerneinheitlichen Vorschriften. Man lehnt sich also bis dahin an Form vier an. Nach dem Betriebsergebnis wird im neutralen Ergebnis eine Umbewertung auf Wertansätze in Brasilien vorgenommen. Die Rechnung schließt dann mit dem Ergebnis nach Landesrecht ab, wie es Form zwei ausweist. Bei einer solchen Rechnung ist dann allerdings aus Konzernsicht nur noch der Teil bis zum Betriebsergebnis aussagefähig.

V. Vorgehensweise bei der Planung und Kontrolle

Da sich in Brasilien die gesetzlichen Vorschriften häufiger ändern und auch die Inflationsentwicklung schwer vorhersehbar ist, kann bei der Planung und Kontrolle der Schwerpunkt nur bei der kurzfristigen Planung und Kontrolle liegen.

Unseres Erachtens ist es wichtig, möglichst monatlich die tatsächlichen Ergebnisse zu ermitteln und mit den geplanten Werten zu vergleichen. Da normalerweise auch die Preise monatlich angepaßt werden, kann man dann - soweit es die gesetzlichen Vorschriften zulassen - sofort auf unvorhergesehene Entwicklungen beim Kostenverlauf reagieren.

Es ist unserer Meinung nach zweckmäßig, die Kostenrechnung als Primärkostenrechnung aufzubauen, bei der die Kostenarten zusammengefaßt werden, die den gleichen Anpassungsmechanismus an die Inflation haben. Mit einer solchen Rechnung können dann bei Änderungen der Inflationsentwicklung und des Verhaltens der einzelnen Kosten schnell die Konsequenzen ermittelt werden.

In der nationalen Währung in Cruzeiros ist bereits in der gegenwärtigen Situation die Jahresplanung wegen der hohen Unsicherheit bei den Prämissen sehr schwierig. Es empfiehlt sich daher unseres Erachtens, bei der Jahresplanung mehrere Alternativen zu rechnen. Neben der voraussichtlich zu erwartenden Entwicklung bei realistischer Einschätzung sollte man immer noch die Konsequenzen auf das Ergebnis bei optimistischer und pessimistischer Entwicklung der wirtschaftlichen Situation darstellen, um später nicht allzu große Überraschungen zu erleben.

Längerfristige Planungen haben in Brasilien wegen der Unsicherheit der Voraussage der Daten mehr den Charakter von Zielvorgaben.

Um die Unsicherheit der Verteuerung des Cruzeiros zu umgehen, wird man längerfristige Planungen meist entweder

auf Basis eines konstanten Preisstandes in Cruzeiros

oder

in Hartwährung (US$ oder DM)

durchführen.

Man erstellt z. B. die Dreijahresplanung für den Zeitraum 1984 - 1986 auf Basis der Cruzeiro-Preise vom 31.12.1983.

Planungen in Hartwährung sind dabei mit der bereits aufgezeigten Problematik der unterschiedlichen Entwicklung von Inflation und Verteuerung des Cruzeiros gegenüber der jeweiligen Währung behaftet.

Allerdings kann sicher für den US$ längerfristig unterstellt werden, daß sich Inflation und Verteuerung des US$ etwa gleich entwickeln werden.

Eine weitere Möglichkeit, die Problematik der absoluten Cruzeiro-Werte zu umgehen, ist, mit Kennzahlen zu arbeiten, in der Ergebnisrechnung z. B. die Primärkostenarten in % vom Umsatz auszudrücken. Man kann so ein System von Verhältniszahlen aufbauen und das - unabhängig vom absoluten Cruzeiro-Wert - für die Planung und Kontrolle benutzen.

Ergänzen sollte man die Ergebnisplanung und -kontrolle in einem Inflationsland immer durch eine Planung und Kontrolle der Einnahmen und Ausgaben, denn durch die rasche Änderung der Daten ist eine Unternehmung in einem Hochinflationsland schneller zahlungsunfähig als bei uns.

Auch ist zu berücksichtigen, daß der Aufwand und der Ertrag aus der Geldwertberichtigung zu keinen Einnahmen und Ausgaben führt. So kann der Fall eintreten, daß eine Unternehmung in der Ergebnisplanung und -kontrolle durch den Ertrag aus der Geldwertberichtigung zwar einen Jahresüberschuß zeigt, die Liquiditätslage sich aber laufend verschlechtert.

Man muß daher nach unserer Meinung neben dem Ergebnis mindestens laufend auch den Cash flow überwachen. Bei dessen Ermittlung sind - wenn man vom Ergebnis ausgeht - neben den Abschreibungen und den langfristigen Rückstellungen auch noch die Aufwendungen und die Erträge aus der Geldwertberichtigung zu berücksichtigen (vgl. Abb. 13).

Abb. 13

ERMITTLUNG DES CASH FLOW IN BRASILIEN

	ERGEBNIS NACH STEUERN
+	ABSCHREIBUNGEN
±	VERÄNDERUNG DER LANGFRISTIGEN RÜCKSTELLUNGEN
./.	ERTRAG AUS DER GELDWERTBERICHTIGUNG
(+	AUFWAND AUS DER GELDWERTBERICHTIGUNG)
	CASH FLOW

L i t e r a t u r

Busse von Colbe, W., Müller, E. (Hrsg.): Planungs- und Kontrollrechnung im internationalen Konzern, ZfbF 1984, Sonderheft 17.

Hahn, D.: Planungs- und Kontrollrechnung, PuK, Integrierte ergebnis- und liquiditätsorientierte Planungs- und Kontrollrechnung als Führungsinstrument in Industrieunternehmungen mit Massen- und Serienfertigung, Wiesbaden 1974.

Lederle, H.: Bilanzierung in Brasilien, in: ZfbF 1984, S. 247-259.

Müller, E.: Entscheidungsorientiertes Konzernrechnungswesen, Neuwied 1980.

Swinne, A. H.: Die finanzielle Führung und Kontrolle von Auslandsgesellschaften, Frankfurt 1983.

Arbeiten mit randbeschrifteten Tabellen (als relationale Datenbank, zur Reportgenerierung, bei Modell- bzw. Programmentwicklung)

Prof. Dr. *R. Wartmann*, Ruhr-Universität Bochum

1. Aufgabenstellung

Will ein Unternehmen in der ständig sich wandelnden Umwelt bestehen, muß es - neben kurzfristigen Reaktionen auf Tagesfragen - sich mittelfristig, also bei gegebener Unternehmensstruktur, den jeweiligen Bedingungen anpassen im Rahmen von Monats- bis Jahresplanungen; darüber hinaus sind langfristige Vorstellungen über Änderungen dieser Struktur zu entwickeln. Um hierbei die Wirkung von Entscheidungen auf das Verhalten des Unternehmens prognostizieren zu können, bedarf es der Kenntnis des Geschehensablaufes in seinem Inneren. Im Hinblick auf betriebswirtschaftliche Fragen der Leistungserstellung erfordert dies - neben anderem - ein Kostenrechnungs- und Planungssystem für mittel- und langfristige

Dokumentation,
d.h. transparente Darstellung der betrieblichen und kostenmäßigen Gegebenheiten und Abläufe im Unternehmen,

Planung,
d.h. Vorausrechnung der betrieblichen und kostenmäßigen Gegebenheiten, wie sie für gesetzte Prämissen aufgrund der erkannten betrieblichen und kostenmäßigen Abläufe zu erwarten sind,

Kontrolle,
d.h. Vergleich der geplanten mit den nachfolgend realisierten betrieblichen und kostenmäßigen Gegebenheiten.

Probleme und Lösungswege eines derartigen (quantitativen) Systems lassen sich am klarsten sehen und am schärfsten darstellen, wenn man zur Beschreibung der Strukturen und Vorgänge die mathematische Formelsprache heranzieht. Sorgt man dafür, daß hierbei die Beziehung zum behandelten Gegenstand stets deutlich bleibt, ist der Vorteil dieser Vorgehensweise unverkennbar, nicht zuletzt im Hinblick auf die Realisierung per Computer. - Eine solche formelmäßige Beschreibung der betrieblichen und damit auch kostenmäßigen Gegebenheiten und Abläufe eines abgegrenzten Teiles eines Unternehmens wird als dessen mathematisches Modell bezeichnet; da letzteres im Wesentlichen aus einer Vielzahl von linearen (linearisierten) Verbrauchsfunktionen, Nebenbedingungen etc. zusammengesetzt ist, erfolgt seine formelmäßige Beschreibung zweckmäßig mittels der (mathematischen) Matrizenrechnung. Mit zunehmender Weite des zu erfassenden Unternehmensteiles muß notwendig der Detaillierungsgrad der im Modell "abgebildeten" Gegebenheiten und Abläufe abnehmen. Ein Betrieb oder gar eine einzelne Kostenstelle sind anders zu sehen als ein Unternehmen als Ganzes. Daher werden Aggregationen eine beherrschende Rolle spielen sowohl beim Aufbau der Verbrauchsfunktionen etc. der Modelle (z.B. Zusammenfassen von Gütern zu Gütergruppen) als auch beim Verknüpfen von (detaillierten und solcherart selbständig auftretenden) "Teil"-Modellen zu einem "Gesamt"-Modell.

Beim Arbeiten mit solchen Modellen, d.h. bei der Durchführung von Kostenrechnungen, Planungsrechnungen, Kontrollrechnungen etc., sind sowohl deren "feste" Daten (z.B. Verbrauchsstandards oder Stücklisten als Gleichungskoeffizienten) als auch deren "Variable", also die Eingangs- und Ergebnisgrößen, organisatorisch zu verwalten. In noch weit stärkerem Maße aber betrifft diese Notwendigkeit der Datenverwaltung die "aktuellen" Daten des Unternehmens: Es sind <u>Datenbanken</u> erforderlich mit Abfragesystemen etc. zum einen für das Erfassung des Ist-Zustandes des Unternehmens (Personalkartei, Liste der noch nicht bzw. der zur Zeit in Bearbeitung befindlichen bzw. der fertiggestellten Produkte eines Auftrages usw. usw.), zum anderen aber auch für das Aufbauen und Betreiben der Modelle.

Schließlich müssen die Ergebnisse von Datenbankabfragen und Modellrechnungen in einsichtiger und unterschiedlichster Weise zu <u>Reports</u> zusammengestellt und (wiederum per Aggregation) verdichtet werden.

Sämtliche drei Aufgabenbereiche - charakterisiert als "Modell, Datenbank, Report" - arbeiten mit Tabellen. Daraus ergibt sich die Forderung:

> Die (mathematische) Matrizenrechnung, das Konzept der (relationalen) Datenbanken sowie das Erstellen von Berichtstabellen (im Sinne eines Management Information System) sind als ein zusammengehöriger Aufgabenbereich zu behandeln.

Im folgenden wird die Konzeption einer "Metasprache" vorgestellt, welche auf der Basis der Matrizenrechnung

- vorstehende Forderung erfüllt,
- den behandelten Gegenstand erkennbar läßt,
  und damit
- den Benutzer befähigt, durch (fast) verbale Problemformulierung seine Modelle, Abfragen usw. zugleich zu generieren und zu betreiben.

2. Zahlengrößen als Träger sachlogischer Aussagen

Bevor sachliche Gegebenheiten durch ein formales Modell abgebildet werden können, ist es unerläßlich, mittels Definitionen eine Brücke zwischen "Sache" und "Formel" zu schlagen. Nachstehende drei Größen - sie sind auch als "Indizes" interpretierbar - dienen zur Beschreibung sachlicher Inhalte:

individuelle Meßgröße IM	}	Meßgröße MG	}	Komponente KM
anonyme Meßgröße AM				
Gliederungsgröße GG				

IM: spezielles Objekt (Individuum), das in einmaliger Gestalt (Masse, Anzahl Zeitdauer) o.ä. auftritt und als Einheit gilt; Beispiele: ein bestimmter Fertigungsauftrag, eine betrachtete Periode, eine verfügbare Ressource, eine bestimmte Person

AM: generalisierend gemeintes Objekt (Gattungsbegriff), das je nach den - nicht genannten - Umständen in unterschiedlichen Mengen, Zeitdauern usw. auftritt, wobei wegen des fehlenden "Bezuges" eine Zahlenangabe jedoch irrelevant ist; zwingend aber ist die Angabe der Maßeinheit; Beispiele: Vormaterial in 1000 t, Maschinenlaufzeit in h, Fertigprodukt A in 100 Stück

GG: Angabe, die der gliedernden bzw. qualitativen Spezifizierung dient (außer Objekten auch Eigenschaften beinhaltend); Beispiele: Verfahren 1 oder 2 zum Herstellen von Fertigprod. A, Rot/Gelb/Blau als qualitativer Unterschied bei Fertigprod. A

KM werden konkret durch eine alphanumerische Zeichenkette benannt. Dieser KM-Name vertritt den verbalen KM-Text, der die sachlogische Definition der betreffenden KM darstellt. Name und Text sind ggf. gleich; evtl. gilt als Name (Index) bloßes Durchzählen. Sämtliche KM-Namen müssen verschieden sein.

Den KM als bloßen Namen steht gegenüber der

Skalar: Zahlengröße, d.h. numerische Variable, deren sachlicher Inhalt durch zwei MG beschrieben wird; dabei bezieht sich die Grundmeßgröße GM auf die (Maß-)Einheit der Bezugsmeßgröße BM (GM und BM geben quasi die "Dimension" der Zahlengröße an)

Nur gemeinsam bieten GM und BM den sachlichen Inhalt des Skalars sowie die Möglichkeit einer Zahlenangabe. Hierbei ist der Skalar bei einer AM als BM eine relative Größe, bei einer IM als BM aber eine absolute. Beispiel: Gas in m^3 (als GM) pro 1000 t Vormaterial (AM als BM) bzw. im Gasometer 2 (IM als BM). Die Bezeichnung eines Skalars beginnt mit einer alphanumerischen Kennung TYP (erstes Zeichen ein Buchstabe). Auf TYP folgen nach Schrägstrichen GM und BM: TYP/GM/BM. Dies kann als Indizierung gelten.

Beispiel: R/GAS/VM mit
L/GAS/G2
"und zwar" (bei /GAS)
"bezüglich" (bei /G2)

R	Richtverbrauch	TYP	
L	Lagerung	TYP	
GAS	Gas in m^3	AM	KM
VM	Vormat. " 1000 t	AM	KM
G2	Gasometer 2	IM	KM

3. Komponentenfolgen, Matrizen

Es ist zweckmäßig, wiederholt in Gemeinschaft auftretende Skalare bzw. zunächst deren MG, d.h. deren GM und BM, zusammenfassend zu betrachten und zu bezeichnen.

Komponentenfolge KOL: linear geordnete Menge (im Sinne der Mengenlehre) von unterschiedlichen KM

KOL sind mit KOL-Namen benannt (geklammerte alphanumerische Zeichenkette) und durch verbalen KOL-Text beschrieben. Als explizite Darstellung dient die geklammerte Folge der in Komma gesetzten KM, interpretierbar auch als Indexreihe. Zur Abkürzung kann als "Quasi-KM" eine KOL stehen.

Beispiel:

			ST	Strom	in MWh
(E) = (VM,ST,LH)	Einsatzgüter	mit	LH	Lohnstunden	" h
(P) = (TR,GAS,(E))	Primärverbr.		TR	Transport	" tkm

Zwei KOL können (im Sinne der Mengenlehre) miteinander verknüpft oder verglichen etc. werden. Beispiele für KOL-Beziehungen:

Quasigleichheit
KOL mit gleichen KM in unterschiedlicher Reihung: (KOL1) ≙ (KOL2)

KM-Fremdheit
KOL ohne gemeinsamen KM: (KOL1) ≭ (KOL2)

Vereinigung zweier KOL
Die KM der zweiten KOL, die in der ersten nicht enthalten sind, werden gemäß ihrer Reihung angehängt: (A,B) * (A,C) = (A,B,C)

Unter Verwendung vorstehender KOL werden in Gemeinschaft auftretende Skalare erfaßt als

Matrix: Zusammenstellung von Skalaren gleichen Typs in einer zweifachen linearen Ordnung, indem ihre GM und BM je in einer (Zeilen- und Spalten-)KOL als GMKOL und BMKOL zusammengefaßt werden, so daß in diesem (rechteckigen) Schema jedem der Skalare eindeutig sein Platz als (Matrix-)Element zukommt.

Da mehrere Skalare mit gleichem TYP und gleicher GM und BM nicht existieren - sie wären identisch -, kommt keinen zwei Skalaren in einer aufzustellenden Matrix derselbe Platz zu. In der Regel weist eine Matrix eine Anzahl von Nullelementen auf (unbesetzte Plätze); ggf. zeigt sie auch Nullzeilen und Nullspalten. Die Bezeichnung einer Matrix entspricht der eines Skalars, d.h. der ihrer Elemente, wobei statt der GM und BM die entsprechenden KOL notiert werden, also TYP/(GMKOL)/(BMKOL). Als explizite Darstellung einer Matrix dient ein Kastenschema, d.h. eine Tabelle mit den zahlenmäßig oder in Gestalt ihrer Bezeichnungen eingetragenen Elementen; am linken und oberen Rand können als Randleisten die zugehörigen KOL - evtl. explizit - angeführt sein. Da die KM mit ihrem Namen Texte vertreten, ist eine jede Matrix als beschriftete Tabelle zu verstehen bzw. darzustellen.

		FA	FB	FC				
	VM	R/VM/FA	R/VM/FB	R/VM/FC		0,6	1	0,2
R/(E)/(A) =	ST	R/ST/FA	R/ST/FB	R/ST/FC	=	0,2	0	0,8
	LH	R/LH/FA	R/LH/FB	R/LH/FC		1	1	1

mit (E)	= (VM,ST,LH) als GMKOL	FA Fertigprod. A in 100 Stück	
(A)	= (FA,FB,FC) " BMKOL	FB " B " 100 "	
R/VM/FA usw. analog R/GAS/VM		FC " C " m	
		(A) Ausstoßgüter	

		HINZ	KUNZ	LANG		PD	Personaldatei	TYP
	GR	176	183	179		GR	Körpergröße	in cm
	GW	82	91	75		GW	Körpergew.	" kg
PD/(QD)/(AG) =	BV	4800	3950	5200	mit	BV	Bruttoverd.	" DM
	NV	2890	3180	3250		NV	Nettoverdienst	" DM
	UT	30	28	34		UT	Urlaubstage	" d

und (QD) = (GR,GW,BV,NV,UT) quantitative Daten

(AG) = (HINZ,KUNZ,LANG) Angestellte

wobei (QD) als GMKOL aus AM besteht

" (AG) " BMKOL " IM "

Beim Arbeiten mit den vorstehend aufgestellten (und im folgenden noch zu erweiternden) Matrizen gelten formale Regeln. Hierbei ist zu beachten, daß diese Regeln grundsätzlich und ausschließlich Matrizen betreffen. Das bedeutet: Sämtliche im weiteren vorzustellenden "Manipulationen" mit und an Tabellen sind als "Matrizenrechnung" formuliert (im mathematischen Sinne, daß aus Matrizen wieder Matrizen folgen). Die Manipulationen sind den Regeln der Mathematik unterworfen, die Tabellen diesen Regeln folglich zugänglich. Doch nicht jede beliebig aufgestellte Tabelle ist zugleich auch eine Matrix! Aber nur als Matrizen können Tabellen in mathematische Formeln eingebracht und damit mathematischen Gesetzen entsprechend allgemeingültig behandelt werden; und nur unter Zuhilfenahme der Mathematik mit ihren formalen und logischen Strukturen - nicht zuletzt im Hinblick auf Lineare Gleichungssysteme und Lineare Optimierung - ist der übersichtliche Aufbau der ins Auge gefaßten umfangreichen und dabei flexiblen Systeme zu leisten bzw. werden diese arbeitsfähig. Deshalb sind als nächstes Betrachtungen anzustellen, die sich befassen mit der Rolle der Randleisten beim Verknüpfen von Matrizen, also von beschrifteten Tabellen: Es werden Aussagen darüber getroffen, welchen sachlichen Inhalt eine "neue" Matrix repräsentiert, die aus der Verknüpfung oder Umgestaltung von "vorliegenden" Matrizen resultiert.

4. Aggregieren

Zwischen den KM - sie beschreiben die Skalare bzw. bilden als KOL die Randbeschriftung für die Elemente der Matrizen - bestehen KM-Beziehungen im Sinne der Mengenlehre (diese Beziehungen liegen also gleichsam eine Stufe tiefer als jene zwischen den KOL): Die KM können sich schneiden, eine die andere umfassen etc. Sämtliche diese Operationen sind aber nur zulässig, sofern sie inhaltlich sinnvoll interpretierbare Ergebnisse liefern. Folglich kann es KM-Beziehungen (Beziehungen zwischen Mengen) nur geben zwischen durch SACHLOGIK zueinander "passenden" KM. Letzteres aber ist Bedingungen insbesondere auch beim Vereinigen der KM:

KMR = KM1 + KM2   Bündelung, d.h. Vereinigung (Aggregation) zweier inhaltsfremder KM (R erinnere hierbei an "resultierend")

Dazu treten:

KM1 > KM2	KM1 umfaßt KM2	Auf Verwenden mengentheoretischer Symbole sei verzichtet.
KM1 # KM2	KM1 und KM2 sind inhaltsfremd	
etc.		

Daß eine KM eine andere schneidet oder umfaßt, ist ausschließlich durch Bündelungen zu definieren.

Beispiel:	F1 = FA + FB	Produkt der Gruppe 1 in 100 Stück	AM
	FM = FA + FC	Maschinenprodukt (ohne Maßeinh., wie FB werde von Hand gefertigt	GG)
	H2 = Q3 + Q4	2. Halbjahr (für 3. und 4. Quartal)	IM
	FARBIG = ROT + GELB + BLAU		GG

Zur Organisation der Datenverwaltung im oben erwähnten Sinne gehört eine

KM-Kladde: Zusammenstellung der auftretenden KM mit Name, Text, Maßeinheit und weiteren Angaben, insbesondere:

1. Jede KM zeigt, in welchen KOL sie explizit in Erscheinung tritt
2. Bei gebündelten, also aus einer Bündelung resultierenden KM, ist die Anzahl der zugehörigen Bündelungsbeziehungen (kurz: BBZ) vermerkt (meist 0 oder 1, sind jedoch für eine gebündelte KM mehrere Bündelungen relevant, wird durchgezählt.

3. Bei jeder in eine Bündelung eingehenden KM sind die jeweilige gebündelte KM sowie die zugehörige BBZ-Nummer notiert, d.h. die durch diese beiden Angaben dargestellte BBZ-Bezeichnung (evtl. mehrere, falls die KM in mehrere Bündelungen eingeht).

In diese KM-Kladde hinein gelangt eine KM durch KM-Operationen; von denen sei hier nur erwähnt die

KM-Direktangabe

KM := !Text!Maßeinheit!BBZ ; mit BBZ z.B. KM1 + KM2 + KM3

Jede der drei Angaben zu KM kann fehlen, so daß als Extrem nur

KM := ;

d.h. nur der Name der KM als Operation notiert ist.

Die durch die KM-Operation angesprochene KM wird in die KM-Kladde eingetragen, sofern sie nicht bereits enthalten ist (Prüfung auf Einmaligkeit bzw. Übereinstimmung, z.B. beim Text; evtl. Ergänzungen). Bei Angabe einer BBZ werden bei den involvierten KM die entsprechenden Notierungen vorgenommen, die Maßeinheiten überprüft bzw. ergänzt und die "neue" BBZ auf Konsistenz mit schon vorliegenden überprüft. - Beispiele für Inkonsistenz:

F := F1 + FM inkonsistent wegen F1 = FA + FB, FM = FA + FC
F2 := FA + FB " " F1 = FA + FB

Die erforderliche Sachlogik beim Bündeln (Aggregieren) von KM muß also "von außen" eingegeben werden; ihre unerläßliche Kontrolle, insbesondere bei "verflochtenen Aggregationstionsbäumen", geschieht jedoch intern.

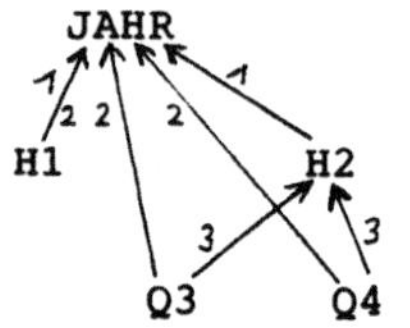

Darstellung von drei BBZ

5. Spezifizieren

Spezifizierungsgröße SG: Eine (unspezifizierte) KM wird durch Anfügen von SG näher beschrieben; dadurch entstehen eine Anzahl spezifizierter KM mit ersterer als Haupt-KM.

Als SG dienen unspezifizierte oder spezifizierte KM; Mehrfachspezifizierung ist möglich. Beispiel: Fertigprodukt A wird ausgewiesen als FA "betreffend", d.h. aus Betrieb B2 bzw. B3 oder als FA "betreffend", d.h. in ROT, GELB, BLAU bei STREIFEN, KARO, UNI (zweifache Spezifizierung), evtl. auch betreffend alle drei Spezifizierungen. Hierbei werden hinter der Haupt-KM die durch Punkte getrennten SG gezeigt. Sind die SG selbst spezifiziert, werden Apostrophe gesetzt (hierarchische Gliederung). Die Bezeichnung einer spezifizierten KM besteht somit aus mehreren Namen.

Beispiel:

VM.FA	VM, das	benötigt wird für FA
VM.B1.'FA.B2'	VM, " in B1	" " " jenes FA, das in B2 erstellt wird

Hierbei mag etwa VM in B1, B2, B3 benötigt und FA (nur) in B2 und B3 erstellt werden; B1 liefert aus VM gefertigtes "Halbzeug" an B2 und B3.

Die Bündelung von nicht oder gleich spezifizierten KM heißt unmittelbar; Notation mit +, wie bereits dargelegt worden ist: KMR.SG = KM1.SG + KM2.SG, d.h. Bündelung der Haupt-KM. Die Bündelung von sich in je einer SG unterscheidenden KM dagegen wird mittelbar genannt (de facto werden die SG unmittelbar gebündelt); Notation mit ++: KM.SGR = KM.SG1 ++ KM.SG2.

KM-Aufgliederung: erschöpfende Spezifizierung von KM durch eine Anzahl inhaltsfremder SG. Dies bedeutet: Spezifizierende SG zerlegen von ihnen spezifizierte KM dann vollständig - also aufgliedernd - in eine Anzahl alternativer "Teil-KM", wenn deren Bündelung die ursprüngliche KM regeneriert (entgliedernde Bündelung, d.h. die resultierende KM weist ein SG weniger auf als die zu bündelnden).

Beispiel: FA + FB = F1 unmittelbar

FA.ROT + FB.ROT = F1.ROT "

VM.FA.B1 ++ VM.FC.B1	=	VM.FM.B1	entgliedernde
	++	VM.FM.B2	Bündelung; zu
mittelbar	++	VM.FM.B3	B1, B2 oder B3
	=	VM.FM	keine Alternative

Statt der Haupt-KM sowie statt der als SG auftretenden spezifizierenden KM kann jeweils auch eine KOL stehen. Somit gibt es neben der KOL-Vereinigung auch eine KOL-Bündelung:

```
 FA.(AT)   + FB.(AT)   = F1.(AT)  mit (AT) = (AA,AB,AC)  Aufträge
(E).B1    ++ (E).B2  ++ (E).B3 = (E)               AA   Auftrag A
aber                                             etc.
(A1)       * FC        = (A)      mit (A1) = (FA,FB) Ausstoßgüter
(A1).(AT)  * FC.(AT)   = (A).(AT)                   der Gruppe 1
                       = (FA.AA,FB.AA,FC.AA,...,FC.AC)
(E).(A1)   * (E).FC    = (E).(A)
                       = (VM.FA,ST.FA,LH.FA,...,LH.FC)
```

Da häufig sämtlich KM einer vorliegenden KOL zu bündeln (zu aggregieren) sind, wird +(KOL) als die entsprechend gebündelte KM eingeführt; damit erübrigt sich ein eigener KM-Name. So gilt z.B. F1 = +(A1), d.h. der KM-Name F1 ist entbehrlich.

Eine Matrix mit durch KOL spezifizierten KOL gilt als <u>strukturierte Matrix</u>:

```
                               AA AB AC
                              ...........
                       FA.Q3 : 2     1 :   Bei einem Skalar mit
                       FB.Q3 :         :   einer IM als BM und
                       FC.Q3 :       1 :   einer (anderen) als
PROD/(A).(QH2)/(AT) =  ------:---------:   SG sind diese IM ohne
mit                    FA.Q4 :    2    :   Änderung der Sach-
PROD Produktion        FB.Q4 : 3  3    :   logik vertauschbar;
        (als TYP)      FC.Q4 :       4 :   analog bei Matrizen:
(QH2) Quart. 2 Halbj.        :.........:   PROD/(A).(AT)/(QH2)
```

Durch die gleichartige Darstellung von Skalaren und Matrizen sowie durch das Spezifizieren besteht ein nahtloser Übergang von Skalaren (nulldimensionale Matrizen) über ein- und mehrreihige Matrizen (ein- bzw. zweidimensional) bis hin zu <u>mehrdimensionalen</u> Matrizen. Hierbei sind letztere je nach Anordnung der (mehreren) spezifizierenden KOL verschieden strukturierbar, d.h. sie erscheinen in unterschiedlicher Weise <u>zweidimensional projiziert</u>.

6. Statische und funktionale Sachlogik

In der vorgestellten Art der Darstellung von KM und KOL liegt der Schlüssel zur eindeutigen, kurzen und damit letztlich bequemen Notation sowohl für umfangreiche Rechenabläufe als auch für die

Tabellengestaltung (Reportgenerierung, relationale Datenbank). Hierbei stellen die KOL im Hinblick auf die mathematische Matrizenrechnung eine Erweiterung gegenüber der üblichen Indizierung dar. Vordergründig ist dies zunächst nur wenig tiefgreifend: Das Spezifizieren bedeutet lediglich eine doppelte (evtl. mehrfache) Indizierung. Die erste wirklich maßgebende Erweiterung liegt in der Belegung der Indizes, d.h. der KM, mit "Text"; hierdurch wird die "Brücke" geschlagen von der Formel zur Sache. Diese Objektbezogenheit eines jeden Index werde als statische Sachlogik bezeichnet, da hierbei durch die Sachlogik formalen Größen sachliche Begriffe zugeordnet werden. Mathematisch gesehen ist diese statische Sachlogik verzichtbar, wenn die Indizes konsequent fortlaufend durchgezählt (bzw. unterschiedlich benannt) werden: Komponenten KM als "ungeordnete Indexmenge", Komponentenfolgen (KOL) als "linear geordnete Teilmengen".

Jener statischen steht die funktionale Sachlogik gegenüber, womit die zweite, die wichtigste Erweiterung der gängigen Indizierung verbunden ist: Beim Bündeln und Aufgliedern der KM leistet - über die Eigenständigkeit der KM - abermals nur die Sachlogik die diesen formalen Vorgängen zugehörige Verifizierung; diese als funktional bezeichnete Sachlogik beschreibt also Beziehungen, die zwischen sachlichen Begriffen bestehen und die damit für die zugeordneten formalen Größen bindend sind. Mathematisch heißt dies: Zwischen Indizes existieren Beziehungen, die als "von außen" gegeben hinzunehmen sind (vgl. das oben hierzu bereits Gesagte); ihre Begründung liegt jenseits der Mathematik. Damit aber ist auch hier die Sachlogik von der Formalistik getrennt.

7. Addieren

Zwei Skalare sind nur unter nachstehenden drei Arten von Bedingungen addierbar:

1)	DVK/FA/Q3	Direktverkauf	Addition mit
	+ LZ/FA/Q3	Lagerzugang	Typänderung
	= PROD/FA/Q3	Produktion	GM, BM gleich
2)	PROD/FA/Q3	3. Quartal	Addition mit
	/+ PROD/FA/Q4	4. "	Bündeln der BM = IM
	= PROD/FA/H2	2. Halbjahr	TYP, GM gleich

```
3)      PROD/FA/H2      Fertigprod. A      Addition mit
   +/   PROD/FB/H2          "      B        Bündeln der GM = AM
   ---------------
    =   PROD/F1/H2      Prod.d.Gruppe 1    TYP, BM gleich
```

Eine zusätzliche Variante zur Art 3 sei hier übergangen; bei Spezifizierung der GM oder BM gelten die drei Arten ebenso; auf die Darstellung weiterer Details sei verzichtet.

Die Addition von Matrizen erfolgt analog auf drei Arten:

```
1. Vereinigen der GMKOL, Vereinigen der BMKOL; Notation: +
2.      "      "  GMKOL, Bündeln     "  BMKOL;     "    : /+, /++
3. Bündeln     "  GMKOL, Vereinigen  "  BMKOL;     "    : +/, ++/
```

Addition nach Art 1:

```
DVK/(A1)/(QH2)    + LZ/(AM)/(QH2)    = PROD/(A)/(QH2)
   mit (A1) *  (AM) =  (A)     bei (AM) = (FA,FC) masch.gefert.
      (QH2) * (QH2) = (QH2)                        Ausst.güter
   und Prüfung, daß DVK/(A)/(QH2) nicht existent bzw. konsistent,
                analog LZ/(A)/(QH2)
```

```
Komposition als Add. Art 1:                                Q3 : Q4
                                                       ....:.... ohne
PROD/(A)/Q3 +  PROD/(A)/Q4 = PROD/(A)/(QH2)  = FA : 3 : 2 : Typ-
   mit (A) * (A) = (A)                          FB :   : 6 :ände-
       Q3 * Q4   = (QH2)                        FC : 1 : 4 : rung
                                                   :...:...:
```

```
Addition nach Art 2:                                    H2
                                                      .....
PROD/(A)/Q3 /+ PROD/(A)/Q4 = PROD/(A)/H2     =    FA : 5 :
   mit (A) * (A) = (A)                             FB : 6 :
       Q3 + Q4   = H2                              FC : 5 :
                                                      :...:
```

Die (vorgeschalteten) KOL-Operationen und die Additionen werden "automatisch" auf Zulässigkeit geprüft. Dies aber heißt de facto:

Es erfolgt entweder

automatisches Generieren der Ergebnisnamen (Typänderung analog KM-Bündelung) über KM-Kladde und KOL-Fibel (analog KM-Kladde)

oder bei

Angabe der Ergebnisnamen automatisches Generieren der KOL-Operationen einschließlich neuer KOL und/oder KM.

In letzterem Falle werden also bei vorstehenden drei Beispielen als "echte" KOL-Operationen generiert:

```
     (A) := (A1) * (AM); PROD := DVK + LZ;
   (QH2) := Q3 * Q4    ;
      H2 := Q3 + Q4    ;
```

Das Notieren einer Addition als Matrizenoperation in der Form

```
   PROD/(A)/(QH2) := DVK/(A1)/(QH2) + LZ/(AM)/(QH2)  ;
   oder         X := DVK/(A1)/(QH2) + LZ/(AM)/(QH2)  ;
```

zieht also nach sich:

```
   PROD := DVK + LZ; (A) := (A1) * (AM); mit PROD, (A) als "neu"
   oder   Ersetzen von X durch PROD/(A)/(QH2), da bereits
          bekannt ist, daß DVK + LZ   als Ergebnis PROD liefert
                    und     (A1) * (AM) "       "     (A)     "
```

Zusätzlich zur Matrizenaddition werde vorgestellt die

interne Matrizenbündelung: Durch Zeilen- bzw. Spaltenaddition innerhalb einer Matrix lassen sich, sofern die entsprechenden Bündelungen definiert sind, andere Matrizen ableiten

Beispiel: Beim Notieren von PROD/(A)/H2 wird diese Matrix automatisch aus PROD/(A)/(QH2) abgeleitet wegen H2 = Q3 + Q4. Das Analoge gilt für PROD/(GA)/H2 wegen H2 = Q3 + Q4, F1 = FA + FB und FM = FA + FC, d.h. es entsteht (ohne irgendwelche "Befehle")

```
              H2
            ......
       F1 : 11 :  = PROD/(GA)/H2
       FM : 10 :
          :....:    mit (GA) = (F1,FM)  Ausstoßgütergruppen
```

Diese Matrizen werden also nicht "gespeichert" sondern ad hoc gebildet. Bei Dialogbetrieb wird ggf. darauf hingewiesen, daß keine "Muttermatrix" vorhanden ist. - Bei der Reportgenerierung bedeutet dies, daß (hinsichtlich Aggregationen) lediglich die gewünschte Matrix, d.h. Tabelle mit ihrer Bezeichnung notiert zu werden braucht; bei der Modellbildung (Gleichungssystem !) werden dagegen sogenannte Bündelungsmatrizen generiert:

```
                                                 FA FB FC
PROD/(GA)/(QH2) = IB * PROD/(A)/(QH2)           ..........
                                             F1 : 1  1    :
   mit der Bündelungsmatrix IB/(GA)/(A)  =   FM : 1     1 :
                                                :.........:
analog PROD/(GA)/H2 aus PROD/(GA)/(QH2)
```

8. Multiplikation

Die Multplikation setzt zwei Matrizen zueinander in Beziehung, für die gelten muß:

1) Die BMKOL der ersten Faktormatrix gleicht der GMKOL der zweiten: Multiplikations-KOL
2) Die BMKOL der ersten Faktormatrix muß mittels (MLKOL) spezifizierbar und die KM von (MLKOL) müssen zu +(MLKOL) bündelbar sein

Ablauf der Multiplikation:

3) Die Ergebnismatrix trägt die GMKOL der ersten Faktormatrix, spezifiziert mit +(MLKOL), und die BMKOL der zweiten Faktormatrix.
4) Die Elemente jeder Zeile der ersten Faktormatrix werden je mit denen jeder Spalte der zweiten paarweise multipliziert und aufaddiert; die Summe wird an den der jeweiligen Zeile der ersten und der jeweiligen Spalte der zweiten Faktormatrix entsprechenden Platz in der Ergebnismatrix gesetzt.

Ergebnistyp:

5) Der TYPR der Ergebnismatrix ist beliebig aber verbindlich bzgl. gleicher TYP1 und TYP2 anderer Faktormatrizen.

Diese Multiplikationsregel entspricht in Punkt 4 der üblichen Matrizenmultiplikationen. Die Punkte 1 bis 3 stellen eine sachlogisch begründetet Verschärfung dar; insbesondere Punkt 2 und 3 werden nachstehend erläutert.

Beispiel:	R/(E)/A1)	*	PROD/(A1)/H2	=	E/(E).F1/H2	++/
	R/(E)/FC	*	PROD/FC/H2	=	E/(E).FC/H2	++/
	R/(E)/(A)	*	PROD/(A)/H2	=	E/(E)/H2	=

mit E	Einsatz (TYP)	R/(E)/(A1),	R/(E)/FC	aus	R/(E)/(A)
	F1 = +(A1) vgl. o.	PROD/(A1)/H2,	PROD/FC/H2	"	PROD/(A)/H2

und (E).(A) als erschöpfende Spezifizierung, so daß die dritte Multiplikation (analog die Addition) entgliedernd verläuft; dahinterstehende Sachlogik: nur FA, FB, FC als Endprodukte

Hinsichtlich der Bezeichnungen der Matrizen, die an einer Multiplikation beteiligt sind, gilt somit letztlich das gleiche, wie bei der Addition bereits ausgeführt.

9. einige allgemeingültige Aspekte

Auf das Darstellen weiterer Matrizenoperationen (Diagonalisieren, Replizieren, Transponieren, Invertieren etc.) hinsichtlich deren Konsequenzen auf die Randbeschriftung, d.h. auf den sachlogischen Inhalt der Ergebnismatrix, sei hier verzichtet. Ebenso sei verzichtet auf die Darstellung des Aufbaues von Gleichungssystemen (LPs) mittels Bündelungsmatrizen (oben kurz eingeführt), replizierten Matrizen usw. Desgleichen seien nur kurz erwähnt: das Arbeiten mit 1) mehrfachen und hierarchischen Spezifizierungen und dabei einzuführenden Abkürzungen, 2) unterschiedlicher Spezifizierungstiefe, 3) konstruktiven Namen (Bündelungsgenerierung automatisch im Sinne von $A = \sum_i Ai$, i als Buchstabe oder Ziffer).

Ein weiterer nicht im Detail darstellbarere Komplex ist die eingangs genannte Problemformulierung mit Aufbau eines Programmes im Dialog sowie dessen eventueller späterer "nicht-interpretativer" Routineablauf ohne die mit den Matrizenoperationen verbundenen Generierungen von Matrixbezeichnungen, von KOL, von KM usw. Hier sei lediglich darauf hingewiesen: Das Verknüpfen von Tabellen und damit die fortlaufende Abwicklung eines Programmes kann - voll kontrolliert - geschehen nicht nur ohne die aktuellen Zahlenwerte (materielle Daten), sondern auch ohne Kenntnis der Randbeschriftungen, d.h. der KM in den KOL (strukturelle Daten), also allein mit den Matrixbezeichnungen (TYP-Name und KOL-Namen). Dies aber bedeutet: Ist die Problemformulierung fehlerfrei, also logisch in Ordnung und aufgestellt, ohne daß etwas "fehlt", läuft das Programm "formal" bis zum Ergebnis durch. Indem z.B. das Vereinigen zweier KOL oder das Addieren zweier Matrizen beim entsprechenden (Zwischen-)Ergebnis als noch auszuführende Operation "in petto" gehalten wird, bis sich diese (wiederum kontrolliert) ausführen läßt infolge Einbringen von Daten während oder nach dem Modellaufbau, wird das Programm ständig (unter Kontrolle) konkreter bzw. stückweise durchgeführt, bis es schließlich gänzlich bis zum konkreten Ergebnis durchgestoßen ist.

Letztlich sei auf die Integrität der Daten, d.h. auf die Konsistenz der (bisher nur betrachteten numerischen) Matrizen hingewiesen. Sind bei einer Matrix die KM ihrer Rand-KOL nicht inhaltsfremd - z.B. FM und F1, Q3 und H2 etc. -, so bedeutet dies, daß die Matrixelemente nicht voneinander unabhängig sind. Das aber heißt: Beim Auftreten derartiger Matrizen müssen deren Elemente Konsistenz zeigen, d.h. zueinander "passen". Dies ist gegeben, wenn Elemente mit gebündelten KM aus den entsprechenden mit ungebündelten durch Addition gemäß Art zwei oder drei hervorgehen bzw. hervorgegangen sind, nicht aber, wenn sie "von außen" autonom eingegeben wurden - dann muß (und kann) die Konsistenz dieser originären Information überprüft werden. Falls mangelnde Inhaltsfremdheit jedoch sich überschneidende KM betrifft (etwa F1 und FM), ohne daß die ungebündelten KM in der fraglichen KOL auch enthalten sind, kann aus der vorliegenden Matrix heraus keine Aussage hinsichtlich Konsistenz getroffen werden. Das Gleiche gilt, falls zwischen Matrixelementen andere als additive (und mittels Bündelung generell bekannte) Beziehungen herrschen: Allein durch Betrachten der Matrix, ihrer KM und deren Bündelungen ist Konsistenz hier nicht zu erweisen.

Das Problem der Konsistenz besteht aber nicht nur innerhalb einer Matrix, sondern auch zwischen zwei oder mehr Matrizen, wenn diese entweder gleiche Elemente zeigen (sollen) oder solche sind, bei denen die Elemente der einen Matrix zu denen der anderen in einer bestimmten Beziehung stehen (sollen). Die Konsistenz ist überprüfbar, sofern es sich bei diesen Matrizen - als originäre Information autonom auftretend, d.h. den Inhalt einer "von außen her" unterhaltenen Datenbank darstellend -, um Bündelungen handelt. Daß die prüfbedürftige originäre Information dabei keineswegs stets voll redundant ist, wurde vorstehend (hinsichtlich FM und F1) bereits angedeutet.

Somit hat sich hinsichtlich Konsistenz zusammenfassend gezeigt: Stehen in einer oder mehreren Originalmatrizen gleich benannte oder über Bündelungen (gemäß KM-Kladde) verknüpfte Elemente bzw. treten zu vorliegenden Originärmatrizen weitere mit derartigen Elementen hinzu, so kann - allein aus der Datenbank heraus - bei voller Redundanz Konsistenz gesichert, bei Teilredundanz (Überschneidung) zumindest krasse Inkonsistenz aufgedeckt werden. Da die Originärmatrizen, abgesehen von ihrer Bezeichnung und den Bündelungen, jedoch formal beziehungslos in der Datenbank stehen, können demgemäß der Datenbank, d.h. den Originärmatrizen, weitere Beziehungen allgemeingültiger Art nicht abgewonnen werden: alles über Bezeichnung und Bündelung Hinausgehende ist von spezieller Natur.

10. Speicherung von Matrizen

Aus dem bislang Ausgeführten geht hervor, daß der "Metasprache" eine Programmorganisation (z.T. einem Compiler ähnlich) und eine Datenverwaltung zugrunde liegen. Hinsichtlich letzterer wurden KM-Kladde und KOL-Fibel genannt, wobei die KM-Kladde insbesondere die statische und funktionale Sachlogik enthält bzw. letztere mittels aus ihr abzuleitender Listen transparent macht. Hierbei sind KM-Kladde und KOL-Fibel in Pointertechnik aufgebaut, so daß intern statt mit KM- und KOL-Namen mit Pointern (Adressen) gearbeitet wird. Somit zeigt die explizite Darstellung einer KOL intern nur eine Folge von Adressen (Pointern): Adressen-KOL.

Neben der ordnenden Verwaltung von KM und KOL ist auch die der Matrizen erforderlich, und zwar in einem

Matrizenbuch: Zusammenstellung der auftretenden "Muttermatrizen". Diese sind geordnet vermerkt mit ihrer standardisierten Bezeichnung, also (mittels dreier Pointer) in der Form TYP/(GMKOL)/(BMKOL), woran sich die Zahlentabelle geeignet anschließt.

Die Auflistung der Bezeichnungen der Matrizen ist getrennt von ihren Zahlentabellen. Erstere bilden das "eigentliche" Matrizenbuch, während man letztere in einen Matrizenkeller auslagert und den Beginn der jeweiligen Zahlentabelle in Form zweier Adressen für Zeilen- bzw. Spaltendurchlauf bei der Matrixbezeichnung vermerkt (nebst sonstigen Angaben). - Die in der späteren Anwendung auftretenden Matrizen sind im allgemeinen "dünn besetzt". Daher lohnt es sich, im Matrizenkeller nur die Nicht-Nullelemente festzuhalten und dafür - als zusätzlichen Aufwand - deren GM und BM (als Pointer) anzugeben. Für das spätere "Arbeiten" mit den Matrizen werden weiter bei jedem Element die Kelleradresse des zeilen- und spaltenmäßigen Nachfolgers vermerkt. Denn die solcherart vierfach gepointerten Elemente bieten, z.B. bei der Addition und Multiplikation zweier Matrizen, die Möglichkeit, im ständigen Vergleich mit den sukzessive abgefragten Adressen-KOL dieser Matrizen in jeder von ihnen schrittweies vorzugehen und so deren Elemente abzuarbeiten. Darüber hinaus erschließt sich auf diese Weise eine elegante Anwendung der oben skizzierten "Technik der Muttermatrizen". Desgleich sei erwähnt, daß das Ändern von

KOL die relevanten Matrizen unbeeinflußt läßt: Beim Streichen einer KM wird per Adressen-KOL ein mit dieser KM behaftetes Element der Matrix ignoriert, das Hinzufügen liefert eine Nullzeile oder -spalte; im übrigen wird der Änderungsdienst per Addition erledigt (ohne weitere Details hier auszuführen).

Abschließend zu diesem Punkt sei noch auf folgendes hingewiesen.

1. Eine durch KOL spezifizierte Matrix, z.B. PROD/(A).(QH2)/(AT), braucht nicht als Ganze mit Mehrfach-Pointern für die Zeilen bzw. Spalten im Matrizenkeller eingetragen zu sein; man kann kürzer arbeiten, da die fragliche Matrix aus der Komposition von (separat zu speichernden) Teilmatrizen hervorgeht, deren Bezeichnungen konstruktiv zu nutzen sind: Wird besagte Matrix mit ihren Elementen z.B. zeilenweise benötigt, so wird sie ad hoc "zusammengestellt": Ist der Zeilendurchlauf der ersten Zeile der ersten Teilmatrix am Zeilenende angelangt, so erfolgt statt Zeilenwechsel Übergang zur folgenden Teilmatrix, und die verlassene Teilmatrix erhält im Matrizenkeller die derzeit nicht angesprungene Elementadresse als neue Anfangsadresse; derart werden sämtliche Teilmatrizen durchlaufen. (Weitere Details zu diesem Vorgang führten auch hier zu weit; das Grundsätzliche ist gesagt.)

2. Die Speicherung eines Elementes mit den vier Pointern "Zeilenname, Spaltenname, Zeilennachfolger, Spaltennachfolger" ist mit einiger Organisation - natürlich nicht ganz ohne Aufwand - bei gleicher Wirkung auf nur die zwei Nachfolger-Pointer reduzierbar: Die Namen (Pointer) der besetzten Zeilen und Spalten werden im Matrizenkeller vorab vor den Elementen der Matrix ausgewiesen, und zwar jeweils zusammen mit der Kelleradresse des ersten Elementes der betreffenden Zeile bzw. Spalte. (Abermals müssen vorstehende kurze Andeutungen genügen.)

11. einfach Relationsmatrizen

Sind die KM einer KOL sich ausschließend, so können sie als Attribute AB gelten im Sinne der bei relationalen Datenbanken definierten ersten Normalform (jedes Mitglied eines primary key kann zu nur einer KM der KOL in Relation stehen); sind die KM einer KOL jedoch nur inhaltsfremd, kann ein "AB-Träger" mehrere

AB des gleichen "Spektrums" aufweisen. Bedient man sich hierbei der vorstehend entwickelten Matrizen, so ergibt sich beispielsweise als Darstellung

```
    HINZ KUNZ LANG            HINZ KUNZ LANG
   ...............           ................
M : 1          1 :     ENG : 1              :
W :       1      :     FRZ : 1     1.     1 :
  :..............:     SPA : 1            1 :
   PD!/(G)/(AG)        RUS :                :
                           :................:
bezüglich ! s.u.            PD!/(FSP/(AG)
```

mit (G) = (M,W) Geschlecht (ausschließlich)

(FSP) = (ENG,FRZ,SPA,RUS) Fremdsprachen (inhaltsfremd)

und z.B. der Interpretation:

```
     Personaldatei, und zwar Fremdspr. bezüglich Angestellte
bzw.       "      ,  "    "  Englisch     "      HINZ        = 1
           "      ,  "    "  Spanisch     "      KUNZ        = 0
```

Hinsichtlich dieser mit ! gekennzeichneten <u>Relationsmatrizen</u> RM gelte der Inhaltskontrolle per "Inspektion" wegen, daß originäre RM, also "von außen" eingegebene, nur KOL mit inhaltsfremden KM aufweisen dürfen, die zudem noch erschöpfend bündelbar sein müssen (d.h. sie decken das gesamte "Spektrum" der relevanten AB bzw. AB-Träger ab). Für abgeleitete RM gelten diese beiden Einschränkungen jedoch nicht. So folgt etwa mit den Bündelungen

```
     WSP = ENG + SPA   Weltsprache          (SPG) Sprachgruppen
     RSP = FRZ + SPA   romanische Spr.          = (WSP,RSP)
```

per (Boolsche) Multiplikation:

PD!/(SPG)/(AG) = IB * PD!/(FSP)/(AG)

mit

```
        HINZ KUNZ LANG          ENG FRZ SPA RUS     Anmerkung:
       ................        .................    Spräche LANG
  WSP : 1           1 :   und  : 1       1     :    nur SPA, so
  RSP : 1     1     1 :        :     1   1     :    würde sich
      :...............:        :...............:    PD!/(SPG)/(AG)
       PD!/(SPG)/(AG)          IB/(SPG)/(FSP)       nicht ändern.
```

Relationsmatrizen sind stets transponierbar (bei numerischen Matrizen ist dies nur in Ausnahmefällen möglich). Darin kommt zum Ausdruck, daß eine Unterscheidung zwischen AB und AB-Trägern irrelevant ist: Statt der aus PD!/(FSP)/(AG) abzulesenden Interpretation "Lang spricht Französisch und Spanisch" kann ebensogut gefolgert werden "Spanisch wird von Hinz und Lang gesprochen"; analog kann statt "Hinz ist männlich" auch "männlich sind Hinz und Lang" aus PD!/(G)/(AG) abgelesen werden. Man kann also gleichermaßen PD!/(AG)/(FSP) und PD!/(AG)/(G) schreiben bzw. definieren. Damit aber ist eine große Freizügigkeit hinsichtlich des Verknüpfens von Relationsmatrizen gegeben.

Auf Relationsmatrizen lassen sich die üblichen Matrizenoperationen anwenden. Beispiel: 1) Für das Bündeln (Aggregieren) wurde dies vorstehend angedeutet: PD!/(FSP)/(AG) ist Muttermatrix zu PD!/(SPG)/(AG), d.h. das Notieren der Multiplikation erübrigt sich. 2) Das Addieren bzw. Subtrahieren zweier RM unterschiedlichen Typs, z.B. zweier an unterschiedlichen Stellen geführter Personaldateien, liefert eine neue, hinsichtlich der Information "gepoolte" Datei bzw. das Aufdecken von Diskrepanzen. 3) Durch Multiplizieren erlangt man aus originären Relationen abgeleitete; so folgen etwa aus

PD!/(FSP)/(AG) * PD!/(AG)/(G) = PD!/(FSP)/(G) =

	M	W
ENG	1	
FRZ	1	1
SPA	1	
RUS		

die Aussagen: Es gibt männliche Angstellte die Englisch, solche die Französisch und solche die Spanisch sprechen; Spanisch wird nur von männlichen Angestellten gesprochen usw. Analog folgt aus

LSP!/(FSP)/(LAND) =

	US	GB	F	E	SU	MEX
ENG	1	1				
FRZ			1			
SPA				1		1
RUS					1	

mit LSP Landessprache (als TYP)

über die Multiplikation

EXP!/(LAND)/(AG)

= LSP!/(LAND)/(FSP) * PD!/(FSP)/(AG) =

	HINZ	KUNZ	LANG
US	1		
GB	1		
F	1	1	1
E	1		1
SU			
MEX	1		1

die Aussage: Wer kommt als EXPortkaufmann wo in Betracht.

Auf das Vorführen weiterer Beispiele muß verzichtet werden. Desgleichen können auch nicht das Design der Abfragen und die damit verbundene Dialoggestaltung dargestellt werden, wie diese sich dem Benutzer bieten (beispielsweise erübrigt sich vorstehend bei PD!/(FSP)/(G) das Notieren der Multiplikation, ähnlich auch bei

EXP!/(LAND)/(AG) usw.). Jedoch sei im Vergleich zu den (üblichen) relationalen Datenbanken darauf hingewiesen: Das Konzept der "einfachen" Mutter-RM als die flachestmögliche Struktur mit dem Verzicht auf die Unterscheidung zwischen AB und AB-Trägern bietet nicht nur die flexibelste Auswertung, sondern - nahtlos von den originären Mutter-RM bis zu den evtl. mehrfach abgeleiteten RM - die Möglichkeit, daß AB (bzw. AB-Träger) des gleichen Spektrums mehrfach oder auch gar nicht auftreten. Als Aufwand bedeutet dies (vgl. o. bei 10. Speicherung von Matrizen): Im "Matrizenkeller" werden je Relation, d.h. je in einer RM auftretenden "1", zwei Pointer benötigt und dazu je RM die Angabe der (besetzten) Zeilen und Spalten.

12. simultane, partielle Relationsmatrizen

Im allgemeinen zeigt ein AB-Träger nicht nur ein oder mehrere AB aus nur <u>einem</u> Spektrum, z.B. aus (FSP), sondern AB aus mehreren Spektren (nur der Anschaulichkeit wegen wird hier wieder von AB und AB-Trägern gesprochen): Neben PD!/(FSP)/(AG) existiere auch

PD!/(BRF)/(AG) =	HINZ	KUNZ	LANG	(BRF) Berufe
ING	1			Ingenieur
BTW	1		1	Betriebswert
PHY		1		Physiker

Damit aber gilt zugleich die <u>Simultanisierung</u> (transponiert notiert, ohne unbesetzte Spalten):

	ING.ENG	ING.FRZ	ING.SPA	BTW.ENG.	BTW.FRZ.	BTW.SPA	PHY.FRZ
HINZ	1	1	1	1	1	1	
KUNZ							1
LANG					1	1	

PD!/(AG)/(BRF).(FSP)

mit PD!/(AG)/(BRF).(FSP) = PD!/(AG)/(BRF) ** PD!/(AG)/(FSP)

und der Interpretation: HINZ ist ENG sprechender ING
zugleich FRZ " ING
zugleich SPA " ING
zugleich ENG " BTW usw.
bis zu LANG ist FRZ " BTW
zugleich SPA " BTW

Simultanisieren heißt also: Aus zwei einfachen RM wird eine zweifache RM durch Kombination gebildet; hierbei läßt sich der Vorgang des Simultanisierens, ausgedrückt durch ** als Operationssymbol, auf Matrizenmultiplikation zurückführen (oder sogleich intern direkt programmieren). Extern, d.h. für den Benutzer, ist es im Prinzip wiederum ausreichend, die gewünschte Ergebnismatrix zu notieren - oder die gewünschten Teile aus ihr, beispielsweise PD!/(AG)/BTW.SPA o.ä.

Neben diesen hier nur fragmentarisch dargestellten <u>simultanen</u> RM, abgeleitet als RM mit Mehrfachspektrum aus (einfachen) Originär-RM, stehen die <u>partiellen</u> RM. Bei diesen handelt es sich um originäre RM mit Mehrfachspektren, bei den aus der Gültigkeit eines AB des einen Spektrums und eines AB des anderen <u>nicht</u> auf die simultane Gültigkeit der Kombination geschlossen werden kann (weshalb eine solche partielle RM originär, d.h. "von außen" vorgegeben werden muß und die zugehörigen RM mit einfachen Spektren die abgeleiteten sind). Beispiel, auch in beliebig anderer Anordnung:

	S1.ENG	S1.FRZ	S2.ENG	S2.FRZ	S2.SPA	S3.FRZ
HINZ	1		1		1	
KUNZ		1				1
LANG				1	1	1

ohne unbesetzte Spalten

PD!/(AG)/(S).(USP)

mit (S) = (S1,S2,S3) Schulen S1,S2,S3 Schule 1,2,3
(USP) = (FSP) Unterrichtssprachen

und den aus dieser originären partiellen RM (durch entgliedernde Bündelung) abgeleiteten RM:

	HINZ	KUNZ	LANG
ENG	1		
FRZ		1	1
SPA	1		1
RUS			

PD!/(USP)/(AG)

	S1	S2	S3
ENG	1	1	
FRZ	1	1	1
SPA		1	
RUS			

PD!/(USP)(S)

wobei
PD!/(USP)/(AG)
≤ PD!/(FSP)/(AG)

	HINZ	KUNZ	LANG
S1	1	1	
S2	1		1
S3		1	1

PD!/(S)/(AG)

Aus der Tatsache, daß HINZ sowohl ENG als auch SPA unterrichtet und daß er in S1 und S2 unterichtet, folgt nicht, daß er in beiden Schulen beide Sprachen unterrichtet; etc.

<u>Anmerkung:</u> Analog könnte stehen

statt (AG)	auch	(A) =	(FA,FB,FC)	also AM
" (S)	"	(ORT) =	(DO,S,M)	als Lieferstädte
" (USP)	"	(TA) =	(LKW,BB,BS,LF)	als Transportart

mit LKW Lastkraftw. BS Binnenschiff
BB Bundesbahn LF Luftfracht

Simultanisieren der vorstehenden aus PD!/(AG)/(S).(USP) abgeleiteten RM untereinander ist nicht zulässig, da es statt des Simultanisierungsergebnisses die vorgenannte Originärmatrix gibt. Dies aber heißt verallgemeinert, daß im Matrizenbuch zwischen originären und abgeleiteten RM zu unterscheiden ist und daß vor dem Simultanisieren geprüft werden muß, ob die Ergebnismatrix oder eine ihr zugehörige Mutter-RM etwa originär existiert. Bei mehrfachen Verflechtungen, Bündelungen (Aggregationen) usw. ist dies vom Benutzer kaum zu überschauen; aber gerade hier gilt wie schon mehrfach angedeutet: Der Benutzer notiert das gewünschte Ergebnis, die Analyse der Datenbasis und die Formulierung der Rechenschritte leistet weitestgehend das System.

Bezüglich vorstehender Aussage tiefer zu loten, würde den Umfang des hier Darzulegenden sprengen. Hingewiesen sei jedoch auf dieses: 1) Von außen als Originärinformation kommen grundsätzlich die partiellen RM, welche zweidimensional, z.B. PD!/(FSP)/(AG), oder mehrdimensional sind, z.B. PD!/(AG)/(S).(USP); sämtliche abgeleiteten RM sind auf diese originären zurückzuführen. 2) Das Konzept der RM, gepaart mit dem der originären partiellen RM, welche letzteren unmittelbar der Anschauung (den zugrunde liegenden Gegebenheiten) entspringen, überwindet sowohl die Schwierigkeiten bei gleichzeitigem Zutreffen von AB desselben Spektrums als auch jene, die sich bei den relationalen Datenbanken im Einführen der höheren Normalformen widerspiegeln (und die mit der vierten keineswegs ihr Bewenden haben). Eine Diskussion der diesbezüglichen Entsprechungen ist hier nicht möglich.

<u>Zusammenfassung</u>

Die Erweiterung der (mathematischen) Matrizenrechnung dahin, daß die Indizes objektbezogen sind und daß zwischen diesen Objekten Beziehungen zugelassen werden, nähert die Matrizenrechnung den Datenbanken an. Die Erweiterung der Datenbanken dahin, daß ihre

Objekte nicht nur individuell sondern auch als Gattungsbegriffe gesehen werden und daß die flachestmögliche Tabellendarstellung verwendet wird, nähert die Datenbanken der Matrizenrechnung an. Damit aber lassen sich beide vereinigen. Die (algorithmische) Betrachtung der Aggregationen letztendlich schließt an beide die Reportgenerierung an.

Das "Rechnen mit Namen" ermöglicht weitestgehend automatische Benennung der Ergebnisse; umgekehrt folgt aus der Vorab-Benennung der Ergebnisse der Weg ihrer Entstehung, womit aus sachlogischen Formulierungen Programme konstruierbar sind.

Unterstützung der Kostenplanung durch Einsatz von Personal Computern

Dipl.-Kfm. Ing. *K. Vikas*, Unternehmensberatung Plaut AG, Figino/Lugano

1. "Analytische Kostenplanung" als Grundlage des betriebswirtschaftlichen Planungs- und Steuerungssystem

Die Entwicklung des betrieblichen Rechnungswesens hat von der reinen Istkostenrechnung zu Planungs- und Steuerungssystemen in Form der Grenzplankostenrechnung oder flexibler Plankostenrechnung geführt.

Wenn sich auch heute kein ernstzunehmender Betriebswirt dieser Entwicklung entgegenstellt, so kann die Methode der "analytischen Kostenplanung" durchaus zu kontroversen Diskussionen führen.

Ein dabei häufig gebrauchtes Argument gegen dieses Verfahren zur Planung der Gemeinkosten ist der zweifellos damit verbundene Aufwand.

Als vehemente Vertreter der analytischen Kostenplanung hat sich die PLAUT-Gruppe mit diesem Argument seit Jahren beschäftigt und die Planungsmethoden rationalisiert. Ein wesentlicher Fortschritt wird dabei durch den Einsatz von Personal-Computern möglich.

Über die Ergebnisse dieser Entwicklung soll der folgende Beitrag berichten:

1.1 Aufgaben der analytischen Kostenplanung

Zu den wesentlichen Aufgaben der analytischen Kostenplanung zählen:

- die Ermittlung verläßlicher Basiswerte für die laufende Kontrolle der Gemeinkosten

- die Ermittlung verläßlicher Basiswerte für die laufende Kontrolle der Produkt- oder Auftragskosten
- die Bereitstellung von Basisdaten für die Ermittlung der Grenzkosten und damit
- die Grundlage für die Planung und Steuerung des Artikel- des Artikelerfolges und damit des Unternehmenserfolges

Die Ergebnisse aller betriebswirtschaftlicher Systeme, nämlich

- des Kostenstellen-Soll-Istkosten-Vergleichs (Gemeinkosten-Controlling)
- der Plan- und Nachkalkulation sowie des Herstellkosten-Soll-Istvergleichs (Produktkosten-Controlling)
- der Ergebnisrechnung in Form der Deckungsbeitragsrechnung sowie
- der Verkaufs-Plan-Ist-Vergleiche (Vertriebs-Controlling)

werden daher von der Qualität der analytischen Kostenplanung stark beeinflußt.

Fehler oder Kompromisse, die hier toleriert werden, schlagen voll bis in die Ergebnisrechnung durch.

Daneben ist die analytische Kostenplanung ein wichtiges Instrument zur Bildung und Förderung des Kostenbewußtseins "vor Ort", also dort, wo der Kostenstellen-Verantwortliche die Höhe der Kosten tatsächlich beeinflussen kann.

Nur durch das analytische Verfahren, bei dem die Frage

- wie hoch ist der betriebsnotwendige Verbrauch bei einer bestimmten Leistung, anstelle der Frage

- wie hoch waren die bisherigen Istkosten

gestellt wird, lassen sich Unwirtschaftlichkeiten erkennen, die den Aufwand der Kostenplanung in der Regel weit überschreiten <u>(Anlage 1 'Einsparungsübersicht')</u>.

1.2 Verfahren der analytischen Kostenplanung

Das gesamte Gemeinkostenvolumen eines Unternehmens wird in Form einer Matrix strukturiert, deren Gliederungskriterien

- der Kostenartenplan und
- der Kostenstellenplan

darstellen.

Die Festlegung geeigneter Bezugsgrößenarten für die einzelnen Kostenstellen und die Ableitung der Plan-Bezugsgrößenmengen auf Grund der geplanten Beschäftigung sowie die Festlegung der Bewertungsbasis für die Planperiode schließen die Vorbereitungsarbeiten ab.

Nun werden durch den Kostenplaner und den Kostenverantwortlichen gemeinsam die erforderlichen Einsatzmengen (Personal-Stunden oder Anzahl, Materialmengen, Energiemengen) analytisch geplant.

Neben der Findung der betriebsnotwendigen Einsatzmenge ist deren Aufteilung nach beschäftigungsabhängigen und zeitabhängigen Komponenten von größter Bedeutung für die Aussagekraft des Gesamtsystems.

Dieser "kreativen Phase" folgt die meist zeitaufwendige Bewertung der Einsatzmengen, der Abstimmung des innerbetrieblichen Leistungsaustausches und die Errechnung der Plankostensätze.

Die Übernahme des Zahlenwerkes in ein DV-gestütztes Planungs und Abrechnungssystem bildet den Abschluß des Projektes der "Erstplanung" (Anlage 2 'Muster einer Kostenplanung').

Diese "Erstplanung" ist jährlich durch sogenannte "Planungsüberholungen" an die strukturellen Veränderungen, die neuen Bewertungsansätze und an die neuen Planbeschäftigungen anzupassen.

2. Gründe für die Zurückhaltung gegenüber dem Verfahren der "analytischen Kostenplanung"

Als wesentliches Argument gegen das Verfahren der analytischen Kostenplanung wird häufig der damit verbundene Zeitaufwand genannt. Die Werte schwanken in Literatur und Praxis zwischen 0,8 und 2,5 Planer-Tagen je Kostenstelle. Ein großer Anteil - nach unseren Erfahrungen zwischen 30 bis 50 % - entfällt dabei allerdings nicht auf die "kreativen" Arbeiten, sondern auf den Schreib- und Rechenaufwand sowie die Berücksichtigung von Folgeänderungen.

Auch die laufende Betreuung der Kostenpläne, die Anpassung an strukturelle Änderungen und an geänderte Wert- und Leistungsparameter erweist sich in der Praxis oft als schwerfällig. Ein Controller, der voll mit der Systempflege beschäftigt ist, bringt dem Unternehmen keinen Nutzen.

Die Anforderungen an die Qualifikation von Kostenplanern sind hoch. Besonders im Fertigungsbereich wird neben den betriebswirtschaftlichen Kenntnissen nicht zu unterschätzendes technisches Wissen gebraucht, umso schmerzlicher ist es, wenn diese Fachleute einen guten Teil ihrer Zeit für triviale Rechenarbeiten aufwenden müssen.

Das analytische Verfahren verleitet zu einer übertriebenen Akribie beim Aufbau der Planwerte. Meistens decken einige wenige Kostenarten bereits 70 % des Gesamtkostenvolumens einer Kostenstelle. Die restlichen 30 % verursachen durch übertriebenen Planungsaufwand - Putzlappen, Toilettenpapier, Beleuchtungsstrom - den größten Anteil der Projektkosten.

Während dem letzten Argument nur durch gezielte Schulung und Steuerung durch die Projektleitung - systematische ABC-Analyse der Kostenarten, analytische Ermittlungen nur bei A-Kostenarten - begegnet werden kann, sind die vorgenannten Argumente in den letzten Jahren durch die Entwicklung geeigneter DV-Systeme ganz erheblich entkräftet worden.

3. Unterstützung der "Erstplanung" durch den Einsatz von Personal-Computern

Die rasante Entwicklung der Leistungsfähigkeit von Personal-Computern ermöglicht einerseits eine weitgehende Übernahme von reiner Schreib- und Rechenarbeit, die beim Aufbau einer analytischen Kostenplanung nicht unerheblich ist, andererseits in noch nicht absehbarem Umfang auch eine qualifizierte Unterstützung bei den "kreativen Arbeiten" des Kostenplaners.

Das System der Kostenplanung auf PC, wie es im folgenden vorgestellt wird, wurde bewußt als stand-alone-Lösung für den Personalcomputer XT von IBM entwickelt. Über Schnittstellen (siehe Punkt 4) ist die Übernahme der Daten in beliebige Anwendungs-Softwarepakete auf der Groß-DV zu ermöglichen. Für die Plaut-Software M10 (RPG) und M11 (Cobol) sowie für die SAP-Software RK sind diese Schnittstellen bereits konzipiert. Die Ergänzung der programmspezifischen Parameterdaten erfolgt über die Dialog-Eingabe der Groß-Systeme, so daß im PC nur die für die eigentliche Kostenplanung relevanten Daten verwaltet werden.

3.1 Vorbereitungsarbeiten:

Die Unterstützung durch den PC ist den einzelnen Phasen der Kostenplanung angepaßt. Als Voraussetzung für eine wirksame Unterstützung müssen zuerst Schlüsselsysteme eröffnet und verwaltet werden.

Diese bestehen aus dem
- Kostenstellenplan
- Kostenartenplan
- Bezugsgrößenplan
- Herkunftsverzeichnis

(Anlage 3 'Auswahl-Menue')

Der Kostenstellenplan enthält das Verzeichnis aller Kostenstellen nach dem üblichen Ordnungsbegriff "Unternehmen, Werk, Kostenstelle" (Anlage 4 'Kostenstellen).

Der Kostenartenplan enthält das Verzeichnis aller Kostenarten, wobei zur transparenten Anzeige der Kostenplanung eine Parallel-Verschlüsselung in Form der Planzeile (PLZL), sowie zur Verbindung mit einer eventuell veränderten Kostenarten-Nummern auch diese (KOARTALT) mit angeführt wird (Anlage 5 'Kostenarten').

Die folgenden Kennzeichen steuern verschiedene Funktionen der anschließenden Planungshilfe, so gibt die Kostenarten-Kennziffer (KZKOA) an, ob es sich um eine primäre oder sekundäre Kostenart handelt, während die folgenden Spalten PLAN-AUFW und KOARTSEK eine prozentuelle Planung auf Basis bereits bestehender Planwerte bestimmter Kostenarten erlauben (Beispiel: Kalkulatorischer Sozialzuschlag auf Basis der Anwesenheitslöhne).

Die Kennzeichnung der Eingabeform (E) definiert ganz bestimmte, mit der Kostenart verknüpfte Funktionen, auf die im Punkt 3.2 - Aufbau der Kostenplanung am PC - noch eingegangen wird.

Der Bezugsgrößenplan (Anlage 6 'Bezugsgrößen') enthält das Verzeichnis aller Bezugsgrößen. Daneben zeigt der Bezugsgrößenbereich (BZ BER) an, wie die Weiterverrechnung (z.B. ob als Haupt- oder Hilfskostenstelle) zu erfolgen hat. Die Planbezugsgrößenmengen und deren Mengeneinheit (ME) werden ebenfalls hier verwaltet und stellen für die künftigen Planungsarbeiten ein wichtiges Ausgangsdatum dar.

Das Herkunftsverzeichnis (Anlage 7 'Herkünfte') enthält sämtliche Herkünfte, das sind alle Schlüssel, die mit einem konstanten Preis je Mengeneinheit verbunden sind, und in der Kostenplanung verwendet werden sollen. Beispiele dafür sind Lohngruppen, wichtige Material-Nummern aber auch die Ordnungsbegriffe aller sekundären Kostenstellen, die im Rahmen der innerbetrieblichen Leistungsverrechnung geplant werden.

3.2 Aufbau der Kostenplanung am PC

Nach Abschluß dieser Vorbereitungsarbeiten, deren Ergebnisse natürlich auch weiterhin verwaltet, geändert und ergänzt werden können, kann nun der Aufbau der Kostenplanung am PC beginnen. Dabei kann, entsprechend der bisherigen Praxis, sowohl kostenstellenweise als auch kostenartenweise vorgegangen werden (Anlage 8 'Kostenplanung nach KSt' - Anlage 9 'Kostenplanung nach KoA').

Bei Auswahl einer Kostenstelle/Bezugsgröße wird der Kostenplan der betreffenden Kostenstelle mit allen bereits geplanten Kostenarten - sortiert nach Planungszeilen - gezeigt. Die Spaltengliederung entspricht dem klassischen Aufbau eines Planungsformulars der analytischen Kostenplanung, wobei auch die jeweilige Relativzahl (REL.ZAHL) entsprechend dem Divisionsergebnis Planbetrag proportional: Planbezugsgrößenmenge, angegeben wird (Anlage 10 'Kostenplanung/KSt 263).

Bei Anwahl einer Kostenart werden alle bereits geplanten Kostenstellen gezeigt. Die Spaltengliederung entspricht ab dem Ordnungsbegriff jener der Kostenplanung nach Kostenstellen Anlage 11 'Kostenplanung/KoA 993).

Die Aufgabe von neuen Planpositionen ist bei beiden Einstiegsmöglichkeiten (nach Kostenstellen oder Kostenarten) gleich, und wird vom PC in Abhängigkeit von der Eingabeform (E), die jeder Kostenart zugeteilt wurde, wie folgt unterstützt (Anlage 12 'Kostenplan nach Kostenstellen' - Anlage 13 'Kostenplan nach Kostenarten').

Eingabeform 1:	Anwahl Kostenart (bzw. Kostenstelle/BzGr) Text wird eingeblendet Planbetrag-Gesamt wird eingegeben Planbetrag-Fix oder %-Satz-Fix wird eingegeben Planbetrag-prop. und fix wird errechnet Relativzahl wird errechnet Beispiel: Gehälter

Eingabeform 2:	Anwahl Kostenart Text wird eingeblendet Herkunftsfeld wird eingegeben Planmenge wird eingegeben Fix-%-Satz wird eingegeben Planbeträge gesamt, prop., fix werden errechnet Relativzahl wird errechnet Beispiel: Löhne
Eingabeform 3:	Anwahl Kostenart Text wird eingeblendet Herkunftsfeld wird eingegeben, mit Basis-Kostenart und %-Satz Planbeträge gesamt, prop., fix werden aus der Basis-Kostenart errechnet Relativzahl wird errechnet Beispiel: Zusatzlohn, Zulagen
Eingabeform 4:	Anwahl Kostenart Text wird eingeblendet Relativzahl wird eingegeben eventueller Planbetrag fix wird eingegeben Planbeträge prop. und gesamt werden gerechnet Beispiel: Betriebsmittel, Instandhaltungen
Eingabeform 5:	Anwahl Kostenart und Herkunft Text und Herkunft (sekundäre Kostenstelle/ BzGr) wird eingeblendet Relativzahl wird eingegeben eventueller Planbetrag fix wird eingegeben Planbeträge prop. und gesamt werden gerechnet und der Verteiler der sekundären Kostenstelle/BzGr ergänzt

Darüber hinaus rechnet der PC laufend die festgelegten Zuschlagssätze für lohn- und gehaltsabhängige Nebenkosten, bildet stets die aktuellen Plankostensummen je Kostenstelle, BzGr und Kostenart und rechnet die Plankostensätze.

Ähnliche Kostenstellen können kopiert und anschließend angepaßt werden.

3.3 Verteilung und Abstimmung am PC

In dieser Phase der Kostenplanung überwiegen schematische Rechenarbeiten. Daher kann der PC hier besonders wirksam unterstützen.

Unter Verwendung von Software für Tabellenkalkulationen werden die relevanten Planungsdaten aus dem Datenbanksystem dorthin übertragen, und die Verteilung überprüft, korrigiert und abgestimmt.

In dieser großen Tabelle (Anlage 14 'Verteilertabelle') enthalten alle sekundären Kostenstellen 2 Spalten zugeteilt und zwar für die zu verteilenden Planbeträge prop. und fix.

Die Zeilengliederung entspricht dem Bezugsgrößenplan.

Im ersten Schritt wird überprüft, wieweit die bereits verteilten Mengen mit den geplanten Abgabemengen übereinstimmen. Kleinere Differenzen werden durch Glättungsfaktoren vom System bereinigt, größere Differenzen gezielt behoben Anlage 15 'Ausschnitt Verteiler').

Verteilungen von Kosten nach bestimmten Schlüsseln können durch Aufbau dieser Schlüssel in den Betragsspalten vorbereitet werden. Die Verteilung selbst wird vom System gerechnet.

Das Problem der Iteration, also der gegenseitigen Belastung von sekundären Stellen, kann derzeit nur manuell gelöst werden, obwohl maschinelle Iterationsrechnungen in naher Zukunft bereitstehen werden. Außerdem wird diese Aufgabe mit besserer Performance auf der Groß-DV gelöst (z.B. Plaut- Software M11).

4. Überleitung der Daten der Kostenplanung vom PC in die Groß-DV

Nach Abschluß der Kostenplanung am PC stehen die Planungsdaten für die Weiterverarbeitung zur Verfügung. Beim Aufbau der Planungsdaten wurde bewußt weder auf die zum Einsatz kommende Hardware, noch auf die Software Rücksicht genommen, so daß nun die Weichen für das weitere Vorgehen gestellt werden müssen.

4.1 Daten-Transfer

Bei der Lösung dieser Aufgabe muß beachtet werden, daß es sich hierbei keinesfalls um laufende Transfers handelt, sondern günstigenfalls nur einmal, nämlich nach Abschluß der ersten Kostenplanung, eine Übertragung der Daten vom PC in die Groß-DV erforderlich ist. Es bieten sich daher pragmatische Lösungen an.

Eine solche ist das Überspielen der Daten aus der 5 1/4"-Diskette auf eine 8"-Diskette, die auf vielen Groß-Systemen eingelesen werden kann.

Falls der Anwender bereits über eine Verbindung zwischen PC und Groß-DV verfügt, werden die Daten über die vorhandene Lösung nach Anpassung der entsprechenden Programme überspielt.

Auch die von der IBM mit Jahresbeginn angekündigten Emulationsprogramme sowohl für die Systemfamilie /3X als auch für die Großanlagen werden für diese Aufgabe einsetzbar sein.

4.2 Anwendungs-Software

Die Daten aus dem PC werden in eine Zwischendatei des Großrechners gestellt, von der sie über entsprechende Schnittstellenprogramme in die endgültigen Dateien und Formate der jeweiligen Anwendungs-Software übergeleitet werden.

Bei der Auslegung der PC-Programme wurden die Feldlängen der Plaut-Software-Familien M100 und M110 sowie des Systems RK von SAP berücksichtigt.

Die für die jeweiligen Anwendungsprogramme erforderlichen Datenergänzungen (Satz-Kennzeichnungen, Steuerdaten) werden teilweise in den Schnittstellenprogrammen vergeben, teilweise über die Dialog-Stammdatenverwaltung der jeweiligen Anwendungssoftware eingegeben.

Damit stehen geprüfte und vollständige Daten für die Übernahme der Stammdaten für die Kostenplanung zur Verfügung, wobei als angenehmer Nebeneffekt die bisher als lästig empfundene Datenerfassung weitgehend entfällt.

5. Unterstützung der "Planungsüberholung" durch den Einsatz von Planungsmoduln der Groß-DV

Die Stammdaten der Kostenplanung werden in zunehmendem Umfang als Basis für die Erstellung des jährlichen Gemeinkosten-Budgets der Unternehmensplanung herangezogen.

Um diese Funktion erfüllen zu können, sind leistungsfähige DV- Systeme erforderlich, die kurzfristig geänderte Erwartungs-Parameter der Jahresplanung verarbeiten können. Damit wird gleichzeitig die Integration der Kostenplanung in die Gesamtplanung des Unternehmens sichergestellt.

Besondere Bedeutung kommt dabei dem Zeitfaktor zu, da die Arbeiten an der Planung des Folgejahres häufig bereits in der zweiten Jahreshälfte begonnen und noch vor Abschluß des laufenden Geschäftsjahres abgeschlossen werden müssen.

An ein funktionsfähiges System sind daher folgende Anforderungen zu stellen:

5.1 Systemarchitektur

Während in der laufenden Abrechnung für die einzelnen Monate die Istwerte den Soll- bzw. Planwerten des Jahresplanes gegenüber gestellt werden, ist für den Aufbau der Jahresplanung für das Folgejahr ein eigener, physisch getrennter Datenbestand zur Verfügung zu stellen, der erst nach Abschluß der Planungsarbeiten in die Abrechnungssysteme übergeleitet wird. Die Ergebnisse sowohl der Planungs- als auch der Abrechnungssysteme werden in einer "Informationsdatei" abgestellt, um eine möglichst flexible und anwender-orientierte Auswertung zu ermöglichen.

Daher sieht die Systemarchitektur eines solchen Systems die Trennung in ein

- Planungssystem,
- Abrechnungssystem und
- Informationssystem

vor (Anlage 16 'Dialog-Software Kostenstellenrechnung').

5.2 Planungs-Moduln

Als Ausgangsdaten für die Planung des Folgejahres werden die Plandaten des laufenden Jahres herangezogen und entsprechend den neuen Zielsetzungen und Möglichkeiten modifiziert.

Diese Modifikationen betreffen einerseits die Mengeplanung, d.h. die Anpassung der Leistungs- oder Ausbringungsmengen an das neue Niveau, andererseits die Bewertung, d.h. die Berücksichtigung veränderter Wertkomponenten.

Diese Anpassungen dürfen sich natürlich nicht nur auf den primären Kostenarten- und Kostenstellenbereich beziehen, sondern müssen auch die sekundären Leistungsbeziehungen berücksichtigen.

Daher werden folgende Planungs-Moduln benötigt :

- ein Simulations-System (Anlage 17 'Simulation')
- ein Umwertungs-System (Anlage 18 'Umwertung')
- ein Iterations- und Abstimm-System für den Ausgleich der Sekundärbeziehungen.

5.3 Planungs-Änderungsdienst

Die vielfältigen Einflußgrößen, die bei der Ableitung eines neuen Kostenplanes auf der Basis der vorhandenen Planzahlen zu berücksichtigen sind, können durch die dargestellten Planungssysteme zwar weitgehend, aber nicht restlos verarbeitet werden.

Strukturelle Änderungen, bedingt durch Investitionen oder durch gravierende Veränderung der geplanten Beschäftigung, sind durch automatisierte Rechenroutinen, wie Umwertung und Simulation, nicht zu beherrschen.

Das Ergebnis dieser Planungssysteme ist daher als Vorschlag zu betrachten, der einen wesentlichen Teil der üblichen Rechenarbeit erspart, jedoch erst nach kritischer Beurteilung und gezielter Anpassung endgültig freigegeben werden kann.

Die noch erforderlichen Verwaltungs-Transaktionen werden in direktem Zugriff auf die Planungs-Stammdateien via Bildschirm durchgeführt (Anlage 19 'Kostenplan'), wobei neben den selbstverständlichen Plausibilitätsprüfungen eine Reihe von Hilfsfunktionen, wie die automatische Errechnung von kalkulatorischen Quoten für den Belegschaftsaufwand sowie der Kostenstellen-Summen und Kostensätze durch das System erfolgen.

Die maschinelle Abstimmung der sekundären Leistungsbeziehungen und eine eventuell erwünschte Verteilung von Fixkosten sekundärer Kostenstellen beschließt das Planungsgeschehen mit Hilfe der Groß-DV.

Anlage 1

PLAUT

Im Zuge der Kostenplanung aufgezeigte und realisierte Einsparungen

Nr.	Erstplanung/ Plan.-Überh.	Branche	Belegschaft	Planungstage	Jährliche Einsparungen in 1000 DM				Einsparung pro Plantag
					vorgeschlagen	realisiert	zu realisieren	zu realisieren durch Invest.	
19	E.-Planung	Elektrische Geräte	8.500	1.400	4.300	2.800	1.500	-	3.071
20	E.-Planung	Schwerfahrzeug- und Maschinenbau	1.500	600	1.840	885	955	-	3.066
21	E.-Planung	Leichtfahrzeugbau	3.500	1.200	1.940	1.280	660	-	1.616
22	E.-Planung	Textilfabrik	1.200	400	1.400	900	500	-	3.500
23	E.-Planung	Baubranche	4.100	680	2.950	980	1.910	60	4.338
24	E.-Planung	Elektrogeräte	2.400	720	1.800	Planung gerade abgeschl	1.700	100	2.500
25	E.-Planung	Aluminium-Hütte und Halbzeugwerk	3.000	900	5.000	1.230	3.770	-	5.555
26	E.-Planung	Apparate u. Metallwaren	800	600	1.250	603	647	-	2.083
27	E.-Planung	Buntmetallverarbeitung	350	300	725	201	524	-	2.417
28	E.-Planung	Giesserei u. Masch.Fabr.	2.000	460	1.370	930	150	290	2.978
29	E.-Planung	Giesserei u. Masch.Fabr.	2.300	230	300	300	-	-	1.304
30	Plan.-Üb.	Kunststoffverarbeitung	445	100	414	199	215	-	4.140
31	E.-Planung	Textil	200	120	400	200	200	-	3.333
32	E.-Planung	Grobkeramik	250	140	1.100	550	550	-	7.857
33	E.-Planung	Kautschuk-Industrie	350	130	590	60	325	205	4.538
34	E.-Planung	Metallindustrie	264	129	3.361	ca. 80		461	26.054
35	E.-Planung	Papier und Chemie	4.000	1.000	9.218	323	8.895	-	9.218

Anlage 2

FRUCHTSÄFTE G.m.b.H.	KOSTENPLAN					KST-Nr.	263	
	KST-Benennung: ABFÜLLEREI TETRA BRIK					BG-Nr.	1	
Planbezugsgröße: 300 Standard-Anlage-Stunden						HR. TANDL		
						Gesamt	prop.	fix
Kostensatz						1.166,44	665,00	501,44
Summe Plankosten		Herkunft	Einheit	Menge	S/E	349.932	199.500	150.432
501	Fertigungslöhne	LG 05	STD	300	48,52	14.560	14.560	—
505	Hilfslöhne	501	STD	32	48,52	1.560	1.560	—
510	Überstundenzuschläge							
512	Zulagen							
998	kalk. SA Löhne		S	16.120	0,65	10.480	10.480	—
530	Gehälter							
531	Überstundenzuschläge							
532	Zulagen							
999	kalk. SA Gehälter							
461	Heiz-u. Treibstoffe							
440	Kellereihilfsstoffe							
479	sonstige Betriebsst.		S	–	–	2.500	2.500	—
464	Energiefremdbezug							
600	Instandhaltung		S	—	—	18.910	17.010	1.900
986	Handwerkerleistungen	181-1	STD	30	140,-	4.200	3.780	420
987	sonstige I-Leistungen	189-1	STD	10	102,-	1.020	1.020	—
620	Porti, Tel, FS, Bezugsko.							
681	Rechts-Beratg. Spesen							
662	Büromat. Literatur							
658	Reiseaufw. Repräsentat.							
682	Ausbildung, Fahrerspes.							
631	Mieten		S	—	—	5.170	–	5.170
670	Versicherungskosten							
730	Steuern							
740	Mitgliedsb. Gebühren							
639	sonst. fremde Lieferg.							
980	kalk. Abschreibungen	9800	S	–	–	48.470	32.300	16.170
981	kalk. Reparaturkosten	8263	S	–	–	10.800	8.800	2.000
982	kalk. Zinsen/Anlagen	9801	S	—	—	19.390	—	19.390
983	kalk. Zinsen/Vorräte							
984	kalk. uml. Betriebsmat.							
990	kalk. Raumkosten	121-3	S	–	–	13.220	—	13.220
991	kalk. Wasserkosten	391-1	m^3	3.490	8,30	28.965	28.965	—
992	kalk. Dampfkosten	134-1	GJ	50	134,-	6.700	6.700	—
993	kalk. Stromkosten	136-1	kwh	14.810	0,75	11.108	11.108	—
994	kalk. Preßluftkosten	139-1	Nm^3	34	164,-	5.576	5.576	—
995	kalk. Transportkosten	149-1	S	–	–	9.648	9.648	—
996	kalk. Leitungskosten		S	–	–	45.493	45.493	
997	sekundäre Fixkosten	8098	S	—	—	92.162	—	92.162

Anlage 3

```
*******************************************************************************
*                   KOSTENSTELLENPLANUNG - AUSWAHLMENUE                       *
*                   ===================================                       *
*                                                                             *
*                           1.  DATENVERWALTUNG                               *
*                           -------------------                               *
*      11  KOSTENSTELLEN                         12  KOSTENARTEN              *
*      13  BEZUGSGROESSEN                        14  HERKUNFT                 *
*                                                                             *
*                           2.  KOSTENPLANUNG                                 *
*                           -----------------                                 *
*      21  KOSTENPLAN NACH KST                   22  KOSTENPLAN NACH KOART    *
*      23  VERTEILER-ABSTIMMUNG                  24  VERTEILUNG FIXKOSTEN     *
*                                                                             *
*                             3.  AUSDRUCK                                    *
*                             ------------                                    *
*      31  KOSTENSTELLEN-LISTE                   32  KOSTENARTEN-LISTE        *
*      33  BEZUGSGROESSEN-LISTE                  34  HERKUNFTS-LISTE          *
*      35  KOSTENPLAN NACH KST                   36  KOSTENPLAN NACH KOART    *
*******************************************************************************

    BITTE DIE GEWUENSCHTE FUNKTION EINGEBEN ODER >99< FUER PROGRAMMENDE   99
```

Anlage 4

DATENVERWALTUNG KOSTENSTELLEN

KOSTENSTELLE	KOSTENSTELLENANSCHRIFT	VERANTWORTLICH
190	Bereichst.HF und Getr-erzeug	Hr.Tandl
191	Wareneingang Obstverwertung	Hr.Taferl
195	Hilfs- und Betriebsst. Lager	Hr.Taferl
211	Maischen	Hr.Tandl
215	Pressen	Hr.Tandl
219	Trestertrocknung	Hr.Tandl
221	Kellerbehandlung	Hr.Tandl
231	Aroma- und Konzentratanlagen	Hr.Tandl
241	Lagertanks	Hr.Tandl
245	Mischtanks	Hr.Tandl
261	Abfuellerei Flaschen	Hr.Tandl
263	Abfuellerei Tetra-Brik	Hr.Tandl
269	Abfuellerei Sonstige	Hr.Tandl
271	Fertigwarenlager Getraenke	Hr.Taferl
279	Fertigwarenlager Wien	Hr.Dkfm Froeschl

Anlage 5

DATENVERWALTUNG KOSTENARTEN

KOART	KOSTENARTTEXT	PLZL	KOARTALT	KZ KOA	PLAN-AUFW.	KOARTSEK	E
479	sonstige Betriebsstoffe	120		1	0.00		1
501	Fertigungslöhne	10		1	0.65	998	2
505	Hilfslöhne	20		1	0.65	998	3
600	Instandhaltung	140		1	0.00		1
631	Mieten	220		1	0.00		1
980	kalkul. Abschreibung	270		4	0.00		1
981	Kalkul. Reparaturkosten	280		4	0.00		1
982	Kalkul. Zinsen/Anlagen	290		4	0.00		1
983	Kalkul. Zinsen/Vorraete	300		4	0.00		1

DATENVERWALTUNG KOSTENARTEN

KOART	KOSTENARTTEXT	PLZL	KOARTALT	KZ KOA	PLAN-AUFW.	KOARTSEK	E
986	Handwerkerleistungen	150		3	0.00		2
987	sonstige I-Leistungen	160		3	0.00		4
990	Kalkul. Raumkosten	320		2	0.00		1
991	Kalkul. Wasserkosten	330		2	0.00		5
992	Kalkul. Dampfkosten	340		2	0.00		5
993	Kalkul. Stromkosten	350		2	0.00		5
994	Kalkul. Pressluftkosten	360		2	0.00		5
995	Kalkul. Transportkosten	370		2	0.00		5
996	Kalkul. Leistungskosten	380		2	0.00		5
997	sekundäre Fixkosten	390		9	0.00		0
998	Kalkul. BA Löhne	50		5	0.00		0

Anlage 6

DATENVERWALTUNG BEZUGSGROESSEN

KOSTENSTELLE	BZ	BEZUGSGROESSENANSCHRIFT	BZ-BER	PLANBZMG	ME
245	01	Tsd Ltr Konz Einstell	51	1050.0	Ltr
245	02	Tsd Ltr Saft Abfuellber	52	460.0	Ltr
245	03	Tsd Ltr Getr.Abfuellber	52	700.0	Ltr
245	04	Tsd Ltr Sirup Abfuellber	52	30.0	Ltr
261	01	Anlagestd. Maschine 1	52	90.0	Std
261	02	Anlagestd. Maschine 2	52	110.0	Std
261	03	Standard Fertigungsstd.	52	1425.0	Std
263	01	Standard Anlagestd	52	300.0	Std
269	01	Standard Fertigungsstd.	52	300.0	Std
271	01	Standard Paletten LKW	52	200.0	Stck
271	02	Faesser verladen	52	1730.0	Stck
271	03	Tsd Kg Konz Tankverl	52	380.0	Kg
279	01	Tsd Ltr Absatz	41	85.0	Ltr

Anlage 7

DATENVERWALTUNG HERKUENFTE

HERKUNFT	PLANPREIS	ME
LG 02	38.45	Std
LG 03	42.12	Std
LG 04	46.30	Std
LG 05	48.52	Std
LG 06	52.80	Std
LG 07	54.43	Std
LG 08	57.85	Std
134 1	134.00	GJ
136 1	0.75	kWh
139 1	164.00	Nm3
181 1	140.00	Std
189 1	102.00	Std

Anlage 8

```
*****************************************************************
*                                                               *
*                    KOSTENPLANUNG NACH KST                     *
*                    ======================                     *
*                                                               *
*                                                               *
*                 KOSTENSTELLE    --->  263                     *
*                                                               *
*                 BEZUGSGROESSE   --->        01                *
*                                                               *
*****************************************************************
```

Anlage 9

```
*************************************************************************
*                                                                       *
*                    KOSTENPLANUNG NACH KOART                           *
*                    ========================                           *
*                                                                       *
*                                                                       *
*                                                                       *
*                                                                       *
*               KOSTENART        --->           993                     *
*                                                                       *
*               HERKUNFT         --->   136 1                           *
*                                                                       *
*               EINGABEFORM      --->              5                    *
*                                                                       *
*                                                                       *
*************************************************************************
```

Anlage 10

KOST: 263 ,Abfuellerei Tetra-Brik; BZ: 01,Standard Anlagestd 300.0 Std

PLZ	KOART	HW HERKUNFT	ME	MENGE	PREIS	PLANBETRAG GESAMT	PROP	FIX	REL. ZAHL
KOSTENARTTEXT : Kalkul. Zinsen/Anlagen						EINGABEFORM : 1			
10	501	LG 05	Std	300.0	48.52	14556	14556	0	48.52
20	505	501	oeS	0.0	0.00	5804	5804	0	19.34
50	998		oeS	0.0	0.00	39364	39364	0	131.20
120	479		oeS	0.0	0.00	2500	2500	0	8.30
140	600		oeS	0.0	0.00	18910	17010	1900	56.70
150	986	181 1	Std	30.0	140.00	4200	3780	420	12.60
160	987	189 1	Std	10.0	102.00	1020	1020	0	3.40
220	631		oeS	0.0	0.00	5170	0	5170	0.00
270	980		oeS	0.0	0.00	48470	32300	16170	107.60
280	981		oeS	0.0	0.00	10800	8800	2000	29.30
290	982		oeS	0.0	0.00	19390	0	19390	0.00

KOST: 263 ,Abfuellerei Tetra-Brik; BZ: 01,Standard Anlagestd 300.0 Std

PLZ	KOART	HW HERKUNFT	ME	MENGE	PREIS	PLANBETRAG GESAMT	PROP	FIX	REL. ZAHL
KOSTENARTTEXT : sekundäre Fixkosten						EINGABEFORM : 0			
320	990	121 3	oeS	0.0	0.00	13220	0	13220	0.00
330	991	391 1	m3	3489.7	8.30	28965	28965	0	96.55
340	992	134 1	GJ	49.9	134.00	6690	6690	0	22.30
350	993	136 1	kWh	14808.0	0.75	11106	11106	0	37.02
360	994	139 1	Nm3	33.9	164.00	5574	5574	0	18.58
370	995	149 1	oeS	0.0	0.00	9648	9648	0	32.16
380	996	8	oeS	0.0	0.00	45492	45492	0	151.64
390	997	8098	oeS	0.0	0.00	92162	0	92162	0.00

Anlage 11

PLANUNG FUER KOART 993 , Kalkul. Stromkosten EINGABEFORM: 5

KOSTEN-STELLE	BZ	PL ZL	HW	HERKUNFT	ME	MENGE	PREIS	PLANBETRAG GESAMT	PLANBETRAG PROP	FIX	REL. ZAHL
KOSTENSTELLENANSCHRIFT : Fertigwarenlager Getraenke											
245	01	350		136 1	kWh	3500.0	0.75	2625	2625	0	2.50
245	02	350		136 1	kWh	1220.5	0.75	915	915	0	1.99
245	03	350		136 1	kWh	4461.3	0.75	3346	3346	0	4.78
245	04	350		136 1	kWh	110.4	0.75	82	82	0	2.76
261	01	350		136 1	kWh	8619.6	0.75	6464	6464	0	71.83
261	02	350		136 1	kWh	6110.1	0.75	4582	4582	0	41.66
261	03	350		136 1	kWh	0.0	0.75	0	0	0	0.00
263	01	350		136 1	kWh	14808.0	0.75	11106	11106	0	37.02
269	01	350		136 1	kWh	500.0	0.75	375	375	0	1.25
271	03	350		136 1	kWh	298.9	0.75	224	224	0	0.59

Anlage 12

F R U C H T S A E F T E   G.m.b.H

K O S T E N P L A N   N A C H   K S T

=================================

WDAT	KOSTENSTELLE	BZ
8407	263	01

KOSTENSTELLENANSCHRIFT	VERANTWORTLICH	BEZUGSGROESSENANSCHRIFT	PLAN-BZ-MG	BZ-BEREICH
Abfuellerei Tetra-Brik	Hr.Tandl	Standard Anlagestd	300.0	52

PLANKOSTENSAETZE	GESAMT	PROP	FIX	PLANKOSTEN	GESAMT	PROP	FIX
	1166.200	664.800	501.400		349879	199447	150432

PLZL	KOART	HW	HERKUNFT	TEXT	ME	MENGE	PREIS	GESAMT	PROP	FIX	REL.ZAHL
10	501		LG 05	Fertigungslöhne	Std	300.00	48.52	14556	14556	0	48.52
20	505		501	Hilfslöhne	oeS	0.00	0.00	1542	1542	0	5.14
50	998			Kalkul. BA Löhne	oeS	0.00	0.00	10464	10464	0	34.88
120	479			sonstige Betriebsstoffe	oeS	0.00	0.00	2500	2500	0	8.33
140	600			Instandhaltung	oeS	0.00	0.00	18910	17010	1900	56.70
150	986		181 1	Handwerkerleistungen	Std	30.00	140.00	4200	3780	420	12.60
160	987		189 1	sonstige I-Leistungen	Std	10.00	102.00	1020	1020	0	3.40
220	631			Mieten	oeS	0.00	0.00	5170	0	5170	0.00
270	980			kalkul. Abschreibung	oeS	0.00	0.00	48470	32300	16170	107.66
280	981			Kalkul. Reparaturkosten	oeS	0.00	0.00	10800	8800	2000	29.33
290	982			Kalkul. Zinsen/Anlagen	oeS	0.00	0.00	19390	0	19390	0.00
320	990		121 3	Kalkul. Raumkosten	oeS	0.00	0.00	13220	0	13220	0.00
330	991		391 1	Kalkul. Wasserkosten	m3	3489.75	8.30	28965	28965	0	96.55
340	992		134 1	Kalkul. Dampfkosten	GJ	49.92	134.00	6690	6690	0	22.30
350	993		136 1	Kalkul. Stromkosten	kWh	14808.00	0.75	11106	11106	0	37.02
360	994		139 1	Kalkul. Pressluftkosten	Nm3	33.98	164.00	5574	5574	0	18.58
370	995		149 1	Kalkul. Transportkosten	oeS	0.00	0.00	9648	9648	0	32.16
380	996		8	Kalkul. Leistungskosten	oeS	0.00	0.00	45492	45492	0	151.64
390	997		8098	sekundäre Fixkosten	oeS	0.00	0.00	92162	0	92162	0.00

Anlage 13

F R U C H T S A E F T E G.m.b.H

K O S T E N P L A N N A C H K O A R T

MDAT	KOSTENART
8407	993

KOSTENARTTEXT	KZ-KOART	KOSTENART-ALT	KOSTENART-SEK	EINGABEFORM
Kalkul. Stromkosten	2			5

	GESAMT	PROP	FIX
PLANKOSTEN	27514	27514	0

KSTELLE	BZ	HW	HERKUNFT	KOSTENSTELLENANSCHRIFT	ME	MENGE	PREIS	GESAMT	PROP	FIX	REL.ZAHL
245	01		136 1	Mischtanks	kWh	560.00	0.75	420	420	0	0.40
	02		136 1	Mischtanks	kWh	1220.53	0.75	915	915	0	1.99
	03		136 1	Mischtanks	kWh	4461.33	0.75	3346	3346	0	4.78
	04		136 1	Mischtanks	kWh	110.40	0.75	82	82	0	2.76
261	01		136 1	Abfuellerei Flaschen	kWh	8619.60	0.75	6464	6464	0	71.83
	02		136 1	Abfuellerei Flaschen	kWh	6110.13	0.75	4582	4582	0	41.66
263	01		136 1	Abfuellerei Tetra-Brik	kWh	14808.00	0.75	11106	11106	0	37.02
269	01		136 1	Abfuellerei Sonstige	kWh	500.00	0.75	375	375	0	1.25
271	03		136 1	Fertigwarenlager Getraenk	kWh	298.93	0.75	224	224	0	0.59

Anlage 14

HERKUNFT) BELASTUNG	134/1 prop	134/1 fix	136/1 prop	136/1 fix	139/1 prop	139/1 fix	149/1 prop	149/1 fix
105/1			548					
121/1				488				
/2				1253				
/3		73700		1440				
/4				450				
131/2			7560					
132/1			1470					
133/1			435					
134/1			8655					
139/1			10725					
149/1			1140					
181/1			315					
191/1			278					
/3			98					
/4							11578	
195/1							3859	
211/1	69680		11018					
/2	1340		705					
215/1			24251					
/2			788					
/3			83					
219/1			9255					
221/1			585					
/2	29480		668					
/3	26800		3000				772	
/4			1725				386	
/5			2783				772	
/6			435					
231/1	60300		24745					
/2	288100		2025					
241/1	1340		128		12956			
/2			188					
245/1			420					
/2			915					
/3			3345					
/4			83					
261/1	56280		6465		1804		17367	
/2	33500		4583		984		19297	
263/1	6700		11108		5576		9648	
269/1			375				7719	
271/1							13508	
/2							7719	
/3			225					
281/1			37766				23156	
283/1			1320					
285/1	12060		1500					
287/1	4020		323					
289/1							7719	
315/1				1575				
Summe								
vert.Kost	589600	73700	182064	5206	21320	0	123500	

Anlage 15

C39: READY

	A	B	C	D	E	F	G	H
1	HERKUNFT>		134/1		136/1		139/1	
2	BELASTUNG	I	prop	fix	prop	fix	prop	fix
3	----------	I	----------	----------	----------	----------	----------	----------
39	/4	I			83			
40	261/1	I	56280		6465		1804	
41	/2	I	33500		4583		984	
42	263/1	I	6700		11108		5576	
43	269/1	I			375			
44	271/1	I						
45	/2	I						
46	/3	I			225			
47	281/1	I			37766			
48	283/1	I			1350			
49	285/1	I	12060		1500			
50	287/1	I	4020		323			
51	289/1	I						
52	315/1	I				1575		
53		I						
54	Summe	I						
55	vert.Kost	I	589600	73700	182064	5206	21320	0

Anlage 16

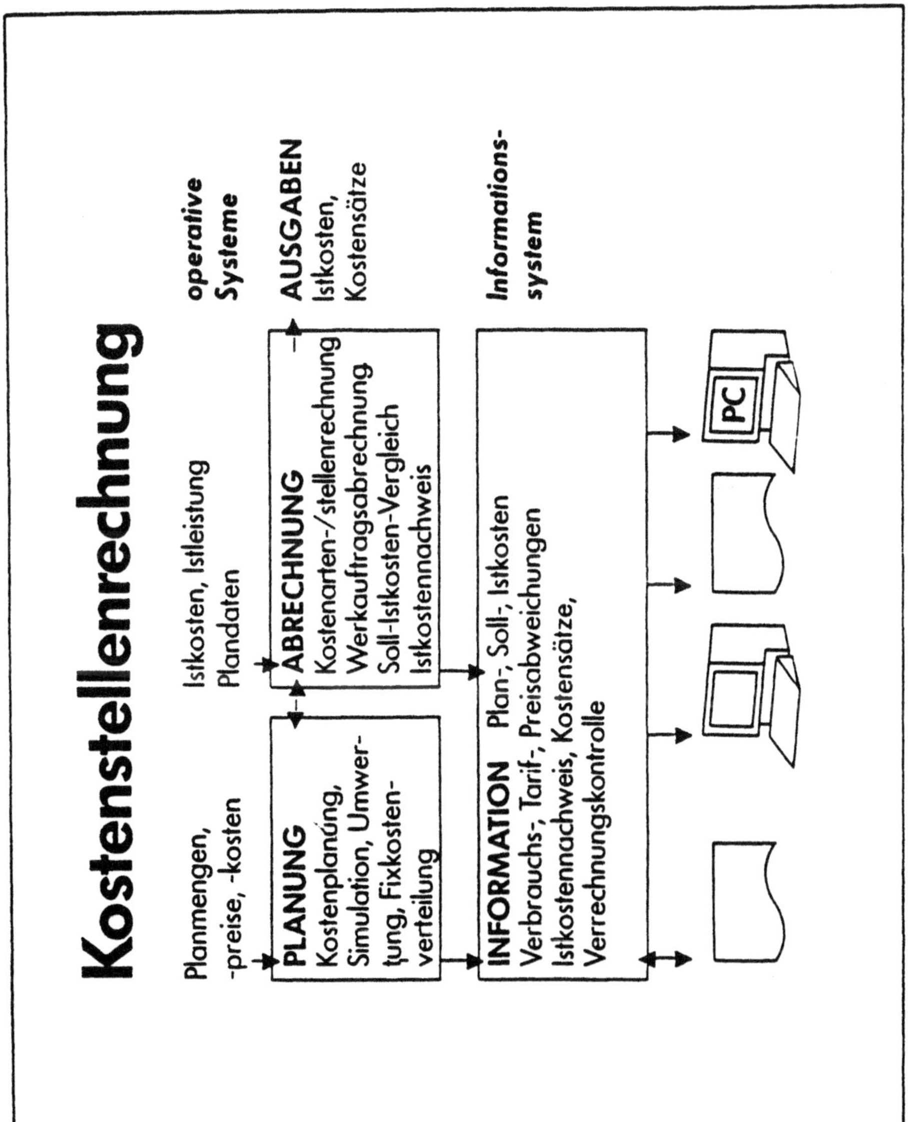
Kostenstellenrechnung
Planmengen, -preise, -kosten
Istkosten, Istleistung Plandaten
operative Systeme
PLANUNG
Kostenplanung, Simulation, Umwertung, Fixkostenverteilung
ABRECHNUNG
Kostenarten-/stellenrechnung
Werkauftragsabrechnung
Soll-Istkosten-Vergleich
Istkostennachweis
AUSGABEN
Istkosten, Kostensätze
INFORMATION Plan-, Soll-, Istkosten
Verbrauchs-, Tarif-, Preisabweichungen
Istkostennachweis, Kostensätze,
Verrechnungskontrolle
Informations-system
PC

Anlage 17

SIMULATION

(1) In allen Planpositionen
PRIMAERER KOST/BZ
UMRECHNEN der
proportionalen Plankosten
aufgrund veraenderter
PLANBZ-SUMMEN dieser KOST/BZ.

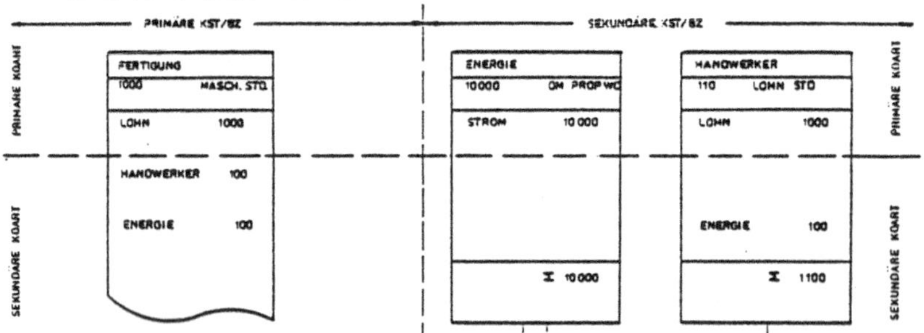

(2) Aufgrund VERAENDERTER PLANMENGEN und -KOSTEN SEKUNDAERER KOARTEN (= Verteiler-positionen) UMRECHNEN bzw. berichtigen der LEISTENDEN KST/BZ (= Sekundaere KST/BZ)

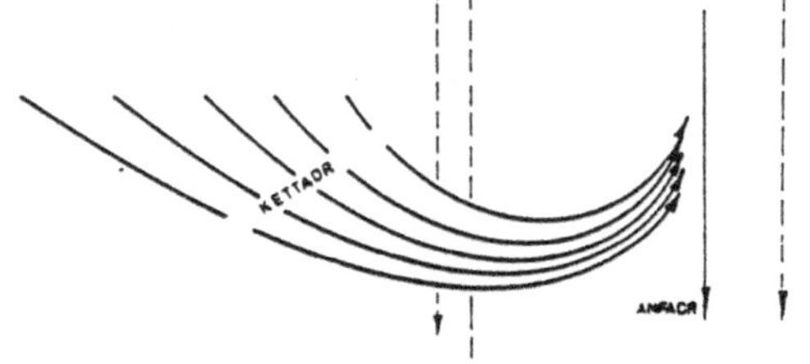

(3) Aufgrund GEGENSEITIGER BELASTUNGEN SEKUNDAERER KST/BZ
→ ITERATIONSRECHNUNG.

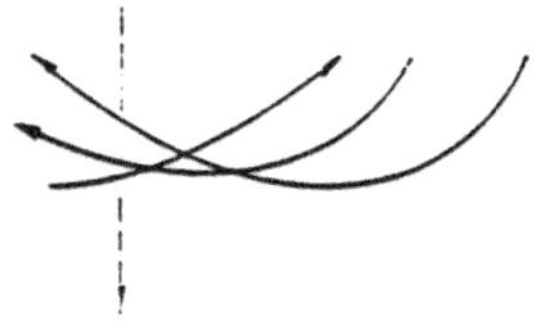

Anlage 18

UMWERTUNG

(1) IN ALLEN KOSTENPLAENEN (= KST/BZ) UMWERTEN DER PRIMAEREN KOARTEN AUFGRUND EINES

- %-SATZ BEI . KOART OHNE HERKUNFT
  . HERKUNFT OHNE PLANMENGE U. PREIS
- PREIS-NEU BEI . HERKUNFT MIT PLANMENGE U. PREIS

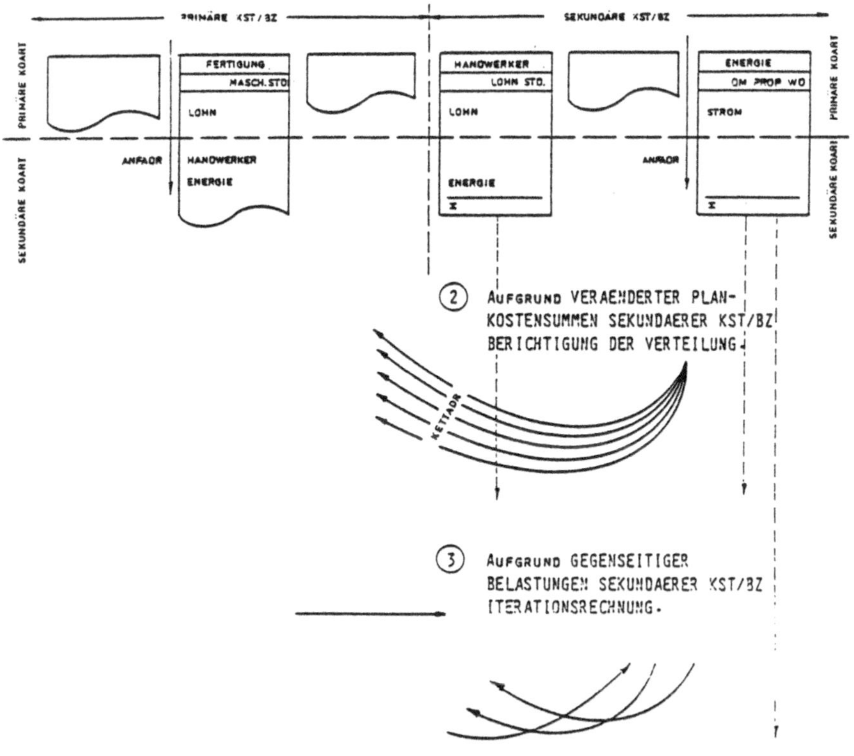

Anlage 19

```
P l a u t   S o f t w a r e   M u e n c h e n             12.07.84  13:42:37
Planungssystem:    Kostenplanung    *    Anzeige     *    K o s t e n p l a n
--------------------------------------------------------------------------------
Kost: 511       FERTIGUNGSSTELLE 1          SCHULZ            Kzvf: 1 8301 S:  6
Bz   : 1    FTG-STD                   Plan-Bz-Menge:       1.000  STD   Bz-Ch:  1
--------------------------------------------------------------------------------
Koart     T  e  x  t
Plz K Herkunft .   ME   Plan-Menge Plan-Preis    Plan-Ges  Plan-Prop    Plan-Fix
--------------------------------------------------------------------------------
4850000  KALK. INSTAND
816 4 10008511     DM                                 300        300
4851000  INNERBETRIEBL
543 1              DM                                  20         14           6
541 3 100332       STD        4,00      14,000         56         40          16
454 3 100333       STD        5,00      14,500         73         64           9
817 3 100909       DM       180,00
Summe                                                 149        118          31
4860000  KALK. STROMKO
841 2 100122       WD       180,00       1,000        180        180
================================================================================
Unt Werk Kostenstelle Bz                                                    Code
9   100  511          1
2006 Folgemaske                                                         KP10020D
```

Verkaufssteuerung mit Deckungsbeiträgen in einem Unternehmen der chemischen Industrie

Dipl.-Kfm. *W. Biehl*, Th. Goldschmidt AG, Essen

Gliederung:

1.	Vorbemerkungen / Einführung in das Thema
2.	Betriebswirtschaftliche Voraussetzungen
2.1	Kostenstellenplanung
2.2	Rezepturplanung
2.3	Abweichungsanalysen (Ermittlung von mon. Istdaten)
3.	Anwendungen in der Verkaufssteuerung
3.1	Kurzfristige Ergebnisrechnung als Grundlage
3.2	Sortimentspolitik nach Deckungsbeiträgen
3.3	Abnehmerpolitik nach Deckungsbeiträgen
3.3.1	Kundenanalyse
3.3.2	Abnehmergruppen
3.3.3	Absatzrichtungen
3.4	Kurzfristige Entscheidungen im Verkauf
3.4.1	Ermittlung von Preisuntergrenzen
3.4.2	Preisbeurteilung bei unterschiedlichen Beschäftigungslagen
4.	Die Verbindung zur betrieblichen Planungsrechnung
5.	Anlagen

1. Vorbemerkungen und Einführung in das Thema

Die Notwendigkeit einer ertragsorientierten Verkaufssteuerung ist insbesondere in den Zeiten verringerten Wachstums unbestritten. In den meisten Unternehmen tritt somit zunehmend eine gewinnorientierte Verkaufssteuerung an die Stelle des bisherigen Umsatzdenkens. Wenn auch die Preisbildung im markwirtschaftlichen System sich grundsätzlich nach den Gesetzen von Angebot und Nachfrage vollzieht, so ist doch das Preisgeschehen auf den Märkten in seinen Auswirkungen aufs engste mit kostenrechnerischen Fragestellungen verknüpft. Generell in Zeiten wechselvoller und rascher Veränderung auf den Märkten und in der Technologie sowie bei wachsendem Wettbewerb benötigt die unternehmerische Preispolitik Unterstützung durch Kosten- und Ergebnisdaten. Die aktuelle Information über Kosten- und Ergebnisentwicklung ist weiterhin eine unerläßliche Voraussetzung für kurzfristige Anpassungen an geänderte Marktdaten. Preise und Kosten sind in einem ausgewogenen Verhältnis zu halten, um eine angemessene Gewinnerzielung sicherzustellen. Deshalb sind Unternehmensführungen und Verkaufsmanagement auf eine ertragsorientierte Verhaltensweise zu "verpflichten" ("Umsatzdenken" sollte durch "Gewinndenken" abgelöst werden).

Zur Durchführung einer gewinnorientierten Verkaufssteuerung bilden Grenzplankostenrechnung und Deckungsbeitragsrechnung die notwendigen Voraussetzungen (im Sinne einer entscheidungsorientierten Kostenrechnung). Bei der Th. Goldschmidt AG wird seit vielen Jahren (die Anfänge gehen auf das Ende der 50er Jahre zurück) mit einer solchen Kosten- und Ergebnisrechnung als Grundrechnung gearbeitet. Weiterentwicklung und Verfeinerung dieses Systems wurden insbesondere von den Anforderungen aus Vertrieb und Produktion bestimmt. Bevor im nächsten Abschnitt die Anforderungen und betriebswirtschaftlichen Voraussetzungen für ein System der Verkaufssteuerung mit Deckungsbeiträgen beschrieben werden, hier einige Daten über das Unternehmen:

Die Th. Goldschmidt AG ist ein mittelgroßes Unternehmen der Chemischen Industrie. Der Umsatz der AG betrug in 1983 rd. 516 Mio.DM. Die Zahl der Mitarbeiter beträgt z.Z. 1 850 in den Werken Essen und Mannheim. Das Unternehmen hat seit 1974 eine Spartenorganisation. Die Sparten, in denen die Funktionen Produktion, Vertrieb, Entwicklung und Anwendung und teilweise Forschung zusammengefaßt sind, werden von Zentralbereichen und Stabsabteilungen unterstützt. Zur Zeit hat die Th. Goldschmidt AG 4 Sparten (Anorganische Produkte, Metallchemie, Organische Spezialitäten, Weißblechentzinnung) mit sehr unterschiedlichen Produktionsverfahren sowie Anwendungsgebieten und Märkten. Die Produktpalette reicht von Grundchemikalien über Zinnverbindungen und metallurgische Produkte sowie Weißblechentzinnung bis zu Spezialitäten, insbesondere im Bereich der Silikone. Neben der in der Chemie üblichen Chargen-Fertigung und Kuppelproduktion gibt es Betriebe mit Serien-(Auftrags-)

Fertigung und Einzelfertigung.

Das Auslandsgeschäft wird weitestgehend durch die Goldschmidt-Vertriebsorganisation in Europa und Übersee getragen. Neben Vertriebsgesellschaften in den bedeutendsten Märkten in Europa gibt es Vertriebsgesellschaften und -büros im Überseebereich einschließlich Japan. In USA und Brasilien gibt es zusätzlich kleinere Produktionsgesellschaften für verschiedene Spezialitätenprodukte. Das Auslandsgeschäft wurde in 1983 zu 65 % in Europa und zu 35 % im Überseebereich abgewickelt.

Diese Form der Vertriebsorganisation erfordert besondere betriebswirtschaftliche Instrumente und Maßnahmen bei der Verkaufssteuerung im In- und Ausland.

2. Betriebswirtschaftliche Voraussetzungen

Die Th. Goldschmidt AG hat eine sog. Grenzplankostenrechnung mit stufenweiser Zuordnung von Fixkosten. Die kurzfristige (monatliche) Ergebnisrechnung wird in Form einer Deckungsbeitragsrechnung durchgeführt. Dieses System lehnt sich gedanklich in den Grundsätzen an Plaut, Kilger, Deyhle u.a. an. Jedoch ist es insofern ein "Mischsystem", als zum Zwecke der verfeinerten Ergebnisbeurteilung und Sicherstellung der Berücksichtigung aller Kosten der Fixkostenbereich weiter differenziert wird. Dies ist wichtig in einem Unternehmen mit vielstufiger Produktion und einer Vielzahl von Hilfsbetrieben.

Durch Verrechnung von fixen Planfertigungskosten je Erzeugnis ("Proportionalisierung fixer Fertigungskosten") entstehen Beschäftigungs-Abweichungen. Beschäftigungs-Abweichungen sind der Unterschied zwischen Fixkosten lt. Plan und verrechneten Fixkosten lt. Beschäftigungsgrad (Auslastung). Jedoch wird in allen Stufen der Kalkulation und der Ergebnisrechnung stets getrennt mit prop. und fixen Fertigungskosten einschließlich des gesonderten Ausweises von Stoffkosten gerechnet.

In den folgenden Abschnitten werden die wichtigsten Grundlagen des Systems vorgestellt.

2.1 Kostenstellenplanung

Eine wesentliche Voraussetzung dieses Systems ist neben einer differenzierten Kostenstellen- und Kostenplatz-Einteilung die Wahl geeigneter Bezugsgrößen, d.h. der "richtigen Kapazität". Dies gilt sowohl für alle Produktionskostenstellen als auch für die Hilfskostenstellen mit veränderlichen Leistungsmengen (wie Energiebetriebe, Werkstätten, Transportbetriebe). Mittels der analytischen Kostenplatzplanung werden die Kostenarten bezogen auf ihr Verhalten bei schwankender Leistungsmenge in proportionale und fixe Kosten aufgeteilt. Maßstab für den Beschäftigungsgrad in den jeweiligen Kostenstellen und Kostenplätzen ist dabei die festgelegte Planbezugsgröße (kg / m² / Std.). Abbildung 1 zeigt das Formular für die Kostenstellenplanung.

Folgende Bezugsgrößen kommen infrage:

- Normalkapazität (technische Kapazität nach Berücksichtigung von Rüstzeiten)
- Engpaß-Kapazität (Engpaß in der Produktion, Engpaß beim Absatz, Engpaß in der Beschaffung)
- Kapazität entsprechend zukünftigen Umsatzerwartungen.

Fertigungskostenstellen (z.B. ein Betrieb) werden grundsätzlich in verschiedene Kostenplätze unterteilt, um die Bezugsgrößen für die Kostenverursachung so genau wie möglich zu erfassen. Schematisch geschieht dies wie folgt:

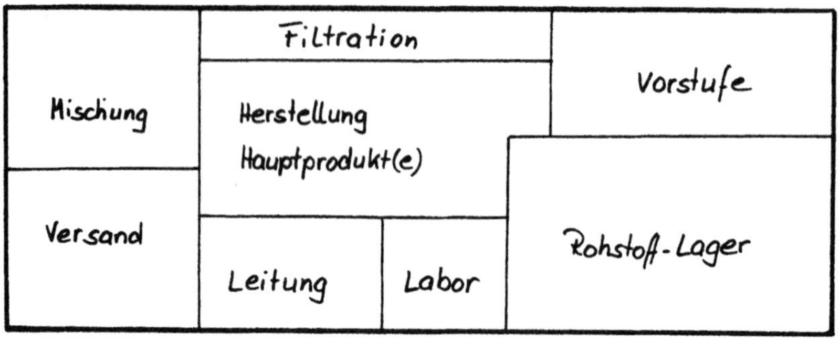

Durch die vorgenommene Gliederung in überschaubare Einheiten bzw. abgrenzbare Kostenbereiche ist es möglich, für jeden einzelnen Kostenplatz die notwendigen Daten für die Kostenplanung zu ermitteln. Diese weitgehende Aufteilung nach Kostenplätzen geschieht in der Planung. In der monatlichen Abrechnung werden die Istkosten aus wirtschaftlichen Gründen nur für die Kostenstellen erfaßt. Die übrigen Kostenstellen (z.B. Vertriebsabteilungen / Verwaltungskostenstellen) werden als Budgetkostenstellen nur mit Fixkosten geplant.

An dieser Stelle sei auf eine Besonderheit des Planungs- und Abrechnungssystems bei der Th. Goldschmidt AG hingewiesen. Im Unternehmen wird neben der Aufteilung in primäre und sekundäre Fixkosten noch mit einer dritten Art von Fixkosten, der sog. Grundlast gearbeitet. Als Grundlast werden die Fixkosten der Hilfsbetriebe (ähnlich den Grundgebühren bei der Post) bezeichnet. Die Verrechnung geschieht in monatlich gleich hochbleibenden Beträgen nach den voraussichtlichen Leistungen oder nach der Vorhaltekapazität. Die Abrechnung der tatsächlich in Anspruch genommenen innerbetrieblichen Leistungen (Werkstattstunden, Energiebezug z.B.) erfolgt zu proportionalen Sätzen. Werden diese Leistungen der Hilfsbetriebe auf den empfangenden Kostenstellen zu Fixkosten, z.B. für Wartungsarbeiten der eigenen Werkstatt, so erfolgt die Abrechnung unter sekundären Fixkosten. So ist sichergestellt, daß alle Kosten stets getrennt nach proportionalen und fixen Kosten über alle Stufen (ähnlich einer Parallel- oder Doppelsatzkalkulation) durchgerechnet werden können.

2.2 Rezepturplanung

Für alle Erzeugnisse des Unternehmens (rd. 1.700) werden Standardrezepturen zur Ermittlung der Plan-Herstellkosten für die Kalkulation und die Kostenträgerrechnung (Formular s. Abb. 2) erstellt. Die Plan-Herstellkosten enthalten

PLAN - STOFFKOSTEN,

PROP. PLAN - FERTIGUNGSKOSTEN und

FIXE PLAN - FERTIGUNGSKOSTEN.

Zu diesen Kosten können noch Verpackungs- und Abfüllkosten hinzukommen, wenn aus fertigungs- bzw. produktionstechnischen Gründen zwangsläufig Produkte abgefüllt und verpackt werden müssen. Kosten der Abfüllung und Verpackung werden ebenfalls entsprechend ihrem Kostenverhalten bei wechselnder Leistungsmenge in prop. und fixe Kosten aufgeteilt. Prop. Kosten werden als Vertriebseinzelkosten verrechnet (wenn nicht zwingend Herstellkosten) und fixe Kosten als Vertriebsgemein-(abt.) kosten.

Die in den Rezepturen enthaltenen Mengenangaben über Stoffverbrauch sowie die Verweilzeiten in den Fertigungsstufen bzw. Apparaturen beziehen sich meistens auf eine Charge (Charge als eine für die chemische Industrie typische Produktionsweise: diskontinuierliche Produktion). Die gemachten Angaben werden unter Berücksichtigung der Ausbeutequote (Verhältnis Stoffverbrauch zur Ausbringung verkaufsfähiges Produkt) üblicherweise auf 100 kg Fertigprodukt umgerechnet.

Die Bewertung der Rohstoffe erfolgt zu Verrechnungspreisen, die für ein Jahr festgelegt werden. Die Fertigungskosten werden getrennt nach prop. und fixen Kostenbestandteilen aufgrund analytischer Kostenplatzplanung (wie weiter oben beschrieben) ermittelt. Die so ermittelten Standard-Herstellkosten werden - wenn nicht besonders starke Veränderungen bei den Rohstoffpreisen oder bei den Verweilzeiten im Lauf eines Jahres eintreten - für den Planungszeitraum unverändert gelassen. Unterschiede zu den tatsächlichen Stoffkosten (Stoffmengen / Stoffpreise) werden als Stoffkostenabweichung und Einsparungen oder Mehrverbrauch bei den Fertigungskosten als Verbrauchsabweichung (Soll-Ist-Abweichung bei den Fertigungskosten) ausgewiesen.

Die Rezepturen enthalten noch einen %-Zuschlag für Beschaffungskosten. Dieser Zuschlag soll die prop. Kosten des zentralen Rohstofflagers sowie die Kosten des Transportes der Rohstoffe zu den Betrieben decken. Die fixen Kosten des ZB Beschaffung und der Transportbetriebe werden gesondert als Grundlast verrechnet.

Besonders wichtig für den Aussagewert der Ergebnisrechnung sind die Trennung von Stoffkosten und Fertigungskosten in allen Stufen und der stets getrennte Ausweis von prop. und fixen Fertigungskosten. Wie das Formular Rezepturplanung (Abb. 2) zeigt, gilt dies auch beim Einsatz von Vorstufenprodukten.

2.3 Abweichungsanalysen (Ermittlung von mon. Istdaten)

Im System einer Plankostenrechnung entstehen Abweichungen, die in der mon. Ergebnisrechnung zwecks Erfolgsanalyse für den Soll-Ist-Vergleich ausgewiesen werden müssen. Dabei können grundsätzlich zwei Probleme entstehen:

1. Es müssen die Abweichungen, die auf Absatzmengen und die auf Bestandsänderungen entfallen, voneinander getrennt werden.

2. Es stellt sich die Frage, nach welcher Bezugsgröße die Abweichungen zugeordnet werden sollen.

Eine exakte Abweichungsrechnung ist sehr aufwendig und erfordert monatlich eine abgestimmte Bestandsrechnung. Aus wirtschaftlichen und kostenrechnerischen Gründen werden Verbrauchsabweichungen und Beschäftigungsabweichungen bereichsweise in das Betriebsergebnis übernommen, da sie sich den einzelnen Erzeugnissen verursachungsgerecht nicht zuordnen lassen. Jedoch würde der Aussagewert der kurzfristigen Ergebnisrechnung als Grundlage für die Verkaufssteuerung mit Deckungsbeiträgen erheblich beeinträchtigt werden, wenn z.B. Stoffmengen- und Stoffpreisabweichungen, die die Grenzkosten unmittelbar beeinflussen, nicht den Produkten bzw. Kostenträgern zugerechnet würden. Erst eine Verteilung auf einzelne Produkte bzw. Kostenträger führt zu einem Ist-Grenzergebnis. Bei der Verteilung dieser Kostenabweichungen ergeben sich aber schwierige Verrechnungsprobleme.

Eine Zuordnung der Stoffpreisabweichungen und der Stoffmengenabweichungen auf einzelne Produkte bzw. auf einzelne Kostenträger würde in konsequenter Anwendung der Plankostenrechnung zu einer zweifachen Bestandsführung bei Rohstoffen (Verrechnungspreise und Preisabweichungen) und zu einer dreifachen Bestandsführung für Erzeugnisse (Plan-Herstellkosten , anteilige Stoffpreisabweichungen, anteilige

Stoffmengenabweichungen) führen. Außerdem müßten diese Abweichungen bei richtiger monatlicher Abgrenzung (s. Vorseite) nicht nur auf die jeweils verkauften Produkte, sondern auch auf die Bestandsveränderungen und bei mehrstufiger Produktion über alle Fertigungsstufen verteilt werden. Rechnerisch wäre diese Lösung mit Hilfe der DV-Technik möglich gewesen. Jedoch wäre die praktische Anwendung der Kosten- und Leistungsrechnung, insbesondere aber der Ergebnisrechnung, sehr viel schwieriger geworden.

Aus diesem Grunde wurde auf die gesonderte Ermittlung der Stoffpreis- und Stoffmengenabweichungen bisheriger Art verzichtet. Die Vorräte werden in der monatlichen Bestandsrechnung nur noch mit Ist-Stoffkosten (nicht mehr wie früher zu Verrechnungspreisen) geführt. Diese Ist-Stoffkosten beinhalten tatsächliche Verbrauchsmengen lt. Betriebsmeldungen bewertet zu Ist-Preisen (gewogener Durchschnitt unter Berücksichtigung der monatlichen Abgänge). Für Planungszwecke, für die Vorkalkulation und für die Ergebnisrechnung werden weiterhin jährlich Standard-Rezepturen mit Plan-Stoffkosten (Planmengen und Verrechnungspreise) und Plan-Fertigungskosten ermittelt.

Schematische Darstellung der Ermittlung von Stoffkostenabweichungen in der Ergebnisrechnung:

- <u>Plan</u>-Stoffkosten lt. Gestehkostenrechnung
  (verkaufte Mengen x gespeicherte Standard-Rezepturwerte)

- Ermittlung <u>Ist</u>-Stoffkosten aus Bestandsrechnung
  (Ist-Rezepturen : tatsächliche Verbrauchsmengen bewertet zu Durchschnittskosten lt. Bestandsführung)

- Der Unterschied zwischen diesen Ist-Stoffkosten und den zunächst verrechneten Plan-Stoffkosten lt. Standard-Rezeptur ergibt die <u>Stoffkostenabweichung</u>.

Die Stoffkostenabweichung bezieht sich somit nur auf die jeweils verkauften Mengen in der Ergebnisrechnung (keine Bestandsführung von Abweichungen erforderlich).

3. Anwendungen in der Verkaufssteuerung

Für unternehmerische Entscheidungen stellt sich häufig neben der Frage nach dem Ergebnisbeitrag einzelner Sparten, Produktgruppen oder Verkaufsabteilungen die Frage nach dem Ergebnisbeitrag einzelner Kunden, Abnehmergruppen oder Länder und Regionen. Zur Beantwortung dieser Fragen ist neben der vertikalen Darstellung der Selbstkosten des Umsatzes auch eine Aufteilung der Erlöse und Kostenpositionen nach horizontalen Gliederungsgesichtspunkten erforderlich. Die Aufgliederung von

Ergebnisrechnungen richtet sich nach den Informationsbedürfnissen. So werden in unserem Unternehmen neben der monatlich routinemäßig erstellten produktbezogenen Ergebnisrechnung (kurzfristige Ergebnisrechnung = KER) Aufteilungen nach Kunden, Branchen, Tochtergesellschaften, einzelnen Ländern oder Regionen vorgenommen. Grundsätzlich werden diese "Sonderrechnungen" (gemessen an der KER) nur bis zu einer bestimmten Deckungsbeitragsstufe und in größeren Zeitabständen bzw. fallweise durchgeführt. In der Regel werden Erlöse unter Berücksichtigung von Erlösschmälerungen, Herstellungskosten oder Anschaffungskosten und Vertriebseinzelkosten zugeordnet. Die bis dahin unverteilten Posten und ein Gewinnbeitrag müssen aus den erzielten Deckungsbeiträgen gedeckt werden. In den folgenden Abschnitten werden nun die wesentlichsten Merkmale dieser Ergebnisrechnungen nach Deckungsbeiträgen erläutert.

3.1 Kurzfristige Ergebnisrechnung als Grundlage

Monatlich wird eine Umsatzergebnisrechnung in Form einer Deckungsbeitragsrechnung durchgeführt (Formular hierzu s. Abb. 3). Neben dieser Kostenträgerzeitrechnung gibt es für alle Kostenstellen einen Soll-/Ist-Vergleich mit Abweichungsanalyse (Verbrauchsabweichungen) und eine detaillierte Ermittlung von Beschäftigungsabweichungen (Auslastungsanalyse) pro Kostenplatz und Kostenstelle.

Die Ergebnisrechnung wird produktbezogen für Kostenträger (Produkt oder Zusammenfassung von gleichartigen Produkten), Kostenträgergruppen, Verkaufsabteilungen sowie Sparten und Th. Goldschmidt gesamt durchgeführt. Die monatliche Ergebnisrechnung wird ausgehend von den Plankosten über die Zuordnung von Abweichungen in den verschiedenen Deckungsbeitragsstufen als Istrechnung bis zum sog. Vollkostenergebnis durchgeführt. Dabei werden folgende "Deckungsbeitragsstufen" verwendet im Sinne von Einstiegsebenen für Entscheidungen produktbezogener Art bis zur Differenz II (Einfluß auf Erlöse und Grenzkosten) oder für Entscheidungen organisatorischer Art bis zum Deckungsbeitrag IV (Einfluß auf Organisationsstruktur im Fixkostenblock):

Schematische Darstellung der Stufen der Umsatz-Ergebnisrechnung (s.Abb. 3):

DIFFERENZ I

(Soll-Grenzergebnis je Kostenträger)

DIFFERENZ II

(Ist-Grenzergebnis je Kostenträger)

Die früheren Begriffe Soll-Grenzergebnis und Ist-Grenzergebnis sind durch den neutraleren Begriff Differenz ersetzt worden. Methodisch entspricht die sog. Differenz II oder das Ist-Grenzergebnis dem Deckungsbeitrag (Saldo Erlöse minus prop. Kosten). In unserem Unternehmen verwenden wir den Ausdruck Deckungsbeitrag erst nach Abzug der fixen Plan-Fertigungskosten.

DECKUNGSBEITRAG I

bis zum Kostenträger (Kostenträger = Produkt oder Zusammenfassung von einzelnen Produkten)

DECKUNGSBEITRAG II

bis zu Kostenträgergruppen

DECKUNGSBEITRAG III

bis zu Verkaufsabteilungen

DECKUNGSBEITRAG IV

bis zu Sparten

BETRIEBSERGEBNIS TH.G. GESAMT

nach Allg. Forschung und sonstigen unverteilten Kosten.

Abb. 4 zeigt die Aufteilung des Betriebsergebnisses nach Organisationseinheiten.

Diese Ergebnisrechnung wird (einzelne Stufen wie Gesamtbetriebsergebnis) etwa am 13. oder 14. Arbeitstag des Folgemonats vorgelegt (Ausnahme: Dezember-Ergebnisrechnung wegen der Berücksichtigung der Inventurauswertung und Vorrätebewertung). Die Ergebnisblätter selbst werden ab Kostenträgerebene manuell zusammengestellt. Jedoch sind weitgehendst alle Zahlen der Ergebnisrechnung datenmaschinell ermittelt. Dadurch ist es möglich, bereits am 4. Arbeitstag eines Folgemonats den Sparten bzw. Verkaufsabteilungen eine sog. Gestehkostenrechnung bis zum Deckungsbeitrag I auf Basis von Plankosten und Isterlösen zu geben (s. Abb. 5). Diese Gestehkostenrechnung wird von der Datenverarbeitung aufgrund der fakturierten Mengen und Preise (die Fakturierung wird am 3. Arbeitstag abgeschlossen) und der gespeichterten Werte der Standardrezepturen und der Plan-Vertriebseinzelkosten erstellt. Der Detaillierungsgrad dieser Ausrechnung ist sehr fein. Er liegt noch unter der Kostenträgerebene. Je Produkt und Rezeptur (als kleinste Einheiten) sowie getrennt nach Inland und Ausland werden Ergebnisse bis zum DB I vorgelegt. Zusammenfassungen erfolgen nach Kostenträgern, Kostenträgergruppen und Verkaufsabteilungen. Diese frühzeitige Information (auch für Dezember-Umsätze) gibt einen schnellen Einblick in die wirtschaftliche Situation des Unternehmens. Es können einmal Veränderungen gegenüber der Planung sowie Saison- oder Konjunkturschwankungen in ihren Ergebnisauswirkungen erkannt werden. Es können zum anderen zufällige Änderungen, die aufgrund technischer Abwicklung wie Vorfakturierung oder Versandüberhang oder weniger Arbeitstage zu Verschiebungen zwischen den einzelnen Abrechnungsperioden führen, frühzeitig erkannt werden.

Die Ermittlung der Istdaten mit Abschluß der Kostenstellenrechnung und der Bestandsrechnung erfordert mehr Zeit (Stichwort: Schnelligkeit versus Genauigkeit bei der Vorlage monatlicher Ergebnisrechnung).

Die monatlich erstellte Umsatzergebnisrechnung ist vornehmlich ein Führungsinstrument für die Vertriebsabteilungen sowohl zur kurzfristigen Verkaufssteuerung als auch für mittelfristige Entscheidungen in der Sortiments- und Abnehmerpolitik. Abgeleitet aus dem Gesamtziel Unternehmensgewinn hat jede Sparte mit ihren Verkaufsabteilungen Bereichsgewinnziele (Teilziele können sein: Absatzmengen, Mindestverkaufspreis, Deckungsbeiträge). Die Ergebnisrechnung zeigt monatlich, wie weit das Jahresziel (Planergebnis) erreicht ist.

Die Ermittlung der Bereichsziele wird abgeleitet aus dem Verzinsungsanspruch für das eingesetzte Kapital. Die Kapitalergebnisrechnung dient dem Unternehmen als Grundlage für eine gewinnorientierte Planungs- und Kontrollrechnung. Deshalb wird neben dem Betriebsergebnis (Deckungsbeitrag III einer Verkaufsabteilung oder Deckungsbeitrag IV einer Sparte) in der monatlichen Ergebnisrechnung noch ein Kapitalergebnis ausgewiesen (s. Abb. 3 unten). Dabei werden dem jeweiligen Deckungsbeitrag die verrechneten kalk. Kosten (auch die der anteilig verrechneten Infrastruktur) einschließlich der Zuführungen zu Pensionsrückstellungen wieder hinzugerechnet. Der so ermittelte Kapitalrückfluß wird zum gebundenen Kapital (Grundstücke / Gebäude / maschinelle Anlagen / Vorräte / Forderungen) ins Verhältnis gesetzt. Damit ist die Verbindung zur Zielplanung Kapitalergebnis hergestellt.

Die Umsatzergebnisrechnung dient weiterhin der Beurteilung der Arbeitsgebiete sowohl absolut als auch vergleichend zu anderen Bereichen des Unternehmens. Aus der produktbezogenen Ergebnisrechnung kann die durchschnittliche Deckungsbeitragshöhe der einzelnen Arbeitsgebiete und Produkte beurteilt werden (Steuerung des Produktmix). Ferner dient die kurzfristige Ergebnisrechnung zur nachträglichen Kontrolle der Entscheidungen aus Produktions- und Absatzplanung. In Verbindung mit der Rezepturplanung dient die Ergebnisrechnung auch der Vorkalkulation.

Für andere Fragestellungen der Verkaufssteuerung, wie einzelne preispolitische Maßnahmen oder Verbesserung des Kundenmix oder Beurteilung der ertragsreichsten Produkte, werden in unserem Unternehmen aus den Daten der kurzfristigen Ergebnisrechnung sog. Sortiments- und Kundenanalysen erstellt. Im folgenden Abschnitt wird die Sortimentsanalyse nach Deckungsbeiträgen vorgestellt. Unter dem Stichwort "Kundenanalyse" wird allgemein die Ergebnisanalyse nach Deckungsbeiträgen bezogen auf verschiedene Abnehmer bzw. Abnehmergruppen und Absatzrichtungen bezeichnet.

Diese zusätzlichen Kunden- und Sortimentsanalysen werden fallweise durchgeführt. Sie dienen auch der Unterstützung und Absicherung strategischer Überlegungen in den Verkaufsabteilungen bzw. in den Arbeitsgebieten.

3.2 Sortimentspolitik nach Deckungsbeiträgen

Gegenüber den routinemäßig erstellten produktbezogenen Ergebnisrechnungen (organisatorischer Aufbau s. Abb. 4) werden in der sog. Sortimentsanalyse Einzelprodukte und Produktgruppen auf Rezepturbasis nach der ABC-Methode untersucht. Damit soll die Frage beantwortet werden, an welchen Produkten das Unternehmen verdient und in welcher Reihen- bzw. Rangfolge. Dabei stehen im Vordergrund zunächst die Artikel mit dem höchsten Grenzergebnis (Differenz II in der Umsatzergebnisrechnung). Jedoch ist für die Beurteilung der Produktrentabilität auch die Kapazitätsauslastung zu berücksichtigen. Deswegen wird in den Sortimentsanalysen bis zum Deckungsbeitrag I gerechnet, der die betrieblichen fixen Kosten beinhaltet. Die Rezepturen können pro Betrieb nach Mengen in absteigender Reihenfolge sortiert und die Kennzahl "Auslastungsgrad" kann kumulativ ermittelt werden.

In den Sortimentsanalysen können Produktzusammensetzungen nach anderen (wechselnden) Kriterien als in der lfd. Ergebnisrechnung erfolgen. So werden z.B. Ergebnisdarstellungen nach Fachbereichen oder nach bestimmten Vertriebswegen wie Verkaufsbereiche oder Vertreterbezirke durchgeführt. Weitere Sortiermerkmale können sein Umsatzhöhe und/oder Deckungsbeitragsfähigkeit. Dabei werden sowohl absolute wie prozentuale Werte ermittelt sowie neben den Kennzahlen Umsatz, Grenzergebnis und DB I je Produkt auch sog. kumulierte Darstellungen für Umsätze und Ergebnisse vorgelegt. Diese Aufstellungen zeigen insbesondere, mit welchen Anteilen des Sortiments (z.B. 20 %) vielleicht 80 % des Umsatzes und 70 % des Grenzergebnisses erzielt werden.

Die Ergebnisdarstellung der Sortimentsanalyse ist etwas abweichend von dem Aufbau der lfd. Ergebnisrechnung. Folgende Informationen werden auf Rezepturebene aufbereitet:

UMSATZMENGE in kg
DURCHSCHNITTSERLÖSE DM/100 kg
UMSATZ in DM
UMSATZANTEIL (Rezeptur/Kostenträger an Gesamtumsatz Verkaufsabt.)
VERTRIEBSEINZELKOSTEN (durchschnittliche Istkosten je Kostenträger, differenziert nach Inlands-/Auslandsumsätzen)
IST-STOFFKOSTEN
PROP. PLAN-FERTIGUNGSKOSTEN (lt. Standardrezeptur)
GRENZERGEBNIS absolut (Differenz II)
GRENZERGEBNIS in % vom Umsatz
FIXE PLAN-FERTIGUNGSKOSTEN (lt. Standardrezeptur)
DECKUNGSBEITRAG I absolut
DECKUNGSBEITRAG I in % vom Umsatz

Zusammenfassungen erfolgen nach Kostenträgern, Kostenträgergruppen und Verkaufsabteilungen.

Die Abweichungen gegenüber der kurzfristigen Ergebnisrechnung:

Vertriebseinzelkosten und Stoffkosten werden unmittelbar als Istkosten ausgewiesen und nicht wie sonst üblich als Plankosten und Abweichungen. Der Umsatzanteil je Rezeptur am Gesamtumsatz sowie zusätzliche Sortierungen nach Rangfolge können in der lfd. Ergebnisrechnung nicht ausgewiesen werden.

Die Sortimentsanalyse soll zusammen mit der Ergebnisrechnung dazu beitragen, das Produktmix bzw. die Auftragszusammensetzung in Richtung Ertragssteigerung zu verbessern, verbunden mit einer Kostensenkung im Produktions- und Vertriebsprozeß. Neben der Forcierung der Produkte mit den höchsten Grenzergebnissen (wobei in Engpaßsituationen die Verkaufssteuerung mit Hilfe relativer Grenzergebnisse erfolgt) werden sog. C-Produkte solange geführt, bis ein Ersatzumsatz mit höheren Grenzergebnissen vorhanden ist. Jedoch wird beim Vergleich zusätzlicher Grenzergebnisse (Deckungsbeitrag) mit prop. Kosten die Untersuchung der Abbaufähigkeit von Fixkosten mit einbezogen.

3.3 Abnehmerpolitik nach Deckungsbeiträgen

Die bisher dargestellte artikelbezogene bzw. produktbezogene Ergebnisrechnung sowie die Sortimentsanalyse zeigen nur die Durchschnittwerte aus den Lieferungen an alle Kunden oder Abnehmergruppen oder Länder. Vorhandene Kundenstatistiken zeigen gewöhnlich nur die Umsatzmenge und den Verkaufswert je Kunde und Produkt. Für eine selektive Vertriebspolitik bzw. Verkaufssteuerung ist aber mindestens genauso entscheidend das Wissen um den Deckungsbeitrag je Kunde, je Geschäftsfeld (Marktsegment) oder je Region. Dabei gewinnt die Frage nach den "weltweit" erzielten Deckungsbeiträgen bei verschiedenen Produktionsstandorten und bei vielen ausländischen Vertriebsgesellschaften zunehmend an Bedeutung.

Das Instrumentarium "Kundenanalyse" wird in unserem Hause insgesamt für die Beurteilung der Abnehmerpolitik eingesetzt. Dies gilt einmal im engeren Sinne für die kundenbezogene Deckungsbeitragsrechnung sowie zum anderen für die Ergebnisanalyse nach einzelnen Vertriebsgesellschaften, Geschäftsfeldern/Marktsegmenten, Ländern oder nach Regionen (Absatzrichtungen). Je nach gewünschter Ergebnisanalyse entstehen Zuordnungsprobleme bei verschiedenen Kostenarten, insbeondere bei den Vertriebseinzelkosten.

3.3.1 Kundenanalyse

Der Aufbau der Ergebnisdarstellung entspricht dem der Sortimentsanalyse (s. auch unter 3.2) ergänzt um kundenspezifische Angaben wie

ANTEIL PRODUKT AM KUNDENUMSATZ
UMSATZANTEIL KUNDE AM ABTEILUNGSUMSATZ
GRENZERGEBNIS) je Kunde und Produkt
DECKUNGSBEITRAG I)

Abb. 6 zeigt die DV-Liste Kundenanalyse (Basisauswertung).

Folgende Fragen können mit der kundenbezogenen Deckungsbeitragsrechnung beantwortet werden:

1. Wie hoch ist der Deckungsbeitrag je Kunde und mit welchen Produkten wurde er erzielt?

2. Welche Kunden erwirtschafteten den höchsten Deckungsbeitrag?

3. Mit wieviel und mit welchen Kunden werden wieviel Prozent des Ergebnisses erzielt?

4. Wie ist die geografische Streuung des Kunden?

5. In welchen Bereichen /Geschäftsfeldern sind die Kunden tätig?

In der kundenbezogenen Deckungsbeitragsrechnung wird je Kunde (wie in der Sortimentsanalyse) nur bis zum DB I gerechnet. Weitere kundenspezifische Kosten, etwa aus dem allg. Vertrieb, lassen sich nur schwer verursachungsgerecht je Kunde und Produkt zuordnen. Werbekosten oder Kosten der Entwicklung und Anwendung hingegen könnten je Kunde ermittelt werden: dadurch entstünde aber eine weitere Bezugsgröße in der Ergebnisrechnung bzw. ein unterschiedlicher Deckungsbeitrag bei Produkten und Kunden.

Fixkosten aus Vertrieb, Verwaltung und Entwicklung und Anwendung sowie aus der Forschung werden nicht zugerechnet. Wieviel Fixkosten ein Kunde trägt bzw. tragen soll und wie hoch der Gewinn sein soll, wird als Zielsetzung über Solldeckungsbeiträge festgelegt.

Die vorgelegten Kundenanalysen beinhalten die wesentlichsten Kundendaten wie Umsätze und Ergebnisse (Grenzergebnis und Deckungsbeitrag I) nach verschiedensten Sortiermerkmalen. Diese können sein Rangfolge nach Umsatz und Ergebnis, Einteilung nach Verkaufsregionen und Ländern oder Kontinenten sowie nach Geschäftsfeldern. Besonders aussagefähig sind die "kumulierten Darstellungen" z.B. über Verteilung der Umsatzgrößenordnungen oder der Grenzergebnisse (mit wieviel Kunden wird wieviel Prozent Umsatz/Ergebnis erreicht).

Die Kundenanalysen werden vom Internen Rechnungswesen statistisch aufbereitet und auf Unterschiede und Besonderheiten untersucht. Dies geschieht kommentierend mit ausgewählten Tabellen. Für weitergehende Analysen stehen die Basisauswertungen der DV-Listen zur Verfügung.

Exkurs: Zuordnung von Vertriebseinzelkosten (s. Abb. 7) und Fertigungskosten in kundenbezogener Deckungsbeitragsrechnung *)

Gegenüber der monatlich erstellten artikelbezogenen Ergebnisrechnung und der daraus entwickelten Sortimentsanalyse entstehen bei den kundenbezogenen Rechnungen für bestimmte Kostenarten schwierige Erfassungs- und Zuordnungsprobleme. Dies gilt unter den Vertriebseinzelkosten insbesondere für die Frachtkosten und bei einer Auftragsfertigung auch für die Fertigungskosten.
Provisionen und Skonti werden aus der Rechnungsschreibung je Produkt und Kunde ermittelt. Verpackungskosten und Abfüllkosten werden mit durchschnittlichen Werten aus der Ergebnisrechnung je Kunde aufgeteilt. Verpackungen werden dann genau aus der Rechnungsschreibung ermittelt, wenn der Anteil am Verkaufspreis sehr hoch ist (für hochwertige Verpackungen gibt es sog. "Gebindelisten").

Die Ausgangsfrachten werden aus den kostenträgerweise vorliegenden Aufzeichnungen (Inlandsfrachten und Auslandsfrachten sind unterschiedliche Kostenarten: getrennte Buchungen im Hinblick auf Datenerfassung für Kundenanalysen) mengenabhängig ermittelt.
Eine Aufteilung der Frachten je Kunde und Produkt geschieht auf analytischem Wege durch Festlegung eines Prozentsatzes. Z.Z. wird eine DV-Lösung erarbeitet, die eine "Frachtenverteilung" nach gewünschten Kriterien aus den Unterlagen der Auftragsabwicklung, Fakturierung und Versandpapierschreibung vornimmt.

Bei den Fertigungskosten werden grundsätzlich die prop. und fixen Werte lt. Standardrezeptur genommen. Bei Chargenfertigung und Serienfertigung können die Verbrauchsabweichungen und Beschäftigungsabweichungen nicht verursachungsgerecht einzelnen Produkten und Kunden zugeordnet werden. Im Einzelfall wird als Korrektur mit einem Durchschnittssatz für Verbrauchsabweichungen gerechnet.

Beschäftigungsabweichungen müssen aus dem Deckungsbeitrag aufgebracht werden. Bei einer Auftragsfertigung hingegen können die tatsächlichen Verweilzeiten und die effektiven Laufgeschwindigkeiten sowie zusätzliche Fertigungskosten bei unterschiedlichen Auflagegrößen oder Losgrößen je Auftrag und Kunde ermittelt werden. Diese Ist-Fertigungszeiten werden jedoch mit Standardherstellkosten (evtl. korrigiert um Verbrauchsabweichungen) bewertet.

*) Grundsätzlich gelten die hierzu gegebenen Erläuterungen und Hinweise auch für Ergebnisrechnungen nach Abnehmergruppen, nach Geschäftsfeldern oder Ländern.

3.3.2 Abnehmergruppen

Die Fragestellungen sowie die Erfassungs- und Zuordnungsprobleme sind bei der Ergebnisanalyse von Abnehmergruppen die gleichen wie bei der Kundenanalyse. Auch die Form der Ergebnisdarstellung ist gleich. Der Begriff Abnehmergruppen beinhaltet die unterschiedlichsten Einteilungskriterien je nach Sparte und Verkaufsabteilung. Gegenüber der artikelbezogenen Ergebnisrechnung mit ihrer Kostenträgergliederung entspricht die Gliederung nach Abnehmergruppen verstärkt der Marktbearbeitung durch die Verkaufsabteilungen. Als Unterteilung werden Ergebnisanalysen nach

FACHBEREICHEN,
BRANCHEN,
GESCHÄFTSFELDERN und
MARKTSEGMENTEN / PRODUKTGRUPPEN

durchgeführt. In vielen Fällen deckt sich die Einteilung Marktsegmente mit der Einteilung Produktgruppen in der lfd. Umsatzergebnisrechnung. In verschiedenen Arbeitsgebieten sind jedoch Überschneidungen möglich, so daß Produktgruppen nach Marktsegmenten zusammengefaßt werden.

- Beispiele für Fachbereiche im Arbeitsgebiet Desinfektionsmittel:
  Getränkeindustrie / Hospital / Oberbehörden /
  Export Westeuropa (die ausländischen Vertriebsgesellschaften selbst liefern an verschiedene Fachbereiche in ihren Ländern).

- Beispiel für Geschäftsfelder im Arbeitsgebiet Silikone:
  Silikonöle / Lackadditive / Entschäumer / Trennmittel / Harze.

- Beispiel für Marktsegmente im Geschäftsfeld Harze:
  hitzebeständiger Korrosionsschutz / Haushaltsgerätelackierung /

Coil-Coatings-Verfahren.

- Beispiel für Geschäftsfelder im Arbeitsgebiet Tenside:
  Kosmetik / Pharmazie / Nahrungsmittelindustrie / Vertriebsgesellsch. Th.G.

In den jeweiligen Analysen werden nun für alle Fachbereiche, Geschäftsfelder oder Marktsegmente Umsätze und Ergebnisse (Grenzergebnis und DB I) aller Kunden mit dem jeweils bezogenen Produkt dargestellt. Für alle Sortierungen gilt, daß innerhalb einer gewählten Unterteilung bezogen auf die kleinste Einheit der Rezeptur die Daten je Kunde und Produkt vorliegen.

Die Auswertungen erfolgen durch das Interne Rechnungswesen. Aus der Vielzahl der Auswertungsmöglichkeiten seien beispielhaft erwähnt:

- Zusammenhang zwischen Umsatzhöhe und Ergebnis
- Vergleich der Geschäftsfelder / Marktsegmente
- Zusammenhang zwischen Geschäftsfeldern / Marktsegmenten und Kunden (Fragen nach Marktanteil und Marktdurchdringung sowie nach Abhängigkeit des Ergebnisses von Kunden oder Produkt)
- Zusammenstellung nach geografischen Gesichtspunkten
- statistische Auswertung wie Anzahl der Kunden und Rechnungen.

Die Basisanalyse aus der Datenverarbeitung enthält alle erforderlichen Einzelinformationen vom Umsatz bis zum Deckungsbeitrag I (s. auch Kundenanalyse Abb. 6).

3.3.3 Absatzrichtungen

Eine besondere Bedeutung kommt in unserem Unternehmen der Ergebnisrechnung nach Absatzrichtungen zu. Darunter verstehen wir die "Deckungsbeitragsrechnung" für konzerninterne Umsätze. Dies gilt insbesondere für Lieferungen an die ausländischen Vertriebsgesellschaften sowie für die über sog. Verbindungsbüros vermittelten und/ oder betreuten Umsätze (im Folgenden zur Vereinfachung nur noch Vertriebsgesellschaften = VG).

Die Exportquote beträgt z.Z. rd. 45 % mit zunehmender Tendenz. In einigen wichtigen Arbeitsgebieten liegt die Exportquote bei über 65 %.

In den bisher dargestellten Kundenanalysen werden die Vertriebsgesellschaften z.B. jeweils als Einzelkunde erfaßt. Dadurch reduziert sich zunächst der Arbeitsaufwand in den statistischen Auswertungen. Jedoch werden quartalsweise mit Hilfe des DV-Programms "Kundenanalyse" für die Lieferungen an Vertriebsgesellschaften gesonderte Ergebnisrechnungen bis zum Deckungsbeitrag I durchgeführt. Die Unterteilung entspricht der Umsatzergebnisrechnung der AG, d.h. für die Lieferungen an Vertriebsgesellschaften werden Umsätze und Ergebnisse (Grenzergebnis und DB I) nach den Arbeitsgebieten der AG ermittelt.

Für die Ergebnisbeurteilung spielen die Lieferungen an die ausländischen Vertriebsgesellschaften eine entscheidende Rolle. Dies liegt einmal an dem hohen Umsatzanteil und zum anderen an der Preisstellung. Da die ausländischen Vertriebsgesellschaften die Belieferung, Marktbetreuung und teilweise "Entwicklung und Anwendung" in ihren jeweiligen Märkten übernehmen, erhalten die Vertriebsgesellschaften die Produkte aus Essen und Mannheim zu bestimmten Verrechnungspreisen. D.h. die aus diesen Lieferungen erzielten durchschnittlichen Grenzergebnisse und Deckungsbeiträge I liegen unter dem der übrigen Lieferungen sowohl im Inland als auch im übrigen Ausland (Direktlieferungen an ausländische Kunden und/oder vermittelte bzw. betreute Umsätze).

Insbesondere im Bereich Westeuropa wird das absolute und relative Grenzergebnis durch den Einfluß der Vertriebsgesellschaften geprägt. Auch für die Regionalanalyse (Vergleich Wirtschaftsblöcke, Kontinente) spielen beim Vergleich des durchschnittlichen Grenzergebnisses die Lieferungen an die Vertriebsgesellschaften eine entscheidende Rolle. Für bestimmte Sortierungen nach Anzahl Kunden und Umsatzgrößenordnung werden die Zahlen "Ausland" mit und ohne Lieferungen an Vertriebsgesellschaften dargestellt.

Im Internen Rechnungswesen werden quartalsweise aus den Basisdaten der DV-Auswertungen folgende Übersichten erstellt:

1. Übersicht nach Gesellschaften
   Auswertung: Umsatz und DB I je Vertriebsgesellschaft

Gesellschaft	01-03.84 Umsatz TDM	DB I TDM	in % v.U.	01-03.83 Umsatz TDM	DB I TDM	in % v.U.
GB						
F						
I						
NL						
⋮						
gesamt						

2. Übersicht nach Verkaufsabteilungen und Sparten

Auswertung: Umsatz und DB I je Verkaufsabteilung und Sparte aus den Lieferungen an die Vertriebsgesellschaften (VG)

Vk-Abt./ Sparte	01-03.84 Umsatz TDM	DB I TDM	in % v.U.	01-03.83 Umsatz TDM	DB I TDM	in % v.U.
Desinfektion						
Silikone						
Tenside						
:						
Sp.Org.Spez.						
Sp.Metallch.						
Σ VG						

3. Vergleichende Übersicht der erzielten Umsätze und DB I der Lieferungen an Vertriebsgesellschaften (Summe VG) mit Umsätzen und DB I der jeweiligen Verkaufsabteilungen und Sparten lt. Ergebnisrechnung (gesamt):

Vk.-Abt.AG	Gesamt	GB F I NL ...	Summe VG	Anteil in %
Desinfekt. Umsatz DB I in % v.U.				
Silikone Umsatz DB I in % v.U.				
Tenside Umsatz DB I in % v.U.				
: Sp.Org.Spez. Umsatz DB I in % v.U.				
: Sp.Metallch. Umsatz DB I in % v.U.				

Die Ergebnisrechnungen für die Lieferungen an die ausländischen Vertriebsgesellschaften liegen pro Kostenträger und Rezeptur vor. Detaillisten der DV werden an die Auslandsgesellschaften verteilt.

Den Exporterträgen der Verkaufsabteilungen sind die Ergebnisse der Vertriebsgesellschaften mit diesen Produkten gegenüberzustellen bzw. zuzuordnen. Für die Umsätze der ausländischen Vertriebsgesellschaften werden nun in der gleichen Unterteilung nach Arbeitsgebieten ebenfalls Ergebnisrechnungen bis zum Deckungsbeitrag I erstellt. Die Zusammenfassung dieser Ergebnisrechnungen zeigt den in den jeweiligen Arbeitsgebieten erzielten Deckungsbeitrag (ERGEBNIS-DURCHRECHNUNG).

Turnusmäßig werden in unserem Hause quartalsweise ERGEBNIS-DURCHRECHNUNGEN erstellt. Normalerweise erfolgt dies auf der Ebene Verkaufsabteilungen und diese zusammengefaßt nach Sparten. Für die Berichterstattung über die Durchrechnung der Vertriebsaktivitäten werden aus den Basisinformationen der DV zwei zusammengefaßte Tabellen erstellt.

Tabelle 1 zeigt eine Gesamtübersicht sortiert nach Vertriebsgesellschaften (mit Zahlenbeispiel):

ERGEBNIS-DURCHRECHNUNG 1-3.84 (in TDM)
Th. Goldschmidt AG - Th.G.-Vertriebsgesellschaften

	(1)	(2)	(3)	(4)	(5)	(6)	(7)	(8)
Land	Umsatz AG mit VG	Umsatz VG	DB I der AG	Vertriebsergebnis (VE) der VG	DB I der AG (in % vom Umsatz)	Vertriebsergebnis der VG (in % vom Umsatz)	DB I der AG / Umsatz VG (in %)	(6) + (7) (in %)
GB F I NL ⋮								
Gesamt	4.000	5.100	800	510	20	10	15	25

In der Spalte (7) wird der absolute Deckungsbeitrag der AG in Relation gebracht zum entsprechenden Außenumsatz der Vertriebsgesellschaft. Spalte (8) zeigt den relativen Deckungsbeitrag für die gemeinsame Vertriebsaktivität gemessen am Außenumsatz. Die Zahlen der Vertriebsgesellschaften werden zu Durchschnittswechselkursen umgerechnet. Das sog. Vertriebsergebnis (VE) bedeutet Außenumsatz minus Vertriebseinzelkosten und Wareneinstandskosten (mit Frachten und Zöllen).

Tabelle 2 zeigt die Kennzahlen Umsatz, DB I bzw. VE absolut und prozentual nach den einzelnen Verkaufsabteilungen und Vertriebsgesellschaften. Die in Klammern gesetzte Zahl entspricht dem DB I der AG bezogen auf den Außenumsatz der Vertriebsgesellschaft (mit Zahlenbeispiel):

ERGEBNIS-DURCHRECHNUNG 1-3.84 (in TDM)
Th. Goldschmidt AG - Th.G.-Vertriebsgesellschaften

Vk.-Abt.AG	Großbritann.		Frankreich		Italien		Niederl.	
	AG	VG	AG	VG	AG	VG	AG	VG
DESINFEKTION								
Umsatz			400	510				
DB I / VE			80	51				
in %			20	10				
			(25)					
SILIKONE								
Umsatz								
DB I / VE								
in %								
TENSIDE								
Umsatz								
DB I / VE								
in %								

Die Ergebniszahlen werden mit denen der AG und den einzelnen Ländern verglichen. Neben der prozentualen Entwicklung zeigen diese Ergebniszusammenstellungen den Vergleich der absolut erzielten Deckungsbeiträge I der AG mit dem absoluten Vertriebsergebnis (VE) der Vertriebsgesellschaften. Aus diesen Beträgen sind jeweils die restlichen fixen Kosten (Vertrieb / Verwaltung / Entwicklung und Anwendung / Forschung) zu decken und ein Gewinn zu erzielen.

Diese Ergebnis-Durchrechnungen dienen einmal der Verkaufssteuerung sowohl in der AG (Unternehmensleitung / Spartenleiter / Verkaufsleiter) als auch in den ausländischen Vertriebsgesellschaften. Zum anderen dienen sie der Ergebniskontrolle der getroffenen Vertriebsmaßnahmen. Für das Unternehmen besonders wichtig ist der Ergebnisvergleich der jeweiligen Arbeitsgebiete in den einzelnen Ländern, sowohl untereinander als auch mit denen innerhalb der AG.

Zusammenfassende Ergebnisdarstellungen auf Produktebene oder Kostenträgerebene werden aus wirtschaftlichen Gründen nicht regelmäßig vorgelegt. Die Datenerfassung ist so angelegt worden, daß im Bedarfsfall bis auf Kostenträgerebene durchgerechnet werden kann. In Einzelfällen liegen für Entscheidungssituationen (z.B. Preisfindung / Mengenpolitik) die aktuellen Daten aus den Ergebnisrechnungen der AG und der VG vor. Insbesondere wegen der Berücksichtigung aktueller Währungsparitäten und Kostensituationen (z.B. bei den Rohstoffpreisen) scheint es vorteilhafter, nur im Bedarfsfall die in Essen / Mannheim erzielten Deckungsbeiträge und die von den VG ermittelten Deckungsbeiträge durchgerechnet bis auf die Produktebene zu ermitteln. Die jeweils in der AG und in den Vertriebsgesellschaften erstellten Rechnungen werden zur gegenseitigen Information ausgetauscht.

3.4 Kurzfristige Entscheidungen im Verkauf

In den bisherigen Abschnitten wurde die Verkaufssteuerung mit Hilfe der produktbezogenen Ergebnisrechnung sowie mit Hilfe der darauf basierenden Sortiments- und Kundenanalyse dargestellt. In vielen Fällen handelt es sich um Entscheidungen, die nicht nur kurzfristig sind, sondern auch mittelfristigen Charakter haben (z.B. Entscheidung über "Kunde" oder "Vertriebsweg").

Zu den kurzfristigen Entscheidungen im Verkauf zählen wir insbesondere die "klassische" Aufgabe der Ermittlung von Preisuntergrenzen bei Zusatzaufträgen und die Preisfindung bei unterschiedlichen Beschäftigungslagen im Rahmen vorhandener Kapazitäten. Von der Fristigkeit her gesehen handelt es sich stets um Entscheidungen innerhalb eines Jahres bzw. innerhalb der kurzfristigen Planung.

Zur Beantwortung oben genannter Fragen eignet sich das im Unternehmen angewendete Kostenrechnungs- und Ergebnisrechnungssystem besonders wegen der Durchrechnung der Stoffkosten und der Trennung der prop. und fixen Kosten (auch der Infrastruktur) über alle Fertigungsstufen.

3.4.1 Ermittlung von Preisuntergrenzen

Für die Preispolitik des Unternehmens ist die Eigenschaft der Kosten nach fixem und prop. Verhalten von größter Bedeutung. Über die Frage der Annahme oder Ablehnung von Geschäften (Zusatzauftrag) kann kosten- und ertragsmäßig nur bei Kenntnis der Preisuntergrenze entschieden werden.

Abb. 8 enthält ein vereinfachtes Beispiel zur Ermittlung der Preisuntergrenze. Dabei ist die Ermittlung von Preisuntergrenzen bei Verzicht auf Vollkosten einmal nach dem

GRENZKOSTENPRINZIP und zum anderen nach dem
PRINZIP der AUSGABENWIRKSAMKEIT
(liquiditätsorientierte Preisuntergrenze) dargestellt.

Die Situationen, in denen es zu Entscheidungen über Zusatzgeschäfte kommt, sind hinreichend in der Literatur beschrieben und in der Praxis bekannt. Ebenso sind die Voraussetzungen auf der Kosten- und Erlösseite hinreichend beschrieben. Dies unterscheidet sich keineswegs in unserem Unternehmen von anderen. Kalkulationen zu Grenzkosten erfordern ein hohes Maß an betriebswirtschaftlichem Wissen um die innerbetriebliche Kostensituation sowie ein richtiges Einschätzen des Nachfragerverhaltens und der Konkurrenz. Aus diesem Grunde werden die Preisentscheidungen aufgrund von sog. Grenzkostenkalkulationen sorgfältig und umfassend,d.h. einschließlich der Berücksichtigung von Auswirkungen auf die Infrastruktur, geprüft.

Die Entscheidungen werden - rechnerisch gestützt vom Internen Rechnungswesen - durch Sparten- und Verkaufsleitung getroffen. Die Kenntnis von Preisuntergrenzen beschränkt sich auf diese Personengruppe. Zwar informiert das vorhandene Kostenplanungs- und Rezepturplanungssystem automatisch über die Höhe von prop. Kosten bei Planbeschäftigung, jedoch können die prop. Selbstkosten nicht immer als Preisuntergrenze angesehen werden. Die Ermittlung ist in jedem Einzelfall neu durchzuführen.

Dazu zählt auch die Untersuchung der Abbaufähigkeit von Fixkosten. Möglicherweise können kurzfristig Fixkosten abgebaut werden, die höher sind als die zusätzlich erzielten Deckungsbeiträge. Dabei muß unterstellt werden, daß die als prop. angesehenen Kosten auf jeden Fall abbaufähig sind. Diese Überlegungen gelten auch für die Entscheidung Eigenfertigung oder Fremdbezug (Kauf von Handelsware).

Ergänzend zu der kostenorientierten absoluten Preisuntergrenze wird unter Einbeziehung von Liquiditätsgesichtspunkten in die Kostenrechnung eine Preisuntergrenze ermittelt, bei der alle sofort ausgabenwirksamen Kosten gedeckt sind. Normalerweise liegt diese Preisuntergrenze deutlich über den prop. Kosten. Die liquiditätsorientierte Preisuntergrenze soll als eine Art erster Interventionspunkt bei Preisverhandlungen verstanden werden. Jedoch entspricht dies nicht dem "Grenzkostendenken", da ein Teil der sofort ausgabenwirksamen Kosten auch ohne den Zusatzauftrag zahlungswirksam wird.

3.4.2 Preisbeurteilung bei unterschiedlichen Beschäftigungslagen

Im Falle der Ermittlung der Preisuntergrenze bei einem "echten" Zusatzauftrag wurde davon ausgegangen, daß in allen Teilbereichen freie Kapazitäten vorhanden sind. Die Preisfindung und/oder die Preisbeurteilung wird für den Vertrieb beim Vorhandensein eines Engpasses oder bei mehreren bzw. wechselnden Engpässen ungleich schwieriger. Im Rahmen der gegebenen Absatzmöglichkeiten erfolgt die Preisbeurteilung nach der Rangfolge der Grenzergebnisse (Deckungsbeiträge) je

Engpaßeinheit. Die Verkaufssteuerung erfolgt dann mit Hilfe relativer Deckungsbeiträge (z.B. DM/Min.). Kapazitäts- oder Absatzrestriktionen durch mehrere Engpässe, zu deren Lösung Methoden der linearen Programmierung erforderlich wären, liegen in unserem Hause nicht vor.

Jedoch berücksichtigt der Vertrieb die unterschiedlichen Beschäftigungen in den jeweiligen Fertigungsanlagen (Kostenplätze) durch Mengenausweitung der deckungsbeitragsstärkeren Produkte. Dies erfolgt im besonderen beim Übergang von sog. Commodities zu Spezialitäten (selektive Verkaufssteuerung).

Als Simulationsmodell für verschiedene Beschäftigungsgrade werden auch Gewinnschwellen-Diagramme (s. Abb. 9) herangezogen. Unterschiedliche Kosten- und Preisverläufe werden in diesen Grafiken für bestimmte Beschäftigungslagen dargestellt. Dabei werden bei "guter" Kapazitätsauslastung alle möglichen Anpassungsmaßnahmen wie Überstundeneinsatz, Zusatzschichten, Vorratsproduktion auf Lager sowie Fremdbezug von Zwischen- bzw. Vorprodukten oder Lohnarbeit berücksichtigt. Je nach Kapazitätsauslastung wird der Vergleich zusätzliche Erlöse mit zusätzlichen Kosten neu angestellt. Bei vorhandenen Kapazitäten fällt die Entscheidung - zumindest rechnerisch - nach der höheren Deckungsbeitragsfähigkeit der Produkte.

Auf eine "preispolitische Besonderheit" für einen Verkaufsbereich unseres Unternehmens sei an dieser Stelle hingewiesen. Der Verkauf vertreibt Produkte aus einem Betrieb, in dem auch Erzeugnisse für einen Partner hergestellt werden. Der Vertrag sieht vor, daß monatlich alle Ist-Herstellungskosten nach den jeweils hergestellten Mengen verteilt werden. Solange dieser Betrieb nicht voll ausgelastet ist und das Mengenverhältnis zwischen den Partnern nicht konstant ist (etwa gleicher Produktmix unterstellt), müssen bei zusätzlichen Aufträgen neben den "normalen" prop. Kosten auch die durch den geänderten Mengensplit entstehenden "Mehrkosten" berücksichtigt werden. Die Preisuntergrenze in diesem Bereich liegt nicht "automatisch" bei den Grenzselbstkosten lt. Standardrezeptur. Diese verschieben sich jeweils bei Änderung des Mengenverhältnisses. Der Partner, der die Produktion ausweitet oder stärker verändert, zieht zusätzlich neben den prop. Kosten anteilige Fixkosten auf sich. Dies gilt auch bei rückläufiger Produktion bis zur festgelegten Mindestherstellmenge.

4. Die Verbindung zur betrieblichen Planungsrechnung

Nach dem System der Grenzplankostenrechnung mit Weiterentwicklung zur Vollkostenrechnung wird im gleichen Grundrechenmodell die betriebliche Planungsrechnung durchgeführt. Dabei steht insbesondere die ERGEBNISPLANUNG im Vordergrund. Für den Aufbau der betrieblichen Planung und für entsprechende Entscheidungen liegen die jeweils relevanten Kosten vor. Kurzfristige Entscheidungen (auf der Basis vorhandener Kapazitäten) erfordern stets die Kenntnis der prop. Kosten. Diese Daten stehen in unserem Unternehmen aus dem beschriebenen Grundrechenmodell zur Verfügung.

Deckungsbeitragsrechnungen ermöglichen in guter Weise die Abstimmung betrieblicher Teilpläne, insbesondere des Absatzplanes mit dem Fertigungsplan. Der Schwerpunkt der Deckungsbeitragsrechnung liegt wohl auf der mengenmäßigen Verkaufssteuerung. Dies gilt insbesondere bei schwankenden Beschäftigungslagen und in Engpaßsituationen. Jedoch ist der Einsatz dieses Systems für kurzfristige Entscheidungen im Produktionsbereich ebenso wichtig und notwendig.

Der organisatorische Aufbau der Ergebnisplanung entspricht dem der monatlich erstellten Ergebnisrechnung in den jeweiligen Deckungsbeitragsstufen. Die Ergebnisplanung wird als Prognoserechnung für das lfd. Jahr und als Planungsrechnung für die folgenden 3 Jahre (z.B. 1985 - 1987) durchgeführt. Dabei gewinnt die Abstimmung mit den Absatz- und Umsatzplanungen der Auslandsorganisation zunehmend an Bedeutung. Die Ergebnisplanungen werden, ähnlich wie bei der Durchrechnung, aufgrund der abgestimmten Absatzpläne erstellt. Die rechtzeitige Einbeziehung der Absatzerwartungen der Vertriebsgesellschaften im Ausland ist besonders wichtig für die Feinabstimmung bei der kurzfristigen Kapazitätsplanung. Auch hier erfolgt grundsätzlich die Steuerung der Auftragszusammensetzung nach erzielbaren Deckungsbeiträgen.

Abweichungen von den geplanten Deckungsbeiträgen und von dem geplanten Gewinn werden auf Preis- und Mengeneinflüsse analysiert (Erfolgskontrolle).

In den vergangenen Jahren ist das System der Verkaufssteuerung mit Deckungsbeiträgen - auch mit Hilfe der EDV - verfeinert und weiter ausgebaut worden. Vielfältige Auswertungen und Soll-Ist-Vergleiche mit Abweichungsanalysen sind dem Vertrieb als Entscheidungshilfe für eine gewinnorientierte Verkaufssteuerung zur Verfügung gestellt worden. Neben den artikelbezogenen monatlichen Ergebnisrechnungen werden Sortiments- und Kundenanalysen erstellt. Die erfolgreiche Anwendung dieses Systems hängt aber im entscheidenden Maße davon ab, die adäquaten Darstellungsformen zu finden, die Durchführung mit Hilfe der DV organisatorisch zweckmäßig zu gestalten und die vorgelegten Ergebnisse richtig anzuwenden. Zuviele Informationen und Alternativinformationen können auch Entscheidungen erschweren. Zahlenfriedhöfe sind zu vermeiden und die Daten sind in einer angemessenen Zeit vorzulegen.

Für die Verkaufssteuerung und die Planung und Kontrolle des Erfolges ist das Rechnen nach dem Deckungsbeitragsprinzip das geeignete System. Nicht mehr das "Ob", sondern das "Wie" steht zur Diskussion. Zusammen mit Konzeptionen und Strategien auf der Produkt-, Fertigungs- und Marketingseite bietet der Einsatz der Deckungsbeitragsrechnung zur Verkaufssteuerung und Erfolgskontrolle einen wesentlichen Beitrag in Richtung Ergebnisverbesserung.

5. Anlagen (Verzeichnis der Abbildungen)

Abbildung 1 Kostenstellenplanung

Abbildung 2 Rezepturplanung

Abbildung 3 Monatliche Ergebnisrechnung

Abbildung 4 Organisatorische Gliederung der Ergebnisrechnung

Abbildung 5 Gestehkostenrechnung

Abbildung 6 Kundenanalyse

Abbildung 7 Blatt Vertriebseinzelkosten

Abbildung 8 Vorkalkulation mit Ermittlung von Preisuntergrenzen

Abbildung 9 Gewinnschwellen-Diagramm

DV-Kennz.	01 Neu / 02 Änderung / 03 Blockierung	Th. Goldschmidt AG				Abbildung 1				
		Kostenplanung 19	K'st.	K'pl.	Kostenstellen – Bezeichnung					
Zeile DV 14			Leistungsmenge	Einheit	K'st.-Leiter					
			=		Standardkosten in DM					
	Konto	Bezeichnung	Menge	DM je Einheit	prop.	fix primär	fix sekundär	fix Grundl.	Gesamt	
1		Angestellte / Arbeiter								
2										
3										
4	41 V	Löhne und sonstige Bezüge								
5	4112-13	Mehrarbeitsvergütung und -zuschläge								
6										
7	430	Ges.-soz. Beiträge Arbeiter	Z 4 + 5	%						
8	42	Gehälter und sonstige Bezüge								
9	430	Ges.-soz. Beiträge Angestellte	Z 8	%						
10	–	Frw.-soz. u. Pers.-Nebenkosten	pro Kopf							
11	43 V	Alterssicherung	Z 4+5+8	%						
12	–	Aus- und Weiterbildung								
13		Personalkosten								
14	4400	Wasser cbm		außerdem Grundlast						
15	4410	Strom Kwh								
16	4420	Gas cbm								
17	–	Dampf t								
18	–	Preßluft cbm								
19	–	Kohle / Koks / Heizol t/ltr								
20		Energiekosten								
21		Reparaturkosten								
22	40 V	Gemeinkostenmaterial								
23	4025	Arbeitsschutzmittel								
24	4943	Leihpersonal								
25	49 V	Sonstige Fremdleistungen								
26	46 V	Steuern								
27	4519-20	Reisekosten und Pkw								
28	45 V	Bewirtung / Repräsentation								
29	4800	Vertreterkosten								
30	4523-26	Werbekosten / Werbeabteilung								
31	4500	Postgebühren (Tel / FS)								
32	45 V	Verschiedene Gemeinkosten								
33	–	Transporte / Platzkolonne								
34	–	Laborkosten								
35	–	Werksleitung	qm							
36	–	Raumkosten	qm							
37	4700	Kalkulatorische Abschreibungen								
38	4710	Kalkulatorische Zinsen								
39		Gemeinkosten								
40		Zwischensumme								
41		Kostenmindernde Erlose								
42										
43										
44										
45										
46										
47										
48										
49										
50										
51										
52										
53										
54										
55										
56		Gesamtkosten								
57			Kosten je							

Datum: 19

Th. Goldschmidt AG

Standard-Rezeptur

Blatt: von

Planjahr:

Abbildung 2

Rezepturnummer

Kostenstelle

Kostenträgernummer

Rohstoff-Nr.	Rohstoffe	ME	Verbrauch	Verrechn.-Preis	Stoffkosten
Summe Rohstoffe					

Verbrauch/Kosten pro

Charge/Losgröße

Rezeptur-Nr.	Vorprodukte	ME	Verbrauch	HK-Vorprodukt	Stoffkosten	FK-prop.	FK-fix
Summe Vorprodukte							
Gesamt Stoffverbrauch							

K-Pl.	Fertigungskosten			Verweilzeit	Einheit	Umrechnung	Kostensatz	FK-prop.	FK-fix
Summe Fertigungskosten									

Herstellkosten für	Stoffkosten	FK-prop.	FK-fix	Gesamt

Verpackungsmaterial		Inhalt	Preis/Geb	Preis/Einh	Abfüll-/Verladekosten	Umrechnung	Kostensatz	Kosten prop	Kosten fix
					Summe Abfüll/Verladekosten				

Ident Nr. D 1500

Th. Goldschmidt AG

Ergebnis-Rechnung

Abbildung 3

Planung Jan.-Ber.-Monat		Bezeichnung	Jan.-Ber.-Monat 19		Jan.-Ber.-Monat 19		Berichtsmonat 19	
		Umsatz-Ergebnis-Rechnung						
		Umsatzmenge in kg/qm/Do/St.						
		⌀ Verkaufserlös DM f.						
TDM	% v. Ums.		DM	% v. Ums.	DM	% v. Ums.	DM	% v. Ums.
	100.-	Gesamt-Umsatz		100.-		100.-		100.-
		- Plan-Vertriebseinzelkosten						
		- Plan-Stoffkosten						
		- prop. Plan-Fertigungskosten						
		= Differenz I						
		Vertriebseinzelkosten -Abw.						
		Stoffkosten -Abw.						
		= Differenz II						
		- fixe Plan-Fertigungskosten						
		= Deckungsbeitrag I						
		Verbrauchs -Abw.						
		Beschäftigungs -Abw.						
		- Sonstige Kosten						
		= Deckungsbeitrag II						
		- Vertriebsgemeinkosten						
		- Entwicklungs- u. Anwendungsk.						
		- Verwaltungskosten						
		= Deckungsbeitrag III						
		- F+E-Kosten						
		= Deckungsbeitrag IV						
		Verr. Umlagen u. Grundkosten aus Infrastruktur lt. Planung						
		in fixen Plan-Fertigungskosten						
		in Vertriebsgemeinkosten						
		in Entwicklungs- u. Anwendungsk.						
		Gesamt						
		Kapital-Ergebnis-Rechnung						
—— x 100	in % v. geb. Kap.	DB III (IV) + Su. kalk. Kosten / gebundenes Kapital x 100	—— x 100	in % v. geb. Kap.	—— x 100	in % v. geb. Kap.	—— x 100	in % v. geb. Kap.
		Kalk. Kosten (ergebnismindernd berücksichtigt)						
		kalk. Abschreibungen						
		kalk. Zinsen a. Forderungen						
		kalk. Zinsen a. Anlagen u. Vorr.						
		Zuf. zu Pensionsrückstellungen						
		Summe Kalk. Kosten						

Th. Goldschmidt AG

Abbildung 4

Organisatorische Gliederung der Ergebnisrechnung

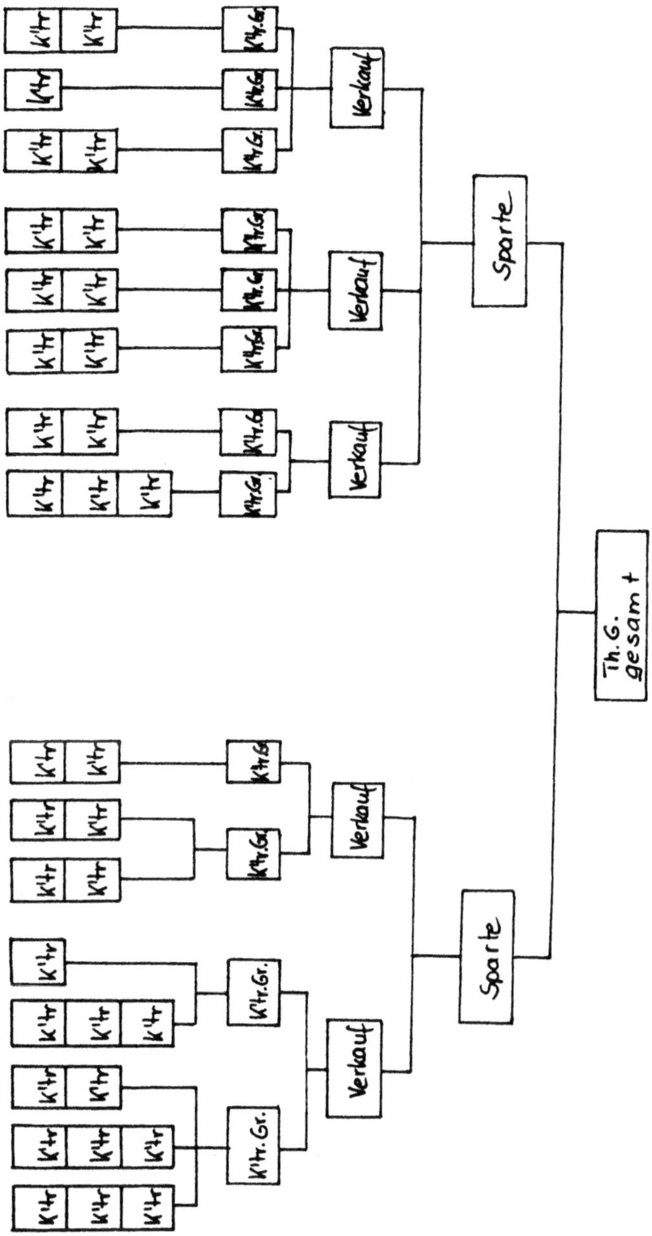

K'tr. = Kostenträger (= Produkt oder Zusammenfassung von ähnlichen Produkten)

Th. Goldschmidt AG

Abbildung 5

GESTEHKOSTEN-RECHNUNG FUER MONAT MAI/84 I R W 06.06.84 PF028067/1349 BLATT: 0001/0055/0098

SPARTE: ORGANISCHE SPEZIALIT. VK-ABTEILUNG:

PRODUKT-NR.	BEZEICHNUNG	BRUTTOMENGE	UMSATZ	VERTR.EINZEL KOSTEN	STOFF-KOSTEN	F.-KOSTEN PROP.	GRENZ-ERGEBN.	F.-KOSTEN FIX	DECKUNGS-BEITRAG I	SA. GESTEH-KOSTEN
	TEGO									
DIR.EXP.		20.160	117.552	10.580	69.577	6.028	31.367	25.469	5.898	101.074
INLAND		99	1.151	35	343	30	743	125	618	498
REZ.#107719	TEGO									
DIR.EXP.		20.160	117.552	10.580	69.577	6.028	31.367	25.469	5.898	101.074
INLAND		99	1.151	35	343	30	743	125	618	498
GESAMT		20.259	118.703	10.615	69.920	6.058	32.110	25.594	6.516	101.572
	TEGO									
DIR.EXP.		31.729	253.950	22.856	108.723	9.589	112.782	39.278	73.504	157.590
INLAND		2.100	20.442	613	7.199	635	11.995	2.601	9.394	10.435
REZ.#107904	TEGO									
DIR.EXP.		31.729	253.950	22.856	108.723	9.589	112.782	39.278	73.504	157.590
INLAND		2.100	20.442	613	7.199	635	11.995	2.601	9.394	10.435
GESAMT		33.829	274.392	23.469	115.922	10.224	124.777	41.879	82.898	168.025
	TEGO									
DIR.EXP.		171.118	1.483.508	133.516	588.613	49.522	711.857	210.441	501.416	848.576
INLAND		20.460	129.702	3.891	70.381	5.921	49.509	25.162	24.347	101.464
REZ.#108302	TEGO									
DIR.EXP.		171.118	1.483.508	133.516	588.613	49.522	711.857	210.441	501.416	848.576
INLAND		20.460	129.702	3.891	70.381	5.921	49.509	25.162	24.347	101.464
GESAMT		191.578	1.613.210	137.407	658.994	55.443	761.366	235.603	525.763	950.040
	TEGO									
DIR.EXP.		5.460	48.375	4.354	19.086	1.488	23.447	6.353	17.094	26.927
INLAND		13.504	114.450	3.434	47.208	3.681	60.127	15.714	44.413	66.603
REZ.#108805	TEGO									
DIR.EXP.		5.460	48.375	4.354	19.086	1.488	23.447	6.353	17.094	26.927
INLAND		13.504	114.450	3.434	47.208	3.681	60.127	15.714	44.413	66.603
GESAMT		18.964	162.825	7.788	66.294	5.169	83.574	22.067	61.507	93.530
	TEGO									
DIR.EXP.		630	5.229	471	2.241	185	2.332	781	1.551	3.207
INLAND		420	5.438	163	1.494	123	3.658	521	3.137	2.138
REZ.#108911	TEGO									
DIR.EXP.		630	5.229	471	2.241	185	2.332	781	1.551	3.207
INLAND		420	5.438	163	1.494	123	3.658	521	3.137	2.138
GESAMT		1.050	10.667	634	3.735	308	5.990	1.302	4.688	5.345
	TEGO									
DIR.EXP.		4.199	62.636	5.637	20.918	1.457	34.624	6.200	28.424	28.575
INLAND		1.343	23.178	695	6.689	466	15.328	1.983	13.345	9.138
REZ.#109124	TEGO									
DIR.EXP.		4.199	62.636	5.637	20.918	1.457	34.624	6.200	28.424	28.575
INLAND		1.343	23.178	695	6.689	466	15.328	1.983	13.345	9.138
GESAMT		5.542	85.814	6.332	27.607	1.923	49.952	8.183	41.769	37.713
	TEGO									
DIR.EXP.										
INLAND		1.000	9.500	285	3.498	340	5.377	1.461	3.916	5.299
REZ.#177324	TEGO									
DIR.EXP.										
INLAND		1.000	9.500	285	3.498	340	5.377	1.461	3.916	5.299
GESAMT		1.000	9.500	285	3.498	340	5.377	1.461	3.916	5.299

Th. Goldschmidt AG

Abbildung 6

THG *** K U N D E N A N A L Y S E *** ZEITRAUM: 01.84 - 03.84 DATUM: 24.05.84 PA459/1570 SEITE: 0001/0001

ABT: /VK- → Anteil am Kundenumsatz

170285 GOLDSCHMIDT

	UMSATZ	%	MENGE	D-PREIS	VEK	STOFF-KO	FV-PROP	GRENZ-ERGB	%	FK-FIX	DB I	%
REZ.# 108302 TEGO	1.052.436	40,6	136.820	769,31	94.710	451.253	32.516	466.843	44,3	168.347	298.496	28,3
REZ.# 691607 TEGO	668.792	25,8	85.190	785,05	60.191	389.923	31.793	186.885	27,9	132.922	53.963	8,0
REZ.# 694813 TEGO	356.974	13,8	39.900	894,67	25.345	145.204	11.070	175.355	49,1	108.678	66.677	18,6
REZ.# 695423 KOS	167.200	6,4	15.225	1.099,10	9.865	149.205	0	8.130	4,8	0	8.130	4,8
REZ.# 329104 4351	93.500	3,6	11.000	850,00	6.826	38.050	6.071	42.553	45,5	18.868	23.685	25,3
REZ.# 107719 TEGO	61.600	2,4	8.000	770,00	5.544	26.447	2.392	27.217	44,1	10.106	17.111	27,7
REZ.# 279505 STAB	48.960	1,9	6.000	816,00	3.574	0	0	45.386	92,7	0	45.386	92,7
REZ.# 565814 TEGO	32.340	1,2	4.200	770,00	2.911	12.496	1.162	15.771	48,7	4.683	11.088	34,2
REZ.# 307710 TEGO	20.400	0,8	2.400	850,00	1.489	7.580	1.330	10.001	49,0	3.233	6.768	33,1
REZ.# 656822 TEGO	20.000	0,8	1.600	1.250,00	2.500	11.840	0	5.660	28,3	0	5.660	28,3
REZ.# 198823 KOS	18.600	0,7	2.000	930,00	1.097	16.400	0	1.103	5,9	0	1.103	5,9
REZ.# 307419 KOS	16.470	0,6	900	1.330,00	972	13.950	0	1.548	9,3	0	1.548	9,3
REZ.# 676017 TEGO-	15.600	0,6	1.250	1.248,00	1.404	10.978	556	2.662	17,0	726	1.936	12,4
REZ.# 109812 TEGO	14.553	0,6	1.890	770,00	1.033	6.278	506	6.736	46,2	2.091	4.645	31,9
REZ.# 692826 TEGO	8.500	0,3	1.000	850,00	621	3.057	462	4.360	51,2	1.146	3.214	37,8
REZ.# 335614 FOL	2.490	0,1	150	1.660,00	311	0	0	2.179	87,5	0	2.179	87,5
REZ.# 676123 TEGO	1.350	0,1	150	900,00	122	3.425	67	2.264-	167,7-	87	2.351-	174,1-
REZ.# 698602 KOS	0	0,0	1	0,00	0	21	0	21-	0,0	0	21-	0,0
REZ.# 107904 TEGO	0	0,0	50	0,00	0	164	15	179-	0,0	62	241-	0,0
REZ.# 696324 TEGO	0	0,0	50	0,00	0	184	14	198-	0,0	48	246-	0,0
REZ.# 691713 TEGO	0	0,0	100	0,00	0	525	53	578-	0,0	446	1.024-	0,0
REZ.# 182403 TEGO	0	0,0	213	0,00	0	739	66	805-	0,0	629	1.434-	0,0
REZ.# 278922	764-	0,0	0	0,00	69-	0	0	695-	90,9	0	695-	90,9
REZ.# 632408 TEGO	5.054-	0,2-	840-	601,66	455-	3.962-	324-	313-	6,5	1.350-	1.017	20,1-
***** S U M M E KUNDE *****	2.593.964	12,1	317.316		213.009	1.233.732	94.392	997.266	38,4	450.672	546.594	21,1

↳ Anteil am Abteilungsumsatz

Th. Goldschmidt AG

Abbildung 7

Zeitraum:

VERTRIEBSEINZELKOSTEN

Sparte:
Verkauf:

Kostenträger										
Verkaufte Mengen kg, t, qm, Stck.	Ber.-Mon.									
	Jan.-Ber.M.									
	Vorjahr									
Kostenarten		DM	DM	DM	DM	DM	DM	DM	DM	DM
Provisionen	Ber. Mon.									
	Jan.-Ber.M.									
4801	Vorjahr									
Lizenzen	Ber.Mon.									
	Jan.-Ber.M.									
4820	Vorjahr									
Sondereinzelkosten des Vertriebs	Ber.Mon.									
	Jan.-Ber.M.									
4831	Vorjahr									
Ausgangsfrachten	Ber.Mon.									
	Jan.-Ber.M.									
4840/41	Vorjahr									
Verpackungen	Ber.Mon.									
	Jan.-Ber.M.									
	Vorjahr									
Abfüllkosten	Ber.Mon.									
	Jan.-Ber.M.									
	Vorjahr									
Erlösschmälerungen/ Skonto	Ber.Mon.									
	Jan.-Ber.M.									
	Vorjahr									
Summe Ist	Ber.-Mon.									
	Jan.-Ber.M.									
	Vorjahr									

Summe Soll	Ber Mon									
	Jan.-Ber M.									
Abweichungen	Ber Mon									
	Jan.-Ber M.									

Th. Goldschmidt AG

Abbildung 8

Vereinfachtes Beispiel für eine Vorkalkulation
mit Ermittlung der Preisuntergrenze
(ohne Gewinn und gewinnabhängige Steuern)

Produkt P (DM/% kg)	Vollkosten	Bei Verzicht auf Vollkosten nach Grenzkosten-prinzip	Bei Verzicht auf Vollkosten nach Prinzip der Ausgaben-wirksamkeit
Stoffkosten (lt. Standard-Rezeptur)	189,--	189,--	189,--
+ prop. Plan-Fertigungskosten	21,--	21,--	21,--
= prop. Plan-Herstellkosten	210,--	210,--	210,--
+ Stoffkostenänderungen gegenüber Standard-Rezeptur	9,--	9,--	9,--
+ Vertriebseinzelkosten	18,--	18,--	18,--
	237,--	237,--	237,--
+ Fixkostenanteil Fertigungs-bereich (lt. Standard-Rezeptur)	50,--	-,--	15,--
	287,--	237,--	252,--
+ Solldeckungsbeitrag für			
Vertriebsgemeinkosten	56,--	8,-- 1)	45,--
Entwicklungs- u. Anwendungskosten	24,--	10,-- 1)	20,--
Verwaltungskosten	28,--	-,--	21,--
	395,--	255,--	338,--
+ Forschungskosten	25,--	-,--	17,--
Selbstkosten	420,--		
Absolute Preisuntergrenze		255,-- 2)	
Liquiditätsorientierte Preisuntergrenze			355,--

1) Hier handelt es sich um auftragsabhängige (prop.) Kosten des Zusatzauftrages (zusätzliche Reisekosten, Versicherungsbeiträge, Auftragsabwicklung).

2) Bei diesem Betrag wären nur die prop. Kosten gedeckt; jeder über diese Preisuntergrenze hinaus erzielte Betrag ergibt einen Deckungsbeitrag zu den fixen Kosten und zum Gewinn (vor Annahme die Abbaufähigkeit der fixen Kosten prüfen)

Th. Goldschmidt AG

Abbildung 9

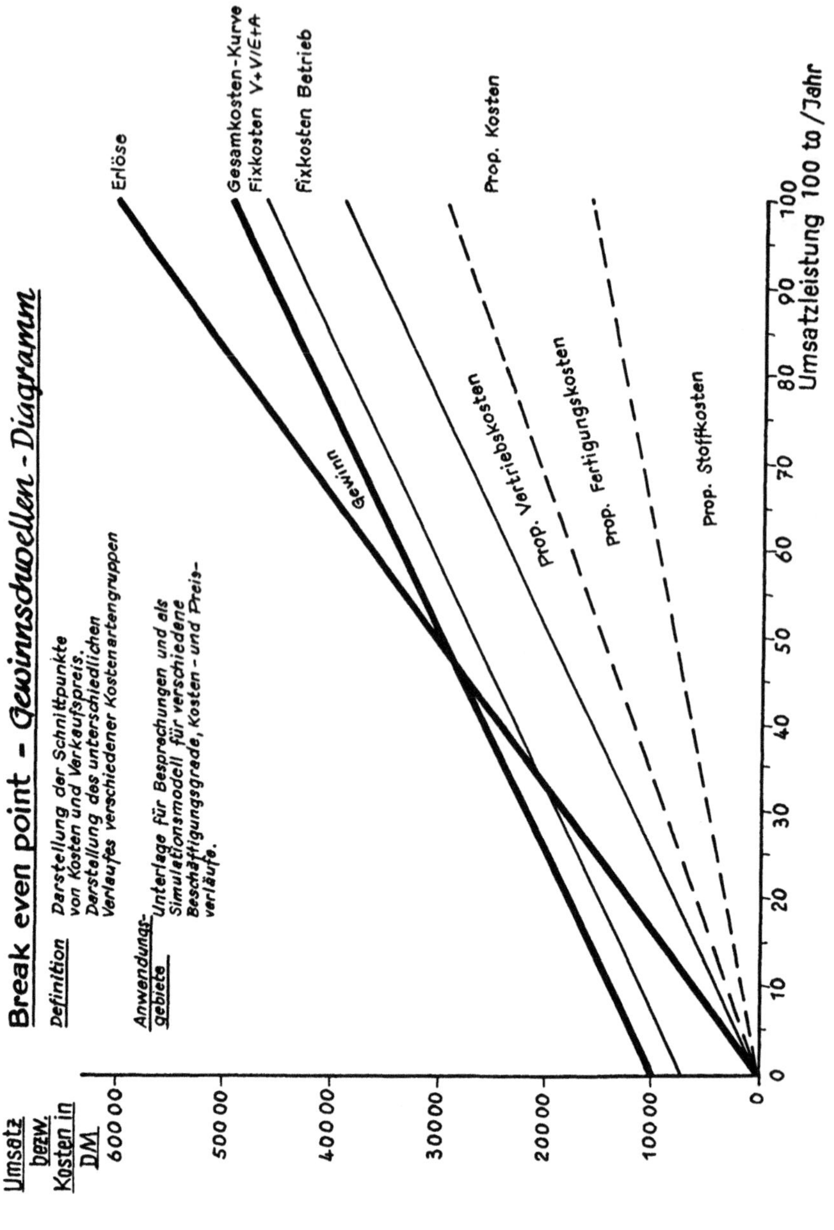

C. PC-Anwendungen im Handelsbetrieb, Industrieholding, Controlling, Standardsoftware, Arbeitsplatzsysteme, Einführungsstrategie

Einsatz von HP-Personal Computern im Rechnungswesen und Administration bei HP

W. Gamm, Hewlett Packard GmbH, Böblingen

Rechner, die den Mitarbeitern eines Unternehmens zur Verbesserung ihrer Arbeitsproduktivität an den Arbeitsplatz gestellt werden, erfreuen sich seit über 10 Jahren großer Beliebtheit.

Desktop-Computers, Calculators oder Ingenieur-Rechner, wie man diese Geräte seither nannte, finden breite Verwendung vor allem in den Bereichen des Ingenieurwesens.

Die Firma Hewlett-Packard ist seit vielen Jahren Marktführer und Trendsetter auf dem Gebiet der technisch-wissenschaftlichen Arbeitsplatzrechner mit einer breiten Palette von Geräten vom kleinen wissenschaftlichen Handrechner, an den Meßgeräte angeschlossen werden können bis hoch zum 32-bit "Tischrechner" mit einer Rechnerleistung von 1 MIPS.

Neu ist der persönliche Rechner für viele Mitarbeiter unserer Kunden also nicht; neu ist, daß das verbesserte Preis-Leistungsverhältnis diese Rechner in Preiskategorien vordringen läßt, die den Erwerb einer solchen Anlage vergleichbar machen mit der Anschaffung eines Klein- oder Mittelklassewagens. Das macht die Verwendung im Bereich der Verwaltung attraktiv und wahrscheinlich.

WELTWEITER MARKT
DER INFORMATIONSVERARBEITUNGSINDUSTRIE

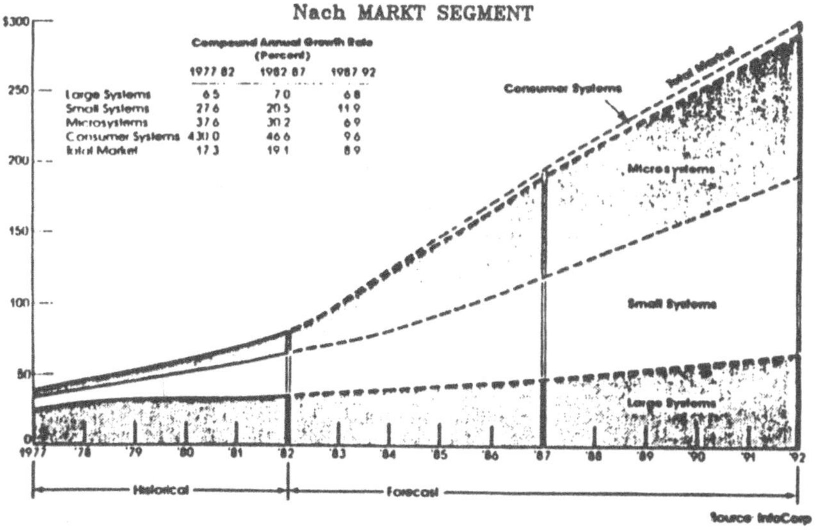

Lassen Sie uns deshalb zum Anfang dieses Referats einen Blick auf eine Marktprognose werfen, die von einer führenden Marktforschungsgesellschaft über die verschiedenen Marktsegmente der Datenverarbeitung gemacht wurde:

Die Prognose unterscheidet die Nachfrage für Rechner, Peripherie, Software und Service für

- Mikrosysteme, also unserem heutigen Thema

- Kleinsysteme (Rechner der Kategore 8870 von Nixdorf, HP3000, IBM 38)

- Großsysteme (IBM 303X, Amdahl, Fujitsu, Siemens usw.)

Auffallend an dieser Prognose ist

- die relative Stagnation des reinen Großrechnerbereiches

- die kontinuierliche Zunahme der kleinen und mittleren Systeme, also des Segments "Distributed Processing",

- vor allem aber die große Bedeutung, die die Mikrosysteme in dieser Dekade einnehmen werden.

Einen bedeutenden Anteil an diesem Marktsegment wird der Bereich Verwaltung einnehmen.

Mit dem Vordringen der Mikros in die Büros von Verwaltung und Ingenieurwesen sehe ich prinzipiell 2 Entwicklungen, die von Forschung, Lehre und Wirtschaft in dieser Dekade gemeistert werden müssen:

a) Auf dem Gebiete der Administration, das "Vorschalten" lokaler persönlicher Rechnerleistung zusätzlich und unter Beibehaltung bestehender Informationssysteme,

b) Auf dem Sektor Ingenieurwesen und Fertigungssteuerung muß sich sozusagen "das Gegenteil" abspielen, die existierenden "Insellösungen" müssen zum "technischen Informationssystem" reifen.

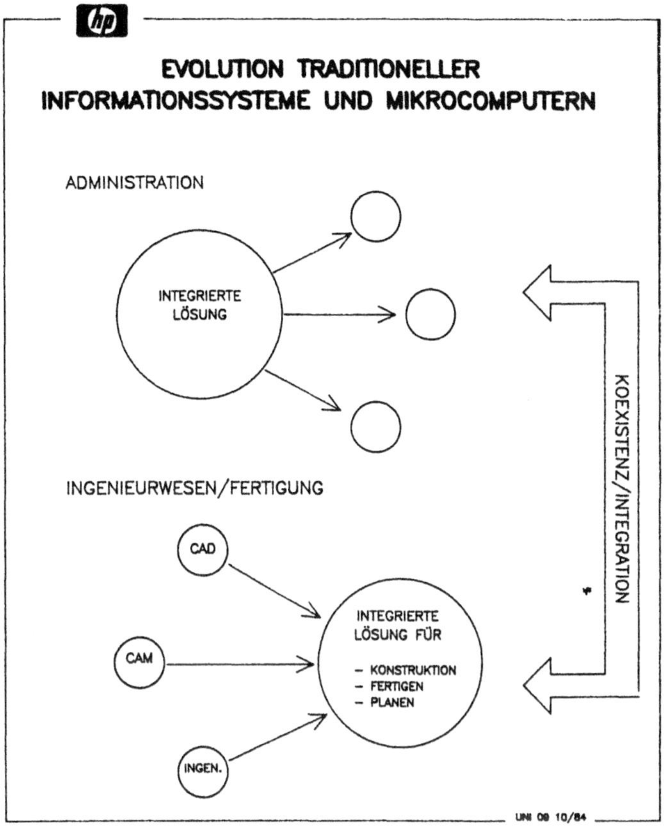

Die 15 Jahre, die ich nunmehr beruflich in den Bereichen Datenverarbeitung und Administration zubrachte, haben mich gelehrt, daß sich das Leben auch im Bereiche High-Technology nach den Prinzipien DER EVOLUTION entwickelt, allerdings etwas schneller. Bei der Einführung neuer Entwicklungen, wie die Personal Computers, kann der Fachmann auf Erfahrungen und Parallelen der Vergangenheit zurückgreifen.

Heute will ich die Erfahrungen, die HP beim Übergang von zentraler zu verteilter Datenverarbeitung machte, beschreiben. Aus dieser Erfahrung heraus versuche ich, Wege aufzuzeigen, die eine sinnvolle und reibungsarme Integration der Mikros ermöglichen.

In anderen Worten: ich glaube, daß sich die Eingliederung der Mikros in ähnlicher Weise vollziehen wird, wie der Übergang von zentralen Großrechnersystemen zu verteilten Systemen.

HP GESCHÄFTS – ÜBERBLICK

NETTO UMSATZ (1983)		$ 4,7 M
MITARBEITER		72,000
USA	51.000	
INTERNATIONAL	21.000	
PRODUKTE		
KATALOG–PRODUKTE		9.710
ERSATZTEILE		232.000
AUFTRÄGE (1983)		
USA		59%
INTERNATIONAL		41%
GESCHÄFTSBEREICHE		
DATENVERARBEITUNG		51%
ELEKTRONISCHE TEST– UND MESSTECHNIK		37%
MEDIZINISCHE MESSTECHNIK		8%
ANALYTISCHE MESSTECHNIK		4%
FERTIGUNGS–BETRIEBE (11 LÄNDER)		51
VERTRIEBS– UND SERVICE BÜROS (31 LÄNDER)		222
JÄHRLICHES WACHSTUM (1978–1983)		22%

UNI 01 10/84

Erlauben Sie mir jedoch, bevor ich zum eigentlichen Thema komme, unser Haus vorzustellen. (siehe Details Slide 3.)

Die Umsätze der verschiedenen Geschäftsbereiche entwickelten sich wie folgt:

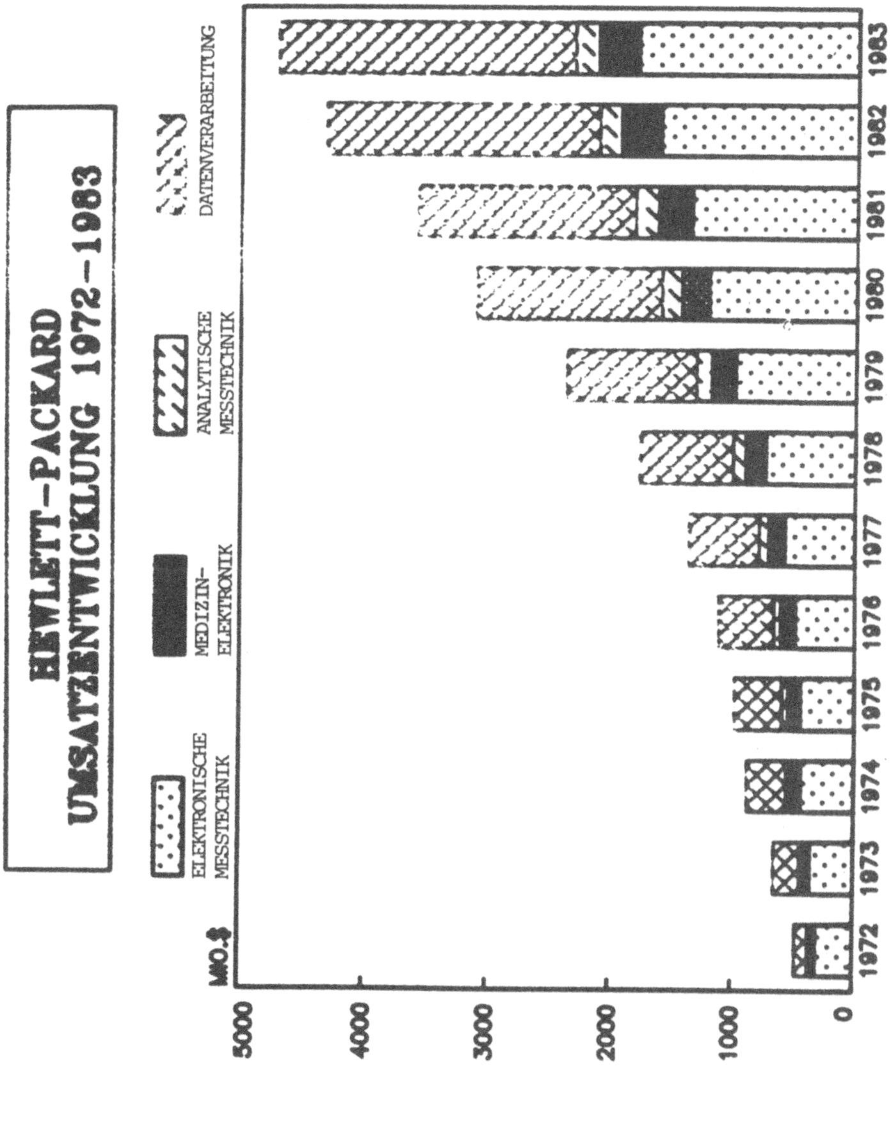

Der Geschäftsverlauf war dabei gekennzeichnet durch die Prinzipien der Selbstfinanzierung und des Ziels von 10% Gewinn. Auffallend ist, trotz beständiger und gesunder Zunahme der traditionellen Meß- und Regeltechnik, das Wachstum, das der Bereich Datenverarbeitung einnimmt.

Mit der nächsten Darstellung, die im übrigen vom Präsidenten unseres Hauses, Herrn John Young stammt, kommen wir zum eigentlichen Kernthema, der Entwicklung der Datenverarbeitung vom geographischen Zentralrechenzentrum hin zu weltweit verteilten Informationssystemen. Aus dieser Erfahrung will ich versuchen zukünftige Entwicklungen mit PC's zu "extrapolieren".

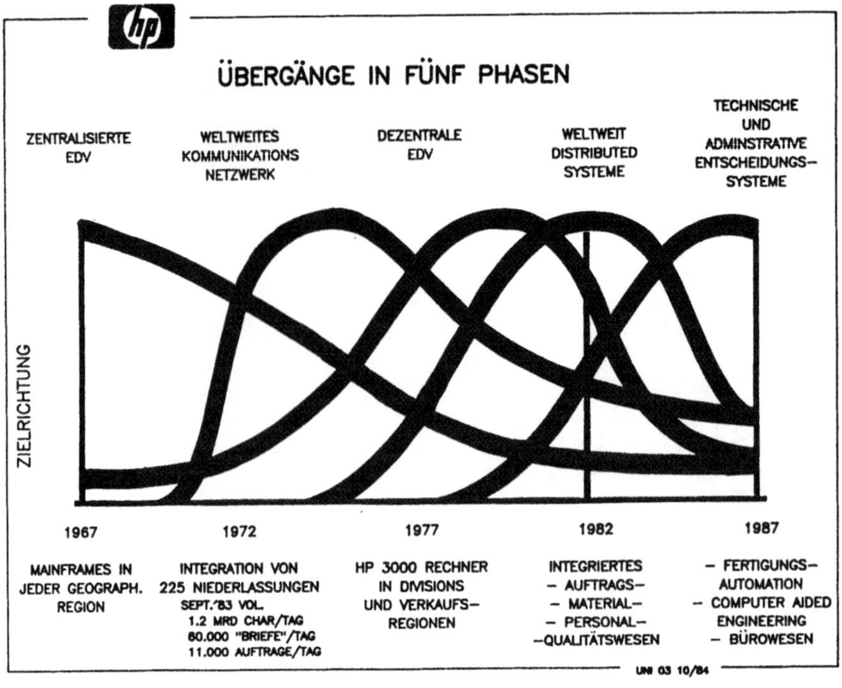

Herr Young geht davon aus, daß sich die Entwicklung quasi in Wellen vollzog und noch vollzieht, ausgehend von den jeweiligen Prioritäten des Unternehmens, getragen und ausgeführt von tausenden Mitarbeitern in Datenverarbeitung und Fachabteilungen der Geschäftsbereiche.

HP folgt der Unternehmensphilosophie "Führung durch Zielsetzung" (Management by Objectives). Weitgehende lokale Verantwortung für gesamte Geschäftsbereiche, Werke und Vertriebsniederlassungen sind die Folge dieses Grundsatzes.

Die stufenweise, gewollte und planvoll vollzogene Verlagerung der Informationssysteme hinaus "zum täglichen Geschäft" und "zum Entscheidungsträger" war die logische Konsequenz. Das Konzept der verteilten Datenverarbeitung entspricht diesen Organisationsprinzipien in unserem Haus am besten.

Rechner wurden konsequent zum lokalen Geschehen in Werke und Vertrieb verlagert und "verteilt", die Rechnerleistung je Mitarbeiter um 60% erhöht, was im folgenden dokumentiert wird:

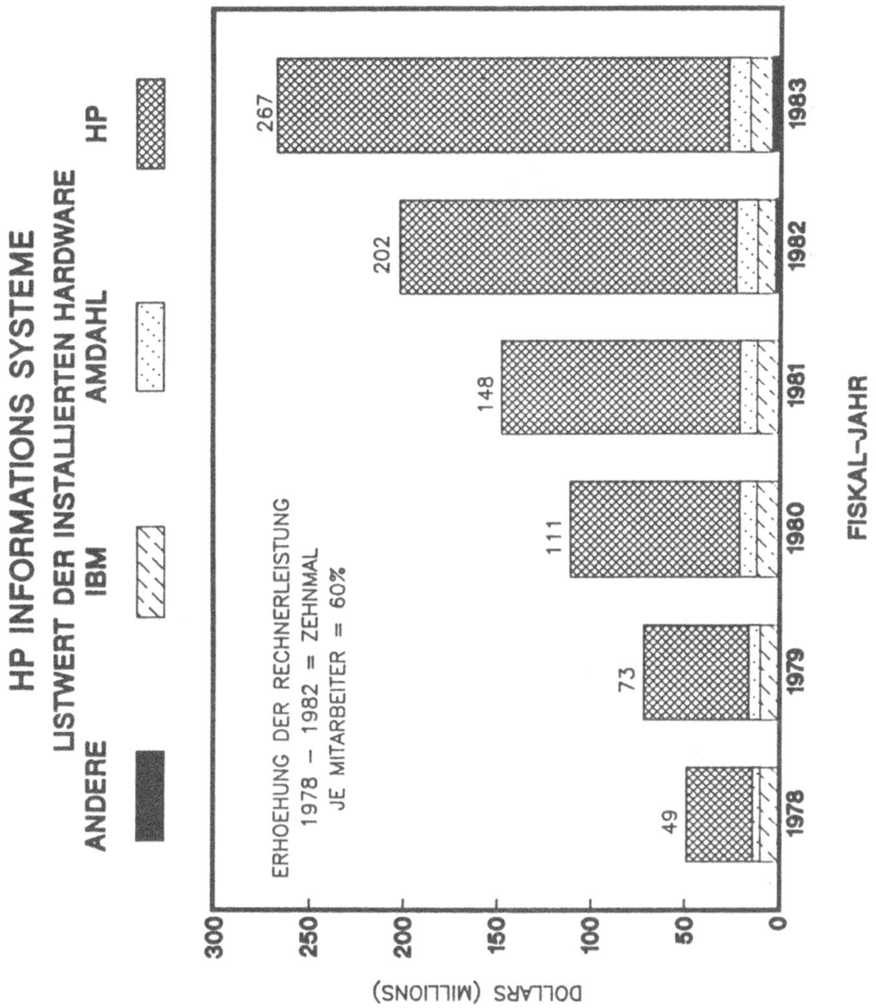

Auffallend hierbei ist die Parallelität des Investitionsverhaltens für Rechner bei HP im Vergleich zur Marktstudie die ich vorher gezeigt habe (Slide 1).

Neunzig Prozent der Rechnerinvestitionen wurden im Bereich mittlerer und verteilter Systeme vorgenommen, übrigens zur Vergleichbarkeit mit offiziellen Kundenpreisen angesetzt. Der Großrechnerbereich, im wesentlichen benutzt zur weltweiten Konsolidierung von Auftrags-, Finanz- und Berichtswesen, stagniert.

Fast jeder 3. Mitarbeiter von HP hat heute direkten Zugriff zu seinen lokalen Geschäftsdaten.

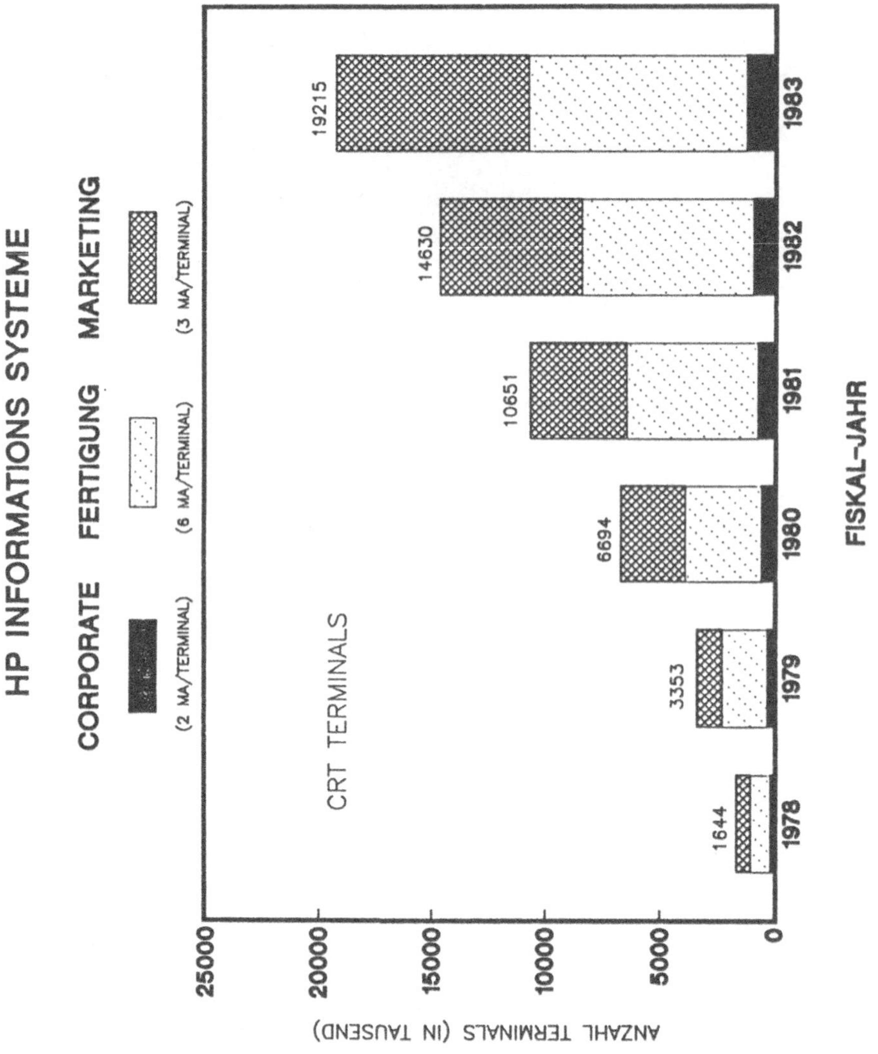

Die Investitionen, vorgenommen in Phasen hohen Wachstums an Umsatz und Mitarbeitern und den damit verbunden Integrationsschwierigkeiten, haben sich gelohnt:

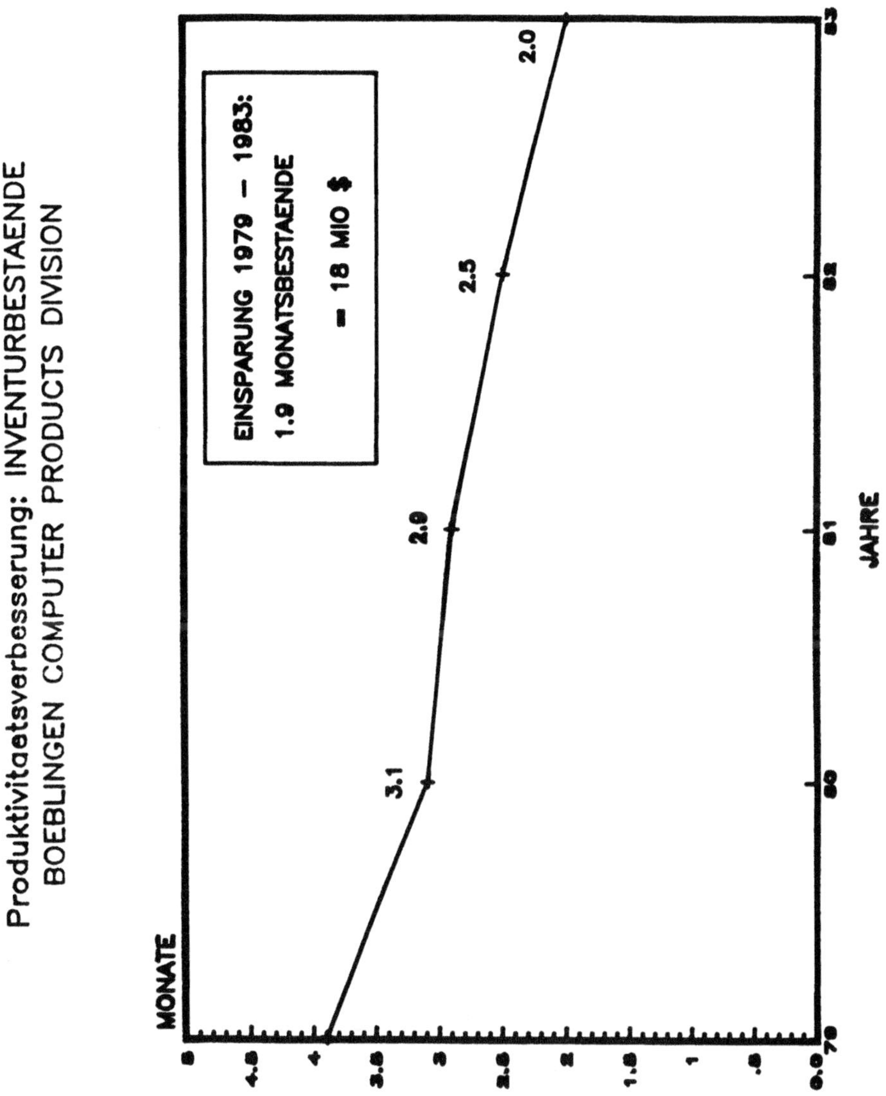

Hier das Beispiel eines deutschen Computer-Werkes mit "verteilten Informationssystemen", das seine Produktivität in der Vorratshaltung deutlich verbessern konnte.

Produktivitaetsverbesserung: FORDERUNGEN
HP EUROPA

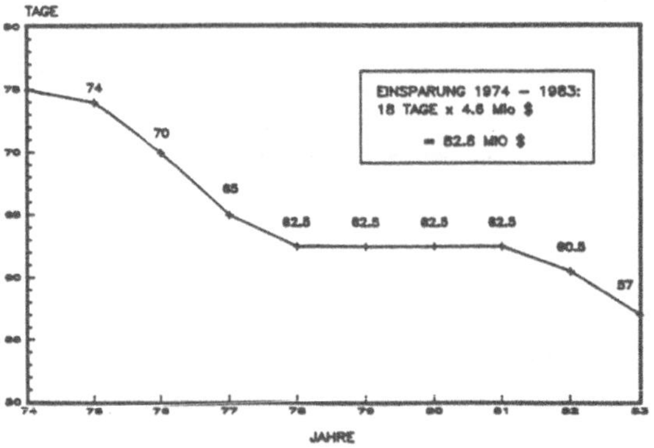

Durch konsequente Verlagerung der Verantwortung für DEBITOREN in die Vertriebsregionen, <u>zum Ort des Geschehens</u> also, konnte eine deutliche Verbesserung der überfälligen Außenstände von HP-Europa erreicht werden.

EDV–KOSTEN IN PROZENT VOM UMSATZ

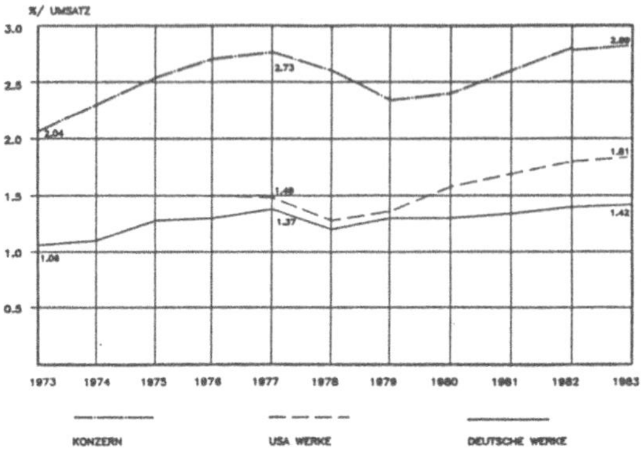

Die Kosten der unternehmensweiten Informationsysteme stiegen durchschnittlich um etwa 30% und bewegen sich derzeit knapp unter der 3%-Marke vom Netto-Umsatz, angesetzt zu Kunden-Listpreisen für Hardware und Serviceleistungen.

Jeder Division-Manager (HP gliedert sich in > 50 Divisions) hat die volle Verantwortung für die Informationssysteme, die Sie auf der linken Seite von Slide 11 sehen. Die Hauptverwaltung des Konzerns stellt einer neuen Division ein "Starter Kit" von Informationssystemen zur Verfügung, die funktional den Rahmen der Aufgaben eines Werkes abdecken. Diese Systeme laufen auf HP3000-Rechnern, wurden von der Hauptverwaltung in Zusammen-Arbeit mit mehreren Werken entwickelt und können vom neuen Werk entweder

a) unverändert
b) modifiziert
c) teilweise oder gar nicht

verwendet werden. Die Verantwortlichkeit liegt beim jeweiligen Werk und letztlich in der Profitverantwortung des Division-Managers. In der Regel wird das Werk einen Nukleus der Pakete unverändert nehmen, jedoch im Laufe der Zeit eigene Anpassungen vornehmen. Freiwilligkeit ist Grundprinzip.

Dasselbe gilt im Prinzip für das Vertriebswesen, wobei sicherlich gewisse Unterschiede zwischen den einzelnen Geschäftsbereichen, mit Sicherheit jedoch zwischen den internationalen Verkaufsregionen bestehen.

Aufgrund dieser konsequenten Dezentralisierung erhalten wir oft die "Gretchen-Frage" : "Wie kriegt Ihr denn diese ganzen Daten wieder zusammen, nachdem sie verteilt wurden?"

Diese Frage wurde von HP dadurch gelöst, daß jede Einheit am Monatsende ihre Monatsergebnisse über das Netzwerk zur Konsolidierung an die Konzernspitze übersendet, so daß Herr Young am 12. Tag des Folgemonats die Bilanz sowie Gewinn- und Verlustrechnung aller Geschäftsbereiche sowie des Gesamtunternehmens auf seinem Tisch hat.

Lassen Sie mich auf diese Thematik etwas näher eingehen, denn der Lösungsansatz, der vom Zentralsystem zum verteilten Anwendungsnetzwerk führte, gilt im Prinzip auch für die Auslagerung von Daten und Funktionalität vom herkömmlichen Informationssystem auf PC's.

Das Grundprinzip ist, wie schon betont, die Daten möglichst vor Ort zu haben, wo die Entscheidungen fallen. Der Bereichsverantwortliche etwa für ein Werk (Division) oder eine Vertriebsniederlassung hat automatisch auch die komplette Verantwortung für die Daten und die Rechnungslegung seines Bereichs:

STRUKTUR DER HP–INFORMATIONS–SYSTEME

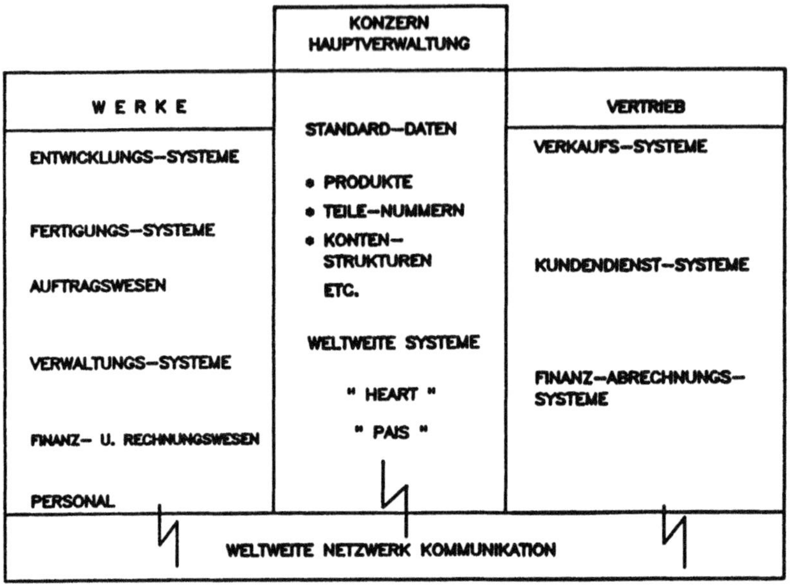

Die Konzern-Hauptverwaltung ist verantwortlich für die weltweiten Systeme des Auftragswesens (genannt HEART), die Vergabe von Standard-Daten, sowie für das weltweite Kommunikations-Netzwerk von HP:

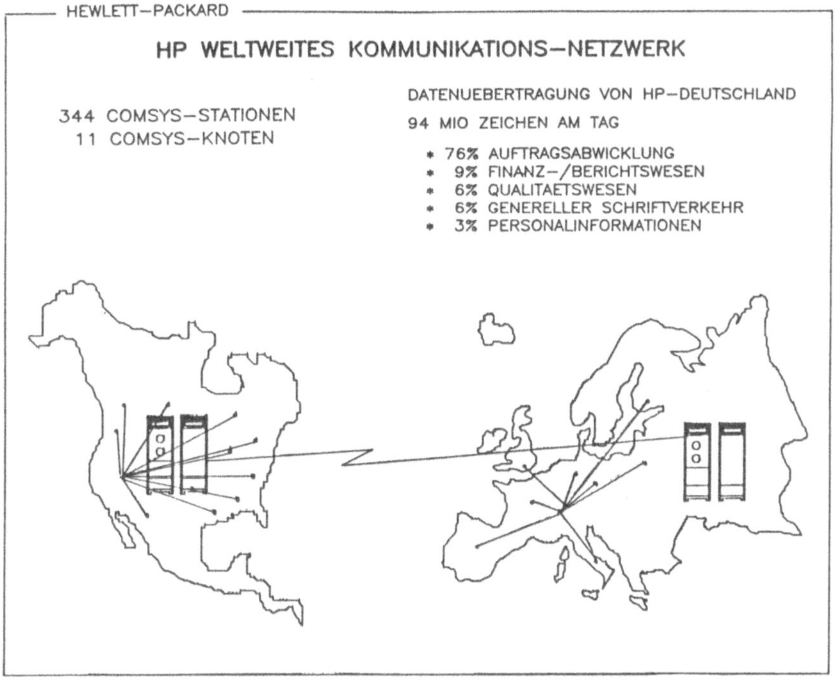

Dieses Netzwerk besteht aus mehr als 300 Datenübertragungsrechnern, die über mehrere Knoten miteinander verbunden sind. Jede Einheit kann so mit jeder anderen kommunizieren (Daten wie z.B. Aufträge oder Rechnungen austauschen). Wird eine neue Einheit gegründet, ist der Anschluß an dieses Netzwerk "lebensnotwendig".

Eines der wesentlichsten Elemente, neben der Definition der Verantwortung für Daten, ist die rigorose Standardisierung der verwendeten Datenelemente, Schlüsselelemente und sehr oft auch deren Inhalt.

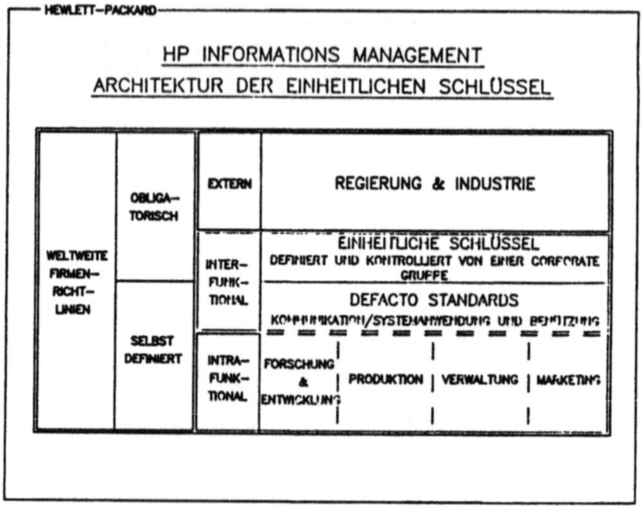

Zusätzlich zu den Standards, die in ein Unternehmen von außen kommen, hat sich HP während das Prozesses der "Verteilung der Informationssysteme" strengste Selbstdisziplin zugelegt, was die Architektur und Inhalt aller verwendeten Datenelemente angeht:

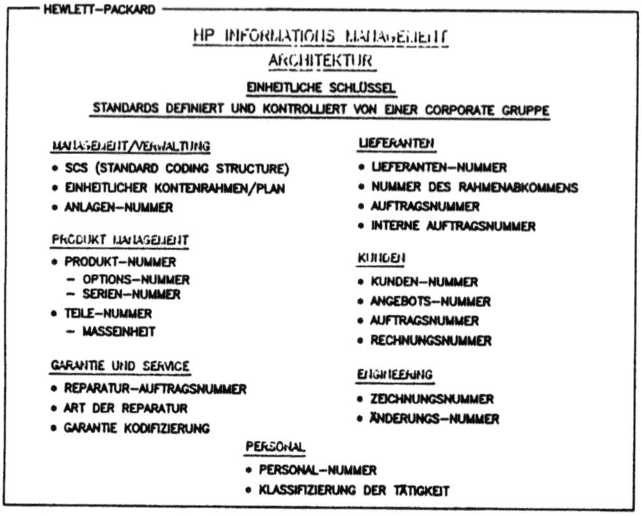

Alle Daten eines kommerziellen Informationssystems wurden von sogenannten "steering committees" und "system councils" ausgewählt, standardisiert und dokumentiert und zwar bezüglich Format, Länge, Inhalt und allen notwendigen Datenschnittstellen. Diese Aufgabe wurde erstmals 1973 in Angriff genommen und es wird noch laufend an ihr gearbeitet. Auch hier ist Teilnahme aller Geschäftsbereiche und ihrer Systembenutzer notwendig.

Ich selbst habe an diesen Prozessen von 1973 an mitgearbeitet und kann Ihnen versichern, daß das ganze ohne "Holzhammermethode von oben" eingeführt wurde; Freiwilligkeit und Einsicht aller Beteiligten in EDV und Fachabteilung war stets vorherrschend.

Die Technologie des Personal Computer ist da und sie wird von der Datenverarbeitungsindustrie laufend verbessert und verbilligt werden. Wesentlich für die reibungslose Umsetzung der Technologie in die tägliche Praxis ist die Erkenntis, daß sich solche Veränderungen als Prozesse, zum Teil langwierige Prozesse abspielen.

Mitte 1983 wurden bei HP "nur" etwa 300 PC's in der Administration eingesetzt. Heute sind es viele tausend. Wir sind davon überzeugt, daß die konsequente Beibehaltung dessen, was wir während der Dezentralisierungsphase gelernt haben, eine Integration von PC's in das Bestehende ermöglicht.

Lassen Sie mir nochmals Herrn Young zu Worte kommen:

MANAGEMENT VON INFORMATIONSSYSTEMEN

HP PRÄSIDENT JOHN YOUNG:

"WAS HAT HP WÄHREND DER EVOLUTION DER INFORMATIONSSYSTEME GELERNT?"

1) MANAGEMENT VON INFORMATIONEN IST EIN INTEGRALER BESTANDTEIL DER AUFGABEN VON JEDEM MANAGER.

2) INFORMATIONSSYSTEME MÜSSEN EIN SPIEGELBILD DER UNTERNEHMENSORGANISATION UND DES -STILS SEIN.

3) DIE WELTWEITE VERWENDUNG VON STANDARDISIERTEN DATENELEMENTEN GESTALTET DIE INFORMATIONSSYSTEME KONSISTENT UND ERLAUBT SYSTEMINTEGRATION.

4) SYSTEMINNOVATIONEN WERDEN VON DEN GESCHÄFTSBEREICHEN (OPERATING UNITS) VORGENOMMEN.

Erlauben Sie mir zum Schluß noch eine Prognose, in welchen Phasen der PC in die bestehenden Systeme vordringen wird:

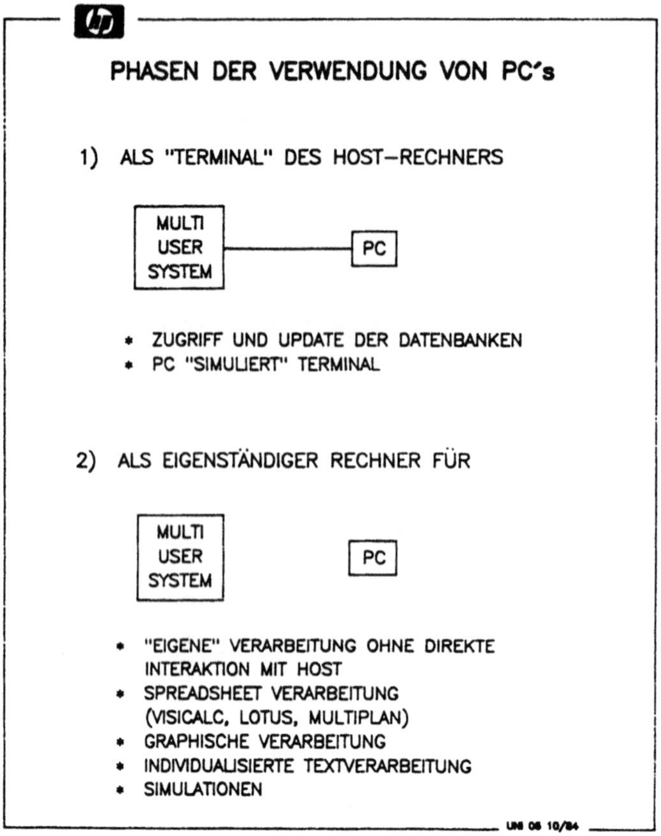

Die erste und einfachste Verwendung eines HP150 PC's am Arbeitsplatz eines Mitarbeiters ist als "Ersatz" eines bestehenden Datenbildschirms, der zu den bestehenden Informationssystemen Zugang haben muß. Der PC "simuliert" das Terminal und die seitherige Arbeit kann ohne Unterbrechnung weitergehen.

Als nächste Phase für den neuen HP150-Benutzer bietet sich an, eine der verbreiteten Standardpakete für "Spreadsheet-Verarbeitung" und Grafik wie etwa LOTUS 1-2-3 oder VISICALC zu nehmen. Mit diesen Anwendungen können periodisch wiederkehrende Resultate in den HP150 eingegeben und als Kennzahlen oder Grafik dargestellt werden.

Auf dem PC können auch selbstentwickelte Lösungen dem Host vorgeschaltet sein oder ein Betriebswirt simuliert verschiedenste Unternehmenssituationen.

PHASEN DER VERWENDUNG VON PC's

3) AUTOMATISCHER DATENTRANSFER ZWISCHEN INFORMATIONSSYSTEMEN UND PC's

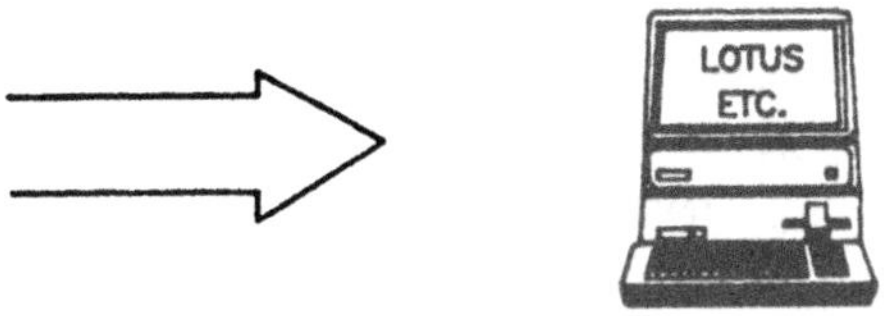

* SELEKTION UND TRANSFER VON "LISTEN" SIMULATIONSPAKETE (PC LINKS)
* RÜCKTRANSFER IN DATENBANKEN (DATENSICHERHEIT!!)

4) "AUSLAGERN" VON FUNKTIONEN VOM HOST AUF PC's

* GESAMTE LOGIK UND MINI-DATENBANK AUF PC "VORGESCHALTET" UND AUS DER HOST-APPLIKATION "HERAUSGEBROCHEN"

TECHNISCHE SCHWIERIGKEITEN:

* SYNCHRONISATIONS-PROZESSE
* DATENSICHERHEIT
* PRÜF- UND
* ORGANISATIONSWESEN

Als nächster Schritt ist die Installation eines "PC Links" denkbar, eines Verbindungs- und Selektionspaketes also, das Daten automatisch aus bestehenden Informationssystemen und Berichten selektiert und in Simulations- und Spreadsheet-Systeme füttert.

Beispiel: Vordefinierte Elemente einer G+V werden automatisch an einen PC Spreadsheet gegeben.

Der vierte Schritt wäre das "Herausbrechen" von Teilsystemen aus dem Host und ihre Ausführung auf dem PC inklusive der Zugehörigen Teildatenbank. Das PC-Teilsystem müßte mit dem Restsystem des Hosts synchronisiert werden.

Beispiel: Vorgelagerte Datenerfassung für Sachbuchhaltung.

Die Schritte 1-4 sind derzeit im Stadium der Verwendung und Einführung:

PHASEN DER VERWENDUNG VON PC's

5) "AUSLAGERN" VON CODE/LOGIK VOM HOST BEI ZENTRALER DATENBANK

* LOGIK UND/ODER CODE WIRD VOM HOST AUF PC "DUPLIZIERT"
* DATENBANKZUGRIFF UND -UPDATE BLEIBT AUF HOST
* PC KOMMUNIZIERT FÜR DATENBANK-LOGIK MIT HOST

6) VERTEILTE DATENBANKSYSTEME

WIE UNTER 5)

* DATENBANK IST LOGISCH UND PHYSIKALISCH IM APPLIKATIONSNETZWERK VERTEILT
* "DISTRIBUTED DATA BASE MANAGER" VERWALTET DAS NETZWERK

7) ZUKÜNFTIGE "MISCHSYSTEME" AUS KONVENTIONELLEN ANWENDUNGEN MIT KÜNSTLICHER INTELLIGENZ

* UNTERNEHMENSREGELN (EXPERTEN SYSTEME) AUF HOST
* INDIVIDUELLE REGELN AUF PC

Der fünfte Schritt ist schwieriger und heute sicherlich in den wenigsten Fällen verwirklicht . In der Literatur wird diskutiert, daß der Host Rechner durch "duplizieren" der Logik im PC entlastet werden soll, die Verarbeitung der Datenbank (Zugriff und Aktualisierung) jedoch auf dem Host oder auf einer Data Base Engine geschieht.

Der wirkliche Schritt wird in einigen Jahren erst vollzogen werden mit der Verfügbarkeit von verteilten Datenbanken, die sich derzeit meist noch im Experimentierstadium befinden.

Am fernen Horizont sehe ich ein Zusammenwachsen traditioneller Anwendungen auf PC's mit Expertensystemen.

Unterstützung kreativer Aufgaben im betrieblichen Rechnungswesen durch multifunktionale Arbeitsplatzsysteme EMS 5815

Dipl.-Kfm. *E. Hirsch*, Siemens AG, München

Die Datenverarbeitung hat in den letzten Jahrzenten erhebliche Rationalisierungsfortschritte im Bereich der Fertigung und der Administrative bewirkt. Die 80er und 90er Jahre werden nun vor allem dadurch geprägt sein, daß neben der reinen Verarbeitung von Daten die generelle Verarbeitung von Informationen, auch solcher unstrukturierter Art, wie sie häufig im Büroalltag vorkommen, im Vordergrund der Rationalisierungsbemühungen stehen wird.
Wesentliche Bereiche des betrieblichen Rechnungswesens wie Statistik, betriebliche Vergleichsrechnung und Berichtswesen bauen gerade auf solche Informationen auf, die nicht als reines Ergebnis der verfahrensorientierten Datenverarbeitung der Entscheidungsfindung und dem Controlling dienen. Elektronische Informationsaufbereitung und Informationsverteilung können in diesen Bereichen mit Hilfe moderner Bürosysteme auf Basis Mikroprozessor-orientierter Arbeitsplatzsysteme wesentlich verbessert werden.

Die Produktivität im Büro

Die grundsätzliche Frage, in welchem Maße der Rechnungswesenbereich ein Rationalisierungspotential darstellt, soll zunächst einmal ausgehend von der allgemeinen Situation des Büros als Rationalisierungsfeld betrachtet werden.
Das besondere Gewicht des Bürobereiches sei durch einige statistische Zahlen aus der Bundesrepublik Deutschland unterstrichen **(Bild 1)**.
In den letzten 20 Jahren ist die Anzahl der Beschäftigten im Büro ganz im Gegensatz zu anderen Sektoren der Wirtschaft erheblich gestiegen. Während sich fast alle anderen Sektoren rezessiv verhielten oder stagnierten, stieg die Beschäftigtenzahl im Bürobereich von 1960 bis etwa 1980 auf das Doppelte an. Das Erschreckende hierbei ist jedoch, daß gleichzeitig die Kosten um den Faktor 4 stiegen. Noch schlechter stellt sich diese Situation dar, wenn man den Produktivitätszuwachs betrachtet.
In den letzten 20 Jahren konnte lediglich ein sehr bescheidener Zuwachs an Produktivität von 5% erreicht werden, während in der gleichen Zeit z.B. im Fertigungsbereich ein Produktivitätszuwachs von ca. 90% erzielt wurde. Dies ist sicherlich nicht zuletzt darauf zurückzuführen, daß in dieser Zeit pro Arbeitsplatz im Büro eine Investition von im Schnitt nur 50,00 DM pro Arbeitsplatz getätigt, in der gleichen Zeit aber je Arbeitsplatz im Fertigungsbereich etwa das Zehnfache investiert wurde. Es liegt daher die Vermutung nahe, daß die geringe Steigerungsrate vor allem darauf zurückzuführen ist, daß hier wesentlich weniger Investitionen zur Rationalisierung getätigt wurden.
Wenn man sich die Frage stellt, worauf dieses zurückzuführen ist, so ergibt sich der Schluß, daß die Zurückhaltung der Anwender zur Investition im Bürobereich unter anderem auch darauf zurückzuführen ist, daß herstellerseitig nur unzulängliche bzw. nur für Teilabläufe der Bürotätigkeiten geeignete unterstützende Techniken angeboten wurden, um hier wirklich durchschlagende Investitionserfolge erzielen zu können.

Integration der Kommunikationsarten

Integrierte Bürokommunikationssysteme, die die verschiedensten Formen der Informationsverarbeitung und der Kommunikation im Büro in wirklich integraler Weise unterstützen, werden erst neuerdings am Markt angeboten . Vor Einsatz dieser neuen Technik muß sehr sorgfältig überlegt sein, in welcher Weise die Arbeitsabläufe im Büro durch diese neue Technologie unterstützt werden können. Bei diesen Überlegungen erscheint es hilfreich, in einem historischen Szenario sich einmal vor Augen zu führen, wie sich die Informationsverarbeitung und vor allem die damit verknüpfte Kommunikation im Büro in den letzten Jahrzehnten entwickelt hat **(Bild 2)**.

Erstellt mit dem SIEMENS Bürosystem EMS 5800 OFFICE

Wenn die Bürokommunikation einmal völlig losgelöst von der Technik betrachtet wird, dann ist offensichtlich, daß schon bei der direkten, persönlichen Kommunikation mehrere Kommunikationsformen gleichzeitig benutzt werden:

- Das Bewegtbild in Form der Verständigung von Auge zu Auge,
- die Sprache,
- der Text, das Bild , die Daten und die Dokumente als schriftliche Kommunikationsform.

Diese völlig natürlichen Kommunkationsformen wurden durch die Technik anfangs nur teilweise unterstützt. Dieses begann vor etwa 80 Jahren mit der Unterstützung der Sprache durch die Telefonie und der Einrichtung von Poststellen im Hause bzw. der gelben Post als Transportmedium für schriftliche Unterlagen. Nach dem zweiten Weltkrieg hat eine relativ schnelle Verbreitung weiterer Techniken zur Unterstützung der Bildübertragung im Sinne des Fax-Dienstes und der Textübertragung im Sinne des Telex-Dienstes eingesetzt. In den letzten 20 Jahren kam dann die Kommunikation im Sinne der Datenübertragung noch hinzu .

Ergebnis dieser sich selbständig entwickelnden Technik ist eine Situation, die durch diese "Horror-Vision" **(Bild 3)** bezeichnenderweise charakterisiert ist: der Schreibtisch des geplagten Benutzers im Büro ist, sofern er diese Techniken alle nutzen will, mit dem unterschiedlichsten Bürogerät ausgestattet, das individuell für jede der Kommunikationsformen entwickelt wurde und sich in Bedienung und Benutzeroberfläche dem Anwender in völlig unterschiedlicher Weise präsentiert; hinzu kommt hierdurch der zwangsläufig vollzogene Medienbruch in der Weise, daß der Benutzer nur mit größten Schwierigkeiten die Information eines Services bzw. Dienstes zu einem anderem übertragen kann.

Es ist ja eigentlich nicht einzusehen, warum die Information, die z.B. als Fernschreiben über den TELEX-Dienst auf den Schreibtisch kommt und anschließend weiter verarbeitet werden soll, nur deswegen erneut zu erfassen ist, weil z.B. diese Information im einem anderen Büroservice bzw, Postdienst weiterzuleiten ist.

Dies ist sicherlich nicht die Bürokommunikation von Morgen, so wie sie sich der Anwender vorstellen. Wenn wir an wirklich integrierte Bürokommunikationssysteme denken, dann ist es notwendig, die Verarbeitung der Informationen und den Transport über die verschiedenen Kommunikationskanäle so zu integrieren, daß der Benutzer über ein multifunktionales und multimediales Bürogerät mit einer einheitlichen Benutzeroberfläche die verschiedenen Büroservices und Dienste ansprechen und auch entsprechend über Kommunikationskanäle mit dem Kommunikationspartner verkehren kann **(Bild 4)**.

Die geeignete Technik für jeden Arbeitsplatz

Nun kann man aber sicherlich nicht davon ausgehen , daß alle Büroarbeitsplätze völlig einheitlich betrachtet werden können, da sich Arbeitsabläufe in ihrer Art und in der Struktur so wesentlich unterscheiden können, daß nicht überall unbedingt völlig einheitliche Technik eingesetzt werden sollte und eingesetzt werden kann. Wir müssen hier vier Typen der Büroarbeit grundsätzlich unterscheiden, nämlich **(Bild 5)**:

- die Arbeitsabläufe der Führungskräfte,
- der gehobenen Fachkräfte,
- der Sachbearbeiter
- und der Assistenzkräfte.

Der Arbeitsplatz der dispositiv tätigen Führungskräfte ist anders auszustatten als z.B. der Arbeitsplatz der Experten, d. h. der Fachkräfte, deren Tätigkeiten schwer strukturierbar sind, und die nicht so formalisiert und ablauforientiert arbeiten wie z.B. die Sachbearbeiter mit zumeist repetitiven Arbeitsabläufen. Schließlich erfordert sicherlich der Schreibtisch der Unterstützungskräfte, also all jener Personen, die den anderen drei Kategorien zuarbeiten, eine wohl im wesentlichen andere bürotechnische Ausstattung als eben der der erstgenannten Gruppen.

Im Hinblick auf mögliche Produktivitätsverbesserungen ist es sicherlich nützlich, sich einmal vor Augen zu führen, wie sich prozentual die Beschäftigtenzahl dieser vier Grundkategorien im Büro verteilt **(Bild 6)**:

Die überwiegende Anzahl der Mitarbeiter, nämlich etwa 54%, zählen zur Kategorie der ablauforientierten Sachbearbeiter, während die gehobene Fachebene 27%, die Führungsebene 7% und die Unterstützungskräfte 12% der Beschäftigtenzahl ausmachen.

Für die Wirtschaftlichkeitsbetrachtung ist aber nun nicht so sehr die Verteilung der Beschäftigtenzahl von Interesse, sondern der Kostenanteil, der durch die einzelnen Kategorien dieser Arbeitsplätze verursacht wird.

Hier wird ersichtlich, wie sich das Bild doch erheblich anders darstellt:
der überwiegende Teil der Kosten im Büro wird nämlich von den gehobenen Fachkräften und von den Führungskräften verursacht. Interessanterweise haben wir uns aber bei den Rationalisierungsbemühungen der Vergangenheit im wesentlichen um die beiden anderen Gruppen gekümmert:

- nämlich die der ablauforientierten Sachbearbeiter, indem wir dort z.B. ein Datenverarbeitungsterminal zur Verfahrensunterstützung auf den Schreibtisch stellten
- und um die der Unterstützungskräfte, indem wir uns bemühten, Sekretariate und Schreibbüros mit modernen Bürogeräten auszustatten.

Wenn man sich nun die Frage stellt, warum diese beiden Gruppen, also Fachkräfte und Führungskräfte so sehr bezüglich der Bürotechnik vernachlässigt wurden, so müssen sich sicher die Hersteller den Vorwurf gefallen lassen, eben für diese beiden Gruppen zu wenig an geeigneter Bürotechnik angeboten zu haben, die solche Arbeitsabläufe wesentlich unterstützen kann. Im Zuge der neuen, integrierten Bürotechnik, die am Beispiel des Siemens Bürosystems EMS 5800 OFFICE noch näher vorgestellt wird, werden nun aber gerade diese Arbeitsplätze in den Blickpunkt der Bemühungen um Produktivitätsverbesserung gerückt.

Bei diesen *integrierten* Bürosystemen tritt neben der reinen Informationsverarbeitung vor allem auch die Komponente der Kommunikation besonders in den Vordergrund. Wiederum sind es nämlich die beiden Zielgruppen *Fachkräfte* und *Führungskräfte*, bei denen die Kommunikation eine besondere Rolle spielt. Mit ca. 45% bei den Fachkräften und ca. 60% bei den Führungskräften besteht der größte Teil der Arbeitszeit dieser beiden Zielgruppen aus Kommunikation: Kommunikation hier im weitesten Sinne, also Arbeitsverrichtungen wie Telefonieren, Besprechen, Reisen.
Verbesserte Kommunikation an und zwischen den Arbeitsplätzen ist daher wichtigste Grundlage für das leistungsfähige Büro und damit unabdingbare Forderung für moderne Bürokommunikationssysteme.

Gerade das betriebliche Rechnungswesen basiert wesentlich auf Arbeitsergebnissen von gehobenen Fachkräften mit kreativen Tätigkeiten. Transparenz und "griffige", möglichst grafische Darstellung aus Betriebsabrechnung, Geschäftsergebnisdarstellung und Wirtschaftsplanung sind essentiell für die richtigen geschäftspolitischen Entscheidungen.

EMS 5800 OFFICE für Informationsverarbeitung und Kommunikation

Ein integriertes Bürokommunikationssytem, das die zuvor aufgezeigten vier Ebenen in eine Technik einbezieht, ist das Kommunikationssystem EMS 5800 OFFICE.
Objekt der elektronischen Verarbeitung und Informationsübermittlung ist das Büro-Dokument.
Das folgende Bild **(Bild 7)** zeigt recht deutlich, was mit einem Dokument hier gemeint ist: Geschäftspapiere bestehend aus Formularen, Text, Grafik und Daten, die die Basis der Büroalltagsarbeit bilden. Mit dem System EMS 5800 OFFICE wird die Büroarbeit, so wie vor allem kreative Fachleute sie heute gewohnt sind, wesentlich verändert. Dieses System wirkt der überzogenen Arbeitsteilung im Büro entgegen, die sich aus der Notwendigkeit ergibt, für das Document Handling fremde Dienste in Anspruch nehmen zu müssen wie Kopier-, Schreib-, Sekretariats- und Zeichendienste.
Schere, Kleister und Radiergummi verschwinden bei diesem System vom Schreibtisch des Experten und der fachlich orientierten Führungskräfte, weil hier die Möglichkeit geboten wird, über multifunktionale Arbeitsplatzsysteme diese Dinge für die Dokumentenaufbereitung zu substituieren und gleichzeitig Dokumente über elektronische Kommunikationskanäle auch zu verteilen bzw. zu versenden und zu empfangen.

Eine neue Netz-Technologie: das EMS-Busnetz

Neben der Informationsverarbeitung am Arbeitsplatz des Bearbeiters im Rechnungswesen kann auch die Informationsverteilung, also die Kommunikation mit Hilfe der neuen Bürosysteme wesentlich verbessert werden. Hierfür findet neben dem "konventionellen" Übertragungsnetz in Form des Telefon-/Datennetzes im Nebenstellenanlagen-Bereich und im Netz der Bundespost nun eine neue Technologie ihren Einzug in das Büro **(Bild 8)**:
Das Koxialkabel-Busnetz, das die Grundlage darstellt für die Schaffung *Lokaler Netze* oder *Local Area Networks*, abgekürzt: *LAN*.

Beide Technologien auf Basis von Kupferdraht und Koaxialkabel werden gemeinsam in den 80er und 90er Jahren das Kommunikationsnetz für die elektronische Übermittlung von Bürodokumenten darstellen.

Bürokommunikationsnetze sind aber nicht nur durch geographische Lokalität geprägt, d.h. man kann nicht davon ausgehen, daß im Rahmen der Kommunikationsbeziehungen nur solche Partner angesprochen werden, die in einem engen, geographisch lokalen Raum miteinander kommunizieren. Oft genug besteht nämlich die Notwendigkeit, auch solche Partner zu erreichen, die am lokalen Netz angebunden sind, die aber z. B. ein Hauptanschlußgerät eines Postdienstes, z.B. einen Fernschreiber oder ein TELETEX-Gerät oder einen Fernkopierer besitzen.
Deshalb ist es notwendig, im Rahmen solcher lokalen Netze auch diese Ebene mit einzubeziehen. Zu dieser oberen Ebene gehört ebenso die Öffnung des Bürokommunikationsnetzes in Richtung der zentralen Datenverarbeitung. Bei vielen Geschäftsvorgängen besteht nun einmal die Notwendigkeit, aktuelle Daten, die sich auf dem Host-Rechner befinden, in die Büroabläufe einzubeziehen, z.B. aktuelle Ergebnisdaten bei der Erstellung der Monats- oder Geschäftsberichterstattung abzurufen.
Kern des Systems ist das EMS-Busnetz, an das das breite Spektrum der Bürogeräte für die Arbeitsplätze der Assistenzkräfte, der Sachbearbeiter, der Fachkräfte und der Führungskräfte sowie zentral nutzbare Geräte angeschlossen sind. Das wesentlich Neue an der dem Busnetz zugrunde liegenden Technologie ist, daß die Informationen, die über das Koaxialkabel des Busnetzes versendet werden, nicht der Steuerung eines zentralen Prozessors bzw. Rechners unterliegen.
Da sich im Netz keine zentrale "Intelligenz" befindet, kann hier auch nichts zentral "lahmgelegt" oder gestört werden, d.h. , das Netz kann niemals in Gänze zusammenbrechen. Dies ist ein wesentliche Voraussetzung für solche komplexen Bürosysteme, die eine hohe Stabilität aufweisen müssen.
Natürlich muß die Intelligenz, die normalerweise zentral vorhanden ist, in irgend einer Form auch hier technisch realisiert sein. Diese Intelligenz verbirgt sich in einem Busnetzanschlußmodul, das direkt an das Koxialkabel angeflanscht wird und über das die Informationen vom Koxialkabel zum Bürogerät und umgekehrt verschickt werden.
Dieses Busnetzanschlußmodul, in der Größe etwa einer kleinen Zigarrenschachtel, hält quasi ständig "das Ohr an der Leitung"des Busnetzes und "horcht", ob über diese Leitung Informationen versendet werden, die für das jeweils angeschlossene Bürosystem bestimmt sind. Ist dieses der Fall, so nimmt das Busnetzanschlußmodul die Informationen entgegen und leitet sie an die angeschlossenen Station weiter.
Sollen im umgekehrten Fall Informationen von der Station zu einer anderen versendet werden, so "horcht" das Busnetzanschlußmodul ebenfalls auf der Leitung und wartet, bis es eine Verkehrslücke vorfindet, um dann die Informationen paketweise digital über das Kabel an andere Stationen im Sinne eines Broadcasting weiterzuleiten. Alle anderen Anschlußmodule erwarten also ständig für sie bestimmte Informationen und nehmen diese dann im positiven Fall entgegen (Carrier Sense Multiple Access = CSMA- Verfahren).
Jede am Busnetz angeschlossene Station besitzt eine eigene Verarbeitungs-"Intelligenz", die im Normalfall durch entsprechende Microcomputer realisiert ist. Im Grunde genommen wird die Verarbeitung im ganzen Netz also ähnlich vorgenommen wie in Großrechnern, in denen ebenfalls intelligente Prozessoren, z.B. Zentral-Prozessor, Ein-/Ausgabe-Prozessor und Wartungsprozessor miteinander verbunden sind; hier geschieht der Informationssaustausch solcher Prozessoren also ebenfalls über einen Bus, der allerdings "großflächiger" angelegt ist, so daß hier eine dezentrale Informationsverarbeitung direkt am Arbeitsplatz ohne Zentralprozessor stattfindet.

Der Telefondraht verbindet Busnetze untereinander

Nun ist es aber sicherlich nicht sinnvoll, die gesamten Bürokomplexe neben dem bereits überall vorhandenen Kupferdraht noch zusätzlich mit Koaxialkabel zu durchziehen, um flächendeckende Kommunikation zu erreichen. Das Koaxialkabel dient hier im wesentlichen als verbindendes Medium zwischen intelligenten Prozessoren, die die Mitarbeiter einer Organisationseinheit benutzen. Für den gelegentlichen elektronischen Informationsaustausch zwischen mehreren normalerweise autonom arbeitenden Organisationseinheiten, z. B. dem Rechnungswesen und der Personalabteilung, ist es jedoch nicht notwendig, auf diese Bustechnologie zurückzugreifen. Es bietet sich hier nämlich die Möglichkeit an, diese Busnetze untereinander über den bereits vor-

handenen Kupferdraht (Telefondraht) zu verbinden.
Während nämlich im Busnetz für den schnellen Informationsaustausch zwischen den Stationen, z.B. zentralem elektronischem Aktenschrank und Arbeitsplatzrechnern eine hohe Geschwindigkeit notwendig ist, im Falle des EMS-Busnetzes 10 Megabit pro Sekunde, reicht es aus, für den normalen Postverkehr mit wesentlich geringeren Übertragungsraten zu arbeiten: z.B. 4800 oder 9600 Bit pro Sekunde.
In der Bundesrepublik Deutschland wird mit der Einführung des neuen Postdienstes ISDN (Integrated Services Digital Network), etwa 1986/1987, die Transferrate außerdem noch wesentlich erhöht werden, nämlich auf 64 Kilobit pro Sekunde.

Lokale Prozessoren im dezentralen Verbund

Der Kommunikationskanal, bei EMS 5800 das EMS-Busnetz, ist nur eine Komponente eines integrierten Bürosystems. Wesentlich sind vor allem auch jene Leistungsmerkmale, die auf den intelligenten, angeschlossenen Stationen zur Verarbeitung von Text, Bild und Daten realisiert sind.
Eine an das Busnetz angeschlossenen Ablageeinheit dient allen Nutzern des Netzes als zentrales elektronisches Archiv. In dieser elektronischen Ablage können Dokumente, also Text, Daten und Grafik strukturiert abgelegt und jederzeit wieder abgerufen werden. Eine solche Ablageeinheit ist in verschiedenen Ausbaustufen realisiert und kann zwischen 8.000 und 400.000 A4-Seiten aufnehmen. In dieser zentralen Ablageeinheit ist ebenfalls die "Poststelle" des Netzes realisiert, d.h., jedes Dokument, das im Netz versendet wird, wird über ein dem Empfänger zugeordnetes elektronisches Postfach an den jeweiligen Partner zugestellt.
Eine weitere von allen Arbeitsplätzen gemeinsam nutzbare Komponente ist das Drucksystem. Dieses Drucksystem ist im Grunde genommen ein elektronisches Reproduktionsgerät, das die gespeicherten Bits und Bytes wieder "schwarz auf weiß" in Form von Text, Daten und Grafik reproduzieren kann und Unterlagen in nahezu Offsetqualität erzeugt.
Alle Anwender können ferner die Kommunikatonseinheit gemeinsam nutzen. Sie ist quasi das Tor zur Außenwelt des lokalen Netzes, bietet also Zugang zu öffentlichen und privaten Netzen sowie zu Rechnern.

Protokollumwandlungen in der Kommunikationseinheit ermöglichen es, Geschäftspapiere aus dem lokalen Netz auch mit entsprechenden Anschlußgeräten der Postdienste, z.B. Fernschreiber oder TELETEX-Gerät auszutauschen. Ferner dient die Kommunikationseinheit der bereits erwähnten Verbindung von Busnetz zu Busnetz.
Schließlich hat sie eine dritte wesentliche Aufgabe, nämlich die Verbindung zum Zentral-Computer zu schaffen, indem über die am Busnetz angeschlossenen Arbeitsplatzsysteme direkt Zugriff genommen werden kann auf Daten des Host-Rechners.

Von besonderem Interesse sind natürlich die Stationen, die direkt am Arbeitsplatz des Mitarbeiters im Rechnungswesen vorhanden sind. Die dort bereitgestellten Arbeitsplatzsysteme sind in moderner Bitmap-Technologie ausgelegt, d. h. grafisch orientiert und erlauben es daher, Informationen jeglicher Art zu gestalten , d.h. aufzubereiten, zu versenden und zu empfangen.
Diese Informationen können also sowohl eine Text- als auch eine Grafik-Orientierung beinhalten. Sie dienen vor allem dazu, Geschäftspapiere, deren Textbasis z.B. auf der Speicherschreibmaschine entstanden ist, aufzubereiten in dem Sinne, daß z. B. bestimmte Passagen eines solchen Papieres besonders hervorgehoben werden oder durch grafische Komponenten angereichert werden.
So wird z.B. ein Monatsbericht, dessen Textteile zunächst von der Sekretärin erfaßt worden sind, mit Balken oder Kreisdiagrammen aufbereitet, deren Ursprungsdaten im direkten Verfahrensdialog mit dem Host-Rechner vom Arbeitsplatzsystem abgeholt werden.
Das Arbeiten an diesem System geschieht über eine einfache bildhafte Oberfläche, die also nicht aus Kommandos besteht, deren Syntax und Semantik man kennen muß, sondern aus Bildsymbolen, auf die man im wesentlichen nur deuten muß und unter Auslösung einer Funktionstaste angibt, was mit diesen Bildsymbolen an Verarbeitung zu geschehen hat.
Diese einfach zu bedienende bildhafte Sprache wird ergänzt durch ein Lehrprogramm, das im System implementiert ist, mit Hilfe dessen der Benutzer mit dem System und am System die Funktionen erlernen kann. Im Dialog mit dem Arbeitsplatzrechner können also sukzessive, angefangen von einem Basislehrprogramm bis hin zu speziellen Lehrmodulen, die Funktionen des Systems quasi spielend erlernt werden. Dies ist auch der Grund, warum für dieses System

keine spezielle Anwenderschulung angeboten wird.

Anwendungen im betrieblichen Rechnungswesen

Aufgrund der Flexibilität des Systems ergeben sich vielfältige Anwendungsmöglichkeiten des Systems EMS 5800 im betrieblichen Rechnungswesen. Insbesondere dort, wo Planungsrechnungen und Ergebnisaufbereitung für Leitungsentscheidungen von Bedeutung sind, kann das System hervorragend eingesetzt werden.

Mit Hilfe des Arbeitsplatzsystems 5815 können folgende Arbeiten im Rechnungswesen durchgeführt werden:

- Aufbereiten von komprimierten Daten mit Hilfe der Textgestaltungsmöglichkeiten (verschiedene Schriftsätze und - größen), der Tabellenbearbeitung und der Grafik-Funktionen
- Durchführung von Planungsrechnungen mit Hilfe der Tabellen zugeordneten Rechen- und Plausibilitätsprüf-Regeln oder der Tabellenkalkulation ähnlich VisiCalc®
- Zugriff auf Rechnerverfahren über Terminal-Emulation (IBM 3270, Siemens 9750, DEC VT100) und Remote-Job-Entry-Emulation IBM 2780/3780 und nachfolgende lokale Weiterverarbeitung mit Hilfe von Umsetzfunktionen
- Elektronische Übermittlung der Arbeitsergebnisse im Netz über elektronische Post und an Partner außerhalb des Netzes über die Dienste der Post (TELEX, TELETEX, TELEFAX)
- Zentrales Archivieren und Wiederauffinden der Dokumente.

Die **Bilder 9-11** zeigen einige Beispiele typischer Arbeitsergebnisse (Dokumente) aus dem betrieblichen Rechnungswesen, die am Arbeitsplatzsystem 5815 erzeugt und über den am Netz angeschlossenen Laserdrucker in Offset-Qualität ausgegeben wurden.

Die Primärdaten können dabei mit systemseitig bereitgestellten Standard-Funktionen direkt aus dem zentralen Host-Rechner per Terminalemualtion übernommen, automatisch in ein Dokument umgesetzt und anschließend einschließlich Grafik aufbereitet werden, ohne daß eine speziellen Programmentwicklung notwendig ist. Die Verknüpfung der einzelnen Bearbeitungschritte zu einem automatischen Ablauf erfolgt dabei mit der Büro-Prozedursprache CUSP (*Cu*stomer *P*rogrammingLanguage), die speziell das Hantieren mit Objekten wie Aktenschränken, Mappen und Dokumenten, z. B. das Öffnen und Schließen dieser Objekte, und die Behandlung deren Inhalte wie z.B. das Rechnen mit Feldern, unterstützt. **Bild 12** veranschaulicht diesen Vorgang.

Die aufgezeigten Beispiele können naturgemäß nur einen Ausschnitt der vielfältigen Nutzungsmöglichkeiten des Systems EMS 5800 OFFICE im betrieblichen Rechnungswesen aufzeigen. Insbesondere bei der integrierten Vorgangsbearbeitung, also dem Zusammenwirken von Zentralrechnern, lokalen Arbeitsplatzsystemen und Kommunikationssystemen zeigt das System seine besonderene Stärken. Hierbei können die Werkzeuge für die Dokument-Bearbeitung, Tabellenfunktionen, Dateiverarbeitung und deren funktionale Verknüpfung zu kompletten Büroabläufen über die Büro-Prozedursprache CUSP besonders genutzt werden.

Bild 1 **SIEMENS**

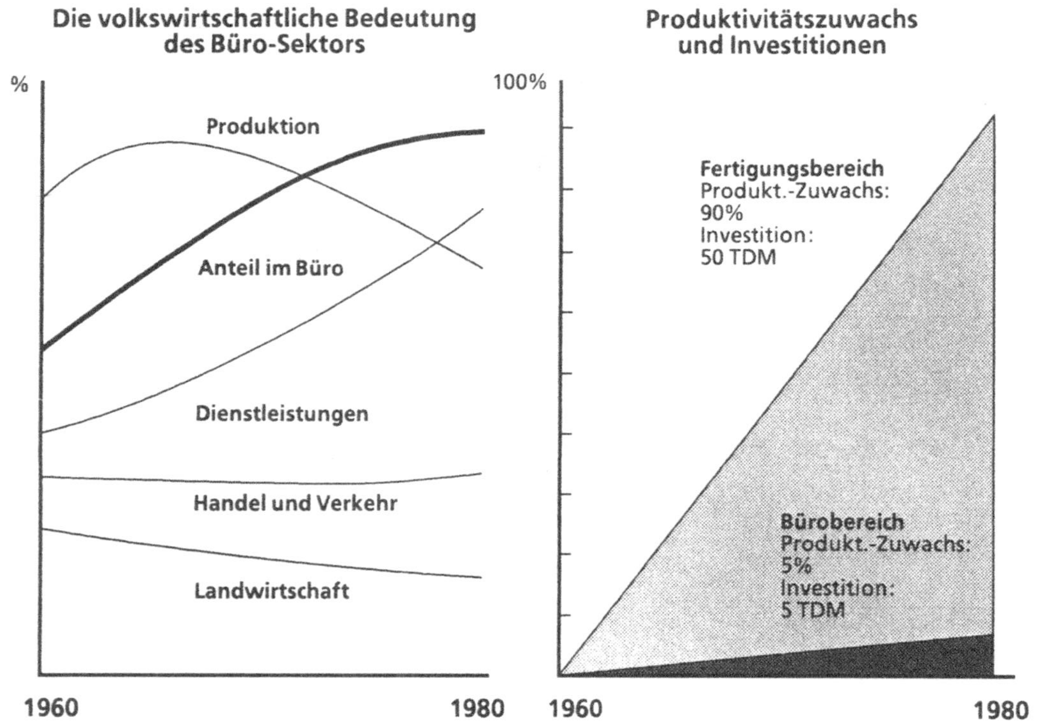

Entwicklung des Büro-Sektors in der BRD

Erstellt mit dem SIEMENS Bürosystem EMS 5800 OFFICE

Bild 2 SIEMENS

...schon bei der direkten, persönlichen Kommunikation nutzen wir

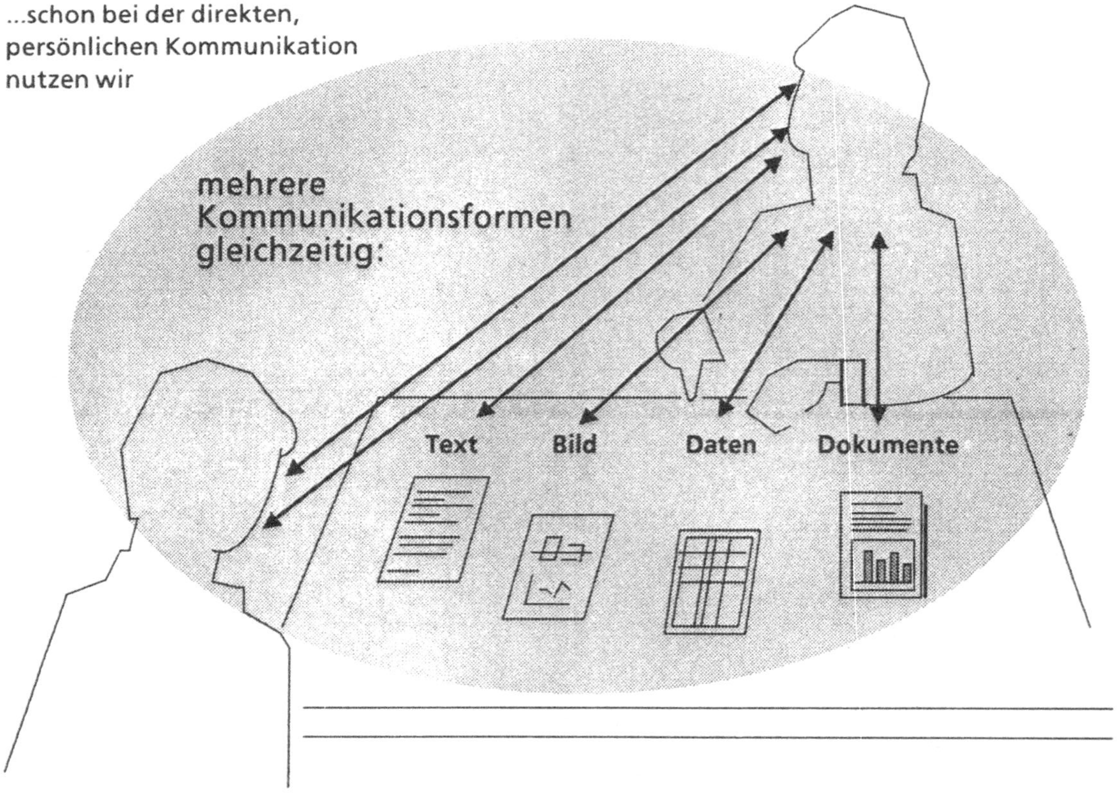

Kommunikationsformen

hr 4/84

Bild 3

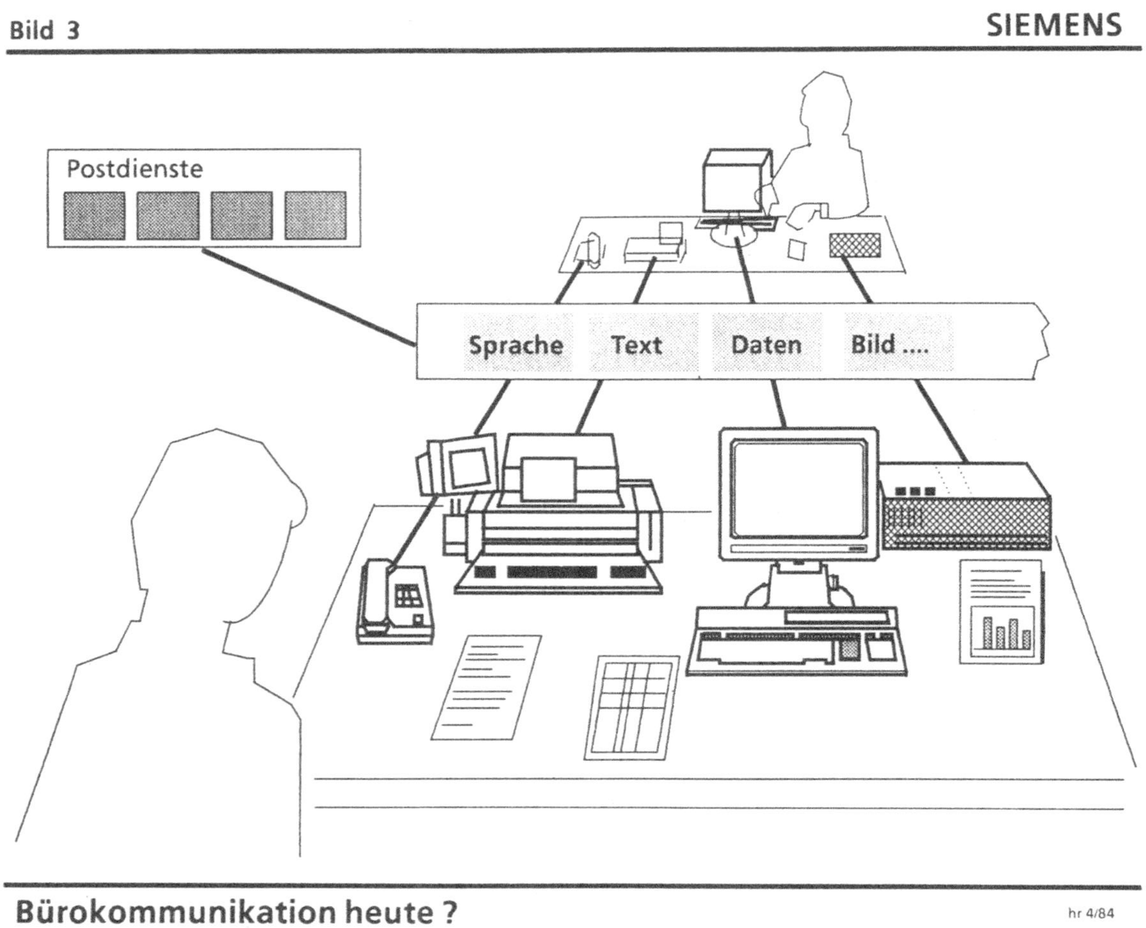

Bürokommunikation heute ?

Bild 4

SIEMENS

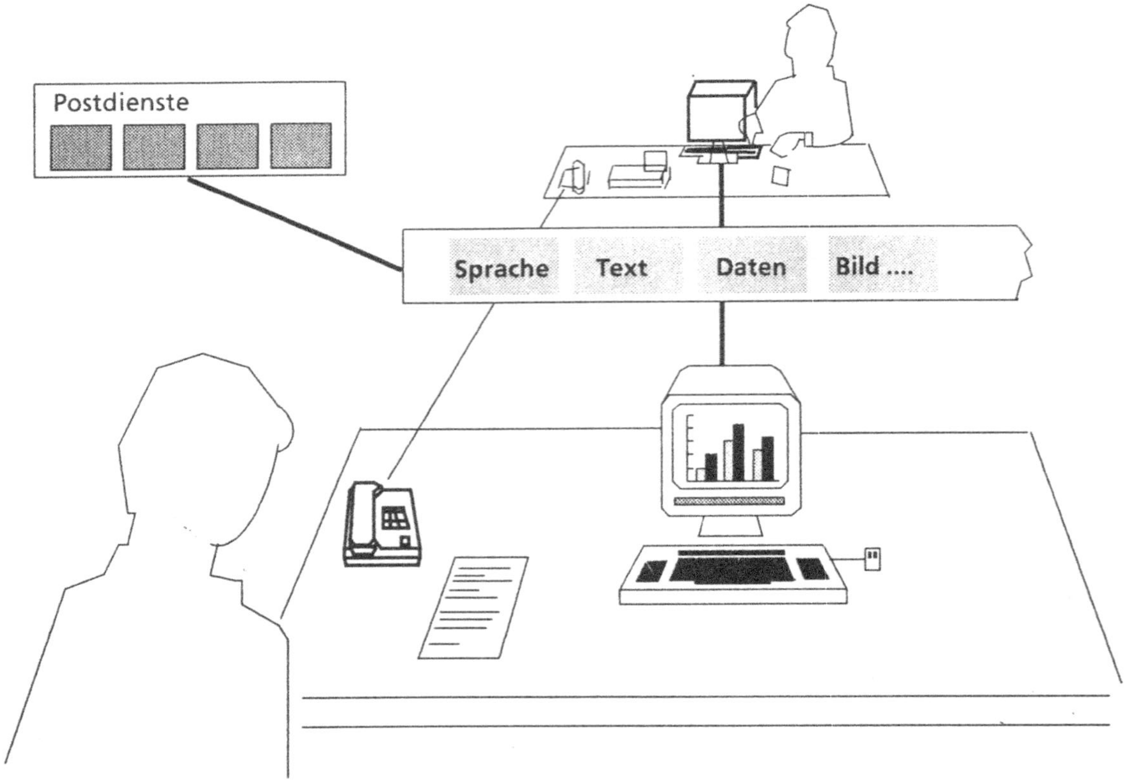

Bürokommunikation von morgen !

hr 4/84

Bild 5 **SIEMENS**

Führungskräfte z.B. Vorstandsmitglieder Geschäftsführer Abteilungsleiter Werksleiter u. a.	→ leiten und motivieren Mitarbeiter → repräsentieren → lösen Probleme und fällen Entscheidungen bei Unsicherheit → und Risiko bauen Kommunikationsbeziehungen auf empfangen, verarbeiten und verbreiten Informationen
Fachkräfte z.B. Organisatoren Planer Ingenieure Kaufleute u. a.	→ führen Tätigkeiten mit hohem Anteil an erforderlichem Fachwissen aus → empfangen, produzieren und dokumentieren → Informationen Tätigkeit ist schlecht strukturierbar
Sachbearbeiter z.B. Verwaltungsangestellte Buchhalter Vertriebssachbearbeiter Abwickler u. a.	→ führen stärker strukturierbare Tätigkeiten aus → weniger Fachwissen, mehr Routine erforderlich → empfangen Informationen und geben sie weiter
Assistenzkräfte z.B. Schreibkräfte Sekretärinnen Postverteiler Zeichenkräfte u. a.	→ unterstützen die anderen Gruppen bei Speicherung, Transport, Dokumentation, Be- und Verarbeitung und Verteilen der Informationen

Grundtypen der Büroarbeit

hr 4/84

Bild 6

SIEMENS

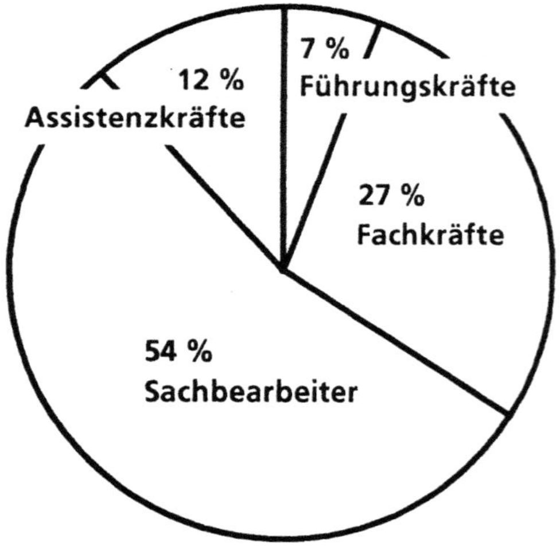

Anzahl

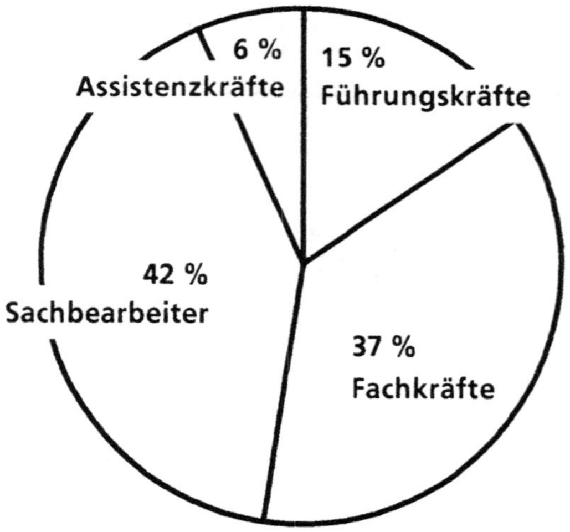

Kosten

Anzahl und Kosten der Mitarbeiter im Büro

hr 4/84

Bild 7 Beispiel eines *Büro-Dokuments*

AN	VON	Eingangsvermerke
Büro Frankfurt Hr. Deutschmann VN I	Zentralvertrieb	
	Bearbeiter Hr. Harpert	
	Telefon 21689	
Ihre Zeichen und Ihre Nachricht vom	Unsere Zeichen hp	Ort und Datum Mch H, 5.4.84

Vertriebstagung II/82

Zur Information und Vorbereitung unserer Tagung im nächsten Monat erhalten Sie die gewünschten Unterlagen. Wir sind sicher, daß die geplanten Umsatz-steigerungen auch in der Zukunft erreicht werden.

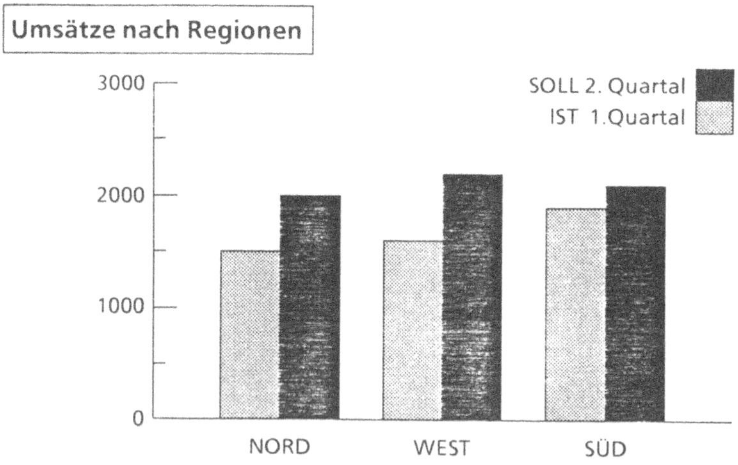

Produkt-Gruppe	NORD		WEST		SÜD	
	Ist	*Soll*	*Ist*	*Soll*	*Ist*	*Soll*
A 23	700	800	600	800	900	900
C 46	500	600	500	700	500	600
K 49	300	600	500	700	500	600

Mit freundlichen Grüßen

Harpert

Bild 8 **SIEMENS**

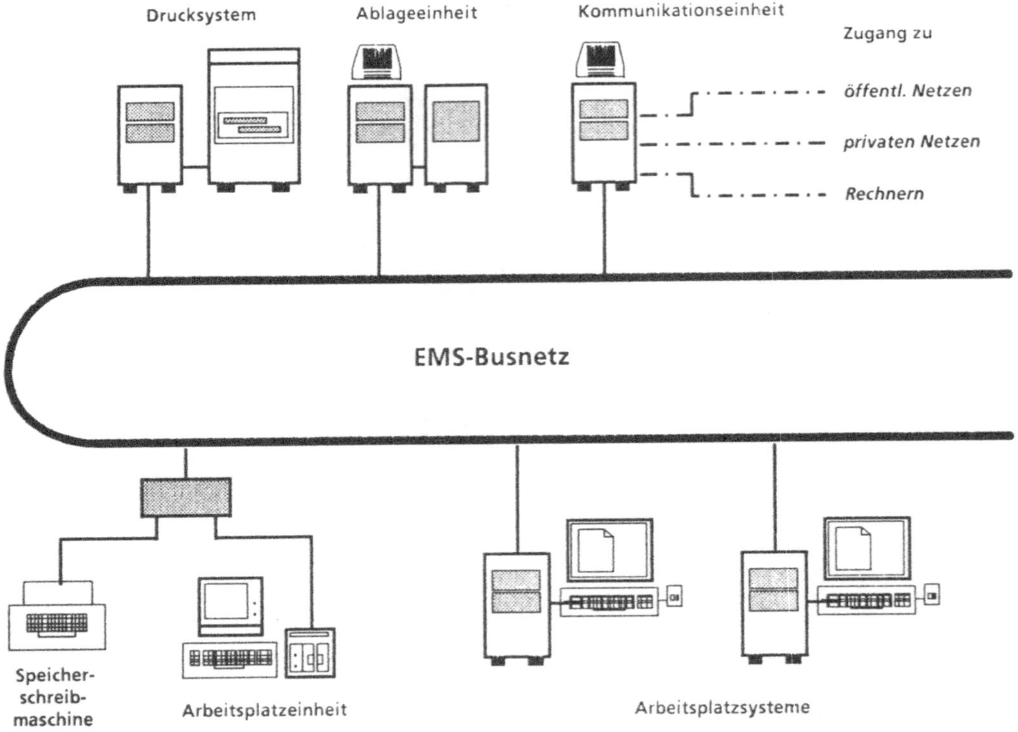

Busnetz und Systemkomponenten

hr 4/84

Bild 9

Beispiel eines Betriebsabrechnungsbogens

Kostenstellen → Kostenarten ↓	Zahlen der Buch-haltung	Allgemeine Kostenstellen		Fert hilfs-stellen	Fertigungsstellen				Material-Hilfsstellen			Verw.-Stelle	Vertriebs-stelle
		Wasser-versorgung	Kraft-zentrale	Arbeits-buro	A	B	C	Summe 6-8	Einkauf	Material-Lager	Summen 10-11		
1	2	3	4	5	6	7	8	9	10	11	12	13	14
1 Fert.-Lohn	4500				1200	1600	1700						
2 Fert.-Material	12000												
3. Fert.-Kosten	**16500**												
4 Hilfslöhne	4030	120	80	60	600	900	850	2350	20	400	420	400	600
5 Gehälter	2460	10	5	180	200	250	220	670	15	80	95	600	900
6. Ges Soz Leistungen	381	10	6	5	60	80	75	215	5	40	45	45	55
7. Werkzeugverbrauch	48	2	8		10	12	11	33		5	5		
8 Instandhaltung	220	12	20	8	40	30	60	130		15	15	20	15
9. Hilfsmaterial	725	5	100	10	100	175	300	575	3	10	13	10	12
10. Neubau	93		4	2	10	12	10	32	2	8	10	25	20
11 Versicherung	147	6	8	5	20	30	25	75		20	20	15	18
12. Kalk. Abschreibungen	297	10	8	10	50	75	60	185	2	40	42	20	22
13. Kalk Zinsen	58	2	1	2	9	11	10	30		8	8	8	7
14 Kalk. Wagnisse	99	3	2	3	10	25	28	63	1	10	11	7	10
15 Kalk Untern.-Löhne	134			5	15	20	18	53	2	4	6	40	30
16 Sonstige	78	5	8		16	15	13	44		5	5	10	6
17. Summe (4-16)	**8770**	**185**	**250**	**290**	**1140**	**1635**	**1680**	**4455**	**50**	**645**	**695**	**1200**	**1695**
18 Umlage Wasserversorg			20	5	50	45	45	140		10	10	5	5
19 Umlage Kraftzentrale				3	80	90	85	255	1	5	6	3	3
20. Summe				**298**	**1270**	**1770**	**1810**	**4850**	**51**	**660**	711	**1208**	**1703**
21. Umlage Arbeitsbüro					98	110	90	298					
												Verwaltu.-Vertriebs-zuschlag bez. auf Herst Kosten	
22 Enst. Fert.-G -K					1368	1880	1900	5148	Enst Mat -G -K		711		
23 Fert -Lohn					1200	1600	1700	4500	Fert -Mat		12000		
24 Norm Zuschlag in %					121%	110%	124%		Mat -Zuschl %		5,66%	5,37%	7,57%
25. Verr Fert -G -K					1450	1760	2100	5310	Verr Mat -G -K		680		
26 Verr Fert -K (23 + 25)					2650	3360	3800	9810	Verr Mat -Kosten		12680	22 490	22 490
27. Entst Fert -K (22 + 23)					2568	3480	3600	9648	Enst Mat -Kosten		12711	22 359	22 359
28 Kostenst. Über- und Unterdeckung					+ 82	-120	+ 200				-31		
29 Zuschlag in %					114%	118%	112%				5,93%	5,40%	7,61%

Bild 10 **Beispiel *Linien-Diagramm Bilanz***

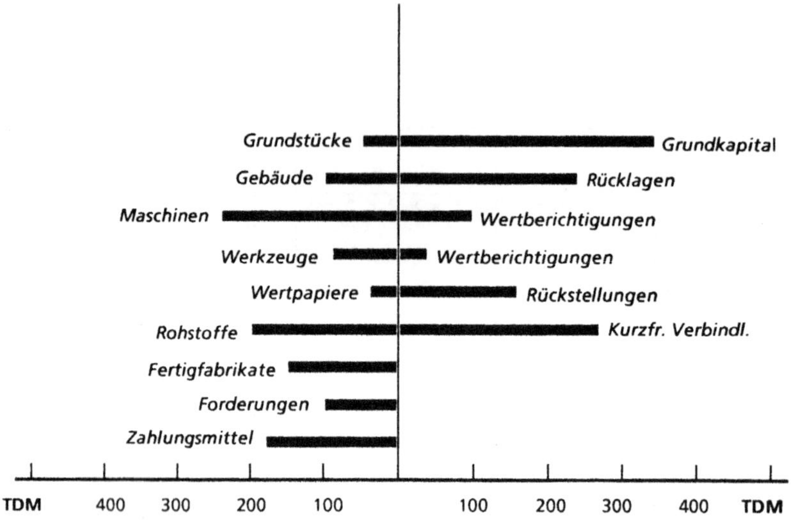

Bilanz zum 31. 12. 83

Aktiva		Passiva	
Grundstücke	500 000	*Grundkapital*	3 500 000
Gebäude	1 000 000	*Rücklagen*	2 500 000
Maschinen	2 500 000	*Wertberichtigungen*	1 000 000
Werkzeuge	900 000	*Rückstellungen*	400 000
Wertpapiere	400 000	*Kurzfr. Verbindlichkeiten*	1 500 000
Rohstoffe	2 000 000	*Langfr. Verbindlichkeiten*	2 700 000
Fertigfabrikate	1 500 000		
Forderungen	1 000 000		
Zahlungsmittel	1 800 000		
	11 600 000		**11 600 000**

Bild 11 **Beispiel *Umsatz-Statistik***

	1979	**1980**	**1981**	**1982**	**1983**
Umsatz Inland in TDM	2500	5200	6800	5700	6500
Umsatz Ausland in TDM	1500	2300	2100	3000	2500
Umsatz Gesamt in TDM	4000	7500	8900	8700	9000

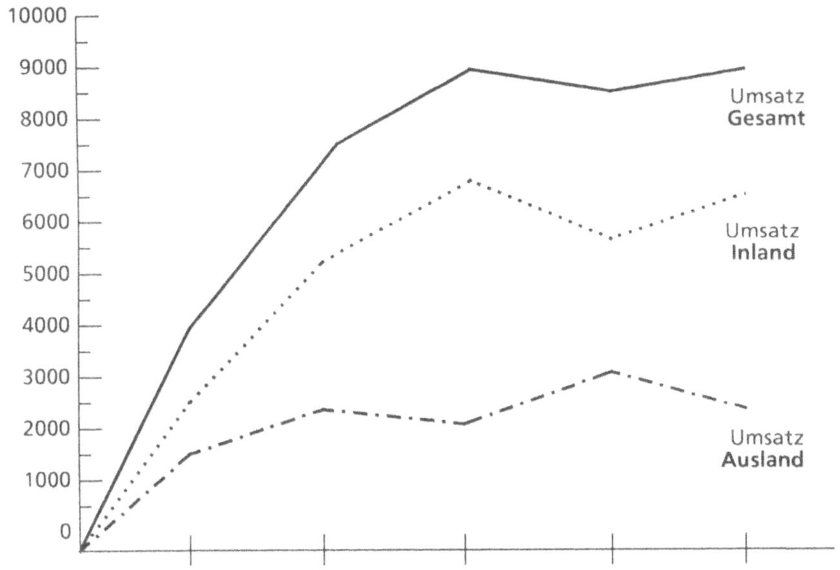

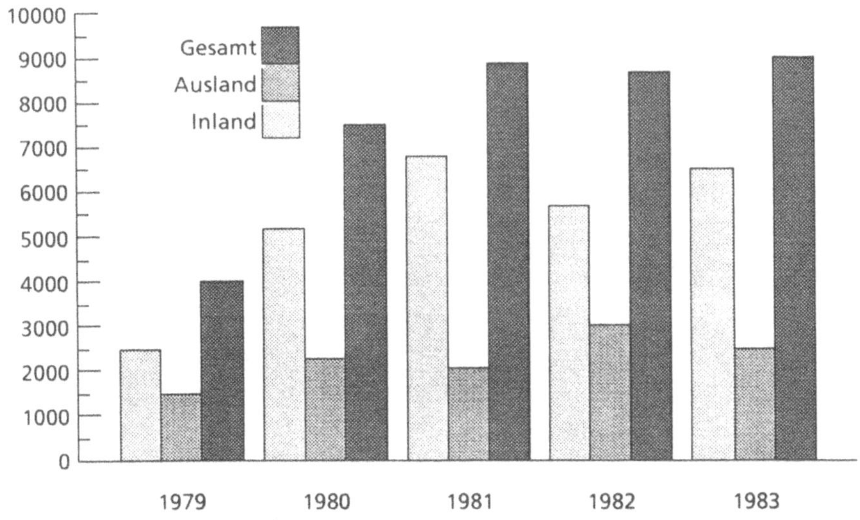

Bild 12

SIEMENS

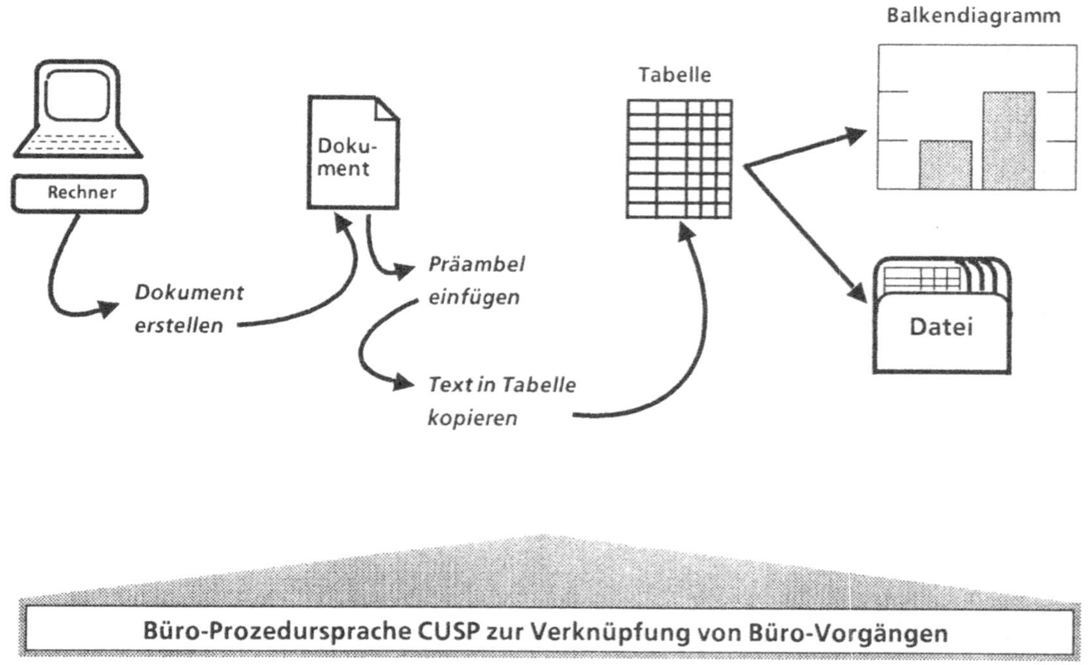

Automatische Aufbereitung von Primärdaten

hr 4/84

Einsatz der individuellen Datenverarbeitung im Controlling

R. Borchers, Robert BOSCH GmbH, Stuttgart

1. Einleitung

1.1 Der Begriff **Controlling** wird zunehmend weiter ausgelegt. Zur klassischen Aufgabe der **Rechnungslegung** kommt die zukunftsgerichtete **Erfolgs- und Liquiditätssteuerung.**

Für die Informationsverarbeitung bedeutet dies, daß nicht nur umfangreiche Informationen über den Werteeinsatz und die Werteentstehung aufzubereiten sind, sondern daß Chancen und Risiken, Stärken und Schwächen des Unternehmens auszuloten sind.
Durch

- Bildung von Kennzahlen
- Analyse von Ist- und Soll-Zahlen
- Aufzeigen von Abweichungen
- Ermittlung von Schwerpunkten

ist die **Informationsflut einzuschränken.** Der Aufschluß über die Unternehmenssituation ist durch **Alternativrechnungen** im Planungsprozeß und der Berichtsphase abzusichern und ist gleichzeitig die Basis für die neue Planung und Zielsetzung.

Aus diesem Umfeld resultieren **wechselnde Aufgaben/Fragestellungen,** die ohne Zeitverlust zu präsentationsfähigen Ergebnissen führen müssen. Gleichzeitig wird damit auch das Anforderungsprofil an die DV-Unterstützung bestimmt.

1.2 Die BOSCH-Gruppe hat in hohem Maße eine **dezentrale Organisationsform.** Die Zentrale befindet sich in Stuttgart. Sie hat Führungs- und Koordinierungsaufgaben. Die Ergebnisverantwortung liegt bei Geschäftsbereicnen (Inland) und Regionalgesellschaften (Ausland). Die Werke sind den Geschäftsbereichen zugeordnet.
Im Inland bestehen 15 Rechenzentren. Diese versorgen ihren Standort mit DV-Leistung.

Die dezentrale Organisationsform schlägt sich auch im Controlling nieder. Die einzelnen Bereiche erfüllen ihre **Berichtspflicht** auf der Ebene **aggregierter Zahlen.**

2. Notwendigkeit der individuellen Datenverarbeitung (IDV)

Hat eine Fachabteilung ein **Problem,** das mit Hilfe der Datenverarbeitung gelöst werden soll, stellt sie einen **Projektantrag/Änderungsantrag** aus.

Nach Klärung des Sachverhalts, der Notwendigkeit, der Wirtschaftlichkeit und der verfügbaren Programmierkapazität führt die DV gegebenenfalls die Realisierung durch oder lehnt diese ab. Die terminlichen Vorstellungen der Fachabteilung und die Möglichkeiten der DV sind dabei häufig nicht deckungsgleich.

Dieser Kreislauf kann sich wiederholen, wenn die Aufgabenstellung nicht präzise genug war, bzw. das Ergebnis eine weitere Differenzierung erfordert. Trotz guter und umfassender Anwendungen im operativen Bereich bewirkt dieser Zustand oft **Unzufriedenheit** in der **Fachabteilung.**

Im Rahmen der individuellen DV erhält die Fachabteilung unmittelbar **Zugang zum Rechner** und zu den **Daten.**

Mit einer neuartigen Programmiersprache kann sie

Auswertungen einschließlich
Eingaben von Ziel- und Plandaten

selber durchführen und damit auch leichter **Prioritäten** bestimmen.

Die Rechnerleistung kommt an den Arbeitsplatz. Der **Standort** des Rechners ist **sekundär,** der Zugriff zu **Daten** der operativen DV ist **wichtiger.** Im Rahmen des technischen Fortschrittes können bestimmte Aufgaben auch auf **Arbeitsplatzrechnern** (Personal-Computer) durchgeführt werden.

3. Merkmale der Endbenutzerprogrammiersprachen

3.1 Für die Anwender des Rechenzentrums Stuttgart, nämlich

Zentrale, 9 Geschäftsbereiche, 7 Werke

haben wir nach mehrmonatiger Vorbereitungszeit im Oktober 1982 die Individuelle Datenverarbeitung eingeführt.

Entsprechend dem damaligen Softwareangebot und unserer Hardware-/Betriebssystemumgebung entschieden wir uns für die auf APL basierenden Produkte.

Die Programmiersprache **APL,** der Berichtsgenerator **APL/ADRS2,** und die Abfragesprache **APL/ADI2** lassen sich wirkungsvoll kombinieren. Gerade im Controllingbereich haben wir damit gute Problemlösungen erreicht.

Die Leistungsfähigkeit dieser Sprachen möchte ich am Beispiel APL/ADI erläutern.

3.2 Merkmale von APL/ADI

Die von uns zur Verfügung gestellte Programmiersprache befähig die Fachabteilung,

Abfragen im Dialog zu machen.

Das erfordert nur 3 Eingaben:

die **Selektion:**	wählt eine Untermenge aus
die **Funktion:**	bestimmt die Verarbeitungsart (z.B. summieren)
die **Felder:**	zeigen an, welche Informationen wie verknüpft werden sollen.

Dabei können **6 Befehle 80 %** der Fragestellungen lösen.

Beispiele:

TOP	erlaubt eine Sortierung nach Größe
SUB	bildet Zwischensummen
CROSS	führt zu einer tabellarischen Darstellung.

Es können etwa 150 000 Datensätze **wirtschaftlich** verarbeitet werden.
Die **Schulungszeit** beträgt nur 1 Tag.

An einem Anwendungsbeispiel in den von uns betreuten Werken möchte ich die Möglichkeiten dieser Sprache aufzeigen.

4. Bestandscontrolling

4.1 Fragen im Rahmen des Bestandscontrolling

Wenn in einem Werk die Bestände gesenkt werden sollen, interessieren den Verantwortlichen z.B. folgende **Fragen:**

- o Welches sind die Positionen mit dem größten Bestand oder mit der größten Eindeckung?
- o Wo sind nicht gängige Bestände?
- o Wie entwickeln sich bestimmte Bestandspositionen in den nächsten Monaten?
- o Werden die prognostizierten Werte erreicht?
- o Wo kann man eingreifen, um Bestände zu reduzieren?
- o Sind die Zielwerte für die verschiedenen Bestandsgruppen (z.B. ABC) in Ordnung?

Diese Fragen könnten - in herkömmlicher Weise - dadurch beantwortet werden, daß eigens dafür geschriebene **EDV-Programme** eingesetzt werden. Der **Zeitbedarf** für genaue

Aufgabenbeschreibung,
Programmierung und
Test

ist **hoch.** Die **wechselnde Fragestellung** bzw. weitergehende Differenzierung nach Vorlage der Ergebisse erhöhen den Aufwand.

Mit dem neuen Werkzeug der **"Individuellen Datenverarbeitung"** lassen sich derartige Fragen **schnell** und **wirtschaftlich** durch die Fachabteilung selbst beantworten.

4.2 Erläuterung des Beispiels: Bestandsanalyse

Ich möchte einige **ausgewählte Beispiele** vorlegen, wie sie für den Benutzer am Bildschirm erscheinen. Dabei möchte ich Ihre Aufmerksamkeit weniger auf die Zahlen, sondern mehr auf die **Möglichkeiten der Auswertung** lenken.

Abb. 1 gibt Antwort auf die Frage:

Welches sind die 15 Einkaufs-Positionen mit dem höchsten Bestand?

Zur Lösung sind **zwei Eingaben** notwendig:

"Selektion" und "Funktion".

In der 1. Spalte sind die wertmäßigen Bestände nach Positionen in absteigender Reihenfolge sortiert.

Anzahl und **Reihenfolge** der weiteren **Spalten** legt die Fachabteilung fest; in diesem Beispiel neben **Benennung** und **Eindeckung** in Monaten (Reichweite) auch die **Warenbewegung** bis zum Monatsende.

Am Beispiel "Beschichtungsstoff" ersieht man, daß sich der Anfangsbestand von 183 TDM bis Monatsende auf 43 TDM verringern wird.

BOSCH EDP	DV-Anwendung Bestandsanalyse	Abb. 1 01.84

Beispiel:

Welche sind die 15 Positionen (Fremdbezug) mit dem höchsten Bestand?

Selektion *Funktion*

```
13:26     1/20/83     APL DATA INTERFACE
'MP.LWAPLLAN'(1/20/83);VS=20 & EINDECKUNG>0;TOP
```

Ist-Bestand GESBEST	*Nummer* TTNR	BENENNUNG	EINDECKUNG	*Entnahmen* OFFENTN	*Bestellungen* OFFBESTELLG	*Verfügb. Bestand* VERFBEST
361942	5964 [redacted]	LEITPLATIN	1.85	1859	0	360083
288060	5141 [redacted]	BANDSTAHL	.59	77267	148036	358829
277090	0270 [redacted]	SI-DIODE	1.47	4842	43128	315376
274715	0271 [redacted]	SI-TRANSISTOR	1.92	58073	98507	315149
224790	0270 [redacted]	SI-DIODE	4.25	64	16383	241109
210595	1900 [redacted]	RILLENKUGELLAGER	.52	95072	0	115523
183520	5925 [redacted]	BESCHICHTUNGSSTOFF	.30	140439	0	43081
177120	0270 [redacted]	SI-DIODE	1.17	646	82638	259112
171351	1330 [redacted]	SCHALTERGEHAEUSE	.15	261176	154104	64279
166068	1900 [redacted]	RILLENKUGELLAGER	.10	123762	0	42306
151980	0265 [redacted]	WEGE-MAGNETVENTIL	.24	296310	336515	192185
138890	0265 [redacted]	WEGE-MAGNETVENTIL	.79	97410	66470	107950
131843	6117 [redacted]	KUPFERLACKDRAHT	.48	88121	0	43722
.						
.						
.						

Die Auswertung könnte auch auf der Basis der Spalte "Verfügbarer Bestand" als **zukunftsorientierte Betrachtung** erfolgen und nicht wie hier, sich auf den Lagerbestand beziehen. Dabei fallen auch die Positionen auf, die im Laufe des Monats anzuwachsen drohen und wo man steuernd eingreifen kann. Beispiel: Der Bestand an SI-Transitoren kann noch durch Stornierung oder Verschieben von Bestellungen gesenkt werden.

Jetzt sehen Sie, wie wichtig die IDV ist. Die **Aufgabenstellung** kann sofort **verändert** werden, ohne daß die Datenverarbeitung eingeschaltet wird. Wird die **Zieldeckung** mit ausgewiesen, können auch die Abweichungen dargestellt und verfolgt werden.

Die **Verdichtung auf** Materialgruppen und die Auswertung des "Verfügbaren Bestandes" der Folgemonate unterstützt wirksam die **Prognose.**

5. Zentrales Berichtswesen der BOSCH-Gruppe

5.1 Ausgangssituation

Bei der **großen Zahl** inländischer Geschäftsbereiche (GB), ausländischer Geschäftsbereiche (RG = Regionalgesellschaften) sowie Tochtergesellschaften bedarf auch das zur effizienten Steuerung des Gesamtunternehmens notwendige konsolidierte Berichtswesen einer **maschinellen Unterstützung.**

Bei der Organisation des **Meldeverfahrens** waren neben den Entfernungen auch die **nationalen** und **internationalen Verflechtungen** zu berücksichtigen. Zusätzlich bringt die Größe des Unternehmens eine differenzierte Führungs- und Ergebnisverantwortung mit sich. Das wiederum schlägt sich in der Anzahl **organisatorischer Änderungen** nieder.

Flexibilität bei der Berücksichtigung dieser Einflußfaktoren sowie die Unterstützung der **Bildung neuer Kennzahlen** machten anpassungsfähige Rechenregeln erforderlich, um rasch auf die **veränderten Anforderungen** reagieren zu können.

Neben einer schnelleren Bereitstellung der Führungsinformationen sollten die Kenndaten des Unternehmens und der Bereiche für eine kurzfristige maschinelle

- **Zeitreihen- und Abweichungsanalyse**
- **vergleichende Betrachtung verschiedener Bereiche**

zur Verfügung stehen.

Die **Entlastung der Mitarbeiter** in der Zentrale in bezug auf Fehlerbearbeitung und zeitaufwendige manuelle Arbeiten war selbstverständlich. Das gilt auch für die monatliche Berichterstattung der Geschäftsbereiche. Jedoch ist hier die **durchgängige DV-Unterstützung** noch nicht erreicht.

Die Struktur und die Anzahl der zu konsolidierenden Bereiche (Stand 1.84) gibt Abb. 2 wieder.

5.2 Dateneingabe

Zur Beschleunigung der Datenübermittlung - verbunden mit einer Verbesserung der Datenqualität - erfolgt die **Dateneingabe dezentral im Dialog.**

Im Inland benutzen wir unser umfangreiches **Standleitungsnetz.** Die Regionalgesellschaften (Ausland) wählen mittels Fernschreiber den Rechner der Zentrale an und führen ihre Dateneingabe per **Telexdialog** durch. Auch dabei erfolgt eine Prüfung auf Vollständigkeit und Plausibilität. Fehler können unmittelbar korrigiert werden. Die eingegebenen Daten werden bestätigt.

Abb. 2

Darstellung aus verrechnungstechnischer Sicht

Stand 1.84

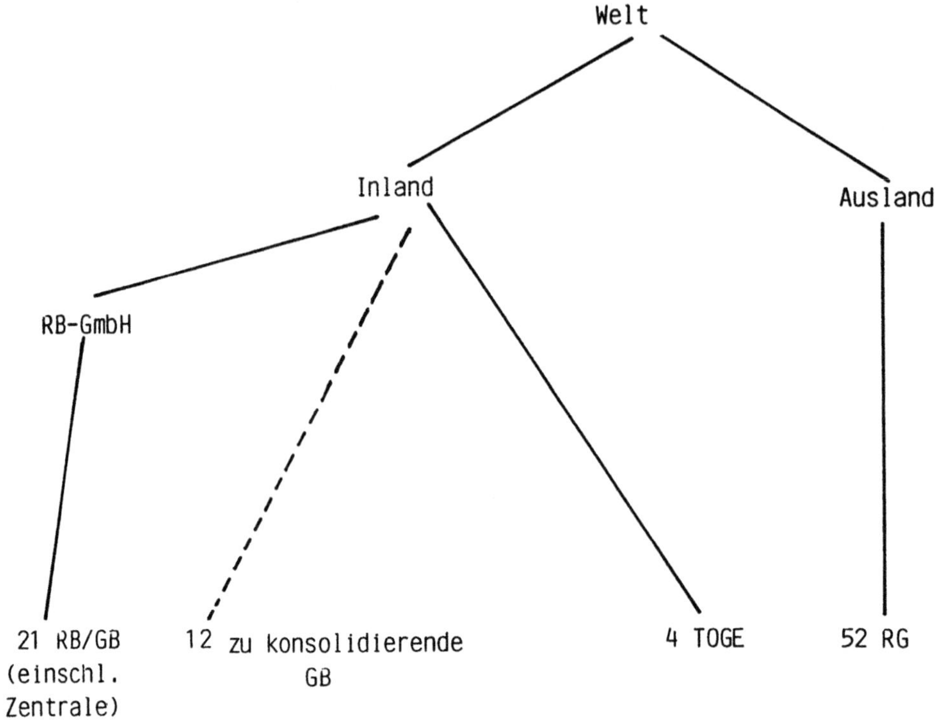

Abkürzungen:

RB: Robert Bosch GmbH

GB: Geschäftsbereich

TOGE: Toschtergesellschaft

RG: Regionalgesellschaft

Wir unterscheiden zwischen

vorläufigen Daten	**endgültigen Daten**
o Umsatz	o Umsatz
o Mitarbeiter	o Mitarbeiter
o Vorräte	o Vorräte
o Geschäftserwartung	o Investitionszugänge
	o Abnahmeverpflichtungen
	o Ergebnisse

Die vorläufigen Daten sind bis zum 5. Arbeitstag und die endgültigen bis zum 15. Arbeitstag zu melden.

Die Eingabe umfaßt bei den **vorläufigen Daten** nur **8 Werte.** Bei den **endgültigen Daten** bewegt sich die Eingabe zwischen **22** und **40 Werten** je Absender. Die **Meldepflicht** ist dabei für die Geschäftsbereiche der RB GmbH, für Tochtergesellschaften und Regionalgesellschaften **unterschiedlich.**

5.3 Auswertungen

Unmittelbar nach generellem Eingabeschluß beginnt die zuständige Zentralabteilung mit den Auswertungen.

Die **Konsolidierung** umfaßt etwa **2 500 Rechenregeln.** Die Rechenregeln werden von der Fachabteilung gewartet. Sie enthalten Ziel-Angaben wie z.B. Berichtstyp und Konsolidierungsbereich (Welt, Inland, Ausland) usw. und Quell-Angaben wie Kennzahl-Code, Geschäftsbereichs-Code usw. Durch diese Technik ist ein Höchstmaß an **Flexibilität** gegenüber organisatorischen Änderungen und neuen Auswertungen gegeben.

Die Programmierung konnte durch diese standardisierte Form in COBOL erfolgen. Die Abwicklung im Dialog stellt das **Konsolidierungsergebnis** "Welt" **in wenigen Minuten** zur Verfügung. Nach Prüfung, Klärung und Bereinigung durch die Fachabteilung können besonders eilige vordefinierte Berichte dann auch unmittelbar im Dialog aufbereitet werden. Sie dienen zur **schnellen, konzentrierten Information** der Geschäftsleitung.

Nach erfolgter Abstimmung veranlaßt die Fachabteilung die Erstellung von Datenauszügen. Die Datenauszüge haben Tabellenform und können mit Hilfe der Endbenutzerprogrammiersprache dann nach **frei wählbaren Kriterien und Verknüpfungen im Dialog** ausgewertet und zu Berichten zusammengefaßt werden.

Die Tabellenorganisation erlaubt es, jeder organisatorischen Einheit (Geschäftsbereich usw.) bis zu **12 Zuordnungsfelder** mit Ordnungsbegriffscharakter wie

- **Typ**	Tochtergesellschaft ...
- **Führungsbereich**	zuständige Geschäftsführer ...
- **Arbeitsgebiet**	K-Ausrüstung, Kommunikationstechnik ...
- **Ländergruppen**	EG, Nordamerika ...
:	

zuzuordnen.

Darüber hinaus stehen etwa **400** nach Perioden differenzierte **Wertefelder** wie

- **Umsatz**
- **Mitarbeiter**
- **Vorräte**
- :

zur Verfügung. Die Wertefelder werden über einen **Code** angesprochen, der neben der Flexibilität auch dem **Datenschutz** dient.

Mit Einbeziehung der historischen Daten können rund **40 000 Informationen** ausgewertet werden.

Die Struktur der Daten erlaubt:

- mengenvergleichende Betrachtungen auf der Basis
  - o **Ist-Daten** über 3 Jahre
  - o **Prognose-Daten** über 2 Jahre
  - o **Plan-Daten** über 3 Jahre
- Jahresvergleiche über weitere 7 Jahre.

Die sich insgesamt daraus ergebenden Verknüpfungen werden mit der eingesetzten **Endbenutzer-Programmiersprache** im Bedarfsfall **einfach** und **schnell** ausgewertet.

Strukturveränderungen schränken teilweise vergangenheitsorientierte Betrachtungen ein. Zur Sicherstellung der Ist-Vorjahres-Betrachtung wird bei Strukturänderungen das vergangene Jahr manuell vergleichbar gerechnet und zusätzlich in den Datenbanken gespeichert.

Der **Schwerpunkt** der Auswertungen konzentriert sich auf eine **Vorschau-Betrachtung.** Die genaue **Analyse** der "Voraussichtlichen Ist-Werte" bzw. der Prognose-Werte gibt frühzeitig Aufschluß über **Entwicklungstendenzen** und unterstützt das **Gegensteuern.** In den folgenden Perioden ist ersichtlich, ob die eingeleiteten Maßnahmen greifen.

5.4 DV-Konzept

Der DV-technische Ablauf kann der Abbildung 3 entnommen werden.

Mit dem Umsetzprogramm werden die auszuwertenden Monate, die Geschäftsbereiche und Kennzahlentypen selektiert. Im Laufe der Zeit hat sich ein **Grundbedarf** an **Informationen** und **Auswertungen** herauskristallisiert. Für diesen wiederkehrenden Informationsbedarf werden die **Daten prophylaktisch** bereitgestellt. Die Auswahlbedingungen verwaltet die Fachabteilung im Dialog.

Für die DV-technische Realisierung wurden die Programmiersprache **APL**, die auf APL basierende Abfragesprache **ADI** und der Berichtsgenerator **ADRS** eingesetzt. Die drei Sprachen wurden dabei kombiniert. So werden z.B. die komplexen Aufgaben der Preis- und Wechselkursbereinigungen (Preissteigerungsraten der Länder, Wechselkursverschiebungen) mit APL programmiert. Das hat sich positiv auf **Kosten** und **Antwortzeiten** ausgewirkt und erleichtert die Einbindung von DV-Spezialisten.

Die Realisierung erfolgte in enger Zusammenarbeit mit der Fachabteilung in Form eines **Prototyps.** Besonders die APL-Funktionen wurden von der Datenverarbeitung entwickelt. Die Ausbildung der Fachabteilung erfolgte parallel mit der Entwicklung der Berichte.

Die **Fachabteilung** führt heute Sonderauswertungen **völlig selbständig** durch. Berichte werden autonom entwickelt, fallweise erfolgt eine Unterstützung durch die **DV-Abteilung** in Form von **APL-Funktionen** für Rechenvorgänge.

Die Kombination von professionellen und endbenutzerorientierten Programmiersprachen hat zu einer sinnvollen **Aufgabenteilung** zwischen Fachabteilung und Datenverarbeitung geführt.

Abb. 3

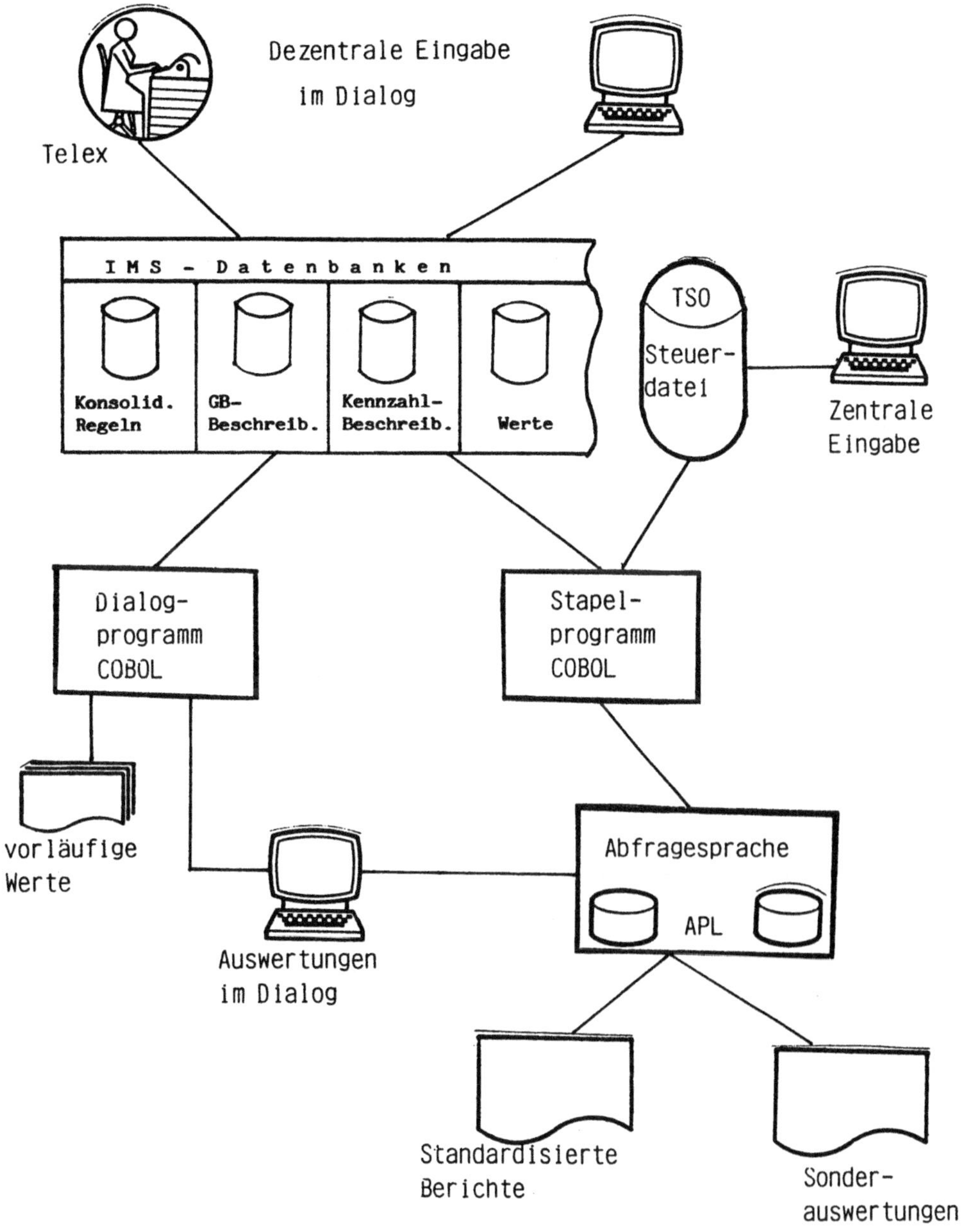
Dezentrale Eingabe
im Dialog
Telex
IMS - Datenbanken
Konsolid. Regeln
GB-Beschreib.
Kennzahl-Beschreib.
Werte
TSO
Steuer-datei
Zentrale Eingabe
Dialog-programm COBOL
Stapel-programm COBOL
vorläufige Werte
Auswertungen im Dialog
Abfragesprache
APL
Standardisierte Berichte
Sonder-auswertungen

5.5 Zusammenfassung (zentrales Berichtswesen)

Die Analyse sämtlicher Berichtsaufgaben und die Fixierung der Konsolidierungsregeln nicht nur in Beschreibungen, sondern auch in Programmfunktionen hat die **Berichtsqualität erhöht.**

Die wesentlich erweiterten Analysemöglichkeiten der Unternehmensdaten erlauben einen **präziseren Einblick** in die **Geschäftslage** und die entsprechende Darstellung und Aufbereitung für die Geschäftsführung. Hilfreich ist dabei auch die Möglichkeit, sich auf **Bereiche** und **Kenndaten mit** den größten **Abweichungen** zu beschränken.

Die Daten stehen **schneller** zur Prüfung und Auswertung zur Verfügung. Durch Abbau des manuellen Rechen- und Übertragungsprozesses ist aber die intime Kenntnis des Zahlenmaterials reduziert. Die **Plausibilitätsprüfung** ist damit **schwieriger** geworden, denn die Fachabteilung wird nur noch mit dem aufbereiteten Ergebnis versorgt.

Die Berichtsphase wird heute mit **weniger Streß** bewältigt. Die Mitarbeiter haben heute mehr Zeit für **intensive Analysen** und - falls notwendig - **erweiterte Berichte.**

Stehen mehr Vergangenheitsdaten zur Verfügung, kann zukünftig die **grafische Aufbereitung** interessant werden.

6. Kostenplanung und -kontrolle im Bereich von Verwaltungskostenstellen

6.1 Ermittlung der Eckwerte für die Kostenplanung

Bei diesem Beispiel handelt es sich um einen Bereich mit Führungsaufgaben und **verwaltungsorientierten Funktionen.** Weiterhin werden **Dienstleistungen** wie z.B. Datenverarbeitung für verschiedene Geschäftsbereiche erbracht. Diese **fixkostenorientierte Struktur** schlägt sich bei der Methode der Kostenplanung nieder.

Die Kostenstruktur der Kostenstellen bzw. der Abrechnungsbereiche wird wesentlich von folgenden Einflußgrößen bestimmt:

Personal, Investitionen, Flächen.

Im Vorfeld der Kostenplanung werden deshalb die **Ziel/-Eckwerte** für diese Komponenten ermittelt. Die Ist-Zahlen werden teilweise aus DV-gestützten Vorsystemen genommen. Arbeitsblätter sind die Grundlage. Es handelt sich um eine typische **Tabellenkalkulationsaufgabe.** Mit Hilfe der IDV (APL/ADRS) werden die Daten erfaßt. Durch Gegenüberstellung mit den Daten des Vorjahres werden maschinell **Zeitvergleiche** und **Abweichungsanalysen** durchgeführt.

Mit entsprechender Erläuterung werden die durch die IDV erstellten Unterlagen der Geschäftsführung vorgelegt. Nach Verabschiedung durch die Geschäftsführung und der Berücksichtigung evtl. erfolgter Auflagen sind diese Eckwerte die Basis der neuen Kostenplanung.

6.2 Durchführung der Kostenplanung

6.2.1 Ermittlung der Planwerte

Aus dem maschinell geführten Kostenstellenbogen ermittelt der Kostenplaner das "Voraussichtliche Ist" (V-Ist). Dabei werden abgefragte Entwicklungstendenzen bereits berücksichtigt.

Das **"V-IST"** wird mit den neuen Verrechnungspreisen und dem neuen Mengengerüst mit der IDV **kostenartenweise hochgerechnet.** Dabei kommen auch **unterschiedliche Verrechnungspreise** zum Ansatz. So werden z.B. bei Anlagen- und Raum-GK die internen Verrechnungspreise der Flächen unterschieden in

- o gereinigte oder nicht gereinigte Flächen,
- o klimatisierte Flächen,
- o Flächen mit Heizung und Lüftung,
- o usw.

Daran wird deutlich, wie die **Genauigkeit** in der Planungsphase erhöht werden kann. Auch **Alternativrechnungen** sind schnell möglich.

Aus den genehmigten Investitionen wird der **Zugang** an geplanten **Abschreibungen** unter Beachtung unterschiedlicher Abschreibungssätze errechnet. Aus einem Extrakt der Anlagendatei wird unter Berücksichtigung von **geplanten Abgängen** ebenfalls das "V-Ist" errechnet. Das errechnete "V-Ist" und der geplante Zugang ergeben den neuen "Vorläufigen Planwert".

Der "Vorläufige Planwert" dient als **Gesprächsgrundlage** für die Abstimmung mit dem Kostenstellenverantwortlichen. Dabei wird ermittelt, welche **Sondereinflüsse** beim "V-Ist" für die Zukunft eleminiert oder zu berücksichtigen sind. Beeinflußbare Kostenarten wie Überstunden, Miete für DV-Anlagen usw. werden durchgesprochen. Änderungen werden auf einem Arbeitsblatt notiert.

Die abgestimmten Werte werden dann mit Hilfe von IDV-Programmen von der Fachabteilung erfaßt und kostenstellenübergreifend ausgewertet.

6.2.2 Darstellung der Kostenentwicklung (Planungsphase)

Zunächst erfolgt eine vertikale **Verdichtung** der **Kostenarten** zu Kostengruppen wie

- Personalkosten
- Sachkosten
- Gesamtkosten
- Weiterverrechnung (teilweise)
- verbleibende Kosten.

Dabei kann die **Zusammenfassung** auf die **Ebenen**

- Kostenstelle, Leitungsbereich, Geschäftsführungsbereich

frei gewählt werden.

Die **horizontale Aufgliederung** zu einem Vergleich

- Jahres-Budget zu "Voraussichtl. Ist"
- Neues Budget zu Budget "lfd. Jahr"
- Neues Budget zu "Voraussichtl. Ist"

erlaubt eine wirksame und konzentrierte **Kontrolle** der Kostenentwicklung. Der **Plan-/Ist-Vergleich** über 2 Jahre stellt sicher, daß Planabweichungen im Vorjahr in die Betrachtung des neuen Jahres mit einfließen. Einzelheiten siehe Abb. 4. Auf der Basis dieser Unterlagen werden dann die Budgets genehmigt.

6.3 Kostenkontrolle

6.3.1 EDV-Unterstützung

Neben der Kostenplanung wird die IDV auch für die **laufende Kostenkontrolle** eingesetzt. Verwendet werden die für die Kostenplanung erarbeiteten Zahlen und die Istkosten aus den Kostenstellenbogen. Die erforderlichen Auswertungen führen die Sachbearbeiter selbständig durch. Dabei werden nicht nur **Berichte** erstellt, sondern bei Bedarf auch **Schwerpunkte im Dialog** ermittelt.

x	K O S T E N E N T W I C K L U N G	x

IN TDM

Abb. 4

STAND:______________________

F-BEREICH	PLAN.-BE-REICH	KOSTEN-STELLE	BEZEICH-NUNG		JAHRES-BUDGET 1983	V-IST 83	+/- V-IST ZU BUDGET 83 IN PROZ	JAHRES-BUDGET 1984	+/- BUDGET 84ZU V-IST IN PROZ	+/- BUDGET 84 ZU 83 IN PROZ
F[redacted]	[redacted]	[redacted] 069	[redacted]	PERSONALKOSTEN	1052.4	1003.4	-4.7	1022.0	1.9	-2.9
				SACHKOSTEN	579.6	449.7	-22.4	558.7	24.2	-3.6
				GESAMTKOSTEN	1632.0	1453.1	-11.0	1580.7	8.8	-3.1
				WEITERVERRECHNUNG	-309.6	-340.0	9.8	-320.0	-5.9	3.4
				VERBLEIBENDE KOSTEN	1322.4	1113.1	-15.8	1260.7	13.3	-4.7
		[redacted] 071	[redacted]	PERSONALKOSTEN	5564.4	5549.0	-.3	6021.1	8.5	8.2
				SACHKOSTEN	4564.9	3910.5	-14.3	4344.5	11.1	-4.8
				GESAMTKOSTEN	10129.3	9459.5	-6.6	10365.6	9.6	2.3
				WEITERVERRECHNUNG	-9552.1	-9960.0	4.3	-9972.0	.1	4.4
				VERBLEIBENDE KOSTEN	577.2	-500.5	-186.7	393.6	-178.6	-31.8
		[redacted] 072	[redacted]	PERSONALKOSTEN	6086.4	6190.7	1.7	6482.9	4.7	6.5
				SACHKOSTEN	17992.8	18604.9	3.4	23216.7	24.8	29.0
				GESAMTKOSTEN	24079.2	24795.6	3.0	29699.6	19.8	23.3
				WEITERVERRECHNUNG	-24099.6	-25800.0	7.1	-29600.0	14.7	22.8
				VERBLEIBENDE KOSTEN	-20.4	-1004.4	.0	99.6	-109.9	.0
		[redacted] 076	[redacted]	PERSONALKOSTEN	15.6	13.2	-15.4	.0	-100.0	-100.0
				SACHKOSTEN	438.0	344.5	-21.3	422.9	22.8	-3.4
				GESAMTKOSTEN	453.6	357.7	-21.1	422.9	18.2	-6.8
				WEITERVERRECHNUNG	.0	.0	-100.0	.0	.0	-100.0
				VERBLEIBENDE KOSTEN	453.6	357.7	-21.1	422.9	18.2	-6.8
		[redacted] 078	[redacted]	PERSONALKOSTEN	2823.6	2627.2	-7.0	2999.5	14.2	6.2
				SACHKOSTEN	7026.0	7159.2	1.9	9003.0	25.8	28.1
				GESAMTKOSTEN	9849.6	9786.4	-.6	12002.5	22.6	21.9
				WEITERVERRECHNUNG	-9849.6	-10084.4	2.4	-12002.5	19.0	21.9
				VERBLEIBENDE KOSTEN	.0	-298.0	.0	.0	-100.0	.0
		SUMME	[redacted]	PERSONALKOSTEN	15542.4	15383.5	-1.0	16525.5	7.4	6.3
				SACHKOSTEN	30601.3	30468.8	-.4	37545.8	23.2	22.7
				GESAMTKOSTEN	46143.7	45852.3	-.6	54071.3	17.9	17.2
				WEITERVERRECHNUNG	-43810.9	-46184.4	5.4	-51894.5	12.4	18.5
				VERBLEIBENDE KOSTEN	2332.8	-332.1	-114.2	2176.8	.0	-6.7

Der Einsatz der IDV zur Kostenkontrolle wird an den Beispielen Personalentwicklung, Istkostenentwicklung, Investitionsanalyse erläutert.

6.3.2 Kopfzahl-Entwicklung

Abb. 5 zeigt die **Kontrolle der Kopfzahlentwicklung.** Teilzeitbeschäftigte finden ihren Niederschlag in der Spalte P-Kap (Personal-Kapazität). Auch hierbei handelt es sich um eine typische **Tabellenkalkulationsaufgabe,** die mit APL-ADRS gelöst wurde. Durch Archivierung der Zahlen über einen längeren Zeitraum wird die **Analysetätigkeit** in Form von Zeitvergleichen unterstützt.

Eine weitere Auswertung strukturiert die Kopfzahlentwicklung nach Funktionen wie z.B.

Zentrale Aufgaben
Dienstleistungen
Forschung und Entwicklung.

Die Aufteilung auf die Funktionsbereiche erfolgt kostenstellenweise mit den Instrumenten der IDV.

6.3.3 Istkosten-Entwicklung

Die Abb. 6 zeigt, wie mit dem Verfahren der IDV die **Kostenentwicklung** der einzelnen Zeiträume (Monate) auf den Ebenen Kostenstelle, Leitungsbereich und Führungsbereich überwacht wird.

Neben einem **Vorjahresvergleich** werden die angefallenen Istkosten den anteiligen **Jahres-Budgetwerten** gegenübergestellt. Die **Abweichungen** haben den Charakter eines Frühwarnsignals und führen zu einer **Kostendurchsprache** mit den Verantwortlichen. Eine tiefergehende Differenzierung nach verursachenden Kostenarten ist jederzeit mittels IDV im Dialog möglich.

6.3.4 Investitionsanalyse

Ein weiterer Schwerpunkt ist die **Kontrolle** von **Investitionen.** Neben der Verfolgung des Investitionsfortschrittes werden besonders die geplanten Investitionen untersucht, unter anderem auch, indem das **Investitionsverhalten** der Vergangenheit **analysiert** wird.

Zu diesem Zweck steht ein Datenauszug der Anlagendatei zur Verfügung. Mit Hilfe der Abfragesprache APL-ADI kann man das Anlagevermögen mengen- und wertmäßig analysieren. Folgende **Fragen** werden z.B. beantwortet:

- Wie ist die Altersstruktur des Anlagevermögens und welche Veränderungen ergaben sich in den zurückliegenden Jahren
- Welcher Betrag ist tendenziell als Ersatzinvestition bei der Anlagengruppe xy anzusetzen und was wurde tatsächlich beantragt
- Wie wird sich der voraussichtliche Ersatzbedarf entwickeln
- Welcher Antragsteller hat den durchschnittlich älteren Anlagenpark.

Die Fragestellungen lassen sich - auch unter dem Gesichtspunkt der **Umverteilung knapper Mittel** - beliebig fortsetzen. Da sie häufig erst bei der Bearbeitung der Investitionsanträge entstehen, wäre bei konventioneller Programmentwicklung eine maschinelle Analysehilfe nicht möglich. Bei etwa 200 000 Datensätzen (Inventar-Nummern) scheiden manuelle Untersuchungen aus. **Andererseits ist auch die IDV nur so gut wie die Datenbasis.**

PERSONALENTWICKLUNG [redacted]

9a

Abb. 5

F-BEREICH	PLAN. BE-REICH	KOSTEN-STELLE	BEZEICH-NUNG	1.1.1983 ANZAHL	1.1.1983 P.-KAP.	1.10.1983 ANZAHL	1.10.1983 P.-KAP.	PLAN 1.1.1984 ANZAHL	PLAN 1.1.1984 P.-KAP.	V-IST 1.1.1984 ANZAHL	V-IST 1.1.1984 P.-KAP.	V-IST 1.1.1984 +/- ZU PLAN * 1.1.84	PLAN 1.1.1985 ANZAHL	PLAN 1.1.1985 P.-KAP.	PLAN 1.1.1985 +/- ZU V-IST * 1.1.84
F[redacted]	[redacted]	[redacted] 068	[redacted]	17	16.5	18	17.5	18	17.5	18	17.5	.0	17	16.5	-1.0
		SUMME	[redacted]	17	16.5	18	17.5	18	17.5	18	17.5	.0	17	16.5	-1.0
	[redacted]	[redacted] 062	[redacted]	23	22.5	23	22.5	23	22.5	24	23.5	1.0	24	23.5	.0
		070	[redacted]	24	23.5	22	21.0	22	21.5	17	16.0	-5.5	17	16.0	.0
		077	[redacted]	32	31.5	32	31.5	33	32.0	32	31.5	-.5	32	31.5	.0
		SUMME	[redacted]	79	77.5	77	75.0	78	76.0	73	71.0	-5.0	73	71.0	.0
	[redacted]	[redacted] 069	[redacted]	9	9.0	9	9.0	9	9.0	9	9.0	.0	9	9.0	.0
		071	[redacted]	62	62.0	64	64.0	62	62.0	64	64.0	2.0	65	65.0	1.0
		072	[redacted]	82	78.5	81	78.0	79	76.0	81	78.0	2.0	80	77.0	-1.0
		076	[redacted]	0	.0	0	.0	0	.0	0	.0	.0	0	.0	.0
		078	[redacted]	33	31.5	33	31.5	35	33.5	33	31.5	-2.0	38	36.5	5.0
		SUMME	[redacted]	186	181.0	187	182.5	185	180.5	187	182.5	2.0	192	187.5	5.0
	[redacted]	[redacted] 073	[redacted]	12	12.0	11	11.0	11	11.0	11	11.0	.0	11	11.0	.0
		074	[redacted]	9	8.0	9	8.5	9	8.5	9	8.5	.0	9	8.5	.0
		075	[redacted]	39	38.0	35	34.0	36	35.0	36	35.0	.0	35	34.0	-1.0
		SUMME	[redacted]	60	58.0	55	53.5	56	54.5	56	54.5	.0	55	53.5	-1.0
		SUMME	[redacted]	246	239.0	242	236.0	241	235.0	243	237.0	2.0	247	241.0	4.0
		[redacted] 056	N.AB.K	0	.0	0	.0	0	.0	0	.0	.0	0	.0	.0
		951	N.AB.K	0	.0	0	.0	0	.0	0	.0	.0	0	.0	.0
		SUMME	(NABK F[redacted])	0	.0	0	.0	0	.0	0	.0	.0	0	.0	.0
GESAMT	F[redacted]	*******	**********	342	333.0	337	328.5	337	328.5	334	325.5	-3.0	337	328.5	3.0

```
********************************************************************************************************************
*                                     K O S T E N [redacted]                                                       *
********************************************************************************************************************
```

IN TDM

Abb. 6

BERICHTSMONAT: DEZEMBER 1983
(EINSCHL. NACHTRAG 13/83 OHNE NACHTRAG 14/83)

F-BEREICH	PLAN.-BE-REICH	KOSTEN-STELLE	BEZEICH-NUNG		IST 1982 JAN-DEZ	IST 1982 JAN-BERMO.	IST 1983 JAN-BERMO	+/- ZU VORJAHR IN PROZ	JAHRES-BUDGET 1983	BUDGET-AUSNUTZUNG IN PROZENT
F [redacted]	[redacted]	[redacted] 069	[redacted]	PERSONALKOSTEN	882.1	882.1	999.1	13.3	1052.4	94.9
				SACHKOSTEN	436.7	436.7	454.4	4.1	544.6	83.4
				GESAMTKOSTEN	1318.8	1318.8	1453.5	10.2	1597.0	91.0
				WEITERVERRECHNUNG	-325.2	-325.2	-229.2	-29.5	-274.6	83.5
				VERBLEIBENDE KOSTEN	993.6	993.6	1224.3	23.2	1322.4	92.6
		[redacted] 071	[redacted]	PERSONALKOSTEN	5184.7	5184.7	5560.7	7.3	5564.4	99.9
				SACHKOSTEN	976.4	976.4	917.8	-6.0	992.4	92.5
				GESAMTKOSTEN	6161.1	6161.1	6478.5	5.2	6556.8	98.8
				WEITERVERRECHNUNG	-5856.0	-5856.0	-6869.2	17.3	-5979.6	114.9
				VERBLEIBENDE KOSTEN	305.1	305.1	-390.7	.0	577.2	-67.7
		[redacted] 072	[redacted]	PERSONALKOSTEN	5954.0	5954.0	6317.9	6.1	6086.4	103.8
				SACHKOSTEN	17132.3	17132.3	18217.2	6.3	17992.8	101.2
				GESAMTKOSTEN	23086.3	23086.3	24535.1	6.3	24079.2	101.9
				WEITERVERRECHNUNG	-24350.3	-24350.3	-26447.2	8.6	-24099.6	109.7
				VERBLEIBENDE KOSTEN	-1264.0	-1264.0	-1912.1	51.3	-20.4	.0
		[redacted] 076	[redacted]	PERSONALKOSTEN	.0	.0	6.8	.0	15.6	43.6
				SACHKOSTEN	47.0	47.0	144.7	.0	288.0	50.2
				GESAMTKOSTEN	47.0	47.0	151.5	.0	303.6	49.9
				WEITERVERRECHNUNG	.0	.0	172.7	.0	150.0	115.1
				VERBLEIBENDE KOSTEN	47.0	47.0	324.2	.0	453.6	71.5
		[redacted] 078	[redacted]	PERSONALKOSTEN	2568.0	2568.0	2707.2	5.4	2823.6	95.9
				SACHKOSTEN	6399.8	6399.8	7381.7	15.3	7026.0	105.1
				GESAMTKOSTEN	8967.8	8967.8	10088.9	12.5	9849.6	102.4
				WEITERVERRECHNUNG	-8700.8	-8700.8	-9926.1	14.1	-9849.6	100.8
				VERBLEIBENDE KOSTEN	267.0	267.0	162.8	-39.0	.0	.0
		SUMME	[redacted]	PERSONALKOSTEN	14588.8	14588.8	15591.7	6.9	15542.4	100.3
				SACHKOSTEN	24992.2	24992.2	27115.8	8.5	26843.8	101.0
				GESAMTKOSTEN	39581.0	39581.0	42707.5	7.9	42386.2	100.8
				WEITERVERRECHNUNG	-39232.3	-39232.3	-43299.0	10.4	-40053.4	108.1
				VERBLEIBENDE KOSTEN	348.7	348.7	591.5	.0	2332.8	-25.4

6.4 Zusammenfassung (Kostenplanung und -kontrolle)

Beim Einsatz der IDV im Bereich der Kostenplanung und -kontrolle haben wir bewußt ein **Stufenkonzept** gewählt. Die angespannte personelle Situation in der Fachabteilung erlaubte zudem keine längere Ausbildung in der IDV.

In Form eines **Prototyps** wurde von der DV-Abteilung zusammen mit der Fachabteilung das drängendste Problem zuerst gelöst. Der Fachabteilung wurde dabei das notwendige Wissen vermittelt. Die DV-Abteilung hat gleichzeitig die konzeptionellen Eckpfeiler gesetzt, die Datenbasis aufgebaut und die Voraussetzungen für den weiteren Ausbau geschaffen.

Nach einer **intensiven Anfangsbetreuung** konnte sich die DV-Abteilung langsam zurückziehen und auf gelegentliche Hilfestellung beschränken. Die aus der IDV resultierenden **Arbeitserleichterungen** nutzt die Fachabteilung für die **Weiterentwicklung** der selbst geschaffenen Instrumente: heute werden neue Berichte erstellt, Daten verknüpft und das Leistungsspektrum erhöht. Durch das Übertragen auf ähnlich gelagerte Aufgabenstellungen dokumentiert die Fachabteilung den Grad der erreichten **Selbständigkeit.**

7. Einsatz von Personal-Computern im Controlling eines Geschäftsbereichs

7.1 Erläuterung des Umfeldes

Wie bereits einleitend erwähnt, hat ein Geschäftsbereich (GB) Ergebnisverantwortung. Jedes Werk ist einem GB zugeordnet. Arbeitet ein Werk für mehrere Geschäftsbereiche, so ist es auch an diese berichtspflichtig. Die **Berichtsform** und der **Umfang** sind **einheitlich** geregelt.

Wie beim Berichtswesen der Zentrale handelt es sich auch hier um **hoch verdichtetes Zahlenmaterial** in Form von Arbeitsblättern.

Die Werke und Geschäftsbereiche setzen für dieses aggregierte Berichtswesen überwiegend PC ein. Bedingt durch **unterschiedliche Universalrechner** und dem schnellebigen Markt auf dem PC-Sektor, kommen auch **nicht kompatible PC** zum Einsatz. Das hat einen Datenaustausch bisher verhindert oder erschwert.

7.2 Situation vor Einsatz eines PC

Das Ausfüllen der Berichtsvordrucke bedeutet:

- Hohen wiederkehrenden manuellen Schreib- und Rechenaufwand
- Reinschrift im Sekretariat und nochmalige Prüfarbeit
- Eventuell erneut aufwendige Zahlenübersichten, Reinschriften usw., sofern neue Fragestellungen auftreten
- Zeitaufwendige grafische Darstellung.

Bei knappen Berichtsterminen bewirkt dies eine **hohe Mitarbeiterbelastung** und Beschränkung auf das **Minimum** an **Auswertungen/Analysen.**

7.3 Benutzte Software für PC-Einsatz

Wir haben uns bewußt auf den Einsatz von wenigen, aber leistungsfähigen Softwareprodukten konzentriert.

Überwiegend wird das Tabellenkalkulationsprogramm **Lotus 1-2-3** eingesetzt, das neben Grafik auch eine gewisse Textverarbeitung bietet.

Tabellenkalkulationsprogramme unterstützen stark den Entwurf neuer Arbeitsblätter. Die Rechenformeln können spaltenweise abgelegt werden. Das Ergebnis kann **schnell** am Bildschirm sichtbar gemacht werden.

Es ist **einfach**,

- neue Zeilen hinzuzufügen oder zu löschen,
- Überschriften und Feldinhalte zu ändern,
- die Reihenfolge von Spalten und Zeilen zu ändern,
- fallweise Sortierungen vorzunehmen,
- die Ergebnisse an andere Tabellen zu übergeben.

In diesem Anwendungsfall wurde die Lotus-Software von der Fachabteilung durch besondere **Makros** erweitert. Ein **Paßwortschutz** sichert die auf der Festplatte gespeicherten Daten anwendungsspezifisch vor unbefugten Benutzern. Innerhalb von Lotus wird die **Bedienerführung** für weniger erfahrene Mitarbeiter nochmals abgesichert, indem eine Funktionsleiste für

Eingabe, Sichern, Drucken, Lesen, Anlegen, Beenden, Hauptmenü usw.

zur Verfügung gestellt wird.

Mit einer überraschenden Selbstverständlichkeit wird der PC als Arbeitsmittel benutzt.

7.4 PC-Anwendungen

7.4.1 Nachstehend werden die wesentlichsten Anwendungen aufgeführt, die mit Hilfe eines PC abgewickelt werden. Es handelt sich hierbei um einen **IBM-PC** mit **512 KB**-Hauptspeicher, Quadboardkarte und einer **10 MB-Platte.** Eine typische Konfiguration für anspruchsvolle Tabellenkalkulationsaufgaben.

7.4.2 Hauptanwendung ist der **monatliche Geschäftsbericht.** Er umfaßt das Controllingspektrum:

Umsatz	Auftragsbestand
Vorräte	Personal
Abnahmeverpflichtungen,	Investitions-Etat

einschließlich grafischer Aufbereitung.

Die einzelnen Arbeitsblätter oder DV-Listen enthalten pro Absender (Werk) etwa 5 - 10 primäre Informationen. Die Berücksichtigung von **Währungsumrechnungen, Vorjahres und Planwerten sowie prozentualer und absoluter Darstellung** zeigt, wie hier ein Tabellenkalkulationsprogramm wirksame Arbeitsentlastung bietet. Je mehr Werke von einem Geschäftsbereich zu konsolidieren sind, umso deutlicher wird der Vorteil. **Zeit- und Werksvergleiche** entstehen als "Abfallprodukt". Siehe Abb. 7.

Die aus DV-technischer Sicht erstrebenswerte **maschinelle Übernahme von Daten** hat für die Fachabteilung weniger Gewicht als der Komfort und die Leistung der Software des PC.

Bestehende **Formvorschriften** (Vordrucke, Schriftbild) erfordern zur Zeit noch das Abschreiben im Sekretariat, decken aber gleichzeitig auch die **Textverarbeitungsschwächen** des eingesetzten PC auf; sie dienen als Hinweise an die Hersteller von PC.

7.4.3 Eine weitere wichtige Anwendung ist die **Erzeugnisklassenerfolgsrechnung.** Hier hat sich der PC-Einsatz schon sehr weitgehend durchgesetzt. Abb. 8 enthält das Muster einer Erzeugnisklassenerfolgsrechnung in Form der Gesamtdarstellung.

In einem großen Geschäftsbereich besteht eine derartige Anwendung aus verfremdeter Inhalt

Abb. 7

ABNAHMEVERPFLICHTUNGEN FUER WAREN, BAU-, MAE-ETAT (IN TDM)

ETAT MAE 1984: 127360
ETAT BAU 1984: 9120

BERICHTSMONAT : 1. PROGNOSE:JUNI

WERK :	[redacted]	[redacted]	[redacted]		[redacted]	[redacted]-INL.	[redacted]	[redacted]	[redacted]
1. ABN.VERPFL. F. WAREN !								-	
FREMDLIEFERER !	51000	59000	30020	-	2650	142670	-	-	142670
TOGE, REGE, AUGE !	950	-	-	-	-	950	-	-	950
GESAMT !	51950	59000	30020	0	2650	143620	0	0	143620
M A E !									
2. MAE-ETAT EIGENFERT. !									
ZUGANG IM JAHRESTEIL !	14624	1359	641	-	-	16624	-	-	16624
BEST.OBLIGO LFD. JAHR !	18055	2338	1495	-	-	21888	-	-	21888
GESAMT !	32679	3697	2136	0	0	38512	-	0	38512
OBLIGO 1.FOLGEJAHR !	17990	401	-	-	-	18391	-	-	18391
" WEITERE FOLGEJ. !	-	-	-	-	-	0	-	-	0
3. MAE-ETAT FREMDFERT. !									
ZUGANG IM JAHRESTEIL !	10397	3056	7853	-	1950	23256	655	26955	50866
BEST.OBLIGO LFD. JAHR !	11899	3547	9591	-	1050	26087	435	2257	28779
GESAMT !	22296	6603	17444	0	3000	49343	1090	29212	79645
OBLIGO 1.FOLGEJAHR !	4423	0	16901	0	0	21324	0	0	21324
" WEITERE FOLGEJ. !	-	-	-	-	-	-	-	-	-
4. MAE-ETAT GESAMT !									
ZUGANG IM JAHRESTEIL !	25021	4415	8494	-	1950	39880	655	26955	67490
IN % V. ETAT !	43.8	38.4	39.0	-	49.5	42.2	13.7	95.9	53.0
BEST.OBLIGO LFD. JAHR !	29954	5885	11086	-	1050	47975	435	2257	50667
IN % V. ETAT !	52.5	51.2	51.0	-	26.7	50.8	9.1	8.0	39.8
GESAMT !	54975	10300	19580	0	3000	87855	1090	29212	118157
IN % V. ETAT !	96.3	89.6	90.0	-	76.2	93.0	22.9	103.9	92.8
OBLIGO 1.FOLGEJAHR !	22413	401	16901	-	-	39715	-	-	39715
" WEITERE FOLGEJ. !	-	-	-		-	0	-	-	0
B A U !									
5. BAU-ETAT !									
ZUGANG I. JT. GRUNDST. !									
" BAUTEN !					1900	1900		414	2314
" GESAMT !					1900	1900	-	414	2314
BEST.OBLIGO LFD. JAHR !					4500	4500	-	70	4570
GESAMT !					6400	6400	0	484	6884
IN % V. ETAT !									
OBLIGO 1.FOLGEJAHR !									
" WEITERE FOLGEJ. !									
Z U S A M M E N !									
6. MAE U. BAU-ETAT !									
ZUGANG IM JAHRESTEIL !					3850	41780	655	27369	69804
BEST.OBLIGO LFD. JAHR !					5550	52475	435	2327	55237
GESAMT !					9400	94255	1090	29696	125041
IN % V. ETAT !									91.6
OBLIGO 1.FOLGEJAHR !	22413	401	16901	0	0	39715	0	0	39715
" WEITERE FOLGEJ. !					0	0	0	0	0

verfremdeter Inhalt

Abb. 8

ERZEUGNISKLASSENERFOLGSRECHNUNG GB: K [redacted] MONAT/JAHR: JT 03/84

E Z K L: GESAMT		FREMDUMSATZ (VERKAUFSUMSATZ)						LIEFERUNGEN AN [redacted]		LIEFERUNGEN AN K-[redacted]		LIEFERUNGEN AN NK-[redacted]		INSGESAMT	
(KUMULIERTE WERTE IN TDM)		INLAND	%	AUSLAND	%	GESAMT	%	GESAMT	%	GESAMT	%	GESAMT	%		%
GESAMTUMSATZ		50000	100.4	30000	100.2	80000	100.3	800	100.0	200	100.0	24	100.0	81024	100.3
ERLOESSCHMAELERUNGEN	BONUS	0		0	0.0	0	0.0							0	0.0
	SKONTO	200	0.4	69	0.2	269	0.3							269	0.3
NETTOUMSATZ		49800	100.0	29931	100.0	79731	100.0	800	100.0	200	100.0	24	100.0	80755	100.0
VWSK PROP./EINSTANDSKOSTEN DES UMSATZES		30000		3599		33599	42.1	50		30		17		33696	41.7
KOSTENBERICHTIGUNGEN PROP.		-50		-876		-926	-1.2							-926	-1.1
SEK DER FERTIGUNG PROP.		0		0											
DECKUNGSBEITRAG UEBER PROP.FERTIGUNGSKOSTEN		19750	39.7	25456	85.0	45206	56.7	750	93.8	170	85.0	7	29.2	46133	57.1
VVGK PROP./EZ-KLASSE	VERTRIEB	230		525		755	0.9	140		0		0		895	1.1
	ENTWICKLUNG	600		30		630	0.8	48		0		0		678	0.8
DECKUNGSBEITRAG UEBER GESAMTE PROP. KOSTEN		18920	38.0	24901	83.2	43821	55.0	562	70.3	170	85.0	7	29.2	44560	55.2
VWSK STRUK.		4680		17497		22177	27.8	120		10		7		22314	27.6
KOSTENBERICHTIGUNGEN STRUK.		35		405		440	0.6							440	0.5
SEK DER FERTIGUNG STRUK.		120		30		150	0.2	6		0		0		156	0.2
VVGK STRUK./EZ-KLASS	VERTRIEB	300		28		328	0.4	0		0		0		328	0.4
	ENTWICKLUNG	650		460		1110	1.4	57		0		0		1167	1.4
	VERWALTUNG	0		0		0		0		0		0			
DECKUNGSBEITRAG UEBER GESAMTKOSTEN/EZ-KLASSE		13205	26.5	7291	24.4	20496	25.7	379	47.4	160	80.0	0	0.0	21035	26.0
VVGK STRUK./GESCHAEFTSBEREICH	VERTRIEB	1200		600		1800	2.3	81		0		0		1881	2.3
	ENTWICKLUNG	7500		6000		13500	16.9	0		0		0		13500	16.7
	VERWALTUNG	30		400		430	0.5	-23		0		0		407	0.5
BETRIEBLICHE SONDERPOSTEN		-85		97		12	0.0							12	0.0
KOSTEN DER HV		200		400		600	0.8							600	0.7
BETRIEBSERGEBNIS		4190	8.4	-12	0.0	4178	5.2	321	40.1	160	80.0	0	0.0	4659	5.8
NEUTRALES ERGEBNIS		48		20		68	0.1							68	0.1
KALK. AUSGLEICH		500		75		575	0.7							575	0.7
ERGEBNIS VOR STEUERN		4738	9.5	83	0.3	4821	6.0							5302	6.6

10 - 15 Arbeitsblättern à 50 Zeilen und damit aus etwa **12 - 14 000 Zellen.** Diese Anwendung bestimmt auch die Größe des Hauptspeichers der PC-Konfiguration laut Ziffer 7.4.1.

Eine Erzeugnisklasse entspricht einem Arbeitsblatt. Bei z.B. 11 Erzeugnisklassen wird deutlich, welcher manuelle Rechenaufwand durch den PC abgenommen wird, und wie die **Zwangsläufigkeit** des Ergebnisses zunimmt. Die differenzierte Führung der Daten erlaubt eine Vielzahl von **Alternativrechnungen** und **unterstützt** die **Planung.** Das ist ein weiteres wichtiges Argument.

Die Zahlen entstehen in dem DV-System "Vertriebsberichtswesen" und der Buchhaltung. Da die Daten des Vertriebsberichtswesens im Rahmen des IDV-Angebots auf dem Universalrechner zur Verfügung stehen, wollen wir zukünftig den **Datentransfer** auf den PC für diese Anwendung erproben und unterstützen. Aus diesem Grunde ist der PC mit einer IRMA-Karte ausgerüstet.

In der Zentrale wird die Erzeugnisklassenerfolgsrechnung konsolidiert. Bedingt durch **nicht kompatible PC-Hard- und Software** in den einzelnen GB und der Zentrale ist ein Datenaustausch z.Zt. nicht möglich/eingeschränkt, wird jedoch künftig angestrebt. Man sieht an diesem Beispiel, wie wichtig auch **Koordination** auf dem Sektor der **PC-Anwendungen** ist. Andererseits sehen wir den bisher erreichten Nutzen größer an als eine manuelle und dafür einheitliche Abwicklung.

7.5 Zusammenfassung (PC-Einsatz)

Auf weitere Anwendungen wie **Industriebericht, Mitarbeiterstatistiken** (Kopfzahlentwicklung nach verschiedenen Kriterien) usw. sowie den Schwerpunkt der **grafischen Aufbereitung** wird hier aus Zeitgründen nicht weiter eingegangen.

Die kontinuierliche Übernahme neuer Berichte auf den PC zeigt, daß er im Controlling-Bereich **nicht mehr wegzudenken** ist. Andererseits erfordert auch der PC-Einsatz **engagierte Mitarbeiter** in der Fachabteilung, die sich der DV-Unterstützung vor Ort widmen. Die zunehmend anspruchsvoller werdende Software wird den **Übergang zum Datenverarbeiter** bei diesen Aufgaben fließend machen.

Besonders unter Beachtung der niedrigeren Betriebskosten eines PC und der beispielhaften Bedienerführung der Tabellenkalkulationsprogramme muß die Frage, auf welchem Rechner welche Aufgabe abgewickelt wird, sorgfältig geplant werden.

Dieser Prozeß wird bei uns dadurch unterstützt, daß die Datenverarbeitung selbst einen PC in ihr Leistungsangebot aufgenommen hat und die Fachabteilungs-Mitarbeiter in Fragen der PC-Hardware und -Software unterstützt. Das **fördert** nicht nur die **Vereinheitlichung** und**Kompatibilität,** sondern erlaubt auch eine gewisse **Lenkung.** Die erfolgte Kopplung des PC an den Universalrechner und die Unterstützung eines begrenzten **Datenaustausches** stellt zukünftig die **Integration** wieder sicher. **Der Freiraum der Fachabteilung bleibt erhalten.**

8. Zusammenfassung

8.1 Erfahrungen und Tendenzen

Unsere Erfahrungen und Absichten kann man wie folgt zusammenfassen:

Die **Analyse** von Datenbeständen und die Aufbereitung durch den Endbenutzer hat eine breite **Akzeptanz** gefunden.

Bei **Verarbeitungsanwendungen,** z.B. mit ADRS2 merkt man deutlich, daß hier

höhere Anforderungen in bezug auf **Ausbildung, Schulung** gelten, aber daß auch die **Bedienerführung** verbessert werden muß. Mitarbeitern mit Studium fällt es generell leichter, die Werkzeuge der IDV anzuwenden.

Der **Endbenutzer** in der Fachabteilung muß es lernen,die Informationen in **Strategie** umzusetzen, Konzepte zu entwickeln. Er benötigt auch mehr DV-Wissen.

Die **Vorgesetzten** müssen die **Ausbildung** der Mitarbeiter stärker fördern. Bestimmte Mitarbeiter sollten besonders **intensiv** ausgebildet werden.

Die Einführung von **relationalen Datenbanken und homogenen Endbenutzerprogrammiersprachen** wie DB2 und SQL wird zukünftig manche Probleme lösen. Wann wir sie einsetzen werden, ist eine andere Frage.

Das Hauptproblem der IDV ist die langfristige Planung und rechtzeitige **Bereitstellung von Daten** in einer für den Endbenutzer geeigneten Form. Wenn man diese Probleme nicht löst, hilft auch die IDV nicht weiter.

Es ist dafür auch eine Sprache erforderlich, mit der man **große Originaldateien** wie Stücklisten usw. **auswerten** kann, um hier eine Redundanz zu vermeiden. Diese Sprache sollte man auch zur Erstellung von **Datenauszügen** benutzen können.

Wir glauben, daß der PC als **'Workstation'** zunehmende Bedeutung erhält. Die Nutzung dieses Potentials erfordert **jetzt** die Vorbereitung des **Datenmanagements.**

Für uns ist die IDV ein bedeutender Faktor. Wir hoffen, daß sich die **Anwendungsentwicklung** zukünftig ganz auf die **operative Datenverarbeitung** und den **Benutzer-Service** konzentrieren kann.

Am 1.7.1984 hatten wir **180 registrierte Anwender** und mehr als 110 intensive Benutzer.

8.2 Nutzen der IDV

Lassen Sie mich die Vorteile der IDV zusammenfassen:

Ganz wesentlich ist die

- **Bessere Nutzung** der in der Datenverarbeitung gespeicherten Unternehmensdaten für

  Zielsetzung und Kontrolle,
  Entscheidungsfindung und Prognose,
  Rationalisierung, z.B. Bestandssenkung

- **Selbsthilfe** durch Fachabteilung
- **Flexibilität** hinsichtlich Reaktion, Gestaltung, Auswertung oder **Wachsende Anpassungsfähigkeit** der Fachabteilung an wechselnde Aufgaben
- **Entlastung der DV** von der Programmierung von Sonderauswertungen.

All dies führt zu einer **Produktivitätssteigerung,** die sich sowohl in der Fachabteilung als auch in der Datenverarbeitung auswirkt. Aber die IDV ist auch nur so gut, wie die bereitgestellten Daten. Das Informationsmanagement ist der Schlüssel der Zukunft.

Wir sind überzeugt, daß **Fachabteilungen und Datenverarbeitung** durch das Mittel der Individuellen Datenverarbeitung ihre **Aufgaben künftig besser bewältigen** können, und daß der Zufriedenheitsgrad der Fachabteilung wächst.

Eine **Quantifizierung** ist sicher nicht immer möglich.

Gleichzeitig wird durch die Individuelle Datenverarbeitung ein Beitrag zur Begrenzung der **Papier- und Informationsflut** geleistet, und vielleicht werden **einige Auswertungen** künftig gar **nicht mehr** erfolgen, wenn sie die Fachabteilung selbst machen muß.

Der wirtschaftliche Einsatz von Personal Computern im Controlling eines Handelsbetriebes

Dipl.-Kfm. *D. Braun*, ASKO Deutsche Kaufhaus AG, Saarbrücken

GLIEDERUNG

1. Problemstellung

   Für viele EDV-Anwendungen genügt oft ein kleiner Rechner in Verbindung mit einfachen oder standardisierten Programmen.

   Verwirklichung der 97/3 These. (97 % der Fälle, bei denen Großrechner eingesetzt werden, können auf kleineren Computern mit nur 3 % der Kosten der Großrechner durchgeführt werden).

2. Voraussetzungen für den wirtschaftlichen Einsatz der Personal Computer

   Praktische Hinweise für:

   2.1 - Hardware-Auswahl durch geeignete Dokumentationen, Tests, Anwendungen, Pflichtenhefte.

   2.2 - Software-Auswahl über Kataloge, Anforderungen von Musterprogrammen, Einführung von Qualitätszeichen für Software.

   2.3 - Wann soll Eigenerstellung der Software erfolgen seitens der Fachabteilung? Wie soll man vorgehen?

   2.4 - Kosten/Nutzen-Betrachtung beim Einsatz der Personal Computer.

3. Anwendungsbeispiele aus dem Bereich Controlling eines Handelsbetriebes

   3.1 Umsatz: Umsatzplanung, Soll-Ist-Umsatzvergleich, ebenfalls durchgeführt nach unterschiedlichen Sortiermerkmalen, Hochrechnungen, Warengruppen-Umsatzplanungen, graphische Darstellungen langfristiger Umsatzentwicklungen.

3.2 Ertrag: Rohertragsplanung nach Warengruppen, nach Sortimentsbereichen, nach Divisionen, Erlösveränderungsplanungen, Ermittlung der Preisabsatzfunkton zum Zwecke der Sonderverkaufspreisbildung, Betriebsvergleiche (extern, intern).

3.3 Kosten: Bestandsmanagement, Kostenstellenrechnung, Soll-Ist-Abweichungen der Kostenarten, Werbekostenplanung, Betriebsvergleiche (extern, intern), Personalkostenplanung.

3.4 Deckungsbeitragsrechnungen: G+V-Planungen, Soll-Ist-Vergleiche, Konsolidierungen von Deckungsbeitragsrechnungen der Divisionen zu Konzerndeckungsbeitragsrechnungen.

3.5 Liquidität: Finanzplanung (Einnahmen-, Ausgabenplanung)
Simulation bei Finanzplanungen,
tägliche Finanzdispositionen, Kapitalflußrechnungen, Planbilanzen.

4. Definition der neuen Zusammenarbeit zwischen Fachabteilung und ORG/EDV-Abteilung bei PC-Einsatz

4.1 Hardware:
- Beratung bei Hardware-Auswahl
- Übertragungsprozeduren koordinieren
- On-line Anschluß der PC zum Zwecke des Zugriffs auf Großdateien zulassen
- Vereinheitlichung der PC
- Schulung im Unternehmen organisieren
- Entlastung von zentral angeschlossenen Bildschirmen
- CPU-Speicher-Entlastung.

4.2 Software:
- Aufbau von zusätzlichen Ausgabedateien zur Übertragung an PC, Abstimmung der Datenauswertung
- Benutzung der Software des Großsystems
- Reduzierung des Druckvolumens
- Datensicherung bei Groß-EDV
- Fachabteilung erstellt eigene Software, Anpassung der Zentral-Programmier-Kapazität wegen geringerer Beanspruchung seitens der Fachabteilung
- Integrationseffekt der individuellen Software entfällt, da nicht mehr über Zentral-EDV abzuwickeln.

5. Hinweise zur Literatur

6. Anlagen

1. Problemstellung

Im folgenden wird ein Kostenvergleich auf der Basis einer Benutzerstunde für Großrechner und Personal Computer angestellt.

Daten des Großrechners:

500 Stunden Kapazität x 3 Partions = 1.500 Stunden Rechnerkapazität	
Monatsleasing einschl. Wartung und Betriebssoftware	*= 80.000,-- DM*
Mindestbesetzung Operating und Arbeitsvorbereitung zur Bedienung = 6 Personen (keine Berücksichtigung der Energiekosten, Raummieten, Materialkosten, keine Berücksichtigung der Datenerfassungskosten und Programmierung)	*= 25.000,-- DM*
	105.000,-- DM pro Monat

bezogen auf 1.500 Stunden Rechnerkapazität = 70,-- DM pro Stunde

Dieser Stundensatz unterstellt eine sehr gute Auslastung der Anlage (3-Schichten-Betrieb mit Parallelbetrieb).

Zusätzliche Kosten der Anwender der Fachabteilung sind als Personalkosten in den DM 70,-- pro Stunde nicht berücksichtigt.

Daten des PC

Anschaffung Hardware und Betriebssoftware:		*16.000,-- DM*
Monatliche Leasingmiete, berechnet auf 4 Jahre Nutzung, 9 % Zinsen p.a.	*=*	*395,-- DM*
pauschale Wartung monatlich		*150,-- DM*
		545,-- DM

Kapazität: 172 Stunden pro Monat, Stundensatz: 3,17 DM pro Stunde.

Die aus unserem Unternehmen abgeleiteten Daten führen zu einem PC-Satz von 4,5 % Kosten des Großrechners.

Würde man noch weitere Kosten des Großrechners, wie zum Beispiel Unterhaltung eines klimatisierten Rechenzentrums einschließlich Miete berücksichtigen, würde der Kostensatz 3 % der Kosten des Großrechners erreichen.

Für die Programmierung des PC ergeben sich ebenfalls erstaunliche Kostensätze, da fremderstellte Software zu niedrigen Preisen eingesetzt werden kann.

In der Regel liegen die Preise für die Mehrzahl der Fremdsoftware-Produkte zwischen 200,-- bis 1.000,-- DM, wobei der Preis nicht immer für die Qualität des Programmes bestimmend ist. Je mehr der

betreffende Softwarehersteller seine Programme vermarkten kann, um so niedriger ist der Stückpreis. Darin liegt ein wesentlicher Gesichtspunkt bei der wirtschaftlichen Betrachtung des PC.
Benötigt ein Programmierer für die Erstellung einer Umsatzstatistik einschließlich Test, Dokumentation und Übergabe an das Rechenzentrum zwei Arbeitswochen, so ergibt sich folgende Rechnung:

Gehaltsteil:		2.500,-- DM
Rechnerzeit für Umwandlung, Test, Dokumentation (5 Stunden)	=	350,-- DM
		2.850,-- DM

Vergleichbare Software für den PC bei gleicher Anwendung kann man für 500,-- bis 700,-- DM kaufen und sie universell mehrmals einsetzen.

Es ist möglich, einen Großteil betriebswirtschaftlicher Auswertungen/Statistiken auch über PC's abzuwickeln. (Verwirklichung der 97 %-These). Andererseits darf diese These jedoch nicht so verstanden werden, daß nunmehr alle EDV-Auswertungen über Kleinrechner durchgeführt werden sollen. Für den PC-Einsatz gilt wie bei allen anderen Investitionsentscheidungen das Prinzip der Wirtschaftlichkeit.

Alle unter Abschnitt 3 genannten Arbeitsgebiete können von der Fachabteilung über den PC realisiert werden.

Für den wirtschaftlichen Einsatz des PC müssen zunächst Voraussetzungen geschaffen werden, um Doppelarbeiten in der Fachabteilung und der EDV-Abteilung zu vermeiden. Dies ist insofern wichtig, da dem PC-Einsatz in der Fachabteilung Grenzen gesetzt sind:

Hardware des PC:
- Geringere Rechnergeschwindigkeiten
- Kleinere Dateien
- Verwaltung großer Datenbestände nicht wirtschaftlich
- Einplatz-Systeme, dadurch Aufnahmekapazität begrenzt

Software des PC:
- Einfache Programmstrukturen
- In der Regel keine integrierten Programmkreise

Ausbildungsstand der Mitarbeiter

Ein weiterer Aspekt muß gesehen werden: Durch den Einsatz der PC's in den Abteilungen lassen sich auch bei der Groß-EDV erhebliche Kosten als Folgewirkung eines sinnvollen PC-Einsatzes einsparen und eine qualitativ bessere Nutzung der Spezialisten und der leistungsfähigen EDV-Anlagen erreichen. Wir stehen am Anfang dieser Entwicklung.

2. Voraussetzungen für den wirtschaftlichen Einsatz der Personal Computer

2.1 Hardware-Auswahl durch geeignete Dokumentation, Tests, Anwendungen, Pflichtenhefte

Die Auswahl des Hardware-Herstellers bereitet aus meiner Sicht keine Probleme, wenn man einige Grundsätze beachtet:

- Produkte der Hersteller mit großem Marktanteil (bekannte EDV-Hersteller-Firmen)
- Betriebssystem DOS 2.0 in deutscher Sprache (= Betriebssystem für den IBM-PC)
- Bediener-, Betriebssystem- und Programmierhandbücher (Basic) in deutscher Sprache
- Maschinenwartung möglichst am Ort des Einsatzes
- Ausbaufähigkeit (Festplatte, Datenfernverarbeitung, graphische Verarbeitung, schnellere Drucker)
- Freie Programmierbarkeit (Basic)
- Selbstdiagnose des Systems

Diese Vorausssetzungen werden zum Beispiel von IBM erfüllt. Werden in einem Betrieb nur 1 bis 2 Personal Computer eingesetzt, so halte ich nichts von umfangreicher Hardware-Auswahl mit entsprechenden Tests, um bei Produkten weniger bekannter Hersteller vielleicht 2.000,-- bis 3.000,-- DM einzusparen; diese Einsparungen stehen in keiner Relation zu den später fällig werdenden Software-Zusatzkosten wegen mangelhafter Dokumentation, Unverträglichkeit des Betriebssystems, der Hardware und der Ausbildungszeit.

In der Regel sind in den Klein- und Mittelbetrieben auch nicht die Spezialisten vorhanden, die solche eingehenden Analysen anstellen können.

Wichtig für den Anwender ist die Dimensionierung der Hardware, wenn er sich für einen Hersteller festgelegt hat. Ich beschränke mich bei der Dimensionierung auf den Einsatz des Personal Computers im Controlling eines Handelsunternehmens.

Die Dimensionierung besteht in der Bestimmung[1)]

- der Kernspeichergröße;
- der Anzahl der Diskettenlaufwerke (bei DOS 2.0 je Diskette 360 KB) ⟶ Speicherkapazität der Wechseldisketten;

1) Siehe hierzu als Beispiel die ausführliche Produkt-Information der IBM zum IBM-Personal Computer, IBM-Form Nr. GT 12-5293, Stand: Juli 1983.

- des Anschlusses einer Festplatte (10 MB) ⟶ feste Speicherkapazität;
- Drucker (Geschwindigkeit in Zeilen pro Sekunde und Zeichen pro Zeile);
- Bildschirm (Mono oder Farbe, Grafikdrucker);
- Datenfernverarbeitung (z.B. BSC-Anschluß, Übertragung bis 9600 bpi)
- Tastatur (deutsch).

Um die Dimensionierung vornehmen zu können, müssen alle Aufgabenbereiche der Sachbearbeiter der Fachabteilung nach folgenden DV-Kriterien analysiert werden:

a) Anzahl der Eingabedaten (Eingabedatei) in Zeichen (Mengengerüst)

b) Verarbeitungsregeln (Formeln, Berechnungen)

c) Anzahl der Ausgabedaten (Ausgabedatei) in Zeichen pro Druckzeile, pro Bildschirm

d) Häufigkeit der Verarbeitung als Kriterium für die Priorität bei PC-Anwendungsübernahme.

Aus diesen Angaben lassen sich leicht Pflichtenhefte für den PC-Einsatz entwickeln. Als hilfreich haben sich die ausführlichen Erfahrungsbeschreibungen unabhängiger Autoren über Hard- und Software bestimmter PC-Produkte erwiesen. Diese sollten in jedem Falle hinzugezogen werden.[1)]

In der Regel wird man bei der PC-Dimensionierung mit 256 KB-Kernspeicher, 2 Diskettenlaufwerken mit je 360 KB (wegen der Duplizierung einer Diskette) und einem Drucker mit einer Druckgeschwindigkeit von 100 - 160 Zeichen pro Sekunde bei 132 Zeichen pro Zeile auskommen.

Bei Grafikeinsatz müssen Bildschirm, Drucker und die Zentraleinheit umgerüstet bzw. erweitert werden.

Eine weitere Möglichkeit besteht darin, eine Hardware-Konfiguration für 3 Monate fest zu mieten und danach die Entscheidung für den Kauf zu treffen. Solche Vereinbarungen

---

1) Als Beispiel für den IBM-PC: Martin Henk: Der IBM-Personal Computer, Beantwortet alle Fragen über Aufbau, Einsatz und Programmierung, Software- und Hardwareerweiterung, Verlag Markt & Technik, Haar (München), 1983
Weiterhin: W. Pest: Hardware-Auswahl leichtgemacht. 3. Auflage, Verlag Markt & Technik, Haar (München) 1984/85.

mit Herstellern/Vertragshändlern sind möglich und werden zum Teil mit Demonstrationsprogrammen für bestimmte Anwendungen unterstützt.

2.2 Software-Auswahl über Kataloge, Anforderungen von Musterprogrammen, Einführung von Qualitätszeichen für Software

Wichtigste Voraussetzung für den wirtschaftlichen Einsatz des PC ist der Einsatz gekaufter Software. Es muß das Ziel sein, im Prinzip keine Software selbst zu erstellen. Aufgrund der Kostendegression, d.h. hohe Vermarktung eines Softwarepaketes eines Software-Herstellers an viele Abnehmer, stehen die Kaufpreise in keiner Relation zur Selbsterstellung. Dies gilt sowohl für Branchen-, System- und Standard-Software sowie Software-Werkzeuge.

Das Hauptproblem beim Kauf der Software besteht in der richtigen Wahl des für das betreffende Sachgebiet zutreffenden Software-Produktes. Inzwischen gibt es bereits umfangreiche Kataloge[1], die mehr oder weniger ausführliche Beschreibungen der Programme beinhalten.

Für die Bestimmung der zu kaufenden Software ist das unter Abschnitt 2.1 aufgeführte Pflichtenheft (mit Angaben über Mengengerüste) die entsprechende Basis. Sie liefert Kriterien für Ja/Nein-Entscheidungen bei der Auswahl[2].

Weitere k.o.-Kriterien sind:

- System-Konfiguration nicht passend
- Betriebssystem nicht passend
- Programmiersprache nicht Basic
- Programmgrenzen erreicht (Anzahl Artikel, Buchungen, Kunden)
- Nur einmal installiert oder in Testphase
- Nicht in Deutschland installiert
- Nicht auf PC installiert
- Dokumentation in englisch
- Programm bei Vertragshändler nicht vorführbar
- Demo-Kurzfassung nicht verfügbar

---

1) - IBM Personal Computer, Softwarekatalog, 2. Ausgabe, Stand 01.10.1983.
- Nomina Information Services, Programme für den IBM Personal Computer, Sonderdruck aus: Isis Personal Computer Report, München, März 1984.
- Software-Auswahl leichtgemacht, 2. Auflage, Verlag Markt & Technik, Haar (München) 1984.

2) Vgl. auch Peter Ewald, Software richtig eingekauft, Informationen, Tips, Auswahlmethoden und Vorgehensweisen für alle, die sich Suche, Analyse, Leasing oder Kauf der richtigen Software erleichtern möchten, Markt & Technik, 1983, Haar (München).

Bei der richtigen Auswahl hilft der abgewandelte Grundsatz: "Nach Studieren probieren", und zwar auch mit eigenen Testbeispielen. Diese Kosten sind zusätzlich zu berücksichtigen.

Eine Beschreibung aus dem Software-Katalog der IBM soll den Informationsgehalt für den Kaufenden demonstrieren (siehe Anlage I).

Ich kann mir vorstellen, daß in absehbarer Zeit neutrale Institutionen geschaffen werden, die ähnlich wie bei Produkttests für Verbraucher auch Qualitätssiegel für Software-Produkte vergeben.

2.3 Wann soll Eigenerstellung der Software erfolgen seitens der Fachabteilung? Wie soll man vorgehen?

Aufgrund der bereits umfangreichen Standard-Software für Planungszwecke/Betriebsstatistiken (z.B. Multiplan, VisiCalc, Lotus 1-2-3) und umfassender Branchen-Software bietet sich für die Eigenerstellung, wirtschaftliche Betrachtung unterstellt, nur noch wenig Spielraum. Dennoch kann es von Vorteil sein, wenn der Mitarbeiter der Fachabteilung einen Basic-Programmierkurs absolviert, um bestimmte Dateiabfragen, Dateiauswertungen mit entsprechender Ausgabedefinition selbst erstellen zu können. Diese Aufgabenstellungen ergeben sich täglich im Fachbereich und sind mit einem Tagesaufwand zu lösen. Vorteilhaft ist auch, wenn man sich ausschließlich auf Basic als Programmiersprache beschränkt. Alle Einzel-Programmieraufgaben, die über eine Woche Programmieraufwand gehen, sollten vermieden werden. Diese Aufgaben sollen vom ORG/EDV-Bereich gelöst werden, da Spezialisten in der Bewältigung dieser Aufgaben effizienter sind.

2.4 Kosten/Nutzen-Betrachtung beim Einsatz der Personal Computer

In einem kürzlich erschienenen amerikanischen Artikel[1)] in der Zeitschrift "Office Administration and Automation" wird dargestellt, welchen Beitrag die unterschiedlichen Bürosysteme zum Unternehmenserfolg leisten können. Es werden 4 Leistungsniveaus geschaffen:

1. Hardware/Software-Ebene
   Ziel: Verbesserung der Maschinenleistung

2. Benutzer/Maschine-Ebene
   Ziel: Verbesserung der individuellen Leistung

1) Untersuchung des amerikanischen Marktforschungsunternehmens Input (Mountain View/California): "Methods of Cost/Benefit Analysis for Office Systems", in: Office Administration and Automation, 02/1984, zitiert nach: Blick durch die Wirtschaft, 10.04.1984, Seite 5.

3. Kommunikations-Ebene/Netzverhältnis
   Ziel: Leistungsverbesserung von Arbeitsgruppen bzw. Abteilungen

4. Institutionale Ebene
   Ziel: Verbesserung der Unternehmensleistung

Analysiert man die Arbeitsläufe im Bereich Controlling, insbesondere die Arbeitsabläufe für die periodische Berichterstellung unter Einsatz eines Personal Computers, so wird man feststellen, daß alle vier Leistungsniveaus tangiert werden und somit die Leistung im Unternehmen verbessert wird.

Zur Beurteilung des Nutzens eines PC genügt es bereits, die Verbesserung der individuellen Leistung in Arbeitsstunden zu definieren, um eine Kosten/Nutzenanalyse aufzustellen. Die Leistungsverbesserung auf der zweiten Ebene zeigt sich wie folgt:

- Verkürzung der Rechenarbeitszeit
- Verminderung der Schreibarbeit
- Verminderung der Doppelarbeit wegen Rechenfehler
- Verminderung der Datenerfassungszeit
- Zusätzliche Informationsgewinnung durch schnellere Umsortierung/Simulation
- Delegation der Arbeit, da standardisiert.

Unsere Untersuchungen haben ergeben, daß man mit mindestens 25 % Leistungsverbesserung (bei 172 Monatsarbeitsstunden sind das 43 Arbeitsstunden) rechnen kann. Die Auswirkungen auf die 3. und 4. Ebene sind dabei nicht berücksichtigt. Diesem Nutzen stehen die bereits oben aufgeführten Kosten des PC von DM 545,- monatlich gegenüber.

3. Anwendungsbeispiele aus dem Bereich Controlling eines Handelsbetriebes

3.1 Umsatz:

Umsatzplanung, Soll-Ist-Umsatzvergleich, ebenfalls durchgeführt nach unterschiedlichen Sortiermerkmalen, Hochrechnungen, Warengruppen-Umsatzplanungen, graphische Darstellungen langfristiger Umsatzentwicklungen.

Vorgehensweise bei der Umsatzplanung am Beispiel der Division SB-Warenhäuser dargestellt:

Die Umsatzplanung für das kommende Jahr wird im Oktober gestartet. Bis zu diesem Termin liegen die Ist-Daten bis zum Monat September vor. Um eine Basis für das kommende Jahr zu haben, müssen die Restplanmonate unter Berücksichtigung von Korrekturen einbezogen werden. Die Umsatzplanung erfolgt pro SB-Warenhaus nach 26 Warengruppenbereichen, d.h. bei 17 SB-Warenhäusern und monatlicher Planung 17 x 12 x 26 Umsatzdaten = 5.304 Umsatzdatenfelder.

Damit ist die Basis geschaffen. Nunmehr kann man diese Werte für die Monate 1 bis 12 pro SB-Warenhaus für die 26 Warengruppen verdichten, um die Jahresumsätze pro Warengruppe zu erhalten.

Die Geschäftsleitung definiert die Eckwerte der Umsatzplanung für das nächste Jahr:

- Allgemeine Umsatzsteigerungsrate aufgrund der gestiegenen Preisentwicklung ⟶ 1. Korrekturfaktor für alle Häuser und Warengruppen.

- Umsatzverschiebungen pro Monat aufgrund unterschiedlicher Verkaufstage pro Bundesland/Region. (Basis: Anteil eines Verkaufstages am Wochenumsatz) ⟶ 2. Korrekturfaktor pro Monat in Prozent des Monatsumsatzes für alle Warengruppen).

- Erweiterung/Umstellung bestimmter Sortimentsbereiche pro Haus ⟶ 3. Korrekturfaktor pro Monat in Prozent des Warengruppenumsatzes pro Haus.

Diese Korrekturfaktoren werden auf die hochgerechneten Umsatzdaten des Istjahres angewandt und führen zu einer Jahresumsatzplanung pro SB-Warenhaus und pro Warengruppe; sie dient als Grundlage für die Planungsbesprechung mit Divisions-, Vertriebs- und Marktleitung. Eventuelle Korrekturen werden nunmehr in absoluten Zahlen pro Monat und Warengruppe in die Datei eingestellt.

Die gesamten Rechenarbeiten können mit einem PC vorgenommen werden. Die erforderlichen Dateien sind problemlos zu verwalten.

Die abgespeicherten Umsatzplandaten stehen für weitere Verarbeitungen zur Verfügung:

- Rohertragsplanung/Rohertragsvergleiche
- Ist Vorjahr - Ist laufendes Jahr - Vergleiche
- Bereitstellung der Umsatzplandaten für die Großanlage (Rechenzentrum)
- Weiterverarbeitung im Rechnungswesen (G + V-Planung)
- Auswertung der Umatzdaten der letzten 3 bis 4 Jahre pro Warengruppe einschließlich des Planjahres in Form graphischer Umsatzdarstellungen zur Erkennung langfristiger Trends, die aus Zahlenkolonnen nicht abzuleiten sind.
- Konsolidierung der Umsatzdaten pro Division und Jahr zum Zwecke der Berichterstattung an die Konzernleitung.

3.2 Ertrag:

Rohertragsplanung nach Warengruppen, nach Sortimentsbereichen, nach Divisionen, Erlösveränderungsplanungen, Ermittlung der Preisabsatzfunktionen zum Zwecke der Sonderverkaufspreisbildung, Betriebsvergleiche (extern, intern).

Vorgehensweise bei der Rohertragsplanung am Beispiel der Division SB-Warenhäuser dargestellt:

Umsatz und Rohertragsplanung bilden im Prinzip eine Einheit und sind gleichzeitig durchzuführen. Aus diesem Grunde gilt die unter Abschnitt 3.1 aufgeführte Vorgehensweise für die Rohertragsplanung analog.

Die Geschäftsleitung definiert die Eckwerte der Rohertragsplanung für das nächste Jahr:

- Wareneingangskalkulation in Prozent vom Umsatz für alle Warengruppen und Warenuntergruppen als Grundlage für die Kalkulation des Einkaufs für das Planjahr.
- Festlegung der Sonderverkaufspolitik und der daraus resultierenden Erlösveränderungen in Prozent vom Umsatz für die Sortimentsbereiche Food, Hartwaren, Textil.

- Festlegung der sonstigen Erlösveränderungen in Prozent vom Umsatz pro Warengruppe und Haus für das Planjahr.

- Festlegung der absoluten Roherträge pro Haus und Jahr (der absolute Planrohertrag der Division wird von der Konzernleitung vorgegeben).

Diese Eckwerte werden mit den Planumsatzdaten verrechnet und eine erste Hochrechnung des Gesamtplanrohertrages der Division SB-Warenhäuser ermittelt.

Das Problem bei diesem Vorgehen besteht darin, daß der absolute Planrohertrag zunächst eine externe Plangröße ist, an die man sich durch iteratives Vorgehen anpasst.

Stimmen rechnerisch ermittelter Planrohertrag (Basis: Wareneingangsspannen, Erlösveränderungen) mit dem extern vorgegebenen Planrohertrag überein, dann ist eine Basis für die Planbesprechungen mit Division-, Vertriebs-, Einkaufs- und Marktleitung geschaffen.

Es folgen nunmehr die Planungen pro Warengruppen und Monat seitens des Einkaufs und der Marktleitungen unter Zugrundelegung dieser Jahresplanung.

Im iterativen Verfahren werden die Monatsplanungen der Häuser pro Warengruppe mit der Jahresplanung angepasst. Korrekturen sind permanent möglich. Sie werden in den jeweiligen Ausdrucken vorgenommen. Folgende Korrekturen sind möglich zur Anpassung an die jeweiligen Marktstandorte:

- Umsatz pro Warengruppe/Monat
- Wareneingangsspanne pro Warengruppe/Monat
- Erlösveränderungen (Sonderverkäufe) pro Warengruppe/Monat
- Sonstige Erlösveränderungen pro Warengruppe/Monat
- Mehrwertsteuersatz pro Warengruppe/Monat

Geht man davon aus, daß Wareneingangsspannen (in Prozent vom Umsatz), Erlösveränderungsprozentsätze, Roherträge und Rohertragsspannen ermittelt werden, so umfaßt die Datenmenge in der Detailplanung mindestens 25.000 Datenfelder für eine nach Warengruppen/Monaten erfolgten Jahresumsatz- und Jahresrohertragsplanung, die mit einem PC in 14 Tagen unter Beachtung der iterativen Korrekturmöglichkeiten durchzuführen ist.

Aus der Rohertragsplanung lassen sich durch Umsortierungen nach Warengruppen und Standorte Rohertragsvergleiche ableiten. Werden Durchschnittsdaten ermittelt, so können relativ einfach Abweichungen vom Durchschnitt ermittelt werden.

Weiteres Anwendungsbeispiel zur Verbeserung der Erträge aufgrund detaillierter Informationen:
Auswertung der Verkaufsmengen der einzelnen Sonderangebotsartikel pro Jahr/Markt und Division unter Berücksichtigung bestimmter Verkaufspreise im Rahmen einer Preisabsatzfunktion.

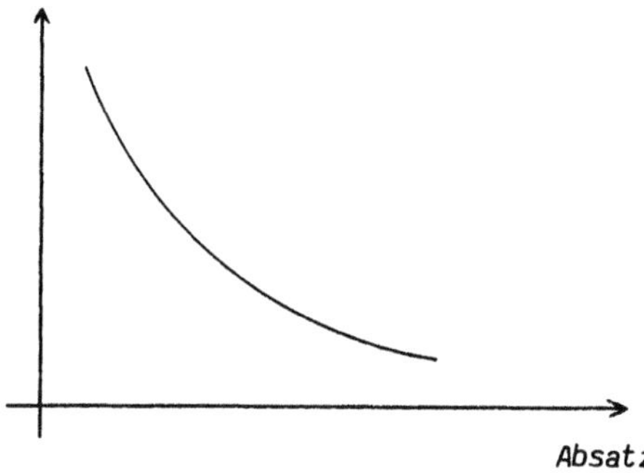

Die Daten stehen für 20 bis 30 Artikel pro Woche und Markt zur Verfügung und müssen nur erfaßt werden. Folgende Informationen können abgeleitet werden:

- Festlegung eines Verkaufspreises und damit Festlegung der Erlösveränderungen für die Rohertragsplanung; bessere Steuerung der Erlösveränderungen.

- Herausfinden der Artikel mit geringer Elastizität der Nachfrage, da sie als Werbeartikel die Kunden nicht ansprechen.

3.3 <u>Kosten:</u>

Bestandsmanagement, Kostenstellenrechnungen, Soll-Ist-Abweichungen der Kostenarten, Personalkostenplanung, Betriebsvergleiche (extern, intern), Werbekostenplanung.

- Aufgrund einer einfachen Analyse der Bestände, die auf der Basis der Istdaten pro Warengruppe eines SB-Warenhauses in Form einer grafischen Darstellung unter Berücksichtigung der Vorjahreswerte vorgenommen wird, lassen sich leicht Verschiebungen der Warenbestände erkennen.

  Die Warengruppen lassen sich für die Division konsolidieren, sie können nach Sortimentsbereichen zusammengefaßt werden und schließlich in einer Bestandsgrafik für die gesamte Division angedruckt werden.

- Mit der Kostenstellenrechnung bezogen auf ein SB-Warenhaus lassen sich die Plan- und Istwerte der wichtigsten Kostenarten in Tabellenform pro Monat darstellen. Durch Konsolidierung werden die Gesamtkosten der Division gebildet. Im Prinzip kann die gleiche Technik wie bei der Umsatz- und Rohertragsplanung angewandt werden, da es sich um eine reine Tabellenverarbeitung handelt.

- Aus der Gegenüberstellung der Kostenarten pro Haus lassen sich mit den gleichen Datenbeständen Betriebsvergleiche durchführen. Durchschnittskostenermittlung als Meßgröße für die einzelnen Häuser analog aus den gleichen Datenbeständen.

- Die Werbekostenplanung läßt sich ebenfalls in Form der Tabellenverarbeitung lösen. Zunächst wird ein Mengengerüst pro Markt und Monat der einzelnen Anzeigen/Inserate/Plakate ermittelt, die mit Kosten zu bewerten sind. Daraus wird pro Monat und Markt das Werbebudget erstellt.
  Aufgrund der Konsolidierung nach den Werbearten bzw. pro Monat aller Häuser läßt sich der Gesamtjahreswerbeetat der Division errechnen.

3.4 Deckungsbeitragsrechnungen:

G + V-Planungen, Soll-Ist-Vergleiche, Konsolidierungen von Deckungsbeitragsrechnungen der Divisionen zu Konzerndeckungsbeitragsrechnungen.

Hierbei handelt es sich um die typische Anwendung einer Tabellenverarbeitung, die mit einem Standardprogramm (Kalkulationsprogramm, z.B. Lotus 1-2-3) gelöst werden kann.

Die G + V-Positionen sind zu definieren pro Kostenstelle und Monat; die weiteren Auswertungen pro Kostenstellengruppe, Firma, Division und Konzern können durch Tabellen-Konsolidierungen ermittelt werden. Ebenso lassen sich Monats-, Quartals-, Halbjahres- und Jahreskonsolidierungen ermitteln.

Die notwendigen Dateien können mit einem Datenbankverwaltungsprogramm (ebenfalls als Standardprogramm, z.B. d Base II) gepflegt werden. Die Daten werden als Plan- und Istdaten ermittelt. Ebenso können die Vorjahresdaten für Ist-Vergleiche berücksichtigt werden. Über definierte Schnittstellen lassen sich die Programme d Base II und Lotus 1-2-3 dergestalt verbinden, daß in d Base II die Dateiverwaltung einschließlich -speicherung und über Lotus 1-2-3 die Verarbeitung der Daten als Tabellenprogramm erfolgen kann.

Eine weitere Möglichkeit im Rahmen der Deckungsbeitragsrechnung besteht darin, über Korrekturfaktoren für Umsatz, Rohertrag, Kostenarten bezogen auf Zeitabschnitte wie Monat, Quartal, Jahr Simulationen durchzuführen, um Alternativpläne durchrechnen zu können.

3.5 Liquidität:

Finanzplanung (Einnahmen-, Ausgabenplanung), Simulation bei Finanzplanungen, tägliche Finanzdispositionen, Kapitalflußrechnungen, Planbilanzen.

Neben der Umsatz-, Rohertrags- und Kostenplanung zählt die Finanzplanung als Einnahmen- und Ausgabenplanung zu den wichtigsten Planungsaufgaben im Controllingbereich.

Auch die Finanzplanung läßt sich als typisches Anwendungsgebiet der Tabellenverarbeitung mittels Standardprogramm durchführen.

Zur Veranschaulichung dient folgende Darstellung eines Finanzplanes in der typischen Tabellenform[1]:

Finanzplanung Firma A

Periode: Tage, Wochen, Monate / Bestände-, Einnahmen-, Ausgaben-Positionen	I	II	III	IV
Anfangsbestand	5	→ 10	→ 5	→
+ Plan-Einnahmen	20	25	usw.	
./. Plan-Ausgaben	15	30		
= Endbestand	10	5		

Diese Planung kann pro Monat auf Tagesbasis, für das Jahr auf Monatsbasis und für die weiteren Jahre auf Quartalsjahresbasis durchgeführt werden. Mehrere Firmen lassen sich zu Divisionen und zur Konzernfinanzplanung konsolidieren.

Über Korrekturfaktoren lassen sich die einzelnen Einnahmen- und Ausgabenpositionen verändern und somit Simulationen von Finanzplänen durchführen.

Um täglich einen Soll-Ist-Vergleich der Finanzpläne durchzuführen, müssen die täglichen Finanzdispositionen im Ist erfaßt werden. Es ist möglich, über den PC Erfassungs- und Verarbeitungsprogramme durchzuführen, um die Istdaten zu ermitteln. Allerdings müßte der PC im Rechnungswesen installiert werden und als Ausgabedatei die Istdaten zur Verfügung stellen, damit im Controlling ein Soll-Ist-Vergleich durchgeführt werden kann.

1) In Anlehnung an H. Schierenbeck, Grundzüge der Betriebswirtschaftslehre, 5. Auflage, 1980, München/Wien, S. 370.

Ein weiteres Anwendungsbeispiel im Controlling ist die Erstellung von Planbilanzen mittels Kapitalflußrechnung. Auch hier handelt es sich um eine Anwendung der Tabellenverarbeitung, die mit Hilfe eines Standardprogrammes abgewickelt werden kann.

Aufgrund der Investitions- und Finanzplanung werden die Veränderungen der Bilanz in Mittelherkunfts- und Mittelverwendungspositionen geplant. Diese Veränderungen werden den Aktiv- und Passivposten der Jahresschlußbilanz des Vorjahres zugerechnet und die Planbilanz abgeleitet.

Gleichzeitig werden die wesentlichsten Bilanzkennziffern und -relationen vom Tabellenprogramm ermittelt.

Über Korrekturfaktoren der Kapitalflußrechnung können Varianten durchgerechnet und ihr Einfluß auf die Bilanzkennziffern ermittelt werden.

4. Definition der neuen Zusammenarbeit zwischen Fachabteilung und ORG/EDV-Abteilung bei PC-Einsatz

4.1 Hardware

Es ist erforderlich, den PC-Einsatz in Unternehmen, die Zentral-EDV-Anlagen eingesetzt haben, zu koordinieren, um die Anforderungen der PC-Anwender an die Großanlage wirtschaftlich erfüllen zu können. Es ist wirtschaftlich, Daten, die bereits erfaßt sind, nicht wieder über den PC zu erfassen bzw. Daten, die über den PC erfaßt wurden, wie z.B. Plandaten, über Datenleitungen dem Großrechner zur Verfügung zu stellen. Zur wirtschaftlichen Lösung dieser Datentransferprobleme müssen Regelungen im Unternehmen vorgenommen werden. Diese beziehen sich auf die Hardware-Auswahl (Verträglichkeit mit dem Großrechner) und die Übertragungsprozeduren. Weiterhin ist es wirtschaftlich, sich für einen PC-Typ (einheitliches Fabrikat) zum Einsatz in den Fachabteilungen zu entscheiden, da Datenaustausch und Änderungsdienst der Daten, die Zugriffsberechtigung und Zugriffsschutz von der EDV-Abteilung nur einmal programmiert werden muß.

Mit der ORG/EDV-Abteilung muß der Zugriff auf Datenbestände des Großrechners im on-line-Betrieb koordiniert werden, um wirtschaftliche Lösungen des Datenzugriffs zu ermöglichen.

Die ORG/EDV-Abteilung ist in der Lage, für Einsatz und Bedienung von Personal Computer Schulungen zu organisieren, um die Anwender in den Fachabteilungen schnell und wirksam auszubilden.

Werden die Personal Computer in Koordination mit der ORG/EDV-Abteilung eingesetzt, können auf Seiten der Großanlage Hardware-Einsparungen in Form von zentral angeschlossenen Bildschirmen und deren CPU-Speicher-Belastungen (on-line-Verbindungen) vorgenommen werden.

4.2 Software

Auch im Software-Bereich müssen sich ORG/EDV- und Fachabteilung abstimmen, um Großanlage und PC wirtschaftlich einzusetzen, damit Doppelarbeiten vermieden werden. Das Einsparungspotential im Unternehmen liegt auf der Hand:

- Ausgabedateien werden zum Teil nicht mehr ausgedruckt, sondern per Datenübertragung an den PC übermittelt. Dies führt zur Reduzierung des Druckvolumens der Großanlage einerseits und andererseits zur Senkung des Druckvolumens über den PC, da mittels eigener Software nur noch die individuell erforderlichen Daten gezielt ausgedruckt werden.

- Es ist anzustreben, die Software des Großrechners zu benutzen, um z.B. über Datenbank-Softwareprogramme die Datenbestände wirtschaftlich und gezielt auswerten zu können. In diesen Fällen erübrigen sich Datenübertragungen.

- Aufgrund der Standardsoftware (Kalkulations-, Datenbankverwaltungsprogramme) ist der Anwender der Fachabteilung in der Lage, seine Probleme relativ einfach ohne Hilfe von EDV-Spezialisten schnell zu lösen. Damit wird die Programmierabteilung erheblich entlastet und kann effizienter für komplexe Programmieraufgaben eingesetzt werden. Es entfällt bei der Programmierabteilung der Zwang, alle Anforderungen der Fachabteilungen, die nunmehr über den PC gelöst werden, unter dem Gesichtspunkt der Integration in bestehende Software zu betrachten.

- Bei größeren Datenbeständen, die über PC verwaltet werden, ist zu prüfen, ob eine Datensicherung über die Großanlage nicht wirtschaftlicher und sicherer ist.

- Schnellere Realisierung der Anforderungen der Fachabteilungen durch Eigenhilfe und damit schnellere Realisierung der Leistungsverbesserungen auf den in Abschnitt 2.4 aufgeführten Leistungsniveaus.

5. Hinweise zur Literatur

Ewald Peter	:	Software richtig eingekauft. Informationen, Tips, Auswahlmethoden und Vorgehensweisen für alle, die sich Suche, Analyse, Leasing oder Kauf der richtigen Software erleichtern möchten. Markt & Technik, 1983, Haar (München).
Green Adam B.	:	d Base II richtig eingesetzt. Die erfolgreichsten Methoden der Datenbanktechnik und Datenbankprogrammierung. Markt & Technik, Haar (München) 1983.
Henk Martin	:	Der IBM-Personal Computer. Beantwortet alle Fragen über Aufbau, Einsatz und Programmierung, Software- und Hardwareerweiterung. Markt & Technik, Haar (München), 1983
Maaß Wolfgang	:	Software-Schnellkurs Multiplan. Ein Lern- und Nachschlagewerk. Der schnelle Einstieg in Multiplan. Markt & Technik, Haar (München), 1984.
Pest W.	:	Hardware-Auswahl leichtgemacht. 3. Auflage, Markt & Technik, Haar (München) 1984/85.
Pleil Gerhard J.	:	Entscheidungshilfen bei der Auswahl von Mikro- und Bürocomputern, in: Praxis des Rechnungswesens, Heft 2, 30.04.1984, S. 783-820 und Fortsetzung, Freiburg/Breisgau
Schulze H. H.	:	Datenverarbeitung in kleinen und mittleren Unternehmen, Planung, Einführung und Einsatz von DV-Systemen, München, Wien 1983.
Softwarekatalog	:	IBM Personal Computer, Softwarekatalog, 2. Ausgabe, Stand 01.10.1983.
Softwarekatalog	:	Nomina Information Services, Programme für den IBM Personal Computer, Sonderdruck aus: Isis Personal Computer Report, München, März 1984.
Softwarekatalog	:	Software-Auswahl leichtgemacht, 2. Auflage, Markt & Technik, Haar (München) 1984.
Williams Robert E.	:	Lotus 1-2-3 richtig eingesetzt. Ein Übungsbuch mit Beispielen aus der Praxis. Markt & Technik, Haar (München) 1984.

Anlage 1 a

IBM PERSONAL COMPUTER

Programmname	MAILING	Index B.4.4.4

Zielgruppe

BRANCHENUNABHÄNGIG
ÜBERALL EINSETZBAR
ABTEILUNG: KORRESPONDENZ

Kurzbeschreibung

ADRESSENLISTE MIT SORTIERUNG NACH POSTLEITZAHLEN UND NACH ALPHABETISCHEN KRITERIEN. KANN MIT WORDSTAR© VON MICROPRO VERKETTET WERDEN.

I. Funktionsumfang
II. Allgemeine Programmeigenschaften

I. FUNKTIONSUMFANG

- Erfassung der Adressen - Einspeichern, Ändern, Löschen, Drucken und Nachschlagen
- Sortierung für den Druck nach einer vom Benutzer bestimmten Sonderkategorie und nach Postleitzahlen
- Druck der gesamten Adressenliste oder eines Teils davon nach den vom Benutzer bestimmten Sonderkategorien
- Druck von Aufklebeadressen
- Vorbereitung einer Datei für WORDSTAR/MAILMERGE© von Micropro mit Sortierung nach Sonderkategorien

II. ALLGEMEINE PROGRAMMEIGENSCHAFTEN

- Es können bis 11 Gleichnamigen eingespeichert werden (ohne besonderes Erkennungszeichen)
- Leichte Erlernbarkeit (Menügesteuertes Programm): Handbuch mit 5 Seiten
- Kurze Antwortzeiten im Vergleich mit anderen Programmen
- Umfangreiche Anpaßungsmöglichkeiten auf individuelle Wünsche (Sonderkategorien und Postleitzahlkriterien)

Nutzenvorteile gegenüber Mitbewerberprogrammen

1. GÜNSTIGER PREIS
2. EINFACHE EINARBEITUNG
3. 7-JÄHRIGE GARANTIE
4. KOSTENLOSER TELEFONISCHER KUNDENDIENST RUND UM DIE UHR
5. VERKETTUNGSMÖGLICHKEITEN MIT DER GESAMTEN SOFTWARE KOLLEKTION BIRDY'S

Anlage 1 b

IBM PERSONAL COMPUTER

Index B.4.4.4	

Installations-Voraussetzung (HW/SW)

System-Konfiguration	Betriebssystem
128 KB Hauptspeicher 2 Disketten LW 1 Festplatten LW alternativ	CP/M - 86 MS DOS
	Programmiersprache COBOL (LEVEL II)
sonstige Erweiterungen:	sonstige Software-Voraussetzungen Keine

Programmgrenzen / Verarbeitungsmengen bei obiger Systemkonfiguration:

Vom Massenspeicher abhängig

Wie oft unmodifiziert installiert:	Referenz-Installation verfügbar:
- unter PC-Dos gesamt: 0 in D: 0	- auf PC Ja [X] Nein [ ]
- unter sonstigen gesamt: 356 in D: 0	- sonstige Ja [X] Nein [ ]

Besonderheiten (z.B. Verbindung zu anderen Programmen, Ergänzungen):

Verkettungsmöglichkeit mit WORDSTAR© von Micropro

Anbieter:	Status (X):
Firma BIRDY'S EDITIONS	(X) Programm fertig
	(X) Dokumentation deutsch
Straße HAUPTSTRASSE 46	(X) Dokumentation englisch
Plz / Ort 7600 OFFENBURG	( ) Programm / Anwendung bei IBM PV vorgeführt
Ansprech-partner Herr BUCCHIA	
Telefon (0781) 70 80 7	(X) Demo-Kurzfassung vorhanden (vollständig)
Unverbindlicher Ladenpreis: DM 136,80	verfügbar ab: 15. September 1983

Anlage 2 a

E R G E B N I S P L A N U N G Testmarkt Nummer 1 176 Datum: 26.06.1984

TDM	1 9 8 4 I S T	P L A N	Hochrechng.	% v. Umsatz
001 Einzelh. Ums. Ext.	7840.0	23511.2	31351.2	100.00
006 G E S A M T Ums.	7840.0	23511.2	31351.2	100.00
007 Warenverbrauch	5963.0	17920.8	23883.8	76.18
008 Umsatzsteuer	785.7	2357.2	3142.9	10.02
009 Rohertrag 1	1091.3	3233.2	4324.5	13.79
012 Rohertrag 2	1091.3	3233.2	4324.5	13.79
014 Grundstückserträ.	95.0	292.9	387.9	1.24
018 üb.Einn. u. Ertr.	2.6	4.2	6.8	0.02
019 Einn.u.Ertr. Ext.	97.6	297.1	394.7	1.26
050 Betr. E R T R A G	1188.9	3530.3	4719.2	15.05

Anlage 2 b

E R G E B N I S P L A N U N G Testmarkt Nummer 1 176 Datum: 26.06.1984

TDM	1 9 8 4 I S T	P L A N	Hochrechng.	% v. Umsatz
051 Pers.dir.Kosten	612.0	1428.0	2040.0	6.51
060 PERSONALAUFWAND	612.0	1428.0	2040.0	6.51
062 Abg.Beitr.Gebühren	0.6	1.8	2.4	0.01
063 Instand.Wartung	23.6	94.2	117.8	0.38
065 Energie	65.0	195.6	260.6	0.83
066 Material	12.0	47.4	59.4	0.19
069 Werbung Weiterbel.	155.0	491.3	646.3	2.06
070 Postaufwendungen	2.0	8.0	10.0	0.03
071 Reiseaufwendungen	1.3	2.6	3.9	0.01
072 Fr.Rein.Lohnauftr.	8.0	26.4	34.4	0.11
073 Versicherungen	5.0	25.0	30.0	0.10
074 Zinsen f.Warenge.	28.3	85.2	113.5	0.36
075 übr.Direktkosten A	2.6	5.7	8.3	0.03
076 DIREKTKOSTEN A	915.4	2411.2	3326.6	10.61
077 DECKUNGSBEITRAG A	273.5	1119.1	1392.6	4.44
078 Durch.Miet.Leasing	192.2	576.6	768.8	2.45
081 Sonst.Miet.Pachten	21.0	64.8	85.8	0.27
082 AfA Einb.Gebäude	0.1	0.4	0.5	0.00
083 AfA Bew.Anl.vermö.	23.5	70.3	93.8	0.30
084 Voll AfA GWG	3.5	12.0	15.5	0.05
085 Miet.Leas.Bew.Güt.	8.6	26.4	35.0	0.11
087 Zinsen f. Investi.	2.1	7.0	9.1	0.03
090 DIREKTKOSTEN B	251.0	757.5	1008.5	3.22
091 DIREKTKOSTEN GES.	1166.4	3168.7	4335.1	13.83
092 Deck.f.Zentr.Kost.	22.5	361.6	384.1	1.23
096 Betr. A U F W A N D	1166.4	3168.7	4335.1	13.83
097 Betr. E R T R A G	1188.9	3530.3	4719.2	15.05
099 GEWINN / VERLUST	22.5	361.6	384.1	1.23

Anlage 3 a

R O H E R T R A G S P L A N U N G für Markt: Testmarkt Nummer 1 Monat: 06 Jahr: 1984

Datum 26.06.1984

		Umsatz	********* E R L Ö S V E R Ä N D E R U N G E N ****** Werbewoche		Sonst. Preisabs.		Verderb		G E S A M T		** WE-Spanne **	n Abz.	** Rohertrag **	
		TDM	TDM	%	TDM	%	TDM	%	TDM	%	Ust	Ust	TDM	%
(01) FRISCHWA.	P	270.0	14.6	5.4%	1.4	0.5%	0.5	0.2%	16.5	6.1%	6.54%	16.38%	31.5	11.68%
(02) WASCHMITT.	P	150.0	13.5	9.0%	1.5	1.0%	0.2	0.1%	15.2	10.1%	12.28%	15.86%	12.9	8.60%
(07) ALLG. LM	P	720.0	41.8	5.8%	1.4	0.2%	1.4	0.2%	44.6	6.2%	9.00%	16.21%	83.3	11.57%
(20) OBST+GEM.	P	120.0	0.0	0.0%	0.0	0.0%	4.8	4.0%	4.8	4.0%	6.54%	23.62%	25.0	20.83%
(30) KONDITOREI	P	30.0	0.0	0.0%	0.0	0.0%	0.9	3.0%	0.9	3.0%	6.54%	25.58%	7.1	23.54%
(71) HE-OBERKL.	P	70.0	4.4	6.3%	0.0	0.0%	0.0	0.0%	4.4	6.3%	12.28%	22.58%	12.9	18.48%
(74) SCHUHE MD.	P	50.0	0.4	0.7%	0.0	0.0%	0.0	0.0%	0.4	0.7%	12.28%	19.37%	9.4	18.89%
(75) STRUMPFWA.	P	40.0	1.9	4.7%	0.0	0.0%	0.0	0.0%	1.9	4.7%	12.28%	20.13%	6.8	16.95%
(77) HAUSHA.TEX.	P	30.0	1.0	3.4%	0.0	0.0%	0.0	0.0%	1.0	3.4%	12.28%	31.39%	8.8	29.47%
(79) SPORT	P	1.0	0.0	1.4%	0.0	0.0%	0.0	0.0%	0.0	1.4%	12.28%	15.06%	0.1	14.04%
(81) HAUSHA.WA.	P	50.0	1.3	2.6%	0.0	0.0%	0.0	0.0%	1.3	2.6%	12.28%	26.51%	12.5	24.93%
(83) HOBBY	P	100.0	2.9	2.9%	0.0	0.0%	0.0	0.0%	2.9	2.9%	12.28%	25.83%	24.0	24.04%
(84) SPIEL FRZ.	P	190.0	4.4	2.3%	0.0	0.0%	0.0	0.0%	4.4	2.3%	12.28%	19.74%	34.5	18.18%
(85) ZEITS.PAP.	P	30.0	0.6	2.1%	0.0	0.0%	0.0	0.0%	0.6	2.1%	9.50%	25.58%	7.3	24.22%
(87) ELEKTRO	P	20.0	0.6	3.0%	0.0	0.0%	0.0	0.0%	0.6	3.0%	12.28%	18.59%	3.3	16.52%
(92) TANKSTELLE	P	250.0	0.0	0.0%	0.0	0.0%	0.0	0.0%	0.0	0.0%	12.28%	3.94%	9.8	3.94%

Anlage 3 b

R O H E R T R A G S P L A N U N G   Gesamtblatt für: Testmarkt Nummer 1   Monat: 06   Jahr: 1984

Datum 26.06.1984

		Umsatz	********** E R L Ö S V E R Ä N D E R U N G E N ******* Werbewoche		Sonst.Preisabs.		Verderb		G E S A M T		** WE-Spanne **	n Abz.	** Rohertrag **	
		TDM	TDM	%	TDM	%	TDM	%	TDM	%	Ust	Ust	TDM	%
LEBENSM.GESAMT	P	1,140.0	69.8	6.1%	4.3	0.4%	2.1	0.2%	76.3	6.7%	8.85%	16.22%	127.8	11.21%
FOOD O.FLEISCH	P	1,290.0	69.8	5.4%	4.3	0.3%	7.8	0.6%	82.0	6.4%	8.58%	17.11%	159.8	12.39%
TEXTIL	P	190.0	7.7	4.0%	0.0	0.0%	0.0	0.0%	7.7	4.0%	12.28%	22.63%	38.0	20.00%
SPORT	P	1.0	0.0	1.4%	0.0	0.0%	0.0	0.0%	0.0	1.4%	12.28%	15.06%	0.1	14.04%
HARTWAREN	P	390.0	9.8	2.5%	0.0	0.0%	0.0	0.0%	9.8	2.5%	12.07%	22.57%	81.6	20.92%
NON FOOD GES.	P	581.0	17.5	3.0%	0.0	0.0%	0.0	0.0%	17.5	3.0%	12.14%	22.57%	119.7	20.61%
HAUPTBETRIEB	P	1,871.0	87.3	4.7%	4.3	0.2%	7.8	0.4%	99.4	5.3%	9.68%	18.75%	279.6	14.94%
NEBENBETRIEBE	P	250.0	0.0	0.0%	0.0	0.0%	0.0	0.0%	0.0	0.0%	12.28%	3.94%	9.8	3.94%
GESAMT V. INV.	P	2,121.0	87.3	4.1%	4.3	0.2%	7.8	0.4%	99.4	4.7%	9.99%	17.06%	289.4	13.65%
INV. ABGRENZUNG	P	0.0	0.0	0.0%	0.0	0.0%	0.0	0.0%	0.0	0.0%	0.00%	0.00%	18.2	0.00%
GESAMT N. INV.	P	2,121.0	0.0	0.0%	0.0	0.0%	0.0	0.0%	0.0	0.0%	0.00%	0.00%	271.2	12.78%

Anlage 4

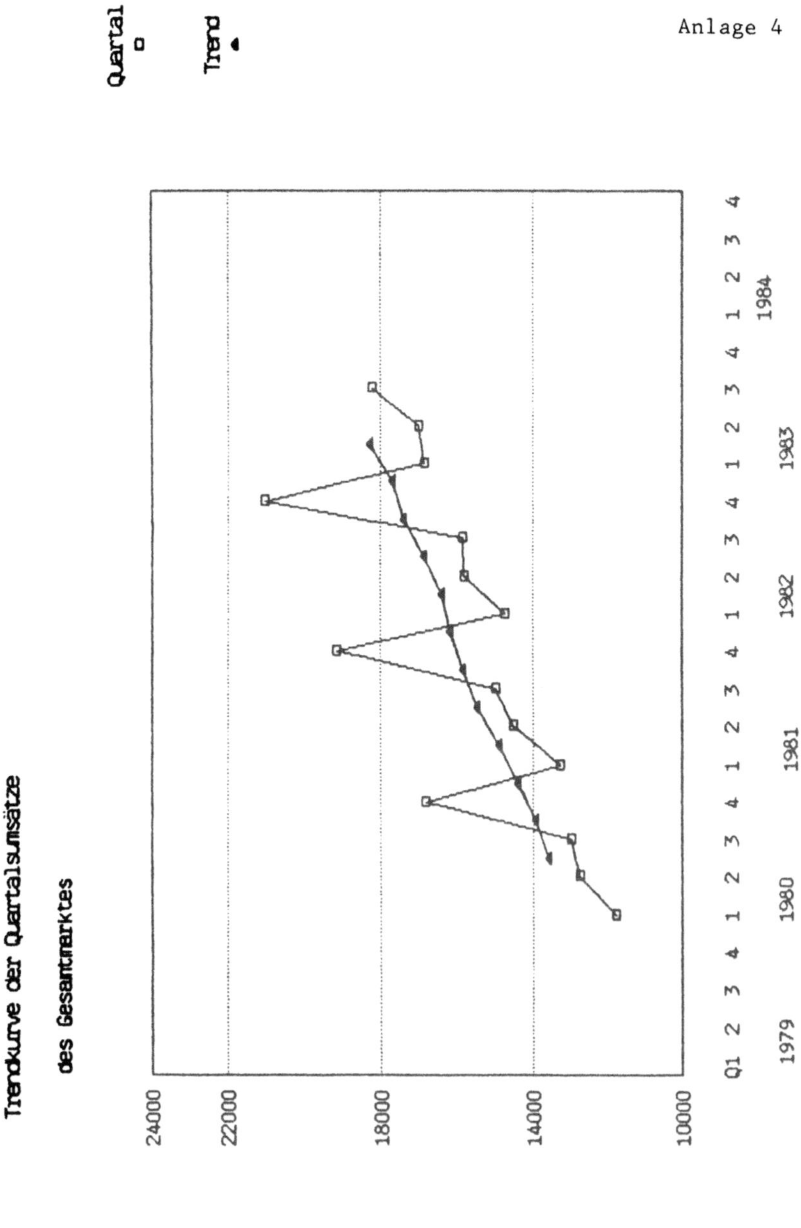
Trendkurve der Quartalsumsätze
des Gesamtmarktes
Quartal
Trend
24000
22000
18000
14000
10000
Q1 2 3 4 1 2 3 4 1 2 3 4 1 2 3 4 1 2 3 4 1 2 3 4
1979
1980
1981
1982
1983
1984

Einsatz von PC's zur Finanzbuchhaltung einer Industrieholding

G. Berger, Data-Jet GmbH, Augsburg

<u>Finanzbuchhaltung mit einem PC in einer Industrie-Holding</u>

- Besonderheiten einer Industrie-Holding
- Auswahlkriterien für die Software
- Auswahlkriterien für die Hardware
- organisatorische Vorarbeiten und Schulung
- die erste Arbeit in der Praxis - Stammdatenerfassung
- Datensicherung - ein notwendiges Übel
- Dialogverbuchung oder Batch-Verarbeitung ?
- Probebuchungen oder Parallelbetrieb ?
- Auswerten und Abstimmen
- Offene Posten - Mehrbelastung und viel Komfort
- echter Dialog = sofortige Auskunftsbereitschaft
- die Summen- und Saldenbilanz - erste Ergebnisse
- das Kontoblatt - einfach und übersichtlich
- ordnungsgemäße Buchführung - das Buchungsjournal
- Umsatzsteuervoranmeldung und Umsatzsteuerverprobung
- ein Fehler wird korrigiert
- der Periodenabschluß
- was tun ? - der Computer spinnt!
- Zusatzprogramme - Kostenstellenauswertung
  - Betriebswirtschaftliche Auswertung
  - das Mahnwesen
  - der Zahlungsverkehr
  - Bilanz und G + V
- Vorteile des Computereinsatzes

Besonderheiten einer Industrie-Holding

Unabhängig ob Industrie-Holding, Klein-, Mittel- oder Großbetrieb, an ein Finanzbuchhaltungsprogramm müssen eine Reihe von Anforderungen gestellt werden, damit die Ordnungsmäßigkeit der Buchführung gewährleistet ist.

Gerade die Elektronische Datenverarbeitung offenbart große Möglichkeiten einer ordentlichen, sauberen und übersichtlichen Organisation mit zahlreichen Auswertungen und Übersichten.

Selbstverständlich stehen den meisten Industrie-Holdings Groß-EDV-Anlagen, Rechenzentren und Terminals zur Lösung der Finanzbuchhaltungsprobleme zur Verfügung. In vielen Fällen wird jedoch aus Gründen der Flexibilität, Geheimhaltung oder schlichtweg aus Kostengründen von diesem Angebot kein Gebrauch gemacht.
Für viele Holdings bieten Personalcomputer und ausgereifte praxiserprobte Standardprogramme neue Möglichkeiten einer wirtschaftlichen Organisationsform. Einfache Handhabung sowie rasche und umfangreiche Auskunftsbereitschaft stehen dabei im Vordergrund.
Durch das relativ geringe Mengengerüst mit einer zumeist sehr hohen Stellenkapazität werden sowohl an die Hardware, wie auch an die Software bestimmte Anforderungen gestellt.

Auswahlkriterien für die Software

Die richtige Software einzusetzen ist heute fast noch wichtiger aber auch noch problematischer als die richtige Hardware zu finden.

Gerade Finanzbuchhaltungsprogramme werden in den verschiedensten Preisklassen und mit unterschiedlichem Komfort angeboten.

Eine Frage steht jedoch im Vordergrund:

"Wird das Programm und dessen Auswertungen auch vom Finanzamt anerkannt?"

Prüfen Sie in jedem Fall ob die Grundsätze der Ordnungsmäßigkeit der Buchführung erfüllt sind. Erst wenn Sie selbst ein bis zwei Tage gebucht haben, können Sie das Programm beurteilen.

Nur ein Softwarepartner, der sich bereits länger am Markt behaupten konnte und dessen Programme praxiserprobt sind, wird auch die Garantie für eine längerfristige Betreuung geben können. Der Anwender muß insbesonders den richtigen Partner finden, der ihm fachlich jederzeit Auskunft geben kann. Ein Programmierer ohne Buchhaltungskenntnisse kann hier sicher nicht helfen. Ein Softwarehaus im Ausland oder ein sogenannter"Einzelkämpfer" können den Anwender eines Tages vor unlösbare Probleme stellen.

Auswahlkriterien für die Hardware

Von angeblich zweihundertfünfzig Hardwareherstellern und Anbietern in der Bundesrepublik werden laut Expertenmeinung nur etwa dreißig bestehen können.

Nichts ist schlimmer für einen Anwender, wenn es plötzlich den Software- oder den Hardwareanbieter nicht mehr gibt.

In diesem Fall fehlen Ihm sämtliche Möglichkeiten der Softwarepflege, der Beratung und des Technischen Kundendienstes.

Nicht allein aus diesen Gründen sollte man sich seinen Partner sehr genau ansehen. Es hat keinen Sinn, hier am falschen Ort zu sparen. Der eventuell hier gesparte Betrag kann sehr oft ein vielfaches an Kosten verursachen.

Der Hersteller sollte über eine dichtes Vertriebsnetz verfügen und auf dem Deutschen Markt eine Anzahl von Installationen nachweisen können. Noch besser ist es selbstverständlich, wenn das Produkt in Deutschland hergestellt wird.

Der Anwender steht sicher vor dem Problem, daß auf der einen Seite die Hardware bereits in zahlreichen Installationen praxiserprobt sein sollte und auf der anderen Seite in der heute schnellebigen technischen Zeit ein Produkt bereits nach zwei Jahren völlig überholt ist. Hier muß darauf geachtet werden, daß sowohl neueste Technologien Verwendung finden, daß der Ergonomie genüge getan ist und daß die Geschwindigkeit und Ausbaufähigkeit des Systems den heutigen Vorstellungen entspricht.

Organisatorische Vorarbeiten und Schulung

Auch wenn von vielen Verkäufern der "Knopfdruckcomputer" angeboten wird, ist jeder Computereinsatz mit gewissen organisatorischen Umstellungen verbunden.

Da es heute nicht wirtschaftlich ist, ein eigenes Finanzbuchhaltungsprogramm erstellen zu lassen, muß sich zwangsweise Ihre Organisation an das angebotene Standardprogramm anpassen.

Gute Programme lassen jeden beliebigen Kontenrahmen zu, sodaß zumindest in dieser Art keine Umstellung erforderlich ist.

Trotzdem ist es sinnvoll, bereits vor dem Einsatz der Programme den innerbetrieblichen Ablauf neu zu gestalten, die Arbeiten und Zuständigkeiten festzulegen und eine eventuelle Beleg- und Formularüberarbeitung durchzuführen. Auch die Beschaffung von entsprechenden Organisationsmitteln, wie Karteikästen, Kontentaschen und Sichtreitern ist sinnvoll.

Im Zuge der Vorarbeiten soll die Schulung der Mitarbeiter an vorderster Stelle stehen.

Die Schulung gliedert sich grundsätzlich in zwei Teile:

In der Grundschulung sollen den Mitarbeitern die Grundkenntnisse der Datenverarbeitung und die wichtigsten Funktionen des Betriebssystemes vermittelt werden. Sicher soll ein Buchhalter kein EDV Experte werden. Trotzdem ist es wichtig, daß er die einzelnen Zusammenhänge kennt und sich im Fehlerfall helfen kann.

Der zweite Teil der Schulung vermittelt die einzelnen Programmdetails. Auch bei einem Standardprogramm sollte nie sofort mit dem praktischen Arbeiten begonnen werden. Es ist unerläßlich, mit Übungs- und Testbeispielen festzustellen, ob Hardware, Software und Bedienung die gewünschten Ergebnisse zeigen.

Je mehr Zeit Sie in die Schulung investieren, umsoweniger Probleme werden Sie später bei der praktischen Arbeit haben.

Die erste Arbeit in der Praxis - Stammdatenerfassung

Jetzt ist es soweit - Der Computer wurde installiert, die ersten Test und Probeläufe liefen zur Zufriedenheit ab.

Die erste produktive Arbeit ist die Stammdatenerfassung. So wie früher die einzelnen Kontoblätter mit Schreibmaschine beschriftet wurden, müssen die wichtigsten Daten im Computer erfasst werden.

Grundsätzlich werden drei Kontenarten unterschieden.

Debitoren
Kreditoren
Sachkonten

Bei Debitoren und Kreditoren muß die komplette Anschrift nur dann erfasst werden, wenn diese für spätere Nebenprogramme wie das Mahnwesen oder der Zahlungsverkehr benötigt werden. Im Sachkontenbereich gibt es oft eine Menge von Kennzahlen die in späteren Auswertungen eine Steuerfunktion übernehmen.

In vielen Betrieben werden die Stammdaten zuerst auf Erfassungsblätter übertragen. Dies ist jedoch nach unserer Meinung nicht unbedingt erforderlich.

Viel wichtiger ist es, die sogenannten"Leichen", die oft jahrelang mitgeführt werden, ohne daß auf diesen Konten Umsätze getätigt werden, nicht in den Computer zu übertragen. Es sollten in jedem Fall die Kontenstände bereinigt werden. Auch eine Überarbeitung und Aktualisierung der Adressen bietet sich an.

Sie sehen, daß der Computereinsatz auch mithilft, die interne Organisation auf Vordermann zu bringen.

Datensicherung - ein notwendiges Übel

Bei großen Computern und in großen Rechenzentren ist die Datensicherung selbstverständlich. Im Microcomputerbereich wird die Datensicherung zumindest solange vernachlässigt, bis einmal Daten zerstört wurden und mit hohem Aufwand eine Neuerfassung und Nachbuchung erfolgte.

Genau wie die ordentliche Ablage der Belege in der Buchhaltung selbstverständlich ist, gehört auch die Datensicherung zu einer exakten Arbeitsweise.

Bei den meisten Herstellern ist der Zeitaufwand für die Datensicherung minimal. Es werden lediglich Disketten oder Dateien kopiert, damit die Möglichkeit besteht, zu einem früheren Zeitpunkt wieder aufzusetzen. Selbstverständlich müssen dann einige Arbeiten im Fehlerfall nochmals wiederholt werden. Je kürzer der Zeitraum für die Datensicherung ist, umsoweniger muß nachgearbeitet werden. In jedem Fall sollte jedoch durch zwischenzeitlich erfolgte Auswertungen sicher gestellt sein, daß die Dateien noch in Ordnung sind.

Beim einfachen Kopieren kann es leicht passieren, daß ein Fehler oder eine zerstörte Datei mit kopiert wird. In diesem Fall kann auch mit der Sicherungskopie nicht mehr weitergearbeitet werden.

Aus diesem Grund ist das sogenannte Drei-Generationen-Prinzip zu verwenden. Hierbei wird abwechselnd auf zwei verschieden Sicherungskopien kopiert, sodaß neben dem letzten Stand auch immer der vorletzte Stand verfügbar ist.

Gerade das Sichern der Daten und das Rekonstruieren im Fehlerfall sollte ein westenlicher Bestandteil der Schulung sein.

Viele Anwender sichern darüberhinaus ihre Daten am Monatsende vor dem Monatsabschluß und können dadurch zusätzlich monatsweise zurücksetzen.

In einem manuell geführten Maschinenbuch können nicht nur die Maschinenbelegung und eventuelle Störungen festgehalten werden, sondern auch ein Hinweis auf die Datensicherung erfolgen.

Dialogverbuchung oder Batch-Verarbeitung?

In der Datenverarbeitung werden grundsätzlich zwei verschiedene Buchungsarten unterschieden.

Bei der Batch-Verarbeitung, die nur bei hohem Datenanfall sinnvoll eingesetzt wird, erfolgt eine reine Datenerfassung mit nachträglichem Prüflauf, Fehlerliste und einem eigenen Buchungslauf.

Es stehen damit beim Batch-Lauf nicht sofort sämtliche Buchungsdäten zur Verfügung.

Bei der echten Dialogverbuchung werden sämtliche Daten sofort überprüft, es werden Kontenbezeichnungen und aktuelle Salden sofort angezeigt und es erfolgt direkt die Verbuchung. Gerade bei kleineren Datenmengen oder bei der Computerbedienung durch den Buchhalter und ungeübten Sachbearbeiter hat sich die Dialogverbuchung durchgesetzt.

Da die echte Dialogverbuchung mit einem erhöhtem Programmieraufwand verbunden ist, gibt es heute leider am Markt sehr viele Programme die von sich behaupten, im Dialog zu arbeiten in Wirklichkeit jedoch eine verschleierte Batch-Verarbeitung darstellen.

Achten Sie darauf, ob wirklich bei der Eingabe des Buchungssatzes sofort die aktuelle Buchung durchgeführt wird. Es ist immer von Vorteil, wenn aktuelle Salden, wie z.B. der Banksaldo dirket am Bildschirm gezeigt werden.

Probebuchungen oder Parallelbetrieb?

Jeder Computereinsatz bedeutet in der ersten Zeit eine Mehrbelastung für die beteiligten Mitarbeiter. Neben der organisatorischen Umstellung und dem Zeitaufwand für die Schulung können gerade in der ersten Zeit noch viele Fehler gemacht werden.

Wir konnten im Kapitel organisatiorische Vorarbeiten und Schulung bereits auf die Test-und Übungsarbeiten hinweisen.

Leider wird in vielen Betrieben der Computer erst zu einem Zeitpunkt angeschafft, wenn viele Wochen, Monate oder sogar Jahre nachgebucht werden müssen. Unter diesem Zeitdruck wird sehr oft auf Probebuchungen oder einen Parallelbetrieb verzichtet und sofort mit der praktischen Arbeit begonnen.

Selbst bei Programmen mit hervorragender Bedienerführung und Dokumentation können hierbei jedoch Probleme auftreten.

Zumindest Probebuchungen mit geschlossenen kleineren Buchungskreisen und Auswertungszeiträumen sind unbedingt zu empfehlen.

In vielen Betrieben wird für einen Zeitraum von einem Monat bis ca. drei Monaten ein Parallelbetrieb durchgeführt.

Dies ist selbstverständlich die beste Möglichkeit die Neuorganisationsform zu überprüfen und durch die eingefahrene alte Organisation zu garantieren, daß auch im Fehlerfall das erforderliche Zahlenmaterial zur Verfügung steht. In diesem Fall wird der Betrieb nie vor dem Problem stehen, plötzlich durch den Computereinsatz keine Zahlen mehr zu haben.
Selbstverständlich stellt dieser Parallelbetrieb eine besonders hohe Anforderung an die beteiligten Mitarbeiter dar, da zusätzlich zu den laufenden Arbeiten noch die Neuorganisation eingeführt wird. Hier muß mit zusätzlichen Hilfskräften eine Entlastung des Personals erreicht werden. Trotzdem ist der Parallelbetrieb immer noch die sicherste Form einer Umstellung auf Datenverarbeitung.

Auswerten und Abstimmen

Unabhängig davon, ob es sich um Test und Übungsbeispiele, um Probebuchungen oder um einen echten Parallelbetrieb handelt, - Sie sollten wie in der Praxis auch sämtliche Auswertungen ausdrucken und die Ergebnisse vor allem abstimmen.

Immer wieder muß in der Praxis festgestellt werden, daß bei einem Computereinsatz plötzlich auch erfahrende Buchhalter vergessen, daß jede Buchhaltung abgestimmt werden muß.

In regelmäßigen Abständen, jedoch mindestens monatlich sollten Sie sowohl in der Summen- und Saldenbilanz als auch auf den Kontoblättern ihre Bank-und Kassenbestände mit dem Kassenbuch bzw. den Bankauszügen vergleichen. Dies ist auch dann sinnvoll, wenn Sie bereits bei der Dialogverbuchung während des Buchens den aktuellen Saldo kontrollieren können.

In der Summen- und Saldenbilanz ist selbstverständlich auch die Soll- Haben Gleichheit zu überprüfen. Es bleibt auch beim Computereinsatz das Wesen der doppelten Buchführung bestehen, daß sowohl im Soll als auch im Haben die gleichen Umsätze gebucht werden.

Die Kontrolle der Mehrwertsteuer erfolgt in vielen Fällen bei der Umsatzsteuerverprobung, soweit diese Programme zur Verfügung stehen.

Natürlich sollte es auch selbstverständlich sein, die Summe der Debitoren bzw. Kreditoren mit dem Saldo des Sammelkontos Forderungen bzw. Verbindlichkeiten im Sachkontenstamm zu vergleichen.

Im Falle einer Störung,die einen Abstimmfehler verursachte, ist es meistens am einfachsten, auf die letzte Sicherungskopie, die noch keinen Abstimmfehler darstellte zurückzusetzen und die letzten Arbeitsabläufe zu wiederholen. Selbst der Programmierer kann oft keine andere Hilfe bieten.

Offene Posten - Mehrbelastung und viel Komfort

Eine reine Offene-Posten-Buchhaltung ist oft sehr unübersichtlich. Andererseits kann das Mahnwesen oder der Zahlungsverkehr nur über die Offenen Posten abgewickelt werden.

Aus diesem Grunde verfügen moderne Buchhaltungsprogramme sowohl über eine übersichtliche Kontenbuchführung als auch eine automatisch geführte und aktualisierte Offene-Posten-Datei.

Neben der Tatsache, daß durch die Offenen Posten automatisch gemahnt und die Zahlungsträger beschriftet werden, bieten in komfortablen Programmen die Offenen Posten eine Möglichkeit der automatischen Skontoüberwachung.

Beim Buchen wird auf Grund der eingegebenen Belegnummer der Offene Posten angezeigt und mit dem gezahlten Betrag verglichen, der Sachbearbeiter kann sofort am Bildschirm den abgezogenen Skontobetrag und den Skontoprozentsatz sehen. Damit wird ihm ein Entscheidungsinstrument zur Hand gegeben, den Skontoabzug zu gestalten oder den Differenzbetrag als Rest im Offenen Posten zu belassen. Lästige Pfennigrestbeträge, die oft umständlich ausgebucht werden müssen, entfallen bei dieser Organisationsform.

Die manuelle Eingriffs- und Entscheidungsmöglichkeit bei der Dialogverbuchung spricht erneut für den Einsatz dieses Programmes.

Echter Dialog = sofortige Auskunftsbereitschaft

In den vergangenen Kapiteln wurde immer wieder auf die Unterschiede der Dialog - und Batch-Verarbeitung hingewiesen.

Um nochmals die einzelnen Vor- und Nachteile hervorzuheben, soll Ihnen die nachfolgende Übersicht eine Entscheidungshilfe bringen, ob Sie besser eine Dialog oder eine Batch-Verarbeitung einsetzen.

Batch - Verarbeitung:

Vorteile:
- schnelle Erfassung der Daten
- einfache Bedienung des Erfassungsprogrammes
- kein Zeitaufwand durch Rückfragen
- bei der Erfassung sind keinerlei Buchhaltungskenntnisse erforderlich

Nachteile:
- keine sofortige Auskunftsbereitschaft
- die Überprüfung der eingegebenen Daten erfolgt erst zu einem späteren Zeitpunkt
- die Bearbeitung der Fehlerlisten ist oft sehr zeitaufwendig
- langwierige Buchungsläufe blockieren den Computer und stellen oft die Aktualität der Buchhaltung in Frage

Dialog - Verbuchung:

Vorteile:
- sofortige Auskunftsbereitschaft
- Durchführung der Arbeiten direkt durch den Buchhalter oder Sachbearbeiter
- sofortige Kontrolle der aktuellen Salden
- sofortige Limitprüfung
- das gesamte Zahlenmaterial steht sofort ohne Zwischenläufe zur Verfügung

Nachteile:
- langsamere Eingabe durch umfangreiche Prüfroutinen
- langsamere Eingabe durch Bedienung des Gerätes durch den Sachbearbeiter
- gerade beim Einsatz eines Microcomputers in Klein- oder Mittelbetrieben oder einer Industrie-Holding überwiegen die Vorteile der Dialogbuchung

Die Summen- und Saldenbilanz - Erste Ergebnisse

Der Vorteil der Buchhaltung im Haus und Abwicklung über Microcomputer liegt eindeutig in der Tatsache, daß zu jedem beliebigen Zeitpunkt eine Summen- und Saldenbilanz und damit eine umfangreiche Auswertung ausgedruckt werden kann.

Die Summen- und Saldenbilanz gibt durch die Aufgliederung und die Absummierung der einzelnen Kontenklassen bereits erste Auskunft über die Betriebsergebnisse.

Sehr einfach können die Monats- oder aufgelaufenen Jahresumsätze der Kontenklassen des Wareneinkaufs und der Kosten mit den Erlösen gegenübergestellt werden.

Sowohl die Entwicklung der Forderungen und Verbindlichkeiten als auch die Kapitalentwicklung ist bei einem übersichtlichen Kontenrahmen sofort möglich.

Selbstverständlich empfiehlt es sich hier den Kontenrahmen nicht zu umfangreich zu wählen, da dann die Übersicht in Frage gestellt werden muß.

Die Summen- und Saldenbilanz dient somit auf der einen Seite beim laufenden Ausdruck nach relativ kurzen Buchungsabschnitten zur Kontrolle und zur Abstimmung und wird natürlich gleichzeitig als Entscheidungshilfe für aktuelle Probleme innerhalb des Monats herangezogen.

Der fehlende Umsatz wird genausoschnell gesehen, wie eine übergroße Kostenentwicklung. Zu diesem Zeitpunkt kann in vielen Fällen noch reagiert werden,sodaß die Summen- und Saldenbilanz ein wertvolles Instrument bei der Unternehmensführung darstellt.
Endlich wird die Finanzbuchhaltung nicht nur für das Finanzamt geführt und der Buchhalter entwickelt sich vom oft ungewollt degradierten Hilfsarbeiter zum wichtigen Berater der Geschäftsleitung.

Das Kontoblatt - einfach und übersichtlich

Beim Einsatz der Datenverarbeitung werden sinnvollerweise nur immer die Bewegungen der laufenden Periode, die meist einem Monat entspricht, abgespeichert. Damit ist es auch wichtig, zumindest am Monatsende die Bewegungen richtig verteilt auf die Konten in übersichtlicher Form auszudrucken und abzulegen.

Zu einer guten Software gehört auch ein übersichtliches Formularkonzept. Auf vorgedruckten handlichen leicht ablegbaren Blättern, sind neben den Kontenbezeichnungen und Anfangssalden die jeweiligen Buchungssätze je Konto ausgedruckt. Der Monats und Jahresumsatz sowie der neue Saldo sind selbstverständlich. Reicht die Größe eines Kontoblattes nicht aus, so wird auf mehrere Kontenseiten gebucht.

Diese Kontoblätter werden sinnvollerweise in sogenannten Kontentaschen gesammelt. Je Konto ist dabei eine Kontentasche zu führen. Diese Kontentaschen werden in Kontokästen, meist verschließbar aufbewahrt. Das schnellere Finden der einzelnen Kontentaschen erfolgt mit Hilfe von Sichtreitern und Schrägsichtkarten wie dies auch aus herkömmlichen Buchungssystemen bereits bekannt ist.

Stellt sich innerhalb der Abrechnungsperiode in der Summen- und Saldenbilanz ein Fehler dar, oder wird seitens der Geschäftsleitung bzw des Kunden oder Lieferanten eine Übersicht gewünscht, so kann jederzeit auch auf einfaches Tabellierpapier ein Kontoblatt der laufenden Periode ausgedruckt werden.

Diese sogenannten Zwischendurchausdrucke brauchen selbstverständlich nicht archiviert werden. Sie stellen ein zusätzliches Hilfsinstrument dar.Sehr oft ist es auch möglich, das Kontoblatt einfach am Bildschirm anzuzeigen und danach zu entscheiden, ob ein Einzelausdruck stattfinden soll oder nicht.

Die Kontenblätter am Monatsende werden automatisch ausgedruckt, und zwar nur dann, wenn auf diesem Konto auch tatsächlich eine Bewegung erfolgt ist.

Ordnungsgemäße Buchführung - Das Buchungsjournal

Die Grundsätze der Ordnungsmäßigkeit einer Buchführung lassen sich im wesentlichen auf einige Punkte zurückführen.

Es gilt nach wie vor die alte Buchhaltungsregel - keine Buchung ohne Beleg. Auch oder gerade beim Computereinsatz muß der verantwortliche Buchhalter dafür sorgen, daß jede Buchung dokumentiert wird. Eine Eingabe in den Computer darf nur auf Grund eines vorbereiteten Beleges erfolgen. Dieser Beleg ist ordentlich abzulegen,sodaß im Falle einer Prüfung jederzeit nähere Auskunft und Nachweis über den Buchungsvorgang erfolgen kann.

Darüberhinaus wird die Ordnungsmäßigkeit durch die Kontinuität bestimmt.

Es darf keine Möglichkeit im Programm bestehen, Buchungen zu eliminieren oder verschwinden zu lassen. Sollte ein Fehler passieren, so ist dieser Fehler zu stornieren und auch die Stornierung exakt zu dokumentieren. Dies trifft selbstverständlich auch auf Störungen zu.

Die lückenlose Reihenfolge der Buchungen wird im Buchungsjournal nachgewiesen.

Aus dem Buchungsjournal ergeben sich die wichtigsten Informationen über den Buchungssatz. So muß z.B. neben dem Betrag auch ersichtlichsein, welches Konto und welches Gegenkonto angesprochen wurde.

Sinnvollerweise wird im Buchungsjournal der komplette Buchungssatz dokumentiert.

Das Buchungsjournal wird sinnvollerweise im Anschluß an die durchgeführten Buchungen mindestens am Ende der Abrechnungsperiode komplett ausgedruckt und übersichtlich abgelegt.

Auch bei Problemen und Störungen gibt das Buchungsjournal übersichtlich und einfach Auskunft über die durchgeführten Buchungen.

Umsatzsteuervoranmeldung und Umsatzsteuerverprobung

Bei jeder Prüfung durch das Finanzamt wird zuerst die Umsatzsteuer verprobt. Der Prüfer multipliziert dabei die Erlöse der einzelnen Umsatzsteuergruppen mit dem Umsatzsteuerprozentsatz und vergleicht diesen Betrag mit der gebuchten bzw. gemeldeten Umsatzsteuer.

Komfortable Buchhaltungsprogramme tragen dieser Prüfung Rechnung und führen die Verprobung automatisch durch.

Dabei angezeigte Differenzen können leicht mit Hilfe des Buchungsjournals sowie der Summen- und Saldenbilanz und den Kontoblättern festgestellt und berichtigt werden.

Sobald keine Differenz bei der Verprobung und sämtliche Buchungen des Monats abgeschlossen würden, kann automatisch die Umsatzsteuervoranmeldung ausgedruckt werden.

In vielen Fällen reicht es aus, wenn die Umsatzsteuervoranmeldung auf Tabellierpapier ausgedruckt wird und die wenigen Zahlen manuell in das erforderliche Formular übertragen werden.

Dies könnte einfacher sein, als das langwierige Umspannen von Formularen.

Ein Fehler wird korrigiert

Sicher kann niemand von sich behaupten, daß er keine Fehler macht.

Um so wichtiger ist der Komfort eines Programmes für die Fehlerkorrektur.

Wir konnten bereits bei der Ordnungsmäßigkeit der Buchführung darauf hinweisen, daß auch die Korrekturen entsprechend dokumentiert werden müssen. Es darf daher dem Anwender nicht möglich sein, Buchungssätze zu eliminieren.

Die beste Art einen Fehler zu korrigieren, unabhängig davon, ob der Fehler durch eine Störung oder eine Fehlbuchung verursacht wurde, besteht darin, einen eigenen Buchungsbeleg zu erstellen und die Buchung an Hand dieses Beleges durchzuführen. Selbstverständlich muß auch dieser Beleg abgelegt werden.

Eine Fehlbuchung wird im Normalfall dadurch korrigiert, daß die selbe falsche Buchung nochmals mit umgekehrtem Vorzeichen gebucht wird. Dabei ist mit der sogenannten Generalumkehr zu arbeiten, bei der eine dirkete Stornierung eines Fehlers im Soll bzw. im Haben erfolgt und somit auch die Umsätze richtig gestellt werden.

Nach erfolgter Korrektur wird die richtige Buchung ausgeführt.

Der Periodenabschluß

Wenn am Monatsende sämtliche Auswertungen ausgedruckt wurden, die Buchhaltung kontrolliert wurde und alle Fehler berichtigt wurden, kann der Monat abgeschlossen werden.

Da beim Monatsabschluß sowohl die Bewegungen als auch die Monatsumsätze gelöscht werden, ist es wichtig vorher eine Datensicherung durchzuführen.

Achten Sie auch unbedingt, daß Sie ganz sicher die Kontenblätter und die Summen- und Saldenbilanz ausgedruckt haben.

Auch die Umsatzsteuerverprobung muß richtig sein.

Sollte während des Periodenabschlußes eine Störung auftreten, so muß in jedem Fall auf die Sicherungsdisketten zurückgesetzt werden und der Periodenabschluß wiederholt werden.

Der Periodenabschluß ist nur dann richtig durchgelaufen, wenn der Buchungszähler wieder neu zu zählen beginnt.

Gerade bei den Probebuchungen sollten Sie durch eine Summen- und Saldenbilanz kontrollieren, ob die Monatssummen für alle drei Kontenarten gelöscht sind.

Was tun? - Der Computer spinnt!

Gerade am Anfang werden Sie sehr oft der Meinung sein, daß der Computer spinnt. Dies besonders dann wenn durch Fehleingaben der Computer anders reagiert, als Sie dies eventuell erwarten.

Für jeden Computerneuling ist es wichtig, den Bildschirminhalt zu kontrollieren und exakt die Bedienerführung am Bildschirm zu befolgen.

Auch wenn man oft meint, der Computer spinnt, so sind die Ursachen meist auf Fehlbedienung zurückzuführen.

In diesem Fall erwarten Sie bitte vom beratenden Softwarepartner keine Wunder. Er kann sicher nicht per Telefon feststellen, was Sie falsch gemacht haben oder welche Störung auf Ihrem Datenträger zum Fehler führte.

Schicken Sie zur Kontrolle genau domukentierte mit Beispielen versehene Unterlagen, einschließlich Kopien der Programm-und Datendisketten. Nur so ist Ihr Softwarepartner in der Lage weiter zu helfen.

Der schnellere und einfachere Weg liegt jedoch darin, auf die letzte noch stimmende Sicherungskopie zurück zu kopieren und neu aufzusetzen, d.h. die zwischenzeitlich erfolgten Arbeiten zu wiederholen. Normalerweise wird der Fehler nicht mehr auftreten.

Spinnt der Computer durch Fehlbedienung etwas zu häufig, dann muß selbstverständlich nochmals ein Kurs besucht werden.

Zusatzprogramme

Kostenstellenauswertung:

Als Zusatzmodul zum Programmpaket D40 Finanzbuchhaltung können mit diesem Programm die Kostenstellen ausgewertet werden.
Je Kostenstelle sind zehn Kostenarten fest zuzuordnen.
Die Umsätze der Kostenstellen und Kostenarten sind nach Monat und aufgelaufenem Jahr kumuliert. Ein Prozentvergleich zeigt das Verhältnis der Kostenstellen zueinander an.

Betriebswirtschaftliche Auswertung (BWA):

Die Daten aus der Finanzbuchhaltung werden in komprimierter Form gegenüberbestellt und mit Vorjahresdaten oder Sollvorgaben verglichen.
Völlig frei aus dem Sachkontenstamm zugeordnet werden fünf Einkaufsgruppen mit fünf Verkaufsgruppen und zehn Kostengruppen verglichen.
Im prozentualen Verhältnis stehen die Kosten zu den Gesamtkosten und zum Umsatz. Die Auswertung wird für den aktuellen Monat und das laufende Jahr gedruckt.
Damit erhalten Sie ein wichtiges Instrument für die Beurteilung Ihres Betriebes.

Mahnwesen:

Mit den hier vorliegenden Programmen wird der Debitorenbereich der Offenen Posten ausgewertet.

Offene-Postenliste
Offene-Postenanzeige
Außenstandsliste
Mahnung

Beim Ausdruck der Mahnung wird automatisch die Mahnstufe erhöht. Entsprechend der höchsten Mahnstufe innerhalb der Mahnung wird automatisch der Mahntext gewählt. Die Mahntexte können vom Anwender erfaßt werden.

In der Offenen Postenliste sind nach Debitoren sortiert alle Offenen Posten mit Rechnungsbetrag und Restbetrag aufgeführt. Bei der Offenen Postenanzeige können alle Offenen Posten eines Debitors am Bildschirm angezeigt werden.
In der Außenstandsliste sind die Offenen Posten je Debitor nach Fälligkeitsdatum kumuliert.

Zahlungsverkehr:

Mit den hier vorliegenden Programmen wird der Kreditorenbereich der Offenen Posten ausgewertet.
Offene-Postenliste
Offene-Postenanzeige mit Zahlungsträgerbeschriftung
Außenstandsliste
Bei der Zahlungsträgerbeschriftung können Teilbeträge bezahlt oder Offene Posten von der Zahlung ausgenommen werden. Nach Eingabe eines Skontoprozentsatzes wird der Skontobetrag automatisch berechnet.

Bilanz und G + V:
Ein Zusatzmodul zu unserem Programmpaket D 40 Finanzbuchhaltung für "Bilanzsichere" Anwender.
Im Sachkontenstamm wird festgelegt, welches Sachkonto in die Bilanz und welches in die G+V übergeleitet wird.
Die Bilanz umfaßt, wie die G+V, fünfhundert frei zuordnenbare Zeilen. Die Zeilentexte sind frei definierbar.
Über ein Kennzeichen können Gruppensummen oder Zwischensummen gebildet werden.
Durch diese Flexibilität kann der Aufbau der Bilanz und G+V völlig frei gewählt werden.
Sogenannte Bilanz-Erläuterungen empfehlen wir als Anhang mit einem komfortablen Textprogramm zu erstellen.

Vorteile des Computereinsatzes

Sie haben viel Zeit und Aufwand benötigt um Ihren Computer zum Laufen zu bringen. Sie müssen auch weiterhin Zeit aufwenden um die Daten einzugeben und die richtigen Auswertungen zu erhalten.

Oft werden Sie sich die Frage stellen, ob der Computereinsatz wirklich den entscheidenten Vorteil gebracht hat.

Eine Antwort auf diese Frage erhalten Sie dann, wenn Sie sich wirklich erinnern,wie Sie früher gebucht haben. Stellen Sie alle Vor- und Nachteile objektiv gegenüber.

Bereits bei kleinen Buchungszahlen werden Sie feststellen, daß die Vorteile des Computereinsatzes in der raschen und einfachen Auswertung liegen.

Vom Buchungsvorgang selbst kann Sie der Computer praktisch nicht entlasten.

Sicher werden Sie auch feststellen, daß Sie nach Erlangen der entsprechenden Routine auch wesentlich weniger Fehler machen, als dies früher der Fall war. Die aufwendige Fehlersuche sollte normalerweise völlig entfallen.

Auch wenn Sie sich die Frage stellen,was es Ihnen Wert ist über Ihren Betrieb laufend exakte Auskunft zu erhalten, können Sie die Vorteile des Computereinsatzes richtig beurteilen.

Anwendungsbetreuung kommerzieller EDV-Projekte im zentralen Rechnungs und Berichtswesen

Werner Lange, Standard Elektrik Lorenz AG, Stuttgart

1. Einleitung

Mit den Anfängen der EDV sind weitere organisatorische Schnittstellen festgelegt worden, die auf eine strikte Aufgabenteilung zwischen Fachbereich und EDV hinführten. Die EDV schaffte sich ein eigenes Fluidum und grenzte sich systematisch von den kommerziellen Abteilungen ab. Dieser Status führte dazu, daß die gewünschte und notwendige Kooperation nicht in dem Umfang wirksam wurde, wie sie heute als tägliche Notwendigkeit gesehen wird. Der verantwortliche Anwender konnte sich abmühen, ein Verfahrensergebnis kam erst nach einem längeren über dem Planansatz hinausgehenden Zeitpunkt verbunden mit Mehrkosten zustande und führte teilweise zu Spannungen innerhalb des Teams. Die Erkenntnisse aus dieser Entwicklungsphase sind, daß:

- die Fachbereiche nicht geschult waren, um die EDV zu verstehen.
- der EDV-Bereich keine Methoden festgelegt hatte, die ihm eine sichere Übermittlung der Anwenderanforderungen gab. Zusätzlich fehlten die technischen Kenntnisse über die Anwendung der jeweiligen Hardware und Betriebssoftware.
- der Fachbereich als auch der EDV-Bereich betrachtete die Entwicklung unter dem Gesichtspunkt, 'es ist mein Verfahren'. Teamarbeit als Voraussetzung für das gemeinsame Ziel und damit dem gemeinsamen Erfolg wurde wenig Beachtung geschenkt.

Diese Konfliktsituation führte zu einer Korrektur der bestehenden Organisationsform in dem Bereich des zentralen Rechnungswesen/Berichtswesens.

Zusätzlich vollzog sich die Zusammenlegung von mehreren Rechnungs- und Berichtsweseneinheiten durch Integration von 4 Geschäftsbereichen zu einer Unternehmensgruppe. Daraus ergaben sich spezielle Anforderungen der Fachabteilungen hinsichtlich Ablaufstrukturen.

Rechnungswesen und EDV: PC-Einsatz. © 1984 PHYSICA-VERLAG Würzburg-Wien

1.1 Anwendervertreter

Grundidee des zukünftigen Vorgehens war, den organisatorisch begabten Anwender für die Lösung von EDV-Verfahren zu schulen und einzusetzen. Es sollten die bisher schon mit der Organisation beauftragten Führungskräfte/- Sachbearbeiter Instrumente erhalten, um ein sachliches Problem EDV-verständlich auszuarbeiten. Dazu sind selbstverständlich Kenntnisse erforderlich um Abläufe nach Funktionen darzustellen in Form von:

- Diagrammen
- Entscheidungstabellen
- Funktionelle Zusammenhänge mit
  -- Rechenformeln
  -- Beispielen

Für den optimalen Einsatz dieser fachbezogenen Organisatoren, sind diese Mitarbeiter in einer Abteilung zusammenzufassen, die funktionell und personell dem Leiter Zentrales Controlling und damit '<u>fachbereichsbezogen</u>' unterstellt sind. Aus den einzelnen Abteilungen wurden daher die Mitarbeiter, die sich bisher mit den organisatorischen Aufgaben befaßt haben, versetzt.

Auf der anderen Seite waren die Mitarbeiter der EDV-Abteilung ebenfalls mit den Organisationsmitteln vertraut zu machen, die der Fachbereich zukünftig anwendet. Um die Fachprobleme in Verfahrensabläufe umzusetzen war z. B. die normierte Programmierung einzuführen. Die Verfahren sollten standardmäßig (und damit nicht individuell) entwickelt werden.

1.2 Technik im Büro

Dieses Schlagwort gewinnt immer mehr an Bedeutung und verliert durch die laufende Weiterentwicklung der Hardware das Phrasenhafte. Gerade die technischen neuen Gegebenheiten erfordern neue Strukturen in den bisher kommerziellen Abteilungen. Das Eindringen der Technik auf den kleinsten Sachbearbeiterplatz verlangt Verständnis für den EDV-Ablauf. Nur mit diesem Verständnis wird erreicht, daß die vom einzelnen Mitarbeiter mit Hilfe der EDV durchgeführte Aufgabe akzeptiert wird und damit Befriedigung in der Tätigkeit auslöst. Mit der organisatorischen

Änderung Anfang 1970 ist die Grundlage für die Bereitschaft, an neuen technischen Anforderungen teilzunehmen, gelegt worden. Dazu gehört selbstverständlich, daß bei Neuentwicklungen der betroffene Sachbearbeiter an der Mitwirkung des neuen Arbeitsablaufes bzw. der neuen Arbeitsplatzgestalltung eingeschaltet wird.

2. Ausgangssituation für eine Verfahrensentwicklung vor der organisatorischen Umstellung

Die Abteilungen Anwender und EDV formulierten aufgrund von bestehenden Schwächen im manuellen Verfahren eine neue Aufgabenstellung, um einen organisatorisch besseren Ablauf zu erreichen. Eine grobe Wirtschaftlichkeitsrechnung, verbunden mit verbalen Zielsetzungen, bildeten die Grundlage.

2.1 Lösung einer Aufgabe nach herkömmlicher Methode

Der Fachbereich stellte verbal seine Aufgabenstellung zur Diskussion. Nur geringe Ansatzpunkte einer schematischen Darstellung waren vorhanden. Das führte zu romanhaften Darstellungen seitens des Fachbereiches.

Die EDV-Abteilung analysiert die formulierte Aufgabenstellung. Daraus entwickelte sie nach bestem Wissen und Gewissen eine Soll-Konzeption. Diese Analyse und die Soll-Konzeptionserstellung erforderte eine Unmenge von Rücksprachen mit dem Fachbereich als auch der zuständigen Organisationsabteilung.

Der Realisierungsvorschlag auf der Basis der Soll-Konzeption wurde dann mit dem Fachbereich abgestimmt, wobei es sich nach heutigen Erkenntnisse um einen Status zwischen der Grob- und Feinplanungsphase handelte. Durch die nicht vorhandene Schulung der Fachbereiche ist das Konzept verabschiedet worden.

Die freigegebene Konzeption, die auch in Phasen untergliedert war, führte zur Realisierung des Ablaufes. Im Rahmen der Entwicklungsphase wurde dann Schritt für Schritt die Feinplanung nachgeholt. Während der Entwicklungsphase arbeiteten die Bereiche eng zusammen.

Dabei stellte sich heraus, daß mit jedem jetzt fertiggestellten Step die Verfahrens- und Systemplanung der folgenden Steps überarbeitet werden mußte. Bei diesem Vorgehen kamen dem Fachbereich erst die Ideen, welche Schritte er zusätzlich, um den sachlichen Ablauf zu gewährleisten, benötigte, bzw. was aus wirtschaftlichen Gründen noch zu berücksichtigen war.

Die Phase des Testes mit Testdatenerstellung und Testdurchführung war Domäne der EDV. Sie baute die Testdaten auf und führte vom Systemtest angefangen bis zum sachlichen Test die EDV-Läufe durch.

Das letzte fehlerfreie Testergebnis ist von der EDV der Fachabteilung zur Freigabe vorgelegt worden.

Die Einführung brachte aufgrund der vorgenannten Probleme nur einen Teil der möglichen Erfolge, die erzielbar gewesen wären.

2.2 Anforderungsprofil des EDV-Mitarbeiters

Die Ausbildung und Kenntnisse sollten folgende Schwerpunkte umfassen:

FACH-KENNT-NISSE	EDV-KENNT-NISSE	ORGA-NISA-TION
40 %	40 %	20 %

Die Mitarbeiter wurden unter dem Titel "Organisationsprogrammierer" geführt. Für den Anwenderbereich sind dabei die Arbeitsplatzbeschreibungen weitestgehend gleichgeblieben.

3. Alternative Organisationsform

Der Bedarf an Informationen ist sprunghaft gestiegen. Zusätzlich wurden die Systeme immer leistungsfähiger und gleichzeitig komplizierter in ihrer Anwendung. Das hatte zur Folge, daß auf beiden Seiten höher qualifizierte Mitarbeiter benötigt werden, um jeweils für ihren Bereich eine optimale Lösung in der gemeinsamen Verfahrensabwicklung zu erzielen. Die zuvor teilweise relativ einfachen Auswertungen druch Gegenüberstellung von ein oder zwei Zahlen sind durch den Vergleich über mehrere Perioden und zusätzlichen komplizierten Rechenformeln erweitert worden. Dieses hat zur Folge, daß neue Strukturen im EDV-Ablauf anzuwenden sind. Das einzelne EDV-Programm mußte optimal gestaltet werden, um ein Minimum an Rechenzeit auf dem System zu beanspruchen. Ungeschickte Programmierung bedeutet hier gleichzeitig Mehrkosten an Hardware, unabhängig von der Durchlaufzeit und damit Termintreue für die jeweilige Anwendung in den Fachbereichen.

Zusätzlich hat sich die Zusammenarbeit innerhalb der Fachbereiche geändert. Die bisher praktizierte Vorgehensweise, Ablaufänderungen per Zuruf oder in verbesserter Form per Aktennotiz bekanntzugeben, mußte terminlich abgestimmt und schematisiert werden, so daß alle Beteiligten zum richtigen Zeitpunkt die richtige Information verarbeiten und interpretieren können.

3.1 Schematische Darstellung der neuen Organisationsstruktur

3.1.1 Anwenderbereich

Dieser Bereich untergliedert sich in die Funktionen

Fach bereich	Anwender- vertreter

Beide Bereiche sind personell als auch funktionell dem Leiter Zentrales Controlling unterstellt.

3.1.2 Zentrale Organisation und Datenverarbeitung

Auch hier gibt es zwei Bereiche:

Zentrale System-planung- und Programmierung	Zentrale Daten-verarbeitung

Beide Bereiche sind dem Leiter der zentralen Organisation unterstellt. In der folgenden Darstellung wird nur der Bereich Systemplanung und Programmierung berücksichtigt. Die zentrale Datenverarbeitung ist der Dienstleistungsbetrieb mit der gesamten Hardware, der im Close Job Betrieb arbeitet und in dieser Betrachtungsweise vernachlässigt werden kann.

3.2 Anforderungsprofil

Das Anforderungsprofil ist in den beiden folgenden Schaubildern dargestellt:

Anwendervertreter

FACH-KENNT-NISSE	ORGANISATION	EDV
70 %	20 %	10 %

Systemplaner/Programmierer

EDV	ORGANISATION	FACHKENNTNISSE
70 %	20 %	10 %

3.2.1 Anforderungsprofil des Anwendervertreters

- Fachkenntnisse
  Wie dargestellt, ist der Schwerpunkt dieser Mitarbeiter in den Kenntnissen des jeweiligen Fachgebietes zu sehen. Damit verbunden ist gleichzeitig, daß dieser Mitarbeiter den Fachbereich sachlich leiten kann. Die Personalverantwortung ist dabei ausgeschlossen.

- Organisationskenntnisse
  Die Organisationskenntnisse helfen dem Anwendervertreter bei der Beurteilung des Umfeldes. Dazu gehören z. B. Ordnungsmerkmale, die auch von anderen Abteilungen/Bereichen angewandt werden. Die Gestaltung von Vordrucken als auch die Arbeitsweise an dem Sachbearbeiterplatz sind dem Verfahren entsprechend zu planen.

- EDV-Kenntnisse
  Die EDV-Kenntnisse beruhen auf das Erlernen einer Programmiersprache, ohne diese anwenden zu müssen. Dies gibt ihm die Möglichkeit, bei der Schilderung von auftretenden Problemen durch den Systemplaner/Programmierer diesen unterstützen zu können.

3.2.2 Anforderungsprofil des Systemplaners/Programmierers

- EDV-Kenntnisse
  Der Schwerpunkt beim Systemplaner/Programmierer liegt z. B. in der Beherrschung des Betriebssystems, Dateistrukturierung als auch in der Entscheidung über die Programmiersprache. In den meisten Unternehmen ist die Auswahl der Programmiersprache eingeschränkt, da sonst eine Verfahrenspflege nicht gewährleistet werden kann. Die laufend verfeinerte Schematisierung dieser Arbeitsplätze mit gleichzeitiger unterstützender Schulung und vielen Kursangeboten haben daher dieses Arbeitsgebiet überschaubarer gemacht. Trotzdem sind die Entscheidungskriterien so vielfältig, so daß bei der Planung eines neuen Verfahrens als auch bei größeren Änderungen die Struktur erneut zu prüfen ist, um einen optimalen Verfahrensablauf im EDV-System zu erhalten.

- Organisationskenntnisse
  Für die Bearbeitung des Umfeldes sind ebenso wie beim Anwendervertreter umfangreiche Organisationskenntnisse erforderlich. Diese sollen sich mehr auf die Zusammenhänge im EDV-Bereich konzentrieren, z. B. Schnittstellen zu neuen und bestehenden Verfahrensabläufen.

- Fachkenntnisse
  Die Fachkenntnisse helfen ihm, die sachliche Anwendung zu verstehen, um Fehlinterpretationen und Fehler zu vermeiden.

3.3 Aufgaben- und Verantwortungszuordnung

Um der scheinbaren Doppelfunktionen und damit Doppelarbeit entgegenzuwirken sind mit den beteiligten Bereichen die Schnittstellen und Verantwortungen definiert worden.

Da bei neuen Abläufen der Wirtschaftlichkeit besondere Aufmerksamkeit zu widmen ist, ist eine Differenzierung seitens Entwicklung und Pflege von Verfahren vorgesehen. Dieses schließt nicht aus sofern der Pflegeaufwand ein bestimmtes Volumen übersteigt, wenn mehrere Änderungen zusammen vorgenommen werden, die Planung und Realisierung wie bei einer 'Entwicklung' stattfindet. Die kritische Grenze liegt bei ca. TDM 50.

Die Projektleitung wird fallweise entschieden. Es bietet sich an, die Projektleitung und damit auch Verantwortung dem Anwendervertreter zuzuordnen, wenn die fachliche Qualifikation vorhanden ist.

3.3.1 NEUE PROJEKTE	Anwender	SV[1]
- Projektvorklärung	x	
Steering Committee Freigabe für Vorarbeiten	x	0
- Konzeptionsphase	x	0
Verbale Projektvorstellung und 1. Wirtschaftlichkeitsrechnung	x	0
a) Anwenderteil	x	0
b) SV-Teil	0	x
Terminplanung	x	0
Steering Committee Beschluß über Projektdurchführung	x	0
- Definitionsphase	x	
Überarbeitung Wirtschaftlichkeitsrechnung		
a) Anwenderteil	x	
b) SV-Teil	0	x
Steering Committee Projektfortschritt/Kontrolle		
- Entwicklungsphase		
a) Anwenderteil	x	0
b) SV-Teil	0	x
Überarbeitung der Wirtschaftlichkeitsrechnung		
a) Anwenderteil	x	0
b) SV-Teil	0	x
Steering Committee Projektfortschritt/Kontrolle	x	0
- EDV-techn. Systemplanung und Programmierung		x
Testdaten	x	x/0
Systemtest		x

1) Systeme und Verfahren

	Anwender	SV
Systemtestabnahme	x	0
Systemdokumentation		x
Anwenderdokumentation	x	
Anwenderschulung	x	
Aufbereiten Parallellauf	x	0
Auswerten Parallellauf	x	0
Operationsanweisung		x
Implementierung des Verfahrens		x

- Einführung

Abschluß der Wirtschaftlichkeitsrechnung		
a) Anwenderteil	x	0
b) SV-Teil	0	x

3.3.2 ÄNDERUNGEN BESTEHENDER PROJEKTE

Änderungswünsche der Fachabteilung	x	
Fachliche Klärung	x	
Klärung von Systemfragen	0	x
Änderungsauftrag	x	
Änderungsbearbeitung		x
Programmierung		x
Testdaten	x	x/0
Systemtest		x
Systemtestabnahme	x	0
Systemdokumentation		x
Schulungsunterlagen	x	
Anwenderschulung	x	
Anwenderdokumentation	x	

---

x = verantwortlich

0 = Mitwirkung

3.4 Gründe für die alternative Organisationsform

3.4.1 Verbesserung bei der Entwicklung und Pflege der Verfahren

Die Konzentration der fachlich geschulten Anwendervertreter in einer Abteilung stellt sicher, daß diese Mitarbeiter Full-Time organisatorische Aufgaben optimal bearbeiten können. Der Fachbereich wird erst seine laufenden Routineverpflichtungen termin- und kostengerecht abzuwickeln. Organisatorische Verbesserungen werden da sie zukunftsorientiert sind, zurückgestellt. Die Zusammenfassung von mehreren Anwendervertreten in Gruppen z.B.

- Gruppe Personalrechnungswesen
  (zuständig für die Gehaltsabrechnung, Lohnabrechnung, Werkstattschreibwesen etc.)

- Gruppe Kaufmänisches Rechnungswesen
  (zuständig für Hauptbuchhaltung, Debitorenbuchhaltung, Kreditorenbuchhaltung, Zahlstelle, Kasse etc.)

- Gruppe Betriebliches Rechnungswesen
  (zuständig für Lagerbestandsführung, Fakturierung, Anlagenbuchhaltung, Betriebsabrechnungsbogen, Entwicklungskostenabrechnung, Ingenieurstundenabrechnung, Vertriebslagerbestandsführung etc.)

- Gruppe Berichtswesen
  (zuständig für die dezentralen und zentralen Berichtseinheiten)

erlaubt es, daß immer ein Ansprechpartner bei Abwesenheit des verantwortlichen Projektleiters zur Verfügung steht. D. h. innerhalb einer Projektgruppe ist eine Fortführung der Tätigkeit gewährleistet.

Bei Entwicklungen bzw. größeren Maintenance-Aufgaben können daher auch kurzfristig mehrere Mitarbeiter bei der Problemlösung eingesetzt werden.

Bei fehlerhaften Abläufen ist durch die direkte Verantwortungsunterstellung die Reaktionszeit zur Fehlererkennung, Fehleranalyse und Fehlerbehebung effektiver.

3.4.2 Verantwortung des EDV-Bereiches

Für die technische Umsetzung des fachlichen Problems werden immer besser ausgebildete Spezialisten benötigt. Mit der Steigerung der EDV-Leistung und damit breiterer Anwendung und der vielfältigen Möglichkeiten müssen die verantwortlichen EDV-Experten umfangreiche Kenntnisse über die zum Einsatz kommende Hardware besitzen. Diese Aussage steht nicht im Wiederspruch zu den Verbesserungen die die heutigen Betriebssysteme zum Inhalt haben. Die EDV-spezifische Gestaltung der Anwendungsssssteme erfordern eine effiziente Datei- und Datenorganisation um einen optimalen Ablauf zu erhalten. Dazu gehörten auch die Wiederanlauf-Prozeduren um bei Ausfällen des Systems nicht erneut Daten grösseren Umfangs eingeben zu müssen. Nicht zu vernachlässigen ist die Prüfung der Verwendung von Softwarepaketen die auf dem Markt als Standart-Software angeboten werden.

3.4.3 Verantwortung des Fachbereiches

Die Anwendervertreter müssen sich täglich mit neuen gesetzlichen Anforderungen auseinandersetzen. Betriebsvereinbarungen die teilweise politischen Charakter haben, müssen in EDV-gerechte Abläufe umgesetzt werden. Betriebswirtschaftliche Anforderungen sind im Vorfeld als auch in die neuen Verfahren einzufügen z. B. Stichprobeninventur. Die tariflichen Vereinbarungen erfordern kurzfristiges Umsetzen der Aufgaben in die EDV-Verfahren, da der Einführungstermin faßt immer vorgegeben wird.

3.4.4 Sonstige Verbesserungen

Bei den Entwicklungen als auch Änderungen verhandeln Partner miteinander, die ihr Aufgabengebiet vollständig beherrschen. Dieses fördert die Teamarbeit. Die Verfahren werden optimal gestaltet. Abweichungen in der Planung aufgrund von nachträglichen Erkenntnissen reduzieren sich auf ein Minimum. Einbehaltung der vorgegebenen und vereinbarten Planungszeiten sowie der Entwicklungs- und Änderungskosten.

3.5 Arbeitsplatzbeschreibung

Im Hause SEL sind grundsätzlich die Arbeitsplätze mit den Inhalten

- Funktion
- Haupttätigkeiten
- Umfang des Arbeitsgebietes
- Art der Arbeitskontrolle durch den Fachvorgesetzten
- Unterstellte Mitarbeiter
- Notwendige Kenntnisse um die Aufgaben des Arbeitsplatzes zu erfüllen
  -- Ausbildung
  -- Erfahrung
  -- Besondere Kenntnisse
- Erforderliche geschäftliche Kontakte
- Befugnisse
- Auszuführende Arbeiten

beschrieben und bewertet. Auch die dargestellte Funktionsteilung fand ihren Niederschlag in diesen Arbeitsplatzbeschreibungen.

4. Welche Ziele wurden bisher mit dieser neuen Konzeption erreicht?

In dem 14-jährigen Zeitraum sind 22 neue Verfahren entwickelt und eingeführt. Entscheidend war, daß nach der Lehrnphase die in Angriff genommenen organisatorischen Verbesserungen reibungsloser, kostengünstiger und termingerechter durchgeführt werden konnten.

Als Beispiel der vielfältigen Ergebnisse sei genannt: Mit Unterstützung dieser Anwendervertreter ist ab 1980 das ten day closing eingeführt, d.h. vom Buchungsschluß bis zur vollständigen Berichterstellung werden für die Bearbeitung und Auswertung aller Belege des Gesamtkonzerns monatlich 10 Arbeitstage benötigt.

Diese monatliche Routineabwicklung verlangt Integration der Verfahrensabläufe im Rechnungs- und Berichtswesens. Das folgende Bild zeichnet die Zusammenhänge der maschinellen Verknüpfungen auf.

Organisatorische Verknüpfung der Projekte des Rechnungswesens/Berichtswesens

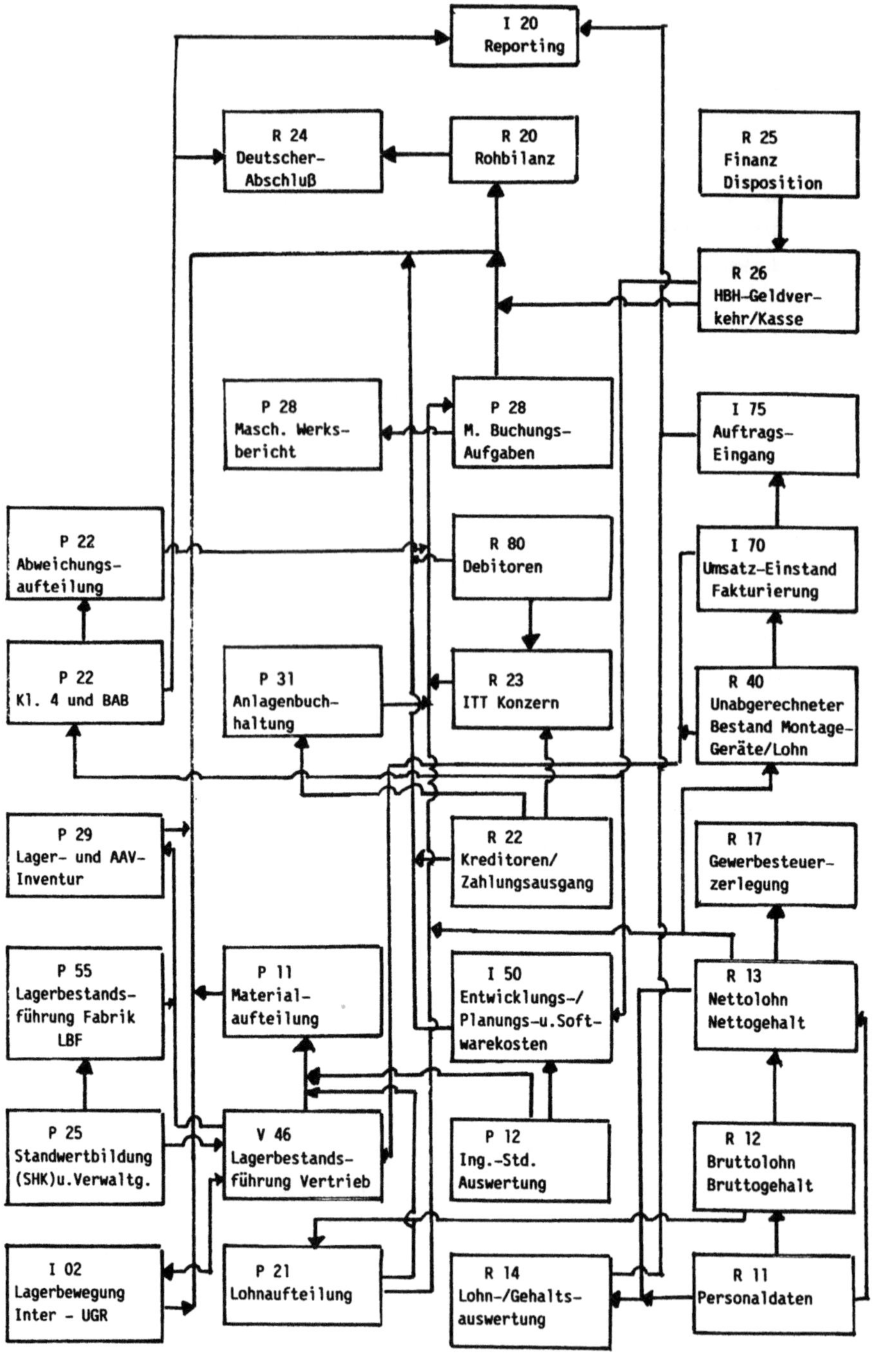

5. Zukünftige Entwicklungen

5.1 Hardware

Die Zielsetzungen der EDV-Hersteller ist es die Systeme in den einzelnen Fachbereichen (einschl. Zentralspeicher) zu implementieren. Die Einleitung zu dieser Entwicklung fand vor 5 - 6 Jahren unter dem Schlagwort 'Distribute Processing' statt. Unterstützt wird dieses Vorgehen durch die technischen Entwicklungen der Hardware und damit Kostensenkung der EDV-Systeme.

5.2 Software

Die Entwicklungen in der Software zeigen heute schon wesentliche Ansätze um vom Fachbereich direkt einen bestimmten Umfang von EDV-Auswertungen programmieren und ausdrucken zu lassen. Mit Unterstüztung der vierten Generation von Programmiersprachen wird weiter die Softwareentwicklung auf die Fachbereiche verlagert. Teilweise sind heute schon Programmsprachen im Einsatz, die mit geringem Schulungsaufwand, den Anwender in die Lage versetzen Hardcopies aus den Datenbeständen selbst zu generieren.

5.3 Bürokommunikation

Durch den Einsatz dieser Systeme wird der multifunktionale Arbeitsplatz geschaffen. Das bedeutet, daß der Fachbereich bzw. der einzelne Sachbearbeiter die Systeme nicht nur in der Bedienung der Tastatur beherrschen muß.

6. Zusammenfassung

Die gesamte Entwicklung und Anwendung der Hardware und Software hat zum Ziel, Funktionen die an dem jeweiligen Arbeitsplatz abzuwickeln sind, mit diesem Instrumentarium zu lösen.

D. h. die technischen Voraussetzungen sind heute schon gegeben. Warum werden sie noch nicht genutzt oder warum werden die Terminvorstellungen zur Einführung und Anwendung laufend korrigiert und auf Folgejahre verschoben?

Die zur Lösung, Einführung und späteren Anwendung benötigten Mitarbeiter sind noch nicht in ausreichender Anzahl vorhanden. Die erforderliche Ausbildung wird jetzt begonnen. Wir glauben mit den Maßnahmen die 1970 eingeleitet wurden einen Teil dieser Anforderungen heute schon erfüllen zu können.

6.1 Wann ist diese Organisation zweckmäßig

Der vorangegangenen Schilderung entsprechend ist davon auszugehen, daß in jedem Betrieb der größere EDV-Anwendungen plant, mit dieser Organisationsstruktur Erfolge bei der Planung, Entwicklung und Einführung von EDV-Verfahren erzielen wird. Maßgebend hierfür ist allerdings, daß eine eindeutige Konzeption seitens des Managements vorliegt, welchen Aufgabenumfang zukünftig diese Abteilung bzw. diese Mitarbeiter erledigen sollen.

Durch die aufgezeigte Funktionstrennung entspricht es auch den Richtlinien unseres Hauses zwischen ausführenden und planenden Stellen zu trennen. Damit ist ein weiteres Ziel des Datenschutzes und der Datensicherheit erreicht.

6.2 Welche Maßnahmen sind erforderlich?

Zur Einführung dieser Organisationsstruktur sind alle beteiligten Bereiche zu interviewen um aus dem bestehenden Personalstand die Mitarbeiter zu gewinnen. Abstimmung mit dem Betriebsrat ist selbstverständlich. Gespräche mit den einzelnen Mitarbeitern, besonders mit denen die bisher die gemeinsame Funktion wahrgenommen haben, helfen einer sich eventuell aufbauenden Frustuation entgegenzuwirken. Es könnte sonst der Eindruck entstehen, daß durch die Aufgabenteilung eine Disqualifikation in der bisherigen Tätigkeit gesehen wird.

6.3 Gab es den Anwendervertreter schon in der bisherigen Organisationsform?

Diese Frage ist grundsätzlich mit ja zu beantworten. In Abhängigkeit von der Unternehmensgröße wird entweder von dem Leiter des Fachbereiches oder einem Stellvertreter die entsprechende Funktion als Gesprächspartner gegenüber der EDV wahrgenommen.

Entscheidend für den Aufbau bei SEL und die Zusammenfassung in einer Abteilung war, daß die Anzahl der Mitarbeiter im Gesamtbereich Rechnungs- und Berichtswesen sich nicht verändert hat. Das spricht eindeutig dafür, daß der Anwendervertreter in dieser Funktion schon immer bestand.

Nixdorf-Mikrosysteme mit Standardsoftware für das Rechnungswesen

M. Rethans/H.-G. Danzer, Nixdorf Computer AG, Paderborn

1 Die integrierte Gesamtlösung Nixdorf 8870 - Hardware, die für jede Aufgabenstellung maßgeschneidert ist

Ein Grundprinzip der Systemfamilie Nixdorf 8870: modulare Ausbaufähigkeit. Das heißt, jedem Unternehmen wird so viel Computerleistung angeboten, wie es gerade braucht. Dabei ist eine Änderung der Kapazität jederzeit problemlos möglich, und zwar in zweckmäßigen Stufen, sowohl bei der Zentraleinheit als auch bei der Peripherie.
Neben den technologischen Aspekten wurde nicht vergessen, daß Sachbearbeiterorientierung und problemlose Bedienbarkeit wesentliche Voraussetzungen für die Akzeptanz der EDV in den Fachabteilungen bzw. Unternehmen sind. Um hier ein produktives Arbeiten zu gewährleisten, ist es notwendig, daß der Sachbearbeiter mit dem System in seiner gewohnten fachorientierten Sprache kommunizieren kann. Weiter müssen bei dezentralem Computereinsatz in Großunternehmen eine zentrale Steuerung und Kontrolle sowie der Zugriff auf zentral geführte Datenbestände und die Möglichkeit zum Netzwerkverbund gegeben sein.

Wesentlichen Anteil am weltweiten Erfolg der Systemfamilie 8870 hat das Hardwarekonzept.

1.1 Die Ausbaufähigkeit - ein wesentliches Merkmal

Das konsequente modulare Design ermöglicht problemlos den Ausbau vom Einzelplatzsystem bis zu einer Anlagenkapazität von 24 Bildschirmarbeitsplätzen. Mit wachsenden Aufgaben wächst auch das System - Voraussetzung für einen wirtschaftlichen Einsatz.

Die Nixdorf-Computer 8870 stellen eine komplette Serie von verschiedenen, in der Ausrüstung wie in den Anwendungsmöglichkeiten aufeinander aufbauenden Modellen dar. Die Computerfamilie kann somit alle Anforderungen speziell der mittelständischen Industrie erfüllen - von der kleinen Lösung in Einzelbereichen bis hin zur großen, alles umfassenden.

Rechnungswesen und EDV: PC-Einsatz. © 1984 PHYSICA-VERLAG Würzburg-Wien

Um auch mit zentral installierten Systemen kommunizieren zu können, verfügen alle Modelle über modernste Datenübertragungsfähigkeiten. Sie können mit weiteren 8870-Systemen, anderen Nixdorf-Einheiten oder auch Fremdsysteme im Verbund arbeiten.

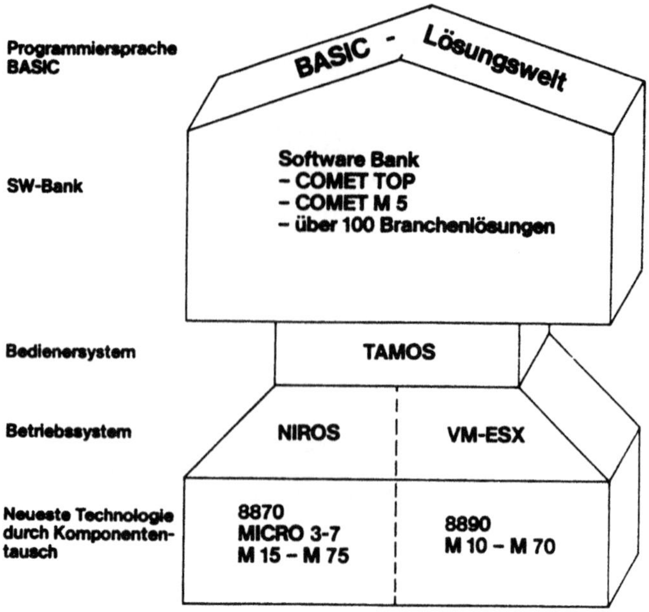

1.2 Die 8870-Micro-Linie

Mit der 8870-Micro-Linie hat Nixdorf das Produktspektrum der "Lösungscomputer 8870" im unteren Bereich ergänzt. Damit steht ein kompatibles, problemlos erweiterbares Produktkonzept zur Verfügung.

Die 8870-Micro-Linie erfüllt die Anforderungen, die kleine und mittelständische Unternehmen an ein Dialogverarbeitungssystem stellen. Zur Grundausstattung der Micro-Systeme gehören ein Bildschirm-Arbeitsplatz, ein Drucker und die zentrale Steuerungs- und Verarbeitungseinheit.
Die Handhabung ist so einfach wie nur möglich gehalten, damit sich der Anwender, der noch nicht mit einem Computer vertraut ist, leicht und schnell einarbeiten kann. Verständlicherweise wird man das Micro-System zuerst in Einzelbereichen einsetzen, später kommen dann die weiteren Einsatzstufen - mit der Nixdorf-8870-Systemfamilie.

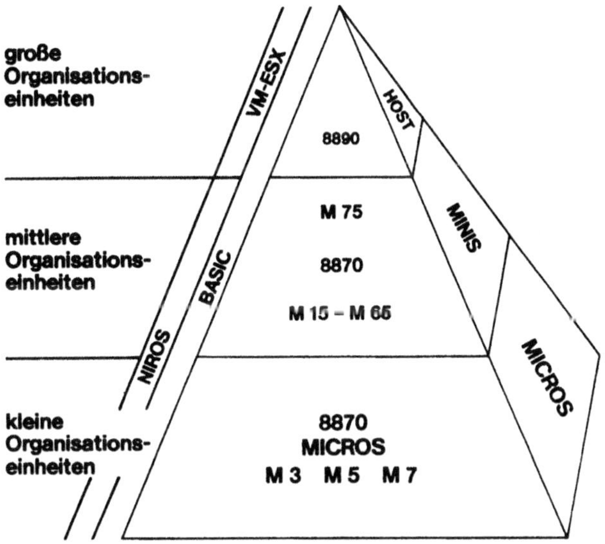

Nixdorf hat die Micro-Linie 8870 voll in die bestehenden SW-Lösungen integriert und bietet damit den anwendungsorientierten Dialog-Computer für den professionellen Markt. Die Systeme können u.a. auf eine Basis von allein über 30.000 COMET-Installationen zurückgreifen. Das bedeutet ein großes SW-Potential an Standard- und auch Branchen-SW kann auf die Mircos übernommen werden.

Die Micro-Linie 8870 steht voll hinter dem Lösungsgedanken der 8870-Familie und wendet sich deshalb als Turn-Key System an Betriebe der mittelständischen Wirtschaft, für die bisherige Systemmodelle in Preis und Komplexität zu hoch angesetzt waren. Weitere Ansprechpartner für die 8870-Micro-Linie sind z.B. selbständige Berufe und Handwerker.

Die umfangreichen implementierten Netzwerkeigenschaften, wie 3270-Emulation für das SNA-Netz, ermöglichen den autonomen Einsatz in Abteilungen von Großunternehmen z.B. innerhalb einer Groß-EDV-Struktur.

Die 8870-Micros greifen aufgrund ihrer Gemeinsamkeit mit den "großen 8870" auf die komfortable Bedieneroberfläche TAMOS zu, welche ein Erfolgsmerkmal der Serie 8870 darstellt.

Solch eine "End-User-Oberfläche" in der jeweiligen Landessprache ist wichtig für anwenderorientierte, einfache Bedienbarkeit. Die 8870-Micros sind Multi-User-fähig und lassen max. 2 Arbeitsplätze mit Hintergrundverarbeitung zu.

Die Micro-Systeme als Bausteine innerhalb einer leistungsfähigen Familie sind damit für jeden Anwender interessant, der einmal kompatible große Systeme neben seinen Micros einsetzen will, andererseits auch auf ausgereifte, oft eingesetzte Software incl. einer für ihn begreifbaren Bedienersteuerung nicht verzichten will.
Kleine und große Anwender haben im Prinzip die gleichen Anforderungen an ein System.

Die gesamte Micro-Linie 8870 ist einmal in sich kompatibel, andererseits programm- und datenkompatibel zur gesamten 8870-Produktfamilie.

Die Hardware-Aufrüstung wird innerhalb der Modelle flexibel gestaltet, mit abgestuften Magnetplattenkapazitäten, als auch mit unterschiedlichen Leistungsstufen werden wir den individuellen Anforderungen unserer Kunden gerecht.

1.3 Problemlose Kommunikation durch Datenfernverarbeitung

Die Systemfamilie 8870 integriert sich in Datenfernverarbeitungsnetze - sowohl in batch - wie in dialogorientierte - und nutzt alle modernen Postdienste. Für den Datenaustausch bietet die 8870 z.B. eine kompatible Floppy-Disk im Industrie-Standard. Damit ist die wechselseitige Kommunikation zwischen Zentrale und dezentralen Stellen problemlos.

Der Aufbau eines entsprechenden Berichtswesens verlangt ein einheitliches Computerkonzept vor Ort. Und zwar Einheitlichkeit in Hardware und Software. Die Micros und die Systemfamilie 8870 erfüllen diese Forderungen. Durch die Modularität und die Kompatibilität der Hardware-Bausteine kann das System in Organisationseinheiten verschiedener Größen eingesetzt werden - und die einheitliche Hardwareausrichtung ist immer gewährleistet.
Aber Hardware ist nur ein Faktor.

COMET TOP - Die internationale Anwendungssoftware

Neben einer leistungsfähigen Hardware gebührt der Software ein hohes Maß an Aufmerksamkeit. Sie sollte folgende Voraussetzungen erfüllen:

- Modularer Aufbau
- Internationaler Einsatz
- Integrierte Verarbeitung
- Komfortable Bedienung
- Verständliche Dokumentation
- Leistungsfähige Wartung

COMET TOP stellt für jeden Fachbereich des Unternehmens einen Software-Baustein bereit, der sowohl autonom als auch integriert mit den Bausteinen anderer Fachbereiche eingesetzt werden kann.

Aus dem Angebot an fachbereichsbezogenen Bausteinen kann der Anwender seine eigene Gesamtlösung für das Unternehmen zusammenstellen. Nixdorf COMET TOP umfaßt folgende Bausteine:

- Finanzbuchhaltung (FIBU)
- Kosten- und Leistungsrechnung (COSTING)
- Anlagenbuchhaltung (ANLA)
- Auftragsbearbeitung/Fakturierung (AB/FAK)
- Lagerwirtschaft (LAWI)
- Bestellwesen (BEWE)
- Fertigungsorganisation (FEROS)
- Lohn- und Gehaltsbuchhaltung (L/G)
- Textverarbeitung (DETAS)
- Listgenerator (LIGA)

Die charakteristischen Merkmale von COMET TOP sind:

- Flexible Anpassung an die vielseitigen Anforderungen unterschiedlicher Branchen, Unternehmensgrößen und -strukturen.

- Internationale Einsetzbarkeit und die Berücksichtigung länderspezifischer Gegebenheiten, wobei alle Texte in der jeweiligen Landessprache erscheinen

- Modular aufgebaut, d.h. aus Bausteinen für die einzelnen Fachbereiche bestehend,die einzeln oder auch integriert einsetzbar sind

- Weltweite Wartung und Weiterentwicklung zum Nutzen aller Anwender

- Schnelle Erlernbarkeit und hoher Bedienungskomfort

- Umfassende und verständliche Beschreibung der Programme, um auch dem EDV-Laien eine genaue Kenntnis der Abläufe und Bedienung zu ermöglichen

- Integrierte Anwendung mit Nixdorf-Branchensoftware und Individualsoftware aufgrund eindeutiger und dokumentierter Schnittstellen.

2.1 COMET TOP für das Rechnungswesen

Die zuvor geschilderten Voraussetzungen einer qualitativen Software sind insbesondere für einen Einsatz im Rechnungswesen von besonderer Bedeutung.

Der betriebswirtschaftliche Bereich des Rechnungswesens gehört in jedem Unternehmen zu den Fachbereichen, von denen eine schnelle und präzise Information über die zahlenmäßigen Vorgänge innerhalb und außerhalb des Unternehmens erwartet wird.

Auf dem Gebiet der Finanzbuchhaltung ist die Tendenz zu beobachten, die Finanzbuchhaltung von dem reinen Instrument zur Ermittlung der Besteuerungsgrundlagen zu einem modernen Mittel zur Ermittlung kurzfristiger Führungszahlen fortzuentwickeln.

Das Zahlenmaterial der Finanzbuchhaltung läßt sich unter anderem für folgende Führungsinformationen verwenden:

- Vergleich mit den Aufwendungen und Erlösen im Vorjahr;
- Ermittlung von Management-Kennzahlen, z.B. Liquidität, Umschlagshäufigkeit, Rendite, Roherträge;
- Vergleiche zwischen Plan- und Istwerten;
- Schnelle und aktuelle Auswertung von offenen Posten für Kunden und Lieferanten einschließlich der Bereitstellung von Mahnungen bzw. Zahlungsträgern;
- Informationen über die Umsätze und Roherträge je Kunde einschließlich der Hinweise auf Großkunden.

Ebenso entscheidend wie die Informationsvielfalt ist bei einem Computereinsatz in der Finanzbuchhaltung ein einfacher und sicherer Bedienungskomfort. Eine weitgehende Überwachung der Logik verschiedener Buchungsformen schließt frühzeitig die Gefahr etwaiger Falschbuchungen aus und vermeidet umfangreiche Stornobuchungen.

Mit der COMET TOP Finanzbuchhaltung steht eine Lösung zur Verfügung, mit der der Anwender nicht nur seiner Verantwortung gegenüber Behörden, Kunden und Lieferanten in hohem Maße gerecht wird, sondern ebenso im eigenen Interesse notwendige Steuerungsinformationen erhalten kann.

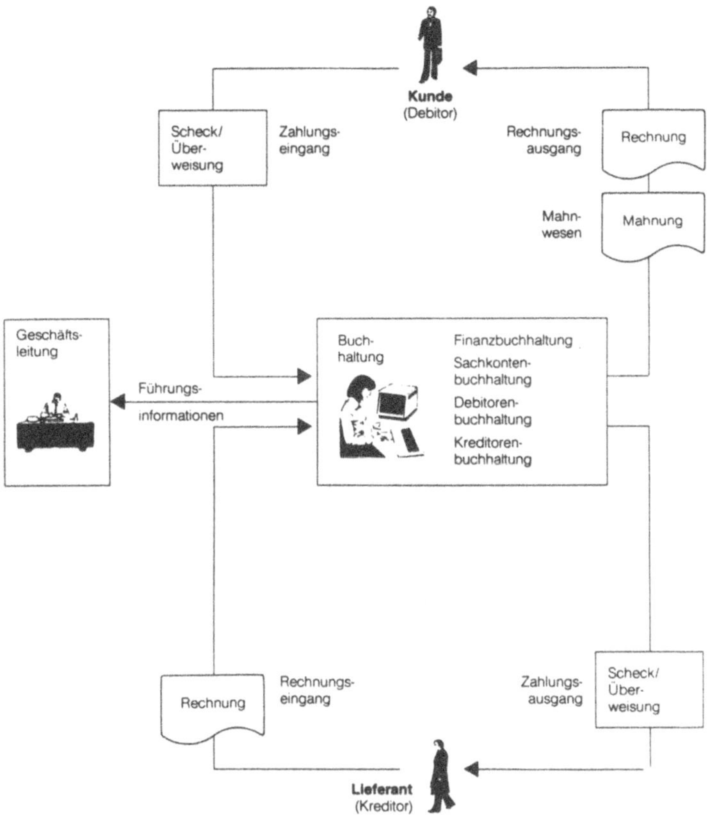

Kunde
(Debitor)
Scheck/ Über- weisung
Zahlungs- eingang
Rechnungs- ausgang
Rechnung
Mahn- wesen
Mahnung
Geschäfts- leitung
Führungs- informationen
Buch- haltung
Finanzbuchhaltung
Sachkonten- buchhaltung
Debitoren- buchhaltung
Kreditoren- buchhaltung
Rechnung
Rechnungs- eingang
Zahlungs- ausgang
Scheck/ Über- weisung
Lieferant
(Kreditor)

Die Nixdorf COMET TOP Finanzbuchhaltung ist nach grundlegenden Buchhaltungsprinzipien entwickelt worden und bietet folgenden Leistungsumfang:

- Sachkontenbuchhaltung mit
  - der freien Festlegung des Kontenrahmens;
  - dem Aufbau von Kontenhierarchien und damit Aufbereitung der Kontenwerte für verdichtete Darstellungen;
  - der Aufbereitung des Zahlenmaterials für präzise und knappe Management-Informationen;
  - der Möglichkeit, Budgets vorzugeben und entsprechende Abweichungen zu den Istwerten zu ermitteln.
- Debitorenbuchhaltung mit
  - der dialogorientierten Erfassung und Buchung aller Debitorenvorgänge und automatischer Buchung auf den entsprechenden Forderungskonten;
  - der permanenten Aktualisierung und Verwaltung der offenen Posten;
  - der Auswertung des Zahlenmaterials zu Analysen über kundenbezogene Umsätze, Roherträge und Zahlungsgewohnheiten;
  - der Überwachung von Zahlungskonditionen, dem Ausweis säumiger Kunden bis zum Ausdruck der versandfertigen Mahnungen.
- Kreditorenbuchhaltung mit
  - der dialogorientierten Erfassung und Buchung aller Kreditorenvorgänge und automatischer Buchung auf die entsprechenden Verbindlichkeitskonten;
  - der Bereitstellung der Lieferantenwerte für Einkaufsstatistiken etc.;
  - der Überwachung der von Lieferanten eingeräumten Zahlungskonditionen, dem Ausweis fälliger Zahlungen bis zum Ausdruck versandfertiger Schecks oder Überweisungen.
- Wechselverwaltung mit der Aufstellung aller Wechselforderungen und -verbindlichkeiten mit den relevanten Daten und Überwachung der Fälligkeitstermine.

Während von der Finanzbuchhaltung die chronologische und sachliche Gliederung des Zahlenmaterials erwartet wird, ist es Aufgabe der Betriebsabrechnung, den Ablauf des innerbetrieblichen Leistungsprozesses darzustellen.

Auf dem Gebiet der Kostenrechnung ist die Tendenz zu beobachten, die traditionelle Betriebsabrechnung als reine Kontrollrechnung zu einem modernen und aussagefähigen Instrument einer Kontroll- und Planungsrechnung auszubauen. Sie wird am ehesten den hohen Informationsanforderungen des Managements gerecht und liefert vielfältige Unterlagen, die eine erhöhte Rationalität von Entscheidungen gewährleisten.

Um kurz- und mittelfristige betriebswirtschaftliche Entscheidungen treffen zu können, müssen dem Anwender eine Reihe von Informationen vorliegen.

Benötigt werden Informationen darüber:

- Welche Kosten in welchen Abteilungen oder Bereichen entstanden sind;

- mit welchen Kosten in einem künftigen Zeitraum in diesen Abteilungen oder Bereichen zu rechnen ist;

- welche Ergebnisse in den Kostenstellen aufgrund der Relationen von Leistung und Aufwand erzielt worden sind und welche Ergebnisse künftig möglich sind;

- welche Kosten für die Entwicklung, Herstellung und den Vertrieb eines Produktes oder einer Dienstleistung aufgewendet worden sind und wieviel es künftig sein werden;

- zu welchem Preis Güter geliefert werden können;

- welche Ergebnisse bei den einzelnen Produkten, Produktgruppen bis zum Produktprogramm erzielt worden sind. Dasselbe gilt für Dienstleistungen;

- auf welche Einflüsse Abweichungen zwischen den geplanten und den tatsächlich entstandenen Kosten zurückzuführen sind.

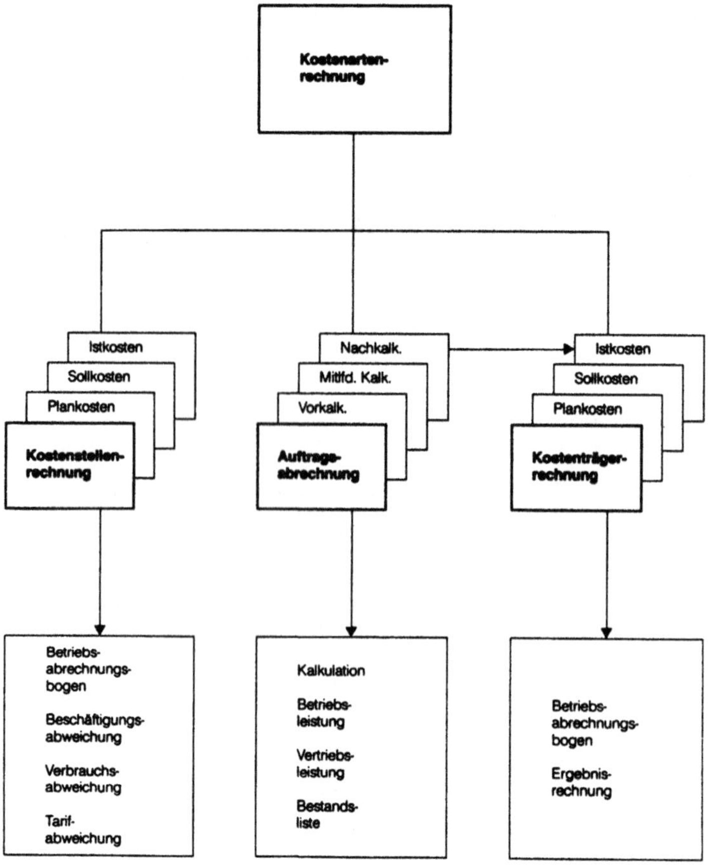
Kostenarten-
rechnung
Istkosten
Sollkosten
Plankosten
Kostenstellen-
rechnung
Nachkalk.
Mitlfd. Kalk.
Vorkalk.
Auftrags-
abrechnung
Istkosten
Sollkosten
Plankosten
Kostenträger-
rechnung
Betriebs-
abrechnungs-
bogen
Beschäftigungs-
abweichung
Verbrauchs-
abweichung
Tarif-
abweichung
Kalkulation
Betriebs-
leistung
Vertriebs-
leistung
Bestands-
liste
Betriebs-
abrechnungs-
bogen
Ergebnis-
rechnung

Mit der COMET TOP Kosten- und Leistungsrechnung können die Aufgaben einer entscheidungsorientierten Planungs- und Kontrollrechnung zügig, präzise und wirtschaftlich gelöst werden.

Die Kosten- und Leistungsrechnung bietet folgenden Leistungsumfang:

- Kostenrechnungsverfahren als Nach- und/oder Vorrechnung
  - Ist-Kostenrechnung mit der Darstellung vergangenheitsbezogener Werte;
  - Plan-Kostenrechnung als zukunftsorientierte Kostenrechnung;
  - Soll-Kostenermittlung als Anpassung der geplanten Werte an Beschäftigungsveränderungen;
- Kostenrechnungsbereiche für die Buchung und Zurechnung
  - Kostenartenrechnung für die sachliche Gliederung der Kosten;
  - Kostenstellenrechnung mit der Zuordnung zu kostenverursachenden Stellen und entsprechende Abweichungsanalysen bei der Gegenüberstellung von Plan-, Soll- und Ist-Kosten;
  - Innerbetriebliche Leistungsverrechnung zur Bewertung und Zuordnung des innerbetrieblichen Leistungsaustausches;
  - Kostenträgerrechnung für die Zurechnung zu einzelnen Produkten oder Dienstleistungen;
  - Auftragsabrechnung zur auftragsbezogenen Ergebnisermittlung.

In einer aussagefähigen Betriebsabrechnung genügt es nicht mehr, im nachhinein zu erfahren, welche Kosten in einem vergangenen Zeitraum entstanden sind. Vielmehr ist es ebenso wichtig, die zukünftigen Kosten zu planen und den erwarteten Ergebnissen gegenüberzustellen.

Die COMET TOP Kosten- und Leistungsrechnung gliedert sich in drei Verfahren, die zum einen die Kontrollaufgaben, zum anderen aber auch die planerischen und steuerungspolitischen Aufgaben einer Kosten- und Leistungsrechnung berücksichtigen:

1. Ist-Kostenrechnung

2. Plan-Kostenrechnung

   - Starre Plankostenrechnung

   - Flexible Plankostenrechnung

Ob nur eine Ist-Kostenrechnung oder auch eine Plankostenrechnung im Verfahren der starren oder flexiblen Plankostenrechnung durchgeführt werden soll, kann der Anwender je Kostenstelle entscheiden.

Möglich ist eine stufenweise Einführung der Kostenrechnungsverfahren. So kann z.B. zunächst nur die Kostenstellenrechnung im Rahmen der Ist-Kostenrechnung eingeführt werden. Später kann dann die erweiterte Kostenstellen- und Kostenträgerrechnung auf der Basis der Ist- und starren bzw. flexiblen Plankostenrechnung eingesetzt werden.- Zu einem noch späteren Zeitpunkt kann der Anwender sich dafür entscheiden, zusätzlich die Auftragsabrechnung einzuführen.

2.2 COMET TOP gewährleistet volle Flexibilität

COMET TOP ist als unabhängiges Software-Paket entwickelt worden. Um die betrieblichen Erfordernisse der verschiedensten Branchen erfüllen zu können, muß die Software anpaßbar sein.

Diese Anpassung erfolgt mit Hilfe von Fragebogen, sog. Checklisten. Die Fragen werden vor dem Einsatz beantwortet. Für die Finanzbuchhaltung ist in einer solchen Checkliste unter anderem festgelegt

- ob die Anwender mit dem Mahnverfahren, dem automatischen Zahlungsverkehr und der Wechselverwaltung arbeiten wollen;

- wie die automatische Ermittlung und Buchung der Umsatzsteuer erfolgen soll;

- wie lang die Nummern der Sachkonten, der Debitoren- und Kreditorenkonten sein sollen.

Für die Kosten- und Leistungsrechnung wird u.a. festgelegt:

- mit welchen Kostenrechnungsverfahren und -bereichen gearbeitet werden soll;

- welche Möglichkeiten der Kostenplanung es im Betrieb geben soll;

- mit wievielen Bezugsgrößen je Kostenstelle maximal gearbeitet werden kann;

- wieviel Stellen die Kostenstellen- und Kostenträgernummer haben soll.

Die Beantwortung der entsprechenden Fragen der Checkliste wird im Dialog am Bildschirm durchgeführt. Die Antworten werden durch das Programmwerkzeug COMET TOP CHICO in sog. Parameter eingesetzt. Bei dem Ablauf der einzelnen Programme wird jeweils auf die Parameter zugegriffen. Dadurch ergibt sich die Möglichkeit, einzelne CHICO Fragen nachträglich zu beantworten oder zu ändern.
Mit dieser individuellen Anpassung werden alle Einflüsse aus unterschiedlichen landesspezifischen Gegebenheiten, kundenspezifischen Datenstrukturen und Abläufen festgelegt. Das betriebsindividuelle Anwender-Softwarepaket wird durch dieses Checklistenverfahren zusammengestellt.

2.3 Die Integration

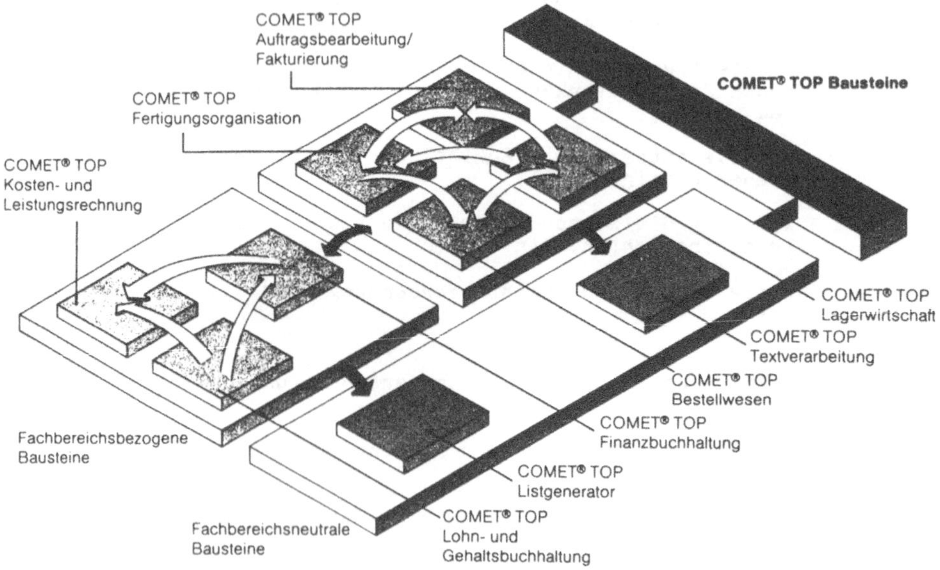

Integration der Bausteine von Nixdorf COMET TOP bedeutet, daß zusammenhängende Bereiche in einer organisatorischen Gesamtlösung in die Datenverarbeitung einbezogen werden.Einmal erfaßte und nach Prüfung für richtig befundene Daten werden in alle Fachbereiche übernommen.

Die COMET TOP Finanzbuchhaltung und Kosten- und Leistungsrechnung entfalten ihre volle Leistungsfähigkeit und Wirtschaftlichkeit durch die Integration zu anderen COMET-TOP-Bausteinen. Bei dem integrierten Einsatz werden zusammenhängende Bereiche zu einer organisatorischen Gesamtlösung verbunden.

In den angrenzenden Fachbereichen werden Daten für das Rechnungswesen aufbereitet und zur automatischen Buchung und Auswertung übergeben.

Integrationsmöglichkeiten der Finanzbuchhaltung bestehen zu folgenden Fachbereichen:

- COMET TOP Auftragsbearbeitung/ Fakturierung (AB/FAK)
- COMET TOP Bestellwesen (BEWE)
- COMET TOP Lagerwirtschaft (LAWI)
- COMET TOP Lohn- und Gehaltsbuchhaltung (L/G)
- COMET TOP Kosten- und Leistungsrechnung (COSTING)
- COMET TOP Fertigungsorganisation (FEROS Einzelfertigung)

Die Kosten- und Leistungsrechnung bietet Integrationsmöglichkeiten zu folgenden Fachbereichen:

- COMET TOP Finanzbuchhaltung (FIBU)
- COMET TOP Lagerwirtschaft (LAWI)
- COMET TOP Fertigungsorganisation (FEROS)
- COMET TOP Auftragsbearbeitung/ Fakturierung (AB/FAK)

Mit Nixdorf COMET TOP wurde eine Standardsoftware geschaffen, die im internationalen Softwarebereich Leistungsmaßstäbe gesetzt hat.
Zusammen mit den Nixdorf-Mikrosystemen ist damit ein rationeller und wirtschaftlicher Softwareeinsatz im Rechnungswesen in vollem Umfang gewährleistet.

EDV-gestützte Planungs- und Informationssysteme zur Unterstützung des Controlling und der Geschäftsführung

Dipl.-Kfm. *W. Dupré* Hoechst AG, Frankfurt

Einleitung

Der Titel des von mir übernommenen Referates "EDV - gestützte Planungs- und Informationssysteme zur Unterstützung des Controlling und der Geschäftsführung" ließe sich ergänzen durch den Zusatz "dargestellt am Beispiel Hoechst". Bevor ich mein Thema abgrenze, lassen Sie mich bitte einige Vorbemerkungen machen, die den Rahmen verdeutlichen sollen, in den Planungs- und Informationssysteme in unserem Hause gestellt sind.

Hoechst ist ein weltweit operierendes Unternehmen, zu dem rund 500 Gesellschaften im In- und Ausland gehören. Die Arbeitsgebiete des Unternehmens sind in 14 Geschäftsbereiche aufgeteilt, in deren Geschäftsführung neben dem Bereichsleiter die Funktionen Produktion, Verkauf, Forschung und Entwicklung sowie Planung- und Ergebnisrechnung, das Controlling, vertreten sind. Ressorts wie z. B. die Beschaffung, das Finanz- und Rechnungswesen, das Ingenieurwesen nehmen zentrale Unternehmensfunktionen wahr und erbringen zentrale Dienstleistungen. Im Vorstand sind die Zuständigkeiten für Geschäftsbereiche, Ressorts und Regionen auf die einzelnen Mitglieder verteilt.

Der Organisation unseres Unternehmens entsprechend, haben wir drei Berichtskreise definiert: Hoechst AG, Hoechst Konzern und Hoechst Welt. Informationsebenen sind, am Beispiel der Umsatz- und der Ergebnisberichterstattung dargestellt, vertikal gesehen Unternehmen, Geschäftsbereiche, Strategische Geschäftseinheiten, Produktgruppen, Einzelprodukte und, horizontal gesehen, Länder sowie Regionen.

Läßt man die Bilanzberichterstattung außer acht, wird regelmäßig zentral informiert über die Entwicklung der Umsätze, der Bereichsergebnisse (Betriebsergebnisse), der Vorräte, der Produktion, der Budgets, der Außenstände, der Investitionen, der Reparaturen und der Lagerbezüge. Neben den Ist-Zahlen der laufenden Periode werden Abweichungen zur Vorperiode und/oder zum Plan ausgewiesen und nach Einflußgrößen analysiert. Diese zentrale Berichterstattung ist naturgemäß am ausgefeiltesten für den Berichtskreis Hoechst AG, da die EDV-mäßige Aufbereitung der Daten der verschiedenen Herkunftsgebiete und die Vernetzung der entsprechenden Dateien im Stammhaus am weitesten fortgeschritten sind.

Für mein Referat habe ich mir ein zentrales Informationsfeld ausgewählt, bei dem der logische Aufbau und das Zusammenwirken von Informations- und Planungssystemen am deutlichsten werden, die Bereichsergebnisrechnung. Die Darstellung beschränkt sich auf die Information über Bereichsergebnisse, ihre Planung und ihre Kontrolle innerhalb der Hoechst AG;

Rechnungswesen und EDV: PC-Einsatz. © 1984 PHYSICA-VERLAG Würzburg-Wien

sie gilt jedoch, mit gewissen Abstrichen hinsichtlich der Informationstiefe und des Komforts der verfügbaren Systeme, auch für unsere Berichtskreise Konzern und Welt.

Die Datenverarbeitung spielt in diesem Zusammenhang eine zweifache Rolle. Zum einen erlaubt sie, die für ein Unternehmen unserer Größenordnung typischen riesigen Datenbestände schnell und sicher zu handhaben und damit aus den einzelnen Abrechnungsgebieten vernünftige Basisinformationen zu liefern. Dies soll jedoch nicht unser eigentliches Thema sein. Zum anderen hat sie über den Bildschirmeinsatz unter Nutzung der zentralen Dateien in den letzten Jahren mehr und mehr den Weg in die Fachabteilungen gefunden, insbesondere in die Betriebswirtschaft und das Controlling. Hier lauten die wesentlichen Zielsetzungen:

- Weg vom Papier
- Gezielte Ansprache von Informationen
- Austausch von Informationsinhalten und Koppelung von Informationen
- Auswertung, d. h. Analyse von Informationen
- Variantenrechnungen

Kernpunkt einer EDV-Unterstützung ist die methodische Einheitlichkeit von IST-Informations- und Planungssystemen, da nur dann ihre Möglichkeiten voll ausgeschöpft werden können.

Informationsfeld Bereichsergebnisrechnung

Die **Bereichsergebnisrechnung** ist die Basisinformation zur Steuerung der Aktivitäten des Unternehmens. In ihr spiegeln sich Erfolg oder Mißerfolg aller Maßnahmen wider, die realisiert worden sind, um vorgegebene Ziele zu erreichen. Sie ist in ihrer Grundform, die in Bild 1 vereinfacht dargestellt ist, eine Vollkostenergebnisrechnung nach dem Umsatzkostenverfahren. Die Darstellung der Zwischenergebnisse und des Bereichsergebnisses folgt der Kostenverantwortung und der Beeinflußbarkeit der Kosten. In die Bereichsergebnisrechnung münden die großen vorgeschalteten Abrechnungsgebiete wie Umsatzerfassung, Kostenarten-/Kostenstellenrechnung, Nachkalkulation und Bestandsführung. Soweit direkte Zuordnungen zu Geschäftsbereichen, Produktgruppen, Produkten nicht gegeben sind, werden die Kosten nach Bezugsgrößen maschinell verteilt. Wie bereits erwähnt, steht die Bereichsergebnisrechnung in jeder beliebigen Kumulationsstufe, sei es vom Einzelprodukt bis zum Gesamtunternehmen, d. h. in der Produkthierarchie, nach Herkunft (Werke) und nach Verbleib (Kunden, Länder Regionen), zur Verfügung.

Die Bereichsergebnisrechnung läuft vierteljährlich. Sie wird als Ausdruck, in Form von Microfiches und am Bildschirm bereitgestellt.

Die Bildschirmnutzung, auf die ich im folgenden eingehen will, wird über APL/DI (Data Interface) gesteuert. Zugriffsberechtigte Terminals stehen im Rechnungswesen/Betriebswirtschaftliche Abteilung, in den einzelnen Geschäftsbereichen, und zwar im Controlling, sowie in der Zentralen Direktionsabteilung. Mögliche Abfragen und Standardauswertungen sind in Form der Menütechnik von der Betriebswirtschaftlichen Abteilung in Zusammenarbeit mit Datenverarbeitung und Organisation ausgearbeitet worden. In der Datei sind die Bereichsergebnisrechnungen des laufenden und des Vorjahres nach Quartalen sowie der vier vorhergehenden Jahre gespeichert.

Neben der gezielten Ansprache einzelner Bereichsergebnisrechnungen in jeder gewünschten Informationstiefe innerhalb der verfügbaren Zeitreihe lassen sich folgende beispielhafte Fragen beantworten (vgl. Bild 2):

- Zeige mir Umsatz und Ergebnis der 8 Länder, in denen der Geschäftsbereich X in der laufenden Periode die höchsten negativen Bereichsergebnisse ausweist
- Zeige mir Umsätze und Ergebnisse aller Produkte, die der Geschäftsbereich X in das Land Y exportiert hat
- Zeige mir Umsatz, Bereichseinzelkosten, Bereichsgemeinkosten und Zentralkosten des Produktes mit dem höchsten negativen Bereichsergebnis im Land Y und vergleiche mit der entsprechenden Vorjahresperiode
- Stelle die Bereichseinzelkosten (BEKO), die Position mit der größten prozentualen Abweichung zur Vorperiode, detailliert dar

Durch diese Suchroutine gelangt man sehr schnell von einer gezielten Fragestellung zur wesentlichen Detailinformation, die dann zu analysieren ist.

Die über APL/DI gewonnenen Daten können von den Benutzern mit eigenen APL-Programmen weiterverarbeitet werden. Zu nennen ist insbesondere die Möglichkeit, APL/DI-Daten der Bereichsergebnisrechnung mit am Bildschirm bereitgestellten Daten anderer Herkunftsgebiete zu verknüpfen. Hierauf werde ich in meinen Ausführungen noch zurückkommen.

Zu dem Informationsfeld Bereichsergebnisrechnung gehört eine Vielzahl weiterer Informationen, die die Aussagen der Bereichsergebnisrechnung ergänzen oder einer vertieften Analyse dienen.

Neben der Quartalsergebnisrechnung wird monatlich eine **kurzfristige Erfolgsrechnung** erstellt, bei der jedoch, von Umsatz und Herstellkosten abgesehen, mit Standard- oder Erfahrungswerten gearbeitet wird. Bei den Bereichseinzelkosten werden diese Daten auf der Ebene Produktgruppe ermittelt. Die budgetierten Bereichsgemein- und Zentralkosten werden pro Geschäftsbereich festgestellt und nach der Ist-Struktur der Vorperiode den Produktgruppen zugeordnet. Die kurzfristige Erfolgsrechnung steht den Controllern der einzelnen Geschäftsbereiche ebenfalls im Rahmen des Betriebswirtschaftlichen Informations- und Planungssystems am Bildschirm zur Verfügung.

Die aus unserer Ergebnisrechnung durch Auflösung der Kosten in fixe und proportionale Bestandteile gewonnene **Deckungsbeitragsrechnung** ist eine wichtige zusätzliche Information. Sie ist, wie die Bereichsergebnisrechnung, als Zeitreihendatei gespeichert und am Bildschirm mit Hilfe von APL/DI ansprechbar. Ad hoc-Fragestellungen wie die nach der Preisuntergrenze eines Produktes oder nach dem Einfluß von Absatzmengenveränderungen auf das Ergebnis können sehr schnell beantwortet werden. Auswertungsprogramme analysieren die Abweichungen der Deckungsbeiträge verschiedener Perioden nach den Ursachen Preis-, Kosten-, Mengen- und Strukturänderung.

Absolute Ergebnisse und unterschiedliche Umsatzrenditen, die die Bereichsergebnisrechnung ausweist, zeichnen ein nur unvollständiges Bild einer Aktivität. Die betriebswirtschaftliche Beurteilung der Geschäftsbereiche und ihrer Produktgruppen erfordert daneben Aussagen über die Rentabilität des eingesetzten Vermögens. Die Frage, welche Verzinsung des gebundenen Vermögens ein Geschäftsbereich oder eine Produktgruppe erwirtschaftet haben, wird durch die **Kapitalergebnisrechnung** beantwortet. In ihr wird das Bereichsergebnis der betrachteten Einheit dem durch sie direkt und indirekt gebundenen Vermögen gegenübergestellt. Der Vergleich mit der Sollrendite, die die aus Unternehmenssicht erforderliche Kapitalverzinsung ausdrückt, zeigt, welche Aktivitäten unter der Zielvorgabe geblieben und wo Maßnahmen zur Ergebnisverbesserung dringend erforderlich sind.

Die Kapitalergebnisrechnung wird ergänzt durch eine **Mittelflußanalyse**, die darüber Auskunft gibt, ob ein Geschäftsbereich oder eine Strategische Geschäftseinheit zur Selbstfinanzierung des Unternehmens beiträgt oder zusätzliche Finanzmittel beansprucht.

Die beschriebene direkte Auswertung der Bereichsergebnisrechnung über APL/DI bedingt in der Regel eine detaillierte **Analyse** der wichtigsten Kostenposition, **der Herstellkosten.** Unsere Kalkulationsabteilung hat hierfür ein umfassendes Angebot an Informationen entwickelt und den Controllern zur Nutzung mit APL/DI bereitgestellt. Ausgewählte mögliche Abfragen aus zwei wesentlichen Dateien, der Kalkulationsdatei und der Produktdatei, sind:

- Fertigungskosten eines Quartals mit Abweichung gegen Vorquartal, Durchschnitt Vorjahr und Plan, nach Geschäftsbereichen, Werken und Produktionsbetrieben (Bild 3)
- Fertigungskosten eines Werkes für vier Quartale, getrennt nach Fertigungskostenarten
- ABC-Analyse der größten Herstellkostenabweichungen zwischen zwei Perioden nach Produkten
- Einsatz eines Rohstoffes in die Produktion eines Quartals mit Menge, Wert und Preis nach Erzeugnissen
- Vergleich der Materialeinsätze (Menge/Wert) und der Fertigungskosten (Wert) je Einheit Ausbeute für ausgewählte Zeiträume (Bild 4)
- ABC-Analyse des Rohstoffeinsatzes
- ABC-Analyse der Rohstoffpreisabweichungen
- Richtherstellkosten, Bestandspreise und Tagesherstellkosten eines Erzeugnisses

- Vergleich der Richtherstellkosten und der Tagesherstellkosten der in einem Produktionsbetrieb hergestellten Produkte

Wie alle über APL/DI verfügbaren Daten, können die in der Kalkulations- und der Produktdatei enthaltenen Informationen außerhalb der im APL/DI fest vorgegebenen Anwendungsprogramme zusätzlich in individuellen APL-Programmen genutzt werden. Ein Beispiel hierfür ist die Erstellung einer modifizierten Ergebnisrechnung für ein Produkt, in der die Ist-Herstellkosten der aktuellen Periode durch den Ansatz von Tagesherstellkosten ersetzt werden.

Eine für Bildschirmabfragen eingerichtete Datei, die nicht im APL, sondern im IMS organisiert ist, informiert über die **Tagesherstellkosten** aller Erzeugnisse, und zwar einstufig durchkalkuliert mit Aufteilung der Kosten in fixe und proportionale Bestandteile. Die Tagesherstellkosten unterscheiden sich von den in die Ergebnisrechnung einfließenden fortgeführten Buchpreisen, die sich aus dem Istkostenanfall ergeben, vor allem in folgenden Ansätzen:

- Normalisierung der Kapazitätsauslastung und der spezifischen Einsatzmengen
- Bewertung der Rohstoffe und der fremdbezogenen Energien mit aktuellen Marktpreisen
- Berücksichtigung der aktuellen Tarifentwicklung bei Löhnen und Gehältern
- Ansatz von Wiederbeschaffungskosten bei Anlagen
- Ansatz von Abschreibungen, solange die Anlagen produktiv genutzt werden
- Berücksichtigung eines höheren kalkulatorischen Zinssatzes als in der Ist-Kalkulation

Eine als Standardinformation angebotene Sensibilitätsanalyse zeigt, wie sich die Preisänderung eines Rohstoffes auf die Tagesherstellkosten aller mit diesem Rohstoff hergestellten Erzeugnisse auswirkt.

Im Rahmen des Informationsfeldes Bereichsergebnisrechnung gibt es noch ein sehr wichtiges Gebiet, mit dessen Darstellung ich meine Ausführungen über EDV-gestützte Informationssysteme abrunden möchte.

Die komplexe Leistungsverflechtung und die Vielzahl hintereinander geschalteter Produktionsstufen in einem Unternehmen der chemischen Industrie bedingen, daß in der Kostenrechnung an die Stelle primärer Kostenarten sehr schnell sekundäre Kostenarten treten. Die Primärkostenstruktur löst sich auf, wodurch die Aussagefähigkeit der Kosten - und damit letztlich der Ergebnisrechnung - für bestimmte Fragestellungen leidet.

Mit der **Betriebwirtschaftlichen Strukturrechnung** auf Primärkostenbasis ist ein Instrument entwickelt worden, das es erlaubt, die Primärstruktur jeder beliebigen Stufe unserer Kosten- und Ergebnisrechnung darzustellen. Die Abbildung des Leistungverbundes im Kostenstellen- und Kostenträgerbereich in Matrizenform hat die Voraussetzungen geschaffen, die für eine Strukturrechnung erforderlichen umfangreichen Rechenoperationen schnell und flexibel durchzuführen. Flexibel ist in diesem Zusammenhang nicht nur auf die Form der Analyse bezogen, sondern bedeutet z. B. auch, daß die Primärdefinition je nach Fragestellung frei wählbar ist. So kann z. B. die Leistung einer Werkstatt für einen Produktionsbetrieb aufgelöst in die echten Primärkostenarten Löhne, Gehälter usw. gezeigt werden, sie kann aber auch "quasiprimär " im Rahmen der Primärstruktur des Produktionsbetriebes als Werkstattleistung erhalten bleiben.

Aus der Betriebswirtschaftlichen Strukturrechnung werden folgende Informationen gewonnen:

- Primärkostendarstellung

  a) von Kostenstellen, Kostenstellengruppen , Bereichen und Ressorts
  b) der Kostenträger (Einstufenkalkulation)
  c) der Bereichsergebnisrechnung (nach Positionen oder insgesamt; vgl. dazu Bild 5)

- Primärkosten nach Herkunft und Verbleib

  a) Kosten einer Kostenstelle, einer Kostenstellengruppe oder eines Kostenträgers nach direkten und indirekten primären Kostenarten mit Angabe der Herkunft
  b) Verbleib der Kosten eines Ressorts, einer Kostenstellengruppe oder einer Kostenstelle

- Variationsrechnungen

  a) Auswirkung von 1 % Personalkostenerhöhung auf Kostenstellen, Kostenstellengruppen, Bereiche und auf Positionen der Bereichsergebnisrechnung
  b) Auswirkung von Tariferhöhungen
  c) Auswirkung sonstiger Kostenveränderungen (Fremdlieferungen und Fremdleistungen,...)

Die bereits erwähnte Ermittlung der Tagesherstellkosten nutzt ebenfalls die Ergebnisse der Betriebswirtschaftlichen Strukturrechnung. Überlegungen zur Stillegung von Aktivitäten sind nicht denkbar ohne Berücksichtigung der aus der Strukturrechnung gewonnenen Erkenntnisse. Sie erst zeigt, welche Bereiche des Unternehmens wie nachhaltig von solchen Maßnahmen betroffen werden. Der große Vorteil der Strukturrechnung liegt in diesem Falle besonders darin, daß nicht nur die Herkunft der Kosten transparent gemacht wird, sondern ebenso das diesen Kosten zugrunde liegende Mengengerüst. Es ist z. B. unmittelbar ersichtlich, wie viele Mitarbeiter direkt und indirekt von einer geplanten Stillegungsmaßnahme betroffen würden und welchen Bereichen diese Mitarbeiter zugeordnet sind.

Bei der Übersicht, die ich über unsere derzeit verfügbaren Informationssysteme im Zusammenhang mit der Bereichsergebnisrechnung gegeben habe, ist der Bezug zur Planung zunächst nur in Ansätzen sichtbar geworden. Die Analyse von Vergangenheitszahlen und die Auswertung von Soll-Ist-Vergleichen bringen Erkenntnisse, die Grundlage für kurzfristig zu treffende Entscheidungen und auch für Maßnahmenüberlegungen sein können. Die Stärke eines umfassenden, direkt verfügbaren Informationssystems wird aber vor allem bei der Planung genutzt. Wir haben die für die Planung wichtigen Informationssysteme und die Planungssysteme durch die Organisation der EDV-Unterstützung so miteinanderer verbunden, daß die an der Planung beteiligten Stellen sich praktisch in nur einem System bewegen, das wir Betriebswirtschaftliches Informations- und Planungssystem nennen. Die Vorteile dieser Koppelung werden in meiner folgenden Darstellung der Planungssysteme in unserem Hause deutlich werden.

Planungssysteme

Die Planung bei Hoechst unterscheidet folgende Stufen unterschiedlicher Zielsetzung:

- **Unternehmens- und Grundsatzplanung**
  Sie umfaßt 10 Planjahre und wird in einem Zielsetzungsgespräch zwischen Unternehmensleitung und Geschäftsbereichsleitung bzw. Geschäftsführung der Tochtergesellschaft diskutiert. Festgelegt werden hierbei im wesentlichen strategische Ziele.

- **Operative Planung**
  Sie umfaßt die Jahresplanung für das Folgejahr, die Basis des Soll-Ist-Vergleiches ist, und in einem Mittelfristteil die Maßnahmenplanung für die daran anschließenden drei nächsten Jahre.

- **Planfortschreibung**
  Sie ist eine vierteljährlich durchgeführte rollierende Vorschaurechnung und umfaßt jeweils die vier folgenden Quartale. Die Planfortschreibung dient in erster Linie der Früherkennung von Planabweichungen, wodurch Steuerungsmaßnahmen zur Zielerreichung ausgelöst werden oder eine Zielkorrektur erzwungen wird.

Operative Planung und Planfortschreibung vollziehen sich weitgehend als Planungsrechnungen. Bei ihrer Erstellung werden die Möglichkeiten, die eine fortschrittliche EDV-Unterstützung bietet, in besonderem Maße genutzt. Ganz wesentlich ist dabei, daß in beiden Planungsrechnungen die gleichen Systeme angewendet werden.

Ziele der EDV-Unterstützung sind vor allem:

- Rationelle Abwicklung der Planung
- Individuelle Gestaltung der Planung (Planungsebene, Planungsablauf...) nach den Erfordernissen der planenden Abteilung (Verkauf, Controller...)
- Intregration der verschiedenen Teilpläne

- Möglichkeit, Planansätze schnell zu variieren bzw. Alternativplanungen zu entwickeln.
- Im Rahmen von Eckterminen zeitlich unabhängige Abwicklung in den planenden Abteilungen

Diese Ziele ließen sich nur durch den Einsatz von Bildschirmsystemen erreichen.

Dem im Rahmen der Operativen Planung erstellten Jahresplan für das Folgejahr liegen eine detaillierte, in sich abgestimmte Planung der Umsätze, der Produktion und der Richtkosten auf Produktebene sowie die Planung der Kostenstellenbudgets zugrunde. Bei der Umsatzplanung erreicht die Zahl der Planungseinheiten in einzelnen Geschäftsbereichen die Größenordnung von 20.000. Diese Basisplanung läuft über große Programmkomplexe ab (Datenbanksystem IMS).

Bildschirm-orientierte, flexible Planungssysteme, die mit APL arbeiten, setzen eine starke Raffung der Planungseinheiten voraus. An die Stelle von Einzelprodukten als Planungseinheiten treten Produktgruppen, Produkthauptgruppen oder Strategische Geschäftseinheiten. Im Rahmen vorgegebener Grenzen sind die einzelnen planenden Abteilungen jedoch frei in der Wahl ihrer Planungseinheiten. So kann z. B. die Mittelfristplanung der Umsätze eines Geschäftsbereiches (Jahre 2 - 4 der Operativen Planung) nach Produktgruppen erfolgen, die zugehörige Ergebnisplanung dagegen auf der Ebene Produkthauptgruppen.

Nach diesen Vorbemerkungen möchte ich Ihnen erläutern, wie bildschirm-orientierte Planungsrechnung in unserem Hause durchgeführt wird.

Rationelle Abwicklung der Planung heißt vor allem, daß bei der Gewinnung von Informationen und ihrer Umsetzung in Planungsrechnungen weitestgehend darauf verzichtet wird, Listenausdrucke durchzuarbeiten und Papier auszufüllen. Aus dieser Forderung haben wir folgende Konsequenzen gezogen:

Alle an der Planungsrechnung beteiligten Stellen wurden mit APL-Terminals ausgestattet. Das sind vor allem die Verkaufsabteilungen der Geschäftsbereiche, die Controller-Stäbe, die Betriebswirtschaftliche Abteilung und die Beschaffung.

Die einzelnen Terminals sind - unter Berücksichtigung der jeweiligen Zugriffsberechtigung - mit dem Rechenzentrum und untereinander verbunden.

Neben den Daten aus vorhergehenden Planungsrechnungen wird im Betriebswirtschaftlichen Informations- und Planungssystem umfangreiches Ist-Datenmaterial aus vergangenen Perioden als Zeitreihe zur Verfügung gestellt.
Die Systemkomponente Umsatzplanung enthält die Umsatzentwicklung, abrufbar in jeder gewünschten Raffungsstufe (Produktgruppe bis Geschäftsbereich), nach Wert und - soweit sinnvoll - nach Menge und Preis. In der Systemkomponente Ergebnisplanung, die von den

Controllern bearbeitet wird, sind entsprechend die Ergebnisrechnungen gespeichert. Für die Planung der Vermögensrendite und des Mittelflusses werden die kalkulatorischen Abschreibungen und Zinsen auf das Anlagevermögen aus der Einstufenkalkulation als Zeitreihe bereit gestellt. Zusätzliche, im System vorhandene Informationen sind u. a. die preisbedingten Umsatzveränderungen in den einzelnen Vergleichszeiträumen und die von der Beschaffung gepflegte Datei der Rohstoffpreise.

Gestützt auf dieses Instrumentarium - Bildschirm, Informationsdatei und Planungssystem (als Software) -, arbeiten Verkauf und Controlling der Geschäftsbereiche bei der Planung parallel. Zentral vorgegeben sind lediglich Schlußtermine für die Übernahme der Umsatz- und Ergebnisplanung in die AG-Datei.

Der in der Planungsphase vom Verkauf erarbeitete, jeweils aktuelle Stand des Planumsatzes wird von dem Controller on-line übernommen. Kostenpositionen, die sich proportional zum Umsatz (Menge oder Wert) verhalten, werden bei Umsatzänderungen automatisch angepaßt. Der Controller kann alle Positionen der von ihm geplanten Ergebnisrechnung durch Eingaben auf jeder Raffungsstufe (Geschäftsbereich, Produkthauptgruppe,..) verändern. Variationsrechnungen und Alternativplanungen sind beliebig und unmittelbar möglich.

Umsatzschätzung und Ergebnisplanung erfolgen im Fullscreen-Modus, d. h. Daten können auf dem gesamten Bildschirm geändert werden (Beispiele: Darstellung der geplanten Umsätze nach Inland, Ausland und Gesamt oder der Planergebnisrechnung einer Produktgruppe für mehrere Planquartale).

Die Vorteile dieser arbeits- und zeitsparenden, bildschirm-orientierten Planungsrechnung werden besonders augenfällig bei der Planfortschreibung.
Während des Quartals wird die im Planungssystem verfügbare Informationsdatei laufend aktualisiert (Monatsumsätze und Monatsergebnisse). Verkauf und Controlling können anhand der Effektiventwicklung ihre Plananätze permanent überprüfen und gegebenenfalls korrigieren. Der Termin für Änderungen der Planfortschreibung wird offengehalten, bis die Ist-Ergebnisrechnung des laufenden Quartals und damit der neueste Erkenntnisstand vorliegt. Die Aufbereitung der Planfortschreibung der einzelnen Geschäftsbereiche und ihre Zusammenfassung in einer Darstellung für das Gesamtunternehmen erfolgen so kurzfristig, daß der Vorstand mit dem Effektivergebnis des Quartals praktisch zeitgleich über die voraussichtliche Entwicklung in den nächsten zwölf Monaten informiert wird.

Lassen sie mich an einigen ausgewählten Beispielen zeigen, in welcher Form Operative Planung und Planfortschreibung präsentiert werden. Die Darstellungen sind als Standardangebot am Bildschirm verfügbar, werden aber ausgedruckt und, ergänzt um Kommentierung und Maßnahmenkatalog, zu einer Vorstandsvorlage zusammengefaßt. Nur in dieser letzten Phase der Planung fällt noch Papier an.

Sie finden in den Bildern 6 bis 12 folgende Graphiken, die nur Beispielcharakter tragen:

a) aus der Operativen Planung
   - Ergebnisanalyse, d. h. Veränderung der Bereichsergebnisse Basisjahr/Folgejahr und Folgejahr/Planende nach Einflußfaktoren
   - Durchschnittliche Veränderungen der Absatzmengen im Planungszeitraum nach Geschäftsbereichen
   - Entwicklung des Mittelüberschusses und der Mittelbindung im Planungszeitraum nach Geschäftsbereichen

b) aus der Planfortschreibung
   - Soll-Ist-Vergleich der Verkaufsumsätze des letzten Quartals nach Geschäftsbereichen
   - Gegenüberstellung der in der Operativen Planung der vorhergehenden und der aktuellen Planfortschreibung geschätzten Verkaufsumsätze für ein Geschäftsjahr nach Geschäftsbereichen
   - Gegenüberstellung der in der Operativen Planung der vorhergehenden und der aktuellen Planfortschreibung geschätzten Bereichsergebnisse für ein Geschäftsjahr nach Geschäftsbereichen
   - Entwicklung des Verkaufsumsatzes der Hoechst AG nach Quartalen (vergangene Jahre und vier Quartale der Planfortschreibung)

Den zweiten Teil meines Referates habe ich darauf abgestellt, Ihnen zu erläutern, welche Hilfe eine durchdachte EDV-Unterstützung bei der Rationalisierung des Planungsablaufes leisten kann. Sie liefert unmittelbar Zeitreihen Ist-Plan, befreit die an der Planung Beteiligten von der Bewältigung zahlloser Rechenoperationen und läßt ihnen mehr Zeit für Analysen, Alternativplanungen und Maßnahmenüberlegungen.

Die beschriebenen Systeme der Planungsrechnung sind in erster Linie ein Instrumentarium der Geschäftsbereiche, denen sie ein hohes Maß an Flexibilität bieten. Systempflege und -entwicklung liegen jedoch zentral beim Rechnungswesen und der Datenverarbeitung. Ihr Know-how gewährleistet einen rationellen Ausbau der Systeme, wobei die individuellen Bedürfnisse der einzelnen Geschäftsbereiche berücksichtigt werden, soweit sie dem aus Unternehmenssicht erforderlichen Mindestmaß an Einheitlichkeit nicht entgegenstehen.

Schlußbemerkung

Ich habe versucht, Ihnen in meinem Referat deutlich zu machen, welchen Nutzen Geschäftsführung und Controlling aus einem Rechnungswesen ziehen können, das - ohne seine Dokumentationsaufgabe zu vernachlässigen - die Datenverarbeitung konsequent einsetzt, um ihnen ein effektives und rationell handhabbares Instrumentarium zur Steuerung ihres Geschäftes zur Verfügung zu stellen. Diesem Ziel sind wir vor allem auch deshalb recht nahe gekommen, weil fortschrittliche Anwendung der Datenverarbeitung durchgehend akzeptiert wird und weil genügend Mitarbeiter in den Fachabteilungen des Unternehmens den Umgang mit bildschirm-orientierter Datenverarbeitung begeistert gelernt haben.

Aufbau der Bereichsergebnisrechnung — Bild 1

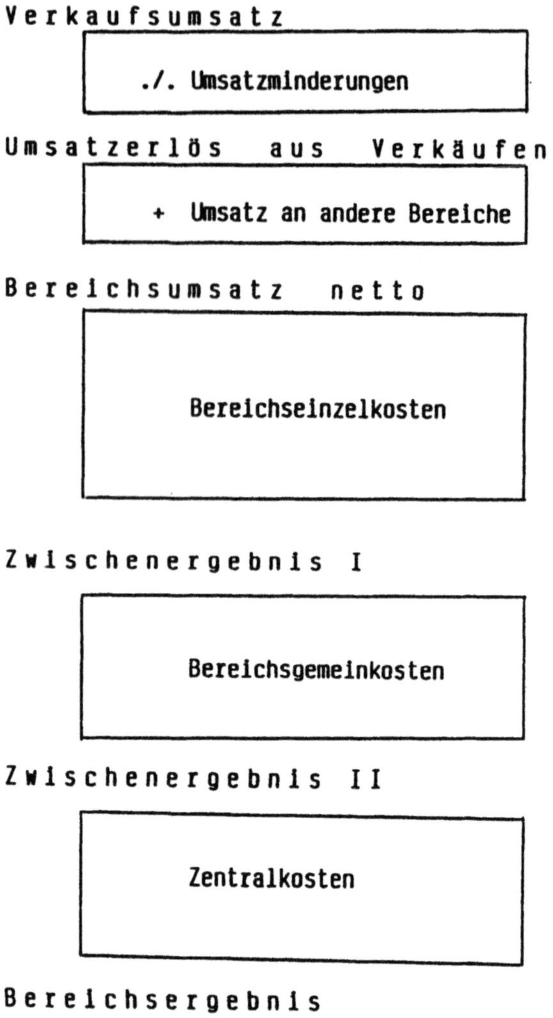

Auswertung der Ergebnisrechnung Produkt/Land mit APL/DI — Bild 2

①

BEREICH : X

SCHLUESSEL : LD		BU	BE
010	Landtext	17820727	-581078
360	↓	4772163	-369125
070		2481543	-299210
220		3260703	-253712
260		769908	-107067
450		753531	-98516
020		1048219	-84290
500		259600	-76189
GESAMTSUMME :		31166394	-1869187

↓

②

LD=360

SCHLUESSEL : PROD		BU	BE
DK01	Produktbezeichnung	69320	-7141
FA40	↓	1420622	-137752
FG40		994568	-61608
AT01		87945	-9826
HL79		1301008	-86546
FE44		0	0
GA44		774740	-54892
GC44		123960	-11360
GESAMTSUMME :		4772163	-369125

↓

③

LD=360^PROD= FA40

SCHLUESSEL :	1/83	%	1/84	%
BU	926538	100.0	1420622	100.0
BEKO	586293	63.3	1307392	92.0
BGKO	71644	7.7	161483	11.4
ZK	45076	4.9	89499	6.3
BE	223525	24.1	-137752	-9.7

↓

④

SAME

SCHLUESSEL :	1/83	%	1/84	%
BEK	478415	81.6	942593	72.1
LIZPOOL	5276	0.9	10460	0.8
ZIVOR	5277	0.9	14383	1.1
FRA	31074	5.3	197436	15.1
VERP	42212	7.2	88912	6.8
PROV	7036	1.2	18305	1.4
ZIFO	11140	1.9	23535	1.8
SONSTEKV	5863	1.0	11768	0.9
BEKO	586293	100.0	1307392	100.0

Auswertung
Kostenträgerrechnung mit APL/DI

Bild 3

```
SELECTION:KA2=7∧FEKO≠X
FUNCTION:SUM
CONTROL FIELDS:FEKO,BEZ
FIELDS TO SUM:WERT1÷1000⊂1.Q.84,.00025×WERTVJ⊂⍝1983,(WERT1-.25×WERTVJ)÷1000⊂ABW
VJ
PAGE NO. 1

              --APL  DATA  INTERFACE-II--1003020
 (6/16/84);KA2=7∧FEKO≠X;SUM
     FEKO      BEZ                               1.Q.84   ⍝1983   ABW VJ
      0        FERTIGUNGSLOEHNE                   18865   19412     ¯548
      1        GEHAELTER                           3240    3161       78
      2        KALK.ABSCHREIBUNGEN                 7145    7138        6
      3        KALK. ZINSEN                        2894    3048     ¯155
      4        ENERGIEN                           26220   23767     2453
      5        REPARATUREN                        18801   18459      342
      6        ANALYSEN- LABOR- ATA-KOSTEN         2020    2197     ¯178
      7        UMWELTSCHUTZ SONST.EIGENLEIST.      9725    9410      315
      8        SONSTIGE FREMDLEISTUNGEN            6349    6018      331
      9        WERKSGEM.- SONST.UMLAGEKOSTEN      12080   11634      447
 TOTALS:                                         107338  104246     3092

 TIMES(SEC): ELAPSED = 60.9, CPU = 2.1, KEYING = 44.5
```

Auswertung
Kostenträgerrechnung mit APL/DI

Bild 4

SEITE 1 *** VERGLEICH DER HERSTELLKOSTEN ***

HERSTELL-PRODUKT: AA10 MENGE: 24012366 20879350

EINSATZ JE	EINHEIT AUSBEUTE		K	1.Quartal		ABWEICHUNG	4.Quartal	
WK	ODUKT	BEZEICHNUNG	A	MENGE	WERT	GESAMT	PREIS	MENGE
01	AA10	**Herstell-Produkt**	2	100.00	121.17	¯4.68	¯3.25	¯1.43
01	0B20	**Rohstoffe**	4	25.18	2.64	.01	.00	.01
01	0B31		4	1.09	.12	¯.02	.00	¯.02
01	ZZ00		4	1.51	.08	.02	.00	.02
01	861		4	67.58	99.42	¯2.32	¯1.25	¯1.07
01	210		4	.04	.22	¯.28	.00	¯.29
07	186		4	.00	.02	¯.08	.00	¯.08
01	AA10	**Herstell-Produkt**	7	100.00	18.67	¯2.00	¯2.00	.00
01	AA10	FERTIGUNGSLOEHNE	7	100.00	1.63	¯.20	¯.20	.00
01	AA10	GEHAELTER	7	100.00	.53	¯.08	¯.08	.00
01	AA10	KALK.ABSCHREIBUNGEN	7	100.00	.53	¯.09	¯.09	.00
01	AA10	KALK. ZINSEN	7	100.00	.20	¯.05	¯.05	.00
01	AA10	ENERGIEN	7	100.00	7.91	.02	.02	.00
01	AA10	REPARATUREN	7	100.00	1.89	¯.45	¯.45	.00
01	AA10	ANALYSEN- LABOR- ATA	7	100.00	.74	.20	.20	.00
01	AA10	UMWELTSCHUTZ SONST.E	7	100.00	3.86	¯1.03	¯1.03	.00

4 1 EINGABE: WK,PROD,QA,QN

PF1=HILFE PF10=ENDE PF12=DRUCK PF7=SEITE -1 PF8=SEITE +1 ENTER=AUSWAHL

Primärkostendarstellung Bereichsergebnis	Bild 5

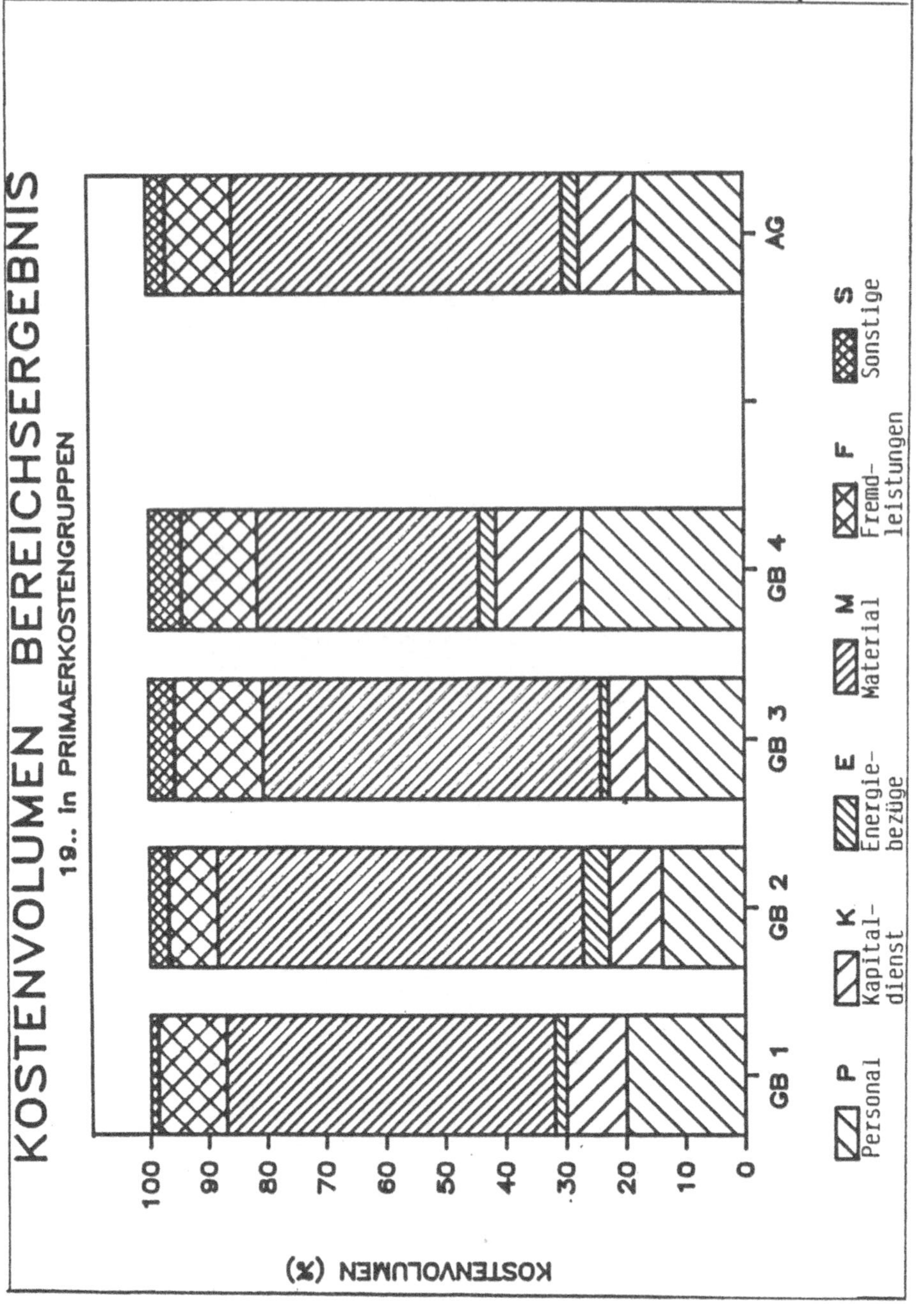

Operative Planung

Bild 6

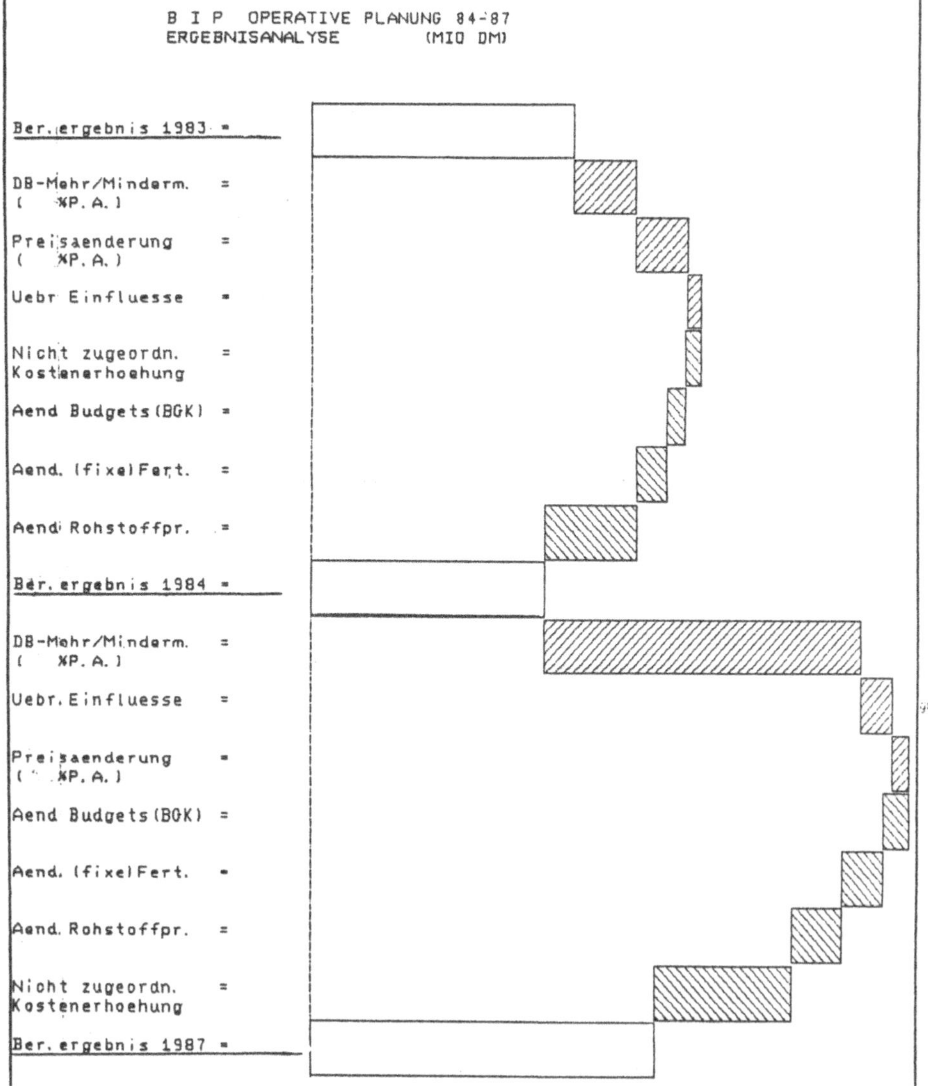

Operative Planung	Bild 7

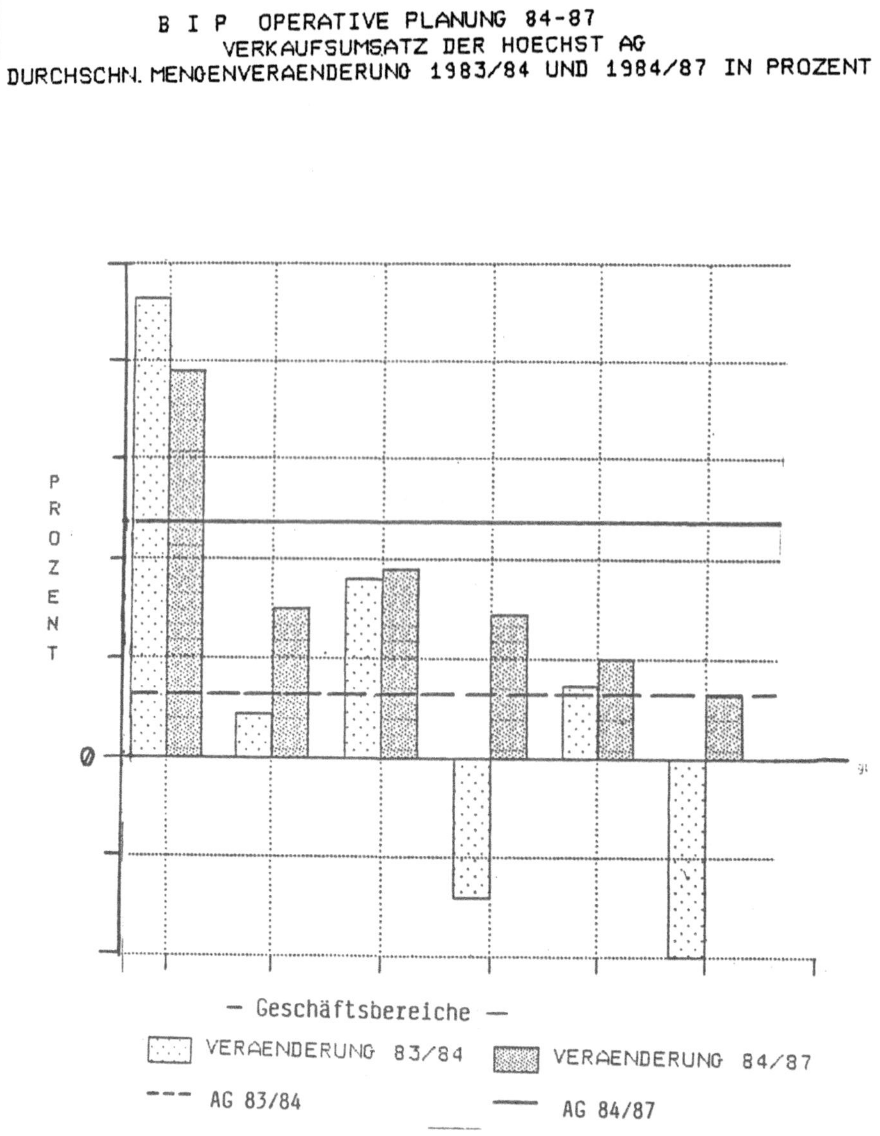

Operative Planung	Bild 8

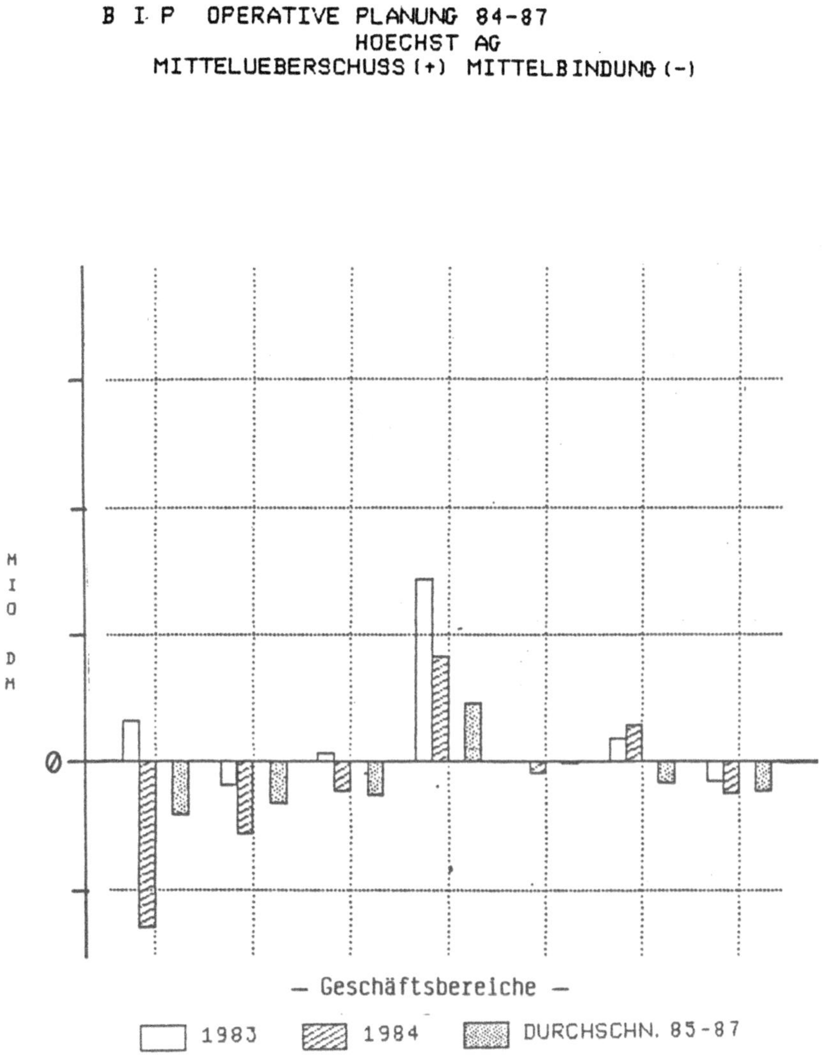

Planfortschreibung	Bild 9

B I P - PLANFORTSCHREIBUNG
VERKAUFSUMSATZ DER HOECHST AG (MIO DM)
ALTE PFR 1. QUARTAL IST 1. QUARTAL

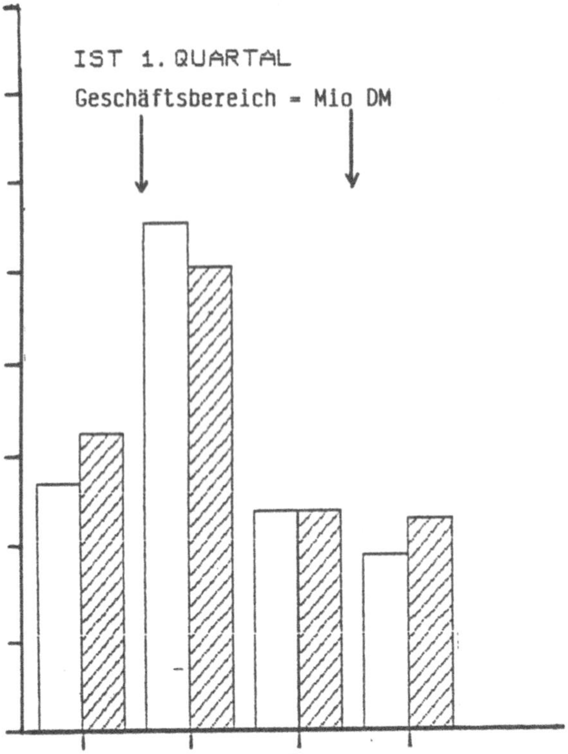

— Geschäftsbereiche —

Planfortschreibung | Bild 10

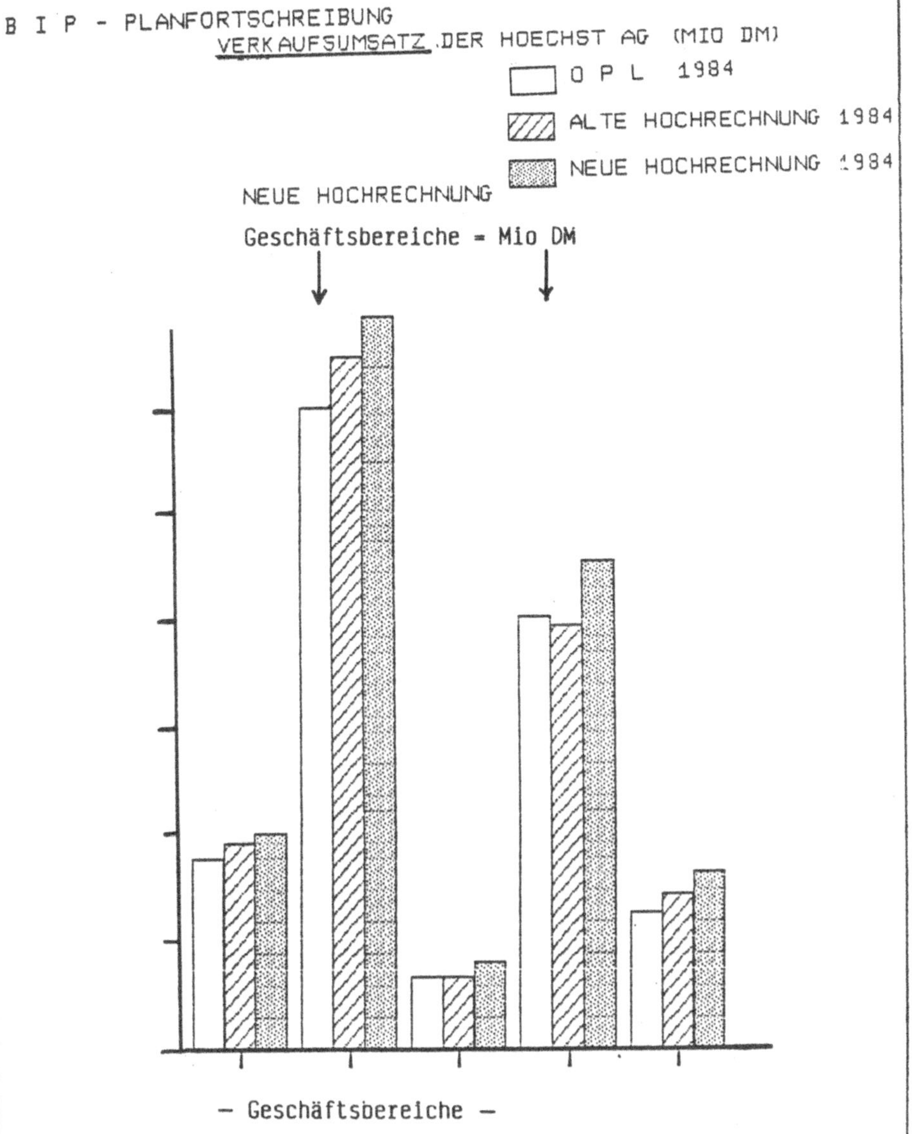

Planfortschreibung | Bild 11

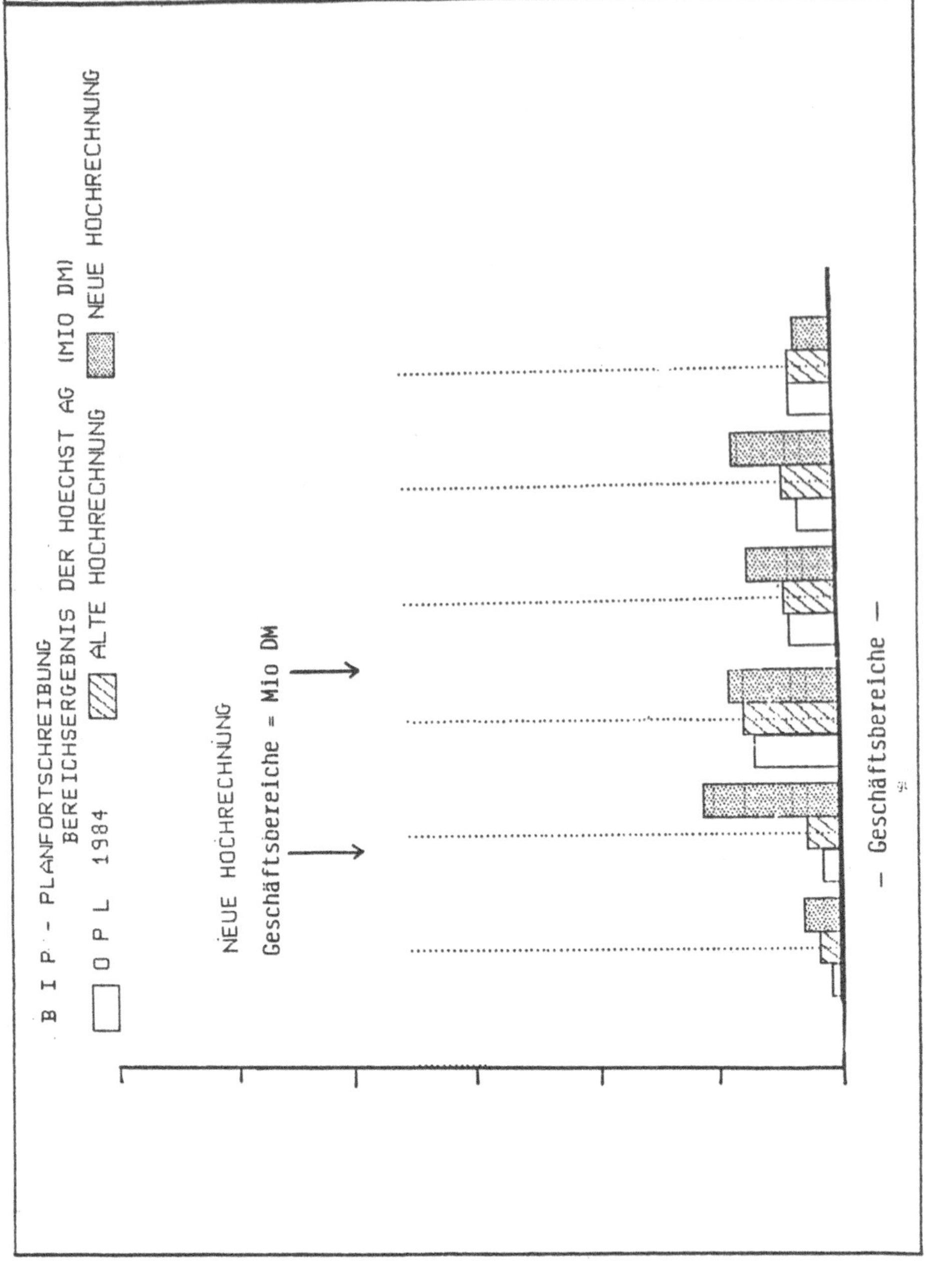

Planfortschreibung	Bild 12

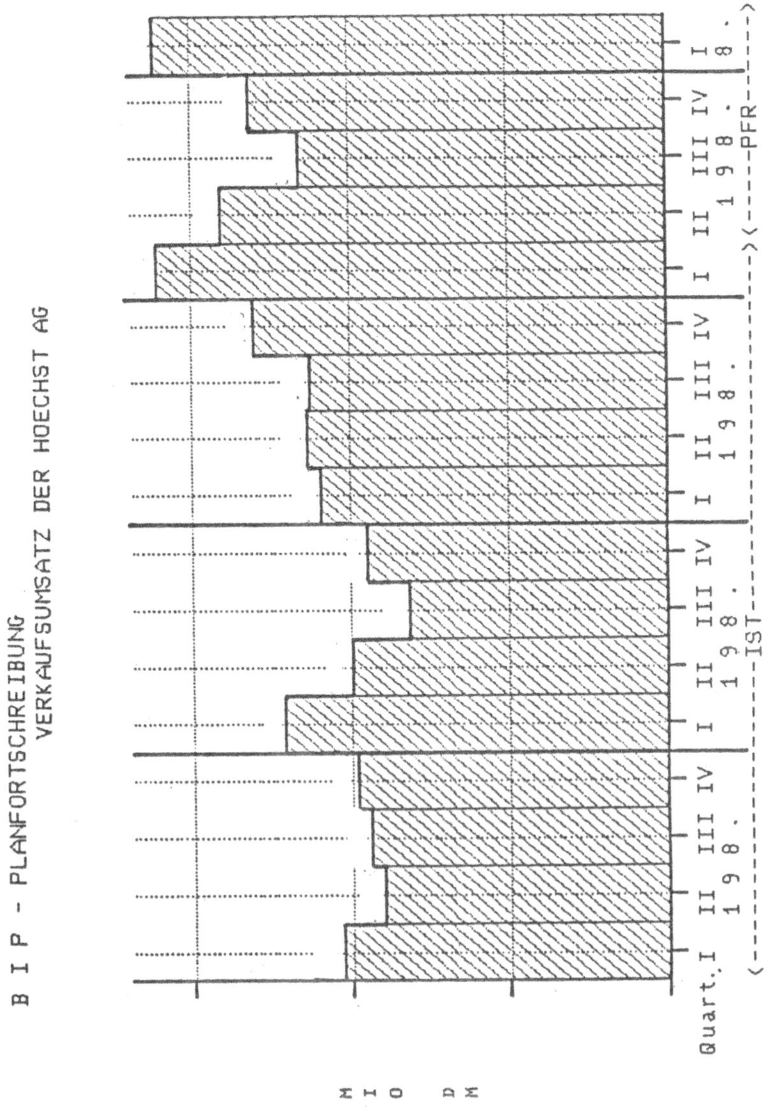

D. Grundrechnung, Anwendungen in Mittelbetrieben, Standardsoftware, Tabellenkalkulation, Grafik

Die Konzeption der Grundrechnung als Grundlage einer datenbankorientierten Kostenrechnung

Prof. Dr. *W. Kilger*, Universität des Saarlandes, Saarbrücken

Gliederung:

1. Der Begriff Grundrechnung in der betriebswirtschaftlichen Literatur

2. Die Grundrechnung der Istkosten
   21. Die Grundrechnung der Istkosten als reine Kostenarten-Erfassungsrechnung
   22. Die Grundrechnung der Istkosten als kombinierte Kostenarten- und Kostenstellenrechnung
   23. Die Grundrechnung der Istkosten als kombinierte Kostenarten-, Kostenstellen- und Kostenträgerrechnung

3. Die Grundrechnung der Plankosten
   31. Die Grundrechnung der Plankosten als reine Kostenartenrechnung
   32. Die Grundrechnung der Plankosten als kombinierte Kostenarten- und Kostenstellenrechnung
   33. Die Grundrechnung der Plankosten als kombinierte Kostenarten-, Kostenstellen- und Kostenträgerrechnung

4. Die Auswertungsmöglichkeiten kombinierter Grundrechnungen der Ist- und Plankosten

5. Welche Bedeutung hat die Konzeption der Grundrechnung für die Weiterentwicklung zu einer datenbankorientierten Kostenrechnung?

Rechnungswesen und EDV: PC-Einsatz. © 1984 PHYSICA-VERLAG Würzburg-Wien

1. Der Begriff Grundrechnung in der betriebswirtschaftlichen Literatur

Der Begriff der Grundrechnung wurde bereits 1948 von Schmalenbach in die deutschsprachige Kostenrechnungsliteratur eingeführt.[1] Parallel hierzu führte Goetz in den USA ähnliche Begriffe in die Kostenrechnung ein, die er als "basic cost records" oder "basic cost classification" bezeichnete.[2] In den Folgejahren hat Riebel die Konzeption der Grundrechnung in sein System des Rechnens mit relativen Einzelkosten und Deckungsbeiträgen integriert.[3]

Bis noch vor wenigen Jahren wurde der Konzeption der Grundrechnung in der betrieblichen Praxis und der Kostenrechnungsliteratur -wenn man vom System Riebels absieht, das in der Praxis so gut wie keine Anwendung gefunden hat- kaum Beachtung geschenkt. Erst seitdem die "Entwicklungs- und Anwendungstrends der EDV" zu einem "verstärkten Einsatz von Datenbanksystemen und Dialogverarbeitung" geführt haben,[4] wird eine "urbelegorientierte logische Grundrechnung" von einer zunehmenden Anzahl von EDV-Fachleuten und Kostenrechnern als Grundlage einer EDV-gestützten Kostenrechnung gefordert.[5] Ob und inwieweit diese Forderung berechtigt ist und wie der Begriff Grundrechnung hierbei definiert und abgegrenzt werden sollte, ist Gegenstand dieses Vortrages.

EDV-technisch läßt sich eine Grundrechnung als eine möglichst unverdichtete Datenbasis bezeichnen, die für einen bestimmten Funktionsbereich einer Unternehmung:

1. periodisch wiederkehrende Auswertungen (Routineauswertungen)
2. fallweise Auswertungen (Sonderauswertungen)

ermöglicht. Völlig ungeklärt ist aber z.Zt. noch, wie der Begriff Grundrechnung speziell für die Kosten- und Leistungsrechnung zu bestimmen ist.

Es liegt nahe, einmal nachzulesen, was Schmalenbach unter einer Grundrechnung der Kosten verstanden hat und was er mit dieser Konzeption erreichen wollte. Leider sind Schmalenbachs Ausführungen zum Begriff der Grundrechnung überwiegend nur grundsätzlicher Art, so daß man eine exakte definitorische Abgrenzung bei ihm noch nicht findet. Zwei wichtige Aspekte zeichnen sich bei Schmalenbach aber deutlich ab:[6]

1. Die Kostenrechnung soll in der Grundrechnung ein Fundament fester Wertansätze erhalten, aus denen sich durch Umwertungen die den verschiedenen Zwecken der Kostenrechnung (Bestandsbewertung, Kostenkontrolle, Steuerung und Lenkung) entsprechenden Wertansätze ableiten lassen.

2. Die Durchführung der Kostenrechnung soll durch die Trennung in eine Grundrechnung und zusätzliche Sonderrechnungen einfacher, übersichtlicher und flexibler gestaltet werden.

Da Schmalenbach eine "pretiale Lenkung des Betriebes" vorschwebte, waren für ihn die Anpassungsmöglichkeiten kostenrechnerischer Ergebnisse an unterschiedliche Wertansätze von besonderer Bedeutung; er schreibt hierzu: "Paßt die Grundrechnung für einen Zweck nicht, so macht man aus der Grundrechnung eine Zweckrechnung durch Veränderung der angesetzten Werte ."[7] Nicht weniger wichtig erschien ihm aber der Vereinfachungseffekt der Grundrechnung. Eine Kostenrechnung, die zu viele Auswertungen systematisch und periodisch wiederkehrend vornimmt, "neigt zur Obersteigerung". Sie kostet nach Ansicht von Schmalenbach zu viel, wird zu bürokratisch und "erzeugt trotz ihrer Umständlichkeit sehr leicht falsche Bilder".[8] Schmalenbach erkannte hierbei, daß einerseits für jede funktionierende Kostenrechnung ein stetig erfaßtes solides Datenfundament erforderlich ist, andererseits aber nicht alle möglichen weiterführenden Rechnungen laufend erstellt zu werden brauchen. Er zieht hieraus den Schluß: "Bei diesem Gegensatz zwischen Beweglichkeit und Stetigkeit sehe ich keinen anderen Ausweg, als daß wir die Kostenrechnung des Betriebes in zwei für sich bestehende Stücke teilen, einen stetigen Teil -die Grundrechnung- und einen beweglichen Teil -die zusätzlichen Sonderrechnungen-".[9] An anderer Stelle bezeichnet Schmalenbach die Grundrechnung als "eine Art Bereitschaftsrechnung für die sich anschließenden Sonderrechnungen".[10]

Offen bleibt bei Schmalenbach aber, wo die Grenze zwischen der Grundrechnung und den auf ihr aufbauenden Sonderrechnungen konkret zu ziehen ist. Aus einigen Äußerungen ist aber zu schließen, daß er nicht nur die gesamte Kostenartenrechnung, sondern auch die laufende Kostenstellenrechnung und sogar die laufende Nachkalkulation in den Aufgabenbereich der Grundrechnung einbezieht.

Konkreter wird der Inhalt der Grundrechnung bei Riebel definiert. Er bezeichnet die Grundrechnung als eine "kombinierte Kostenarten-,

Kostenstellen- und Kostenträgerrechnung", die weitgehend identisch mit der "traditionellen Kostenstellen- und Kostenträgerrechnung" ist. Hierbei macht er aber eine wesentliche Einschränkung:[11] Die Kostenstellen- und Kostenträgerrechnung darf an keiner Stelle Kosten durch willkürliche Schlüsselungen und Umlagen zuordnen, die bei Auswertungsrechnungen funktionale Beziehungen zwischen Kosten- und Leistungsdaten vortäuschen, die in Wirklichkeit nicht bestehen.[12] In diesem Sinne fordert Riebel von der Grundrechnung "Zweckneutralität und vielfältige Verwertbarkeit" sowie eine "hohe Abbildungstreue".[13] In Anlehnung an Schmalenbach fordert Riebel, soweit als möglich das Mengengerüst der Kosten und die Preise in der Grundrechnung gesondert auszuweisen, "um Umbewertungen zu erleichtern".

Während bei Schmalenbach noch offen bleibt, ob die Grundrechnung sich auf die Istkosten einer Unternehmung beschränkt, oder auch Plankosten umfassen kann, deuten Riebel und Hummel bereits an, daß sowohl zukunfts- als auch vergangenheitsorientierte Grundrechnungen denkbar sind.[14]

Besonders klar herausgearbeitet wurde dieser Aspekt aber erst von Engelmann: "Die Plankosten und die Istkosten sind zwei unvereinbare Kostenkategorien. Es kann daher auch nicht von <u>einer</u> Grundrechnung gesprochen werden, sondern neben einer Grundrechnung der Istkosten muß es auch eine Grundrechnung der Plankosten geben."[15] Er sieht die Planung der Produkteinzelkosten und der Kostenstellenkosten in Abhängigkeit vom Bezugsgrößensystem als die "Grundrechnung der Grenzplankostenrechnung" an.[16] Zugleich weist Engelmann auf einen <u>Sachzielkonflikt der Grundrechnungen</u> hin, der aus der Parallelität von Entscheidungs-, Kontroll- und Dokumentationsaufgaben resultiert.[17]

Akzeptiert man die Trennung in eine Grundrechnung der Istkosten und eine Grundrechnung der Plankosten, und läßt man zunächst die Frage noch offen, ob die Grundrechnung nur die Kostenartenerfassung, die Kostenarten- <u>und</u> die Kostenstellenrechnung oder darüber hinaus auch noch die Kostenträgerrechnung beinhalten soll, so lassen sich formal die folgenden <u>Formen der Grundrechnung</u> unterscheiden:

1. Grundrechnung der Istkosten
   11. als reine Kostenarten-Erfassungsrechnung
   12. als kombinierte Kostenarten- und Kostenstellenrechnung
   13. als kombinierte Kostenarten-, Kostenstellen- und Kostenträgerrechnung

2. Grundrechnung der Plankosten
   21. als reine Kostenarten-Planungsrechnung
   22. als kombinierte Kostenarten- und Kostenstellenplanungsrechnung
   23. als kombinierte Kostenarten-, Kostenstellen- und Kostenträgerplanungsrechnung.

Diese 6 Formen der Grundrechnung wollen wir im folgenden auf ihre Aufbau- und Auswertungsmöglichkeiten hin untersuchen.

2. Die Grundrechnung der Istkosten

21. Die Grundrechnung der Istkosten als reine Kostenarten-Erfassungsrechnung

Da keine Kostenrechnung ohne eine vollständige, systematische Erfassung der nach Kostenarten differenzierten Istkosten auskommt, muß die Kostenarten-Erfassungsrechnung stets notwendiger Bestandteil einer Grundrechnung der Istkosten sein; die Frage nach der Abgrenzung der Grundrechnung konzentriert sich daher darauf, ob es hinreichend ist, allein die Kostenartenrechnung in eine Grundrechnung der Istkosten einzubeziehen.

Ein charakteristisches Merkmal der Erfassung der nach Kostenarten differenzierten Istkosten besteht darin, daß sie "kaum eigene Daten erzeugt, sondern auf vorgelagerte EDV-Systeme angewiesen ist".[18] Wie der obere Teil der Übersicht 1 erkennen läßt, werden die meisten Kostenartenbeträge aus Urbelegen der Finanzbuchführung, der Lohn- und Gehaltsabrechnung, der Materialabrechnung und der Anlagenrechnung abgeleitet. Die Urbelegerfassung der Kostenartenrechnung wird daher weitgehend auf vorgelagerte Erfassungs-Systeme verschoben.

Die Hauptaufgabe der Kostenartenrechnung besteht darin, die Kostenbelege nicht nur nach Kostenarten zu klassifizieren, sondern ihnen zugleich Merkmale der Weiterverrechnung in Form von Kostenstellen, Kostenträgern, Werkaufträgen usw. zuzuordnen. Bei hoher Integration der Datenverarbeitung lassen sich diese Zuordnungen weitgehend in die urbelegerfassenden, vorgelagerten EDV-Systeme verlagern, so daß einer eigenständigen Grundrechnung der Kostenarten überwiegend nur "Sammelfunktionen" bleiben. Trennt man dagegen die Kostenartenrechnung von den vorgelagerten Erfassungssystemen, "so werden die Daten über Datenschnittstellen in die Kostenrechnung übernommen und existieren damit redundant".[19)]

Würde man die Grundrechnung der Kostenrechnung auf die reine Erfassung der nach Kostenarten differenzierten Istkosten beschränken, so würden in der Grundrechnung selbst keinerlei kostenstellen- und kostenträgerbezogene Auswertungen vorgenommen. Die gesamte Kostenstellenrechnung würde zur auswertenden Sonderrechnung, und natürlich auch alle hierauf aufbauenden Kostenträgerrechnungen. Sieht man vom Sonderfall der Einproduktunternehmung ab, in der sich alle Kostenarten unmittelbar einem Erzeugnis zuordnen lassen, so erkennt man, daß eine ausschließlich auf Kostenartenbeträge beschränkte Grundrechnung wesentliche Zuordnungen der Kosten noch offen läßt (z.B. der Kostenartenbeträge zu verbrauchenden Kostenstellen) und daher den Anforderungen einer schnell und flexibel auswertbaren Grundrechnung nicht genügen kann.

Zusammenfassend kommen wir daher zu dem Ergebnis, daß eine auf Kostenarten beschränkte Grundrechnung der Istkosten nicht den Anforderungen einer Kostenrechnung entsprechen kann.

22. Die Grundrechnung der Istkosten als kombinierte Kostenarten- und Kostenstellenrechnung

Unsere Ausführungen in Kapitel 21. haben gezeigt, daß in jedem Fall die Kostenarten- und die Kostenstellenrechnung zur Grundrechnung der Istkosten zusammengefaßt werden sollten.

Wie die Übersicht 1 erkennen läßt, werden bei der Erfassung der primären Istkosten Einzelkosten der Kostenträger und Kostenstellenkosten (Gemeinkosten) unterschieden.

Den Einzelkosten, wozu insbesondere die Einzelmaterialkosten, die

Prof. Dr. W. Kilger | Grundrechnung der Istkosten | Übersicht: 1

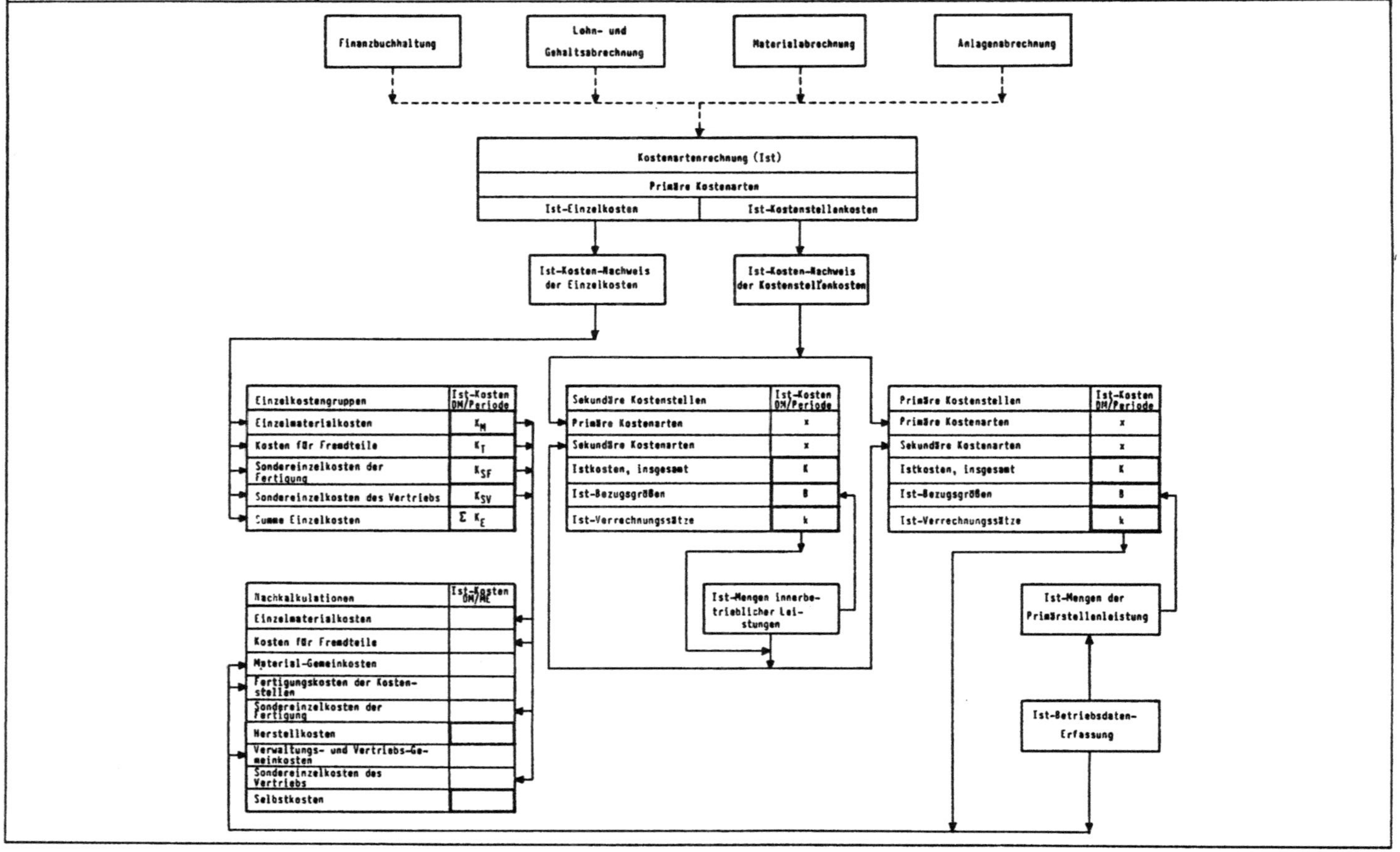

Kosten für Fremdteile, die Sondereinzelkosten der Fertigung und die Sondereinzelkosten des Vertriebs zählen -die Fertigungslöhne werden in entscheidungs- und kontrollorientierten Verfahren der Kostenrechnung heute fast nur noch über die Kostenstellen verrechnet-, werden auf den Erfassungsbelegen Kostenträgernummern zugeordnet. Umfaßt die Grundrechnung der Istkosten die Kostenträgerstückrechnung nicht, so lassen sich in der Grundrechnung für die Einzelkostenarten nur Periodenbeträge angeben, die trägerbezogenen Auswertungen sind dann Aufgabe der Sonderrechnungen.

Den Kostenstellenkosten (Gemeinkosten) werden auf den Erfassungsbelegen der primären Istkosten die Kostenstellennummern der zu belastenden Kostenstellen zugeordnet. Die Speicherung (evtl. unter Rückgriff auf andere Dateien der Datenbank) der nach Kostenarten und Kostenstellen differenzierten Istkosten erfolgt in detaillierter Form im sogenannten Istkostennachweis.[20] Hier werden alle Istkostenbeträge geordnet nach Kostenstellen-Nr., Kostenarten-Nr., BAB-Zeilen-Nr. und Beleg-Nr. (Material-Nr., Lohnschein-Nr., Rechnungs-Nr. usw.) festgehalten.

Fordert man von der Grundrechnung, daß sie relativ leicht eine Umwertung auf andere Wertansätze ermöglichen soll,[21] so läßt sich sich dieses Ziel am besten in der Weise erreichen, daß man bereits in der Grundrechnung der Istkosten die Istpreisbewertung durch eine Festpreis- oder Planpreisbewertung ersetzt. Nur so existiert ein fester Bezugspunkt für evtl. Umwertungen. Bewertet man aber die Mengen mit Fest- und Planpreisen und die Arbeitszeiten mit Fest- und Tarifsätzen, so treten im System der Grundrechnung der Istkosten zwangsläufig Preis- und Tarifabweichungen auf. In der Plankostenrechnung ist es seit langem üblich, diese Abweichungen bereits im Istkostennachweis zu erfassen und in die Kostenstellenrechnung nur Istkosten zu übernehmen, bei denen es sich um mit Fest- und Plan-Wertansätzen bewertete Ist-Verbrauchsmengen bzw. -Arbeitzeiten handelt.[22]

Mit der Belastung der Kostenstellen mit den primären Kostenartenbeträgen ist die als kombinierte Kostenarten-Kostenstellenrechnung durchgeführte Grundrechnung der Istkosten noch nicht abgeschlossen. Es folgen vielmehr die innerbetriebliche Leistungsverrechnung und die Bildung von Kalkulationssätzen.

In der innerbetrieblichen Leistungsverrechnung werden die Ist-Mengen der innerbetrieblichen Leistungseinheiten mit Verrechnungspreisen bewertet und den empfangenden Kostenstellen als sekundäre Kostenarten belastet. In einer reinen Istkostenrechnung werden in jeder Abrechnungsperiode neue Ist-Kostenverrechnungssätze, und zwar als Vollkostensätze, gebildet. Hierbei geben die Sekundärstellen ihr gesamtes Kostenvolumen an die Primärstellen ab. Werden dagegen Normal- oder Plankostensätze zur Bewertung der innerbetrieblichen Leistungen verwendet, wie das in Normal- und Plankostenrechnung üblich ist, so verbleiben auf den Sekundärstellen Unter- und Überdeckungen. Ist die Kostenrechnung als Proportionalkostenrechnung ausgelegt, so gehen nur die proportionalen Plankosten in die Verrechnungssätze der innerbetrieblichen Leistungen ein. In diesen Fällen ist der Grundrechnung der Istkosten eine Grundrechnung der Plankosten vorgeschaltet, in der diese Verrechnungssätze gebildet werden; vgl. hierzu unsere Ausführungen in Kapitel 32.

Aufgrund des innerbetrieblichen Leistungsaustauschs der Kostenstellen, der auch die gegenseitigen Leistungsbeziehungen der Sekundärstellen untereinander umfaßt, wird die Grundrechnung der Istkosten (als kombinierte Kostenarten- und Kostenstellenrechnung) zu einem interdependenten System. Dieser Tatbestand macht es in der reinen Istkostenrechnung erforderlich, die Verrechnungssätze der innerbetrieblichen Leistungen mit Hilfe eines linearen Gleichungssystems zu bestimmen.[23)]

Der letzte Schritt der Kostenstellenrechnung ist die Bildung von Kalkulationssätzen für die primären Kostenstellen.

In der reinen Istkostenrechnung werden Ist-Kalkulationssätze nach dem Vollkostenprinzip gebildet, indem man die gesamten Istkosten der Primärstellen durch die zugehörigen Ist-Bezugsgrößen dividiert. Nur in einer reinen Istkostenrechnung können die Kalkulationssätze ausschließlich aus den Istkosten einer Abrechnungsperiode abgeleitet werden.

Bei der in der Praxis weitverbreiteten Normalkostenrechnung erfordert die Bildung der für dieses Verfahren charakteristischen Normal-Kalkulationssätze statistische Auswertungen der Grundrechnungen der Istkosten mehrerer Abrechnungsperioden (meistens eines gesamten Rechnungsjahres).[24)]

Die für die Plankostenrechnung typischen Plan-Kalkulationssätze lassen sich als "Voll- oder Proportionalkostensätze" nur aus einer Grundrechnung der Plankosten ableiten; vgl. hierzu unsere Ausführungen in Kapitel 32.

Endet die Grundrechnung der Istkosten bei der Kostenstellenrechnung, so zählen alle kostenträgerbezogenen Rechnungen zu den (periodisch wiederkehrenden oder fallweisen) Auswertungen. Ob und inwieweit es sinnvoll ist, auch die Kostenträgerrechnung in die Grundrechnung der Istkosten zu integrieren, wollen wir im nächsten Kapitel untersuchen.

23. Die Grundrechnung der Istkosten als kombinierte Kostenarten-, Kostenstellen- und Kostenträgerrechnung

Die Kostenträgerrechnung umfaßt die Kostenträgerstückrechnung (Kalkulation)und die Kostenträgerzeitrechnung (Betriebsergebnisrechnung). Unter welchen Voraussetzungen ist es sinnvoll, auch diese Teile der Kosten- und Leistungsrechnung als Bestandteil einer Grundrechnung der Istkosten anzusehen?

In der Kostenträgerstückrechnung unterscheidet man bekanntlich zwischen Vor-, Nach- und Plankalkulationen. Als Bestandteile einer Grundrechnung der Istkosten kommen naturgemäß nur die Nachkalkulationen in Frage, da nur sie den betrieblichen Erzeugnissen Istkosten zuordnen. Eine Integration von Nachkalkulationen in das geschlossene System einer Grundrechnung der Istkosten setzt voraus, daß regelmäßig für alle Erzeugnisse laufende Nachkalkulationen erstellt werden. Diese Voraussetzung ist aber in der Regel nur in Unternehmungen mit Auftrags- und Einzelproduktion erfüllt, da es nur hier betriebswirtschaftlich sinnvoll und zugleich notwendig ist, für sämtliche Enderzeugnisse bzw. Kundenaufträge mit Hilfe regelmäßiger Nachkalkulationen die angefallenen Ist-Selbstkosten zu bestimmen.

Bei Auftrags- und Einzelproduktion werden die Ist-Einzelkosten den einzelnen Erzeugnissen bzw. Kundenaufträgen bereits bei der Kostenarten-Erfassung direkt zugeordnet. Im Ist-Kosten-Nachweis der Einzelkosten werden die Einzelkostenarten nach Auftragsnummern geordnet und von hier abgestimmt mit der Kostenartenrechnung direkt in die Nachkalkultionen übernommen.

Auch die Ist-Bezugsgrößen der primären Kostenstellen werden bereits weitgehend nach Enderzeugnissen bzw. Aufträgen differenziert erfaßt. Multipliziert man die auf die einzelnen Enderzeugnisse bzw. Kundenaufträge entfallenden Ist-Bezugsgrößen pro Einheit (z.B. die Maschinenstunden einer Fertigungsstelle) mit den zugehörigen Ist-Kalkulationssätzen (z.B. Istkosten pro Maschinenstunde), so erhält man die auf die betreffende Erzeugnis- bzw. Auftragseinheit entfallenden Ist-Kostenstellenkosten (z.B. die Fertigungskosten pro Auftrag).

Steht im Produktionszeitpunkt bereits für jede Einzelkostenart und für alle Istbezugsgrößen der Primärstellen fest, auf welche Enderzeugnisse bzw. Kundenaufträge sie entfallen, so kann über die Nachkalkulationen die Kostenträgerrechnung vollständig mit der Kostenarten- und der Kostenstellenrechnung zu einem geschlossenen System einer Grundrechnung der Istkosten verschmolzen werden.

Gehen standardisierte oder genormte Einzelteile, Funktionselemente oder Baugruppen in die Erzeugnisse einer Unternehmung mit Auftrags- und Einzelfertigung ein, so ist die obige Voraussetzung aber in der Regel nicht erfüllt, da für diese Einzelteile, Funktionselemente und Baugruppen im Zeitpunkt der Produktion in der Regel noch nicht genau feststeht, für welche Enderzeugnisse bzw. Aufträge sie später Verwendung finden werden. Sie sind daher Vorkostenträger, für die gesonderte Kalkulationen zu erstellen sind, deren Herstellkosten sich erst im Verwendungszeitpunkt in die Nachkalkulationen der Enderzeugnisse bzw. Kundenaufträge integrieren lassen.

In <u>Unternehmungen mit standardisierten Massen- oder Serienerzeugnissen</u> ist es in der Regel betriebswirtschaftlich nicht sinnvoll (und oft auch nur mit zu großem Erfassungsaufwand möglich) laufend für alle Produktarten Nachkalkulationen zu erstellen. Hier kommt daher nur die <u>fallweise Erstellung von Nachkalkulationen</u> in Frage, so daß die Kostenträgerstückrechnung nicht zur Grundrechnung, sondern zur Auswertungsrechnung der Istkosten zu zählen ist. Das bedeutet aber nicht, daß eine Unternehmung mit standardisierten Erzeugnissen auch auf eine Integration der Kostenträgerzeitrechnung in die Grundrechnung der Istkosten verzichten müßte. Sie hat vielmehr die Möglichkeit, das von Medicke für die Plankostenrechnung entwickelte System der <u>geschlossenen Kostenträgerzeitrechnung</u> anzuwenden.[25] Bei diesem Verfahren lassen sich die Ist-Einzel- und die Ist-Kostenstellenkosten in einer dem Erfolgsausweis vorgeschalteten sogenannten <u>Betriebsleistungsrechnung</u> kostenträgergruppenweise mit der Kostenarten- und der Kostenstellenrechnung abstimmen, ohne daß hierfür produktindividuelle Nachkalkulationen erforderlich sind. Die Ist-Herstellkosten der Betriebsleistung werden nach Kostenträgergruppen differenziert in die <u>Bestandsrechnung der Halb- und Fertigfabrikate</u> übertragen. Die Verwaltungs- und Vertriebskosten werden unmittelbar in die letzte Stufe der geschlossenen Kostenträgerrechnung, die <u>Erfolgsrechnung</u>, übernommen.

In der Praxis wird das Verfahren der geschlossenen Kostenträgerzeitrechnung allerdings meistens nur in Verbindung mit einer Plankostenrechnung angewandt, so daß sie über die Grundrechnung der Istkosten wesentlich hinausgeht und letztlich zu einer auswertenden Rechnung wird, die zugleich auf einer Grundrechnung der Istkosten und einer Grundrechnung der Plankosten basiert, die beide in der Kostenstellenrechnung enden.

3. Die Grundrechnung der Plankosten

31. Die Grundrechnung der Plankosten als reine Kostenartenrechnung

Das charakteristische Merkmal von Grundrechnungen der Plankosten besteht darin, daß hier unabhängig von den Istkosten Planverbrauchsmengen und -arbeitszeiten erfaßt und mit Planpreisen bzw. Plantarifsätzen bewertet werden.

Würde die Grundrechnung der Plankosten als reine Kostenartenrechnung geführt, so müßte sie sich auf den Ausweis geplanter Kostenartenbeträge beschränken ohne diese nach Kostenstellen und Kostenträgern differenziert auszuweisen.

Mit Hilfe der Übersicht 2 wollen wir überprüfen, ob eine solche Form der Grundrechnung sinnvoll und realisierbar ist.

Eine fundierte Kostenplanung muß von der Produktionsprogrammplanung ausgehen, in der die Planmengen des Primärbedarfs prognostiziert werden. Durch die Stücklistenauflösung werden hieraus die Planmengen des Sekundärbedarfs abgeleitet, die aus Planmengen des Fremdbezugs und Planmengen der Eigenerstellung bestehen. Die Planmengen des Fremdbezugs führen durch Bewertung mit den zugehörigen Planpreisen unmittelbar zu den Einzelkosten für Fremdteile. Für die Planmengen der Eigenerstellung (= selbsterstellte Teile und Baugruppen) muß dagegen zuvor eine Materialbedarfsplanung durchgeführt werden, um die Einzelmaterialkosten bestimmen zu können. Die Übersicht 2 läßt erkennen, daß sich zwar die Einzelkostenarten unter Rückgriff auf die Daten der Produktionsplanung unmittelbar planen lassen, nicht aber die über Kostenstellen abzurechnenden Kostenarten. Diese lassen sich nur im Rahmen einer

Prof. Dr. W. Kilger	Grundrechnung der Plankosten	Übersicht : 2

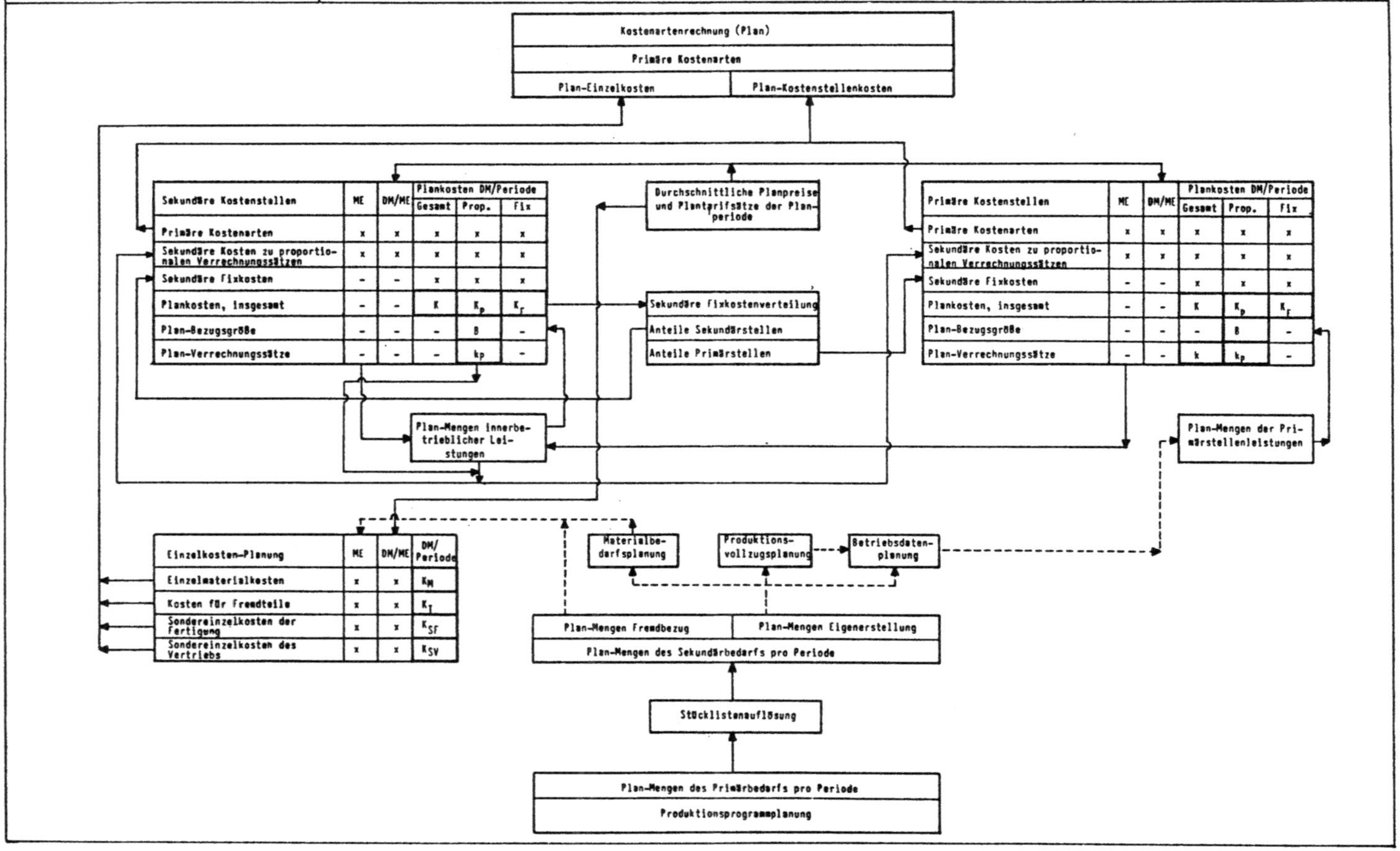

nach Kostenarten und Kostenstellen differenzierten Kostenplanung bestimmen, bei der Planbezugsgrößen die Bindeglieder zur Produktionsplanung bilden. Da eine als reine Kostenarten-Planungsrechnung praktizierte Grundrechnung weder zu genauen Plan-Kostenstellenkosten führen kann, noch in der Lage ist diese in Abhängigkeit von den Aktionsparametern der Produktionsplanung darzustellen, halten wir diese Form der Grundrechnung der Plankosten nicht für sinnvoll.

32. Die Grundrechnung der Plankosten als kombinierte Kostenarten- und Kostenstellenrechnung

Unsere Ausführungen in Kapitel 31 haben gezeigt, daß eine Grundrechnung der Plankosten auf jeden Fall neben der Kostenartenrechnung auch die Kostenstellenrechnung beinhalten muß.

Wie die Übersicht 2 erkennen läßt, hängen die Plankosten der primären Kostenstellen von den Plan-Bezugsgrößen dieser Stellen ab. In Bezug auf die Bestimmung der Plan-Bezugsgrößen lassen sich die beiden folgenden Fälle unterscheiden:

1. Plan-Bezugsgrößen der Primärstellen können rechnerisch aus einer vorhandenen Produktionsprogrammplanung abgeleitet werden.

2. Plan-Bezugsgrößen der Primärstellen können nicht aus einer vorhandenen Produktionsprogrammplanung abgeleitet werden.

Im ersten Fall, der vom Standpunkt der Planung den Idealfall darstellt, müssen vor Durchführung der Kostenstellenplanung eine detaillierte Produktionsprogramm- und -vollzugsplanung vorliegen, sowie alle Betriebsdaten der erforderlichen Arbeitsgänge bekannt sein. Bei Auftrags- und Einzelfertigung ist diese Voraussetzung von vornherein unerfüllbar. Aber auch in vielen Unternehmungen mit standardisierten Erzeugnissen liegen zum Zeitpunkt der Kostenplanung die für eine rechnerische Bezugsgrößenplanung der Primärstellen erforderlichen Produktionsdaten noch nicht vor.

Daher ist der zweite Fall als Regelfall der Praxis anzusehen, d.h. die Plan-Bezugsgrößen müssen von den Kostenrechnern aufgrund pauschaler Annahmen über die Produktions- und Absatzentwicklung der Planungsperiode geschätzt werden.

Liegen die Plan-Bezugsgrößen der Primärstellen fest, so baut hierauf die Mengenplanung der Kostenstellen auf, bei der zwischen Plan-Mengen primärer und sekundärer Kostenarten zu unterscheiden ist. Letztere wiederum bestimmen die Plan-Bezugsgrößen der Sekundärstellen.

Die Plan-Mengen der innerbetrieblichen Leistungen sollten in entscheidungs- und kontrollorientierten Systemen der Kostenrechnung grundsätzlich (zunächst) nur mit proportionalen Plan-Verrechnungssätzen bewertet werden.[26] Sollen aber für die Primärstellen auch Vollkostensätze geplant werden, so muß die planmäßige innerbetriebliche Leistungsverrechnung durch eine gesonderte sekundäre Fixkostenverteilung ergänzt werden;[27] vgl. hierzu die Übersicht 2.

Insgesamt gesehen ist die Grundrechnung der Plankosten als kombinierte Kostenarten- und Kostenstellenplanung ein "produktionsmengen- und verfahrensneutrales Kostenermittlungsmodell"[28], das hervorragende Auswertungsmöglichkeiten schafft, auf die wir in Kapitel 4 eingehen werden.

33. Die Grundrechnung der Plankosten als kombinierte Kostenarten-, Kostenstellen- und Kostenträgerrechnung

Wir wollen uns nunmehr der Frage zuwenden, ob und unter welchen Voraussetzungen es sinnvoll sein kann und realisierbar ist, auch die Kostenträgerrechnung in die Grundrechnung der Plankosten zu integrieren. Diese Frage läßt sich relativ schnell beantworten.

Eine Einbeziehung der Kostenträgerrechnung in die Grundrechnung der Plankosten kann grundsätzlich nur dann in Frage kommen, wenn die Voraussetzungen des in Kapitel 32. genannten Falles 1 erfüllt sind, d.h. die Plan-Bezugsgrößen der Primärstellen quantitativ aus einer vorhandenen Produktionsprogrammplanung abgeleitet werden können. Nur wenn die Plan-Produktionsmengen aller Kostenträger vorliegen und sowohl der Produktionsvollzug als auch die Plan-Betriebsdaten aller erforderlichen Arbeitsgänge eindeutig festliegen, lassen sich Plan-Selbstkosten der Erzeugnisse bestimmen, die über die Plan-Bezugsgröße genau mit den Plankosten der Kostenstellen abgestimmt sind.[29]

Da diese Voraussetzung in der Praxis aber allenfalls in Unternehmungen mit wenigen standardisierten Massen- oder Serienerzeugnissen erfüllt ist, kommen wir zu dem Ergebnis, daß im Regelfall die Kostenträgerrechnung aus der Grundrechnung der Plankosten auszuschließen und den auswertenden Sonderrechnungen zuzuordnen ist.

4. Die Auswertungsmöglichkeiten kombinierter Grundrechnungen der Ist- und Plankosten

Während die traditionellen Verfahren der Istkostenrechnung mit einer Grundrechnung der Istkosten auskommen, machen die entscheidungs- und kontrollorientierten Verfahren der Plankostenrechnung das Zusammenwirken einer Grundrechnung der Istkosten und der Plankosten erforderlich. Diese sollten auf jeden Fall die Kostenarten- und die Kostenstellenrechnung in sich aufnehmen. Bei Auftrags- und Einzelfertigung kann in die Grundrechnung der Istkosten auch die laufende Nachkalkulation integriert werden. Die Plankalkulation der Plankostenrechnung gehört dagegen im Regelfall nicht zur Grundrechnung der Plankosten.

Welche Auswertungsmöglichkeiten aus den beiden Grundrechnungen resultieren, haben wir in Übersicht 3 zusammengestellt.

Zu den periodischen Auswertungen zählen:

1. der laufende Aufbau von Nachkalkulationen bei Auftrags- und Einzelproduktion (soweit diese nicht zur Grundrechnung der Istkostenrechnung gezählt werden)

2. die laufende Kontrolle in Form von Soll-Ist-Kostenvergleichen

3. der (meist jährliche) Aufbau von Plankalkulationen (soweit diese nicht in die Grundrechnung der Plankosten integrierbar sind)

4. die kurzfristige Ergebnisrechnung
   41. als Planungsrechnung
   42. als Kontrollrechnung.

Die fallweisen Auswertungen können so mannigfaltiger Art sein, daß die folgende Zusammenstellung keinen Anspruch auf Vollständigkeit erheben kann:

Prof. Dr. W. Kilger	Periodische und fallweise Auswertungen der Grundrechnungen	Übersicht: 3

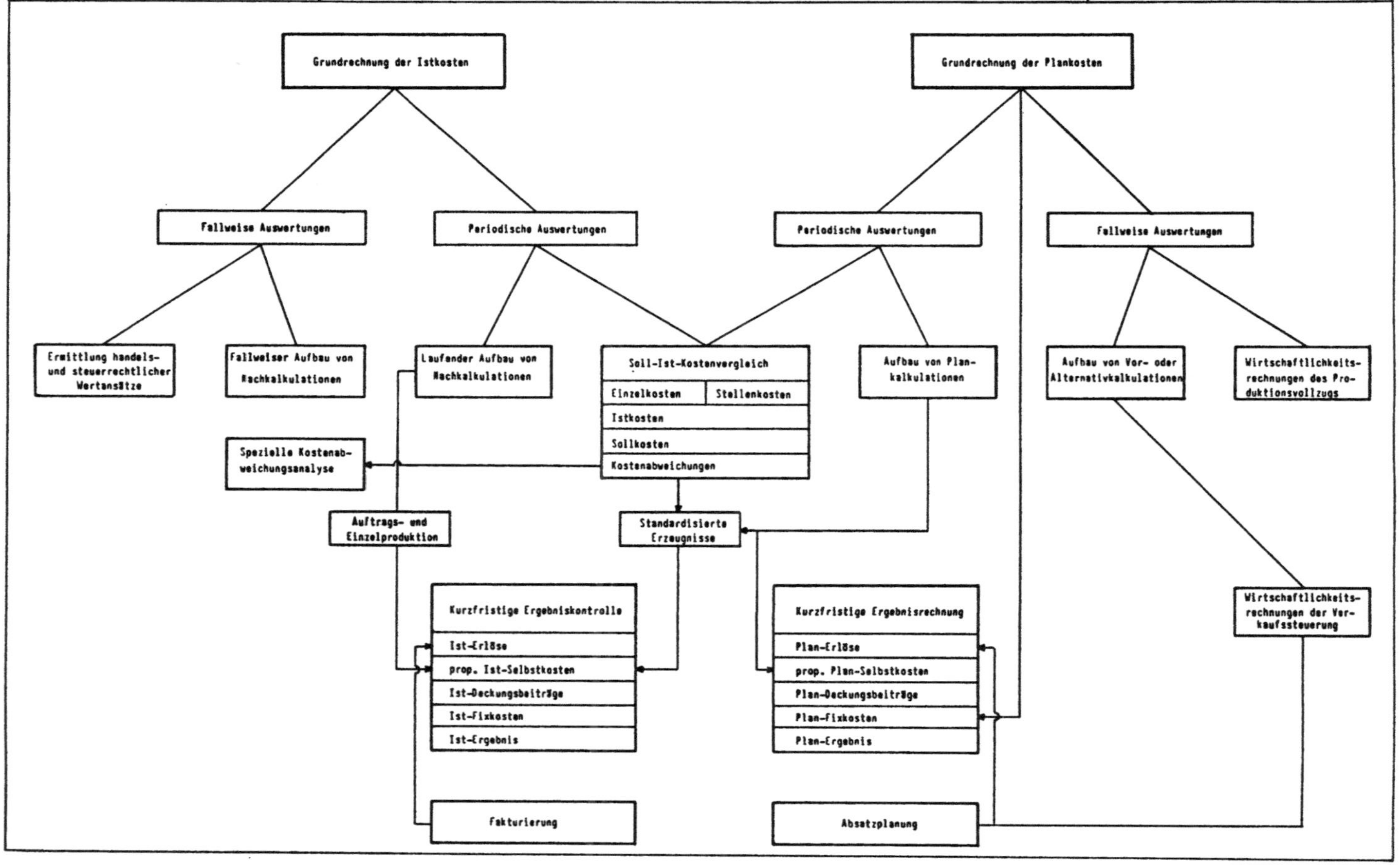

1. Fallweiser Aufbau von Nachkalkulationen

2. Ermittlung handels- und steuerrechtlicher Wertansätze (aus den Herstellkosten der Kalkulation)

3. Spezielle Kostenabweichungsanalysen

4. Fallweiser Aufbau spezieller Kalkulationen
   41. Vorkalkulationen bei Auftrags- und Einzelfertigung
   42. Alternativkalkulationen für standardisierte Produkte

5. Durchführung von Wirtschaftlichkeitsrechnungen auf der Grundlage relevanter Kosten und Erlöse
   51. zur Kostenminimierung des Produktionsvollzugs
   52. zur gewinnmaximalen Verkaufssteuerung.

5. Welche Bedeutung hat die Konzeption der Grundrechnung für die Weiterentwicklung zu einer datenbankorientierten Kostenrechnung?

Das Hauptanliegen unserer Ausführungen in den vorangegangenen Kapiteln bestand darin, der Konzeption der Grundrechnung einen Inhalt zu verleihen, der den Anforderungen entscheidungs- und kontrollorientierter Verfahren der Kosten- und Leistungsrechnung entspricht. Nur auf der Grundlage einer konkreten Begriffsbestimmung, die bisher weitgehend gefehlt hat, läßt sich beurteilen, welche Bedeutung der Konzeption der Grundrechnung für die Weiterentwicklung zu einer datenbankorientierten Kostenrechnung beizumessen ist.

Unsere Ausführungen haben deutlich werden lassen, daß sich die Grundrechnung der Kosten nicht ausschließlich auf die Erfassung und Speicherung kostenrelevanter Grunddaten beschränken darf (wie sie für die Kostenartenrechnung ausreichen würde), sondern darüber hinaus weitere elementare Kostenrechnungsfunktionen zu erfüllen hat. Hierzu gehört das System der gesamten Kostenstellenrechnung unter Berücksichtigung aller interdependenter Leistungsbeziehungen der Kostenstellen untereinander, sowie in einigen Fällen sogar Teile der Kostenträgerrechnung. Die Grundrechnung der Kosten ist daher nicht nur ein reiner "Grunddatenspeicher", sondern ein relativ kompliziertes Rechnungssystem, das kostenstellenbezogene Zuordnungen und -beziehungen erfaßt, ohne die ein Kostenrechnungssystem nicht aussage- und funktionsfähig ist. Denn es würde die auswertenden Rechnungen, z.B. Kostenkontrollrechnungen, Kalkulationen und Wirtschaftlichkeitsrechnungen erheblich erschweren, wenn hier die kostenstellenbezogenen Kostendaten jeweils aufs neue aus Urbelegen abgeleitet werden müßten. Die Speicherung der Grunddaten bildet aber eine Basis, die es ermöglicht, die in der Kostenarten- und Kostenstellenrechnung verdichteten Daten bis auf die Urbelege zurück zu verfolgen, falls dies für bestimmte Auswertungen erforderlich ist.

Unsere Ausführungen haben weiterhin gezeigt, daß die Grundrechnung der Kosten weitgehend auf Daten anderer Informationssysteme angewiesen ist, und zwar die Grundrechnung der Istkosten auf vorgelagerte Datenerfassungssysteme und die Grundrechnung der Plankosten auf vorgelagerte Planungssysteme. Um Redundanzen der Datenerfassung zu vermeiden und den Erfassungsaufwand entsprechend niedrig zu halten, sollten für die Grundrechnungen der Kosten Datenbanklösungen angestrebt werden, bei denen die Teildateien weitgehend in ein Gesamtsystem integriert sind.

Ein wichtiges Problem, das z.Zt. bei der Weiterentwicklung der EDV-Organisation für die Kosten- und Leistungsrechnung diskutiert wird, besteht in der Frage, ob und inwieweit die bisher vorherrschende Stapelverarbeitung auf der Grundlage konventioneller Dateien durch interaktive Dialogsysteme auf der Basis von Datenbanken ersetzt werden sollte. Diese Frage wurde bereits auf der 4. Saarbrücker Arbeitstagung diskutiert.[30] In der Kontroverse Stapel- kontra Dialogverarbeitung kann leicht der Eindruck entstehen, daß die Abgrenzung zwischen Grund- und Auswertungsrechnung erst bei der Anwendung interaktiver Dialogsysteme ihre eigentliche Bedeutung erreicht, ja vielleich sogar hier erst realisierbar wird.[31]

Die Trennung von Grund- und Auswertungsrechnungen ist aber durchaus bereits auf der Grundlage einer reinen Stapelverarbeitung sinnvoll und realisierbar - Schmalenbach hat sie sogar in einer Zeit vorgeschlagen, in der die Kosten- und Leistungsrechnung noch ohne EDV-Einsatz durchgeführt wurde. Bei der späteren Einführung von EDV-Lösungen wurde das Zusammenwirken von Grund- und Auswertungsrechnungen weiter ausgebaut. Mit Recht hat Reblin darauf hingewiesen,..., "daß man auch mit konventionellen Technologien anspruchsvolle Lösungen realisieren kann."[32] Für die flexible Plankostenrechnung auf Grenzkostenbasis kann das 1974 von der Costing-Software GmbH entwickelte Standard-Softwareprogramm M11 als erster Ansatz einer kombinierten Grundrechnung der Kostenarten und Kostenstellen angesehen werden, die alle interdependenten Beziehungen der Kostenstellen untereinander berücksichtigt, sowie Mengendaten und Wertansätze getrennt erfaßt. Dieses Programm war aber zunächst rein am Prinzip der Stapelverarbeitung orientiert; inzwischen wurde aber ein teilweiser Übergang zur Dialogisierung erreicht.[33)]

Das Zusammenwirken von Grund- und Auswertungsrechnungen auf der Grundlage einer reinen Stapelverarbeitung ist nur für Auswertungen in Form regelmäßig wiederkehrender periodenbezogener Berichterstattungen sinnvoll. Solche Auswertungen werden wegen des Periodenbezugs vieler Planungs- und Kontrollsysteme, die auf Daten der Kosten- und Leistungsrechnung basieren, immer einen nicht unerheblichen Anteil der Gesamtauswertungen ausmachen. Zu ihnen gehören z.B. der Istkostenausweis der Kostenstellen, Soll-Ist-Kostenvergleiche der Einzel- und der Kostenstellenkosten sowie der kurzfristige Erfolgsausweis (entweder nach dem Vollkosten- oder dem Deckungsbeitragsprinzip). Die Ergebnisanalyse solcher Auswertungen läßt sich aber erheblich verbessern, wenn die Grundrechnung nach dem Datenbankprinzip organisiert wird, so daß jederzeit ein Rückgriff auf die unverdichteten Daten möglich ist.

Neben den regelmäßig wiederkehrenden, periodenbezogenen Berichterstattungen werden aber von entscheidungs- und kontrollorientierten Systemen der Kosten- und Leistungsrechnung heute in zunehmendem Maße Alternativrechnungen und ad hoc-Auswertungen verlangt. Hier stößt eine nach dem Prinzip der Stapelverarbeitung organisierte Grundrechnung auf Grenzen. In der Literatur wird zwar darauf hingewiesen, daß sich im gewissen Umfang Alternativrechnungen und ad hoc-Auswertungen auch mit Hilfe von Batch-Programmen realisieren lassen[34)] und daß Umwertungen der Kosten und die Durchführung von Simulationsrechnungen möglich sind,[35)] für Alternativrechnungen und ad hoc-Auswertungen sind aber als interaktive Dialogsysteme angelegte Grundrechnungen weitaus besser geeignet als die Stapelverarbeitung. Zu diesen Auswertungen zählen kurzfristige Einzelmaterialverbrauchs- und Ausschußkostenkontrollen, die Ermittlung relevanter Kosten für Wirtschaftlichkeitsrechnungen des Produktionsvollzugs (z.B. kurzfristige Verfahrenswahl, Entscheidungen über Eigenerstellung und Fremdbezug, Seriengrößenbestimmungen usw.) der Aufbau von Vor- und Alternativkalkulationen, die Bestimmung von Preisuntergrenzen für Zusatzaufträge sowie die Verkaufssteuerung mit Hilfe von relativen Deckungsbeiträgen in Engpaßsituationen. Für diese Aufgaben sind Grundrechnungen auf der Grundlage konventioneller Dateien und Auswertungen der Stapelverarbeitung zu schwerfällig und

zu unübersichtlich. Hier ist deshalb eine datenbankorientierte Grundrechnung zu fordern, die zu einer erheblichen Erhöhung der Auswertungsmöglichkeiten und der Auswertungsflexibilität führt.[36] Werden die von uns dargestellten Grundrechnungen der Plankosten und der Istkosten in leistungsfähigen Datenbanken des Rechnungswesens gespeichert, so werden die Anwendungsmöglichkeiten entscheidungs- und kontrollorientierter Verfahren der Kosten- und Leistungsrechnung weiter intensiviert werden, da sie schnell und flexibel von den Arbeitsplätzen der zuständigen Sachbearbeiter aus realisiert werden können. Eine wichtige Voraussetzung hierfür sind benutzerfreundliche Anwendersprachen, die insbesondere bei Anwendung relationaler Datenbanksysteme verfügbar sind.
Mit Recht hat aber Reblin bereits auf der 4. Saarbrücker Arbeitstagung darauf hingewiesen, daß eine als leistungsfähiges Datenbanksystem ausgestaltete Grundrechnung der Kosten wegen des "großen Datenvolumens" und der "kaum übersehbaren Verflechtungs- und Verdichtungsmöglichkeiten" ein recht "anspruchsvolles Instrumentarium" ist, dessen Realisierung erst am Anfang steht.[37] Ich hoffe, daß meine Ausführungen zur Konzeption der Grundrechnung dazu beitragen mögen, dem Entwicklungstrend zu einer datenbankorientierten Kostenrechnung weitere Impulse zu verleihen.

1) Vgl. E. Schmalenbach: Pretiale Wirtschaftslenkung, Band 2: Pretiale Lenkung des Betriebes, Bremen-Horn 1948, S. 66.

2) Vgl. B.E. Goetz: Management Planing and Control;A Managerial Approach to Industrial Accounting, 5. Edition, New York, Toronto, London 1949, S. 35.

3) Vgl. P. Riebel: Einzelkosten-und Deckungsbeitragsrechnung, 4. wesentlich erweiterte Auflage, Wiesbaden 1982, S. 149 ff.

4) Vgl. A.-W. Scheer: EDV-orientierte Betriebswirtschaftslehre, Berlin, Heidelberg, New York und Tokyo 1984, S. 5.

5) Vgl. A.-W. Scheer: EDV-orientierte..., a.a.O., S. 112.

6) Vgl. E. Schmalenbach: Kostenrechnung und Preispolitik, 8. Aufl., Köln und Opladen 1963, S. 268 ff.

7) E. Schmalenbach: Pretiale..., a.a.O., S. 66.

8) Vgl. E. Schmalenbach: Kostenrechnung..., a.a.O., S. 267.

9) Vgl. E. Schmalenbach: Kostenrechnung..., a.a.O., S. 269.

10) Vgl. E. Schmalenbach: Kostenrechnung..., a.a.O., S. 432.

11) Vgl. P. Riebel: Einzelkosten..., a.a.O., S. 149 und S. Hummel: Wirklichkeitsnahe Kostenerfassung, Berlin 1970, S. 130.

12) Vgl. P. Riebel: Einzelkosten..., a.a.O., S. 444 und W. Sinzig: Datenbankorientiertes Rechnungswesen, Berlin, Heidelberg, New York und Tokyo 1983, S. 47.

13) Vgl. P. Riebel: Einzelkosten..., a.a.O., S. 440.

14) Vgl. P. Riebel: Einzelkosten..., a.a.O., S. 439 und S. Hummel: Wirklichkeitsnahe..., a.a.O., S. 107.

15) R. Engelmann: Grundlagen und Aufbau der Kostenkontrolle unter Berücksichtigung stochastischer Aspekte, Saarbrücken 1980, S. 151.

16) Vgl. R. Engelmann: Grundlagen..., a.a.O., S. 146.

17) Vgl. R. Engelmann: Grundlagen..., a.a.O., S. 153.

18) Vgl. A.-W. Scheer: EDV-orientierte..., a.a.O., S. 108.

19) Vgl. A.-W. Scheer: EDV-orientierte..., a.a.O., S. 110.

20) Vgl. H.G. Plaut, H. Müller, W. Medicke: Grenzplankostenrechnung und Datenverarbeitung, 2. Aufl., München 1971, S. 114 ff. und W. Kilger: Einführung in die Kostenrechnung, 2. Aufl., Opladen 1980, S. 258 ff.

21) Vgl. E. Schmalenbach: Pretiale..., a.a.O., S. 66 und P. Riebel: Einzelkosten..., a.a.O., S. 447.

22) Vgl. H.G. Plaut; H. Müller, W. Medicke: Grenzplankostenrechnung..., a.a.O., S. 114 ff u. W. Kilger: Einführung..., a.a.O., S. 259.

23) Vgl. W. Kilger: Einführung..., a.a.O., S. 179 ff.

24) Vgl. W. Kilger: Einführung..., a.a.O., S. 192 ff.

25) Vgl. W. Medicke: Geschlossene Kostenträgerrechnung und Artikelergebnisrechnung in der Grenzplankostenrechnung, AGPLAN, Bd. 8, Wiesbaden 1964, S. 37 ff und W. Kilger: Flexible Plankostenrechnung und Deckungsbeitragsrechnung, 8. völlig neu bearbeitete Auflage, Wiesbaden 1981, S. 678 ff.

26) Vgl. W. Kilger: Flexible..., a.a.O., S. 426, so auch P. Riebel: Einzelkosten..., a.a.O., S. 170.

27) Vgl. W. Kilger: Flexible..., a.a.O., S. 467 ff.

28) Vgl. W. Kilger: Grenzplankostenrechnung, in: Entwicklungslinien der Kosten- und Erlösrechnung, hrsg. von K. Chmielewicz, Stuttgart 1983, S. 63.

29) Vgl. W. Kilger: Flexible..., a.a.O., S. 609.

30) Vgl. H. Plattner: Die Organisation eines interaktiven Planungssystems für die Kostenstellenrechnung, in: Rechnungswesen und EDV, hrsg. von W. Kilger und A.-W. Scheer, Würzburg Wien 1983, S. 89 ff und E. Reblin: Von der Stapelverarbeitung zum interaktiven Dialogsystem im Rechnungswesen, in: Rechnungswesen und EDV, hrsg. von W. Kilger und A.-W. Scheer, Würzburg Wien 1983, S. 70 ff.

31) Vgl. P. Riebel: Thesen zur Einzelkosten- und Deckungsbeitragsrechnung, in: Entwicklungslinien der Kosten- und Erlösrechnung, hrsg. von K. Chmielewicz, Stuttgart 1983, S. 21 ff.

32) Vgl. E. Reblin: Möglichkeiten und Grenzen einer dialogisierten Kosten- und Leistungsrechnung, in: EDV-Systeme im Finanz- und Rechnungswesen, hrsg. von P. Stahlknecht, Berlin, Heidelberg, New York 1982, S. 75 ff.

33) Vgl. J. Bretschneider: Plaut-Software M 110 für ein integriertes Rechnungswesen, in: Rechnungswesen und EDV, hrsg. von W. Kilger und A.-W. Scheer, Würzburg Wien 1983, S. 146 ff.

34) Vgl. E. Reblin: Möglichkeiten..., a.a.O., S. 81 und J. Brettschneider: Plaut-Software..., a.a.O., S. 145 ff.

35) Vgl. H.G. Plaut, H. Müller, W. Medicke: Grenzplankostenrechnung..., a.a.O., S. 151 ff.

36) Vgl. H. Plattner: Kostenrechnung im Dialog, in: EDV-Systeme im Finanz- und Rechnungswesen, hrsg. von P. Stahlknecht, Berlin, Heidelberg, New York 1982, S. 60 ff, insbesondere S. 74 und E. Reblin: Von der Stapelverarbeitung..., a.a.O., S. 71 ff.

37) Vgl. E. Reblin: Möglichkeiten..., a.a.O., S. 90.

Ein Mikrocomputersystem der flexiblen Plankostenrechnung für kleine und mittelständische Betriebe

Dipl.-Ing. *H. Quandt*, Odenthal

Übersicht

Konzept einer Flexiblen Plankostenrechnung
Basisunterlagen, Arbeitskonzept
Vorsammlung der Kosten, kalkulatorische Kosten
Gegenseitige Verrechnung der Hilfstellen
Umlage der Stellen des 'Allgemeiner Bereich'
Errechnung der kalkulatorischen Anlagenkosten
Stellenverrechnungsbögen
Arbeitsvorgänge in Kostentabellen
Stückliste
Beispielhafter Ablauf einer unternehmerischen Entscheidung
Erweiterte Stückliste
Auflösung der Stückliste
Betriebsergebnisplanung
Kostenbudgetierung
Abweichungsrechnung, Berichterstattattung
Der praktische Einsatz in Zahlen
Berichts-Zeiträume
Häufigkeit der Durchläufe
Datenmengen, Verarbeitungszeiten
Hardware-Konfiguration, Erfahrungen
Literaturverzeichnis

Rechnungswesen und EDV: PC-Einsatz. © 1984 PHYSICA-VERLAG Würzburg-Wien

QuLi-flexible Plankostenrechnung und Softwarepaket

1.0 Konzept

1.1 Kostenrechnungssystem

1.2 Software-Paket

Berichtet wird über eine Version flexibler Plankostenrechnung des Ing.- und Planungsbüros Heinrich Quandt, 5068 Odenthal, zu der ein Standard-Softwarepaket für Mikrocomputer realisiert wird. Besonders den stark diversifizierenden kleinen und mittelständischen Unternehmen soll eine moderne Planungs- und Kostenrechnung für ein von bestimmten Computer-Herstellern unabhängiges Computersystem angeboten werden. Die im Verhältnis zu grösseren Unternehmen geringeren Datenmengen und die Leistungsfähigkeit heutiger und besonders zukünftiger Microcomputer haben uns vor einigen Monaten veranlasst, diese preiswerte Hardware mit ihren vielfältigen Möglichkeiten als Vehikel für unsere Datenbewegungen auszuwählen. Die Hardware-Investitionskosten sind somit nicht mehr das Problem. In mittelständischen Betrieben, die für den Chef noch einigermassen überschaubar zu sein scheinen und in denen hochspezialisierte Betriebswirte weniger anzutreffen sind, liegen die Schwierigkeiten in der Akzeptanz einer auf reine Planung eingestellten und alle betrieblichen Belange erfassenden flexiblen Plankostenrechnung. Die in unseren Anwenderhandbüchern beschriebenen programmierten Abläufe sind daher als ein Medium gedacht, um den Verantwortlichen in mittelständischen Unternehmen die hier besprochene Denkungsweise eingängig darzustellen. Der Unternehmer selbst soll das System anwenden, jedenfalls aber selbst kontrollieren können. Das hier besprochene Angebot eignet sich auch aus diesem Grund in besonderer Weise als Einstieg in eine alle betrieblichen Belange abdeckende EDV.

1.1 Das Kostenrechnungssystem 'QuLi-Flexible Plankostenrechnung' basiert auf W.Kilger "Flexible Plankosten- und Deckungsbeitragsrechnung"(1) und entspricht prinzipiell den Empfehlungen des BDI zur Kosten- und Leistungsrechnung zum IKR (2).
Das System ist eine Vollkostenrechnung mit Ausweisung der Proportionalkostenanteile fristigkeitsbezogen. Es beinhaltet die Kostenarten, Kostenstellen und Kostenträgerrechnung.
Im Endstadium der Einführung des Systems wird das betriebliche Rechnungswesen durch die Kostenträger-Planungsrechnung bestimmt, deren Auflösung zu den Plandaten der Kapazitätsauslastung, den kostenartenweisen Plankosten und schließlich zum Plan-Betriebsergebnis führt.
Nachfolgend wird dargestellt, wie das System es ermöglicht,

alle kostenrelevanten Daten der Produkte und des Betriebes bis in die kleinsten Einheiten einer Kostenplatzrechnung und Produktkalkulation den betrieblichen Größenordnungen entsprechend zu gliedern und weitgehend zuzuordnen.
Durch seinen strukturellen Aufbau ist das System flexibel. Planungsrelevante Daten des Unternehmens lassen sich in ihren Veränderungen sofort neu bis zum Betriebsergebnis durchrechnen und zum Ausdruck bringen, zB bei

- Änderung der Basisdaten (Lohn- oder Preiserhöhungen u.a.),
- betrieblichen Änderungen (zB Modellrechnungen für neue Fertigungskapazitäten, Arbeitsschichtsysteme u.a.)
- Umstrukturierungen der Produktpalette u.a.m.

Die detaillierte Produktplanung, für deren Markt der Leiter Vertrieb und Entwicklung verantwortlich zeichnet, liefert das Mengengerüst für die Planungsdaten. Nach Verabschiedung durch die Geschäftsführung wird der Plan verbindlich. Die sich daraus ergebenden Vorgaben werden in permanenter Soll/Ist-Kontrolle durch die jeweiligen Planungszeiträume hindurch verfolgt, nur Abweichungen werden den Verantwortlichen hierarchisch verdichtet ausgewiesen, so daß diese weitgehend von belanglosen Datenaufstellungen entlastet werden.
Über die Entstehung der vorliegenden Arbeit ist zu erwähnen, daß diese Version einer voll auf Planungsdaten und Abweichungsrechnungen basierenden 'flexiblen Plankostenrechnung' aus der in den Jahren 1967 und 68 erfolgten Erarbeitung eines Modellfalls für die Deutsche Tuch- und Kleiderstoff-Industrie hervorging. Wegen hoher Ansprüche an eine leistungsfähige Datenverarbeitungstechnik gelangte dieses Konzept aber seinerzeit nur bei wenigen Unternehmen zum Einsatz.
1974 wurde das System vom Autor um das Kernstück 'erweiterte Stückliste' wesentlich ergänzt.

1.2 Das Software-Paket 'QuLi-FlexPlan-Rechnung'

Das Kostenrechnungssystem wurde bereits 1968 datenorganisatorisch auf die sich seinerzeit entwickelnde EDV-Technik eingestellt. Der Autor hat diese Version in den Folgejahren für mehrere Unternehmen nach und nach mit einzelnen Modulen zum Ablauf in Rechenzentren in Auftrag gegeben, einschliesslich des Moduls 'erweiterte Stückliste'. Diese Erweiterung beinhaltet den zeilenweisen zusätzlichen Ausdruck auch detaillierter Arbeitsanweisungen mit den Daten der Betriebsmittel- und Mitarbeiter-Inanspruchnahme incl. zeilenweiser Ausweisung der Vollkosten und Proportionalkostenanteile. Der Zweck dieser Erweiterung der Stückliste besteht in ihrer vorzüglichen Eignung als Arbeitsunterlage für Wertanalyse-Teams.

In dieser Ausstattung hat sich diese Version nunmehr seit fast zehn Jahren in der Gerätebau-Planung bewährt.
Durch die vorgegebene innere Logik des Systems ist eine eigenständige Kostenrechnungsabteilung in vielen Fällen nicht mehr erforderlich. Die Verantwortung kann nach erfolgreicher Einarbeitung in die Hände des Leiters Finanzbuchhaltung zurückgelegt werden.

Das auf Microcomputer programmiert System weist folgende besondere Merkmale auf:

1. Das System ist menugesteuert und arbeitet on-line über das relationale Datenbanksystem dBaseII.
2. Es arbeitet weitgehend redundanzfrei.
3. Das Softwarepaket'QuLi-FlexPlan' ist in sich geschlossen einsatzfähig. Es kann aber auch voll an die Schnittstellen der betrieblichenEDV angepasst werden. Durch diese Integration gewinnt es wesentlich an Effektivität.
4. Das System ist angelegt auf eine schnell zunehmende Leistungsfähigkeit der Microcomputer. Mit ihrem zunehmenden Einsatz in der Industrie rechnen wir damit, daß die großen Anstrengungen bei der Erlangung von Kompatibilität zu der mittleren und großen EDV-Technik in absehbarer Zeit zu befriedigenden Ergebnissen führen werden. Wir haben unser Konzept daher so abgesteckt, daß wir die betriebliche Kostenrechnung voll abdecken, von der Konstruktionsvorlage und der alle Produktionsstufen erfassenden eingepassten BDE über das Fertigprodukt bis zum Vertrieb und Betriebsergebnis.
5. Bereits ab der Test- und Lernphase können Systemteile über Microcomputer zum Einsatz gebracht werden, sofern diese CP/M oder MS-DOS gesteuert bzw. mit verwandten Systemen lauffähig sind.
6. Die erweiterte Stückliste ist mit der Möglichkeit einer beliebigen Verdichtung zu grösseren Baugruppen als Arbeitsvorlage für Wertanalyse-Teams gut geeignet.

Für den Einsatz in der betrieblichen Praxis stehen einzelne Programme inzwischen kurzfristig zur Verfügung, wie zB die Planung, die Stellenverrechnungsbögen incl. der gegenseitigen Verrechnung der Leistungen der Hilfsstellen und die Bildung der Standard-Verrechnungssätze sowie das Programm der erweiterten Stückliste bis zur Hochrechnung zum Betriebsergebnis incl. der Abweichungs-Meldungen.
Für die Anpassung an die betrieblichen Belange können wir auf Vereinbarungen mit einem Systemhaus in Köln hinweisen, wenn der Kunde diese Hilfe wünscht.

Arbeitsprogramm zur

Beschaffung der Basisunterlagen

Die Einführung der QuLi-FlexPlan-Rechnung in einen bestehenden Betrieb erfolgt nach einem festgelegten Arbeitsprogramm, an dessen erster Stelle die Beschaffung der Basisunterlagen und die Protokollierung des Istzustandes stehen. In diesem Stadium werden besonders in kleinen und mittelständischen Betrieben Neudefinitionen von Funktionen notwendig, um die Datenaufbereitung im Interesse der entscheidungsorientierten Aussagen zu optimieren. Das kann im weiteren Verlauf zu Umstrukturierungen der vorgefundenen Teilzustände führen, wie zB im Kostenstellenplan.

Die Basisunterlagen über das Fertigungsprogramm, statistische Angaben über die Absatzentwicklung, die Betriebmittel-Kapazität, der Personalplan, der Kostenartenplan mit den Salden des letzten Abschlusses und ein Bericht über die Betriebliche Datenerfassung sind für die Diagnose wichtig, ebenso aber auch Gespräche mit der Geschäftsleitung und wichtigen Funktionsträgern im Betrieb.

s. Abb. 01 Cheque-Liste zur Beschaffung der Basisunterlagen.

Nach der Beschaffung und Protokollierung der Basisunterlagen ist das Arbeitsprogramm für die

Installation der QuLi-FlexPlan-Rechnung

bereits weitgehend vorgezeichnet. Es beginnt nach dem diesem System zugrundeliegenden Planungsprozessgliederungssystem mit dem durch die Mengenplanung des Vertriebes vorgegebenen Fertigungsprogramm. Das entspricht der Bedeutung, die der Markt in unserer Wirtschaftsordnung hat. Also richtet sich auch die betriebliche Planung - in Abstimmung mit den verfügbaren Produktionskapazitäten - danach, was der Markt begehrt.

Hierdurch erhält das

1. Fertigungsprogramm

seine zentrale Funktion im System der QuLi-FlexPlan-Rechnung.

Nach formalen Überprüfungen - in vielen Fällen ist z.B. bereits die Artikel-Nummer mit den Kriterien der Bezeichnung in ihrer Funktion zu überprüfen - werden bereits im Entwicklungsstadium alle Artikel mit ihren einzelnen Materialbestandteilen und Bearbeitungsschritten in die Datei STÜCKLISTE eingegeben. Die Arbeitsvorbereitung ergänzt die Datei on line mit den Kriterien für Arbeitsplatz-Inanspruchnahme und Materialbezeichnungen.

Abb. 01. Cheque-Liste zur Beschaffung der Basisunterlagen.

1. Fertigungsprogramm
   1. Artikel-Bezeichnung
      Kriterien der Bezeichnung
   2. Kriterien für Platzbelegung + Kalkulation
      Artikel-Auflösung über die Erweiterte Stückliste
   3. Mengenplanung des Vertriebs
   4. Belegungsplan terminisiert

2. Betriebsmittel-Kapazität
   1. Betriebsmittel-Datei
   2. Kostenstellen-Definition
   3. Kostenplätze, Plan
   4. Größe der Anlage, mit Taxe abstimmen
   5. Nutzeffekt-Rechnung
   6. Planungskalender
   7. Kapazitätsermittlung

3. Mitarbeiterplan
   1. Besetzung, gesamt und Kostenstellenweise
      Dazu Definitionen der Mitarbeiter-
      Zuweisungskriterien wie zB
      .1 Meister-Partie
      .2 Mann-Partie
      .3 Herantransport
      .4 Abtransport
   2. Lohngruppen-Verzeichnis

4. Kostenarten
   1. Kostenartenplan
   2. Anlagen-Kartei
      1. Nutzungsdauer
      2. Wiederbeschaffungs-Werte
   3. Mengen- und Zeitabhängigkeit des Kostencharakters

5. BDE-Betriebliche Daten-Erfassung

Anschliessend kann der Artikel - in welchem Entwicklungs- oder Modifizierungsstadium auch immer er sich befinden mag - mit dem Befehl 'Berechnen' zeilenweise und nach den hierarchisch gebildeten Obergruppen verdichtet durchgerechnet werden.
Das Programm kommuniziert mit der von der Materialwirtschaft zu pflegenden MATERIALDATEI und mit der KOSTENTABELLEN-DATEI, die durch die Berechnungen der Kostenstellenrechnung gespeist wird.
Das Programm ERWEITERTE STUECKLISTE rechnet die Mengen an Material und Arbeitsplatzinanspruchnahme und die hiermit entstehenden Vollkosten mit Proportionalkostenanteil, sowohl für den ganzen Artikel wie auch für jede Baugruppe und jede einzelne Zeile der Stückliste.
Mit dem Kommando 'Auszüge' erfolgt die Artikel-Auflösung in die Listen Materialbedarf und Arbeitsplatzinanspruchnahme.

Kernstück der QuLi-FlexPlan-Rechnung ist die Mengenplanung des Vertriebes. Sie wird für einen Standard-Planungszeitraum - in der Regel das Kalenderjahr - erstellt und abschnittweise terminisiert. In der letzten Phase der Installation werden die Mengen je Artikel mit den seitens der Vertriebsleitung zu realisierenden Marktpreisen in das Programm ERWEITERTE STÜCKLISTE eingespeist, wonach eine Hochrechnung für den angesprochenen Planungszeitraum erfolgen kann. Als Ergebnis werden neben den Materialmengen und Arbeitsplatzbelegungen auch die Plan-Deckungsbeiträge bei Vollkostenkalkulation einerseits und die durch den Verkauf zu realisierenden Deckungsbeiträge andererseits ausgedruckt. Mit Simulationsrechnungen alternativer Planungsdaten lassen sich solange alternative Ergebnisse errechnen bis die Geschäftsführung einen Mengenplan des Vertriebes genehmigt und verabschiedet.

Über die Berechnung 'Mengenplanung-Planungsabschnittsbezogen' liefert das Stücklistprogramm den Belegungsplan und die sich daraus ergebenden Erfordernisse an Material terminisiert.

2. Bei der Ermittlung der betrieblichen Kapazität fällt der Betriebsmittel-Datei eine besondere Bedeutung zu. Sie ist auch Basisunterlage für den wegen seiner Kapitalintensität wichtigsten Produktions- und Kostenfaktor und wird daher in diesem System zuallererst aufbereitet und als Datenbank KALKULATORISCHE ANLAGENRECHNUNG geführt.

Für die betriebliche Organisation ist die Kostenstellen-Definition nach den Erfordernissen der Unternehmensbetätigung vorzunehmen, in der Regel nach den Bereichen Vertrieb mit Entwicklung, Fertigung, Stellen des Allgemeinen Bereichs, Materialwirtschaft und Verwaltung.

Im System der QuLi-FlexPlan-Rechnung wird innerhalb der Kostenstellen der Fertigung mit Kostenplätzen als den kleinsten Produktionsfaktoren mit einheitlichen Leistungs- und Kostenkriterien gerechnet. Für diese Kostenstellen und -Plätze wird mit der materiellen Größe der Anlage - die mit der FiBu abgestimmt sein muß - auch die Leistungsbezugsgröße und die theoretische Leistungsgröße der Anlage ermittelt. Über die Nutz-Effekt-Rechnung und den Planungskalender, mit dem der für das Planjahr gültige Standardmonat festgestellt wird, erfolgt die Kapazitätsermittlung kostenplatzweise.

Aus der in der Personal-Abteilung geführten Personal-Datei und den durch die Betriebsleitung , Abteilung Zeitwirtschaft, geführten Aufzeichnungen werden der

3. Mitarbeiterplan
geliefert, der die Besetzung gesamtbetrieblich und kostenstellenweise enthält. Dazu sind Definitionen der Mitarbeiter-Zuweisungskriterien wie zB Meister-Partie, Mann-Partie und der Mitarbeitereinsatz im innerbetrieblichen Transportwesen, zB. zum Herantransport und zum Abtransport zu erstellen. Das seitens der Personalbuchführung geführte Lohngruppen-Verzeichnis wird mit Qualifikationsmerkmalen ergänzt. Aus diesen diversen Unterlagen wird die Datei MITARBEITER angelegt.

Für die
4. Kostenartenrechnung

sind mit der Finanzbuchführung die eventuel erforderlichen Modifikationen im Kostenartenplan zu erörtern, damit von vornherein der zur Ermittlung entscheidungsorientierter Aussagen nötige Datenfluß nach dem Prozeßgliederungsprinzip sichergestellt wird.
In der Phase der Erfassung des Ist-Zustandes läuft der Datenfluß entsprechend dem Diagramm 'A, Vorsammlung der Kosten' (Abb. 02).

Für die Berechnung der kalkulatorischenKosten sind seitens der Betriebsleitung die Anlagenkartei der einzelnen Betriebsmittel und sonstigen Anlagegüter mit der jeweiligen geplanten Nutzungsdauer bereitszustellen, um mit ihnen und mittels der Indices für Wiederbeschaffungs-Werte die kalkulatorische Anlagenrechnung durchzuführen.
Zur Bildung der kalkulatorischen Zuschlagssätze für die Lohnfolgekosten auf die brutto Lohnkosten werden die Salden der relevanten Kostenartenkonten der FiBu in ein Unterprogramm eingespeist. Alle dem Unternehmen zusätzlich zu den brutto Löhnen und Gehältern entstehenden Abgaben und betrieblichen Kosten werden nach Verursachung auf die Bezugsbasis Löhne bzw. Gehälter gerechnet.

Für die Leistungs- und Kostenrechnung der Hilfsstellen sind die jeweiligen von den leistungsempfangenden Stellen benötigten Leistungen zu ermitteln. So erfolgt zB. bei der Hilfsstelle Gebäude die Verteilung der Nutzflächen an die anderen Stellen. In gleicher Weise werden die Leistungen der übrigen Hilfsstellen ermittelt.
Die Errechnung der kalkulatorischen Kosten wird anschließend erläutert.
Die gegenseitige Verrechnung der Hilfsstellen des Allgemeinen Bereiches wird in einem Anschlußdiagramm (Abb. 05) und anhand eines Beispiels aus der Praxis dargestellt.

5. BDE-Betriebliche Daten-Erfassung

Von der Güte der Organisation der betrieblichen Datenerfassung, BDE, und ihrer Modernität wird auch das Berichtswesen stark beeinflusst. Hier sind die erforderlichen Harmonisierungen mit der Quli-FlexPlan-Rechnung herbeizuführen.

Der Datenfluß in der QuLi-FlexPlan-Rechnung

Horizontale Gliederung der folgenden Diagramme:

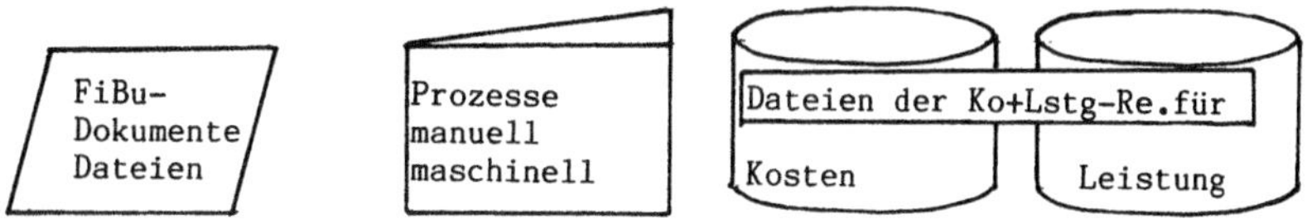

Phase der Erfassung des Istzustandes und
Organisation der Strukturen für die
QuLi-FlexPlan-Rechnung

A, Vorsammlung der Kosten, Aufbereitung von FiBu-Daten

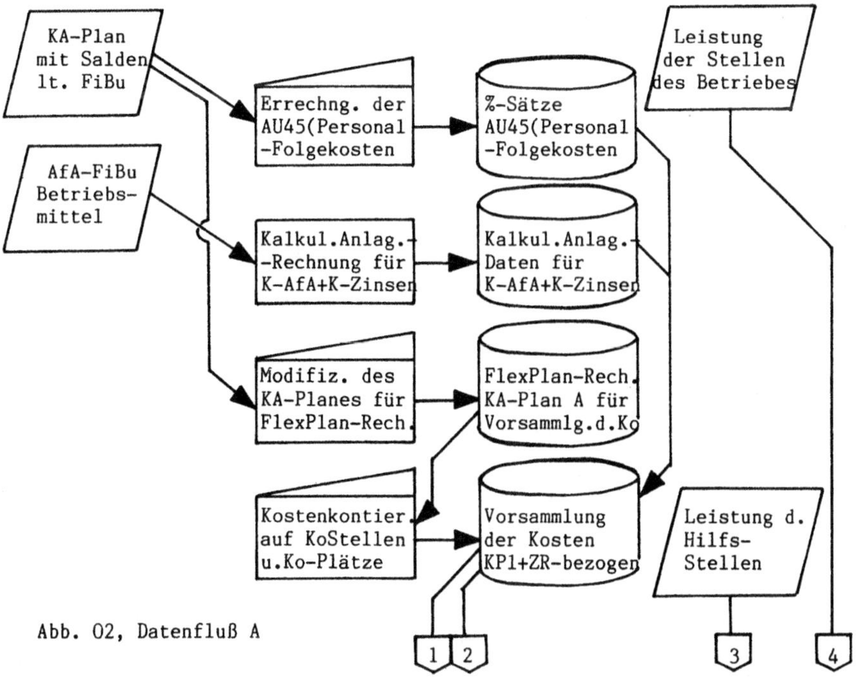

Abb. 02, Datenfluß A

Die kalkulatorischen Kosten

Die finanziellen Mittel zur Wiederbeschaffung von Anlagegütern und zur Verzinsung des betriebsnotwendigen Kapitals werden in dem Programm 'Kalkulatorische Anlagenrechnung' errechnet.
Über die Eingabemaske 'Änderungen im Anlagenverzeichnis' werden die Stammdaten der Anlagegüter eingespeist.
Die kalkulatorischen Abschreibungen und Zinsen werden nach dem Wiederbeschaffungswert errechnet. Dieser Wiederbeschaffungswert wird -soweit sinnvoll- durch die Entwicklung der Technik und des Marktes mittels eines besonderen Verfahrens ermittelt und in den übrigen Fällen mit dem statistischen Index errechnet. Der hier von uns gewählte Rechengang ist in Abb. 03 dargestellt. Er wird mit dem Befehl

Abb. 03, Berechnung der kalkulatorischen Kosten

```
 Rechengang:                                           Beispiel

E-DM E-Preis lt.Fibu                          .........146980
x    Wied-wert-Faktor des Bj.für Planjahr      ....... 1.493
x    UF-Leistung..............................      1.00
=    Wiedwert im Planjahr.....................219441
-    Marktwert                      ...............     -

     Wenn +              wenn -        .............219441+
     dann                dann
     ist                 ist
     Wiedwert i.Planj.   Marktwert

=       abzuschreibender Wiedwert       ...      219441

:    geplante Jahre          | : 2 (=halber WW)...  10    |...109721
=    Kalk.Abschreibung/Jahr  | x k.Zinsfakt.    ... 21944 |    ...0.24
                             | = kalk.Zins/Jahr.......... |...26333
:    12                      | : 12                       |
=    dto./St-Monat           | = dto./St-Monat   ...1829  | .  2194

     Planungszeitraum: Beginn Mon.Jahr,           Dauer
     in Monaten               01.71                 12M

Abfrage 1:  "Inbetriebnahme-Mon.Jahr" später als Beginn des
                    Planungsabschnittes?

Abfrage 2:  "Ausbetriebnahme-Mon.Jahr" vor Ende des
                    Planungsabschnittes?
     Wenn  "Ja":    Wieviele Monate weniger?
        Vom Planungszeitraum abzuziehen                    -

x    verbleibende Monate des Planungszeitraumes| ....12 | .....12

=    kalkulatorische Kosten ds.Zeile
          im PlanungsZeitraum      ............|..21944 | ...26333
```

"Berechnen" gestartet. Der Ausdruck erfolgt nach dem Listing Abb. 04, die Daten stehen on line zu weiteren Berechnungen zur Verfügung, zB für Berechnung und Ausdruck der Stellenverrechnungsbögen.
Die kalkulatorischen Wagnisse sind in diesem System weitgehend in den Einzelrechnungen abgedeckt. In Sonderfällen werden Sonderrechnungen durchgeführt.

Abb. 04 Listing der kalkulatorischen Anlagenrechnung

Firma Kreuzspinne & Webestar

*d:A dBase II *d:B QULI-ORGA F:dBase II Anlagenrechnung Pl.-J.1984 23. 5.1984Q . h

Kpl	Anl. -Nr.	K z	An z	Bezeichnung Anlage	Baumuster und Fabr.-Nr.	Herstell	Bj	1. Pj	n g	E-Preis DM	Marktw. DM	gepl J.	UF-Lstg	Teil v.In	Ind.71 abzuschr. Wiedwert	kalk.AfA DM/St-Mon	F =24.00 kalk.Zins DM/St-Mon
560		1	8	SCHLICHTEREI			61	61	1	353360	45000	10	1.00		595750	4965	5957
561*			2							152860	0	0	0.00		*254206	*2118	*2542
561	8877	1	1	PLANTROCKNER	Emte 10683	Sucker	61	61	1	146980	0	10	1.00		244428	2037	2444
561	8878	1	1	KATZENBAHN		de Fries	61	61	1	5880	0	10	1.00		9778	81	98
562*			4							200500	0	0	0.00		*296544	*2471	*2965
562	8883	1	1	ZYLINDER-TROC	ZFK	SUCKER	99	60	1	134420	0	10	1.00		223540	1863	2235
562	8884	1	1	ZYLINDER-TROC	KZ5 S50	SUCKER	51	51	1	39200	0	10	0.54		35202	293	352
562	8885	1	1	UMBAUTEILE	KZ5	SUCKER	56	56	1	18860	0	10	0.78	0884	24464	204	245
562	8886	1	1	ZETTELBAUMGES		SUCKER	56	57	1	8020	0	10	1.00	0884	13337	111	133
565*			3							0	45000	0	0.00		*45000	*376	*450
565	8888	1	1	KETTLAGER-STD	18STANGEN5612	MOELLER	56		1	0	5400	10	1.00		0	0	0
565	8889	1	1	KETTLAGER-STD	16STANGEN5613	MOELLER	49	49	1	0	4800	10	1.00		4800	40	48
					[illegible]TANGEN5614	MOELLER	49	49	1	0	4200	10	1.00		4200	35	42
						[illegible]LLER	49	49	1	0	3300	10	1.00		3300	28	33
							49	49	1	0	3300	10	1.00		3300	28	33
									[illegible]	0	3600	10	1.00		3600	30	3'
										0	4200	10	1.00		4200	35	
											'200	10	1.00		4200	35	
													[illegible].00		4800		
															[illegible]		

Die Berechnung für das gezeigte Listing ist auf einen bestimmten Zeitraum (ZR) bezogen, das 'Planjahr 1984'. Mit dieser Eingabe des ZR kann automatisch nur noch auf Dateien zugegriffen werden, die für diesen Zeitraum gültig sind, u. a. auch auf den gültigen Index für die Errechnung der Wiederbeschaffungswerte. Zugriffe auf korrespondierende Dateien anderer ZR sind nur noch durch besonderen Befehl möglich.
Die Angabe 'Ind.71' weist darauf hin, daß der Berechnung ein auf der Basis von 1971 fortgeschriebener Index zugrunde liegt.
Der kalkulatorische Zinssatz wird nach Weisung der Geschäftsleitung gewählt. In vorliegendem Fall wurde er mit 24% (F24.00) eingegeben, um den Bezug zum abzuschreibenden Wiedwert zu verdeutlichen.
Mit den vorstehend genannten Operationen und einer Anpassung der Kostenartenkonten des Kontenrahmens an die branchenspezifischen und die betriebsindividuellen Erfordernisse (Beispiel s. Abb.08, Seite 1) wird die Vorsammlung der Kosten durchgeführt. Die nach kostenrechnerischen Gesichtspunkten kontierten Salden der FiBu können auf dem Kostenartenteil der QuLi-FlexPlan-Bögen ausgedruckt werden.

Gegenseitige Verrechnung der Hilfsstellen

1. Ermittlung der Leistung für die HiSt.

1.1 Je Hilfsstelle wird eine Standard-Leistungs-Bezugsgrößeneinheit bestimmt, (1) in Abb.06, Darstellungsblatt

1.2 Die Leistungserwartung der Hilfsstellen kann mangels Planungsdaten zunächst geschätzt oder aus statistischen Unterlagen bestimmt werden. Letztlich wird auch bei den Hilfsstellen die Leistung nach dem Planungs-Bedarf der zu beliefernden Stellen und sonstigen Kostenträger und besonders bei größeren Anlagen (zB Dampferzeugung= cbm Dampf) nach der Kapazitätsberechnung festgelegt, (2).

1.3 Aufteilung der Leistung in Leistg.f.den Allgem.Bereich(4)
+ Leistung f.Betrieb ohne allg.Ber.(3)
= Leistung für Betrieb insgesamt(2).

1.4 Aufteilung der Leistungen für den Allgemeinen Bereich auf die einzelnen empfangenden Hilfsstellen(910 - 990).

2 Kostenbudgetierung

2.1 'Vorsammlung der Kosten', A.

2.2 Modifizierung der KA-FiBu auf KA-QuLi-FlexPlan.

2.3 KA-weise Einschätzung der Fixkostenanteile und Ausdruck des Proportionalkostenanteils P ..%.

2.4 Abruf der Vollkosten und der Proportionalkostenanteile je HiSt.

3. Bildung der vorläufigen V-Sätze DM/E (incl. PF) je Hilfsstelle.
s.Abb. 06, Zl.12 (+13)

zB: K'St.910: Zl.10(+11) Summe aus 910 54.440 DM
: Zl.09 Leistg. Betr. gesamt : 20.132 qm
= Zl.12 Verr.Satz aus Vollkost. = 2.704 DM/qm

Analog erfolgt die Durchrechnung mit den Proportionalkosten. Aus dem errechneten Proportionalkostensatz wird der "P% .."-Anteil gebildet, und ausgedruckt, s.Abb. 06, Zl.13.

4. Durchführung der gegenseitigen Verrechnung der Leistungen
s. Beispiel einer Berechnung, Abb.06, Darstellungsblatt

4.1 Gleichungsrechnung mit n Hilfsstellen (n = 9)

4.2 Zeilenweiser Ausdruck der Ergebnisse, s.Zl.14 bis 31:

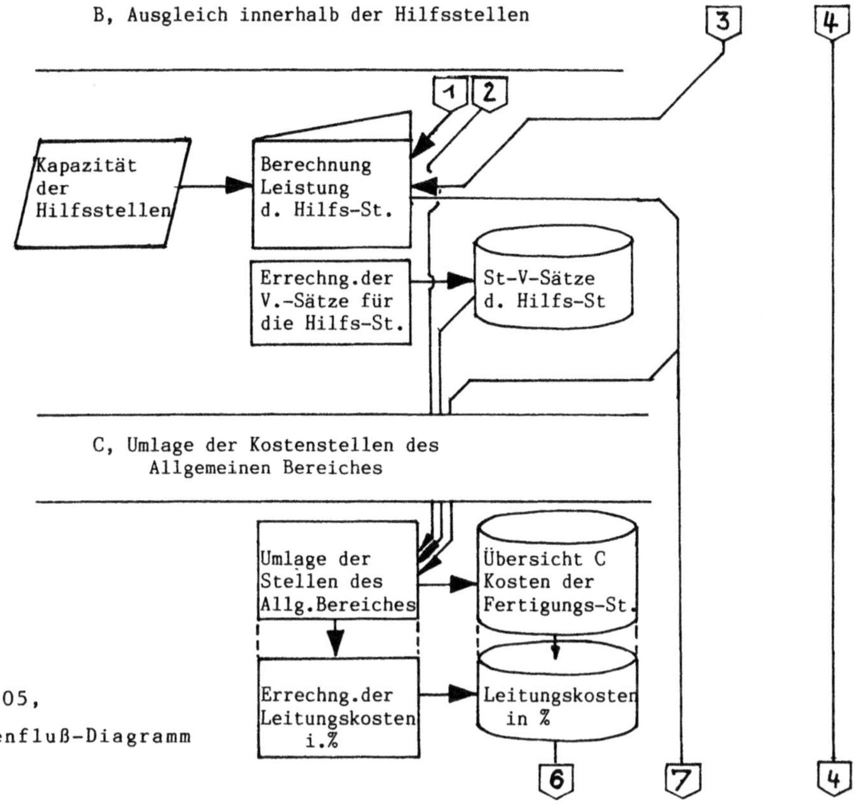

Abb.05,
Datenfluß-Diagramm

4.3 Für jede leistungsempfangende HiSt. werden seitens der leistungserbringenden HiSt die Kostenbelastungen errechnet. Die Quersumme wird der leistenden HiSt gutgeschrieben (s. Minus-Beträge im umrandeten Feld) zB. KSt 910= Z1.30/31: -6459 bzw. -93
Der Eigenverbrauch der HiSt erscheint nicht mehr, er ist in den neuen V-Sätzen enthalten und abgegolten.

Kontrollrechnung
Die Leistungen der HiSt an den "Betrieb abzüglich Allgemeiner Bereich" müssen -multipliziert mit den neuen V-Sätzen- die GK (s.Z1.10, Feld:Allgem.Bereich) decken. Die Datenausgabe erfolgt mit gerundeten Werten,
zB für KSt 910: 2,78 DM/qm x 17787 qm = 49580 DM mit Vergleich der

5. Summe dieser Kosten (s.Z1.32) mit der Summe vor Stellenausgleich (s.Z1.10).

Abb. 06., Darstellungsblatt B

Schema zur gegenseitigen Verrechnung der Leistungen innnerhalb der Hilfsstellen

ZR: 84-2 Durchlauf: Vorlauf 2.1 Datum : <26.07.84> Uhrzeit : <16:47:07>

Stellen - Ausgleich innerh. der KoSt des Allgemeinen Bereiches							LEISTUNGEN d. Hi.-St.			Hilfs-Stellen des Allgemeinen Bereiches									
							Betrieb insgesamt	Betrieb abzüglich Allgemeiner Bereich	Allgemeiner Bereich	Grundstck und Gebäude	soziale Einrichtg	Dampferzg und Verteilg.	Strombezg und Verteilg.	Wasser-Versorgg. Verteilg.	Klimaanlg und Entnebelg	Druckluft Versorgg.	Werkstätt.	Fuhrpark	
Zl	Kst	Kst-Name	Bezugsgröße	Kb	① Einheit	Beleg-Nr.	② Basisdaten	③ Basisdaten	④ Basisdaten	910	920	930	940	950	960	970	980	990	Zl
01	990	Fuhrpark	gefahrene km	z	km		11270 z	11270 z	0 z	0	0	0	0	0	0	0	0	0	01
02	980	Betr.werks	geleist. I-Std.	y	Std.		1400 y	972 y	428 y	100	18	60	20	60	100	10	60	0	02
03	970	Druckluft	errechn. %-Ant.	x	%-Ant.		100 x	94 x	6 x	0	0	2	0	0	1	0	2	1	03
04	960	Klima-Anlg	cbm-klimatisier	w	cbm-Raum		46700 w	45900 w	800 w	0	0	0	380	420	0	0	0	0	04
05	950	Wasservers	cbm Wasser	v	cbm Wass		43990 v	38490 v	5500 v	0	3360	1140	0	0	1000	0	0	0	05
06	940	Strom-Vers	errechn. kWh	u	kWh		434710 u	345490 u	89220 u	430	1540	27490	18470	11210	27300	1080	1500	200	06
07	930	Kesselhaus	errech. t Dampf	t	t		1940 t	1587 t	553 t	1	33	32	2	0	275	0	6	4	07
08	920	Sozi-Einr.	Anz.d.Beschäft.	s	Anzahl		400 s	370 s	26 s	5	2	4	1	0	0	0	9	4	08
09	910	Gr+Gebäude	Nutzfläche	r	qm -modi		20132 r	17787 r	2345 r	28	866	466	172	196	236	47	230	104	09
10		Summe 900er (Hilfskostenstellen)						DM ges	167390	54440	3030	36160	37930	9190	6360	180	12740	7360	10
11		aus AII V O R dem Stellenausgleich						DM prop		544	606	10848	22758	1838	1272	36	3822	1472	11
12		Kostensätze vor der gegenseitigen			DM/E					2.70	7.57	18.63	0.08	0.20	0.13	1.80	9.10	0.65	12
13		Verrechnung der Hilfsstellen			PZ					0	20	30	60	20	20	20	30	20	13
14	990	Fuhrpark		z	DM/km		0.68 DM	Vsatz	7771	0	0	0	0	0	0	0	0	0	14
15		DM prop.					20 PZ		2254	0	0	0	0	0	0	0	0	0	15
16	980	Betriebswerkstätten		y	DM/Std		11.15 DM	f. die	10838	1115	201	669	223	669	1115	112	-4102	0	16
17		DM prop.					29 PZ		282	322	58	193	64	193	322	32	-1185	0	17
18	970	Druckluft-Versorgung		x	DM/%-A		4.57 DM	Umlage	430	0	0	9	0	0	5	-26	9	5	18
19		DM prop.					24 PZ		23	0	0	2	0	0	1	-6	2	1	19
20	960	Klima- und Entnebelungs-Anlagen		w	DM/cbm		0.31 DM	der	14679	0	0	0	122	134	-255	0	0	0	20
21		DM prop.					29 PZ		13311	0	0	0	35	39	-73	0	0	0	21
22	950	Wasserversorgung und Verteilung		v	DM/cbm		0.25 DM	Kostst	9892	0	864	293	0	-1413	257	0	0	0	22
23		DM prop.					23 PZ		8853	0	196	66	0	-320	58	0	0	0	23
24	940	Elektro-Versorgung, Strombezug + -Verteil		u	DM/kWh		0.09 DM	des	33271	41	148	2647	-6812	1080	2629	104	144	19	24
25		DM prop.					59 PZ		203839	24	88	1564	-4025	638	1553	61	85	11	25
26	930	Kesselhaus, Dampferzeugung u. -Verteilung		t	DM/t		21.73 DM	Allgem	34495	22	717	-6976	43	0	5977	0	130	87	26
27		DM prop.					31 PZ		492	7	220	-2135	13	0	1830	0	40	27	27
28	920	Soziale Einrichtungen		s	DM/Anz		17.26 DM	Berei-	6388	90	-413	73	17	2	2	0	162	69	28
29		DM prop.					16 PZ		59	15	-66	12	3	0	0	0	26	11	29
30	910	Grundstücke und Gebäude		r	DM/qm		2.788 DM	ches	49590	-6459	2414	1299	480	546	658	131	641	290	30
31		DM prop.					1 PZ		178	-93	35	19	7	8	10	2	9	4	31
32		Summe 900er (Hilfskostenstellen)						DM	167353	49590	6388	34495	33268	9892	14679	430	10838	7771	32
33		aus AII N A C H dem Stellenausgleich						DM prop	229291	723	1036	10562	19659	2244	4218	103	3134	1518	33
34							Differenz	DM ges	-36										34

Die Differenz wird ausgedruckt, bei Unterdeckung als Minus-Betrag. Toleranz: Abweichung <=0.02%.

6. Berechnung des neuen V-Satzes je HiSt

6.1 Letzter Kostensaldo : Leistung gesamt = Vollkostensatz DM/E und Ausdruck in Zl 14ff-gerade Zahlen, zB KSt.910 = 2.78 DM/qm

6.2 Analog erfolgt die Errechnung des PF und Ausdruck in Zl 15ff-ungerade.

Die Umlage der Stellen des Allgemeinen Bereiches

erfolgt ähnlich der im B-Bereich durchgeführten gegenseitigen Verrechnung der Hilfsstellen und wird auf einem Darstellungsblatt C analog dem Darstellungsblatt B ausgedruckt.
Die Leistungen der im Allgemeinen Bereich angesiedelten Hilfsstellen werden den leistungsempfangenden Stellen der übrigen Bereiche zu den ermittelten Verrechnungssätzen berechnet.
Die mangels Veranlassung nicht in die gegenseitige Verrechnung der Hilfsstellen einbezogenen übrigen Stellen des Allgemeinen Bereiches werden entsprechend ihrer anteilmässigen Inanspruchnahme auf die Stellen der übrigen Bereiche umgelegt. So kann zB die Stelle "Azubi" zu 100% der für sie direkt verantwortlichen Leitungsstelle belastet werden.
Nach einer Zwischensummenberechnung werden als letztes die Kosten der Leitungsstelle 'Betrieb-Allgemein' als Zuschlagssatz in % errechnet und auf die Kostenstellen der übrigen Bereiche entsprechend der Höhe ihrer Haushalte umgelegt. Betriebsspezifische Bedingungen, die eine andere Umlage richtiger erscheinen lassen, können berücksichtigt werden.
Der Zuschlagssatz für die Umlage der Leitungsstelle steht für weitere Berechnungen on line zur Verfügung.

Der Standard-Verrechnungsbogen für die Kostenstellen

macht die leistungs- und kostentechnische Struktur einer Kostenstelle transparent bis in ihre einzelnen Kostenplätze (Abb.08,'St.-V.-Bogen').
Die sich mittels der QuLi-FlexPlan-Rechnung nach Ablauf der Phasen A, B und C ergebenden Salden der Kostenstellen werden zusammen mit den Leistungsdaten der Stellen in das Unterprogramm 'St.-V.' (Standard-Verrechnungsbogen der Kostenstellen) on line geladen. Das System berechnet für die einzelnen Stellen die DERZEITIGEN Verrechnungssätze je Leistungsbezugseinheit. Anschliessend können die St.-V.-Bögen ausgedruckt werden. Diese hiermit vorliegende Darstellung des Betriebsge-

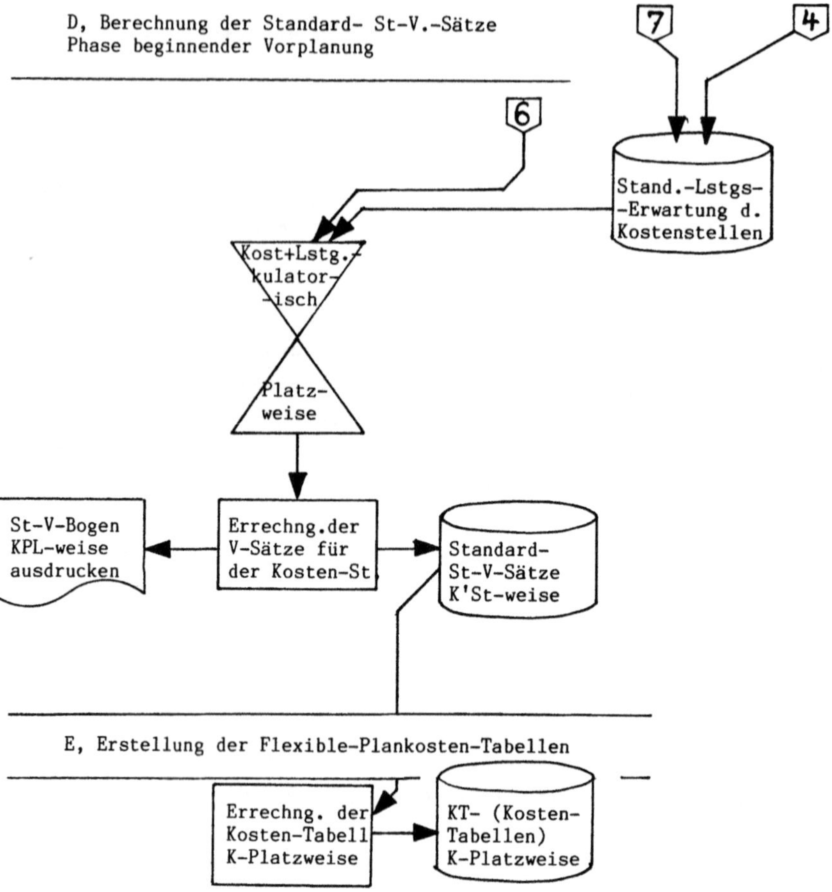

Abb.07, Datenfluß Diagramm

schehens im IST - Zustand bezieht ihre Aussagekraft aus der systembedingten verursachungsgerechten Kostenzuordnung. Sie vermittelt den Betriebsleitungen bereits in diesem Stadium der System-Implantierung Erkenntnisse, aufgrund derer häufig schon jetzt strukturelle Veränderungen des betrieblichen Geschehens vorgenommen werden.

Die Kosten/Leistungsverhältnisse der Stellen sind bis in ihre einzelnen Plätze überprüfbar, vergleichbar und planbar geworden.

1. Die Kostenartengliederung enthält die von der QuLi-FlexPlan-Rechnung ermittelten kalkulatorischen Kostensätze für die Sozialkosten (s.Zeile 15-17), die kalkulatorischen Abschreibungen, Zinsen und evtl. Wagnisse (Zl. 25+26), Hilfsstellen (Zl. 32-37) und die Leitungskosten (Zl.40). Die Gliederung der übrigen Kostenarten erfolgt betriebsindividuell nach den Kriterien der optimalen Transparentmachung des betrieblichen Geschehens.

2. Der Leistungsteil der Stellen ist gegliedert in die Leistungsbeschreibung der einzelnen Kostenplätze.
Die betriebsmittelbedingten Leistungsdaten werden aus der kalkulatorischen Anlagenrechnung eingegeben, die arbeitsplatzbedingten Leistungsdaten werden von der Betriebsleitung festgelegt, während die Material- bzw. Produkt-abhängigen Leistungsdaten erst in der Auswertung der St-V-Bögen verarbeitet werden.
3. Die QuLi-FlexPlan-Rechnung benötigt in Ergänzung zu den üblichen Stellenverrechnungsbögen eine andere Struktur, da die für die Dekkungsbeitragsrechnung bereits in den eingespeisten Daten enthaltenen P-%-Anteile weiter mitgerechnet werden müssen und ausserdem im Interesse einer flexiblen Anwendung des Systems die stellenweise Ermittlung der Fertigungslöhne und der Betriebsmittelkosten je Arbeitsplatz getrennt durchgeführt werden soll. Das ermöglicht in der Auswertung der St.-V.-Bögen zB eine leichtere Erstellung von Kostentabellen für zB. materialbedingte unterschiedliche Maschinenzuweisungen je Mitarbeiter.
4. Der Ausdruck der St.-V.-Bögen erfolgt auf Befehl, wobei der Zeitraum (zB Standard-Monat 85) und die Qualität des Durchlaufes (zB 1. Vorplanung) angegeben werden muß, da das System on line -abgesehen von besonderen Befehlen- nur auf gleichartige Dateiinhalte zugreift.

Im angestrebten Stadium der reinen Planung können die St.-V.-Bögen über das Stücklist-Programm 'Auflösung der Mengenplanung des Vertriebes' ausgedruckt werden, da zu der geplanten Absatzmenge eines jeden Produktes über dessen erweiterte Stückliste auch jeder Arbeitsschritt mittels Arbeitsplatzprogramm geplant und festgeschrieben ist. Die über die Auflösung der Mengenplanung kumulativ ermittelten Arbeitssplatzprogramm-Belegungen werden von dem System wiederum aufgelöst in Arbeitsplatz- und Mitarbeiter-Inanspruchnahme zu Standardbedingungen, so daß das System direkt den sich aus der jeweiligen Mengenplanung ergebenden Ausnutzungsgrad eines jeden Kostenplatzes, die Daten für die Disposition des Mitarbeitereinsatzes und der zu erwartenden Gemeinkosten errechnen und als Stellen- und Bereichs-Übersicht und -mit den zusätzlichen Daten der Vertriebserlöse- als Betriebsergebnis zum Ausdruck bringen kann.

Manueller Eintragungen in den St.-V.-Bogen bedarf es nicht.

Bei der Implantation des Systems ist das Procedere bis zum Ausdruck der St.-V.-Bögen aus dem Kapitel 'Basisunterlagen, Arbeitskonzept' und dem Datenflussdiagramm (Abb. 07) erkennbar.

ST.-V.-BOGEN für KOSTENSTELLE

VB______ Standard-Zeiten	
Schichten	Stunden
1. Schicht	Std.
2. Schicht	Std.
3. Schicht	Std.

Zl Nr	Nr.	Kostenarten bzw. Beleg: Bezeichnung	L-Gr.	E	Standard - Daten: Preis DM/E	Verbr.-Menge Menge	P-%	Gesamt-Kosten DM/ges	Prop.-Kosten DM/prop
1		FL-		Std.					
2		FL-		Std.					
3		FL-		Std.					
4		FL-		Std.					
5		Transp.-Lagerarbeiten		Std.					
6		Putzen+Reinig.+Insp.		Std.					
7		Stellentyp. Arbeiten		Std.					
8		Lohnzulagen		Std.					
9		Zusatzlöhne		%					
10		Lohnzuschläge		%					
11		*ges. Löhne						*	*
12		Meister		Pers					
13		Leiter		Pers					
14		*ges. Gehälter						*	*
15		Lohnabh. Sozialkosten		%					
16		Gehaltsabh. Soz.-K.		%					
17		Kopfzahlabh. Soz.-K.		Pers					
18		*ges. Sozialkosten						*	*
19		*ges.Lohn+Geh.+Soz-K.						*	*
20		Hilfsstoffe d.Fert.							
21		Betr.St.:Heiz+Schmier							
22		" :Rep.Ersatz+Werkz.							
23		":Sonst.+Fremdenergie							
24		*ges.Hilfs+Betr.St.						*	*
25		Kalkul. Abschreibung.							
26		Kalkul. Zinsen							
27		Instandh. d. Fremde		DM					
28		Steuern,Geb.+Beitr.		DM					
29		Miet.,Verk.+Werbek.		DM					
30									
31									
32	VBK99	Fuhrpark		km					
33	VBK98	Betriebswerkstätten		Std.					
34	VBK94	Strom		MWh.					
35	VBK93	Dampf+Wasser		t-Da					
36	VBK92	Sozialarbeit		Pers					
37	VBK91	Raum		qm					
38		*Zwischensum. Z.25-37		DM				*	*
39		*Zwischensum. Z.1-38		DM				*	*
40		Leitg.Kost.(%v Z.39)		DM					

Zl Nr			
41			
42	*Standard-Fertigungskosten und unterteilt in	DM **	*
43			
44	Standard-Leistungserwartung (bisher)		
45			
46			
47	Standard-Verrechnungssatz (derzeit)		

Zl Nr				
48	Datum:	gerechnet:	nachgerechnet:	Planungs-Zeitraum
49				
50	Abb.08, Seite 1			

St-V-Bg, S.2, Zl.1, Form v.12.08.84Q

RGK (Restl.-Gemeinkost)	M (=Mitarbeiter- -Inanspruchnahme)	Kostpl.-Bezeichng. -Nr. St-V- + % -Satz Netto-B-DM + % Anz: xEinst: /Minx60 =Größe d.AnlE= = ,
Kostenstellen- und Leitungsstellenabhängig	Standard-Verrechng-Satz Fertiggs-Lohn + %	Schichtzahl xBereit%=Std %= xLeistg%=Std %= St.Lstg in E = xAusnutz. , %= xGes.NE,NStd , %= =mögl.Lstg in E =
Basis: Netto F-Lohn + netto Betriebsm.Kosten		Leistungsanteil %

Verbr.M	P-%	DM-ges.	DM-Prop	Verbr.M	P-%	DM-ges.	DM-Prop	Verbr.M	P-%	DM-ges.	DM-Prop
		*	*			*	*			*	*
		*	*			*	*			*	*
		*	*			*	*			*	*
		*	*			*	*			*	*
		*	*			*	*			*	*
		*	*			*	*			*	*
Restl.- - FGK				F-Lohn+ L-Folge				B-Kosten netto DM			

Je 3 weitere K'Pl auf je einer weiteren Anschlußseite (S.3-x)	Lohn+ P-% ges.LFK , DM/Lstd	P-% , DM/BStd
Abb. 08, Seite 2	QuLi- FlexPlan- Kosten	Standard Verrechnungssätze St.-V. ZR:

Errechnung der DM-Verrechnungssätze für die Kostentabellen.

In der Auswertung der St.-V.-Bögen werden die 'Restliche Gemeinkosten (RGK)' und die Lohnfolgekosten verursachungsgemäß auf die Mitarbeiter-Fertigungslöhne (M) und die Betriebsmittel-Kostenplätze (B) verteilt. Aus den sich dann ergebenden Werten werden mit dem jeweiligen Produktionsfaktor Zeit die Verrechnungssätze für Mitarbeiterinanspruchnahme M-DM/Std.je Kostenstelle und für die reinen Maschinenkosten B-DM/Std für jeden Kostenplatz dieser Stelle gebildet.
Diese Sätze werden erst zur Weitergabe freigegeben, wenn das System in einer Kontrollrechnung eine Abweichung von <=0.02% zum Kostenstellen-Saldo errechnet hat.

Bildung der Zeitsätze M-Std./E und B-Std./E

Mit den seitens der Betriebsleitung - Zeitwirtschaft bereitzustellenden Zeitsätze für die auf jedem Arbeitsplatz zu fahrenden unterschiedlichen Arbeitsprogramme können nunmehr die Kostentabellen (Abb. 09) ausgedruckt werden.

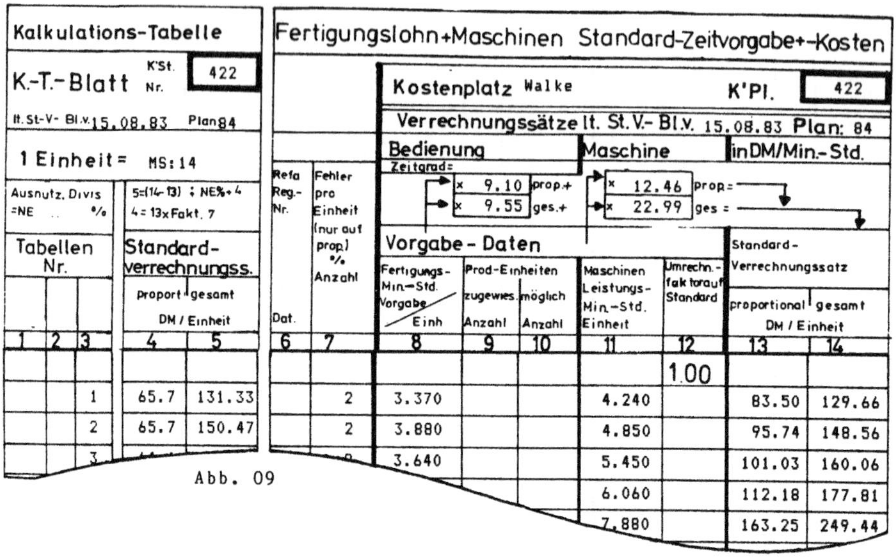

Abb. 09

Mengen- und Zeitabhängigkeit des Kostencharakters

Die Quli-FlexPlan-Rechnung ist eine Vollkostenrechnung mit Ausweisung der Proportionalkosten-Anteile.
Der sich bei den verschiedenen Kostenarten durch unterschiedlichen Beschäftigungsgrad und mit der Fristigkeit ändernde Fixkostenanteil wird in der QuLi-FlexPlan-Rechnung sichtbar gemacht, indem parallel zu allen Vollkosten-Daten stets die darin enthaltenen proportionalen Kosten errechnet und als "P% .." ausgewiesen werden.
Die betriebsspezifischen Basisunterlagen werden in Zusammenarbeit mit den Abteilungsleitern zusammengestellt.

Der Aufbau der Kosten/Leistung-Verrechnungssätze erfolgt ebenfalls einheitlich als Vollkostensatz je Einheit der jeweiligen Leistungsbezugsgröße "DM/E" mit Errechnung des darin enthaltenen Anteils proportionaler Kosten "P% ..".

Splitting der Verrechnungssätze

Die zu bildenden Verrechnungssätze für Leistungen werden in denjenigen Fällen getrennt gerechnet, in denen sich einzelne Kostenbestandteile stark unterschiedlich proportional verhalten. Das geschieht bei allen Verrechnungssätzen mit hohem Multiplikationsfaktor, zB. bei der Bildung der Verrechnungssätze für die meisten Fertigungsstellen. Hier werden die Stellenverrechnungssätze getrennt in solche für die zeitliche Inanspruchnahme des materiellen Kostenplatzes einerseits und der erforderlichen Mitarbeiter andererseits.

Wie flexibel die QuLi-FlexPlan-Rechnung mittels des Splittings reagieren kann, zeigt sich an folgendem Beispiel, wo die für eine bestimmte Leistung aufzuwendenden Kostenanteile für die Mitarbeiter- und Betriebsmittel-Inanspruchnahme unterschiedlich hoch sind.

Es ergeben sich folgende mögliche Varianten:

	M-Qualifikation	Б-Zuweisung/M
normale Artikel mit normalen Laufeigenschaften (STANDARD)	1,0	100
schwierige Artikel mit normalen Laufeigenschaften	1,2	100
schwierige Artikel mit mangelhaften Laufeigenschaften	1,2	50

Die Varianten werden in die KT-Blätter (Abb. 09) als alternative Arbeitsplatz-Programme aufgenommen und zur Bildung von Verrechnungssätzen auf der Basis des Stellenverrechnungsbogens verwendet.

In Abwägung einer höchstmöglichen Erfüllung von Bedürfnissen des Marktes und einer dazu im Widerspruch stehenden höchstmöglichen Erbringung von Fixkosten-Deckungsbeiträgen können Zugeständnisse wie zB. Kaufanreize und deren Auswirkungen quantitativ erfasst werden und Modelle mit wechselnden Parametern on line sofort bis zu Betriebsergebnis hochgerechnet werden.
Auch insofern ist das System fexibel.

Beispielhafter Ablauf einer unternehmerischen Entscheidung mit dem Instrument der 'Erweiterten Stückliste'.

Die aus der 'QuLi-FlexPlan-Rechnung' heraus entwickelte 'QuLi-Erweiterte Stückliste' ist innerhalb des Softwarepaketes der 'QuLi-FlexPlan-Rechnung' ein autonomes Softwareprogramm, welches für den Einsatz als Planungs- und Kalkulationsinstrument bestimmt ist, und auch ohne Integration in andere bestehende Instrumentarien des betrieblichen Rechnungswesens effektiv arbeitet. Im folgenden Ablauf wird ein Fall beispielhaft geschildert:
Der Vertrieb sieht Absatzchancen für ein neues Produkt und erhält von der Geschäftsführung nach eingehender Erörterung die Genehmigung für die Entwicklung eines Prototyps.
Bereits von den ersten technischen Bleistift-Skizzen (Abb. 10) können Konstruktionsdaten in das Programm 'Stückliste' eingegeben werden, das -um die Daten der Arbeitsvorbereitung erweitert- mit jedem Datensatz eine Zeile in der Stückliste (Abb. 11) belegt. Die Aufbereitung kann mit beliebiger Genauigkeit erfolgen. So genügt für die Berücksichtigung einer noch nicht genauer bekannten Struktur eines neuen Produktes bei einer ersten Hochrechnung zum Plan-Betriebsergebnis in vielen

Abb.10: Technische Skizze

1. QuLi	1. QuLi-CE	12.08.84Q
3. K+E	3. Gestänge	
2. Entwurf-Skizze	4. Dach	1:10

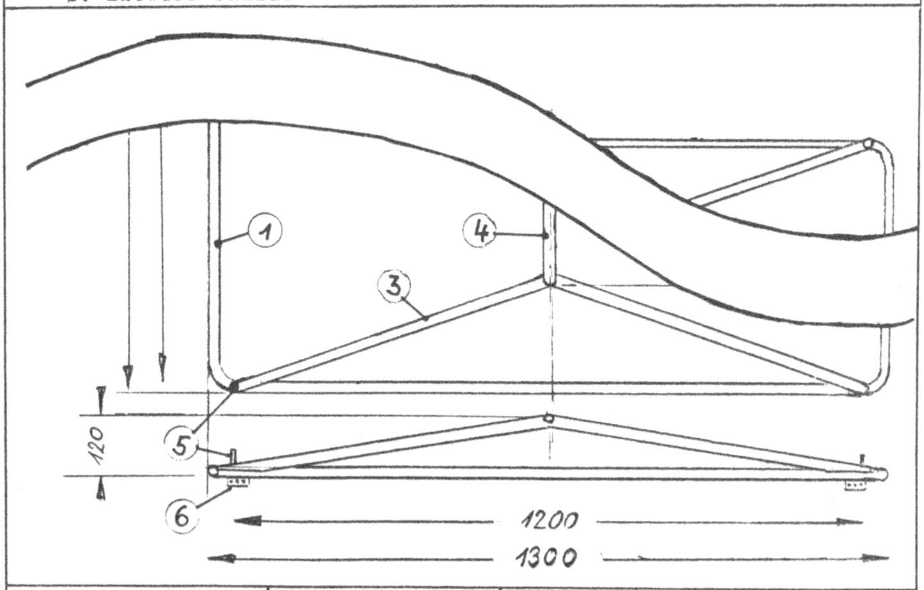

Stck-Nr	Bezeichnung	Pos	Arbeitsschritt	Mat-Nr.	A-Pl	Anz.	MS	ME
134	Gestg. Dach					1	0	0
'		11	Trennen		214	11	71	10
'		12	Biegen		212	5	71	10
'		13	Schweißen		221	1	72	30
'		14	Oberfl. Schutz		251	2	72	20
1341	(1) Traufrahmen		Rohr 20/1	11382		1	11	5160
3	(3) Giebelwalm		Rohr 18/1	11381		2	11	670
4	(4) First		Rohr 18/1	11381		2	11	920
5	(5) Dorn		F-Stahl	64150		4	91	0
6	(6) Gelenkpfann					4	91	0
'	'	1*	Anfertigg.			1	91	0
'	'	11	Trennen		214	1	71	30
'	'	12	Stanzen 4.1mm		216	6	71	10
'	'	13	Runden R4mm		218	4	71	20
'	'	14	Glätten		218	1	71	10
61	'		U-UST37	11331520		1	11	40
3	Rohrniet		Hohlniet	3314325		1	91	0

Legende:

K+E = Abt. Konstruktion und Entwicklung

MS = Mengen-Schlüsel, ME = Menge

Datum:13/08/84 Uhrzeit: 12.00

PLanungszeitraum: 84
Stueckliste 03

Stck.Nr.	Bezeichnung	Ps	Arbeitsschritt	Mat.Nr.	A.Pl.	Datum	Mengenfelder Anz	MS	ME	NE	ME/ZL	Kostensätze MS	EDM/E.	M	PF	Kostenberechnung DM/ges	M	DM/pro
134	* Gestg.Dach					120875	1	0	0	0	1	0	45.78	*	0	45.78	*	28.55
134	Gestg.Dach	1	* Anfertigung			030975	1	0	0	0	1	0	31.24	*	0	31.24	*	15.55
134	Gestg.Dach	11	Trennen		214	120875	11	71	10	0	110	72	0.48		55	0.53		0.29
134	Gestg.Dach	12	Biegen		212	120875	5	71	10	0	50	72	0.43		51	0.22		0.11
134	Gestg.Dach	13	Schweißen		221	120875	1	72	30	0	30	72	0.55		46	16.50		7.59
134	Gestg.Dach	14	Oberflächen-Schutz		251	120875	2	72	20	0	40	72	0.35		54	14.00		7.56
1341	Traufrahmen		Rohr 20/1	11382		120875	1	11	5160	86	6000	13	13.11		0	7.87		7.87
1343	Giebelwalm		Giebelwalm	11381		120875	2	11	670	95	1410	13	11.88		0	1.68		1.68
1344	Fierstrohr		Giebelwalm	11381		120875	1	11	920	92	1000	13	11.88		0	1.19		1.19
1345	Dorn		t-Stahl-Draht	64150		120875	4	91	0	0	4	92	1.00		0	0.04		0.04
1346	* Gelenkpfann					120875	4	91	0	0	4	0	0.94	*	0	3.77	*	2.23
1346	Gelenkpfann	0	* Anfertigung			120875	1	91	0	0	1	0	0.82	*	0	0.82	*	0.43
1346	Gelenkpfann	1	* Anfertigung			120875	1	0	0	0	1	0	0.82	*	0	0.82	*	0.43
1346	Gelenkpfann	11	Trennen		214	120875	1	71	30	0	30	72	0.48		55	0.14		0.08
1346	Gelenkpfann	12	Stanzen 4.1mm		216	120875	6	71	10	0	60	72	0.48		55	0.29		0.16
1346	Gelenkpfann	13	Runden R4mm		218	120875	4	71	20	0	80	72	0.43		51	0.34		0.18
1346	Gelenkpfann	14	Glätten		218	120875	1	71	10	0	10	72	0.43		51	0.04		0.02
13461	Gelenkpfann		U-UST37	11331520		120875	1	11	40	0	40	13	15.34		0	0.06		0.06
13463	Rohrniet		Hohlniet	3314325		180975	1	91	0	0	1	92	6.21		0	0.06		0.06

Abb.11 : Stückliste

Datum:16/08/84

Materialnr.	Bezeichnung	Zusatz	MS	Menge	Kosten(DM)
11331520	U-UST37	1.5x20x20x20	11	160	0.24
11381	Giebelwalm	Rohr 18/06	12	24	2.86
11382	Rohr 20/1		12	60	7.87
3314325	Hohlniet	Mess. 4/1x25	91	4	0.25
64150	t-Stahl-Draht	D5x25	91	4	0.04

Abb.12 : Material-Auszug

Datum:16/08/84

Arbplnr.	Bezeichnung	MS	Menge	Kosten(DM)
212	Bohrbank	71	50	0.22
214	Ausklinken	71	230	1.10
216	Trennjäger	71	240	1.15
218	Schleifbnd	71	360	1.55
221	Autogen	72	30	16.50
251	Pinseln	72	40	14.00

Abb. 13 : Arbeitsplatz-Auszug

ZR: 84 Datum:09/08/84 16h05
BETRIEBSERGEBNIS

A-Nr.	Artikel	Menge	Voll-K.	P%
03	Gestg.Dach	200	9156.00	62.35
05	Gestänge	500	70576.00	93.59
10	Luke kompl.	300	4209.60	71.49
	Gesamtkosten		83941.60	89.08
	Deckungsbeitrag		9164.60	

Abb. 14 : Betriebsergebnis (Auszug)

Datum:13/08/84 Uhrzeit: 12.10

PLanungszeitraum: TE/84 Material:+ 5.0%

Stueckliste 03

							Mengenfelder					Kostensätze				Kostenberechnung		
Stck.Nr.	Bezeichnung	Ps	Arbeitsschritt	Mat.Nr.	A.Pl.	Datum	Anz	MS	ME	NE	ME/ZL	MS	EDM/E.	M	PF	DM/ges	M	DM/pro
134	* Gestg.Dach					120875	1	0	0	0	1	0	46.34	*	0	46.34	*	29.11
134	Gestg.Dach	1	* Anfertigung			030975	1	0	0	0	1	0	31.24	*	0	31.24	*	15.55
134	Gestg.Dach	11	Trennen		214	120875	11	71	10	0	110	72	0.48		55	0.53		0.29
134	Gestg.Dach	12	Biegen		212	120875	5	71	10	0	50	72	0.43		51	0.22		0.11
134	Gestg.Dach	13	Schweißen		221	120875	1	72	30	0	30	72	0.55		46	16.50		7.59
134	Gestg.Dach	14	Oberflächen-Schutz		251	120875	2	72	20	0	40	72	0.35		54	14.00		7.56
1341	Traufrahmen		Rohr 20/1	11382		120875	1	11	5160	86	6000	13	13.77		0	8.26		8.26
1343	Giebelwalm		Giebelwalm	11381		120875	2	11	670	95	1410	13	12.47		0	1.76		1.76
1344	Fierstrohr		Giebelwalm	11381		120875	1	11	920	92	1000	13	12.47		0	1.25		1.25
1345	Dorn		t-Stahl-Draht	64150		120875	4	91	0	0	4	92	1.05		0	0.04		0.04
1346	* Gelenkpfann					120875	4	91	0	0	4	0	0.95	*	0	3.79	*	2.25
1346	Gelenkpfann	0	* Anfertigung			120875	1	91	0	0	1	0	0.82	*	0	0.82	*	0.43
1346	Gelenkpfann	1	* Anfertigung			120875	1	0	0	0	1	0	0.82	*	0	0.82	*	0.43
1346	Gelenkpfann	11	Trennen		214	120875	1	71	30	0	30	72	0.48		55	0.14		0.08
1346	Gelenkpfann	12	Stanzen 4.1mm		216	120875	6	71	10	0	60	72	0.48		55	0.29		0.16
1346	Gelenkpfann	13	Runden R4mm		218	120875	4	71	20	0	80	72	0.43		51	0.34		0.18
1346	Gelenkpfann	14	Glätten		218	120875	1	71	10	0	10	72	0.43		51	0.04		0.02
13461	Gelenkpfann		U-UST37	11331520		120875	1	11	40	0	40	13	16.11		0	0.06		0.06
13463	Rohrniet		Hohlniet	3314325		180975	1	91	0	0	1	92	6.52		0	0.07		0.07

Abb.15 : Stückliste bei 5% Materialkosten-Verteuerung

ZR: TE/84 Datum:09/08/84 16h07

BETRIEBSERGEBNIS

A-Nr.	Artikel	Menge	Voll-K.	Abw.%	P%
03	Gestg.Dach	200	9268.80	1.231	62.81
05	Gestänge	500	70576.00		93.59
10	Luke kompl.	300	4209.60		71.49
	Gesamtkosten		84054.40	0.134	89.09
	Deckungsbeitrag		9164.60	0.000	

Abb.16, Betriebsergebnis bei 5% Materialkosten-Verteuerung (Auszug)

ZR: TE/84 Datum:13/08/84 13h20

BETRIEBSERGEBNIS

A-Nr.	Artikel	Menge	Voll-K.	Abw.%	P%
03	Gestg.Dach	200	9268.80	1.231	62.81
05	Gestänge	200	28230.40	-60.000	93.59
10	Luke kompl.	600	8419.20	100.000	71.49
	Gesamtkosten		45918.40	-45.297	83.33
	Deckungsbeitrag		7653.80	-16.485	

Abb.17, Betriebsergebnis bei Änderung der Absatzplanung (Auszug)

Fällen durchaus die Eingabe weniger Datensätze, bestehend lediglich aus Oberbegriffen von Bauteilen des neuen Produktes mit geschätzten Kosten. In anderen Fällen -insbesondere bei Massenproduktion unter starkem Druck des Marktes- wird jedes Detail an Material und Bearbeitungsschritten in Form eigener Datensätze eingegeben, um über wertanalytische Ergebnisse ausgefeilte Produkte und entsprechende Angebote am Markt zu ermöglichen.
Nach dem Start der Befehle 'Berechnen' und 'Auszüge' können der Materialauszug (Abb. 12) und der Arbeitsplatzauszug (Abb. 13) ausgedruckt werden.
Die Beschaffungsabteilung erhält einen mit den Stückzahlen der Absatzplanung hochgerechneten Materialauszug. Sie bereitet eine eventuelle Beschaffung vor und ergänzt die Materialdatei on line mit den entsprechenden Einstandspreisen je Einheit, E-DM/E.

Die Betriebsleitung erhält einen Arbeitsplatzauszug, ebenfalls mit den Planmengen hochgerechnet, anhand dessen sie organisatorische und technische Entscheidungen für die Integration der geplanten neuen Fertigung in den Betriebsablauf vorbereiten kann. Dazu kann auch die Bildung neuer Fertigungsvorschriften mit der Modifikation bestehender Kostenplätze oder deren Neuschaffung gehören, einschliesslich Bildung neuer Vorgaben. Die Arbeitsplatzdatei wird on line entsprechend mit den Kostensätzen je in Anspruch genommener Einheit, E-DM/E, ergänzt. Die Stückliste des Prototyps wird durch den nochmaligen Befehl 'Berechnen' nunmehr zeilenweise um die zu erwartenden Vollkosten und deren Proportionalkostenanteil erweitert, wobei für die jeweiligen Oberbegriffe (Fertigungsabschnitte, Baugruppen, fertiges Produkt) Zwischensummen-Zeilen gebildet werden.

(Abb.15)zeigt einen Ausdruck der Stückliste im Fall einer Material-Einstandspreis-Erhöhung von 5%, Abb. 16 zeigt die diesbezügliche Auswirkung im Betriebsergebnis. In Abb. 17 wird die Auswirkung einer Veränderung der Mengenplanung des Vertriebes im Betriebsergebnis dargestellt.

In vielen Fällen wird es möglich sein, auch fremdbezogene oder im Auftrag gefertigte Teile in der erweiterten Stückliste detailliert darzustellen und unter simulierten Bedingungen der Eigenfertigung kostenmässig zu bewerten. Hierdurch kann nicht nur abgeleitet werden, unter welchen Absatzbedingungen eine Eigenfertigung rentabel wird, vielmehr können diese Teile der erweiterten Stückliste auch zu Gesprächen mit Lieferern herangezogen werden, womit sich auf Details bezogene sachkundige Verhandlungen ermöglichen lassen.

Schliesslich kann das neue Produkt mittels der 'Erweiterten Stückliste'in die vorhandenen Betriebsergebnispläne der absehbaren Planungszeiträume hineingerechnet werden, nach denen über die Auflösung der Stücklisten Kostenbudgetierungen für jeden Kostenplatz, also bis in die kleinsten betrieblichen Einheiten, möglich werden.

Das Stadium einer echten Planungsrechnung ist hiermit erreicht.

Da das System der QuLi-FlexPlan-Rechnung die zu erwartenden Deckungsbeiträge erkennbar macht, sind detaillierte unternehmerische Entscheidungen sowohl hinsichtlich der Absatzplanung wie auch der Art der Fertigung möglich.

Der STANDARD und die Abweichungen in der QuLi-FlexPlan-Rechnung

In diesem System einer angestrebten absoluten Planungsrechnung wird mit Standardwerten gerechnet und unternehmerisch auf Abweichungen reagiert.
Alle Abweichungen ergeben sich aus dem Bezug zu einem vorgegebenen Standard.
Standards sind Mittelwerte der Planung. Sie können in den verschiedensten hierarchischen Ebenen und Positionen gebildet und in den Planungsprozess einbezogen werden.
Bereits die zur Bildung eines Mittelwertes herangezogenen Werte können -für Statistiker nichts neues- mit ihrer Differenz zum Mittelwert als +/- - Abweichungen ausgewiesen werden. Der gewichtete Saldo dieser Abweichungen trifft aber den Mittelwert, alle Gruppen-Werte zusammengenommen entsprechen also dem Standard.
Während der Realisierung der Planungsvorgaben, also im Ablauf des Planungszeitraumes 'ZR', stellen sich neue Abweichungen ein. Es können sich zB Markttrends, Preise und Laufeigenschaften von Werkstoffen anders verhalten als geplant. Abweichungen treten überall im Kosten- und Leistungs-Gefüge auf und werden mittels der betrieblichen Datenerfassung BDE erfasst und in der QuLi-FlexPlan-Rechnung errechnet und hierarchisch verdichtet ausgewiesen. So wird zB eine für den Kostenstellen-Verantwortlichen wichtige Meldung durch das System der hierarchischen Verdichtung u.U. schon nicht an den Bereichsleiter oder gar die Geschäftsführung gemeldet. Diese können sich dennoch jederzeit die ihren Mitarbeitern vorliegenden Ausdrucke ansehen, um mit den Vorkommnissen in ihrem Bereich vertraut zu bleiben.
Die Problematik einer konsequent gewollten Planung liegt in den anfänglichen Vorbehalten mancher Verantwortlicher, sich mit dem

Risiko einer Fehleinschätzung auf mittel- oder gar langfristige detaillierte Voraussagen einzulassen. Niemand -besonders keine "Vorgesetzten"- lassen sich gerne des Irrtums überführen. Hier hilft nur eine hohe Vorgabe seitens der Geschäftsführung, deren energische Durchsetzung und nicht zuletzt das Argument, daß jede Planung einer den Entwicklungen des Marktes und anderen Unbekannten unterworfenen Zielsetzung mehr oder weniger falsch sein muß. Der recht gut planbare Vorteil einer derartigen Planungsrechnung liegt jedoch in der gewonnenen Transparenz des betrieblichen Geschehens, mittels derer die Verantwortlichen, weitgehend von Bagatellfällen verschont, sich zuerst um die wichtigsten Vorkommnisse kümmern können. Die werden ihnen von diesem System gemeldet.

Die Berichtszeiträume und Häufigkeit der Durchläufe
-werden nach den jeweiligen betriebsspezifischen Notwendigkeiten festgelegt.

1. Berichtszeitraum

.1 QuLi-Standard ist (Planjahr:12=) der Stand.Mon. von 01 - 12.

Berichtet wird am Ende eines jeden Monates
1. über jeden Monat = 12 Ausdrucke
mit zusätzlichen Berichtsfeldern über
2. Monate kumul. = 11x
3. über jed.Quartal = + 3
4. über jed. Hj = + 1
* = * 27 Berichte in 12 Ausdrucken pa

Monat		kum.	Quart	Hj	J
01	x				
02	x	x			
03	x		x		
04	x	x			
05	x	x			
06	x		+	x	
07	x	x			
08	x	x			
09	x	x	+		
10	x	x			
11	x	x			
12	x		+	+	x
*	12	8	4	2	1

** 12 Ausdrucke = ** 27 Berichte pa

.2 Optionen

21 Standardwoche * ca 70

22 Dekade * ca 50

23 Kombinationen von Berichtszeiträumen Mo, Wo oder Dekaden.

2. Art und Häufigkeit der Durchläufe durch einen Berichtszeitraum

.1 QuLi-Standard		.2 Optionen
1. Vorplanung	2	+ beliebig
2. verabschied.Planung	1	
3. Abweich-		
Trend	1	
vorl.	1	
an Betr.BuFü	1	
Nachträge	2	
* Durchläufe	* 8	* 8+ beliebig

Hinzu kommen noch im Berichtszeitraum veränderte Planungsdaten mit entsprechenden Durchläufen.

Der gewählte Berichtszeitraum und die Art u.Nr. des Durchlaufes erscheinen bei jeder Datenausgabe automatisch in der Kopfzeile.
Die Stamm- bzw. Indexdateien sind entsprechend gekennzeichnet.
Die Verarbeitung von Daten verschiedener Zeiträume oder Durchläufe ist dadurch automatisch gesperrt.

Der praktische Einsatz in Zahlen.

Genannte Zahlen sind Richtwerte.

1. Beispiele mit Mengengerüsten mittelständischer Firmen

2. Daten-Mengenberechnung

3. Konfigurationen

1. Beispiele mit Mengengerüsten mittelständischer Firmen

Für die Anwendung dieser Version eines auf Microcomputer programmierten Systems einer Flexiblen Plankostenrechnung sind etwa folgende Betriebsgrößen und Strukturen typisch:

1.1 Kleinere Maschinenfabrik, ca. 20 Produkte aus je 200 Teilen incl. zugekaufter Baugruppen, aber ohne Kleinteile wie Schrauben, Dichtungen etc.. und 150 Arbeitsgängen.

1.2 Kleine bis mittlere Textilfabrik für Damen- und Herrenoberbekleidung mit 2500 Artikeln, davon in den Frühjahrs- und Herbstkollektionen jeweils 1000 Modifikationen. Je Artikel gibt es 10 Varianten in Farbe oder Einstellung. Ein Artikel besteht aus 12 Teilen und 70 Arbeitsgängen.

1.3 Textilveredlungsbetrieb mit 500 Artikeln pro Kollektion und einem Artikelstamm von 1200 Artikeln. Zu jedem Artikel gibt es 20 Kolorits und 30 bis 50 Arbeitsgänge.

1.4 Mittleres Unternehmen, welches Geräte -im wesentlichen mit Textil- und Metallkonstruktionen- entwickelt bis einschliesslich der Anfertigung von Prototypen und deren Vorstellung am Markt. Bei Aufnahme dieser neuen Produkte in das Angebotssortiment werden der Absatz geplant und für die Fertigung Vereinbarungen mit Submissionären getroffen. Vorbedingung für einen Erfolg der in diesem Zusammenhang erforderlichen Verhandlungen sind gute Planungsdaten und die detaillierte erweiterte Stückliste, mittels derer das Produkt bis in die letzten Details transparent wird. Auftraggeber und Auftragnehmer sind

hiermit gleichermassen in der Lage, sich mittels dieses Instrumentariums sowohl über die technischen wie auch über die kostenrelevanten Aspekte einer Produktion zu informieren.
Die Datenstruktur dieses Betriebes wird anschliessend genauer betrachtet.

2. Daten-Mengenberechnung

Für das auszuwählende Microcomputersystem der QuLi-FlexPlan-Rechnung sind überschlägig die Datenmengen für die notwendige Mindestkapazität der Hardware zu ermitteln.

Die nachstehend zugrunde gelegte Datenstruktur entspricht in ihrem Aufbau dem Planungsgliederungsprinzip und bezieht sich auf den letztgenannten Betrieb (1.4).

2.1 Auf der Basis der Absatzplanung werden die Baupläne über die erweiterte Stückliste geführt.

Es werden ständig Stücklisten für 10 Standard-Produkte unterhalten, mit je 500 Datensätzen für Material, Arbeitsschritte und Zwischensummen.

Daneben gibt es Stücklisten für jährlich 10 modifizierte Standard-Produkte mit je etwa 300 Datensätzen, die 3 Jahre lang aktuell bleiben. Es handelt sich dabei um Sonderaufträge, zT exclusiv, bei denen auch größere Baugruppen der Standard-Artikel verwendet werden können. Für Produkt-Entwicklungen, die sich über 3 Jahre hinziehen, werden Stücklisten für 10 Artikel geführt.

2.2 In den von der Quli-FlexPlan-Rechnung abgedeckten Bereichen der Materialwirtschaft werden die Material-Datei mit 300 Materialien und die Hilfs- u.Betriebsstoffe-Datei mit 150 Positionen geführt. Auch hier enthalten die Datensätze Felder für den Ausweis von Abweichungen und Index-Dateien.

2.3 In der Kostenstellenrechnung werden 60 Kostenplätze geführt, gegliedert in 3 Bereiche zu je 20 Kostenstellen. Je Kostenplatz sind neben einem Standard-Arbeitsgang noch je 3 modifizierte Arbeitsabläufe vorgesehen. Für diese mehr als 200 Arbeitsgänge müssen die kalkulatorischen Verrechnungssätze mit Vorgangsnummer ("Pos."), den dazugehörigen Vollkosten je Bezugsgrößeneinheit und ihrem Proportionalkostenfaktor gespeichert werden. Sie enthalten auch Felder für Vergleichsrechnungen zu vorausgegangenen Berichten.

3. Konfigurationen

Ausgewählt werden für die Betriebe (1.1 und 1.4) je ein 16Bit-Rechner mit einem Disketten- und einem 5 MB Festplattenlaufwerk zur Aufnahme der Programme. Angeschlossen wird eine 10 MB-Wechselplattenstation für die Daten-Dateien, insbesondere für zu Abweichungsrechnungen erforderliche Datenbestände.
In der industriellen Anwendungspraxis sind die jeweiligen Grenzen des Einsatzes von Microcomputern in Richtung 'Mittlere Daten-Technik' zu beachten, besonders hinsichtlich leistungsfähiger Mehrplatzsysteme und Wirtschaftlichkeit.
Die Autoren haben das System der QuLi-FlexPlan-Rechnung auf einem Osborne 1 entwickelt.

Mein besonderer Dank gilt Frau Helga Kursawe-Dennig, die mir bei der Umsetzung dieser Arbeit auf dBaseII entscheidend geholfen hat.

Literatur

(1) Kilger, W., Flexible Plankosten- und Deckungsbeitragsrechnung, 8.Auflage, Westdeutscher Verlag 1981

(2) BDI, Kosten- und Leistungsrechnung,1983, Heider Verlag

(3) Quandt, H., 5068 Odenthal, Ein Microcomputersystem der Flexiblen Plankostenrechnung, 1984

Internationaler Einsatz von HP-Standardsoftware im Finanz- und Rechnungswesen

H. Heining, Hewlett Packard GmbH, Böblingen

1. DAS UNTERNEHMEN HEWLETT-PACKARD

H e w l e t t - P a c k a r d setzte 1983 weltweit 4,7 Mrd. US-$ um. 1,5 Mrd. DM waren es allein in Deutschland durch die groesste Tochtergesellschaft des Konzerns.
Hewlett-Packard beschaeftigt weltweit etwa 72.000 Mitarbeiter, 3.500 davon in Deutschland.

Projektbezogene Arbeitsgruppen, Job-Rotation und Delegation unternehmerischer Verantwortung kennzeichnen den Arbeitsstil von Hewlett-Packard. Teamarbeit wird angestrebt, nicht Statusdenken. Mit dieser Philosophie werden heute in ueber 50 Werken 6.400 Produkte hergestellt. I n n o v a t i v e P r o d u k t p o l i t i k ist dabei ein wesentliches Element.

In Deutschland werden fuer die Bereiche "Elektronische Messtechnik", "Analytische Messtechnik" und "Medizinelektronik" Produkte entwikkelt und gefertigt - mit weltweiter Zustaendigkeit. Die Entwicklung von Software fuer CAD/CAE und den Finanzbereich kommt hinzu. Computer fuer technische und kommerzielle Anwendungen werden in Lizenz erzeugt.

In Deutschland sind auch Verteilungszentren angesiedelt, die die europaeischen Laender mit elektronischen Bauelementen, Taschenrechnern, Personal Computern, Ersatzteilen und Verbrauchsmaterial beliefern.

Als eigene Organisation innerhalb des Unternehmens besteht der Vertrieb mit Sitz in Frankfurt. Er ist fuer Verkauf, Kundendienst, Systemunterstuetzung und Kundentraining in Deutschland zustaendig. Die Kunden werden von 12 Geschaeftsstellen aus betreut.

1.1 Unternehmensbereich Computersysteme

Circa 50% seines Gesamtumsatzes macht Hewlett-Packard mit Computerprodukten. Die Produktpalette reicht dabei von kleinen Taschenrechnern ueber leistungsfaehige Computersysteme bis hin zu Peripheriegeraeten. Seit einigen Jahren bietet Hewlett-Packard auch verstaerkt Anwendungssoftware speziell fuer den Bereich der Fertigungsindustrie an. Einen Ueberblick ueber die damit abgedeckten Bereiche gibt Bild 1.

Rechnungswesen und EDV: PC-Einsatz. © 1984 PHYSICA-VERLAG Würzburg-Wien

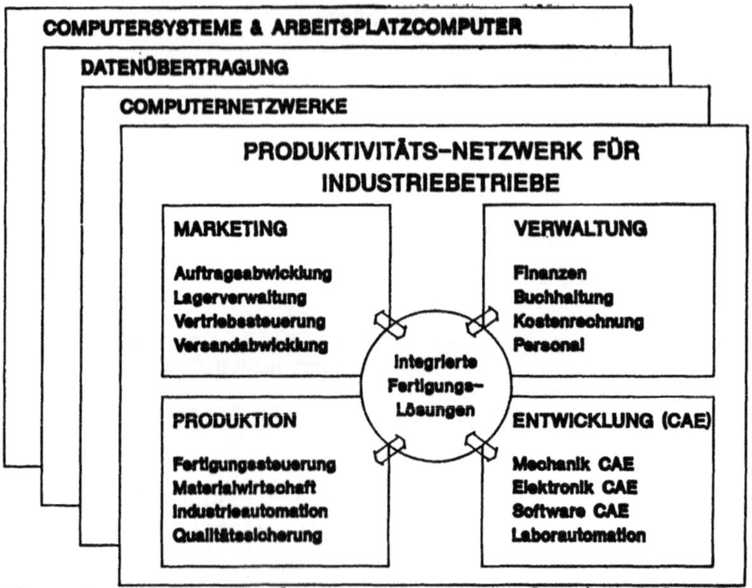

Bild 1

Diese Anwendungen werden von unseren Kunden in vielen Faellen auf einem integrierten Rechnernetz eingesetzt, teilweise eingebunden mit Computern und Anwendungen anderer Hersteller. Im folgenden moechte ich mich auf die Loesungen konzentrieren , fuer die wir in Boeblingen weltweit die Entwicklungs- und Marketingverantwortung haben. Wir sind zustaendig fuer Anwendungssoftware fuer das Finanz- und Rechnungswesen. Schon auf dem Markt oder noch in der Entwicklung befinden sich die die folgenden Module:

S a c h b u c h h a l t u n g

* Flexibler Kontenrahmen / Kostenstellenstruktur
* Drei Budgetfelder je Periode
* Wiederkehrende Buchungen
* Benutzerdefinierbare Untenehmenskennzahlen

D e b i t o r e n / K r e d i t o r e n

* Automatisches Berechnen und Verbuchen von Steuerbetreagen, Abzugsfaehigen Skontobetreagen
* Behandlung verschiedenster Zahlungsarten
* Bankabstimmung
* Behandlung unterschiedlicher Skontolinienarten und Skontoberechnungen
* Eingabe von Fremdwaehrungen und automatisches Berechnen und Verbuchen von Waehrungsgewinnen bzw. Verlusten
* Kunden- und Lieferantenanalysen nach benutzerdefinierbaren Umsatzkategorien

Z w e i t e s   H a u p t b u c h

* Unabhaengiger zweiter Kontenrahmen pro Firma
* Unterschiedliche Waehrungen moeglich
* Automatisches Buchen der zugeordneten Konten im zweiten Kontenrahmen
* Umbewertung der Buecher aufgrund von Waehrungsschwankungen

K o s t e n u m l a g e

* Benutzerdefinierbare Umlageschluessel
* Umlage von Ist- und Planwerten
* Mehrstufige Umlage
* Automatisches Verbuchen
* Simulationsmoeglichkeiten
* Umlagen in lokaler und Fremdwaehrung
* Umlage zu Produktbereichen

B i l a n z k o n s o l i d i e r u n g

* Mehrfache Konsolidierungsstrukturen
* Automatisches Erstellen von Konsolidierungskontenrahmen
* Benutzerspezifikationen fuer automatische
  - Eliminierung von Zwischengewinnen
  - Umlage von Gemeinkosten
  - Aggregation hierarchischer Strukturen

A n l a g e n b u c h h a l t u n g

* Beliebige Anzahl von Abschreibungsbuechern
* Benutzerdefinierbare Abschreibungsformen
* Automatisches Erstellen von Buchungssaetzen
* Erfassen von Versicherungs-, Leasing- und Instandhaltungsdaten
* Abschreibungsbuecher in Fremdwaehrung

B u d g e t p l a n u n g

* Detailierte Budgetplanung in Matrixform
* Konsolidierung entlang hierarchischer Organisationsstrukturen
* Benutzerdefinierbare Funktionen und Wachstumsfaktoren
* Mehrfache Planungshorizonte

Diese Module sind entweder einzeln einsetzbar oder koennen integriert verwendet werden.

2. INTERNATIONALER EINSATZ VON FINANZSOFTWARE

Internationaler Einsatz wird im folgenden unter zwei Gesichtspunkten betrachtet:

Zum ersten wird die Software in vielen Laendern (zur Zeit sind es 21) eingesetzt. Das Spektrum reicht dabei von Amerika ueber Deutschland nach Australien.

Zum anderen wird die Software von einem Kunden in vielen Laendern, in denen er selbst vertreten ist, eingesetzt.

Im folgenden werde ich mich zuerst mit dem ersten Punkt beschaeftigen.

2.1 Flexible Software

Einsatz der gleichen Software in vielen Laendern stellt hohe Anforderungen an ihre Flexibilitaet. Da die Entwicklung zentral in Deutschland stattfindet und an die einzelnen Laender kein Sourcecode ausgeliefert wird, muessen diese in der Lage sein, die Software schnell und einfach an die lokalen Gegebenheiten anzupassen. Anpassen heisst, Sprachuebersetzung durchzufuehren und das Verhalten und die Benutzerschnittstelle auf die lokalen Gegebenheiten umzustellen. Dieses bedeutet im einzelnen:

Bildschirmmasken
Berichte
Datenbanken
Systemparmeter
Online-Dokumentation etc.

Anhand von zwei Beispielen moechte ich ihnen einen Eindruck von typischen Anpassungen geben:

Beispiel 1: Bildschirmmaske

Bild 2a zeigt einen Datenerfassungsbildschirm aus der amerikanischen Version der Kreditorenbuchhaltung.

Bild 2b zeigt den gleichen Bildschirm in der deutschen Version.

Bild 2c zeigt den Bildschirm in einer stark vereinfachten Version, wie er bei einem Kunden zum Einsatz kommt.

Der Aenderungsaufwand, um von einem Bildschirm zum anderen zu kommen, betraegt zwischen 5 und 30 Minuten. Das dahinterstehende Programm ist in allen Faellen das gleiche.

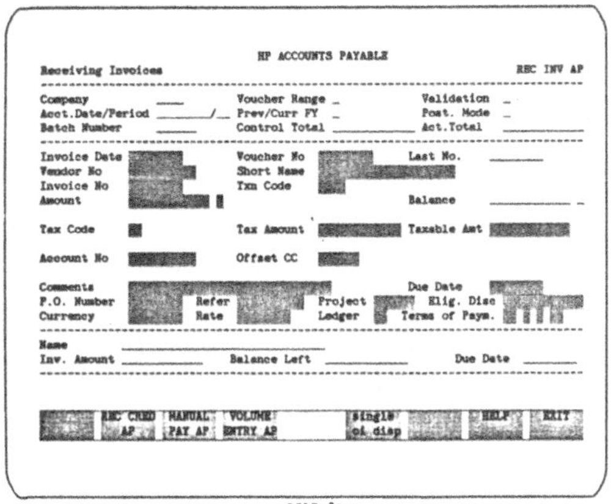

BILD 2a

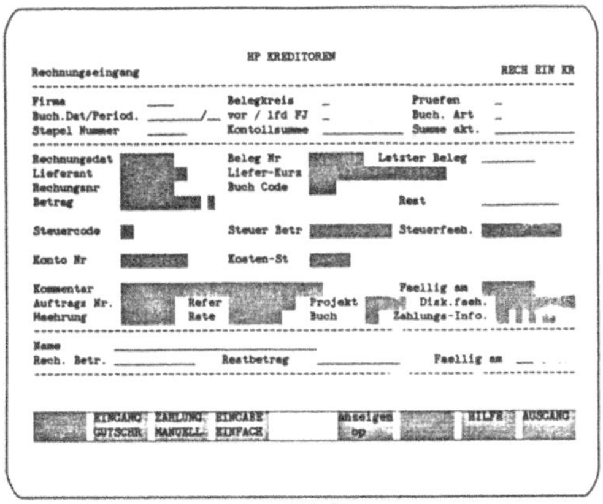

BILD 2b

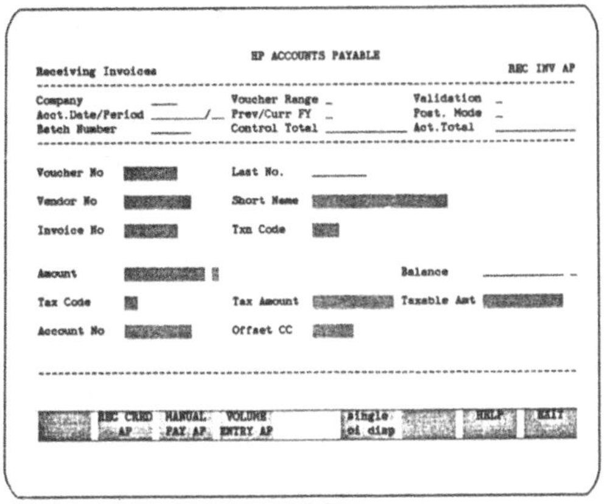

BILD 2c

Beispiel 2: Die Bilder 3a und 3b zeigen je eine Bilanz des amerikanischen Pakets. Der Aenderungsaufwand von der einen in die andere Darstellung betraegt circa 5 Minuten. Rechnet man die Uebersetzung zum Beispiel ins Franzoesische hinzu, sind es circa 20 Minuten.

FISCAL PERIOD 2 / 1984 — MOCO MODERN COMPUTERS, INC. — DATE 07/11/84 REPORT-ID PAGE
LEDGER P — BALANCE SHEET — TIME 08:00 MOCOBIL1

		THIS YEAR BALANCE	LAST YEAR BALANCE	VARIANCE	% OF LAST
A S S E T S					
40	CASH	732540.00	664900.00	67640.00	110.17
50	TEMP. CASH INVESTMENT	1946000.00	1652800.00	293200.00	117.74
60	ACCOUNTS, NOTES RECEIVABLE	4662000.00	4038000.00	624000.00	115.45
70	INVENTORIES	6058550.00	5570000.00	488550.00	108.77
80	OTHER CURRENT ASSETS	1317700.00	1263700.00	54000.00	104.27
100	TOTAL CURRENT ASSETS	14716790.00	13189400.00	1527390.00	111.58
120	LAND	15375000.00	15375000.00	0.00	100.00
130	BUILDINGS	17210000.00	17210000.00	0.00	100.00
140	MACHINERY AND EQUIPMENTS	8475560.00	8433450.00	42110.00	100.50
150	ACCUMULATED DEPRECIATION	5662570.00	5397000.00	265570.00	104.92
160	OTHER ASSETS	2263610.00	2235930.00	27680.00	101.24
180	TOTAL FIXED ASSETS	48986740.00	48651380.00	335360.00	100.69
200	TOTAL	63703530.00	61840780.00	1862750.00	103.01
L I A B I L I T I E S / E Q U I T I E S					
260	ACCOUNTS, NOTES PAYABLE	13987470.00	13147320.00	840150.00	106.39
270	ACCRUED COMPENSATION	11395130.00	11202930.00	192200.00	101.72
280	ACCRUED TAXES	17377800.00	17273800.00	104000.00	100.60
290	OTHER CURRENT LIABILITIES	6492230.00	6404920.00	87310.00	101.36
310	TOTAL CURRENT LIABILITIES	49252630.00	48028970.00	1223660.00	102.55
330	LONG TERM DEBTS	3575600.00	3030810.00	544790.00	117.98
340	CAPITAL STOCK	5500000.00	5500000.00	0.00	100.00
350	RETAINED EARNINGS	5375300.00	5281000.00	94300.00	101.79
380	TOTAL	63703530.00	61840780.00	1862750.00	103.01

Bild 3a

FISCAL PERIOD 2 / 1984 — MOCO MODERN COMPUTERS, INC. — DATE 07/11/84 REPORT-ID PAGE
LEDGER P — BALANCE SHEET — TIME 08:04 MOCOBIL2

		M T D			Y T D		
		THIS YEAR	LAST YEAR	% OF LAST	THIS YEAR	LAST YEAR	% OF LAST
A S S E T S							
40	CASH	36820.00	33500.00	109.91	732540.00	664900.00	110.17
50	TEMP. CASH INVESTMENT	158000.00	126100.00	125.30	1946000.00	1652800.00	117.74
60	ACCOUNTS, NOTES RECEIVABLE	322600.00	210700.00	153.11	4662000.00	4038000.00	115.45
70	INVENTORIES	248250.00	270000.00	91.94	6058550.00	5570000.00	108.77
80	OTHER CURRENT ASSETS	36000.00	53000.00	67.92	1317700.00	1263700.00	104.27
100	TOTAL CURRENT ASSETS	801670.00	693300.00	115.63	14716790.00	13189400.00	111.58
120	LAND	0.00	0.00		15375000.00	15375000.00	100.00
130	BUILDINGS	0.00	0.00		17210000.00	17210000.00	100.00
140	MACHINERY AND EQUIPMENTS	20800.00	13450.00	154.65	8475560.00	8433450.00	100.50
150	ACCUMULATED DEPRECIATION	140070.00	127000.00	110.29	5662570.00	5397000.00	104.92
160	OTHER ASSETS	16810.00	12530.00	134.16	2263610.00	2235930.00	101.24
180	TOTAL FIXED ASSETS	177680.00	152980.00	116.15	48986740.00	48651380.00	100.69
200	TOTAL	979350.00	846280.00	115.72	63703530.00	61840780.00	103.01
L I A B I L I T I E S / E Q U I T I E S							
260	ACCOUNTS, NOTES PAYABLE	428650.00	320000.00	133.95	13987470.00	13147320.00	106.39
270	ACCRUED COMPENSATION	104200.00	76580.00	136.07	11395130.00	11202930.00	101.72
280	ACCRUED TAXES	57250.00	63500.00	90.16	17377800.00	17273800.00	100.60
290	OTHER CURRENT LIABILITIES	87310.00	84700.00	103.08	6492230.00	6404920.00	101.36
310	TOTAL CURRENT LIABILITIES	677410.00	544780.00	124.35	49252630.00	48028970.00	102.55
330	LONG TERM DEBTS	289640.00	230500.00	125.66	3575600.00	3030810.00	117.98
340	CAPITAL STOCK	0.00	0.00		5500000.00	5500000.00	100.00
350	RETAINED EARNINGS	12300.00	71000.00	17.32	5375300.00	5281000.00	101.79
380	TOTAL	979350.00	846280.00	115.72	63703530.00	61840780.00	103.01

Bild 3b

2.2 Laenderspezifischer Einsatz

Bisher habe ich gezeigt, wie einfach Aenderungen am Benutzerinterface der Software durchzufuehren sind.

Bild 4 gibt eine vollstaendige Aufstellung der laenderspezifischen Untersciede und ihrer Behandlung. Der einzige Bereich, der nicht durch einfache Benutzerinterfaceaenderungen an laenderspezifische Anforderungen angepasst werden kann, sind die Steuern und ihre Verbuchung. Hier ist es erforderlich, dass die Software "weiss", in welcher Laenderversion sie gerade eingesetzt wird und dann entsprechend die Steuern richtig berechnet und verbucht. Aber auch in diesem Bereich hoffen wir, in den naechsten Jahren einen aehnlichen Weg zu finden, wie bei Bildschirmen und Berichten.

LAENDERSPEZIFISCHE UNTERSCHIEDE UND DEREN BEHANDLUNG

BERICHTE UND AUSWERTUNGEN	FORMULARE/ BELEGLOSER DATENAUSTAUSCH	STEUER- UND SKONTO-BEHANDLUNG	SPRACHE
STRUKTUR DER **- BILANZ** **- G&V** **- STEUER-ANMELDUNG** **DATENAUSWAHL UND INFORMATION**	**SCHECKS** **BANK-UEBERWEISUNG** **WECHSEL** **MAHNBRIEFE** **LASTSCHRIFTEN**	**MWST/ US SALES TAX** **STEUER-KORREKTUR** **SKONTOABZUG BRUTTO/NETTO** **FAELLIGKEITS-BERECHNUNG**	**BILDSCHIRM-MASKEN** **FEHLER-MELDUNGEN** **SYSTEM-MELDUNGEN** **ONLINE-DOKUMENTA-TION**
BERICHTS-GENERATOR	**BERICHTSGENERATOR** **SCHNITTSTELLEN-DEFINITION**	**PROGRAMM-LOGIK** **PARAMETER**	**CUSTOMIZER**

Bild 4

Die Softwarewerkzeuge Berichtsgenerator, Schnittstellendefinitionsmodul und Customizer koennen jedoch nicht nur zur laenderspezifischen Anpassung verwendet werden, sondern dienen unseren Kunden dazu, die Software ihren individuellen firmenspezifischen Beduerfnissen anzupassen.

Wie schon erwaehnt, wird die Software zentral fuer den weltweiten Einsatz entwickelt und dann in Softwarezentren in den jeweiligen Laendern an die lokalen Beduerfnisse angepasst. Auch die gesamte Kundenbetreuung findet auf lokaler Basis statt. Nur fuer den Fall, dass laenderspezifische Besonderheiten programmiert werden muessen, oder in schwierigen Fragen bei der Kundenunterstuetzung wird auf die weltweit zustaendige Division zurueckgegriffen.

Ein grundsaetzliches Problem beim Einsatz von Standardsoftware ist die Anpassung der bereits beim Kunden laufenden Software an eine neu herauskommende Version. Dadurch, dass unsere Anwendungen nicht nur in den lokalen Softwarezentren sondern auch von Kunden sehr stark auf ihre jeweiligen Beduerfnisse angepasst werden koennen, mussten wir sehr viel in die automatische Integration von neuen Softwareversionen in stark veraenderte Kundeninstallationen investieren.

Vollautomatisch angepasst werden koennen heute:

* Datenbanken und Daten
* Systemmeldungen
* Berichte
* Zusaetzliche Bildschirme oder nicht geaenderte Bildschirme

Halbautomatisch angepasst werden koennen:

* Geaenderte Bildschirme

Der typische Umstellungsaufwand bei einer stark geaenderten Version und vielen Benutzeranpassungen betraegt zum Beispiel fuer die Finanzbuchhaltung circa eine Woche. Dabei ist das System fuer etwa einen Tag nicht verfuegbar. Im Vergleich dazu betraegt der typische Aufwand fuer den Kunden bei Sourcecodemodificationen sehr schnell einige Mannmonate.

2.3 Internationaler Einsatz bei einem Kunden

Als Beispiel habe ich ein amerikanisches Grossunternehmen der chemischen Industrie herausgegriffen, das weltweit mit Produktionsstaetten und Niederlassungen vertreten ist. Vor etwa 1 1/2 Jahren wurde die Entscheidung getroffen, die alten und sehr unterschiedlichen Finanzsoftwaremodule auf weltweiter Basis durch Hewlett-Packard-Standardsoftware abzuloesen. Mittlerweile wird unsere Software bereits in 9 verschiedenen Laendern eingesetzt.

FINANZSOFTWARE
Die Standardloesung fuer ein Weltunternehmen der chemischen Industrie

Bild 5

Folgende Gruende waren dabei fuer dieses Konzept ausschlaggebend:

* Normale Softwareauswahlkriterien, wie Leistungsmerkmale etc., auf die ich hier nicht naeher eingehen moechte

* Zentrale Anpassung und Unterstuetzung.

  Die Firma hatte bisher unterschiedliche Loesungen im Einsatz, die auf lokaler Basis gewartet und weiterentwickelt wurden.
  In Zukunft soll dies von der Konzernzentrale aus geschehen.

* Nur einmalige Pruefung durch Wirtschaftspruefer.

  Die Wirtschaftspruefer des Konzerns muessen die Software nur noch einmal zentral pruefen. Das erteilte Testat gilt dann auf weltweiter Basis.

* Gute Kontrolle / Einheitlichkeit im Konzern.

  Durch die Benutzung des gleichen Softwarepaktes sind auch in diesem speziell fuer Grossfirmen wichtigen Punkt wesentliche Verbesserungen erzielt worden.

  Saemtliche oben aufgefuehrten Punkte fuehren selbstverstaendlich auch zu entsprechenden Kostenersparnissen.

3. INTEGRATION MIT PERSONAL COMPUTERN

Da Personal Computer und ihr Einsatz das Schwerpunktthema dieser Tagung sind, moechte ich im folgenden noch darauf eingehen, wie wir uns den Einsatz im Bereich des Finanz- und Rechnungswesens vorstellen.

Auf dem grossen Rechner befinden sich saemtliche Finanzdatenbanken. Aufgrund des erforderlichen Plattenspeicherbedarfs und der noetigen Verarbeitungskapazitaet, sind Personal Computer fuer diesen Bereich in der Regel nicht geeignet. Ausserdem wird es aus Gruenden der internenn Revision immer notwendig sein, eine entsprechend gute zentrale Kontrolle auszuueben, die heute nur bei groesseren Rechnern moeglich ist.

Personal Computer werden von unseren Kunden immer mehr an Stelle von normalen Terminals gekauft und dann auch entsprechend benutzt. Zusaetzlich dazu dienen sie dann zur lokalen Benuntzung in den Bereichen

* Textverarbeitung
* Spreadsheets
* Grafiken
* Kleinere, lokale Anwendungen

Die Zusammenarbeit zwischen dem groesseren Rechner und dem Personal Computer sieht in der Regel dann folgendermasssen aus:

Integration von groesseren Rechnern mit Personal Computern im Finanzbereich

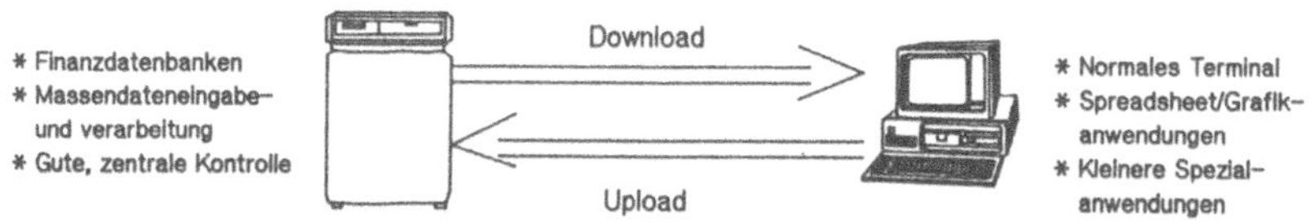

Bild 6

Bereits verdichtete Daten werden auf den Personal Computer transferiert und dort lokal weiterverarbeitet. In manchen Faellen sind dabei zusaetzliche Dateneingaben noetig. Eventuell findet am Ende de Verarbeitung ein Rueckladen von kleineren Datenmengen statt.

Anhand eines konkreten Beispiels aus der Finanzbuchhaltung, moechte ich Ihnen zeigen, wie dieses im Moment bei uns realisiert ist. Auf der HP3000 werden mithilfe des Berichtsgenerators verdichtete Daten (zum Beispiel eine Bilanz) auf Platte gedruckt. Diese Daten koennen dann entweder automatisch per Batchjob oder innerhalb der Sachbuchhaltung per Funktionstaste auf den Personal Computer transferiert werden. Dort koennen sie ebenfalls automatisch in entsprechende Personal Computer-Anwendungssoftware wie

* VISICALC/150
* Lotus 123/150
* Grafik/150

geladen werden.

HP Personal Computer Interface

Bild 7

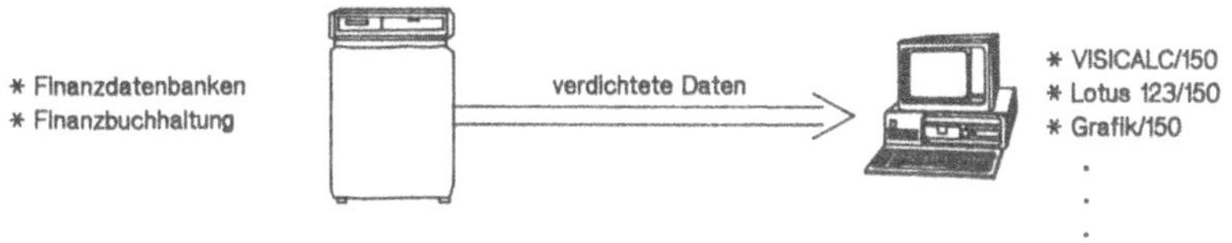

* Datenextraktion und Transfer per Funktionstaste oder automatisch
* Automatisches Laden der Daten in PC-Anwendungssoftware
* Automatisches Umschalten der HP150 von Finanzbuchhaltung in z. B. VISICALC und zurueck

Innerhalb der Sachbuchhaltung erfolgt dann ein automatisches Umschalten des Personal Computers vom Terminalmode in den lokalen Personal-Computer-Mode und zurueck. Der Benutzer arbeitet also, ohne sich dessen bewusst sein zu muessen, mit dem Personal Computer einmal als Terminal und im anderen Fall lokal. Diese fuer den Benutzer transparente Integration von Mehrplatzsystemen und Personal Computern wird unserer Meinung nach den im Moment noch sehr stark lokalen Ensatz von Personal Computern abloesen bzw. ergaenzen.

Hierzu ein praktisches Beispiel:

Bild 8 zeigt, wie transferierte Daten und lokal eingegebene Daten miteinander verknuepft werden koennen. Aus den Finanzdatenbanken wurden die Bilanzwerte der Niederlassungen New York, Chicago, Dallas und Frisco extrahiert und an den Personal Computer transferiert. Ebenso die Bezeichnungen der Bilanzpositionen. Im Spreadsheet selber wurden die Spalten Subtotal, Elimination und Total berechnet.
Subtotals sind als Summe der ersten 4 Spalten definiert.
Die Spalte Elimination errechnet sich in diesem Beispiel als Prozentzahl der transferierten Einzelwerte.
Die Totalspalte ist die Summe der Spalten 1 - 6.

XYZ - COMPANY

ASSETS	NEW YORK K$	CHICAGO K$	DALLAS K$	FRISCO K$	SUBTOTAL K$	ELIMINAT. K$	TOTAL K$
CURRENT							
Cash	73,523	23,519	12,562	15,862	125,466	0	125,466
Marketable securities	5,623	1,263	0	0	6,886	0	6,886
Trade accounts receiv.	125,651	85,241	62,385	56,213	329,490	-81,755	247,735
Inventories	231,682	192,452	126,854	146,231	697,219	-34,515	662,704
Prepaid expenses	3,572	2,531	2,153	1,523	9,779	0	9,779
Total current assets	440,051	305,006	203,954	219,829	1,168,840	-116,270	1,052,570
PROPERTY, PLANT AND EQUIPMENT							
Land	32,561	0	16,528	8,623	57,712	0	57,712
Buildings	56,382	0	44,291	21,562	122,235	0	122,235
Machinery and equipment	173,927	142,824	80,562	75,682	472,995	0	472,995
Leaseholds, improvements	23,952	56,284	12,952	8,623	101,811	0	101,811
	286,822	199,108	154,333	114,490	754,753	0	754,753
Less accumulated deprec.	58,932	132,561	76,582	68,231	336,306	0	336,306
	227,890	66,547	77,751	46,259	418,447	0	418,447
INVESTMENTS, OTHER ASSETS							
Investments	562,838	153,264	12,584	1,563	730,249	-328,100	402,149
Trademarks	12,582	5,623	2,651	3,621	24,477	0	24,477
Deferred Charges	4,562	2,851	3,685	895	11,993	0	11,993
	579,982	161,738	18,920	6,079	766,719	-328,100	438,619
Total assets	1,247,923	533,291	300,625	272,167	2,354,006	-444,370	1,909,636
LIAILITIES, STOCKHOLDERS' EQUITY							
CURRENT LIABILITIES							
Notes payable	63,524	26,354	14,625	7,862	112,365	0	112,365
Cur. inst. on l. t. debt	86,231	46,182	23,561	25,615	181,589	0	181,589
Accounts payable	185,621	123,987	45,623	43,652	398,883	-83,732	315,151
Acrued expenses	78,653	35,682	23,561	15,621	153,517	-16,269	137,248
Total cur. liabilities	414,029	232,205	107,370	92,750	846,354	-100,001	746,353
LONG-TERM DEBT	342,528	115,234	65,231	93,981	616,974	0	616,974
DEFERRED INCOME TAXES	86,251	23,851	12,892	892	123,886	0	123,886
STOCKHOLDERS' EQUITY							
Common stock	320,000	140,000	95,000	72,000	627,000	-307,000	320,000
Capital surplus	33,500	12,300	5,300	3,500	54,600	-21,100	33,500
Retained earnings	51,615	9,701	14,832	9,044	85,192	-16,269	68,923
	405,115	162,001	115,132	84,544	766,792	-344,369	422,423
Total	1,247,923	533,291	300,625	272,167	2,354,006	-444,370	1,909,636

Bild 8

Ein aehnliches Beispiel koennte eine Bilanzsimulation sein, die auf aktuellen Ausgangswerten beruht, und diese dann nach vordefinierten Kriterien prognostiziert.

Ebenso einfach ist es moeglich, transferierte Daten grafisch aufzubereiten.

Bild 9 zeigt die Bilanzposition Inventories (Bestaende) zusaetzlich in grafischer Form.

Beispiele aus der Praxis zeigen, dass Anwender hier sehr ein aussagekraeftiges Berichtswesen aufbauen, wenn die Handhabung einfach ist.

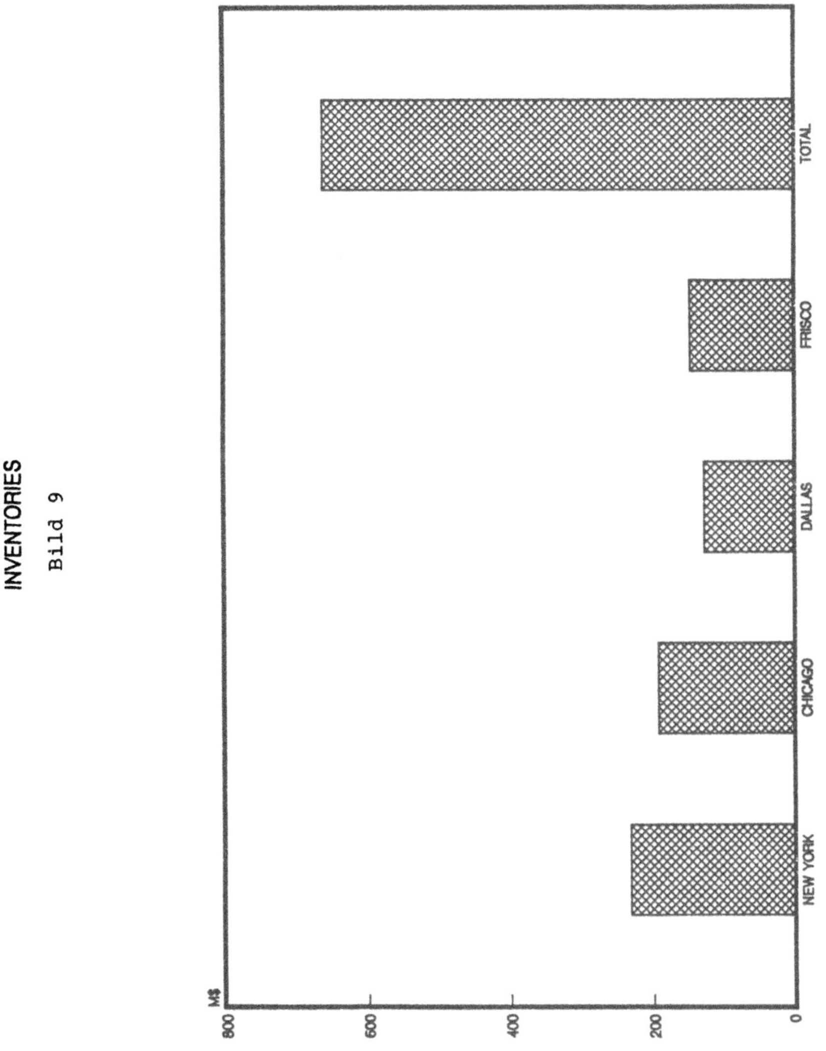

Bild 9

Erfahrungen des Rechnungswesens bei der Entwicklung und Einführung einer EDV-gestützten Kosten- und Leistungsrechnung

H. Orlowski, Thyssen Industrie AG, Essen

1. Gegebenheiten

1.1 Produkt- und Organisationsstruktur des Thyssen Industrie-Kreises

1.2 Das Rechnungswesen im Thyssen Industrie-Kreis

1.3 Die EDV-Unterstützung für die Kosten- und Leistungsrechnung

2. Projektplanung und -durchführung

2.1 Betriebswirtschaftliche Struktur des Gesamtsystems

2.2 Gestaltungsgrundsätze

2.3 Projektorganisation

2.4 Projektablauf

3. Einzelheiten der Arbeitsergebnisse

3.1 Struktur der Bewegungsdaten

3.2 Stammdateien

3.3 Abläufe

4. Erreichter Stand und Möglichkeiten weiteren Vorgehens

5. Allgemeine Erfahrungen

5.1 Möglicher Beitrag des Rechnungswesens

5.2 Projektorganisation

5.3 Projektablauf

Rechnungswesen und EDV: PC-Einsatz. © 1984 PHYSICA-VERLAG Würzburg-Wien

1. Gegebenheiten

1.1 Produkt- und Organisationsstruktur des Thyssen Industrie-Kreises

Der Thyssen Industrie-Kreis ist das europäische Verarbeitungszentrum der Thyssengruppe, in dem mit rd. 36.000 Mitarbeitern in rd. 50 in- und ausländischen Produktionsstätten und einem Eigenkapital von rd. 700 Mio DM ein jährlicher Außenumsatz von rd. 5 Mrd. DM erzielt wird.

Die Produktpalette ist vielfältig. Sie kann hier nur mit Beispielen skizziert werden:

Guß- und Schmiedestücke

Produkte der Blechumformung

Getriebe, Kupplungen, Bremsen

Werkzeuge, Vorrichtungen, Werkzeugmaschinen

Lokomotiven und Waggons, Produkte der Magnetfahrtechnik

Aufzüge, Fahrtreppen und Förderanlagen

Stahlhoch-, Wasser- und Brückenbauten

Schiffe

Industrieöfen, Anlagen zur Wassergewinnung, Abwasseraufbereitung und Abgasreinigung

Kunststoffprodukte

Wie die Skizze des Produktangebots erkennen läßt, ist der Thyssen Industrie-Kreis auf unterschiedliche Märkte ausgerichtet. Er muß unterschiedliche Technologien anwenden und weiterentwickeln. Diesem Sachverhalt entsprechend, ist er weitgehend dezentral organisiert.

Die Geschäftsführung liegt in 12 nach den Kriterien Produktprogramm und Absatzmarkt voneinander abgegrenzten, ergebnisverantwortlichen Geschäftsbereichen, die teils als Tochtergesellschaften der Thyssen Industrie AG firmieren, z.B. Thyssen Gießerei AG in Mülheim a.d. Ruhr, teils als Zweigniederlassungen der Thyssen Industrie AG, z.B. Thyssen Industrie AG Henschel in Kassel.

Die Geschäftsbereiche werden vom Vorstand der Thyssen Industrie AG im wesentlichen durch Zielsetzung und Kontrolle geführt. Die Hauptverwaltung der Thyssen Industrie AG in Essen beinhaltet sowohl Stabs- und Koordinierungsfunktionen zur Unterstützung des Vorstandes als auch Dienstleistungsfunktionen, die von den Geschäftsbereichen je nach Art der Funktion generell oder fallweise in Anspruch genommen werden.

1.2 Das Rechnungswesen im Thyssen Industrie-Kreis

Die Organisation des Rechnungswesens im Thyssen Industrie-Kreis entspricht der generellen Organisationsform. Die Geschäftsbereiche sind grundsätzlich eigenverantwortlich dafür, daß ihr Rechnungswesen den gesetzlich fixierten Anforderungen der externen Rechnungslegung und den internen Steuerungsbedürfnissen genügt.

Das Rechnungswesen der Hauptverwaltung hat u.a. die Koordinierungs- und Ordnungsfunktion. Dabei wird, um Einheitlichkeit zu erreichen und Neues durchzusetzen, das Abstimmungsverfahren der Anweisungsmethode vorgezogen. Ein Beispiel für diese Arbeitsweise ist die unter Federführung der Hauptverwaltung und Mitwirkung der Rechnungswesenleiter aller Geschäftsbereiche entwickelte Richtlinie für die Kosten- und Leistungsrechnung. Sie ist für ein in der Grundstruktur einheitliches Rechnungswesen im Thyssen Industrie-Kreis konzipiert und schrittweise bereits zu wesentlichen Teilen realisiert worden. Aufgrund der gegebenen Regelungen können die regelmäßigen Standardinformationen für den Vorstand der Thyssen Industrie AG und übergeordnete Führungsebenen bedarfsweise durchgängig nach einheitlichen Kriterien vertieft werden.

Die Grundzüge der Richtlinie für die Kosten- und Leistungsrechnung im Thyssen Industrie-Kreis sind wie folgt:

Allgemeine Grundsätze

- o Verbrauchszeitpunktnahe Bewertung der primären Kostengüter
- o Aufwandabweichende kalkulatorische Bewertung von Anlagenabschreibungen, Anlagenzinsen und teilweise der Betriebssteuern
- o Plangemäße Bewertung der sekundären Kostengüter, keine Abweichungsüberwälzung
- o Vollkostenrechnung mit verrechneten Fixkostenanteilen auf Normalbeschäftigungsbasis als Grundform
- o Zusätzliche Darstellung der variablen Kosten und der Deckungsbeiträge durch Spaltung aller Sekundärverrechnungen in variable und fixe Kosten

Kostenartenrechnung

- o Einheitliche Mindestgliederung und Definition der Kostenarten
- o Einheitliche Verrechnungsregeln

Kostenstellenrechnung

- o Einheitliche Gliederung in Funktions-Hauptbereiche
- o Flexible Plankostenrechnung mit der Möglichkeit mehrerer Leistungsarten je Kostenstelle und mehrerer Einflußgrößen je Leistungsart (Leistungsmengen, eine Schwelle übersteigende Leistungsmengen, Betriebszeiten, Kalenderzeit)
- o Mindesttrennung der Kostenstellen-Gesamtabweichung in
  - Verbrauchs- und Preisabweichungen je Kostenart
  - Beschäftigungsabweichung je Kostenstelle
- o Gespaltene Verrechnungssätze (Variable Kosten, Fixkostenanteile)

Kostenträgerrechnung/Kalkulation

für Standard-Produkte/Standard-Produktkomponenten

- o Standardkalkulationen
- o Kostenträger-Auftragsabrechnungen oder Kostenträger-Zeitrechnungen zwecks Feststellung der Standard-Ist-Abweichungen = Produkt-Herstellungsergebnisse
- o Kostenträger-Auftragsabrechnungen zwecks Feststellung der Produkt-Vertriebsergebnisse

für Individual-Produkte

- o Angebots- und Auftrags-Vorkalkulationen
- o Betriebskalkulationen
- o für Langfristfertigungen: Mitlaufende Kalkulationen
- o Nachkalkulationen

zwecks Feststellung der Produkt-(Herstellungs- und Vertriebs-)ergebnisse

generell für alle Kostenträgerrechnungen/Kalkulationen

- o Vollkosten und Nettoergebnisse
- o zusätzlich: variable Kosten und Deckungsbeiträge

Betriebsergebnisrechnung

- o Gesamtkostenverfahren
  - Gesamtleistung
  - Primäre Produkt- und Vertriebseinzelkosten
  - Nettoleistung
  - Primäre Kosten der Nettoleistung
  - Kalkulatorisches Betriebsergebnis
  - Kosten-Aufwand-Unterschiede
  - Bilanzielles Betriebsergebnis
- o Umsatzkostenverfahren
  - Umsatzerlöse
  - Deckungsbeiträge
  - Kalkulatorische Produktergebnisse
  - Kostenstellenabweichungen
  - Kalkulatorisches Betriebsergebnis
  - Kosten-Aufwand-Unterschiede
  - Bilanzielles Betriebsergebnis

1.3 Die EDV-Unterstützung für die Kosten- und Leistungsrechnung

Auch für die Datenverarbeitung sind die Geschäftsbereiche grundsätzlich eigenverantwortlich. Kauf und Miete von Hard- und Software sind jedoch genehmigungspflichtig. Daraus ergibt sich für die Hauptabteilung Organisation und Datenverarbeitung der Thyssen Industrie-Hauptverwaltung die Möglichkeit, den Datenverarbeitungsbedarf der Geschäftsbereiche durch wirtschaftliche Lösungen im Konzernverbund zu decken.

Die Datenverarbeitung wird zu wesentlichen Teilen auf der Großrechenanlage unserer Schwestergesellschaft, der Thyssen Stahl AG in Duisburg-Hamborn, durchgeführt. Für viele Anwendungsgebiete ist einheitliche Standardsoftware im Einsatz.

Bezüglich der Kosten- und Leistungsrechnung war der Zustand jedoch unbefriedigend. Eine von den Hauptabteilungen Organisation und Datenverarbeitung sowie Rechnungswesen gemeinsam durchgeführte Aufnahme ergab folgendes Bild:

- In den ca. 40 inländischen Werken der 12 Geschäftsbereiche waren 19 verschiedene Systeme eingesetzt.
- Diese Systeme waren sehr unterschiedlich bezüglich des Umfangs der abgedeckten Funktionen, der Handhabungs- und Anpassungsmöglichkeiten.
- Mit keinem der vorhandenen Systeme konnte der durch die Richtlinie vorgesehene Sollstand der Kosten- und Leistungsrechnung ohne Weiterentwicklung realisiert werden.
- Alle Systeme waren Produkte bereichsindividueller, schrittweiser Entwicklung. Keines war so flexibel angelegt, daß man es ohne erheblichen Anpassungsaufwand auf andere Anwender hätte übertragen können.

Weil die parallele Weiterentwicklung von 19 verschiedenen Systemen in höchstem Grade unwirtschaftlich ist, mußte sie so schnell wie möglich beendet werden. Vereinheitlichungsbemühungen der Geschäftsbereiche gab es schon. An deren Ende hätten wir 12 verschiedene Systeme gehabt. Auch das war zuviel. Wir brauchten nur ein System, allerdings mit mehreren Varianten der Kostenträgerrechnung.

Auf dem Softwaremarkt fanden wir im Zeitpunkt unserer Untersuchung kein Fertigprodukt, das unseren Mindestanforderungen entsprochen hätte. Also entschlossen wir uns, mit einer Eigenentwicklung zu beginnen.

2. Projektplanung und -durchführung

2.1 Betriebswirtschaftliche Struktur des Gesamtsystems

Im ersten Arbeitsschritt versuchten wir, einen möglichst vollständigen Überblick über die betriebswirtschaftliche Struktur des angestrebten Gesamtsystems zu gewinnen und kamen dabei zu dem im Anhang dargestellten Schema.

2.2 Gestaltungsgrundsätze

Aus unserer Zielsetzung ergaben sich einige Grundsätze für die Systemgestaltung, die wir teilweise bereits beim Arbeitsbeginn fixiert, teilweise erst während der Arbeit aufgrund der dabei gewonnenen Erfahrung festgelegt haben:

- Freie Wahl der Kontierungsmerkmale

  Der Anwender muß seine Kontierungsmerkmale dem System über Tabellen aufgeben und diese Aufgaben zu Beginn jeder Abrechnungsperiode verändern können.

- Unterschiedliche Gültigkeitsstände der Kontierungsmerkmale

  In den Stammdateien müssen unterschiedliche Gültigkeitsstände der Kontierungsmerkmale unterschieden werden können, damit Rechnungen für verschiedene Zeiträume in beliebiger Folge möglich sind (z.B. 1. ein Monat des laufenden Geschäftsjahres, 2. Jahresplanung für das nächste Geschäftsjahr, 3. Nachtrag zum abgelaufenen Geschäftsjahr).

- Modularer Aufbau

  Für jeden Anwender muß eine seinen Bedürfnissen entsprechende Version des Systems aus obligatorischen, alternativen und fakultativen Elementen erstellt werden können.

- Freiheitsgrad bei der Gestaltung der Listausgaben

  Der Anwender muß den Inhalt und die Form der Listausgaben weitgehend frei gestalten können.

- Einfache Ablaufstruktur

  Die Abläufe sind klar und logisch zu strukturieren. Unnötige oder vorzeitige Verzweigungen der Datenströme sind zu vermeiden.

- o Wenige Satzarten

  Die Zahl der Satzarten ist so klein wie möglich zu halten. Das gilt insbesondere für die Bewegungsdatensätze.

Während die vier zuerst genannten Grundsätze die angestrebte Flexibilität des Systems sichern sollen, sind die beiden zuletzt genannten auf die Ziele Überschaubarkeit und Wirtschaftlichkeit ausgerichtet.

2.3 Projektorganisation

Wir entschlossen uns zu einem vorsichtigen, schrittweisen Vorgehen mit zunächst geringem Personaleinsatz.

Aus je einem Mitarbeiter der Hauptabteilungen Organisation und Datenverarbeitung sowie Rechnungswesen wurde ein Projektteam gebildet. Beide Mitarbeiter sollten voll für diese Aufgabe zur Verfügung stehen. Bei Notwendigkeit sollte das Team erweitert werden.

Um die betriebswirtschaftlichen Anforderungen in voller Breite zu erfassen, wurde ein repräsentativer Arbeitskreis aus Vertretern des Rechnungswesens von 6 der insgesamt 12 Geschäftsbereiche des Thyssen Industrie-Kreises gebildet.

Als erstes Teilziel wurde die Entwicklung und Einführung eines Systems der Kostenstellenrechnung auf der Grundlage der vorhandenen Richtlinie gesetzt. Schon die ersten Überlegungen im Team führten zu dem Ergebnis, daß der Gestaltungsgrundsatz 'Einfache Ablaufstruktur' eine Aufgabenerweiterung erfordere. Wenn unnötige Verzweigungen der Datenströme vermieden werden sollten, mußte vor der Kostenstellenrechnung zunächst die einheitliche Erfassung und gemeinsame Aufbereitung aller aus verschiedenen Vorgebieten und eigenen Eingaben resultierenden Istkosten und -erlöse organisiert werden. Erst danach waren die Kostenstellenkosten auszusondern und in den Ablauf 'Kostenstellenrechnung' einzustellen.

Für die Erstanwendung wurde ein nahegelegenes Werk ausgewählt. Das wichtigste Auswahlkriterium war die Eigenmotivation des Werkes durch einen angestrebten Rationalisierungseffekt.

2.4 Projektablauf

Die Zusammenarbeit zwischen dem Projektteam und dem Arbeitskreis vollzog sich derart, daß das Projektteam die Ergebnisse seiner Überlegungen in Form von schriftlich fixierten Vorschlägen und Fragen vorlegte. Die Mitglieder des Arbeitskreises prüften die Vorschläge und beantworteten die Fragen gemäß den Gegebenheiten und Zielsetzungen der von ihnen vertretenen Bereiche. In gemeinsamen Sitzungen wurden die zusammengefaßten Ergebnisse präzisiert und kontroverse Meinungen ausdiskutiert.

In ca. 6 Monaten wurde in 6 ganztägigen Arbeitssitzungen Einvernehmen erzielt über:

- o Inhalt und Form des Bewegungsdatensatzes 'Monatliche Istkosten und -erlöse'
- o Funktionen und Ablaufstruktur des Systemabschnitts 'Monatliche Sammlung und Aufbereitung der Istkosten und -erlöse'
- o Funktionen und Ablaufstruktur des Systemabschnitts 'Kostenstellenrechnung'
- o Inhalt und Form der für die beiden ersten Abschnitte des Systems erforderlichen Stammdateien

Der Rechnungswesenleiter des Erstanwenders war durch Mitwirkung im Arbeitskreis von Anfang an in die Systementwicklung einbezogen. Weitere Aufgaben für ihn und seine Mitarbeiter waren:

- o Bestimmung von Inhalt und Form der gewünschten Listausgaben
- o Entwicklung werksspezifischer Belege für die eigenen Eingaben von Bewegungsdaten
- o Eingabe der Stammdaten
- o Mitwirkung an den Tests durch Aufbau von Testbeispielen, Suchen und Abstellen von Fehlerursachen

Die praktische Mitarbeit der anwendenden Fachabteilung bei der Systemeinführung war zugleich eine gute Schulung für die spätere selbständige Handhabung des Systems.

Nach rd. 2 Jahren war das 1. Teilziel erreicht. Die beiden ersten Abschnitte des Systems waren entwickelt und konnten dem Erstanwender nach Erprobung im Echtlauf zur selbständigen Nutzung übergeben werden.

Als 2. Teilziel setzten wir uns die Entwicklung einer Auftragsabrechnung und deren Einführung in Verbindung mit den beiden zuvor entwickelten Systemabschnitten bei einem weiteren Anwender.

Dringender Bedarf war in einem kurz zuvor erworbenen Werk gegeben. Die Kosten- und Leistungsrechnung dieses Werkes wich erheblich von der im wesentlichen richtliniengemäßen Rechnung der beiden anderen Werke des Geschäftsbereichs ab. Z.B. wurde mit Fertigungslohnzuschlägen statt mit Mann- oder Maschinenstundensätzen gerechnet. In der Kostenstellenrechnung fehlte das flexible Soll. Die erforderlichen Änderungen im System der Kosten- und Leistungsrechnung waren mit dem im Werk benutzten EDV-System nicht möglich.

Der Arbeitsablauf in der 2. Phase der Projektarbeit war im wesentlichen gleich dem der 1. Phase. Aufgrund der schon gewonnenen Erfahrungen konnten die Arbeiten teilweise schematisiert und damit gestrafft werden.

Inzwischen ist auch das zweite Teilziel erreicht. Besonders erfreut sind wir darüber, daß der anwendende Geschäftsbereich inzwischen beschlossen hat, das in einem Werk eingeführte System mit eigenen Mitarbeitern auf ein weiteres Werk zu übertragen.

3. Einzelheiten der Arbeitsergebnisse

3.1 Struktur der Bewegungsdaten

Die monatlich in das System eingehenden Istkosten und -erlöse sind Daten, die in allen Teilen des Systems, die der monatlichen Abrechnung dienen, gebraucht werden. Es erschien uns darum zweckmäßig, einen durchgängig verwendbaren Bewegungsdatensatz zu entwickeln. Er enthält neben allgemeinen Datensatzmerkmalen, wie Satzart, abrechnende Betriebseinheit, Abrechnungsmonat und -jahr, Felder für:

o Mengen und Werte

- Istmengen/-zeiten
- abgerechnete Vorgabe-Rüstzeiten
- abgerechnete Vorgabe-Ausführungszeiten
- die Primärkosten/die Umsatzerlöse/den variablen Teil der Sekundärkosten
- den Fixkostenanteil der Sekundärkosten

o die anwenderindividuellen Kontierungsmerkmale

- Kostenart/Erlösart
- Konto Innerer Kreis (Kostenstelle, Kostenträger)
- Zusatzkonto Innerer Kreis (z.B. Anlageneinheiten oder Arbeitsplätze)
- Mehrverbrauchsarten und -ursachen
- Gegenkonto Innerer Kreis, wenn Kostenart sekundär
- Leistungsarten, wenn mehr als eine Leistungsart je Kostenstelle
- Arbeitsart- und Arbeitsplatzkennzeichen der Arbeitsvorbereitung, aus denen die beiden vorgenannten Kontierungsmerkmale des Rechnungswesens per Tabelle abzuleiten sind

o die systembezogenen Steuerungsmerkmale

- Kennzeichen Kostenart/Erlösart

  zwecks Zuordnung der anwenderindividuellen Kontierungsmerkmale zu den für den Ablauf unterscheidungsbedürftigen Kategorien:

  Primärkosten
  Sekundärkosten
  Umsatzerlöse

- Kennzeichen Anfall/Verrechnung

  zwecks Unterscheidung von:

  Kostenanfall
  Nebenleistung
  Hauptleistung

- Kennzeichen Lieferungsart

  zwecks der für den Ablauf der Auftragsabrechnung notwendigen Unterscheidung zwischen Erlösen aus:

  Ganz- oder Restmengenlieferungen
  Teilmengenlieferungen

- Kennzeichen Konto Innerer Kreis

  zwecks Selektion der für ein Folgegebiet, wie Kostenstellenrechnung, Kostenträger-Zeitrechnung, Kostenträger-Auftragsabrechnung, benötigten Daten aus der Sammlung aller monatlichen Istkosten und -erlöse

- Korrekturkennzeichen

  zwecks Sondersteuerung von Datensätzen einer Abrechnungsperiode, die Korrekturen zu Vormonaten des Geschäftsjahres enthalten (unmittelbare Zuordnung zu den kumulierten Werten des Geschäftsjahres)

o die anwenderindividuellen Dokumentationsmerkmale zwecks Möglichkeit der Rückverfolgung von Vorgängen bis in den Urbeleg

  - Herkunftsart (Vorgebiet oder eigene Eingabe)
  - Lohn-/Gehaltsart, Personalnummer
  - Materialart, Lager
  - Lieferer
  - Belegnummer und -datum

3.2 Stammdateien

3.2.1 Allgemeine Stammdateien

Allgemeine Stammdateien sind für verschiedene Zwecke eingerichtet worden:

o zwecks Gültigkeitsprüfung sowie Vergabe von Texten und Steuerungsmerkmalen

  - Herkunftsarten
  - Kostenarten/Erlösarten
  - Mehrverbrauchsarten und -ursachen
  - Mengeneinheiten

o zwecks Umsetzung von Arbeitsart- und Arbeitsplatzkennzeichen der Arbeitsvorbereitung in rechnungswesengemäße Kontierungen

o zwecks Bewertung sekundärer Kostengütermengen mit Plan-Verrechnungspreisen

  - Preis 1: Variable Kosten
  - Preis 2: Fixkostenanteile

o zwecks Schlüsselung primärer und sekundärer Kostenarten mittels variabler oder fixer Schlüsselgrößen

  - Als variable Schlüsselgrößen werden direkt kontierte Kostenarten verwendet.

- Unterschiedliche Gewichtung in verschiedenen Kostenstellen/Kostenstellenbereichen ist möglich.
- Die Schlüsselkosten können in DM/Periode per Bewegungsdatensatz oder in DM/Einheit der Schlüsselgröße per Stammdatensatz eingegeben werden.

3.2.2 Stammdateien für die Kostenstellenrechnung

Für die Kostenstellenrechnung werden folgende Stammdaten geführt:

o Kostenstellenbezogene Daten zwecks

- Gültigkeitsprüfung
- Ausgabe von Kostenstellenbezeichnungen und gleichbleibenden Informationen
- Zuordnung der Kostenstelle zu maximal 12 beliebig definierten Verdichtungsbereichen
- Ablaufsteuerungen

o Bereichsbezogene Daten

zwecks Ausgabe von Bereichsbezeichnungen und gleichbleibenden Informationen

o BAB-Typ-bezogene Daten zwecks

- Zeilenaufbau und Zeilentextvergabe
- Zuordnung der Bewegungsdatensätze zu den Zeilen

3.2.3 Stammdateien für die Auftragsabrechnung

Für die Auftragsabrechnung werden folgende Stammdaten geführt:

o Auftragsbezogene Stammdaten zwecks

- Gültigkeitsprüfung
- Ausgabe von Auftragsbezeichnungen und gleichbleibenden Informationen
- Ablaufsteuerungen

o Auftragsgruppenbezogene Stammdaten zwecks

- Bildung der Gruppen
- Ausgabe von Gruppenbezeichnungen und gleichbleibenden Informationen
- Ablaufsteuerungen

o AAB-Typ-bezogene Stammdaten zwecks

  - Zeilenaufbau und Zeilentextvergabe
  - Zuordnung der Bewegungsdatensätze zu den Zeilen
  - Verrechnung von Produktgruppen-Gemeinkosten

3.3 Abläufe

3.3.1 Monatliche Sammlung und Aufbereitung der Istkosten und -erlöse

Die monatliche Sammlung und Aufbereitung der Istkosten und -erlöse beginnt mit der Datenübernahme aus den Vorgebieten. Dazu gehören regelmäßig

o die Lohnabrechnung als Quelle für

  - die Lohnkosten
  - das auf Zeitvorgaben oder Zeitaufschreibungen basierende Mengengerüst der Leistungsverrechnung der Kostenstellen

o die Gehaltsabrechnung

o die Lagerabrechnung als Quelle für

  - primäre Materialkosten
  - sekundäre Materialkosten
  - Leistungsgutschriften aus dem Lagereingang fertiggestellter Standardprodukte/-produktkomponenten

o die Kreditorenbuchhaltung

o das Fakturiersystem oder die Debitorenbuchhaltung

Grundsätzlich gilt, daß alle primären und sekundären Kostenarten und alle Erlösarten, die in vorhandenen, primär anderen Zwecken dienenden EDV-Systemen des Anwenders enthalten sind, maschinell übernommen werden.

Die für die Übernahme erforderlichen Brücken werden nach einer schematisierten Anforderung des Projektteams von den für die Pflege des Vorgebiets zuständigen EDV-Organisatoren/ Programmierern erstellt. Sie haben im wesentlichen drei Funktionen:

- o Selektion der Kosten und Erlöse aus größeren Datenbeständen, z.B. Selektion der Eingangsrechnungen mit Primärkostenartenkontierung aus der Gesamtmenge der Eingangsrechnungen

- o Ableitung einer im Vorgebiet fehlenden Kosten- und Erlösartenkontierung aus anderen Merkmalen, z.B. Ableitung der Kostenart aus der Lohnart und dem Konto des Inneren Kreises

- o Übernahme der für das System Kosten- und Leistungsrechnung angeforderten Datensatzinhalte und Umformung in den Bewegungsdatensatz dieses Systems

Selbstverständlich sind auch eigene Eingaben der Fachabteilung möglich. Der höhere manuelle Arbeitsaufwand für diese Eingabeform gebietet die Beschränkung auf Vorgangsarten mit wenig Datensätzen.

Nach heutigem Stand kann das System maximal 39 verschiedene Herkunftsarten mit vom Anwender vergebenen Merkmalen kennzeichnen. Die Daten können zu verschiedenen Zeitpunkten übernommen/eingegeben werden, also z.B. jeweils in dem Zeitpunkt, in dem die Datenverarbeitung in einem Vorgebiet abgeschlossen worden ist.

Der Ablauf nach Übernahme/Eingabe ist für alle Herkunftsarten gleich:

- o Die Datensätze werden auf Vollständigkeit und Gültigkeit der Inhalte geprüft und mit den erforderlichen Ablaufsteuerungsmerkmalen versehen.

- o Arbeitsart- und Arbeitsplatzmerkmale der Arbeitsvorbereitung können in die rechnungswesengemäßen Kontierungen umgesetzt werden.

- o Die sekundären Kostengütermengen werden mit ihren Plan-Verrechnungspreisen bewertet.

- o Zum Kostenanfall auf Gemeinkostenaufträgen werden Datensätze für die Verrechnung auf die Leistungsempfänger gebildet.

- Zum Anfall sekundärer Kostenarten werden Datensätze für die Gegenbuchung (Leistungsgutschrift oder Kostenanfallkorrektur) gebildet.

- Je Herkunftsart und Lauf wird eine Abstimm- und Fehlerliste mit Abstimmsummen und den fehlerhaften Datensätzen ausgegeben. Die fehlerhaften Datensätze werden in eine Fehlerdatei eingestellt und können unter Bezug auf eine vergebene Fehlernummer durch Berichtigung der fehlerhaften Felder erneut in den Ablauf eingeführt werden.

- Je Herkunftsart kann eine vom Anwender gestaltbare Liste aller fehlerfreien Datensätze ausgegeben werden. Es hat sich als zweckmäßig erwiesen, nicht mehr als 2-3 Listtypen für alle Herkunftsarten eines Anwenders zu verwenden.

- Wenn alle Daten eines Abrechnungsmonats eingegangen sind, werden die Umlagekostenarten nach variablen oder fixen Schlüsseln verteilt. Eine Dokumentation der Schlüsselung kann ausgegeben werden.

Abschließend erfolgt eine Gesamtdokumentation in einer 'Kosten- und Erlös-Sammelliste'. Listbild, Verdichtungsgrad und Zwischensummierungen können vom Anwender gestaltet werden. Die regelmäßige Hauptsortierfolge ist:

- Monatsvorgänge/Korrektur zu Vormonaten
- Konto Innerer Kreis (Kostenstellen, Kostenträger)
- Kostenanfall/Leistungsgutschrift
- Kostenart/Erlösart
- Herkunftsart

Außerdem werden in einer 'Primärkostenliste' zur Dokumentation der Abstimmung mit dem Äußeren Kreis die Summen der verrechneten Primärkosten je Kostenart und Herkunftsart für den Abrechnungsmonat und in der Kumulation seit Beginn des Geschäftsjahres ausgedruckt.

3.3.2 Kostenstellenrechnung

Der Ist-Kostenanfall und die Ist-Leistungsverrechnung werden mit Hilfe der dafür gesetzten Selektionsmerkmale aus der Datei der monatlichen Istkosten und -erlöse übernommen. Die in den Mengenfeldern der Datensätze 'Leistungsverrechnung' enthaltenen Istmengen/abgerechneten Vorgabezeiten sind zugleich die variablen Einflußgrößen für die Sollkostenermittlung.

Mit Hilfe einer Datei, die die Plankosten je Einheit der Einflußgröße in der Aufgliederung nach Kostenstellen, Leistungsarten, Kostenarten und Einflußgrößen enthält, werden die Sollkosten und durch deren Vergleich mit dem Istkostenanfall die Verbrauchs- und Preisabweichungen errechnet.

Soweit zum Istkostenanfall und den Plankosten auch die Kostengütermengen in den Datensätzen enthalten sind, können die Preisabweichungen nach der Formel 'Sollmenge x (Planpreis - Istpreis)' ausgesondert werden.

Die Differenz zwischen den Sollkosten und der Leistungsgutschrift der Kostenstelle wird als Beschäftigungsabweichung ausgewiesen.

Beschäftigungsgrad und Zeitgrad können errechnet werden. Bei der Errechnung durchschnittlicher Beschäftigungsgrade von Kostenstellen mit mehreren Leistungsarten werden die Fixkosten in den Verrechnungssätzen je Leistungsart gewichtend berücksichtigt.

Jede Kostenstelle kann 12 beliebig gebildeten Verdichtungsbereichen zugeordnet werden.

Alle Monatswerte werden im Geschäftsjahr kumuliert.

3.3.3 Auftragsabrechnung

Der Ist-Kostenanfall, die internen Ist-Leistungsgutschriften und die Ist-Umsatzerlöse werden mit Hilfe der dafür gesetzten Selektionsmerkmale aus der Datei der monatlichen Istkosten und -erlöse übernommen.

Aufgrund eines in den Datensätzen der internen Leistungsgutschriften und der Umsatzerlöse enthaltenen Lieferungskennzeichens werden

- o bei Ganz- oder Restmengenlieferungen alle bis zum Ende des Abrechnungsmonats angefallenen Herstellkosten von der Kostenträger-Bestandsrechnung in die Kostenträger-Ergebnisrechnung überstellt und alle eventuell in späteren Monaten noch anfallenden Herstellkosten gleichermaßen behandelt
- o bei Teilmengenlieferungen und Retouren Herstellkosten nach Maßgabe der letzten Vorkalkulation zwischen Kostenträger-Bestands- und -Ergebnisrechnung verrechnet

Nach Vorgabe des Anwenders werden Produktgemeinkosten (z.B. Raten für die Kosten von Serienbetriebsmitteln, Fertigungswagnis- und Garantiewagnisraten, Entwicklungs-, Verwaltungs- und Vertriebskostenraten) auf bestimmte Basisgrößen (z.B. Summe Fertigungskosten, Summe Herstellkosten) in bestimmter Höhe und Produktgruppendifferenzierung verrechnet.

Vollkosten und Nettoergebnisse sowie variable Kosten und Deckungsbeiträge werden parallel dargestellt.

Jeder Auftrag kann max. 12 beliebig gebildeten Verdichtungsgruppen zugeordnet werden.

Die Daten des Abrechnungsmonats werden kumuliert

- o für die einzelnen Aufträge ab Auftragseröffnung
- o für die Gruppendarstellungen ab Beginn des Geschäftsjahres

4. Erreichter Stand und Möglichkeiten weiteren Vorgehens

Mit den Systemteilen

- o Monatliche Sammlung und Aufbereitung der Istkosten und -erlöse
- o Kostenstellenrechnung
- o Kostenträger-Auftragsabrechnung

sind drei wesentliche Teile des Gesamtsystems erstellt. Sie ermöglichen eine Kosten- und Leistungsrechnung, die dem durch die zuvor erarbeitete Richtlinie gesetzten Sollstand entspricht. Sie sind so ausgelegt, daß die Anwender die erforderlichen Verbesserungen ihres betriebswirtschaftlichen Abrechnungssystems auch schrittweise durchführen können.

Die Erstanwender sind zufrieden. Sie haben die Qualität ihrer Kosten- und Leistungsrechnung verbessert. Sie konnten durch Reduzierung ihrer Routinearbeiten Personal teilweise einsparen, teilweise für effizientere Arbeiten einsetzen. Ihre positiven Erfahrungen haben das Interesse anderer Bereiche intensiviert. Es gibt Anforderungen auf Übertragung des Vorhandenen und auf Entwicklung weiterer Systemteile.

Unübersehbar ist aber auch, daß wir vom Endziel noch weit entfernt sind, sowohl bezüglich der Vollständigkeit der Entwicklung als auch bezüglich der Breite der Anwendung. Auch die bereits erstellten Teile sind noch verbesserungsbedürftig, insbesondere die Auftragsabrechnung.

Um den Gesamtbedarf rechtzeitig zu decken, müßte die für die Systementwicklung und die Einführungsunterstützung bei der Hauptverwaltung bereitgestellte Kapazität erweitert werden.

In dieser Situation haben wir uns angesehen, was der Softwaremarkt heute für die Kosten- und Leistungsrechnung bietet. Dabei haben wir festgestellt, daß sich seit unserer letzten Umschau am Ende der 70er-Jahre eine erhebliche positive Entwicklung vollzogen hat. Die angebotenen Systeme sind flexibler geworden.

Dennoch ist mehr Enge in der Auslegung geblieben, als dem interessierten Anwender lieb sein kann. So fanden wir zum Beispiel in einem von uns vorwiegend positiv beurteilten System eine einseitige Ausrichtung auf das Festpreisprinzip. Schon die Primärkosten sollen vor ihrem Eingang in die Kostenstellen- und Kostenträgerrechnung von den durch unzutreffende Preisprognosen des verantwortlichen Einkäufers im Planungszeitpunkt 'verursachten' Preisabweichungen befreit werden. Daß ein solches Prinzip dem in vielen Betrieben hoch anzusetzenden Erfordernis der Reagibilität der über Art und

Menge der einzusetzenden Kostengüter entscheidenden Personen widerspricht und außerdem zu einer unrealistischen, nicht dem Einfluß auf das Betriebsergebnis entsprechenden Bewertung der Mengenabweichungen führt, war nicht bedacht worden.

Außer solchen, die bessere Eignung unseres Produkts für unsere Zwecke bestätigenden Feststellungen machten wir aber auch gegenteilige Erfahrungen, z.B. können mit einem auf dem Markt angebotenen System bei mehrstufigen Kalkulationen nicht nur die Sekundärkosten aus dem Einsatz von Vorstufenprodukten in die Kostenarten der Vorstufe aufgelöst werden, sondern darüber hinaus auch die Fertigungskosten aller Stufen in primäre Kostenartengruppen. Die zuerst genannte Funktion haben wir in unserem System vorgesehen. Die zweite wäre nur mit einer wesentlichen Änderung in den bereits fertiggestellten Teilen zu verwirklichen.

Ganz allgemein haben wir festgestellt, daß die auf dem Markt angebotenen Systeme dem Anwender durch Einsatz moderner Technik mehr Komfort bieten als unser Eigenprodukt.

Wir werden unsere Umschau auf dem Softwaremarkt noch erweitern und vertiefen, bevor wir uns bezüglich des weiteren Vorgehens entscheiden.

5. Allgemeine Erfahrungen

5.1 Möglicher Beitrag des Rechnungswesens

Das Rechnungswesen kann wichtige Beiträge zur Entwicklung und Einführung eines EDV-Systems für die Kosten- und Leistungsrechnung leisten.

o Die betriebswirtschaftlichen Zielsetzungen sind gründlich zu klären bezüglich

  - der Rechnungszwecke
  - der allgemeinen Grundsätze
  - der Struktur des Gesamtsystems und seiner Elemente
  - der erforderlichen Variationsbreite
  - der Anforderungen in den Details

- o Bei der Abwägung von Alternativen der EDV-Gestaltung sind die Anwenderinteressen bezüglich
  - der notwendigen Freiheitsgrade
  - der Handhabungsfähigkeit und Verständlichkeit

  des Systems zu wahren.

- o In der Testphase sind
  - repräsentative, auch Ausnahmevorgänge einschließende Daten für Einzel- und Massentests bereitzustellen
  - die Ausgaben zu prüfen und mögliche Fehlerursachen aufzuzeigen

- o Bei der Einführung sind erforderlich
  - die Erläuterung der Funktionen des Systems und seine Anwendungsmöglichkeiten (Handbuch für die anwendenden Fachabteilungen)
  - die Beratung des Rechnungswesenleiters bei den für seinen Bereich zu treffenden Festlegungen
  - die Einweisung in die Einführungsarbeiten und die laufende Handhabung

Bei der Systementwicklung für einen großen Anwenderkreis ist die laufende Abstimmung zwischen dem im Projektteam unmittelbar mitarbeitenden Vertreter des Rechnungswesens und einem Arbeitskreis der potentiellen Anwender unerläßlich.

5.2 Projektorganisation

Für die Durchführung des Projekts ist ein verantwortliches Projektteam zu bilden. Es muß so zusammengesetzt sein, daß alle für die Projektdurchführung erforderlichen speziellen Qualifikationen in bedarfsgerechter Zusammensetzung vorhanden sind. Die Koordinierungsfunktion ist einem im Team mitwirkenden Projektleiter zu übertragen.

Das Projektziel ist unter Mitwirkung des Projektteams eindeutig zu formulieren. Bei langwährenden Projekten sollte außer dem Endziel das jeweils nächste Zwischenziel gesetzt werden.

Das Projektteam muß alle zur Zielerreichung notwendigen Entscheidungen im Rahmen vorher gesetzter Grenzen selbst treffen können.

Der Projektablauf ist realitätsbezogen zu planen. Die Plansätze sind während der Arbeit dem erweiterten Kenntnisstand anzupassen. Je nach Projektsituation sind unterschiedliche Intervalle für die Planaktualisierung zweckmäßig (ca. 1 - 3 Monate).

5.3 Projektablauf

Der gesamte Projektablauf muß kontinuierlich auf das Endziel ausgerichtet sein.

Das Projektteam muß seine volle Arbeitszeit permanent für das Projekt einsetzen können. Die Mitglieder des Teams sollen möglichst nicht wechseln. Bei Vergabe von Teilaufgaben an Dritte ist eine Koordinierung durch das Team unerläßlich. Auf keinen Fall sollten tragende Funktionen der Systementwicklung von temporären, nur einem Zwischenziel verpflichteten Teammitgliedern wahrgenommen werden.

Die für ausgereifte Lösungen erforderliche Zeit muß zur Verfügung stehen, insbesondere um:

- o Gestaltungsalternativen abzuwägen
- o erkannte Mängel abzustellen/Schwachstellen zu verbessern
- o die Arbeitsergebnisse mitlaufend zu dokumentieren

Zu knappe Termine für Zwischenziele bergen die Gefahr engspuriger, für das Erreichen des Endziels ungeeigneter Lösungen in sich.

EDV-SYSTEM KOSTEN- U. LEISTUNGSRECHNUNG
Betriebswirtschaftliche Struktur

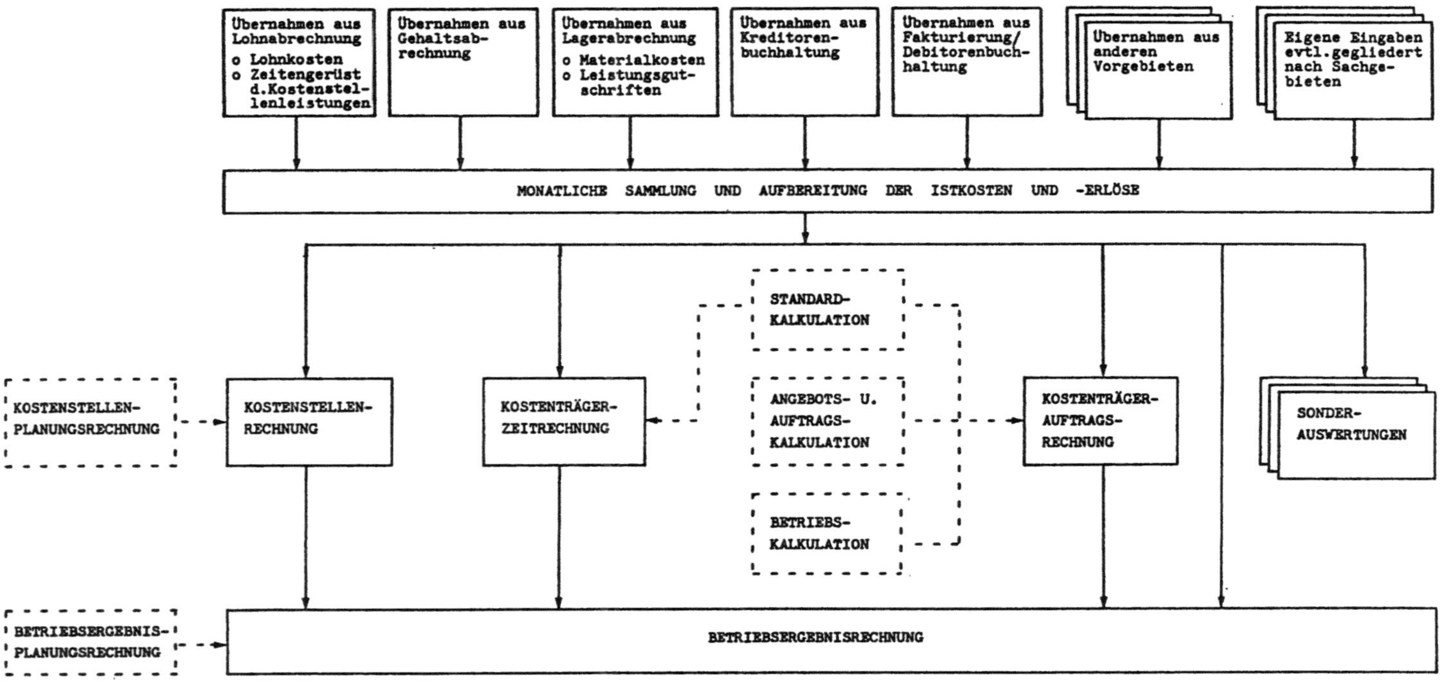

Rechnerunterstützte Vorkalkulation im Anlagenbau

G. Wolter, Mannesmann Demag Hüttentechnik Metallgewinnung, Duisburg

Rechnerunterstütztes Vorkalkulieren ist beim heutigen Stand der Mikro - Elektronik ein hervorragendes Hilfsmittel zur schnellen und treffsicheren Erstellung von Angebotspreisen. Wer unter dem bestehenden Konkurrenzdruck Aufträge erhalten will, muß - ob er will oder nicht - Projekte mit vielen Varianten in einer Vielzahl von Einzelpositionen bearbeiten.

Diese vielfältigen Aufgaben sind zwar auch mit der klassischen Arbeitsweise zu lösen, aber damit können die heute geforderten Termine nicht mehr eingehalten werden. Der Schlüssel zur Lösung des Problems ist der Einsatz eines Rechners mit speziellen Programmsystemen, der die zeitraubende manuelle Rechenarbeit übernimmt und dem Vorkalkulator mehr Zeit für die kreative Arbeit läßt.

Bevor ich Ihnen die Programmsysteme im Einzelnen erläutere, möchte ich auf die klassische Arbeitsweise einer Vorkalkulation eingehen.

Aus Bild 1 ersehen Sie den Aufbau einer Vorkalkulation.
Der Angebotspreis setzt sich aus den Selbstkosten und dem Auftragsergebnis zusammen.

Die Selbstkosten ermittelt der Vorkalkulator aus den Herstellkosten und den übrigen Kosten.

Die Herstellkosten setzen sich aus den Stoffkosten, Fertigungskosten und Konstruktionskosten zusammen.

Die übrigen Kosten beinhalten die Gemeinkosten und die Sonderkosten des Vertriebs.
Die Genauigkeit einer Vorkalkulation liegt in der Ermittlung der Herstellkosten, die wiederum abhängig sind von der Güte des Mengengerüstes.

Bild 2 zeigt ein Mengengerüst bzw. eine Grundkalkulation.
Die ersten fünf Spalten werden vom Projekteur ausgefüllt, d.h. Position, Stück, Gegenstand, Werkstoff und Fertigungsgewicht.

DIE RESTLICHEN 15 SPALTEN WERDEN VOM VORKALKULATOR BEARBEITET IN FORM VON MULTIPLIKATION UND ADDITION IN HORIZONTALER UND VERTIKALER RICHTUNG.

DIE ZUSAMMENFASSENDE VORKALKULATION ZEIGT BILD 3.
ZU DEN IM MENGENGERÜST ERMITTELTEN HERSTELLKOSTEN ADDIEREN SICH DIE KONSTRUKTIONSKOSTEN ZU GESAMTHERSTELLKOSTEN.

DIESE GESAMTHERSTELLKOSTEN - UNTERTEILT NACH EIGENFERTIGUNG UND FREMDFERTIGUNG - ERGEBEN DIE BASIS FÜR DIE GEMEINKOSTEN.

AUS DER SUMME DER GESAMTHERSTELLKOSTEN, GEMEINKOSTEN, SONDEREINZELKOSTEN DES VERTRIEBS UND DES AUFTRAGSERGEBNISSES ERHÄLT MAN DEN VERKAUFSPREIS.

JE NACH SCHWIERIGKEITSGRAD BENÖTIGT DER VORKALKULATOR FÜR DIE ERMITTLUNG EINER EINZELPOSITION ETWA 15-20 MINUTEN. HIERBEI WERDEN BIS ZU 60 SCHREIB- UND RECHENOPERATIONEN MANUELL AUSGEFÜHRT.

DURCH DEN EINSATZ EINES RECHNERS - MIT EINEM MIT DER FIRMA INFOPLAN GEMEINSAM ENTWICKELTEN PROGRAMMSYSTEM - WERDEN DIE MANUELLEN SCHREIB- UND RECHENOPERATIONEN UM EIN VIELFACHES GEMINDERT.

DIE EINZELNEN PROGRAMME DER RECHNERUNTERSTÜTZTEN VORKALKULATION SIND DIALOGORIENTIERT AUFGEBAUT UND ERFORDERN KEINE GROßEN DATENVERARBEITUNGSKENNTNISSE. BIS AUF WENIGE AUSNAHMEN SIND ALLE BEDIENUNGSEIGENSCHAFTEN DIREKT AM BILDSCHIRM ABLESBAR.

DIE EINZELNEN PROGRAMMODULE BZW. BILDSCHIRMMASKEN SIND DURCH EINE MENÜ-HIERACHIE MITEINANDER VERBUNDEN,MITTELS SCHRITTWEISEM DURCHLAUFEN DER AUSWAHLMASKEN AUFRUFBAR, SOFERN DER BENUTZER DIE DURCH DAS ZUGRIFFSSICHERUNGSSYSTEM GEFORDERTEN ZUGRIFFSRECHTE AUF DIE EINZELNEN PROGRAMME, DATEIEN UND BILDSCHIRMMASKEN HAT.

AUSGEHEND VON ZUNÄCHST EINEM HAUPTMENÜ, SIND ALLE FUNKTIONEN IN ZUGEHÖRIGKEITSGRUPPEN ZUSAMMENGEFAßT, D.H. ALLE KONSTANTEN SIND UNTER KONSTANTEN - VERWALTUNG UND ALLE PROJEKTDATEN UNTER PROJEKTDATEN - VERWALTUNG WIEDERFINDBAR.

NACH WAHL EINER DIESER GRUPPEN ERSCHEINT DAS NÄCHSTE MENÜ (UNTERMENÜ), DAS EINE WEITERE AUSWAHL ERMÖGLICHT USW., BIS DER GEWÜNSCHTE ARBEITSVORGANG ERREICHT IST.

GRUNDSÄTZLICH SIND ALLE VARIABLEN FELDER, IN DENEN EINE EINGABE STATTFINDEN SOLL, HELL ERLEUCHTET. NICHT ERLEUCHTETE FELDER KÖNNEN NICHT BESCHRIEBEN WERDEN.

EINGABEFELDER EINES BILDSCHIRMS KÖNNEN SOLANGE BESCHRIEBEN UND ÜBERSCHRIEBENWERDEN, BIS DIE TASTE "ENTER" GEDRÜCKT WORDEN IST. DIESE TASTE DIENT GRUNDSÄTZLICH DER EINGABEBESTÄTIGUNG.

IST MAN VERSEHENTLICH IN EINE NICHT GEWÜNSCHTE FUNKTION GERATEN,SO KANN DIESE DURCH DRÜCKEN DER ENTSPRECHENDEN FUNKTIONSTASTE VERLASSEN WERDEN. MIT DIESER TASTE KANN JEDERZEIT EIN BEREITS ANGEFANGENER VORGANG UNTERBROCHEN WERDEN.

GRUNDSÄTZLICH WERDEN ALLE DATUMSFELDER UND FAST ALLE NUMMERISCHEN EINGABEN AUF IHRE GÜLTIGKEIT HIN ÜBERPRÜFT. AUßERDEM WERDEN ÜBERALL DORT, WO ES NOTWENDIG IST, PLAUSIBILITÄTSPRÜFUNGEN DURCHGEFÜHRT. EINE UNKORREKTE EINGABE ZWINGT DEN BENUTZER, DIESE ZU KORRIGIEREN. ANDERNFALLS KANN DIE ÜBERNAHME DER EINGABEDATEN NICHT ERFOLGEN, DER ARBEITSVORGANG MUß MIT HILFE EINER BESTIMMTEN FUNKTIONSTASTE VERLASSEN WERDEN.

DAS PROGRAMMSYSTEM IST IN DREI TEILE GEGLIEDERT:

A. KONSTANTEN-VERWALTUNG
B. PROJEKTDATEN-VERWALTUNG
C. KALKULATION

UND DIENT DREI HAUPTZWECKEN:

1. BEARBEITUNG VON DATEN
2. INFORMATION ÜBER DIE IN EINER DATEI GESPEICHERTEN DATEN AM BILDSCHIRM
3. AUSDRUCK DER IN EINER DATEI GESPEICHERTEN INFORMATIONEN SELEKTIERT UND/ODER SORTIERT NACH BESTIMMTEN MERKMALEN.

DIE BEARBEITUNG DER DATEN REICHT VON DER ERFASSUNG, ÜBER DAS ÄNDERN, BIS ZUM LÖSCHEN VON EINZELNEN DATENSÄTZEN BZW. DATENSATZGRUPPEN.

DIE INFORMATION ÜBER VORHANDENE DATEN BIETET DIE MÖGLICHKEIT, SICH EINEN ÜBERBLICK ÜBER DEN DATEIINHALT ZU VERSCHAFFEN, DIE SÄTZE EINZELN DURCHZUBLÄTTERN, ODER SELEKTIERT UND SORTIERT ANZEIGEN ZU LASSEN.

GEDRUCKT WERDEN KANN JEDER ANGEZEIGTE BILDSCHIRM PER TASTENDRUCK, DER GANZE INHALT EINER DATEI, SELEKTIERTE UND SORTIERTE TEILINHALTE VON DATEIEN.

IN DER KONSTANTEN-VERWALTUNG WERDEN ALLE ZUSCHLAGSSÄTZE UND KENNDATEN, DIE FÜR DIE VORKALKULATION ERFORDERLICH SIND, GESPEICHERT.

IM EINZELNEN SIND DAS:

- ZUSCHLAGSÄTZE FÜR STOFFKOSTEN IN %
- FERTIGUNGSLÖHNE IN DM / STUNDE
- FERTIGUNGSGEMEINKOSTEN IN DM / STUNDE
- ZUSCHLAGSÄTZE IN % FÜR :

  VERWALTUNG
  VERTRIEB
  ENTWICKLUNG
  WAGNIS
- PRODUKTBEREICHE
- GEGENSTÄNDE (PRODUKTGLIEDER)
- ZUGRIFFSRECHTE

DIE ZUSCHLAGSSÄTZE UND KENNDATEN WERDEN NACH PRODUKTBEREICH UND KOSTENART EINGEGEBEN UND ZU DATENSATZGRUPPEN ZUSAMMENGEFAßT.

ZEITLICH BEDINGTE ÄNDERUNGEN (ABSOLUTE UND PROZENTUAL) WERDEN ÜBER DIE SELEKTION VORGENOMMEN. HIERBEI KÖNNEN DURCH NUR EINER EINGABE GANZE DATENSATZGRUPPEN AUF DEN NEUESTEN STAND GEBRACHT WERDEN.

DIE PROJEKTDATEN-VERWALTUNG DIENT ZUR SPEICHERUNG DER PROJEKT- UND POSITIONSABHÄNGIGEN DATEN. IN DIESEM TEIL WIRD DER VORKALKULATOR TÄTIG UND GIBT DIE BASISDATEN IN DAFÜR VORGESEHENE BILDSCHIRMMASKEN EIN.

BEI ERÖFFNUNG EINES PROJEKTES MÜSSEN FÜNF BILDSCHIRMMASKEN ABGERUFEN BZW. AUSGEFÜLLT WERDEN. SIE SIND MIT VORSPANN 1 - 5 GEKENNZEICHNET UND SEHEN WIE FOLGT AUS:

VORSPANN 1 - ERFASSEN (BILD 4)
ENTHÄLT DIE PROJEKTNUMMER, DEN KUNDENNAMEN, DEN PRODUKTBEREICH, DIE PRODUKTORDNUNGSNUMMER UND DIE INHALTSANGABE.

VORSPANN 2 - ERFASSEN (BILD 5)
WIRD NUR ABGERUFEN UND ENTHÄLT AUTOMATISCH DIE ERFORDERLICHEN ZUSCHLAGSÄTZE AUS DER KONSTANTEN-VERWALTUNG, DIE DURCH DEN PRODUKTBEREICH GEKENNZEICHNET SIND.

VORSPANN 3 - ERFASSEN (BILD 6)
ENTHÄLT DIE SONDEREINZELKOSTEN DES VERTRIEBS SOWIE DAS AUFTRAGSERGEBNIS. ES WERDEN NUR DIE ERFORDERLICHEN DATEN EINGEGEBEN.

VORSPANN 4 - ERFASSEN (BILD 7)
BEINHALTET DEN FESTPREISZUSCHLAG DER STOFFKOSTEN FÜR EINE ZEITSPANNE VON FÜNF JAHREN. HIERBEI SIND DIE STOFFKOSTEN IN FÜNF STOFFARTEN UNTERTEILT.

VORSPANN 5 - ERFASSEN (BILD 8)
BEINHALTET DEN FESTPREISZUSCHLAG DER FERTIGUNG, EBENFALLS FÜR EINE FÜNFJÄHRIGE ZEITSPANNE.

NACH EINGABE DER ERFORDERLICHEN DATEN IN DIE FÜNF VORSPANNE IST EIN PROJEKT ERÖFFNET UND DER WEG FREI FÜR DIE ERFASSUNG DER PRODUKTGLIEDER.

EIN PRODUKTGLIED IST DIE KLEINSTE KALKULIERBARE EINHEIT IM PROGRAMMSYSTEM UND KANN SOWOHL AUS EINER SCHRAUBE ALS AUCH AUS EINER VOLLSTÄNDIGEN MASCHINE BESTEHEN.

DIE MASKE PRODUKTGLIED - ERFASSEN (BILD 9)
ÜBERNIMMT AUTOMATISCH - AUS VORSPANN 1 - ERFASSEN - DIE PROJEKTNUMMER, DEN KUNDENNAMEN UND DEN PRODUKTBEREICH.

DIE EINZUGEBENDEN DATEN BESTEHEN AUS:

- INDICE DER PRODUKTORDNUNGSNUMMER
- PRODUKTGLIEDNUMMER
- STÜCKZAHL
- GEWICHT
- STOFFKOSTEN
- FERTIGUNGSSTUNDEN
- SONDERKOSTEN DER FERTIGUNG
- KONSTRUKTIONSSTUNDEN

DIE FRAGE NACH LIZENZ UND BAURECHT FÜR DAS EINZELNE PRODUKTGLIED WIRD MIT 0 = NEIN ODER 1 = JA BEANTWORTET.

NACH EINGABE DER ERFORDERLICHEN DATEN UND DRÜCKEN DER ENTER-TASTE IST DAS PRODUKTGLIED ERFAßT UND DER BILDSCHIRM FÜR DIE BEARBEITUNG DES NÄCHSTEN PRODUKTGLIEDES FREI.

IN DER PROJEKTDATEN-VERWALTUNG KÖNNEN AUCH AUS BESTEHENDEN PROJEKTEN DURCH

KOPIEREN UND ÄNDERN VOLLKOMMEN NEUE PROJEKTE ERSTELLT WERDEN, OHNE DIE BESTEHENDEN ZU BEEINTRÄCHTIGEN.

DURCH DIE EINGEBAUTE " SELEKTION " KÖNNEN VORHANDENE PROJEKTE NACH BESTIMMTEN PROJEKTNUMMERN, PRODUKTBEREICHEN, PRODUKTGLIEDERN UND LÄNDERNUMMERN ABGERUFEN WERDEN. WILL MAN BEISPIELSWEISE WISSEN, WIEVIEL STRANGGIEßANLAGEN AN US-FIRMEN ANGEBOTEN WORDEN SIND, SO GIBT MAN DIE BETREFFENDE LÄNDERNUMMER UND DEN PRODUKTBEREICH EIN UND ERHÄLT EINE ENTSPRECHENDE AUFLISTUNG.

BEI EINGABE DER LÄNDERNUMMER ALLEIN, ERHÄLT MAN ALLE PROJEKTE AUFGELISTET DIE UNTER DIESER NUMMER BEARBEITET WURDEN.

DARÜBER HINAUS KÖNNEN DURCH DIE SELEKTION VORHANDENE PROJEKTE AKTUALISIERT WERDEN, D.H. EIN PROJEKT AUS 1982 WIRD AUF DEN KOSTENSTAND VON 1984 GEBRACHT. HIERBEI KOMMEN DIE Z.ZT. GÜLTIGEN ZUSCHLAGSÄTZE AUS DER KONSTANTEN-VERWALTUNG ZUR ANWENDUNG. DIE STOFFKOSTEN WERDEN DURCH ÄNDERUNG DES FESTPREISZUSCHLAGES AKTUALISIERT.

IM KALKULATIONSTEIL WIRD DIE RECHNERISCHE VERARBEITUNG DURCHGEFÜHRT. IN SEKUNDENSCHNELLE KÖNNEN NUN ALLE KOSTEN UND DIE EINZEL- UND GESAMTPREISE AUF DEM BILDSCHIRM ABGELESEN WERDEN. EIN UNTER DER SUMMENANZEIGE ANGEORDNETES, ERLEUCHTETES FREIFELD DIENT ZUR EINGABE EINES VORGEGEBENEN WERTES. DURCH DRÜCKEN DER ENTER-TASTE WIRD EINE NEUKALKULATION DURCHGEFÜHRT UND DER VORGEGEBENE WERT VERARBEITET. HIERBEI WERDEN DIE ABSOLUTEN WERTE DER SONDEREINZELKOSTEN DES VERTRIEBS BEIBEHALTEN, DIE PROZENTABHÄNGIGEN VOM VORGEGEBENEN WERT ERMITTELT UND DAS AUFTRAGSERGEBNIS ANGEPAßT. DARÜBER HINAUS KÖNNEN ALLE WERTE IN VERSCHIEDENER ZUSAMMENSETZUNG AUSGEDRUCKT WERDEN, UNTER ANDEREM:

KOSTENGERÜSTE NACH PRODUKTGLIEDERN ODER PRODUKTORDNUNGSNUMMERN,
KOSTENGERÜST - HERSTELLKOSTEN - NACH PRODUKTGLIEDERN, MIT ANGABE VON KILOPREISEN,
KOSTENZUSAMMENSTELLUNG NACH KOSTENARTEN,
ZUSAMMENSTELLUNG DER SONDEREINZELKOSTEN DES VERTRIEBS.

ALLE KOSTENGERÜSTE UND ZUSAMMENSTELLUNGEN KÖNNEN AUF DER BASIS GLEITPREISE ODER FESTPREISE AUSGEDRUCKT WERDEN.

DER VORTEIL EINER RECHNERUNTERSTÜTZTEN VORKALKULATION LIEGT AUF DER HAND:

- OHNE GROßEN ZEITAUFWAND KANN EINE GRUNDKALKULATION ERWEITERT, VERÄNDERT ODER KORRIGIERT WERDEN.

- DER VORKALKULATOR WIRD - BEI GLEICHZEITIGER HERABSETZUNG DER FEHLERQUOTE - VON MANUELLER SCHREIB- UND RECHENARBEIT, DEM SOGENANNTEN ZAHLENSCHAUFELN, BEFREIT.

- DER PROJEKTABTEILUNG STEHEN AUSGEDRUCKTE KOSTENGERÜSTE ZUR VERFÜGUNG UND VIELE DATEN FÜR DIE PROJEKTBEWERTUNG LIEGEN AUTOMATISCH VOR.

AUFGRUND DER BISHERIGEN ERFOLGE WIRD DAS PROGRAMMSYSTEM LAUFEND ERWEITERT.

SO WIRD Z.B. ZUR ZEIT EIN PROGRAMMSYSTEM FÜR STANDARTPRODUKTE, WIE ROHRWANDSEGMENTE UND WASSERGEKÜHLTE DECKEL FÜR ELEKTROÖFEN ENTWICKELT, DAS NACH EINGABE DER TECHNISCHEN DATEN SCHON DIE GRUNDKALKULATION ERSTELLT.

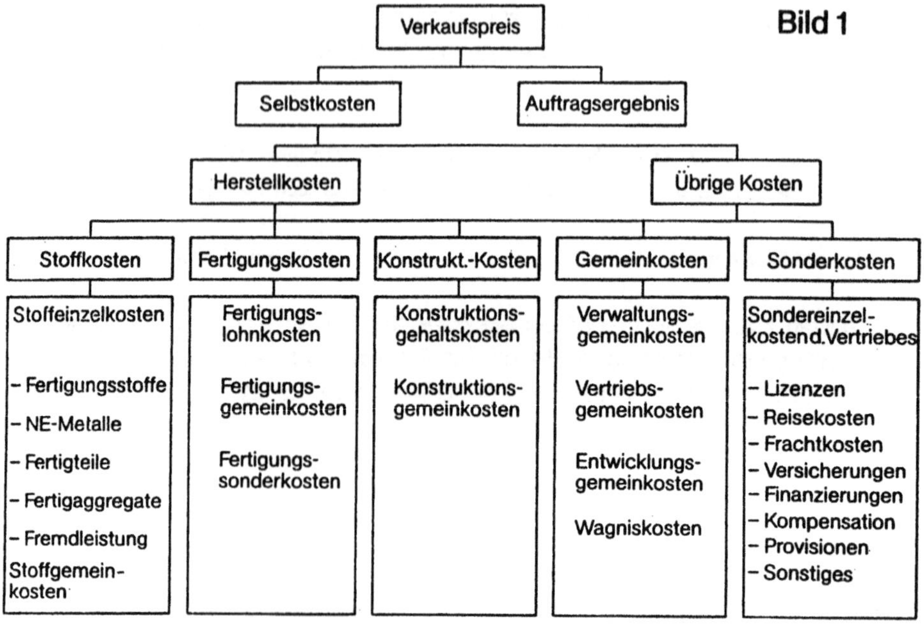
Verkaufspreis
Selbstkosten
Auftragsergebnis
Herstellkosten
Übrige Kosten
Stoffkosten
Fertigungskosten
Konstrukt.-Kosten
Gemeinkosten
Sonderkosten
Stoffeinzelkosten
- Fertigungsstoffe
- NE-Metalle
- Fertigteile
- Fertigaggregate
- Fremdleistung
Stoffgemein-kosten
Fertigungs-lohnkosten
Fertigungs-gemeinkosten
Fertigungs-sonderkosten
Konstruktions-gehaltskosten
Konstruktions-gemeinkosten
Verwaltungs-gemeinkosten
Vertriebs-gemeinkosten
Entwicklungs-gemeinkosten
Wagniskosten
Sondereinzel-kosten d. Vertriebes
- Lizenzen
- Reisekosten
- Frachtkosten
- Versicherungen
- Finanzierungen
- Kompensation
- Provisionen
- Sonstiges

Bild 1

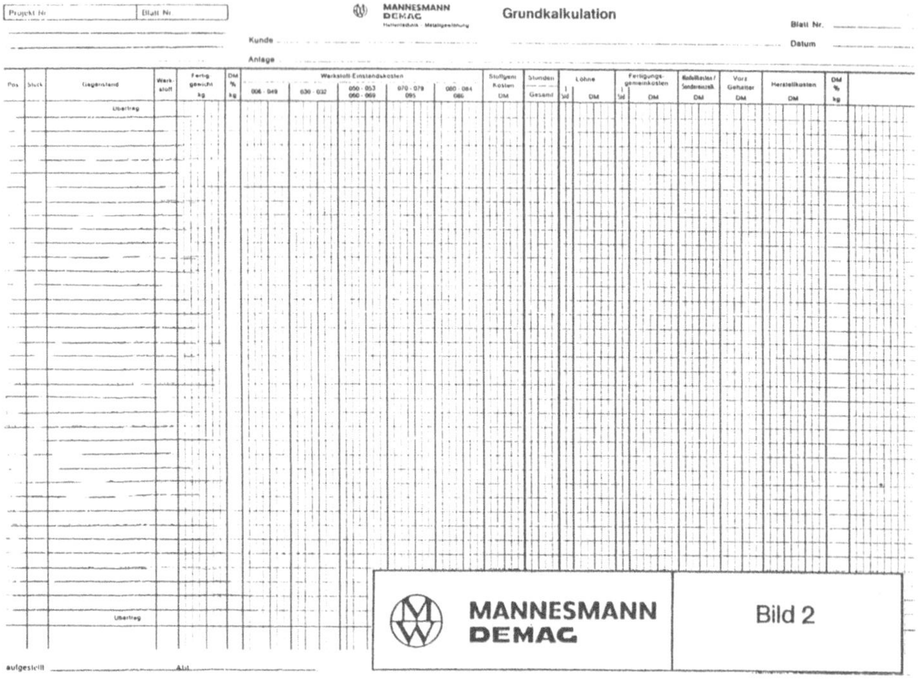
MANNESMANN DEMAG
Grundkalkulation
MANNESMANN
DEMAG

Bild 2

Zusammenfassende Vorkalkulation

Projekt Nr. ______ Kunde ______ Anlage ______ Blatt ______ Datum ______ Sachbearbeiter ______

Nr.		%
00		
1	Gegenstand	
2	Kostenart	
3	Herstellkosten I	
4	Konstruktionsstunden / DM je Std.	
5	Effektive Konstruktions-Gemeinkosten	
6	Verrechnete Konstruktions-Gemeinkosten	
7	+ / – Differenz (5 minus 6)	
8	Herstellkosten II (3 + 5 ± 7)	
9	Verwaltungs-Gemeinkosten-Zuschlag	
10	Vertriebs-Gemeinkosten-Zuschlag	
11		
12	Entwicklungs-Zuschlag	
13	Wagniskosten-Zuschlag	
14	Zwischensumme I	
15		
16	Reisen und Auslagen	
17	Festpreis / Verlauf-Zuschlag	
18	Zwischensumme II	
19		
20	Koordinierung	
21	Lizenz	
22		
23		
24		
25	Montage-Versicherung	
26	Hermes-Versicherung	
27	Finanzierung während der Fertigung	
28	Finanzierung nach der Fertigung	
29	Sonstige Finanzierungskosten	
30	Kursrisiko	
31	Provision	
32		
33	Summe Selbstkosten	
34	Kalkulierter Gewinn	
35	Verkaufspreis I	
36	Fracht	
37		
38	Verkaufspreis II	
39		
40		
41		
42	Fertiggewicht kg	
43	Preis kg	

MANNESMANN DEMAG

Bild 3

Bild 4

Vorspann 1 – Erfassen

Projektnummer: Fa.:

Produktbereich:

Prod.-Ordn.-Nr.:

Produktglieder: von bls Anzahl Pr.-Gl.:

Erfassung durch: am

Änderung durch: am Status:

Anzahl:

Vorspann 2 – Erfassen — Bild 5

Projektnummer: Fa.:
Produktbereich:
Prod.-Ordn.-Nr.:

Zuschlagsätze:	• • •	• • •	• • •	• • •	• • •
Fertigungslohn:	• • •	• • •	Ecklohn:	• • •	• • •
Verwaltungs-GK:	• • •	• • •	• • •	• • •	• • •
Vertriebs-GK:	• • •	• • •	• • •	• • •	• • •
Entwicklungs-GK:	• • •	• • •	• • •	• • •	• • •
Wagniskosten:	• • •	• • •	• • •	• • •	• • •
Summe in %					

Vorspann 3 – Erfassen — Bild 6

Projektnummer: Fa.:
Produktbereich:
Prod.-Ordn.-Nr.:

	absolut %		absolut %
Reisen, Auslagen:	• • •	Frachten:	• • •
Lizenzen	• • •	Baurecht:	• • •
Subvention:	• • •	Kompensation:	• • •
Federführung:	• • •	Koordinierung:	• • •
Dokumentation:	• • •	Hermes:	• • •
Versicherung:	• • •	Kursrisiko:	• • •
Finanzierung:	• • •	Provision:	• • •
Zoll:	• • •	Gewinn:	• • •
		Verlust:	• • •

Vorspann 4 – Erfassen — Bild 7

Projektnummer: Fa.:
Produktbereich:
Prod.-Ordn.-Nr.:

Basis: Bindefrist: •• Monate
Lieferzeit: •• Monate

Jahr:	••••	••••	••••	••••	••••	Faktor
Erhöhung %	••••	••••	••	••••	••••	
Stoffkosten Anteil	%	%	%	%	%	
1	••••	••••	••••	••••	••••	•••••
2	••••	••••	••••	••••	••••	•••••
3	••••	••••	••••	••••	••••	•••••
4	••••	••••	••••	••••	••••	•••••
5	••••	••••	••••	••••	••••	•••••

Vorspann 5 – Erfassen — Bild 8

Projektnummer: Fa.:
Produktbereich:
Prod.-Ordn.-Nr.

Jahr	••••	••••	••••	••••	••••	Faktor
Erhöhung %	••••	••••	••••	••••	••••	
Löhne Anteil	%	%	%	%	%	
Löhne:	••••	••••	••••	••••	••••	•••••
Sonderkosten:	••••	••••	••••	••••	••••	•••••
FGK-Zuschl.:	••••	••••	••••	••••	••••	•••••
Konstr.-Kosten:	••••	••••	••••	••••	••••	•••••
Montage:	••••	••••	••••	••••	••••	•••••

Bild 9

Produktgl. – Erfassen

Projektnummer: Fa.:
Produktbereich:
Prod.-Ordn.-Nr.: Ind.:
Produktgl. von: bis:
Erfassung durch: am:
Änderung durch: am: Status

Stoffart	1	2	3	4	5
Stückzahl:	•••••	•••••	•••••	•••••	•••••
Gewicht:	•••••	•••••	•••••	•••••	•••••
Stoffkosten:	•••••	•••••	•••••	•••••	•••••
Sonderkosten:	•••••	•••••	•••••	•••••	•••••
Konstr.-Std.:	•••••	•••••	•••••	•••••	•••••
Fertig.-Std.:	•••••	•••••	•••••	•••••	•••••
Fert.-GM-Zuschl.:	•••••	•••••	•••••	•••••	•••••

Konstr.-Kosten: ••••• KZ. Lizenz/Baurecht: ••

Planung, Steuerung und Kontrolle von Forschungs- und Entwicklungskosten bei der Standard Elektrik Lorenz AG

Dr. *H. D. Bürgel*, Dr. *Helmut Bruse*, Standard Elektrik Lorenz AG, Stuttgart

1. Problemstellung

Die Standard Elektrik Lorenz AG ist ein deutsches Unternehmen der Informationstechnologie. Mit den Bereichen öffentliche Nachrichtentechnik, private Kommunikationssysteme, Audio Video Elektronik sowie dem Bereich Bauelemente sind alle klassischen Gebiete der Elektroindustrie vorhanden. Gerade in dieser Branche und damit bei der SEL sind Forschung und Entwicklung von entscheidender Bedeutung. Dies dokumentiert sich in folgenden Zahlen:

a) Bei der Elektroindustrie handelt es sich um eine forschungsintensive Branche; der Aufwand für Forschung und Entwicklung in % vom Umsatz betrug im Jahre 1979 7,8 %, während die entsprechenden Werte für den Maschinenbau 2,9 %, für die Automobilindustrie 3,1 % sowie für die Chemische Industrie 4,5 % lauteten.[1)]

b) Innerhalb der Elektroindustrie hat die Forschung und Entwicklung an Gewicht zugenommen; im Jahre 1973 betrug der Anteil am Umsatz noch 5,8 %.

c) Die SEL wiederum ist ein besonders forschungsintensives Unternehmen innerhalb der Elektroindustrie, der Forschungsanteil am Umsatz lag immer zwei Prozentpunkte über dem der Elektroindustrie.

Die Forschungs- und Entwicklungsarbeiten sind zu wesentlichen Zukunftsinvestitionen geworden. Derzeit investiert die SEL jährlich über 10 % vom Umsatz in diesen Bereich und damit mehr als in das Anlagevermögen. Dies alles geht zu lasten insbesondere des früher größten Kostenblockes, nämlich des Stoffaufwandes. Hardware-

---

1) Vgl. Forschung u. Entwicklung in der Wirtschaft, Stifterverband für die Deutsche Wissenschaft; Deutsche Universitätszeitung, Beilage zu Nr. 20/1981, S.V; Arbeitsschrift A 1977, S.51.

Produkte aus Fabriken werden zu Software-Produkten aus Entwicklungsabteilungen.[1)]

Insgesamt muß man der Planung, Steuerung und Kontrolle von Forschungs- und Entwicklungskosten eine immer größere Aufmerksamkeit widmen. Dies geschieht bei der SEL seit 1980 in Form des Entwicklungscontrollings. Dem Controller obliegt die Verantwortung für die Planung und Kontrolle, die Koordination und das Berichtswesen.[2)] Er hat vor allem die Ergebniswirksamkeit der Forschungs- und Entwicklungsaktivitäten zu verfolgen. Im einzelnen hat er folgende wesentliche Aufgaben:

- Koordination und Konsolidierung der Gemeinkostenplanung,
- Konsolidierung der Gesamtplanung,
- Koordination der Investitionsplanung,
- Kontrolle und Genehmigung des Invests,
- Hard/Soft-Spot-Sitzungen, d. h. Durchsprache noch nicht sicherer Kostenabweichungen,
- Errechnung der Stundensätze,
- Kontrolle und Analyse der Entwicklungskosten,
- Spezielle betriebswirtschaftliche Analysen für das Entwicklungsmanagement,
- Berichtswesen.

Hierbei ist jedoch eine Besonderheit zu berücksichtigen, die das Controlling eines Cost Center im Gegensatz zu jedem Controlling in einem Profit Center auszeichnet, nämlich, daß der Kostenanfall kein Kriterium der Leistungsfähigkeit ist.[3)]

Zeit und Leistung sind gleichermaßen Variable im Erstellungsprozeß von Forschung und Entwicklung. Insofern wird im folgenden nicht mehr von der Planung, Steuerung und Kontrolle von Forschungs- und Entwicklungs<u>kosten</u>, sondern von Forschungs- und Entwicklungs<u>vorhaben</u> gesprochen.

---

1) Damit treten auch neue Kalkulationsprobleme auf. Vgl. dazu ZVEI-Leitfaden "Softwarekalkulation", erscheint demnächst

2) Für die aufgaben- und ressourcenbezogene Planung ist die Funktion Planung und Projekte verantwortlich

3) Vgl. Grau, Helmut, Kostenplanung und Kostenüberwachung in Forschung und Entwicklung.
Dissertation Innsbruck 1978, S. 278

2. Organisation des Entwicklungsbereiches

Die Einrichtung eines Entwicklungscontrollings in der SEL ist eng mit einer organisatorischen Änderung verbunden, welche 1980 den Entwicklungsbereich insgesamt ergriffen hat: War dieser vorher Teil der ergebnisverantwortlichen "Productline" oder "Division", so ist er zu diesem Zeitpunkt ausgegliedert und verselbständigt worden vor dem Hintergrund der Tatsache, daß in einem nachrichtentechnischen Unternehmen die technischen Inhalte der Produkte einander immer ähnlicher wurden und werden, so daß übergreifende Forschung und Entwicklung ein Gebot der Stunde wurde. Die Effizienz der Arbeit und des Einsatzes des Forschungs- und Entwicklungsbereiches sollte gesteigert werden. Diese technische Trendwende wird schlagartig deutlich, wenn wir uns des Einsatzes des modernsten Wunderwerkes der Elektronik in den Produkten dieses Industriezweiges und damit der SEL vor Augen führen, nämlich des VLSI-Chips (very large scale integrated circuit). Dieses Bauelement von der Größe einiger Quadratmillimeter (mit der galoppierenden Tendenz zu weiterer Verkleinerung) ist eingesetzt in ungefähr gleicher Machart in Vermittlungssystemen, Telefongeräten, Funkgeräten, Verkehrssteuerungsanalgen oder Fernschreibern.

Festzustellen war zudem, daß eine Vielzahl von nachrichtentechnischen Produkten (z. B. Vermittlungstechnik für öffenliche Netze) noch große Anteile Elektromechanik enthielt, während in anderen Bereichen seit langem elektronische Baugruppen vorherrschten, wobei die Angleichung des schaltungstechnischen Aufbaus in Richtung Elektronik als Zukunftstendenz erkannt wurde.

Mikroelektronik, Mikroprozessoren und Digitaltechnik werden in allen Gerätetypen die "Innereien" so vereinheitlichen, daß die Wirkungsweise der Geräte nur durch das äußere Layout und die Bedienerfunktion erkennbar wird. Aus organisatorischer Sicht entstand die Frage, ob eine Zersplitterung der Entwicklungsarbeit auf 10 Erzeugnisgebiete noch effizient und zeitgemäß sein kann, wenn gemeinsam zugrundeliegende Technologien immer häufiger zu ähnlichen Problemlösungen führen.

Schon vorher war ein Forschungszentrum geschaffen worden, in dem die Abteilungen, die sich mit angewandter Forschung beschäftigen, zusammengefaßt wurden.

Zur organisatorischen Absicherung der Marktnähe sind sechs kunden- bzw. kundengruppenbezogene Geschäftsbereiche eingerichtet worden, die voll ergebnisverantwortlich sind.[1)]

Sie bestehen prinzipiell aus den Funktionen Vertrieb, Marketing, Produkt- und Wertanalyse, Qualitätswesen sowie mehreren Produktbereichen.

Der Produktbereich ist die Drehscheibe zwischen Entwicklung, Produktion und Vertrieb; er steuert den innerbetrieblichen Prozeß für den Kunden und hat dafür zu sorgen, daß Produkte und Leistungen markt- und kundengerecht konzipiert und erstellt werden. Der Produktbereich bestimmt "Was" und "Wann" etwas zu tun ist, Entwicklung und Produktion legen das "Wie" und "Wer" fest.

Das Entwicklungspotential der Unternehmensgruppe Nachrichtentechnik wurde in der neuen Organisation zentralisiert (Abbildung 1). Durch Ausweitung der zentralen Entwicklungsaktivitäten werden Poolungs- und Synergieeffekte angestrebt.

Das prinzipielle Zusammenwirken der Geschäftsbereiche mit den Leistungsbereichen (Produktion und Entwicklung) sowie die Schnittstelle zwischen kundenorientierter Organisation, die nach außen wirkt, und produktorientierter Organisation, die nach innen wirkt, zeigt Abbildung 2.

3. Planung von Forschungs- und Entwicklungsvorhaben

In der konzentrierten Formel der Managementfunktionen "Planung/Entscheidung/Kontrolle" hat bei der SEL die Planung basislegende Bedeutung. Die Planung ist nach dem Konzept der SEL Planung von zielorientierten Aktivitäten, aktive Gestaltung der Zukunft, nicht nur passive Prognose.[2)] Diese Planung erfolgt zum einen fallweise,

1) Vgl. zu diesen Ausführungen Janssen, F. Kundenorientierte Organisationsstruktur der Unternehmensgruppe Nachrichtentechnik der SEL, in: Zeitschrift für Organisation 50. Jg. 3/1981 S. 141-146

2) Vgl. Danert, G. und D. Solaro, Das integrierte Planungs- und Kontrollsystem der Standard Elektrik Lorenz AG (SEL) im Rahmen der International Telephone & Telegraph Corporation (ITT), in: Hahn, P. (Hrsg.), Planungs- und Kontrollrechnung, Wiesbaden 1974, S. 761-821, hier S. 771

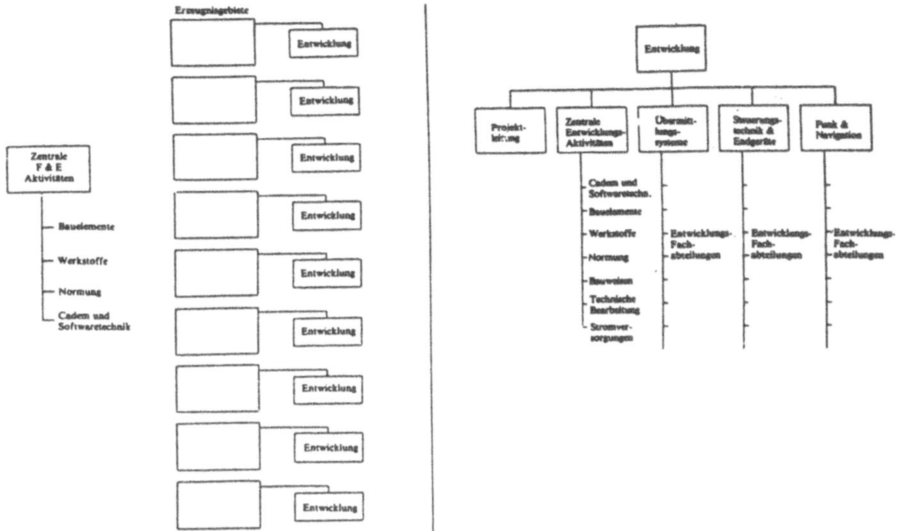

Produktorientierte Organisation der Entwicklung bis 1979

Technologieorientierte Organisation der Entwicklung ab 1980

Abb.1 : Organisation der F & E-Aktivitäten bis 1979 und ab 1980

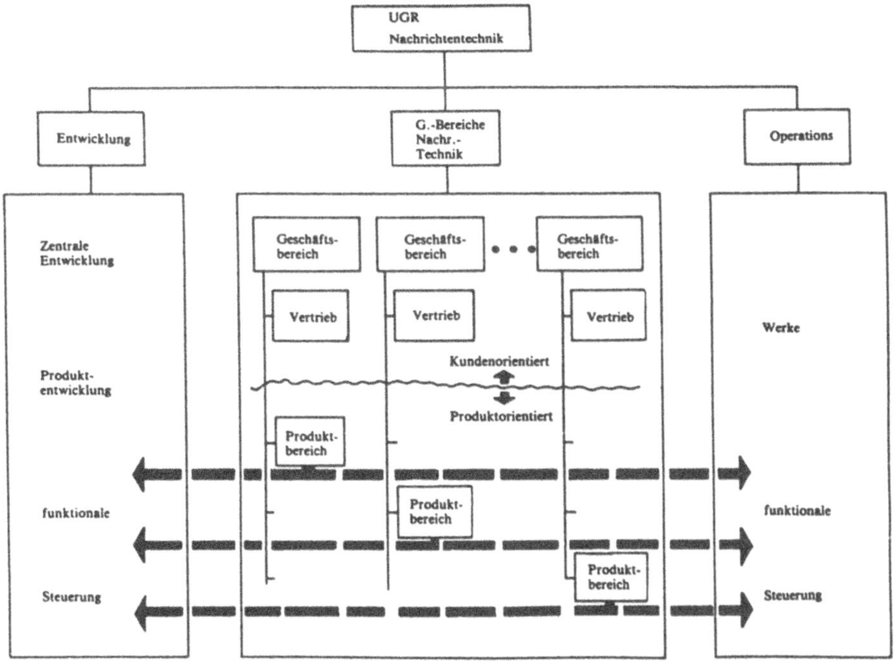

Abb.2 : Funktionale Steuerung der Leistungsbereiche durch die Produktbereiche indem neue Maßnahmen für umfangreiche Vorhaben geplant werden, z. B. Einführung eines neuen Produktes, Fabrikbauten oder sonstige Großinvestitionen. Daneben tritt die laufende Planung, in der fortwährend festgestellt wird, wie die außerbetrieblichen Gegebenheiten oder die betreffenden Erwartungen sich ändern und welche Konsequenzen sich daraus ergeben. Sie wird bei der SEL in einem rollenden Planungsverfahren (vgl. Abb. 3) realisiert, mit einem langfristigen (5-Jahres) Strategie Plan in der ersten Jahreshälfte und einem Operating Plan als einjährige Feinplanung in der zweiten Jahreshälfte. Der strategische Plan stellt eine einheitliche langfristige Firmenstrategie sicher, mit den inhaltlichen Hauptgebieten: Konzentration auf strategische Schwerpunkte, Festlegung von quantifizierten Zielsetzungen, Darstellung der Wege zur Erreichung dieser Zielsetzungen und Herausstellen von speziellen Programmen und den notwendigen Ressourcen zur Unterstützung der Strategien. Der Ausgangspunkt für den Operating Plan ist das erste Planjahr des Strategieplans. Aufgabe des Operating Plan ist es, klare und spezifische Aktionen zu präsentieren, um die Ziele des ersten Planjahres des 5-Jahres Strategie-Plan zu erreichen. Er bildet die Basis für ein möglichst realistisches Budget, d. h. hier wird die Meßplatte gezimmert, mit der die tatsächliche Entwicklung des nächsten Jahres verglichen wird.

Da Entwicklungsarbeiten in der Regel den Einsatz beträchtlicher finanzieller Mittel erfordern, die erst im Laufe der Jahre wieder zurückfließen, sind sie ein wesentlicher Punkt der laufenden langfristigen Unternehmensplanung und gleichzeitig eng mit der fallweisen Produktplanung gekoppelt.

Auch hier arbeitet die SEL mit einem Gesamtplan für das Unternehmen (Gesamt-Strategie) und je Produktbereich mit einem in sich geschlossenen RDE-Plan (Research, Development, Engineering). Die Entwicklungsvorhaben sind in Einzelprojekte (sogenannte "Cases") aufgeteilt. Für jedes Produkt sind die Zielsetzungen, die technischen, zeitlichen, finanziellen und Ergebnis-Details insgesamt und für mehrere Zwischenschritte ("Milestones") festzulegen und mit dem betreffenden Management abzustimmen. Dabei bedeutet Ergebnisplanung, daß für jedes Entwicklungsvorhaben auch Umsatz- und Gewinnzahlen geplant werden müssen. Die Einzelprojekte müssen sich in die Gesamtstrategie des einzelnen Produktbereichs wie auch des Gesamtunternehmens einfügen. Eine Gesamtübersicht über die für den jeweiligen Produktbereich laufenden und geplanten

Planjahr / Jahr / Planerstellung und -Step	1982	+1 1983	+2 1984	+3 1985	+4 1986	+5 1987	+6 1988	+7 1989	+8 1990	+9 1991	+10 1992	+11 1993
1983 / I SP	AC	RS	SP	SP	SP	SP	SP					
II OP	–	RO	OP	FO								
III FB		RF	FB	FF								
1984 / I SP		AC	RS	SP	SP	SP	SP	SP				
II OP		–	RO	OP	FO							
III FB			RF	FB	FF							
1985 I SP			AC	RS	SP	SP	SP	SP	SP			
II OP			–	RO	OP	FO						
III FB				RF	FB	FF						
1986 I SP				AC	RS	SP	SP	SP	SP	SP		
II OP				–	RO	OP	FO					
III FB					RF	FB	FF					
1987 I SP					AC	RS	SP	SP	SP	SP	SP	
II OP					–	RO	OP	FO				
III FB						RF	FB	FF				
1988 I SP						AC	RS	SP	SP	SP	SP	SP
II OP							RO	OP	FO			
III FB						–	RF	FB	FF			

Anmerkungen:
SP Strategic Plan
OP Operating Plan
FB Final Budget
AC Actual

RS Review zum SP
RO Review zum OP
RF Review zum FB
FO First Outlook
FF First Forecast

SEL | Planungsstep und -zeitraum | CS/EPL 18.o5.84

Abb. 3

Entwicklungsvorhaben faßt die Entwicklungsplanung mit einer Kosten-, Zeit- und Ergebnis-Übersicht zusammen (Abbildung 4 zeigt ein Muster).

Hierdurch wird ersichtlich, daß das Projekt in den Vordergrund des Controlling gestellt wird, ganz gleichgültig, in welche bilanzielle Rechenperiode es fällt. Damit ist die Identität zwischen Leistung, Zeit und Kosten hergestellt, ohne daß es besonderer Abgrenzungen bedarf. Die dahinterstehende technische oder wirtschaftliche Leistung, die in bestimmten Zeitabschnitten erbracht werden soll, hat Kosten zur Folge, die sich in den Perioden technischer Meilensteine messen lassen, welche ihrerseits nur zufällig mit bilanziellen Rechnungsperioden identisch zu sein brauchen.

Daraus ergeben sich jedoch auch weitergehende Fragen der Planung. Der Entwicklungsbereich denkt in "Themen", in "Vorhaben", neuerdings bedingt durch entsprechende Marktanforderungen mehr und mehr in "Systemen". Aus Kapazitätsgründen läßt sich nur jeweils ein Teil der wünschenswerten Projekte behandeln. Die Auswahl ist danach vorzunehmen, welche dem Unternehmen den meisten Erfolg versprechen. Damit sind zwei Hauptprobleme, soweit die Planungsseite betroffen ist, schon angesprochen: Einmal muß die absolute Höhe der Forschungs- und Entwicklungsbudgets festgelegt werden, zum anderen sind die einzelnen Projekte so zu dotieren, daß das Budget einerseits eingehalten, andererseits das jeweilige Optimum erreicht wird.

Bei der Fortführung der laufenden Aufgaben und dem Beginn neuer Aufgaben sind somit die folgenden Fragen zu beantworten:

- Wieviel von der "Wunschliste" soll finanziert werden?
- Welche Prioritäten/Auswahlkriterien werden gesetzt?
- Welche Aufgaben werden aus Rentabilitäts- und strategischen Überlegungen durchgeführt?

In diesem Zusammenhang fällt dem Entwicklungscontroller die Aufgabe zu, die Abhängigkeiten der Entwicklungsvorhaben durch Zahlen transparent zu machen und laufend transparent zu halten, so daß die gewünschten Entwicklungsleistungen in der gewünschten Zeit zu minimalen Kosten erbracht werden. Fragen z. B. der Art, ob eine Gerätegeneration auch einmal ausgelassen werden soll, ob bezahlte Forschung betrieben oder in andere Bereiche diversifiziert werden

MANPOWER AND CAPITAL FORM 013A CLA ACCTG MO: 04/84 PAGE 1

SIX YEAR SUMMARY (1983 - 1988)	PROJ NUMB	1983	1984	1985	1986	1987	1988
	CLA	- 1-	- 2-	- 3-	- 4-	- 5-	- 6-
TOT RD&E MANPOWER	3044						
TOT RD&E CAPITAL EXP	3058						
PRG MANPOWER AEFTE	3057	306	382	437	372	381	374
PRG CTR MNPR PER YRS	3024	0	12	13	0	0	0
PRG CAPITAL EXPENDIT	3025	0	1795	1861	2151	2258	2370
PRG MANPOWER AEFTE	3026	0	0	0	0	0	0
PRG CTR MNPR PER YRS	3027	0	0	0	0	0	0
PRG CAPITAL EXPENDIT	3028	0	0	0	0	0	0
PRG EXPEN NON-RD&E	3029	0	0	0	0	0	0
HASH TOTAL	2999						

DATACOL V3.1.2 SEL - TELECOM CO. 11171 GR. 09 TODAY: 11/05/84
DETAIL OF SALES AND NET INCOME EXPENDITURES FORM 013 S CLA ACCTG MO: 06/83 TIME: 1230HRS

	DATA ELEM	CURRENT YR FORECAST SALES	CURRENT YR FORECAST NIAT	PLAN YEAR I SALES	PLAN YEAR I NIAT	PLAN YEAR II SALES	PLAN YEAR II NIAT
	CLA						
KEY TECHNOLOGIES	1						
OTHER LONG RANGE R&D	2						
TOTAL	3						
NETWORK PRODUCTS- SWITCHING	4						
- TSS	5						
- TRANSMISSION	6						
- COM. CABLES	7						
- OTHER	8						
	9						
- TOTAL	10						
END USER PROD.-PABX & KEY SYS.	11						
-TEL SUBSETS	12						
-DATA PRODUCTS	13						
-RECORD TERMS	14						
-OTHER	15						
	16						
-TOTAL	17						
DEFENSE/COMMERCIAL ELECTRONICS	18						
OTHER PRODUCTS	19						

SEL Abb. 4

soll, müssen schon gelöst sein. Bei SEL wird hierfür die Produktplanung in Verbindung mit einem Genehmigungsverfahren für Entwicklungsvorhaben herangezogen.

Unter ähnlichen Aspekten ist auch die Frage zu sehen, welche Projekte mit dem vorhandenen Geld dotiert werden sollen. Transparenz der Daten heißt hier pro Projekt einen Überblick zu schaffen, mit welchem Mitteleinsatz welche technische Leistung zu erwarten ist, und wie diese sich ihrerseits mit welchem Ertrag in Verbindung bringen läßt. Dazu ist es zunächst erforderlich, über einen längeren Zeitraum Entwicklungsaufwendungen für alle definierten Projekte und aus ihnen fließende Umsätze und Erträge nebeneinander zu stellen, ergänzt um das Invest für diese Projekte und die dazugehörige Kapazität an Personal. Hiermit sollte es möglich sein, einen großen Teil der Gesamtaufwendung des Forschungs- und Entwicklungsbereiches abzudecken. Ein nicht nach Projekten spezifizierbarer Teil ist, als "amorphe Masse" zusammengefaßt, eventuell hinzuzufügen, um auf den Gesamtbetrag von Forschung und Entwicklung zu kommen.

Aus einer solchen Gegenüberstellung - sie ist seit geraumer Zeit bei SEL Routine geworden (vgl. Abb. 4) - läßt sich schon ein "Return on Investment" bzw. eine "Payback Period" ermitteln. Diese Daten liefern, insbesondere im Vergleich der Projekte untereinander, erste wesentliche Aussagen. Werden Sollwerte kalkuliert, so gibt der Vergleich hiermit zusätzliche Anhaltspunkte für das Erreichen der gewünschten Zielsetzung.

Hierbei handelt es sich um die strategische Stufe der Planung mit einem "Top down approach". Die zweite Stufe der Planung geht mehr auf den operationalen Teil. Für die ausgewählten Aufgaben erfolgt eine Detailplanung nach Ressourcen:

- Personal (Menge/Qualifikation) sowie sonstige Kosten für Material, EDV-Betrieb usw.
- dafür benötigte Finanzmittel
- Meß- und Testeinrichtungen (d. h. notwendige Investitionen);

und eine Detailplanung nach Abläufen:

- Technische und terminliche Abhängigkeiten,
- Terminzusagen für "Milestones" und Entwicklungsabschluß.

Die Beauftragung wird dann nach Geschäftszielen/Projekten vorgenommen. Deshalb ist eine Umsetzung nach Abteilungen/Tätigkeiten erforderlich.

4. Steuerung von Forschungs- und Entwicklungsvorhaben

Während im Seriengeschäft vom Fertigungsplan ausgegangen wird, ist der Ausgangspunkt bei der Projektplanung der Projekt-Strukturplan, in dem der Gesamtumfang eines Projektes in überschaubare Teileinheiten aufgeteilt wird. Für die Unterteilung sind die Größe des Projektes, die Möglichkeit der selbständigen Verwirklichung und die spätere Auftragskontrolle maßgebend.

Mit dieser Planung wird die geforderte Projektleistung umrissen und definiert. Im Falle eines Entwicklungsvorhabens steht dahinter ein Entwicklungsauftrag, welcher die technische Leistung im einzelnen beschreibt.

Der Entwicklungsauftrag wird bei der SEL in zwei Detaillierungsabstufungen verwendet (siehe Abbildungen 5 und 6). Der eigentliche Entwicklungsauftrag beinhaltet eine Aufgabenbeschreibung und -kennzeichnung, sowie eine Aufstellung der Kostenarten (Personal zusätzlich nach Kostenstellen) gegliedert nach Planjahr, erstem und zweitem Folgejahr und Restjahren, sowie eine weitere Unterteilung des Planjahres nach Monaten. Mit der Entwicklungs-Leistungsplanung "Detail-Kostenelemente" werden die einzelnen Kostenarten nach den einzelnen Vorhaben gegliedert.

Erster Schritt bei der Steuerung ist jeweils eine EDV-Listung der einzelnen Entwicklungsvorhaben. Sie werden nach zwei unterschiedlichen Kriterien gelistet (siehe Abbildung 7). Die eine EDV-Liste gruppiert die Entwicklungsvorhaben nach ihren DM-Beträgen (Liste A, Spalte (4)), die wiederum nach den einzelnen Kostenarten unterteilt werden (Spalten (8) bis (23)). Zusätzlich wird beim Personalaufwand noch der benötigte Input in Form von Mannjahren angegeben (Spalten (5) bis (7)). Damit korrespondiert diese Aufstellung mit der Entwicklungs-Leistungsplanung "Detail-Kostenelemente". Daneben wird für die einzelnen Entwicklungsvorhaben pro Kostenstelle der benötigte Personalaufwand nach Gesamtstunden aufgelistet (Liste B). Sie ist in der Spaltenbezeichnung eine direkte Fortführung der erstgenannten Liste.

SEL **Entwicklungsauftrag**

Planjahr:
Planphase:

☐ Angefordert ☐ Eingeplant ☐ Beauftragt

Aufgaben-Kurztitel
Aufgaben-Langtitel

Standort-Auftrags-Nr.: 7 — KTR — ASE lfd. Nr.
SEL-Auftrags-Nr.: 7 — Case — Subc. — EGK — EW-KZ
EDV-Nummer:
Antrag von:
Datum:

Weiterverrechnung an:
Kunde/Erstm. Verw.:
Auftrags-Nummer:
Termine
EW-Beginn: EW-Ende:
FU-Beginn: FU-Ende:

Leistende KE	Leistende KST	BK FE	BK TM	STEK	PENR	Jahr	h-VRS DM	Plan-Stunden Planjahr	Plan-Stunden Folg.J.1	Plan-Stunden Folg.J.2	Plan-Stunden Restjahre	Plan-Stunden Gesamt

Kosten (TDM)	K-Zahl	Benennung
100, Stunden	10	Ing.-Stunden
	20	Gehalt, Lohn, FGK
200, Material	30	
301, Reisen	51	
302, EDV-Leistungen	58	Fremdfirmen
	66	eigene UGR
	67	rech. gest. Zeichenm.
303, Leistungen anderer SEL-Bereiche	61, 62	Modellwerkstatt
	63, 64	sonst. Fert.-Ber.
	68	PSB
	69	Leistg. and. Ber., eig. UGR
	79	Leistg. and. UGR
304, Fremdleistungen	56	WV-Personal
	57	Fremdfirmen
306, Sonstiges	59	Sonst. Bo-Kosten
	73	Sonst. EW-Leistg.

Gesamt A

Actual-Vorjahre
Gesamt B

Genehmigungslaufweg	Name/Unterschrift	STEK	Nebenstelle	Datum	Ausgabe
1. Planungsingenieur/Vorhabens- bzw. Projektleiter					
2. Fachbereichsleiter/EPL-Stelle					
3. Produktbereichsleiter/Produktmanager					

01741 61632 (01.83) 09/586

Standort-Auftrags-Nr.: 7 — KTR — ASE lfd. Nr.

Aufgabenstellung - Kurzbeschreibung

Monatlichen Stundenbedarf für Planjahr

01	02	03	04	05	06	07	08	09	10	11	12

Anlagen
1.
2.
3.

☐ Ftz-Genehmigung generell
☐ " " einzeln
Unterlagenklasse:
Fremdsprachen:

Abb. 5

SEL EW – Leistungsplanung „Detail – Kostenelemente"

	Finanzierungskennzahl	Vorhaben: Nr	Vorhaben: Benennung	Gesamt TDM	K-zahl Personal Direkt Geh. MJ	K-zahl Personal Direkt Lohn MJ	K-zahl Personal WVP MJ	10 Std.-Kosten Ing. Std. TDM	20 Std.-Kosten Lohn Std. TDM	30 Material TDM	81 Reisen TDM	58 EDV Fremdfirmen TDM	66 EDV eigene UGR TDM	67 EDV Rechner gest. Zm. TDM	61, 62 Leistung anderer SEL Bereiche Modellwerkst. TDM	63, 64 Leistung anderer SEL Bereiche Sonst. Fe-Ber. TDM	68 Leistung anderer SEL Bereiche PSB TDM	69 Leistung anderer SEL Bereiche and. Ber. eig. UGR TDM	79 Leistung anderer SEL Bereiche Leist. and. UGR TDM	56 Fremdleistungen WVP TDM	57 Fremdleistungen Fremdfirmen TDM	59 Sonstiges Sonstige SOKO TDM	73 Sonstiges Sonstige EW-Leistg TDM	
1																								
3																								
5																								
7																								
9																								
11																								
13																								
15																								
17																								
19																								
21																								
23																								
25																								
27																								
29																								
31																								
33																								
35																								
37																								
39																								
41																								
43																								
45																								
47																								
49																								
			Subtotal R, D & E																					
			Variances																					
			Total R, D & E																					

EGK / Produktbereich		Name / Unterschrift	STEK	Nebenstelle	Datum	OBJ / BP / FB	Planphase	Planjahr	Ausgabe: / Seite / von Seiten
	Bearbeiter								
	Genehmigt								

01741 .33 (12.82) 09/656

Abb. 6

(0) NR.	(1) *** EGK	(2) *** CNR	(3) ***FIRMENVERTRAULICH*** BEN	(4) GES. TDM	(5) GEH. MJ	(6) LOHN MJ	(7) WVP MJ	(8) STD-K TDM	(9) MAT TDM	10 RS TDM	11 EDV FR. TDM	12 EDV ESS TDM	13 EDV OD TDM	14 ZM TDM	15 MW TDM	16 SON FER TDM	17 PSB TDM	18 AND EUG TDM	1 A U T
001	850		STUNDENSATZ DM/H	0	.0	.0	.0	0	0	0	0	0	0	0	0	0	0	0	
002	850		PROD.STD PRO MJ	0	.0	.0	.0	0	0	0	0	0	0	0	0	0	0	0	
003				0	.0	.0	.0	0	0	0	0	0	0	0	0	0	0	0	
004				0	.0	.0	.0	0	0	0	0	0	0	0	0	0	0	0	
005	850	411	FS ADVANCED DISPLAY																
006	850	412	FS COMP A																
007	850	410	TEMEX (																
008	850		FW IN																
009	850		TP																
010	850		TP																
011	850																		
012	850																		
013	850																		
014																			

Liste A

(0) NR.	(1) *** EGK	(2) *** CNR	(3) ***FIRMENVERTRAULICH*** BEN	(24) GESAMT STD H	(25) 09/ CS/	(26) 09/ CS/	(27) 09/ CS/	(28) 54/ CP/	(29) 09/ CS/
001	850		STUNDENSATZ DM/H	.00	83.00	80.00	.00	89.00	63.0
002	850		PROD.STD PRO MJ	.00	1600.00	1520.00	1520.00	1700.00	1530.0
003				.00	.00	.00	.00	.00	.0
004				.00	.00	.00	.00	.00	.0
005	850	411	FS ADVANCED D						
006	850	412	FS COMP AI						
007	850	410	TEMEX (F						
008	850		FW IN						
009	850		TP 20						
010	850		TP						
011	850		TP						
012	850		TF						
013	850								
014	850								
015	850	50							
016	850								
017									

Liste B

SEL Abb. 7

Zweiter Schritt bei der Steuerung ist eine Gliederung der Entwicklungskosten bzw. der darin enthaltenen Kostenarten in konsolidierter Form für die verschiedenen Produktbereiche. Diese Auflistung der Kostenelemente für Forschung und Entwicklung erfolgt sowohl in der Planungsphase als auch später mit den Istwerten, so daß hiermit die Grundlage für ein wesentliches Kontrollinstrumentarium geschaffen ist. Die Abbildung 8 zeigt skizzenhaft Ausschnitte aus diesen drei Listen, wobei Liste C die Kostenelemente beinhaltet, während die Listen D und E ein Gegenstück dazu enthalten, nämlich die Finanzierungselemente. Die Finanzierungselemente - sie sind gleich der Summe der Kostenelemente - zeigen die Art der Finanzierung des Entwicklungs-"input" an, nämlich ob es sich um Vertragsleistung, innerbetriebliche Leistung, von der (lokalen) Einheit oder dem Konzern zu finanzierende Entwicklungsleistung handelt. Mit diesem Instrumentarium der Gegenüberstellung der Kosten- und Finanzierungselemente auf der Ebene der Produktbereiche ist es möglich, steuernd in den Prozeß der Allokation der Ressourcen für Forschung und Entwicklung einzugreifen.

Steuerung verlangt Transparenz der Geschehnisse. Sie wird bei der SEL durch die eben beschriebene Methodik erreicht, wobei Actual-Darstellungen in derselben Form wie die entsprechenden Planungsunterlagen aufbereitet werden müssen. Induziert wird die Transparenz der Geschehnisse durch die Notwendigkeit der laufenden Kontrolle, um gemeinsam festgelegte Ziele zu erreichen. Häufig ergeben sich durch diese Schleife neue Planziele. Deshalb kommt der Kontrolle im Entwicklungsbereich eine größere Bedeutung zu als in anderen Bereichen des Unternehmens.

5. Kontrolle von Forschungs- und Entwicklungsvorhaben

Kontrolle kann auch im Entwicklungsbereich an den traditionellen Punkten allen betrieblichen Geschehens ansetzen, nämlich:

- der Kostenart,
- der Kostenstelle,
- dem Kostenträger.

Der überwiegende Teil der Gemeinkosten eines Entwicklungsbereiches (z. T. 60 % und darüber) besteht aus Löhnen und Gehältern der Ingenieure, meist zusammengefaßt in Entwicklungskostenstel-

SEL Abb. 8

:PORT 50 (KONSP84) 84SP85

;/EPL CS/EVW

R.D + E PLANUNG UND KONTROLLE (TEIL 1 V.3)

		******PERSONAL AEFTE******				***KOSTENELEMENTE/KENNZAHL (TDM)*** ---GEMEINKOSTEN---					***SONDER-KOSTENELEMENTE***					
E G K	PLS	IND.	DIR.	WVP	TOTAL PERSONAL	STUNDEN-KOSTEN 10+20	OPINION 8	SONSTIGE	VARIANCES *ERGW.	SUMME GM-KOSTEN	MATERIAL 30	REISEN 51	EDV/LEIST. 58+66 +67	AND. BER. 61-64 68+69 +79	FREMD-LEIST. 56+57	S… 5…
GNS PAH	84SP85	3	9													
GNS 120	84SP85	29	284													
GNS 130	84SP85	5	46													
GNS	SUMME	37	37													
GDS 140	84SP85	12														
GDS 170	84SP85															
GDS 180	84SP85	3														
GDS	SUMME	15														
GIS 720	84SP85	1	35													
UGR2	TOTAL1	5														

Liste C

R.D + E PLANUNG UND KONTROLLE (TEIL 2 V.3) AUSG 6/

F I N A N Z I E R U N G TDM

GPS 111 84SP85
GPS 113 84SP85
GPS 117 84SP85
GPS 110 ZWSU T
GPS 119 84S

					CUST.APPLICATION		*****ENGINEERING ASSISTANCE***** ---FERTIGUNG---								***VERT
E G K	PLS	CONTRACT 130	CONTR. SW. 134	ZUWEN. AUFTR. 139	CUS. DESIGN 140	VERTR AUFTR. 210	SPEZ. SW. 215	OHNE V-AUFT *ERGW. 220	UNTER-LAGEN *ERGW. 230	HILFE *ERGW. 250	AUFTR. 261 262	INNERB AUFTR. 271 272	GROSS-UMZUEG 273	GM-KOSTEN 590	MESSEN 310
GNS PAH	84SP85														
GNS 120	84SP85														
GNS 130	84SP85														
GNS	SUMME														
GDS 140	84SP85														
GDS 170	84SP85														
GDS 180	84SP85														
GDS	SUMME														
GIS 720	84SP85														
UGR2	TOTAL1	SP85													

Liste D

Liste E

R.D + E PLANUNG UND KONTROLLE (TEIL 3 V.3) AUS 6

F I N A N Z I E R U N G TDM

GPS 111 84SP85
GPS 113 84SP85
GPS 117 84SP85
GPS 110 ZWSU

ENG. ASSIST.
MONTAGE

General Development Local Development

len und verrechnet in Form von Stundensätzen an die einzelnen Entwicklungsarbeiten.

Jedem Eingeweihten ist das Thema "Stundenaufschrieb" vertraut, also die Niederschrift des einzelnen Entwicklungsingenieurs, für welche Aufgaben er welche Zeit gearbeitet hat. Die Höhe des Stundensatzes in Verbindung mit den verrechneten Stunden ist ein Indikator für die Arbeitsproduktivität im Erfassungsbereich, sichtbar zu machen durch Zeit-, Betriebs- oder Soll-Ist-Vergleich. Bei der Bedeutung dieser Kostenart ist insbesondere darauf zu achten, daß die Leistungsdaten auf eine ausgeglichene Kapazität schließen lassen. Hier wird der Personalbereich tangiert mit der Frage, ob die Kapazität in personeller Hinsicht auch die erforderliche Qualifikationsstruktur aufweist.

Auch andere Gemeinkostenarten sind der besonderen Beachtung wert, haben sich in den letzten Jahren innerhalb der gesamten Gemeinkosten stark in den Vordergrund geschoben. Genannt seien Abschreibungen für die Ausrüstung und Instrumentierung der Labors mit Anlagegegenständen, die häufig genug teure Wartungsverträge nach sich ziehen. Integriertes Vorgehen verlangt hier, daß zwischen Kosten und Investitionen eine klare Entscheidung getroffen wird, die auf wirtschaftlichen Daten beruht, und nicht auf "Haushaltmitteln", die gegebenenfalls noch ausgeschöpft werden sollen.

Ferner ist an fremde Dienstleistungen zu denken, welche die Fragen zu "make or buy" auch im Entwicklungsbereich aufwerfen: Soll das Rad neu erfunden werden oder kann schneller, besser und/oder billiger über den ganzen oder teilweisen Erwerb eines Entwicklungsresultats dem Optimum nähergekommen werden, möglicherweise auch über eine entsprechende Lizenz oder ein Kooperationsabkommen. Andere Kostenarten, die oft besonderes Augenmerk rechtfertigen, sind auch eigene Rechnerleistungen sowie Raum- und Platzmieten.

Heutzutage schieben sich im Entwicklungsbereich die Einzelkosten mehr und mehr in den Vordergrund, der zweite große Block der Gesamt-Entwicklungskosten. Die Zuschlagskalkulation wird schon manchmal definiert als diejenige Kalkulationsform, welche die Einzelkosten den Gemeinkosten zuschlägt. Fremdleistungen wie Material, EDV- oder Rechnerleistungen, Leasingkräfte oder dergleichen, werden vielfach auf den einzelnen Entwicklungsauftrag direkt und unmittelbar verrechnet. Der Vergleich mit der Fabrik ist hier erlaubt, und doch sind die Methoden durchaus noch andere. Jedes Werk ist gewohnt, in Stücklisten und Fertigungsplänen zu denken, - die Entwicklung hat zwar auch die aufgezeigten Planungen, diese sind aber oft nicht so ausgefeilt wie im Werksgeschehen und werden auch nicht so strikt befolgt. Das betriebswirtschaftliche Instrumentarium, welches im Entwicklungsbereich eingesetzt wird, entspricht im Vergleich zur Produktion demjenigen, welches dort in der Zeit nach dem ersten Weltkrieg eingesetzt wurde. Der Weg bis hin zur flexiblen Plankostenrechnung mit Standards und aussagefähigen Abweichungsanalysen steht für die Forschungs- und Entwicklungsbereiche noch bevor.

Als "Kostenträger" des Entwicklungsbereiches kann das Entwicklungsprojekt selbst aufgefaßt werden, welches seinerseits in verkaufsfähige Produkte eingeht, auf das hin die Entwicklungskosten schließlich auch kalkuliert werden. Das Entwicklungsprojekt ist das Ziel, auf das hin ein Ingenieur arbeitet, was er mit optimalem Arbeits- und Zeiteinsatz fertigzustellen versucht. Kostenrechnerisch gesprochen handelt es sich typischerweise um Einzelfertigung: Jedes "Produkt" unterscheidet sich von seinem Vorgänger. Das kennzeichnet wieder den Schwerpunkt der Abrechnung der Entwicklungskosten, nicht Kostenart und Kostenstelle sind die aussagefähigste Ebene zur Verfolgung von Entwicklungskosten, sondern der Kostenträger (das Thema, Vorhaben, Projekt, System). Nur hier wird die Leistung, der Output, mit in die Betrachtung einbezogen. In einer verdichteten Berichtsform werden mehrere Kostenträger in einem (produktorientierten) Produktbereich zusammengefaßt.

Wichtiges Instrument zur Kontrolle ist die Erfassung der Actual-Zahlen. Hier wiederum kommt im Entwicklungsbereich den geleisteten Arbeitsstunden eine entscheidende Bedeutung zu. Die Erfassung erfolgt mittels Stundenkarte, in denen die Mitarbeiter in jedem Monat die geleisteten Stunden gegliedert nach Auftragsnummern zu melden haben. Damit ist eine Zurechnung zu den einzelnen Kostenträgern möglich. Daneben wird in der Stundenkarte auch die Kostenstelle (inclusive Personalnummer, Abteilung und Namen) erfaßt, so daß insgesamt die Feststellung des Einsatzes der einzelnen Kostenstellen für die Entwicklungsvorhaben möglich ist. Abbildung 9 gibt hierzu ein Beispiel.

LISTE 02 DATUM 21.05.84 BLATT 242
ING.STUNDEN NACH AUFTRAGSART, AUFTRAGSNUMMER UND KOSTENSTELLE

WK	KST	FE	TM	PERS-NR	AUFTRAGS-NR	STUNDEN	BETRAG	
09	661	1	1	74844	4 02111661000	22,00	1.870,00	
		1				22,00	1.870,00	*
09	661	8	1	95553	4 02111661000	40,00	3.400,00	
09	661	8	3	69787	4 02111661000	80,00	6.800,00	
		8				120,00	10.200,00	*
	661					142,00	12.070,00	**
					4 02111661000	142,00	12.070,00	***
09	662	3	3	73988	4 02111662000	8,00	624,00	
09	662	3	4	84334	4 02111662000	16,00	1.248,00	
09	662	3	4	86516	4 02111662000	16,00	1.248,00	
09	662	3	5	75656	4 02111662000	8,00	624,00	
		3				48,00	3.744,00	*
	662					48,00	3.744,00	**
					4 02111662000	48,00	3.744,00	***
09	664	1	2	80358	4 02111664000	40,00	3.200,00	
09	664	1	3	79067	4 02111664000	40,00	3.200,00	
		1				80,00	6.400,00	*
09	664	2	2	86805	4 02111664000	5,00	400,00	
09	664	2	3	98980	4 02111664000	4,00	320,00	
09	664	2	6	74749	4 02111664000	26,00	2.080,00	
		2				35,00	2.800,00	*

SEL Abb. 9

Im nächsten Schritt werden die Stunden in Kosten umgerechnet und nach Entwicklungsvorhaben, die mit der SEL-Auftragsnummer identifiziert werden, gegliedert ausgewiesen. Dazu kommen die übrigen Kostenelemente. So erhält man die Istwerte für die einzelnen Kostenelemente (siehe Abbildung 10), die jetzt der vorhergehenden Planung, wie sie z. B. in Abbildung 4 dargestellt wurde, gegenübergestellt werden können. Damit hat der Entwicklungscontroller ein sehr wichtiges Kontrollinstrument zur Überwachung der Entwicklungskosten in der Hand.

Der gleiche Vorgang spielt sich auf der Seite der Investitionen (speziell nötig für Entwicklungsvorhaben) ab. Auch hier werden die Actual-Invest-Zahlen erfaßt, die mit den Planzahlen verglichen werden können.

Die laufende Gegenüberstellung von Plan- und Actual-Daten ist mit einem in der Einführung befindlichen "Projektplanungs- und Kontrollsystem" (vgl. Abb. 11) beabsichtigt, welches als zusätzliche Elemente in seiner Endphase beinhalten soll die "Committments" und die "Cost To Complete". Das sind Instrumente zu einer laufenden Vorschaurechnung. Mit "Committments" werden die bestellten/abgerufenen Positionen aus Gemein- und/oder Einzelkostenpositionen eines Entwicklungsvorhabens sichtbar gemacht, mit "Cost To Complete" die (neu ermittelten) voraussichtlichen Gesamtkosten. Dahinter steht das Planungsprinzip der SEL: "Keine Ist-Zahl ohne gleichzeitige neue Vorschau (Forecast) zum Ende der nächstfolgenden Planperiode". Bei voller Installierung dieses Systems kann sich eine Abweichungsrechnung und damit das besondere Augenmerk des Entwicklungs-Controllers beschränken auf den noch nicht bestellten/abgerufenen Teil der "Cost To Complete". Die gedachte Erweiterung des Projektplanungs- und Kontrollsystems um "Leistung To Complete" und "Time To Complete" läßt in Zukunft das magische Dreieck "Leistung-Kosten-Zeit" für Entwicklungsprojekte und -vorhaben dem "festen Biss" zumindest näherkommen.

Diese Projektrechnungen werden für den gesamten Entwicklungsbereich in einer Summe zusammengefaßt. In der Übersicht erscheinen neben den ehemaligen Planwerten und den Actual-Zahlen auch die Prognosen für den Restaufwand (Cost At Completion) und die Abweichungen, dann integriert in die üblichen Abrechnungszeiträume und daher im Monats- bzw. Jahresraster (Abb. 12). Sie sind zudem eingeteilt in unmittelbar ergebniswirksame Teile und in solche mit

KE 09 31 05 8405 I 020 SEITE 1016
SEL-AUFTRAGS-NR. STANDORT-AUFTR.NR. BEZEICHNUNG DES AUFTRAGS
7 202 99 152 110 7 400 3 1102 000 ALLG-SYSPL -GD-

KOSTENELEMENTE	KOSTEN/MONAT	KOSTEN/JAHR
10 STUNDENKOSTEN DER ENTW.	0,00	0,00
20 EW-BER/ LOHN,GEHALT,+FGK	0,00	0,00
31 ZWISCHENERZEUGNISSE	0,00	0,00
32 MATERIAL/LAGER U.DIR.-EK	0,00	0,00
33 MAT.-GEMEINKOSTEN ZU 32	0,00	0,00
30 SUMME MATERIAL 31 BIS 33	0,00 *	0,00 *
51 REISEKOSTEN	112,21-	0,00
56 WV-PERSONAL	0,00	0,00
57 EW-FREMDFIRMEN	0,00	0,00
58 EDV FREMDFIRMEN	0,00	0,00
59 SONST. SO-KOSTEN	13.000,00	105.000,00
61 MODELLWERKSTATT	0,00	0,00
62 FGK ZU 61	0,00	0,00
63 SONST.FERT.-BER.	0,00	0,00
64 FGK ZU 63	0,00	0,00
66 EDV EIGENE UGR	0,00	0,00
67 RECH. GEST. ZEICHN.	0,00	0,00
68 PROJECT.+SW-BER.	0,00	0,00
69 AND.BER.,EIG.UGR (O.EDV)	0,00	0,00
73 SONST. EW-LEISTG.	0,00	0,00
79 LEISTG. AND. UGR (O.EDV)	0,00	0,00
70 SUMME SONDERK.51 BIS 79	12.887,79 *	105.000,00 *
SUMME	12.887,79 **	105.000,00 **
90 ING.STD.ENTWICKLUNG	0,00	0,00
BUDGET		261.000,00
KOSTEN IN O/O DES VORANSCHLAGS	40	
GESAMT AUFGEL.SUMME		399.000,00
AUFTRAG EROEFFNET AM	01 01 84	

SEL Abb. 1o

S E L / P P K S / PROGR.NR.: I308300 | * P + L - S T A T E M E N T * | BERICHTSMONAT: 03/84 BLATT: 01
PROJ.NR.: 0005 | | LISTE GL 868 VOM: 13.04.84 00:28 UHR
PROJ.-LEITER: H.SCHLUETER CUS/PMTO | LIST 12T (IN: - TDM -) | AUSWAHL WEZ: ALLE WEL: ALLE

LLP-NR.: 010 A-NR. 0-842-1-56600-10

WEZ	DEFINITION	B I D D I N G - ESTIMATE ORIGINAL 11	ADJUSTMTS 12	TOTAL 10	ACTUAL - TO - DATE SALES/COS 21	INVENTOR 22	COMMIT-MENTS 30	COST TO COMPLETE 70	ESTIMATE TO COMPL. 50	LATEST FORECAST 90	V A R I A N C E S LFC/BIDD. 91	LFC/PFC 93
204	ENG.EXP.:DEVELOPMENT											
20	SUB-TOTAL 2											

LLP-NR.: 020 A-NR. 0-842-1-56600-20

WEZ	DEFINITION	B I D D I N G - ESTIMATE ORIGINAL 11	ADJUSTMTS 12	TOTAL 10	ACTUAL - TO - DATE SALES/COS 21	INVENTOR 22	COMMIT-MENTS 30	COST TO COMPLETE 70	ESTIMATE TO COMPL. 50	LATEST FORECAST 90	V A R I A N C E S LFC/BIDD. 91	LFC/PFC 93
204	ENG.EXP.:DEVELOPMENT	15.065		15.065		17.276	16.813	235	17.511	17.511	2.446	248
20	SUB-TOTAL 2	15.065		15.065		17.276	16.813	235	17.511	17.511	2.446	248

SEL Abb. 11

SEL 9

R, D&E

as of________198__

k$ at

favourable / (unfavourable)

	YEAR TO DATE				
				Variance	
	Actual	Final Budget	Forecast	Actual vs. Budget	Actual vs. Forecast
PERSONNEL (EFTE)					
Direct					
Indirect					
Contract					
TOTAL PERSONNEL					
COST ELEMENTS					
Hourly Cost					
Variances					
– Opinion 8					
– Burden Absorption					
Total Burden Expense					
Material					
Travel					
EDP					
Services received from SEL					
Outside purchased services					
All other					
TOTAL R, D&E					
./. CREDITS AGAINST R, D&E					
GD funding					
Charge to Inventories					
Charge to other Depts.					
= **NET R, D&E in P & L**					
FINANCING OF NET R, D&E					
Local Development					
CAE unfunded					
Mfg. Documentation					
Variances					
All other					
NET R, D&E in P & L					

Abb. 12

späterer Ergebniswirksamkeit (wie z. B. bestandswirksame Contract-Leistungen). Es handelt sich um die Management Berichtsform der schon für Planungszwecke (vgl. Abb. 4) dargestellten Vorgehensweise. Ergänzt wird diese Übersicht durch ein Hard-Soft-Spot-System, d. h. es wird eine Liste möglicher/erhoffter positiver Abweichungen vom Plan und befürchteter negativer Entwicklungen, deren Vermeidung noch möglich erscheint, erstellt. Bei Konkretisierung solcher Hard-Soft-Spots gehen diese in die nächste anstehende Planungsrunde und damit in den neuen Forecast (= Cost To Complete) ein. Alle Zahlen müssen bei der SEL - als Tochterunternehmen der ITT - laufend in DM und Dollar geführt werden. Gegebenenfalls sind Unterschiede deutscher bzw. amerikanischer Bilanzierungsrichtlinien (z. B. gerade in dem neu entstehenden Gebiet der Aktivierung von Software) zu berücksichtigen.

Der Einsatz des IBM PC's im Finanz- und Rechnungswesen

Dipl.-Kfm. ***B. Hoepfner***, IBM Deutschland GmbH, München

Die nachfolgenden Ausführungen zeigen Wege auf, den IBM PC im Finanz- und Rechnungswesen einzusetzen. Sie gliedern sich in die drei Teile:

1. IBM PC-Hardware und -Netze

2. Die Benutzer des IBM PC's im Finanz- und Rechnungswesen

3. Anwendungslösungen mit dem IBM PC im Finanz- und Rechnungswesen.

1. IBM PC-HARDWARE UND -NETZE

1.1. WAS IST EIN PC?

Die Abkürzung PC bedeutet im Englischen "Personal Computer" und ist im Deutschen nicht etwa - wie häufig zu hören - mit "Personal Computer", sondern eher mit "persönlicher Computer" zu übersetzen. Der IBM PC ist nämlich nicht nur für Personalanwendungen, sondern für viele Anwendungen einzusetzen. Er ist vielmehr der ganz persönliche Rechner des Benutzers in der Fachabteilung eines Unternehmens. Neben dem PC als professionellen, persönlichen Rechner des Benutzers in der Fachabteilung eines Unternehmens gibt es auch noch den PC im Heim- und Hobbybereich, der sich durch ein niedrigeres Leistungsvermögen (4-Bit/8-Bit-Prozessoren, kleiner Hauptspeicher, kaum Programme für betriebswirtschaftliche Anwendungen, hauptsächlich Spiele) und einen entsprechend niedrigeren Preis auszeichnet. Im Rahmen dieser Untersuchung soll auf den PC im Heim- und Hobbybereich nicht weiter eingegangen werden.

1.2. IBM PC-HARDWARE (NETZWERKE)

Betrachtet man die Hardware-Vernetzung des IBM PC, so lassen sich folgende drei Fälle unterscheiden:

Rechnungswesen und EDV: PC-Einsatz. © 1984 PHYSICA-VERLAG Würzburg-Wien

1. Der IBM PC als "Stand-Alone"-System,

2. der IBM PC in Verbindung zum Zentralrechner,

3. der IBM PC in Verbindung zu einem anderen IBM PC (Peer-to-Peer) oder in Verbindung zu mehreren anderen IBM PC's untereinander (Ring-Netz, Stern-Netz, Schleifen-Netz, Bus-Netz mit oder ohne File-Server).

Im ersten Fall ist der IBM PC ein Abteilungsrechner, der ganz persönliche Rechner am Arbeitsplatz in der Fachabteilung, der mit keinem anderen Rechner in Verbindung steht. Man spricht hier auch vom "Offline"-Betrieb des IBM PC's.

Laut einer DIEBOLD-Studie von 1983 werden in der Bundesrepublik Deutschland im Jahre 1984 ca. 70 000 professionelle PC's verkauft, wovon ca. 95 Prozent "Stand-Alone"-Maschinen sein werden.

Durch das in den letzten beiden Punkten genannte Zusammenwirken des IBM PC mit dem Zentralrechner oder mit einem oder mehreren PC's entsteht eine neue Qualität der Informationsverarbeitung, wie sie durch die isolierte Nutzung des IBM PC oder des Zentralrechners ohne Vernetzung nicht erreicht werden kann. Diese "Online"-Fähigkeit des IBM PC's ist wünschenswert, weil dadurch das gesamte Anwendungsspektrum der Groß-EDV mitbenutzt werden kann, wenn es erforderlich ist.

Es entsteht ein multifunktionales System (offline/online), das den Vorteil hat, im "Offline"-Betrieb vom Zentralrechner-Betrieb zeitlich unabhängig zu sein.

Der Groß-Rechner bietet z. B. bei komplexen Rechenvorgängen oder großen Datenmengen, die übertragen werden müssen, eine erhebliche Zeitersparnis. Datenbankanwendungen sollten aus heutiger Sicht auf dem Groß-Computer durchgeführt werden.

Andererseits wird der Zentralrechner durch den IBM PC als "intelligente Datenstation" oder vorverarbeitender Rechner entlastet, und die Kapazität steht für andere Benutzer zur Verfügung.

Die Vernetzung des IBM PC's mit dem Zentralrechner kann bei entfernt liegendem Rechenzentrum mit dem Netz der Deutschen Bundespost oder im Hause durch sogenannte "Inhouse"-Verbindung erfolgen.

Die oben geschilderten drei Fälle der Vernetzung des IBM PC's stellen zugleich ein Stufenkonzept dar. In der 1. Stufe wird der IBM PC als "Stand-Alone"-Maschine in einer Abteilung eingesetzt. Die Mitarbeiter können zunächst einmal den Umgang mit der Maschine selbst erlernen. Außerdem gewöhnen sie sich an die Programme und Auswertungen des IBM PC's. Sie lernen, welche Informationen sie in welcher Form bekommen möchten, welchen Umfang die Auswertung haben soll und welche Daten dazu notwendig sind.

In der zweiten und dritten Stufe werden die Mitarbeiter der Fachabteilungen des Finanz- und Rechnungswesens eine Anbindung des IBM PC's an andere IBM PC's oder an den Zentralrechner als Arbeitserleichterung begrüßen. Beispielsweise kann die Erfassung der Ist-Daten bei einem Soll-/Ist-Vergleich am IBM PC entfallen, wenn die Ist-Daten, die bereits in der Finanzbuchhaltung auf dem Zentralrechner enthalten sind, in der gewünschten verdichteten Form vom Zentralrechner ausgespielt und zur Weiterverarbeitung auf dem IBM PC zur Verfügung gestellt werden können (DOWN-LOAD).

Im Fall der Vernetzung des IBM PC's mit einem oder mehreren anderen IBM PC's stehen den Benutzern des IBM PC's nicht nur die Daten und Programme des eigenen IBM PC's, sondern auch des bzw. der anderen IBM PC's zur Verfügung.

2. DIE BENUTZER DES IBM PC'S IM FINANZ- UND RECHNUNGSWESEN

Wer sind die Benutzer des IBM PC's im Finanz- und Rechnungswesen? Diese Frage wirft ihrerseits ein ganzes Bündel von weiteren Fragen auf, die sich in drei Frage-Komplexen zusammenfassen lassen:

Gruppe 1:

In welchen Unternehmen kann der IBM PC eingesetzt werden? Ist der IBM PC auch in kleinen, mittleren oder nur in großen Unternehmen einsetzbar? Ist der Einsatz des IBM PC's an Betriebe gebunden, die einer ganz bestimmten Branche angehören, oder ist sein Einsatz branchenunabhängig?

Gruppe 2:

Welches sind die wichtigsten Arbeitsgebiete des Finanz- und Rechnungswesens? In welchen Arbeitsgebieten des Finanz- und Rechnungswesens kann der IBM PC besonders wirkungsvoll eingesetzt werden?

Gruppe 3:

Lassen sich die Benutzer des IBM PC im Finanz- und Rechnungswesen voneinander unterscheiden? Gibt es unterschiedliche Typen von Benutzern und wenn ja, worin unterscheiden sie sich voneinander?

Wir wollen versuchen, auf alle diese Fragen eine Antwort zu finden.

2.1. IN WELCHEN UNTERNEHMEN KANN DER IBM PC EINGESETZT WERDEN?

In der Bundesrepublik Deutschland gibt es ca. 2,2 Millionen Betriebe mit ca. 26 Millionen Beschäftigten. Ca. 85 Prozent dieser Unternehmen haben bis zu 10 Mitarbeiter, weitere ca. 11,5 Prozent haben zwischen 11 und 50 Mitarbeiter und nur ca. 3,5 Prozent haben mehr als 50 Beschäftigte.

Das Finanz- und Rechnungswesen ist mit Sicherheit am wenigsten ausgeprägt in den Kleinbetrieben mit 1 bis 10 Mitarbeitern. Es ist dagegen bei der Gruppe der mittleren und großen Unternehmen schon über das gesetzlich vorgeschriebene Maß hinaus weiterentwickelt. Die mittleren und großen Unternehmen zeichnen sich durch EDV-gestützte Informationssysteme mit unterschiedlichsten Finanzanwendungen aus. Hinsichtlich ihrer Organisation gliedern sich große Unternehmen hierarchisch nach Kostenstellen, Bereichen, Sparten, Filialen oder Werken.

Der IBM PC kann in allen Unternehmen im Finanz- und Rechnungswesen eingesetzt werden, insbesondere in den Großbetrieben, die in der oben beschriebenen Organisationsstruktur einen großen Bedarf an Informationsverarbeitung haben.

Dabei ist das Finanz- und Rechnungswesen und somit der Einsatz des IBM PC an keine Branche gebunden; er ist sowohl im Finanz- und Rechnungswesen von Unternehmen der Fertigungs- und Grundstoffindustrie als auch bei Handels- und Dienstleistungsbetrieben, bei Behörden, Versicherungen und Kreditinstituten einzusetzen.

2.2. WELCHES SIND DIE WICHTIGSTEN ARBEITSGEBIETE DES FINANZ- UND RECHNUNGSWESEN, IN DENEN DER IBM PC EINGESETZT WERDEN KANN?

Die traditionellen Arbeitsgebiete des Finanz- und Rechnungswesen sind vor allem

1. die Finanzbuchhaltung mit den Schwerpunkten Hauptbuchhaltung, Debitoren- und Kreditorenbuchhaltung und der Anlagenbuchhaltung, sowie

2. die Kostenrechnung mit den Schwerpunkten Kostenträger-, Kostenstellen- und Kostenartenrechnung,

3. die Lohn- und Gehaltsabrechnung,

4. die Fakturierung,

5. die Kalkulation. Hinzu kommt

6. die Unternehmensplanung und -steuerung sowie das ihr zugrundeliegende Berichtswesen.

Die zuerst genannten Anwendungen der operationellen Ebene sind in großen Unternehmen durch den Einsatz von Zentralrechnern, also mit der elektronischen Datenverarbeitung, heute zum überwiegenden Teil gelöst.

In der taktischen und strategischen Ebene einer Unternehmung, also in der Unternehmungsplanung und -steuerung, im Berichtswesen, bei der Vorbereitung von Unternehmensentscheidungen usw., sind dagegen noch Papier, Bleistift, Radiergummi, Schere, Tischrechner und Zeichenpapier das häufig anzutreffende Werkzeug. Hier ist, wie wir in den nachfolgenden Ausführungen noch erfahren werden, der IBM PC besonders geeignet, für Abhilfe zu sorgen.

2.3. WELCHE BENUTZER DES IBM PC'S GIBT ES IM FINANZ- UND RECHNUNGSWESEN UND WORIN UNTERSCHEIDEN SIE SICH VONEINANDER?

Die Benutzer des IBM PC's im Finanz- und Rechnungswesen einer Unternehmung schließen die Unternehmensleitung, das Finanzmanagement, das Controlling, die fachlichen Führungskräfte, die Assistenten im Linienmanagement, sowie die Sachbearbeiter mit ein.

Eine besonders hohe Bedeutung kommt dem Management als Entscheidungsträger, sowie den fachlichen Führungskräften als den Spezialisten in den Fachabteilungen zu, die im Englischen als "Business Professionals" bezeichnet werden. Im Finanz- und Rechnungswesen sind dies vor allem die Planer, Controller, Budgetverwalter, Finanzbuchhalter, Mitarbeiter der Revision und Statistiker.

Die oben erwähnten Assistenten im Linienmanagement haben häufig die Aufgabe, Managemententscheidungen vorzubereiten. Alle diese Benutzer des IBM PC unterscheiden sich hinsichtlich ihrer fachlichen Kenntnisse und der Fähigkeit, mit dem IBM PC und seinen Programmen umzugehen. Wir unterscheiden vier Benutzertypen:

1. abhängige Benutzer,

2. unabhängige Benutzer,

3. Fachspezialisten,

4. Programmierer.

2.3.1. DER ABHÄNGIGE BENUTZER

Er ist zwar in der Lage, den IBM PC zu bedienen, er kennt aber nicht die PC-Software bzw. die Programme im Detail, mit deren Einsatz er seine Auswertung erhält. Er ist auf die Unterstützung anderer, die sich mit den PC-Programmen gut auskennen, angewiesen. Ein Programmierer der EDV-Abteilung schreibt z. B. ein Programm, das den abhängigen Benutzer mit Hilfe der Menütechnik oder des Dialogs führt und ihm gestattet im Einzelnen vorgedachte Programmschritte nachzuvollziehen. Ein abhängiger Benutzer ist z. B. die Sekretärin, die jeweils am Monatsende am IBM PC ein Programm bedienen soll, das der Erstellung von Berichten dient, die sie dann nach einem bestimmten Verteiler an das Management weiterzuleiten hat.

EINSATZGEBIETE / BENUTZER V. PLANUNGSTOOLS

	EDV	FACH-SPEZI.	MITTL. MGMT.	OBERES MGMT.
BESTELLER DES MODELLS	0 %	4 %	30 %	66 %
ERSTELLER DES MODELLS	3 %	53 %	22 %	22 %
BENUTZER DER AUSGABEN	0 %	6 %	42 %	52 %
EINGABE V. "WHAT-IF"-ABFRAGEN	0 %	70 %	21 %	9 %

QUELLE: COMPUTERWOCHE VOM 7.5.82

ABBILDUNG 1

2.3.2. DER UNABHÄNGIGE BENUTZER

Er kann seine fachlichen Probleme und Fragestellungen am IBM PC selbständig lösen. Er hat nicht nur Kenntnisse der IBM PC-Hardware, sondern außer seinem fachlichen Wissen auch Kenntnisse der PC-Anwendungssoftware. Dadurch ist er in der Lage, ohne fremde Hilfe z. B. ein Textverarbeitungsprogramm einzusetzen und einen Brieftext für Mahnbriefe zu entwerfen.

2.3.3. DER FACHSPEZIALIST

Er ist mit den fachlichen Aufgaben der Abteilung bestens vertraut. Darüberhinaus hat er sich ein Spezialwissen über PC-Programme angeeignet, das es ihm erlaubt, alle Anwendungen der Abteilung mit Hilfe des IBM PC zu lösen. Er ist sozusagen der "Programmierer der Fachabteilung" und hilft insbesondere dem Management, planerische Aufgaben mit dem IBM PC zu lösen (siehe Abbildung 1).

2.3.4. DER PROGRAMMIERER

Er ist nicht in der Fachabteilung, sondern in der EDV-Abteilung angesiedelt. Er hat daher in der Regel nicht die fachlichen Kenntnisse über das Finanz- und Rechnungswesen. Er erhält von den Fachabteilungen des Finanz- und Rechnungswesens Programmvorgaben und erstellt anhand dieser Vorgaben Programme für den IBM PC, die dann von abhängigen Benutzern, z. B. von Sachbearbeitern in den Fachabteilungen des Finanz- und Rechnungswesens benutzt werden.

3. ANWENDUNGSLÖSUNGEN IM FINANZ- UND RECHNUNGSWESEN MIT DEM IBM PC

Bevor wir auf die Anwendungslösungen eingehen, die der IBM PC im Finanz- und Rechnungswesen bietet, wollen wir die nachstehende Problemstellung erörtern.

3.1. WELCHE ANWENDUNGEN SIND FÜR DEN ZENTRALRECHNER UND WELCHE FÜR DEN IBM PC GEEIGNET?

Die nachfolgende Auflistung enthält Kriterien für Anwendungen, die aus heutiger Sicht der zentralen Datenverarbeitung zugeordnet werden sollten:

- Anwendungen mit komplexen Rechenvorgängen,
- mit großen Datenmengen, Datenbankanwendungen,
- mit repititiven Einsätzen der Programme,
- mit hoher Lebensdauer, hohem Entwicklungsaufwand,
- mit mehreren Anwendern,
- Anwendungen, die abteilungs-, bereichsübergreifend sind,
- Anwendungen, bei denen ein Projektmanagement erforderlich ist,
- mit vor- und nachgelagerten DV-Schnittstellen,
- mit automatischer Datenversorgung,
- mit der Notwendigkeit zentral geführter Datenbestände,
- Anwendungen, die Datenschutzanforderungen stellen.

Demgegenüber erlaubt der nachstehende Kriterienkatalog eine Zuordnung von Anwendungen für den Einsatz des IBM PC's:

- Anwendungen mit niedriger Komplexität,
- mit geringen Datenmengen,
- mit einer Druckausgabe von täglich weniger als 100 Seiten,
- mit niedriger Lebensdauer,
- mit niedrigem Entwicklungsaufwand,
- Anwendungen, die kein Projektmanagement erforderlich machen,
- Einzelanwendungen, die nicht bereichsübergreifend sind,
- mit AD-HOC-Problemstellungen,
- isolierte, kleine Anwendungen,

- Anwendungen, die keine DV-Schnittstellen zu anderen Anwendungen haben,

- Anwendungen, die keine Notwendigkeit zentral geführter Bestände voraussetzen,

- Anwendungen, mit keinen oder geringen Datenschutzanforderungen,

- Anwendungen, mit keiner automatischen Datenversorgung.

3.2. KONZEPTE FÜR DEN IBM PC IM FINANZ- UND RECHNUNGSWESEN

Die im ersten Kapitel "IBM PC-Hardware" beschriebenen Einsatzmöglichkeiten des IBM PC's ermöglichen zwei verschiedene Arten von Verwendungen der IBM PC's im Finanz- und Rechnungswesen:

1. Die "offline"-Verwendung des IBM PC's in den Anwendungsbereichen der individuellen Datenverarbeitung (IDV) unter dem Aspekt der Vorbereitung und Unterstützung von Unternehmensentscheidungen.

2. Die Einbindung der PC-Software in die Anwendungssoftware der zentralen Datenverarbeitung, wobei die Daten entweder vom IBM PC an den Zentralrechner weitergegeben werden (UPLOAD) oder aber in umgekehrter Richtung, von der zentralen EDV an den IBM PC weitergeleitet werden (DOWN-LOAD).

3.2.1. INDIVIDUELLE DATENVERARBEITUNG (IDV)

Hierunter fallen generell einsetzbare PC-Lösungen, die folgende Anwendungsbereiche im Finanz- und Rechnungswesen abdecken:

o Textbearbeitung und Textverarbeitung

o Dokumentation, Kommunikation, elektronische Post (Mailbox)

o Adressverwaltung

o Tabellenkalkulation (Spread Sheet),

o Geschäftsgraphiken und Berichtserstellung,

- o ABC-Analysen
- o "What-If"-Abfragen, Simulationen
- o Persönliche Datenverwaltung, Dateiverwaltung, Datenbanken
- o Finanzmathematische und statistische Funktionen, Vorhersagemethoden.

Die hierfür zur Zeit verfügbaren Softwarepakete - Einzelheiten sind u. a. dem IBM PC Software-Katalog, dem Sonderdruck "Programme für den IBM Personal Computer" aus ISIS Personal Computer Report, März 1984, von Nomina Information Services, München, bzw. der Veröffentlichung "So arbeiten Führungskräfte mit dem Personal Computer effektiv" von M. Bernecker und Partner, Verlag moderne Industrie AG & Co., zu entnehmen - sind z. B.:

- o Lösungen durch
  Einzelprogramme wie "MULTIPLAN", CHARTMASTER", "EASYWRITER", "PFS-FILE"

- o Lösungen durch
  echte Programmfamilien (vom gleichen Hersteller) wie "VISICALC, VISIFILE, VISIPLOT, VISISCHEDULE, VISIWORD ... " "CALCSTAR, DATASTAR, WORDSTAR ..."

- o Lösungen durch
  unechte Programmfamilien, wie das Angebot von Markt und Technik mit einer Verknüpfung von "LOTUS 1-2-3", "D-BASE II" und "WORDSTAR"

- o Lösungen durch
  Integrationsprogramme wie "LOTUS 1-2-3" (Tabellenkalkulation, Graphik, Datenbank, Textverarbeitung), "OPEN ACCESS" (Tabellenkalkulation, Graphik, Datenbank, Textverarbeitung, Terminplanung), "KNOWLEDGE-MAN" (Tabellenkalkulation, Graphik, Datenbank, Textverarbeitung).

An dieser Stelle soll vor allem auf die Bedeutung der Integrationsprogramme für das Finanz- und Rechnungswesen hingewiesen werden (siehe Abbildung 2). Sie werden besonders häu-

EINSATZGEBIETE DES IBM PERSONAL COMPUTERS

IN DEN USA HALTEN MANAGEMENT*) UND FACHSPEZIALISTEN DEN EINSATZ DES PC'S FUER WICHTIG

BEI:	ZU %:
o FINANZPLANUNGEN	93
o PERSOENL. DATENVERARBEITUNG	89
o ANSCHLUSS AN DATENBANKEN	79
o TEXTVERARBEITUNG	74
o GESCHAEFTS-GRAPHIK	73
o ELEKTRONISCHE POST (MAILBOX)	58
o ADRESSVERWALTUNG	53
o TERMINKALENDER	52

*) QUELLE: DECISION RESEARCH CORPORATION

ABBILDUNG 2

fig in dem Bereich der Unternehmensplanung eingesetzt und zwar mit folgenden Schwerpunkten:

- Langzeit-, strategische Planung, Finanzplanung
- Liquiditätsplanung, Sensitivitätsanalysen
- Cash Flow Management
- Betriebliche Kennziffern
- Absatz-, Preis-, Kosten-, Umsatz-, Deckungsbeitrags-, Ergebnis-, GUV-, Bilanzplanung
- Kalkulationen nach Produkten, Produktgruppen, Vertriebswegen
- Budgetplanung, Soll-/Ist-Vergleich
- Konsolidierung nach Abteilungen, Bereichen, Filialen, Werken, Unternehmen
- Ad Hoc-Abfragen, Analysen
- "What-If"-Abfragen
- Personalplanung
- Projekt-, Investitionsplanung
- Netzplantechnik, Terminplanung

Mit diesen Anwendungen eröffnet sich dem IBM PC in den Fachabteilungen des Finanz- und Rechnungswesens ein weites Anwendungsspektrum. Mit Hilfe von am Markt angebotenen Steck-Karten, wie z. B. der IRMA- oder der PCOX-Karten, kann der IBM PC mit einem Handgriff an den Zentralrechner der EDV quasi "angeschlossen" werden.

3.2.2. EINBINDUNG DER PC-SOFTWARE IN DIE ANWENDUNGSSOFTWARE DES ZENTRALRECHNERS

Wie bereits oben ausgeführt, werden im Jahre 1984 zwar im wesentlichen IBM PC's als "Stand-Alone"-Systeme verkauft werden. Der IBM 3270 PC ermöglicht jedoch über die Offline-Anwendungen des IBM PC hinaus die Verbindung mit dem Zentralrechner, wobei durch einfachen Tastendruck am IBM 3270 PC von einer Betriebsart zur anderen gewechselt werden kann.

Je nachdem, ob man Daten vom IBM PC an den Zentralrechner überträgt oder ob man in umgekehrter Richtung, also vom Zentralrechner zum IBM PC die Daten überträgt, spricht man von einem "UPLOAD" oder "DOWNLOAD"

3.2.2.1. DER "UPLOAD"

Ein "UPLOAD" ist im Finanz- und Rechnungswesen gegeben, wenn beispielsweise Finanzdaten von Werken, Filialen, Händlern oder Kostenstellen oder Kunden- und Auftragsdaten als Ergebnisse von PC-Anwendungen an den Zentralrechner in eine Sammeldatei übergeben werden, um dann auf dem Zentralrechner zusammengeführt und weiter verdichtet bzw. ergänzt zu werden.

Ein weiteres Beispiel für den "UPLOAD" ist die Möglichkeit der Stamm- und Bewegungsdatenerfassung. Am IBM PC werden die Daten erfaßt, wobei gleichzeitig mit der Erfassung eine Prüfung der Daten hinsichtlich ihrer Richtigkeit und Plausibilität durchgeführt werden kann. Anschließend werden die erfaßten Daten an den Zentralrechner weitergeleitet, entweder auf Diskette oder direkt über eine Leitung, die den IBM PC mit dem Zentralrechner verbindet. Auf dem Zentralrechner können dann diese Daten von einem DV-Anwendungsprogramm weiterverarbeitet werden, z. B. von einem Kostenrechnungs- oder Finanzbuchhaltungsprogramm.

Werden bei der Verarbeitung durch das DV-Anwendungsprogramm Fehler festgestellt, so können diese in eine Fehlerprotokoll-Datei gestellt werden, welche vom IBM PC aus zur anschließenden Datenkorrektur abrufbar ist ("DOWNLOAD").

3.2.2.2. DER "DOWNLOAD"

Wenn man nur einen Baum bearbeiten will, erscheint es nicht sehr sinnvoll, den ganzen Wald zu transportieren. Ähnlich ist es beim "DOWNLOAD". Die Verdichtung, Summierung und Konsolidierung von Daten sollte bereits auf dem Zentralrechner erfolgen. Danach müssen die komprimierten Daten selektiert bzw. extrahiert werden, um anschließend auf dem IBM PC weiterverarbeitet werden zu können.

Da die Daten auf dem Zentralrechner und dem IBM PC in verschiedenen Formaten bearbeitet werden - auf dem Zentralrechner ist der EBCDIC-Code (= extended binary coded-decimal interchance code) die Regel, auf dem IBM PC ist es der ASCII-Zeichensatz ("American standard code for information interchange) - muß auf dem Zentralrechner eine Umsetzung des EBCDIC-Codes in den ASCII-Code erfolgen, was entweder unmittelbar geschieht oder über den DIF-Code (Data Interchange Format) erfolgen kann, den die meisten IBM PC-Programme dann ihrerseits in das ASCII-Format umsetzen können. Dann erfolgt erst der eigentliche Datentransfer zum IBM PC. Nachdem die Datenübertragung erfolgt ist, kann schließlich die Weiterverarbeitung auf dem IBM PC erfolgen. Daten, die für den "DOWNLOAD" und die anschließende Weiterverarbeitung bzw. Analyse auf dem IBM PC geeignet sind, weisen in der Regel eine relativ geringe Aktualität auf. So genügt es in den meisten Fällen, wenn die Daten des Zentralrechners mit dem Stand per 10., 20. und 30. eines Monats, 14-tägig oder jeweils am Monatsende aus dem Zentralrechner ausgespielt werden und z. B. für einen Soll-/Ist-Vergleich auf dem IBM PC weiterverarbeitet werden.

3.2.3. DATENAUSTAUSCH

Ein Beispiel hierfür ist Bildschirmtext (BTx). BTx ermöglicht den Anschluß des IBM PC-Arbeitsplatzes an Wirtschaftsdatenbanken, wie z. B. die Wirtschaftsdatenbanken des Ifo-Instituts, der OECD oder der Deutschen Bundesbank, die für Unternehmensplanungsmodelle sehr wertvolle Dienste für die Eingabe von Zeitreihen erweisen. Dieses Beispiel zeigt den Anwender im Finanz- und Rechnungswesen in der Rolle des BTx-Nachfragers.

Als Anbieter von BTx kann er den IBM PC mit Farbbildschirmausrüstung als komfortables, preisgünstiges Editier-System verwenden.

4. ZUSAMMENFASSUNG

Mit der wachsenden Zahl von PC-Anwendungen (Tabellenkalkulation, Textverarbeitung, Berichtserstellung, Geschäftsgraphik usw.) eröffnen sich neue Möglichkeiten für Management und Mitarbeiter in den Fachabteilungen des Finanz- und Rechnungswesens.

Der IBM PC hat mit seiner "offenen Systemstruktur" den Industriestandard gesetzt. Mit etwa 5000 Hardware-, Software- und Anwendungsprodukten bietet er eine Vielzahl von Einsatzmöglichkeiten sowohl als "Stand-Alone"-System als auch in Verbindung zu den Informationssystemen der zentralen Datenverarbeitung.

Abschließend noch eine Empfehlung:

Die Anschaffung eines IBM PC's ist j e t z t zu raten, weil schon heute

- o der Lernaufwand beim Anwender im Finanz- und Rechnungswesen vertretbar ist,
- o bei sachgerechter Anwendung des IBM PC's der wirtschaftliche Nutzen ohne Zweifel gewährleistet ist,
- o die Notwendigkeit besteht, die Möglichkeiten des IBM PC's schrittweise kennenzulernen.

Personal Computer als arbeitsplatzorientierte Werkzeuge im Rechnungswesen für Tabellenkalkulation und Geschäftsgraphik

A. Mattes, Siemens AG, München

1. Das Büro als Informations-Produktionsstätte

2. Die PC-Entwicklung

3. Der PC als Werkzeug für den kaufmännischen Arbeitsplatz

4. Tabellenkalkulation
   4.1 Aufgabenstellung der Tabellenkalkulation
   4.2 Arbeitsweise der Tabellenkalkulationsprogramme

5. "Microplan" - ein leistungsfähiges Tabellenkalkulationsprogramm
   5.1 Die Bedienerführung
   5.2 Das Prinzip der Formelvorschläge

6. Geschäftsgraphik
   6.1 Aufgabenstellung der Geschäftsgraphik
   6.2 Leistungsmerkmale - exemplarisch dargestellt an der Geschäftsgraphik-Software DR Graph

7. Kommunikation und Integration der Software-Pakete
   7.1 Status - Quo - Betrachtung
   7.2 Entwicklungstendenzen

8. PC-Einsatzfälle im Rechnungswesen der Siemens AG

9. Zusammenfassung

1. Das Büro als Informations - Produktionsstätte

Dem bewußt an die Terminologie der Fertigung angelehnten Titel dieses Referates "Personal Computer (PC) als arbeitsplatzorientierte Werkzeuge ..." liegt die These zugrunde, Büroarbeit sei stärker als bisher nach betriebswirtschaftlichen, in der Fertigung seit längerem angewandten Kriterien (z. B. der Produktivität) zu analysieren und zu bewerten.

Ein Vergleich des Produktivitätszuwachses in Fertigung und Büro unterstreicht die Notwendigkeit dieser gedanklichen Umorientierung. Stieg in den letzten zehn Jahren die Produktivität in der Fertigung um 25 %, so lag die Produktivitätssteigerung im Büro nur bei 5 %. Provozierend ausgedrückt versanden die - durch Einsatz teurer Produktionsverfahren - erwirtschafteten Ratiopotentiale der Fertigung im Dickicht der Bürolandschaft.

Betrachtet man Büroarbeit als Produktions-Prozeß, so bilden menschliche Arbeitsleistungen und Kreativität einen wichtigen Inputfaktor zur Erzeugung des Outputs "Information". Dabei ist diese Sichtweise nicht grundsätzlich neu. Schon 1971 bezeichnete Grochla das Büro als "... Zentrum der Informationsverarbeitung ..." (1).

Produktivität und Effizienz der Büroarbeit hängen in großem Maße von der Kenntnis der Bearbeitungsvorgänge und ihrer Unterstützung durch entsprechende Werkzeuge ab.

In einer amerikanischen Studie wurden die Zeitanteile der Büroarbeit der "Fachleute im Büro" ermittelt (2) (siehe Abb. 1).

<u>Anlage 1a:</u>

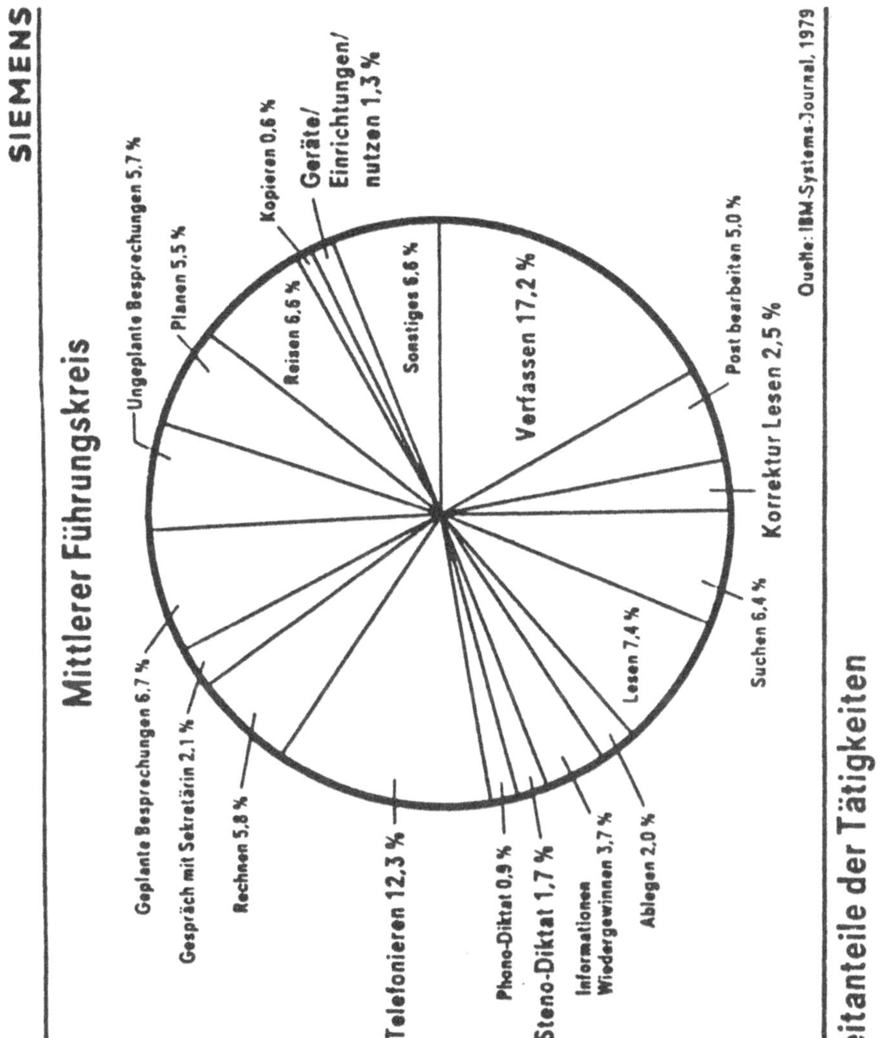
SIEMENS
Mittlerer Führungskreis
Ungeplante Besprechungen 5,7 %
Planen 5,5 %
Kopieren 0,6 %
Geräte/
Einrichtungen/
nutzen 1,3 %
Reisen 6,6 %
Sonstiges 6,6 %
Verfassen 17,2 %
Post bearbeiten 5,0 %
Korrektur Lesen 2,5 %
Suchen 6,4 %
Lesen 7,4 %
Ablegen 2,0 %
Informationen
Wiedergewinnen 3,7 %
Steno-Diktat 1,7 %
Phono-Diktat 0,9 %
Telefonieren 12,3 %
Rechnen 5,8 %
Gespräch mit Sekretärin 2,1 %
Geplante Besprechungen 6,7 %
Quelle: IBM-Systems-Journal, 1979
Zeitanteile der Tätigkeiten

Anlage 1b:

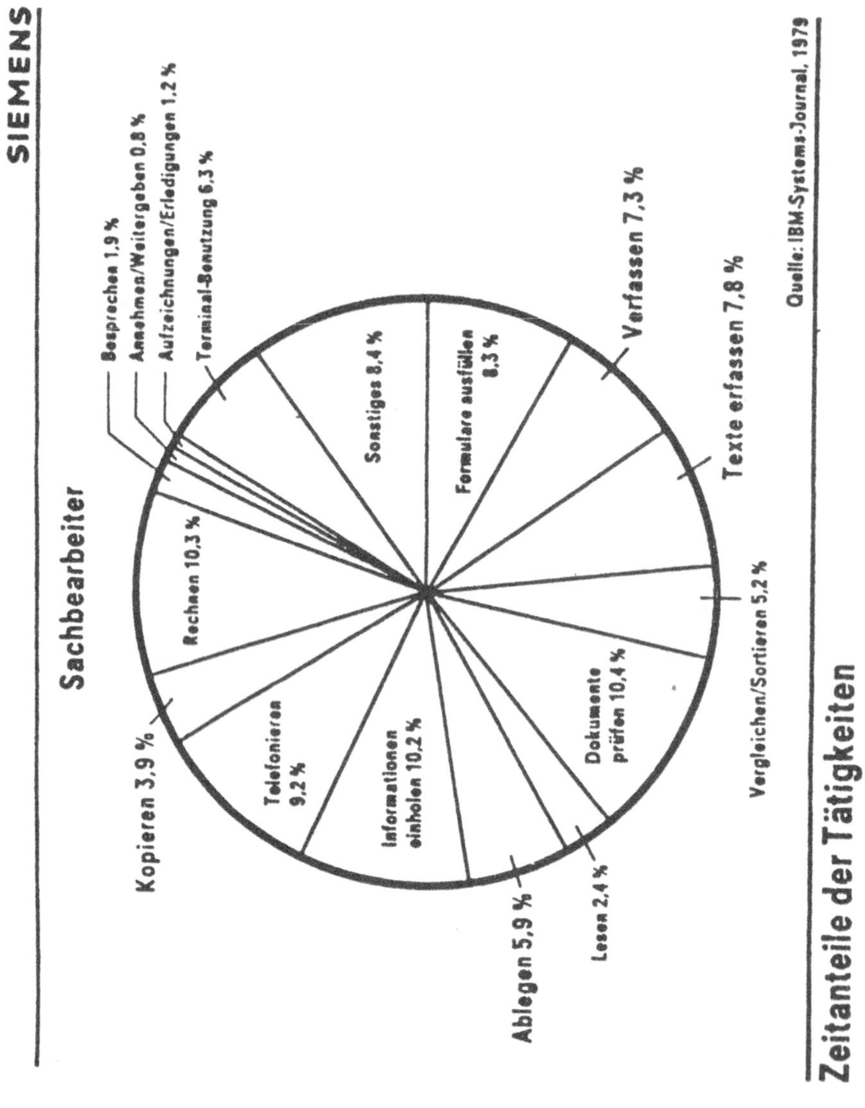
SIEMENS
Sachbearbeiter
Besprechen 1,9 %
Annehmen/Weitergeben 0,8 %
Aufzeichnungen/Erledigungen 1,2 %
Terminal-Benutzung 6,3 %
Verfassen 7,3 %
Texte erfassen 7,8 %
Sonstiges 8,4 %
Formulare ausfüllen 8,3 %
Rechnen 10,3 %
Vergleichen/Sortieren 5,2 %
Dokumente prüfen 10,4 %
Telefonieren 9,2 %
Informationen einholen 10,2 %
Kopieren 3,9 %
Ablegen 5,9 %
Lesen 2,4 %
Quelle: IBM-Systems-Journal, 1979
Zeitanteile der Tätigkeiten

Ausgangspunkt für die Auswahl dieser Zielgruppen war eine weitgefaßte Definition des Begriffes "Rechnungswesen" - als Generalthema dieser Veranstaltung - die sich nicht nur auf den Bereich der Buchhaltung begrenzt, sondern auch die Gebiete des Controlling bis hin zur operativen Planung subsummiert.

Stellt man nun den Aktivitätsprofilen die Werkzeuge zur Unterstützung dieser prinzipiell schlecht strukturierten kreativen Arbeit gegenüber muß man feststellen, daß abgesehen von Telefon und Rechenmaschine diesen "knowledge workern" kaum technische Hilfsmittel zur Verfügung stehen. Die geringe Nutzung von EDV-Terminals mit 6,3 % der Zeit durch den Sachbearbeiter - beim Mittleren Führungskreis ist diese Position nicht einmal mehr aufgeführt - weist deutlich darauf hin, daß EDV-Systeme alter Prägung dieser Zielgruppe mehr oder weniger nur als "Datenlieferant" und nicht als Hilfsmittel für die Bewältigung Ihrer Arbeit dienen.

In diese Marktlücke stießen PC, als sie zum erstenmal mit Tabellenkalkulationsprogrammen den Fachleuten im Büro ein Werkzeug für die Bereiche Rechnen und Planen - soweit nicht Taschenrechner ausreichten - an die Hand gaben.

2. Die PC-Entwicklung

Vom Spielzeug für Bastler und "Freaks" entwickelten sich die PC sehr schnell hin zu leistungsfähigen Arbeitsplatzcomputern, die nicht nur von Programmierern, sondern insbesondere auch von kaufmännischen Anwendern auf Grund ihrer benutzerfreundlichen Software gerne eingesetzt werden.

In Ermangelung einer allgemeinen Definition werden PC (der Begriff "PC" ist gemäß seiner US-amerikanischen Herkunft als "persönlicher Computer", nicht etwa als Computer für die Personalabteilung, zu verstehen) oft an Hand ihres technischen Aufbaus beschrieben:

> PC ..."sind Geräte, die aus einem oder mehreren Mikroprozessoren bestehen, und durch internen und externen Speicherausbau den Anschluß verschiedenartiger Peripherie und die Programmierbarkeit durch den Benutzer als modulare Rechnungssysteme eingesetzt werden können ..." (3)

Da diese technische Definition keine Unterscheidung in Heim- und Hobbycomputer einerseits und kommerziell einsetzbare PC andererseits ermöglicht, wird die Diebold Geräteklassifikation zur weiteren Abgrenzung herangezogen (siehe Abb. 2) (4).

PC, in unserem Sinne, entsprechen der oben aufgeführten technichen Beschreibung, stammen aus den Klassen III und IV der Geräteklassifikation und sind in ihrer Grundversion (als "stand alone-PC") zur Erfüllung kaufmännischer Aufgaben geeignet, wobei sie nur von einer Person gleichzeitig bedient werden können. Der PC steht dem Benutzer als persönlicher, eigenständiger Computer

SIEMENS

Abb. 2

Größenklassen von Mikrocomputern		
Klasse	Kaufpreis in DM	Bezeichnung
I	bis 1.500	Home Computer;
II	1.500 bis 5.000	Hobby Computer
III	5.000 bis 10.000	PC
IV	10.000 bis 25.000	

Abb. 2: Klassifikation der Mikrocomputer nach Diebold

zur Verfügung, dessen "Rechnerleistung" er nicht mit anderen Anwendern teilen muß - im Gegensatz zur EDV-Anlage oder zu Bürocomputern.

Bei allgemein sinkenden PC-Preisen ist die Diebold-Klassifikation nicht in jedem Fall aussagekräftig. Als technische Mindestanforderung eines kommerziell einsetzbaren PC sollen 128 Kilo Byte Arbeitsspeicher, ein 16-bit Prozessor und 2 Disketten mit mindestens 360 KB Speicherkapazität dienen. Darüberhinaus ist eine ergonomisch gestaltete Tastatur ebenso wie ein flimmerfreier, dreh- und schwenkbarer Bildschirm zu fordern (Ein Beispiel des technischen Aufbaus eines PC's gibt Abb. 3 wieder).

Abb. 3

SIEMENS

Blockschaltbild

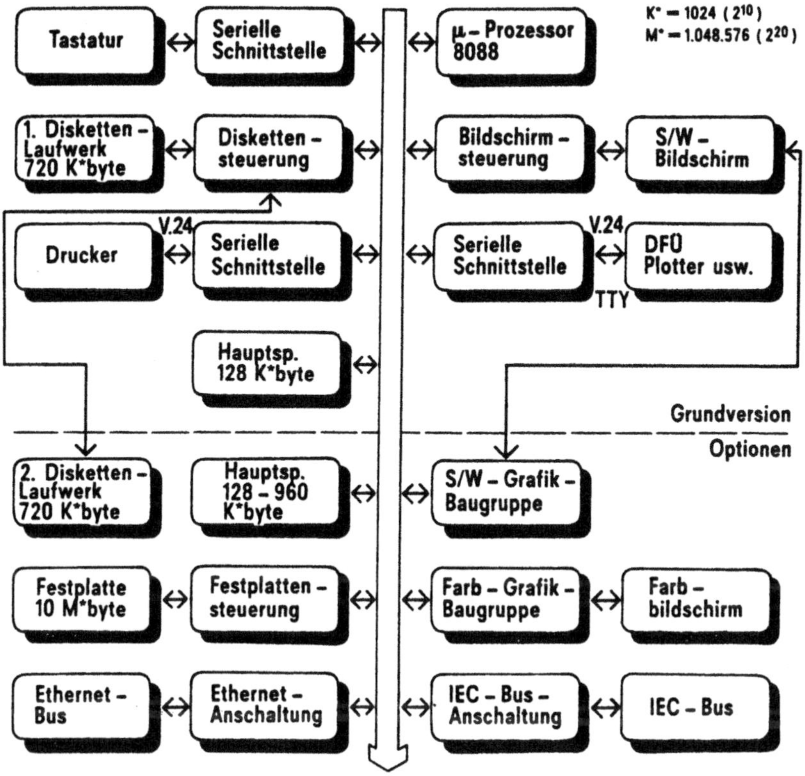

Personal Computer PC 16 – 11

3. Der PC als Werkzeug für den kaufmännischen Arbeitsplatz

Der enge Zusammenhang zwischen einer stärkeren betriebswirtschaftlichen Sicht der Büroarbeit einerseits und der Werkzeugfunktion des PC andererseits wurde bereits zu Beginn des Referates aufgezeigt.

Der Werkzeug-Ansatz leistet eine weitere wichtige Funktion bei der Bewertung der PC-Einsatzmöglichkeiten. So soll in einer "PC-Euphorie" nicht der "total system approach" der MIS-Diskussion erneut aufleben. Auch soll der PC nicht als Lösung aller Probleme oder gar als Selbstzweck gefeiert werden. - Im Gegenteil. Das Werkzeug spielt im Vergleich zum Anwender die untergeordnete Rolle. Es rückt die Aufgabe, den Leidensdruck des Anwenders in den Vordergrund. Der PC soll vom Anwender als eine Alternative zur Handhabung seiner Probleme in Betracht gezogen werden. So kann auch nicht die seit einiger Zeit (von EDV-Profis) heftig geführte Diskussion um neueste PC-Hardware den Anwenderproblemen gerecht werden. Eine gute PC-Hardware ist nur die Rahmenbedingung für den Einsatz anwenderorientierter, benutzerfreundlicher Software, d. h. für Problemlösungen.

Für welche Aufgaben kann nun der PC ausgerechnet im Rahmen des Rechnungswesens, einer "Hochburg" der Groß-EDV Anwendung, sinnvoll eingesetzt werden.

Zur Verdeutlichung dieser Fragestellung sei auf eine Dreiteilung des Computereinsatzes zurückgegriffen, die schon vor dem Siegeszug der PC angewendet wurde (siehe Abb. 4). (5)

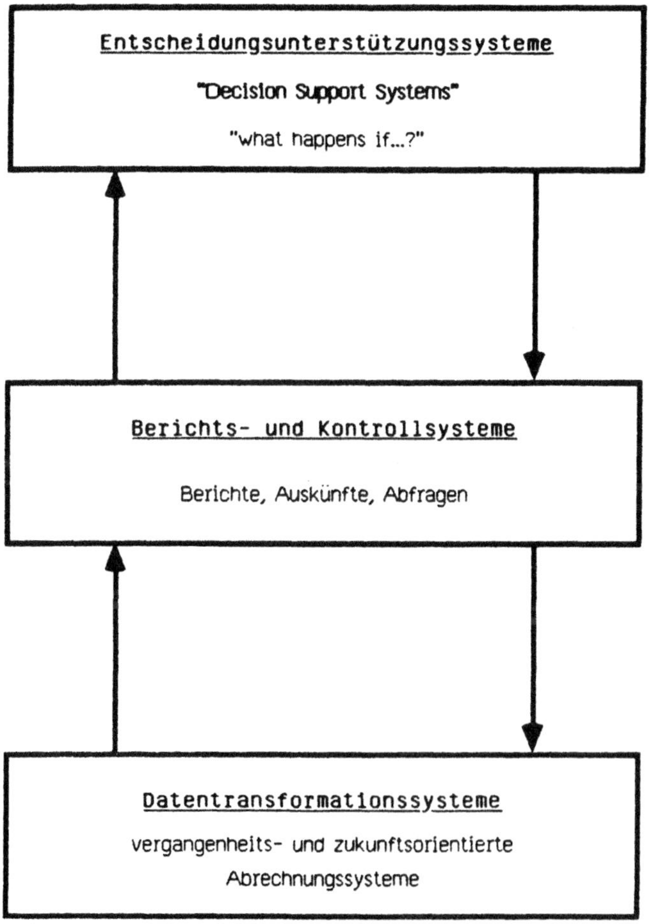

Abb. 4: Dreischichtenmodell (in Anlehnung an Kirsch et al.)

Datentransformationssysteme (Transaktionsdatensysteme) sind meist vergangenheitsorientierte Abrechnungssysteme, die seit längerem im Bereich des Rechnungswesens eingesetzt werden (z. B. eine alte Lohnbuchhaltung). Sie bilden oft die Basis für das "klassische Rechnungswesen" bei Erstellung von Bilanzen, Betriebsabrechnungsbögen etc. Die Extrapolation dieser Daten im Rahmen der Planung und Kontrolle in die Zukunft wird oft bösartig als "Vorwärtsbuchhaltung" denunziert.

Datentransformationssysteme kommunizieren mit Berichts- und Kontrollsystemen, die die Daten im Hinblick auf den Endbenutzer komprimieren und meist in Form von Listen in periodischen Zyklen oder in bestimmten Ausnahmesituationen als Berichte ausgeben. Auch hierfür ließen sich im Rechnungswesen klassische Anwendungsfälle dicker Berichtslisten aufzählen, mit denen keiner ganz zufrieden ist, da sie immer einen Kompromiß vieler Anwendungswünsche darstellen (6) und wegen ihres Umfangs meist ungelesen in Aktenordnern verschwinden.

Entscheidungsunterstützungssysteme ("Decision Support Systems") ermöglichen mit Hilfe von Modellanalysen Simulationen unterschiedlicher Entscheidungssituationen ("was wäre wenn Analysen"), die insbesondere auch für den Bereich des Controllings und der operativen Planung von großer Bedeutung sein können. (7) Die Produktion verschiedener Plan-Alternativen war mit der Groß-EDV aus mehreren Gründen schwer zu bewältigen:

1) Es ist weder organisatorisch (noch psychologisch) vertretbar, wenn eine Vielzahl von Bereichen zur Generie-

rung von Plan-Alternativen jeweils einen großen Teil von beispielsweise 100.000 Eingabedaten (allein für die operative Planung) neu formulieren müßte.

2) Die Rechenzeiten der EDV-Anlage sind bei einer solchen Vielzahl von Eingabedaten für eine interaktive Simulation zwischen Benutzer und EDV-Anlage viel zu lang.

3) Vor allem war aber auf den Großrechnern keine entsprechende, benutzerfreundliche Anwendersoftware vorhanden, die eine schnelle, flexible, qualitativ hochwertige Alternativen-Generierung zuließe.

Da eine interaktive Modellsimulation aus den oben genannten Gründen erst aussichtsreich ist, wenn man die Unternehmenssituation durch ein vereinfachtes Modell abbilden kann und da PC mit Tabellenkalkulationsprogrammen erstmals eine benutzerfreundliche, flexible Software dem Anwender für die Beantwortung der "what happens if"-Fragen an die Hand geben, wurden und werden PC verstärkt als Entscheidungsunterstützungssysteme eingesetzt.

Damit soll nicht ausgesagt werden, daß PC "das" "Decision support system" darstellen - sie bilden aber sicherlich einen wichtigen Ansatz auf dem Sektor der Tabellenkalkulation.

4. Tabellenkalkulation

Eine Untersuchung in unserem Hause ergab, daß die im kaufmännischen Bereich implementierten PC zu ca. 80 % auf dem Gebiet der Tabellenkalkulation eingesetzt werden. Dieses Ergebnis deckt sich mit der PC-Entwicklung der letzten Jahre. Mit der Markteinführung des ersten Tabellenkalkulationsprogramms "VisiCalc" (Visible Calculator) 1979 begann der Siegeszug der PC zuerst in die amerikanischen und dann auch in die deutschen Büros. Viele weitere Tabellenkalkulationsprogramme wurden entwickelt, die - alle zusammen - mehrere hunderttausendmal verkauft worden sind.

4.1 Aufgabenstellung der Tabellenkalkulation

Tabellenkalkulationsprogramme ermöglichen auf der Basis der Modellanalysen unterschiedliche Einflußfaktoren und ihre Auswirkungen auf die Unternehmung (bzw. deren Bereiche) zu simulieren. Die Generierung mehrerer Alternativen als Entscheidungsgrundlage ist möglich und wird in unserem Hause von den Entscheidungsträgern auch in zunehmendem Maße gefordert.

Tabellenkalkulationsprogramme sind besonders zur Beantwortung von 2 Fragentypen geeignet (8):

a) "What happens if" - Fragen
   Wie reagieren die abhängigen Variablen, wenn die unabhängigen Variablen verändert werden?

b) "What to do to achieve" - Fragen
   Wie müssen bestimmte Einflußgrößen verändert werden, um ein bestimmtes Ziel zu erreichen?

Ein Beispiel für eine "what happens if" - Frage liegt vor, wenn vor einer Preiserhöhung geprüft wird, wie sich diese bei unveränderten Kosten bis zum Jahresgewinn nach Steuern fortpflanzt. Wird dagegen in der gleichen Situation gefragt, welche Preiserhöhung man durchsetzen müßte, um ein angestrebtes Ertragsziel zu erreichen, handelt es sich um eine "what to do to achieve" - Frage.

Typische Anwendungsfälle der Tabellenkalkulation liegen vor, wenn folgende Nebenbedingungen erfüllt sind:

- Es liegen keine Massendaten vor

- Es handelt sich um rechenintensive Arbeitsblätter.

- Eine gewisse Änderungsintensivität mit Alternierungsrechnungen ist gegeben (Alternativen-Generierung)

- Die Modelle unterliegen einer gewissen Flexibilität und sollen vom Anwender an die jeweilige Anfragesituation angepaßt werden.

Neben der schon häufig erwähnten Möglichkeit der Alternativen-Generierung liegt der größte Vorteil für den - meist von der Groß-DV und den dort herrschenden Warteschlangen frustrierten - Anwender in der hohen Flexibilität seiner Modelle. Ohne wie früher sein Problem mühselig in die Sprache der zentralen EDV-Abteilung und somit der Programmierer übersetzen zu müssen, kann der Anwender selbst seine Problemstellung als Modell ausdrücken und jederzeit variieren.

"Endlich" lokale Autonomie von der zentralen EDV-Abteilung bei überschaubaren Kosten zu erlangen ist ein Nebeneffekt, den viele Anwender gerne aufgreifen. (Kieser geht sogar so weit, PC als Waffen im Grabenkampf zwischen zentraler EDV und Fachabteilung zu bezeichnen (9)).

4.2. Arbeitsweise der Tabellenkalkulationsprogramme

Der Begriff "Modell", der in Zusammenhang mit Tabellenkalkulationsprogrammen verwendet wird, ruft häufig falsche Assoziationen hervor. Es handelt sich hierbei nicht um komplexe Modelle aus dem Bereich des Operation Research (sog. Prognose- und Bewertungsmodelle), die mathematische Zielfunktionen miteinschließen. (10)

Die in der PC-Praxis verwendeten Modelle besitzen den Charakter von Ermittlungsmodellen, die sich aus Definitions- und Verhaltensgleichungen zusammensetzen. (11) Definitionsgleichungen zeigen gesicherte Zusammenhänge auf. Ein bekanntes Beispiel wäre eine Formel für die Bestandsfortschreibung:

Neuer Bestand = Alter Bestand + Zugänge ./. Abgänge

Neben den rein definitorischen Verknüpfungen finden sich in Verhaltensgleichungen einfache Kennzahlen, die nicht definitorisch geltende Beziehungen wiedergeben:

Debitiorenbestand (t+1) = Debitorenbestand (t)
* (1 - Rückzahlungsquote)
+ Ausgangsrechnung
* (1 - Barzahlungsquote)

(In diesem Beispiel entsprechen die Quoten Schätz- bzw. Erfahrungswerten)

Um diese Gleichungen in einem Tabellenkalkulationsprogramm auszudrücken, wird auf dem PC ein Matrix-Arbeitsblatt erzeugt. Auf dem Bildschirm wird nur ein kleiner Teil der Matrix im "Zoom-Effekt" abgebildet (s. Abb. 5). Die Koordinatenfelder der Matrix werden durch logische, mathematische Formeln miteinander verknüpft. Tabellenkalkulationsprogramme "denken" ausschließlich in Koordinaten, es ist daher die Aufgabe des Anwenders bei der Modellerstellung die Definitions- und Verhaltensgleichungen in "Koordinaten-Formeln" zu übersetzen. Der Anwender bewegt sich dabei immer auf der Makro-Ebene des Tabellenkalkulationsprogrammes und muß über keine Programmiersprachenkenntnisse verfügen.

Abb. 5

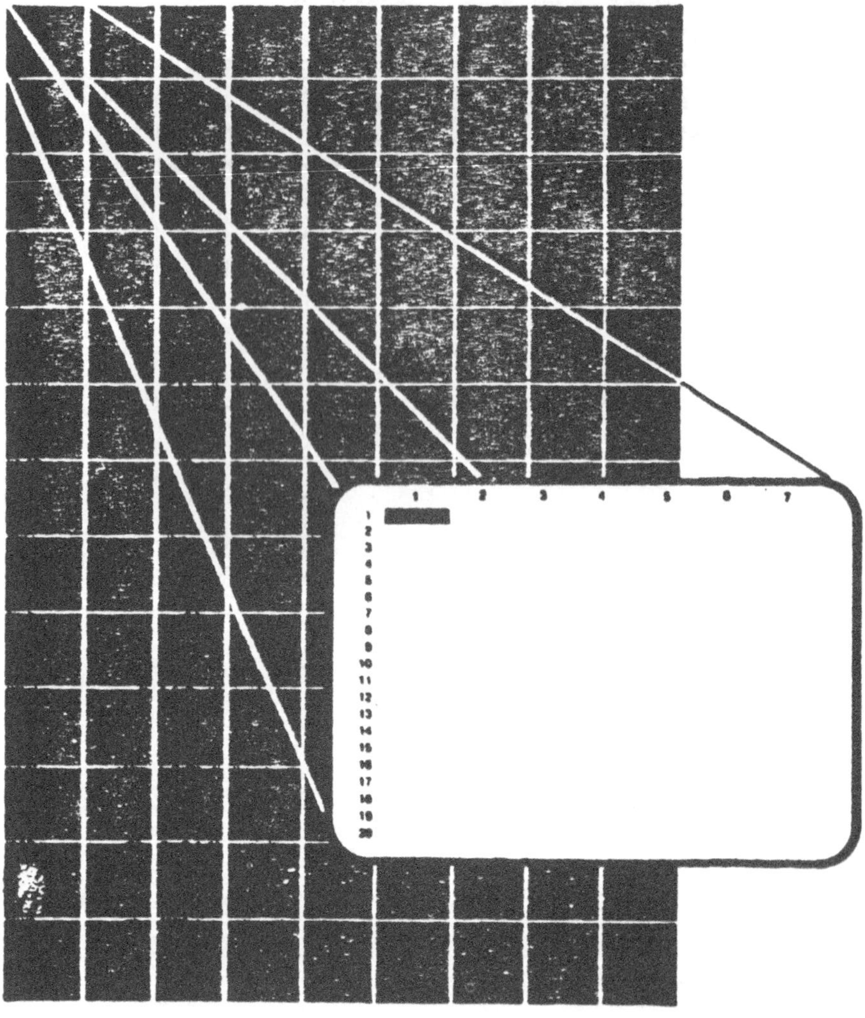

5. "Microplan" - ein leistungsfähiges Tabellenkalkulationsprogramm

Neben dem schon erwähnten Vater der Tabellenkalkulationsprogramme "VisiCalc" ist Microplan von Chang Lab ein weiteres, aus den USA stammendes "Spreadsheet", das in Deutschland nicht ganz so populär, deswegen aber nicht minder leistungsfähig ist.

5.1 Die Bedienerführung

Nachdem der Benutzer Microplan geladen hat, meldet sich das Programm mit einem neuen Matrix-Arbeitsblatt (siehe Abb. 6). Auf der rechten Seite des Bildschirms ist das Menü-Fenster eingeblendet.

Microplan arbeitet nach der sogenannten "Obermenü-Untermenü-Technik". Alle Befehle sind dem Programm durch Ziffern einzugeben. Die Befehlsanweisungen 1 bis 14 des Menüfensters entsprechen den Schlagworten des Menükataloges (ähnlich dem Register eines Aktenordners), unter denen der Benutzer spezielle Befehle aufrufen kann. Die Hilfsfunktion (Befehl 7) kann zu jedem einzelnen Befehl aufgerufen werden. Der Menübaum kann, muß aber nicht, in Anspruch genommen werden. Während der unerfahrene Benutzer sich über alle Stufen des Baumes an den richtigen Befehl "herantasten" kann, ist der "Microplan-Profi" nicht gezwungen, sich durch stupide Abfragebäume "durchzuhangeln", sondern kann den entsprechenden Befehl sofort "anspringen".

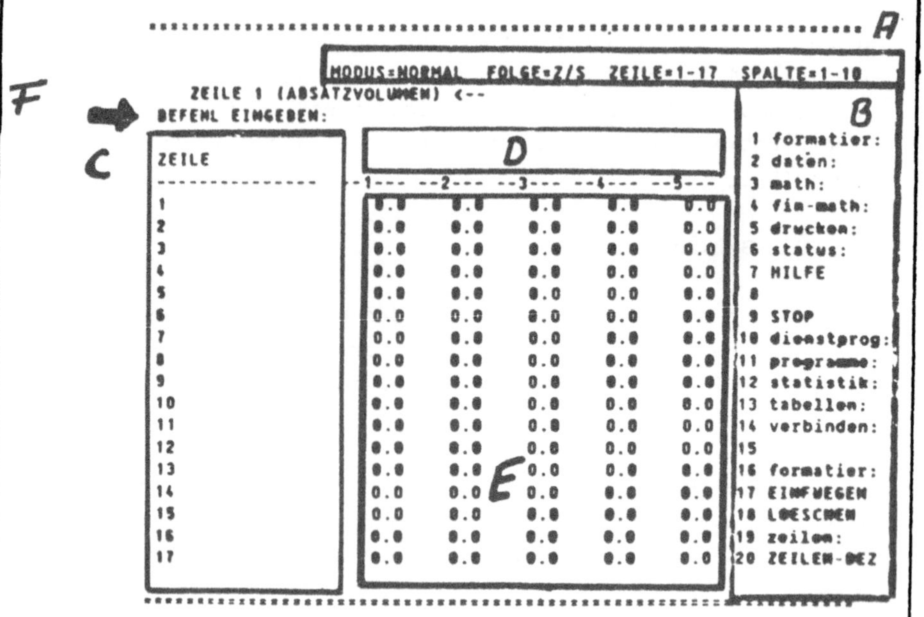

A = Status-Zone

B = Menü-Fenster

C = Zeilenbezeichnung-Fenster

D = Spaltenbezeichnung-Fenster

E = Arbeitsblatt-Fenster

F = Befehlseingabe-Fenster

Abb. 6 Bildschirmaufbau von Microplan

Darüber hinaus bietet Microplan über sogenannte "Prozeduren" die Möglichkeit, den Bedienkomfort der selbsterstellten Modelle wesentlich zu vereinfachen. Dazu ein Beispiel:

In einer Kalkulationsabteilung sollen mehrere Produkte des Unternehmensbereiches A entsprechend den internen Kalkulationsrichtlinien bewertet und auf ihre Wirtschaftlichkeit hin überprüft werden. Bestimmte Kennzahlen sind in konsolidierter Form für alle Produkte dieses Unternehmensbereiches an die Entscheidungsträger im monatlichen Turnus zu berichten

Für jedes der zu kalkulierenden Produkte wird ein Microplan-Modell erstellt. Diese werden in einer bestimmten Reihenfolge zusammengefaßt und konsolidiert, und in der für den Vorstand aufbereiteten Form ausgedruckt.

Komplexe Verknüpfungen von Modellen bergen, insbesondere unter Zeitdruck (z. B. in der Planungsrunde) viele Eingabefehlermöglichkeiten. Wurden die Modelle in der richtigen Reihenfolge verknüpft? Ist der jeweils letzte Stand der einzelnen Modelle abgesichert und/oder in die Konsolidierung miteingeflossen? Die Fragenkette ließe sich beliebig lange fortsetzen.

Die Microplan-Prozedur bietet nun die Möglichkeit, all diese Schritte einmal als Prozedur festzulegen und auszutesten, die dann ohne Bearbeitungsfehler - dem Anwender alle Zwischenabschnitte bis hin zum gewünschten Ergebnis ausgeführt.

Manche unserer Fachabteilungen haben die Prozedurmöglichkeiten soweit ausgeschöpft, daß Schreibkräfte, denen die Modelle vollkommen fremd sind, die Eingabedaten "eintippen" und die Modelle dann "auf Knopfdruck" in der gewünschten Form ablaufen. Prozeduren die 1,5 Stunden und länger "vor sich hin arbeiten" sind dabei keine Seltenheit.

Von entscheidender Bedeutung für den Anwender ist die Tatsache, daß diese Prozeduren - ohne ein Wort einer Programmiersprache - ausschließlich in der Makro-Befehlsebene Microplans erstellt werden können.

5.2 Das Prinzip der Formelvorschläge

Ein weiteres wichtiges Element der Benutzerfreundlichkeit Microplans sind die im Programm eingearbeiteten Formelvorschläge.

Die Rechenlogik aller Tabellenkalkulationsprogramme basiert auf der Verknüpfung der Koordinatenfelder durch mathematische Formeln. Will der Benutzer die Zeilen 1 und 4 seines Modells addieren, müßte er folgende Beziehung eingeben:

Koordinate 1. Zeile/1. Spalte plus Koordinate 4. Zeile/ 1. Spalte

und in der gewünschten Zielkoordinate abspeichern. Soll diese Formel für eine ganze Zeit gelten, müßte sie mit veränderten Koordinaten jedesmal neu eingegeben oder zumindest je nach Tabellenkalkulationsprogramm an die entsprechende Positon kopiert werden.

Microplan bietet dem Anwender in einem speziellen "Mathematik-Menü" die gesamten Grundrechenarten wie "Addieren", "Subtrahieren", "Multiplizieren", "Dividieren", "Summieren", "Kummulieren" etc. als Formelvorschläge an. Der Benutzer muß somit diese Formeln nicht immer wieder aufs Neue "erfinden". Darüberhinaus können die Formeln für eine ganze Zeile (Spalte) oder für einen aktiven Zeilen- (Spalten)-bereich ohne zusätzliche Kopiervorgänge gelten.

Abb. 7 zeigt die Anwendung dieser Formelvorschläge an einem einfachen Beispiel (12).

Es soll eine Produktvorausplanung über 5 Jahre erstellt werden:

- Das Absatzvolumen beträgt TDM 1.000,-- im Ausgangsjahr mit 10 % Steigung p. a.

- Die Herstellkosten werden mit 45 % des Absatzvolumens angesetzt.

- Die Vertriebs- und Verwaltungskosten entsprechen 20 % des Absatzvolumens.

- Die Forschungs- und Entwicklungskosten sind mit TDM 300,-- konstant über die Jahre.

Das Ergebnis ermittelt sich aus der Subtraktion der Gesamtkosten vom Absatzvolumen.

SIEMENS

Abb. 7

7/7/84 SEITE 1

VORAUSPLANUNG
MIT MICROPLAN AUF
DEM SIEMENS PC 16

	JAHR 1984	JAHR 1985	JAHR 1986	JAHR 1987	JAHR 1988
	1	2	3	4	5
1 UMSATZ	1.000,0	1.100,0	1.210,0	1.331,0	1.464,1
2 HERSTELLKOSTEN	450,0	495,0	544,5	599,0	658,8
3 VERTRIEB+VERWALTU.	200,0	220,0	242,0	266,2	292,8
4 FORSCH.+ENTWICKLU.	300,0	300,0	300,0	300,0	300,0
5 GESAMTKOSTEN	950,0	1.015,0	1.086,5	1.165,2	1.251,7
6 ERGEBNIS	50,0	85,0	123,5	165,9	212,4

MicroPlan V 4.04 Table: 50 x 20

TABLE NAME=VOPLA

TITEL ABSCHNITT:

: 84/ 7/ 7 SEITEN: 1

ZEILEN : 1 - 6 SPALTEN : 1 - 5

TITEL 1: VORAUSPLANUNG
TITEL 2: MIT MICROPLAN AUF
TITEL 3: DEM SIEMENS PC 16

ZEILE ABSCHNITT:

ZEILE	TYP	UNTERSTR LINIE	LEER LINIEN	DEZ BREITE	FUER BEFEHL	PARAMETER
1 UMSATZ	Date		-	-	-	
2 HERSTELLKOSTE	Date		-	-	- MULT	KONSTK=0.45 ZEILE=1
3 VERTRIEB+VERW	Date		-	-	- MULT	KONSTK=0.2 ZEILE=1
4 FORSCH.+ENTWI	Date		-	-	-	
5 GESAMTKOSTEN	Date		-	-	- SUMMIERE	ZEILEN 2 - 4
6 ERGEBNIS	Date		-	-	- SUBTRAHIERZEILE=1	ZEILE=5

Personal Computer

Dieses einfache Schulbeispiel sollte nur die Anwendungsmöglichkeiten der Formelvorschläge verdeutlichen. Zusätzlich zu den in Abb. 7 ausgewiesenen Formeln bietet Microplan bei der Dateneingabe die Berücksichtigung prozentualer oder fixer Wertsteigerungen als Eingabeparameter an.

Deutlicher werden die Vorteile der Formelvorschläge noch auf dem Sektor der Statistik und der Finanzmathematik. Formelvorschläge zur Berechnung der Varianz, der Standardabweichung gehören ebenso zum "Statistik-Menü" wie Hilfen zur Ermittlung von Trends, zur Extrapolation, zum Glätten von Trendberechnungen etc..

Microplans große Stärke liegt auf dem Gebiet der Finanzmathematik. Zinseszinstabellen zur Berechnung von Auf- und Abzinsungen sowie Formelvorschläge zur Ermittlung des Discounted Cash Flows, der Marginalrendite oder des Kapitalwertes werden in unseren kaufmännischen Abteilungen gerne und oft angewendet.

Insbesondere auf Grund der finanzmathematischen Formelvorschläge bekam Microplan im März 83 in einer amerikanischen Fachzeitschrift sehr gute Kritiken.

"... Microplan has more power in its commands than any other spreadsheet I have seen ..." (13)

und wurde unter der Überschrift

"... Microplan is a financial programmer's dream ..."

vorgestellt.

An dieser Stelle sei nochmals erwähnt, daß es sich bei diesen "Formel-Menüs" ausschließlich um Formelvorschläge handelt. Der Anwender kann selbstverständlich jede beliebige komplexe Verknüpfung der Koordinaten-Felder nach eigenen Vorstellungen in Microplan verwirklichen. Die Formelvorschläge sind nur als Hilfen gedacht, auf die er aber nicht zurückgreifen muß. (Ein Beispiel mit komplexen Formeln ist in Abschnitt 8 abgebildet).

Auf einen Vergleich von Microplan zu anderen Tabellenkalkulationsprogrammen wurde an dieser Stelle bewußt verzichtet. Eine gute Zusammenfassung des Microplan-Leistungsspektrums findet sich in dem oben zitierten Artikel der PC-World. Ansonsten sei auf die umfassende Literatur zum Themenbereich Tabellenkalkulation verwiesen. Einige interessante Artikel sind im Literaturverzeichnis aufgeführt. (14)

6. Geschäftsgraphik

Von Graphik-Software sprechen wir, wenn jeder Rasterpunkt des Bildschirms einzeln angesteuert werden kann (Punktgraphik oder Vollgraphik genannt); wobei die Qualität der Abbildung von der Höhe der Bildschirmauflösung abhängig ist. Abb. 8 zeigt die Auflösung der graphikfähigen PC 16-Monitore. Von Semigraphik spricht man dagegen, wenn Bilder nur über einen umgeladenen Zeichengenerator erzeugt werden können (z. B. statt eines "A" ein senkrechter Strich etc.). Insbesondere bei Computerspielen findet diese Graphikform vielfach Anwendung.

Graphik-Software kann unterteilt werden in freie Graphik (Präsentationsgraphik) zum Erzeugen von Schaubildern, Folien etc. (viele Abbildungen dieses Referats wurden mit Hilfe freier Graphik-Software erzeugt) einerseits und Geschäftsgraphik andererseits.

Insbesondere in Verbindung mit Tabellenkalkulationsprogrammen ist letztere von besonderer Bedeutung.

6.1 Aufgabenstellung der Geschäftsgraphik

"Ein Bild sagt mehr als tausend Worte" - dieses Sprichwort gilt auch für den betriebswirtschaftlichen Bereich. Das Ziel der Geschäftsgraphik (Business Graphics) liegt darin, kaufmännische Daten durch Zeichnungen zu veranschaulichen.

Abb. 8

SIEMENS

Grafik – Möglichkeiten

Grafik	12" – Bildschirm	14" – Bildschirm
Semigrafik 80 × 25 Felder je 7 × 11 Punkte frei ladbar		
Punktgrafik monochrom 560 × 275 Bildpunkte		
Punktgrafik 8 Farben 640 × 480 Bildpunkte 14" – Monitor		

Personal Computer PC 16 – 11

Daß das Auge Zeichnungen schneller erfassen kann als "endlose Zahlenkolonnen" ist nicht neu. Aufgrund des hohen manuellen Arbeitsaufwands verzichtete man aber oft auf graphische Darstellungen der Zahlenwerke. (15)

PC mit Geschäftsgraphik-Software geben dem DV-unerfahrenen Anwender ein leistungsfähiges, flexibles Werkzeug zur Visualisierung von Plänen, Berichten etc. an die Hand. Der Benutzer muß keine komplexen Graphik-Editoren wie im CAD-Bereich bedienen können, sondern wird bei guter Graphik-Software von einem speziellen Menü geleitet.

Wie jede PC-Software ist auch die Geschäftsgraphik als eigenständiges Softwarepaket einsetzbar. Der Anwendernutzen steigt darüberhinaus beträchtlich, wenn eine gute Kommunikation ("inter working") zwischen Tabellenkalkulationsprogramm einerseits und Geschäftsgraphik andererseits besteht.

Gestützt wird diese These durch Erfahrungen in unserem Hause. Erst nachdem sich die Anwender in das Gebiet der Tabellenkalkulation eingearbeitet haben, gehen sie sukzessive zur Visualisierung ihrer Planergebnisse über.

Nicht zuletzt wegen des time-lags zwischen Tabellenkalkulationsprogramm-Implementierung und Visualisierung der "Zahlenfriedhöfe", wird der Geschäftsgraphik-Markt von vielen Fachleuten als Wachstumsmarkt angesehen.(16)

6.2 Leistungsmerkmale - exemplarisch dargestellt an der Geschäftsgraphik-Software DR Graph

Die Mächtigkeit von Geschäftsgraphik-Programmen wird i. d. R. an den potentiellen Darstellungsformen gemessen. Leistungsfähige Programme (wie z. B. DR Graph von Digital Research) bieten dem Anwender folgende Graphikmöglichkeiten:

a) Liniendiagramm
   Linien- und Kurvendiagramme eignen sich besonders zur Darstellung von Bewegungsgrößen in einem Betrachtungszeitraum (z. B. Umsatz- und Gewinnentwicklung im Laufe eines Geschäftsjahres)

b) Balkendiagramm nebeneinander

   Mit Balken- und Säulendiagrammen kann der Anwender insbesondere Vergleiche visualisieren (z. B.: Umsatzergebnisse eines Produktes über mehrere Geschäftsjahre).

c) Balkendiagramme übereinander

   Die Zusammensetzung eines Betrages läßt sich gut durch übereinandergesetzte Balkendiagramme darstellen (z. B. Aufsplittung der Gesamtkosten in Herstellkosten, Vertriebs- und Verwaltungskosten etc.).

d) Tortendiagramm (Kreisdiagramm)
   Torten- und Kreisdiagramme zeigen dem Anwender prozentuale Verhältnisse (z. B. die anteilige Leistung der Außendienstmitarbeiter am Vertriebsergebnis oder die Umsatzverteilung verschiedener Produkte in einer bestimmten Region).

Neben diesen vier Graphik-Grundformen bietet DR Graph zwei Mischformen, die gut mit den ersten drei Möglichkeiten kombiniert werden können.

e) Treppendiagramm

f) Strichdiagramm

Für statistische Analysen (z. B. Regressionsanalysen) kann schließlich eine weitere Darstellungsform von großem Nutzen sein.

g) Punktdiagramm

Die verschiedenen Graphikformen lassen sich (soweit sinnvoll) miteinander kombinieren.

Sind die Daten einmal eingegeben, kann der Anwender solange verschiedene Darstellungsvarianten testen, bis er glaubt die Darstellungsform gefunden zu haben, die seiner Aussage gerecht wird. Die Beschriftung der Graphik (Überschriften, Legenden, Achsenbezeichnungen, freie Texte) sind dabei ebenso selbstverständlich, wie die freie Wahl der Farben, Muster, Strichvarianten etc.

Die Möglichkeit mehrere Graphiken auf einem Arbeitsblatt nebeneinander oder übereinander zu setzen, eignet sich besonders zur Visualisierung komplexer Sachverhalte. (Abb.9)

"What you see is what you get!"

Alle Manipulationen nimmt der Anwender interaktiv mit dem PC am Bildschirm vor. Die Ausgabe auf Drucker oder Plotter entspricht exakt der Bildschirmdarstellung.

Abb. 9

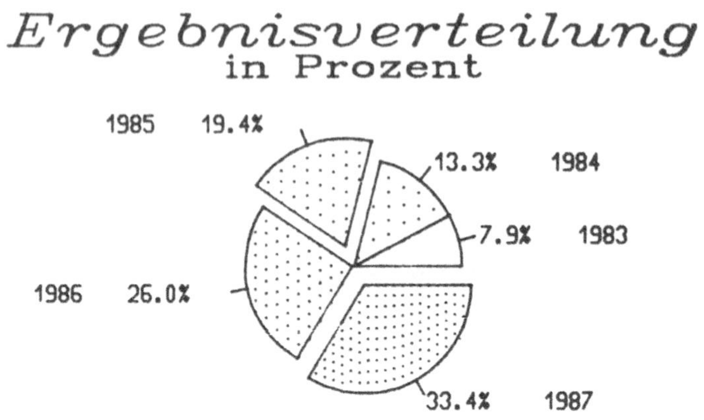
Ergebnisverteilung
in Prozent
1985 19.4%
13.3% 1984
7.9% 1983
1986 26.0%
33.4% 1987

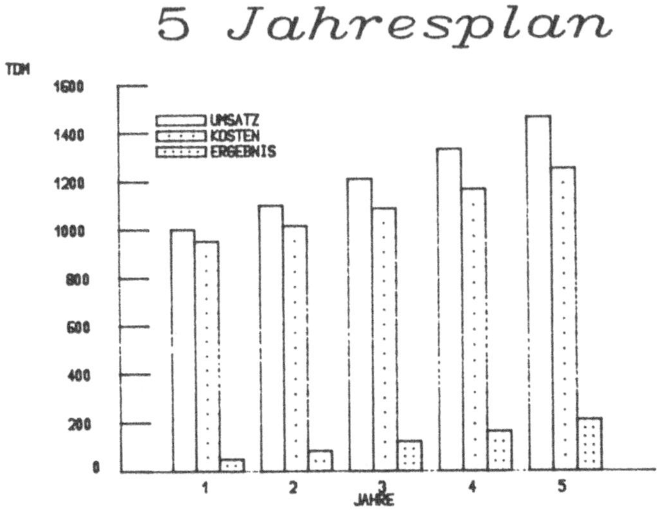
5 Jahresplan
TDM
1600
1400
1200
1000
800
600
400
200
0
UMSATZ
KOSTEN
ERGEBNIS
1
2
3
4
5
JAHRE

7. Kommunikation und Integration der Software-Pakete

Der Anwendungsnutzen des Werkzeugs PC steigt in dem Maße, in dem der Datentransfer zwischen den einzelnen Software-Paketen realisiert ist.

Programme, die isoliert "nebeneinander stehen" verursachen Bearbeitungsbrüche. Texte müssen manuell nochmals erfaßt werden (z. B. die Ergebnisse der Tabellenkalkulation müßten von Hand in die Graphik- oder Text-Software eingegeben werden), die potentiellen Fehlerquellen steigen, und der durch den PC Einsatz in einem Teilgebiet erzielte Ratioeffekt vermindert sich um diese Zeit - oder wird im Extremfall sogar "aufgefressen". In der betriebswirtschaftlichen Terminologie der Fertigung ausgedrückt, ist die Wertschöpfung des manuellen Datentransfers gleich Null.

Die Tendenzen zu kommunikationsfähigen Software-Paketen ("inter working") bis hin zum langfristigen Ziel der integrierten Software nehmen in verstärkem Maße zu.

7.1 Status-Quo-Betrachtung

Die Bedeutung der Verbindung von Tabellenkalkulationsprogramm und Geschäftsgraphik-Software wurde schon oben angesprochen.

Unübersichtliche, komplexe Zahlenwerke können ohne Bearbeitungsbrüche visualisiert werden.

Abb. 9 zeigt die Entwicklung des Umsatzes der Kosten und das Ergebnis unseres 5-Jahresplans als Balkendiagramm.

Die prozentuale Verteilung der Ergebnisse unseres Beispiels auf die einzelnen Jahre sind als Kuchendiagramm dargestellt.

Übernahme von Tabellenkalkulationsdaten in die Textverarbeitungssoftware und das Zusammenspiel von Datenbanken und Tabellenkalkulationsprogrammen sind weitere, aus Anwendersicht wichtige Verbindungen. In Abb. 10 sind die gängigen Kommunikationsbeziehungen zwischen den einzelnen Programmen und deren Richtung abgebildet.

Der Datentransfer zwischen diesen Software-Paketen läßt sich am besten mit dem Wort "Kommunikation" charakterisieren.

Über eine definierte Programmschnittstelle werden die Daten in einer vorher frei bestimmten Form - aus dem Ursprungsprogramm (z. B. der Tabellenkalkulation) in eine spezielle Datei ausgelagert. In der "Empfänger-Software" wird dieses "File" über eine definierte Programm-(eingangs-)schnittstelle aufgerufen.

Benutzerfreundliche Programmschnittstellen, wie zwischen Microplan, dBase II (Ashton Tate), DR Graph und Wordstar (Micropro) können heute als "state of the art" bezeichnet werden.

Da keine einheitliche Bedienerführung in den vier Software Paketen realisiert und der Datentransfer nur via "Kommunikations-Files" möglich ist, sollte man in diesem Entwicklungsstadium noch nicht von Software-Integration, sehr wohl aber von benutzerfreundlicher Software Kommunikation sprechen.

SIEMENS

Abb. 10

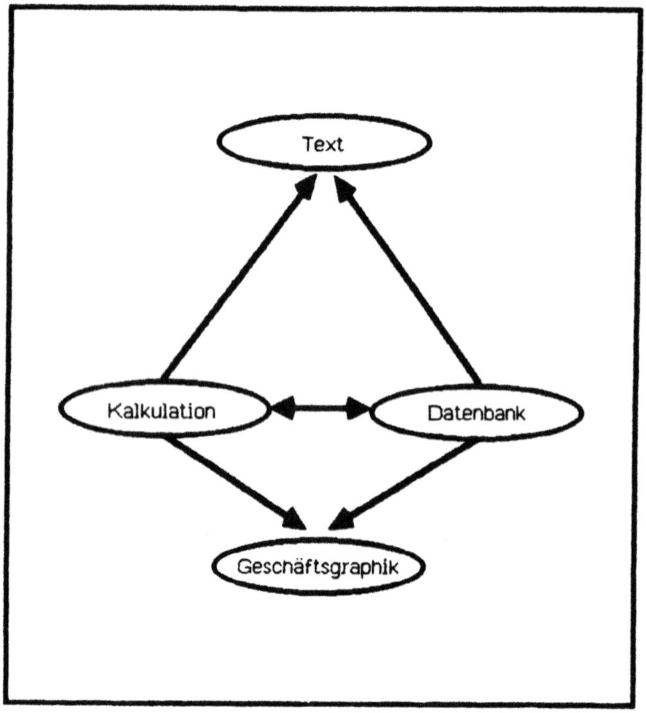

Abb. 10: Software-Kommunikation heute

7.2 Entwicklungstendenzen

In jüngster Zeit wird zunehmend "integrierte PC-Software" auf dem Markt angeboten. Die vier Teilgebiete wurden zu einem Software-Paket zusammengefaßt und über alle Teilprogramme wurde eine ähnliche Bedienerführung als "Overlay" gelegt.

Die gedankliche Zusammenfassung dieser vier "Elementarprogramme" ist für die zukünftige Software-Entwicklung von großer Bedeutung. Der Versuch, die Bedienerführung zu vereinheitlichen ist aus Anwendersicht als positiv zu bewerten. Die Nachteile dieser "integrierten Software" liegen in ihrer Entstehungsgeschichte. Bei der Entwicklung ging man meist von einem äußerst leistungsfähigen Teilprogramm aus - i. d. R. der Datenbank - und "baute" um dieses herum die anderen Elemente "an". Die Mächtigkeit dieses "integrierten" Paketes ist zum heutigen Zeitpunkt oft noch kleiner als die Summe der Möglichkeiten einzelner, kommunikationsfähiger Programme. Darüberhinaus sind die Verbindungswege zwischen den Elementen oft schlecht nachvollziehbar und schlecht dokumentierbar.

Wir sprechen von integrierter Software, wenn bei gleicher Bedienerführung ein leicht nachvollziehbarer und benutzerfreundlicher Datenfransfer ohne spezielle "Kommunikations-Files" möglich ist. Die Möglichkeiten dieses integrierten Paketes sollten mindestens gleich der Summe der Möglichkeiten der heute erprobten Elemente sein.

Besonderes Augenmerk ist in diesem Zusammenhang auf die sogenannte "cut and paste"-Technik in Kombination mit "windows" zu richten. Auch bei dieser Entwicklung geht man von der Integration der vier "Elementarprogramme" aus.

Auf dem Bildschirm ist beispielsweise das Tabellenkalkulationsprogramm geladen. Die Geschäftsgraphik-Software ist in einem weiteren "window" (Fenster) ebenso auf dem Bildschirm ersichtlich. Der Anwender "schneidet" nun die gewünschte Datenteilmenge aus der Tabellenkalkulation "aus" ("cut") und "klebt" diese in das Geschäftsgraphik-Programm ("paste") zur sofortigen Weiterverarbeitung "ein".

In Hinsicht auf die langfristige Software-Entwicklung sind weitere Realisationsschritte anzustreben. Die Integration der vier "Elementarprogramme" darf nicht darüber hinwegtäuschen, daß auch dieses integrierte Programm Kommunikationsschnittstellen zu weiteren, flankierenden Softwarepaketen aufweisen muß, um Bearbeitungsbrüche zu vermeiden. Die Schnittstelle zu einer breiteren Palette horizontaler Software muß ebenso gegeben sein, wie zur Branchensoftware. Um die Flexibilität dieser integrierten Software zu wahren, ist auch eine Schnittstelle zu Programmiersprachen (insbesondere für Software-Häuser) erforderlich.

Ratioverluste können nicht nur durch Bearbeitungsbrüche innerhalb der PC-Software entstehen. Auch Medienbrüche (z. B. Daten, die in der EDV-Anlage gespeichert sind, müßten manuell in den PC eingegeben werden) können die

Wirtschaftlichkeitsüberlegungen beim PC-Einsatz in Frage stellen. Eine Verbindung mit Kommunikationssoftware für die Kommunikation mit der EDV-Anlage, mit Postdiensten und/oder lokalen Netzen ist aus Benutzersicht langfristig unerläßlich.

Die flankierenden Softwarepakete sollten dabei auch untereinander Schnittstellen aufweisen.

Eine detailiertere Darstellung dieses Problemkreises würde den Rahmen des Referats übersteigen. Abb. 11 soll einen Überblick der angesprochenen Zusammenhänge geben.

SIEMENS

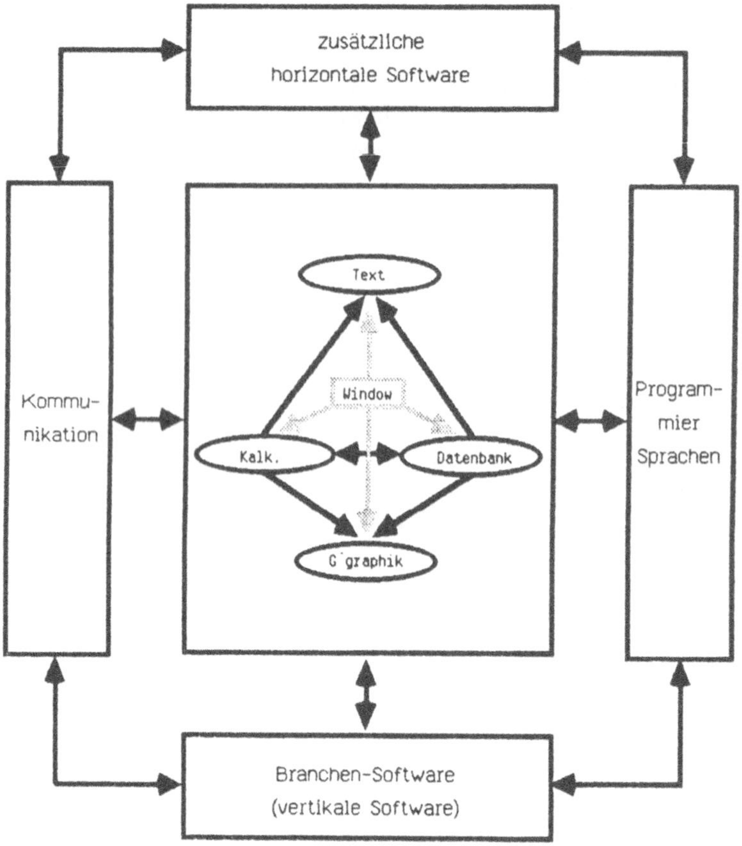

Abb. 11: Software-Integration

8. PC-Einsatzfälle im Rechnungswesen der Siemens AG

Wie mehrfach angedeutet, werden auch im Hause Siemens PC verstärkt als arbeitsplatzorientierte Werkzeuge im Rechnungswesen eingesetzt. Interne Beratungsstellen empfehlen den PC-Einsatz, wenn unter anderem folgende Bedingungen erfüllt sind:

a) keine Massendaten

b) keine Abqualifikation des PC's zur Schreibmaschine

c) Flexible Analysen / Auswertungen sind erforderlich

d) EDV-Programme sind für die Problemlösung zu langwierig, zu starr, zu teuer oder nicht geeignet.

Zu 80 % werden die PC für Tabellenkalkulation eingesetzt. Einige Anwendungsbeispiele für Tabellenkalkulationsprogramme sind im folgenden aufgeführt:

- Fristigkeit von Fremdwährungs-Forderungen / -Verbindlichkeiten
- Kalkulation von Produktmodellen
- Wirtschaftsplanung
- Berichtswesen
- Projektkalkulation

- Projektrechnungen (Ausland / Inland / Material)
- Projektplanung / -steuerung / -kontrolle
- Plan / Ist - Vergleiche
- Auftragsbewegung
- Gemeinkostenplanung
- Abgrenzungsrechnungen
- Cash Flow
- Vorräte
- Mittelfristige Planung
- Modellrechnungen (break even Analysen)
- Unternehmensplanspiele
- etc.

Diese Liste ließe sich beliebig fortsetzen.

Zwei Anwendungsbeispiele sollen an dieser Stelle kurz aufgegriffen werden.

a) Ausgewählte Wirtschaftsdaten
Für monatliche Abschlußdurchsprachen und zur Berichterstattung in einem Unternehmensbereich gibt es normierte Blätter mit wirtschaftlichen Eckzahlen. Die Ist-Zahlen werden verglichen mit den Werten des gleichen Zeitraumes im Vorjahr und mit dem geplanten Budget.

Da ein Teil der relevanten Daten bereits in der EDV-Anlage vorhanden sind, werden diese - unterstützt durch entsprechende Kommunikationssoftware (Filetransfer) - aus der EDV-Anlage in den PC übertragen, konvertiert und in das Tabellenkalkulationsprogramm eingelesen. Werte, die in keinem EDV-Vorverfahren zur Verfügung stehen, werden manuell eingegeben.

Über eine vierfach verschachtelte Prozedur (ca. 2 1/2 Stunden Laufzeit) werden je Zielgruppe unterschiedlich aufbereitete Berichte / Informationen erzeugt. Der Berichtsraster für die kaufmännischen Leiter der Betriebe und den Vorstand ist in Abb. 12 dargestellt.

b) Gemeinkostenplanung
Die Gemeinkostenplanung und -kontrolle der Betriebe eines Unternehmensbereiches werden mit einem Modell ermittelt, das im folgenden auszugsweise abgebildet ist.

Errechnet wird die Summe der Nettogemeinkosten über die Planjahre, die Volumensveränderung und die Verteuerung. Die Nettogemeinkosten teilen sich im wesentlichen in die Bereiche "Löhne und Gehälter", "Sachkosten", "Mehrkosten und Instandhaltung", und "Kapitalkosten" im weitesten Sinne auf.

Abb. 12

WIRTSCHAFTSDATEN
===============

ZEITRAUM: 1.10.1983 - 28.2.1984 BEREICH:

VERTRAULICH ! AUFGELAUFENE WERTE JAHRESWERTE

	UB-KREIS	VORJAHR	ABW.%	IST	XII/83 ANT.	VORJAHR	PLAN VI/83	PLAN XII/83	PLAN
1	AUFTRAGSEINGANG								
2	INLAND								
3	BUNDESPOST								
4	ZN								
5									
6	EXPORT								
7	UMSATZ								
8	INLAND								
9	BUNDESPOST								
10	ZN								
11									
12	EXPORT								
13	AUFTRAGSBESTAND								
14	GEHALTSEMPFÄNGER								
15	LOHNEMPFÄNGER								
16	MITARBEITER O. ZN								
17	DAR. BETRIEB								
18	FuE ORG								
19	FERT.-/VERTR.-ERGEB.								
20	ABGRENZUNGSERGEBNIS								
21	WIRTSCHAFTSERGEBNIS								
22	IN % VOM UMSATZ								
23	VERMÖGENSUMSCHLAG								
24	RIK								
25									
26									
27	SPANNE								
28	IN % VOM UMSATZ								
29	GEMEINKOSTEN								
30	IN % VOM UMSATZ								
31	DARIN FUE-GK								
32	STUNDEN F1 EXTERN								
33	INVESTITIONEN O. ZN								
34	VORRATE								
35	DARIN UL								
36	WARENFORDERUNGEN								
37	ERHALTENE ANZAHL.								
	UB WELT .								
	1. QUARTAL								
38	AUFTRAGSEINGANG								
	darin INLAND								
	AUSLAND								
39	UMSATZ								
	darin INLAND								
	AUSLAND								
40	WIRTSCHAFTSERGEBNIS								
41	IN % VOM UMSATZ								

Ergänzend zu dem Auszug des Ergebnisblattes sind Auszüge der Microplan-Formeln abgebildet, um die Komplexität der Praxis-Modelle zu unterstreichen. Die verwendeten Zahlenwerte dienen der Veranschaulichung des Modells und entsprechen nicht den realen Planzahlen.

7/2/84

GEMEINKOSTEN-MODELL
ERRECHNET MIT DEM
SIEMENS PC 16

		AUSGANGSJ. 83/84	VOL. ÄND.	VERTEUER-UNG	PLANJAHR 84/85
		1	2	3	4
1	GK-ARB.L	3.200,0	-563,0	65,9	2.702,9
2	(AUSB.VER)	360,0	0,0	9,0	369,0
3	ZUS.LOHN	1.120,0	-79,1	26,0	1.066,9
4	SOZ.LOHN	7.500,0	-536,8	174,1	7.137,2
5	GEHALT	8.000,0	0,0	240,0	8.240,0
6	SOZ.K.+EB	7.985,0	-4.442,8	109,8	3.652,0
7	SUM.PERS.GK	27.805,0	-5.621,8	615,8	22.799,1
8	INSTANDHALTG.	7.985,0	-1.345,7	166,0	6.805,3
9	MEHRKOSTEN	7.985,0	-1.345,7	166,0	6.805,3
10	SONST.SK	7.985,0	-1.345,7	139,4	6.778,7
11	SE.SACHKO.	23.955,0	-4.037,1	471,4	20.389,3
12	AFA SPEW.	7.985,0	-4.975,3	90,3	3.100,0
13	SONST.AFA	7.985,0	-59,8	237,8	8.163,0
14	ZINSEN AV	1.774,0	-412,8	40,8	1.402,0
15	ZINSEN UV	1.930,0	-286,0	51,0	1.695,0
16	SONST.KK.AV	645,0	-31,4	18,4	632,0
17	SONST.KK.UV	235,0	-36,5	4,0	202,5
18	SUM.KAP.KO.	20.554,0	-5.801,7	442,2	15.194,5
20	REST.ANT.	42,0	-4,7	0,7	38,0
21	SUM.BRUT.GK	72.356,0	-15.465,3	1.530,2	58.420,9
22	-GK.WV	-1.635,0	67,2	-39,2	-1.607,0
23	SUM.NETTO.GK	70.721,0	-15.398,1	1.491,0	56.813,9
24					
25	EINGABEN				
26	VORG.S.V.E.LE	1.007,0	0,0	0,0	912,0
27	ZEITAUSGL. %	-10,0	0,0	0,0	-10,0
28	ZEITAUSGL. STD	-121,0	0,0	0,0	-120,0
29	EXT.S.V.E.LE	886,0	0,0	0,0	792,0
30	EXT.S.(O.PK)	800,0	0,0	0,0	760,0
31	SUM.EXT.STD	896,0	0,0	0,0	745,0
32	SUM.INT.STD	30,0	0,0	0,0	30,0
33	MEHRKOST.STD	10,5	0,0	0,0	10,5
34	INSTANDH.STD.	132,0	0,0	0,0	132,0
35	GK-ARB.STD	264,0	0,0	0,0	239,0
36	SUM.GK+PK.STD	406,5	0,0	0,0	381,5
37	SUM.ANW.STD	1.317,0	0,0	0,0	1.166,0
38	SUM.AUSF.STD	475,0	0,0	0,0	441,0
39	DAV.BEZ.	366,0	0,0	0,0	350,0
40	-ÜBERSTD.	2,0	0,0	0,0	2,0
42	SUM.VER.A.Z	1.790,0	0,0	0,0	1.605,0
43	ZUSATZANGABEN				
44	GE	130,0	0,0	0,0	130,0
45	AZUBI	13,0	0,0	0,0	13,0
46	O WW NW	21.750,0	0,0	0,0	18.100,0
47	VERTEUERUNG				
48	LOHN	0,0	0,0	0,0	2,5
49	GEHALT	0,0	0,0	0,0	3,0
50	SOZ.KOST.	0,0	0,0	0,0	3,1
51	SACHK.MAT.	0,0	0,0	0,0	2,1
52	SACHK.Z.	0,0	0,0	0,0	3,0
53	KK AV O.ZINS	0,0	0,0	0,0	3,0
54	ZINSEN AV	0,0	0,0	0,0	3,0
55	ZINSEN UV	0,0	0,0	0,0	3,1
56	KK UV O.ZINSEN	0,0	0,0	0,0	2,0
57	REST.ANT	0,0	0,0	0,0	2,0
58	GK-WV	0,0	0,0	0,0	2,5

```
MicroPlan V  4.04      Table: 420 x  8

TABLE NAME=GK

TITEL ABSCHNITT:
--------------------

:  83/ 6/ 8

ZEILEN : 1 - 420  SPALTEN : 1 - 8

TITEL 1: GK-MODELL
TITEL 2: FÜR
TITEL 3: PC 16


ZEILE ABSCHNITT:
--------------------

                            UNTERSTR LEER DEZ FUER
ZEILE               TYP  LINIE LINIEN BREITE BEFEHL    PARAMETER
---------------- ----  ---- ----- --- --- --------- -------------
1 GK-ARB.L          Date              -    -    - 6,4 <--V72,4
2  (AUSB.VER)       Date              -    -    -
3 ZUS.LOHN          Date              -    -    -
4 SOZ.LOHN          Date              -    -    -
5 GEHALT            Date              -    -    -
6 SOZ.K.+EB         Date              -    -    - 6,7 <--V72,7
7 SUM.PERS.GK       Date              -    -    - L1+L3+L4+L5+L6
8 INSTANDHALTG.     Date              -    -    -
9 MEHRKOSTEN        Date              -    -    -
10 SONST.SK         Date              -    -    -
11 SE.SACHKO.       Date              -    -    - SUMMIERE  ZEILEN 8 - 10
12 AFA SPEW.        Date              -    -    - 12,4 <--V64,4
13 SONST.AFA        Date              -    -    - 12,7 <--V64,7
14 ZINSEN AV        Date              -    -    - 13,4 <--V65,4
15 ZINSEN UV        Date              -    -    - 13,7 <--V65,7
16 SONST.KK.AV      Date              -    -    - 14,4 <--V66,4
17 SONST.KK.UV      Date              -    -    - 14,7 <--V66,7
18 SUM.KAP.KO.      Date              -    -    - SUMMIERE  ZEILEN 12 - 17
19 ZBA-HONORAR      Date              -    -    -
20 REST.ANT.        Date              -    -    -
21 SUM.BRUT.GK      Date              -    -    - L7+L11+L18+L19+L20
22 -GK.WV           Date              -    -    -
23 SUM.NETTO.GK     Date              -    -    - ADDIERE   ZEILE=21 ZEILE=22
24                n Unt   ----        -    1    -
25 EINGABEN       n Unt   ----        -    1    -
26 VORG.S.V.E.L     Date              -    -    - 15,4 <--V67,4
27 ZEITAUSGL. %     Date              -    -    - 15,7 <--V67,7
28 ZEITAUSGL. S     Date              -    -    -
29 EXT.S.V.E.LE     Date              -    -    - ADDIERE   ZEILE=26 ZEILE=28
30 EXT.S.(O.PK)     Date              -    -    - 16,4 <--V68,4
31 SUM.EXT.STD      Date              -    -    - 16,7 <--V68,7
32 SUM.INT.STD      Date              -    -    - 17,4 <--V69,4
33 MEHRKOST.STD     Date              -    -    - 17,7 <--V69,7
34 INSTANDH.STD     Date              -    -    - 20,4 <--V70,4
35 GK-ARB.STD       Date              -    -    - 20,7 <--V70,7
36 SUM.GK+PK.ST     Date              -    -    - SUMMIERE  ZEILEN 33 - 35
37 SUM.ANW.STD      Date              -    -    -
38 SUM.AUSF.STD     Date              -    -    -
39  DAV.BEZ.        Date              -    -    - 22,4 <--V71,4
40 -ÜBERSTD.        Date              -    -    - 22,7 <--V71,7
41 -STD.V.GE        Date              -    -    -
42 SUM.VER.A.Z      Date              -    -    - L37+L38-L40-L41
43 ZUSATZANGABEn Unt      ----        -    1    -
44 GE               Date              -    -    -
45 AZUBI            Date              -    -    -
46 O WW NW          Date              -    -    -
47 VERTEUERUNG n Unt      ----        -    -    -
48 LOHN             Date              -    -    -
```

```
51 SACHK.MAT.    Date            -   -   -
52 SACHK.Z.      Date            -   -   -
53 KK AV O.ZINS  Date            -   -   -
54 ZINSEN AV     Date            -   -   -
55 ZINSEN UV     Date            -   -   -
56 KK UV O.ZINS  Date            -   -   -
57 REST.ANT      Date            -   -   -
58 GK-WV         Date            -   -   -
59             n Unt  ----       -   -   -
60 FI-LOHN       Date            -   -   -
61 FII-LOHN      Date            -   -   -
62             n Unt  ----       -   -   -
63 HILFSFELDER-n Unt  ----       -   -   -
64 AFA SPEW.     Date            -   -   -
65 SONST.AFA     Date            -   -   -
66 ZINSEN AV     Date            -   -   -
67 ZINSEN UV     Date            -   -   -
68 SONST.KK AV   Date            -   -   -
69 SONST.KK UV   Date            -   -   -
70 REST.ANT.     Date            -   -   - 60,2 <--V60,3-V60,1
71 GK-WV         Date            -   -   - 61,2 <--V61,3-V61,1
72 SOZ.K.+EB     Date            -   -   - 60,3 <--(V60,4/(100+V48,4))*100
73             n Unt  ----       -   -   - 61,3 <--V61,4/(V48,4+100)*100
74             n Unt  ----       -   -   - 61,4 <--(V61,1/V32,1*V32,4)*((100+V48
)/100)
75               Date            -   -   - 61,7 <--(V61,4/V32,1*V32,4)*((100+V48
)/100)
76               Date            -   -   - 61,6 <--V61,7/(100+V48,7)*100
77               Date            -   -   - 61,5 <--V61,6-V61,4
78               Date            -   -   - 60,6 <--V60,7/(100+V48,7)*100
79               Date            -   -   - 60,5 <--V60,6-V60,4
80               Date            -   -   - 1,3 <--(V1,1+V1,2)*V48,4/100
81               Date            -   -   - 1,4 <--V1,1+V1,2+V1,3
82               Date            -   -   - 1,6 <--(V1,4+V1,5)*V48,7/100
83               Date            -   -   - 1,7 <--V1,4+V1,5+V1,6
84               Date            -   -   - 2,2 <--(V45,4/V45,1*V2,1)-V2,1
85               Date            -   -   - 2,3 <--(V2,1+V2,2)*V48,4/100
86               Date            -   -   - 2,4 <--V2,1+V2,2+V2,3
87               Date            -   -   - 2,5 <--(V45,7/V45,4*V2,4)-V2,4
88               Date            -   -   - 2,6 <--(V2,4+V2,5)*V48,7/100
89               Date            -   -   - 2,7 <--V2,4+V2,5+V2,6
90               Date            -   -   - 3,2 <--(V60,3/V60,1*V3,1)-V3,1
91               Date            -   -   - 3,3 <--(V3,1+V3,2)*V48,4/100
92               Date            -   -   - 3,4 <--(V3,1+V3,2+V3,3)
93               Date            -   -   - 3,5 <--(V60,6/V60,4*V3,4)-V3,4
94               Date            -   -   - 3,6 <--(V3,4+V3,5)*V48,7/100
95               Date            -   -   - 3,7 <--V3,4+V3,5+V3,6
96               Date            -   -   - 4,2 <--(V38,4/V38,1*V4,1)-V4,1
97               Date            -   -   - 4,3 <--(V4,1+V4,2)*V48,4/100
98               Date            -   -   - 4,4 <--V4,1+V4,2+V4,3
99               Date            -   -   - 4,5 <--(V38,7/V38,4*V4,4)-V4,4
100              Date            -   -   - 4,6 <--(V4,4+V4,5)*V48,4/100
101              Date            -   -   - 4,7 <--V4,4+V4,5+V4,6
102              Date            -   -   - 5,2 <--(V44,4/V44,1*V5,1)-V5,1
103              Date            -   -   - 5,3 <--(V5,1+V5,2)*V49,4/100
104              Date            -   -   - 5,4 <--V5,1+V5,2+V5,3
105              Date            -   -   - 5,5 <--(V44,7/V44,4*V5,4)-V5,4
106              Date            -   -   - 5,6 <--(V5,4+V5,5)*V49,7/100
107              Date            -   -   - 5,7 <--V5,4+V5,5+V5,6
108              Date            -   -   - 6,3 <--V6,4-(V6,4/(100+V50,4)*100)
109              Date            -   -   - 6,2 <--V6,4-V6,3-V6,1
110              Date            -   -   - 6,6 <--V6,7-(V6,7/(100+V50,7)*100)
111              Date            -   -   - 8,2 <--(V31,4/V31,1*V8,1)-V8,1
112              Date            -   -   - 8,3 <--(V8,1+V8,2)*V48,4/100
113              Date            -   -   - 8,4 <--V8,1+V8,2+V8,3
114              Date            -   -   - 8,5 <--(V31,7/V31,4*V8,4)-V8,4
115              Date            -   -   - 8,6 <--(V8,4+V8,5)*V48,7/100
116              Date            -   -   - 8,7 <--V8,4+V8,5+V8,6
117              Date            -   -   - 9,2 <--(V31,4/V31,1*V9,1)-V9,1
118              Date            -   -   - 9,3 <--(V9,1+V9,2)*V48,4/100
```

119	Date	-	-	-	9,4 <--V9,1+V9,2+V9,3
120	Date	-	-	-	9,5 <--(V31,7/V31,4*V9,4)-V9,4
121	Date	-	-	-	9,6 <--(V9,4+V9,5)*V48,7/100
122	Date	-	-	-	9,7 <--V9,4+V9,5+V9,6
123	Date	-	-	-	10,2 <--(V31,4/V31,1*V10,1)-V10,1
124	Date	-	-	-	10,3 <--(V10,1+V10,2)*V51,4/100
125	Date	-	-	-	10,4 <--V10,1+V10,2+V10,3
126	Date	-	-	-	10,5 <--(V31,7/V31,4*V10,4)-V10,4
127	Date	-	-	-	10,6 <--(V10,4+V10,5)*V51,7/100
128	Date	-	-	-	10,7 <--V10,4+V10,5+V10,6
129	Date	-	-	-	12,3 <--V12,4-(V12,4/(100+V53,4)*100)
130	Date	-	-	-	12,2 <--V12,4-V12,3-V12,1
131	Date	-	-	-	12,6 <--V12,7-(V12,7/(100+V53,7)*100)
132	Date	-	-	-	12,5 <--V12,7-V12,6-V12,4
133	Date	-	-	-	13,3 <--V13,4-(V13,4/(100+V53,4)*100)
134	Date	-	-	-	13,2 <--V13,4-V13,3-V13,1
135	Date	-	-	-	13,6 <--V13,7-(V13,7/(100+V53,7)*100)
136	Date	-	-	-	13,5 <--V13,7-V13,6-V13,4
137	Date	-	-	-	14,3 <--V14,4-(V14,4/(100+V54,4)*100)
138	Date	-	-	-	14,2 <--V14,4-V14,3-V14,1
139	Date	-	-	-	14,6 <--V14,7-(V14,7/(100+V54,7)*100)
140	Date	-	-	-	14,5 <--V14,7-V14,6-V14,4
141	Date	-	-	-	15,3 <--V15,4-(V15,4/(100+V55,4)*100)
142	Date	-	-	-	15,2 <--V15,4-V15,3-V15,1
143	Date	-	-	-	15,6 <--V15,7-(V15,7/(100+V55,7)*100)
144	Date	-	-	-	15,5 <--V15,7-V15,6-V15,4
145	Date	-	-	-	16,3 <--V16,4-(V16,4/(100+V53,4)*100)
146	Date	-	-	-	16,2 <--V16,4-V16,3-V16,1
147	Date	-	-	-	16,6 <--V16,7-(V16,7/(100+V53,7)*100)
148	Date	-	-	-	16,5 <--V16,7-V16,6-V16,4
149	Date	-	-	-	17,3 <--V17,4-(V17,4/(100+V56,4)*100)
150	Date	-	-	-	17,2 <--V17,4-V17,3-V17,1
151	Date	-	-	-	17,6 <--V17,7-(V17,7/(100+V56,7)*100)
152	Date	-	-	-	17,5 <--V17,7-V17,6-V17,4
153	Date	-	-	-	20,3 <--V20,4-(V20,4/(100+V57,4)*100)
154	Date	-	-	-	20,2 <--V20,4-V20,3-V20,1
155	Date	-	-	-	20,6 <--V20,7-(V20,7/(100+V57,7)*100)
156	Date	-	-	-	20,5 <--V20,7-V20,6-V20,4
157	Date	-	-	-	22,3 <--V22,4-(V22,4/(100+V58,4)*100)
158	Date	-	-	-	22,2 <--V22,4-V22,3-V22,1
159	Date	-	-	-	22,6 <--V22,7-(V22,7/(100+V58,7)*100)
160	Date	-	-	-	22,5 <--V22,7-V22,6-V22,4
161	Date	-	-	-	6,5 <--V6,7-V6,6-V6,4
162	Date	-	-	-	
163	Date	-	-	-	
164	Date	-	-	-	
165	Date	-	-	-	
166	Date	-	-	-	
167	Date	-	-	-	
168	Date	-	-	-	
169	Date	-	-	-	
170	Date	-	-	-	
171	Date	-	-	-	
172	Date	-	-	-	
173	Date	-	-	-	
174	Date	-	-	-	
175	Date	-	-	-	
176	Date	-	-	-	
177	Date	-	-	-	
178	Date	-	-	-	
179	Date	-	-	-	
180	Date	-	-	-	
181	Date	-	-	-	
182	Date	-	-	-	
183	Date	-	-	-	
184	Date	-	-	-	
185	Date	-	-	-	
186	Date	-	-	-	
187	Date	-	-	-	
188	Date	-	-	-	

9. Zusammenfassung

PC haben sich zu leistungsfähigen Werkzeugen für den kaufmännischen Arbeitsplatz entwickelt. Der "Werkzeug-Ansatz" stellt als primäres Entscheidungskriterium nicht den PC an sich, sondern die Problemlösung, die Linderung des Leidensdrucks des Anwenders - und somit die verfügbare Software - in den Vordergrund.

"Ich-brauche-zwar-einen-PC-aber-ich weiß-noch-nicht-wofür-Situationen", die in den letzten Jahren oft den typischen Ausgangspunkt einer PC-Auswahlentscheidung bildeten, sollten zunehmend der Frage "Wie löse ich mein Problem am besten?" weichen.

Beratungsleistung und Schulung gewinnen aus dieser Sicht verstärkt an Bedeutung. So wurden allein im Bildungszentrum-München der Siemens AG im ersten Halbjahr 1984 ca. 450 Mitarbeiter in 26 Kursen in die PC-Arbeitsweise eingeführt. Die Nachfrage nach Schulungen übersteigt dabei das bestehende Angebot bei weitem. Selten waren Interesse und Motivation für eine neue technische Entwicklung so groß.

Bei aller Euphorie, sind PC jedoch nicht als "das" omnipotente Endgerät der 80er Jahre zu feiern, sondern eher als ein wichtiger Schritt zur Unterstützung der Fachleute im Büro zu bewerten.

Literaturverzeichnis:

(1) Vgl. Grochla, Erwin
Das Büro als Zentrum der Informationsverarbeitung im strukturellen Wandel; in: Grochla, Erwin (Hrsg.) Das Büro als Zentrum der Informationsverarbeitung, Verlag Gabler, Wiesbaden.1971

(2) Vgl. Engel, G. H.; Groppuso, J.; Lowenstein, R. A.; Traub, W. G.
An Office communications System; in: IBM Systems Journal, Vol. 18, No. 3, 1979, Seite 402-431

(3) Diebold (Hrsg.)
Informationstechnologie - Der Markt für Mikrocomputer in der Bundesrepublik Deutschland, Diebold Deutschland GmbH, Frankfurt/Main, 1982, Seite 5

(4) Vgl. Ebenda, Seite 8

(5) Vgl. Kirsch, Werner; Klein, Heinz
Managementinformationssysteme I - Wege zur Rationalisierung der Führung; Verlag W. Kohlhammer, Stuttgart-Berlin-Köln-Mainz, 1977, Seite 68 ff.

(6) Vgl. Scheer, A. W.
Personal Computing: Zentrale DV-Abteilung im Dilemma?; in: Computerwoche vom 15.07.1982, Seite 6 bis 7

(7) Vgl. Götzen, Gerhard; Kirsch, Werner
Problemfelder und Entwicklungstendenzen der Plannungspraxis; Seite 332 ff. in Kirsch, Werner und Roventa, Peter (Hrsg.); Bausteine eines Strategischen Managements, Verlag de Gruyter, Berlin-New York, 1983, Seite 309-353

(8) Vgl. Mertens, Peter; Griese, Joachim
Industrielle Datenverarbeitung; Bd. 2; 3. Auflage, Verlag Gabler, Wiesabden, 1982, Seite 181 ff.

Vgl. Scheer, A. W.
Personal Computing - EDV Einsatz in den Fachabteilungen; Veröffentlichungen des Institus für Wirtschaftinformatik, Nr. 39, Saarbrücken, 6/1983, Seite 10 ff.

(9) Vgl. Kieser, Alfred
Der Einfluß von Personal-Computern auf die Organisation, in: Teilnehmerunterlagen des 1. Deutschen Personal Computerkongreß am 15.11.1983 in Frankfurt/Main, Seite 1 ff.

(10) Vgl. Götzen, Gerhard; Kirsch, Werner
a. a. O.; Seite 332 ff.

(11) Vgl. Mertens, Peter; Griese, Joachim
a. a. O.; Seite 181 ff.

(12) Vgl. Chang Lab (Hrsg.)
Microplan-Benutzerhandbuch

(13) Vgl. Hughes, George D.
The Ultimate Spreadsheet; in: PC-Magazine, March 1983
Seite 257 ff.

(14) Vgl. Heintz, Carl
Seeking Solutions with Spreadsheets; in: Interface Age, 9/1983, Seite 52 ff.

Vgl. Heintz, Carl
Evaluation of financial Planning Packages, in Interface Age, 7/1982, Seite 80 ff.

Vgl. Exner, Ron
Multiplan - a sophisticated Spreadsheet, in: Interface Age, 7/1983, Seite 115 ff.

Vgl. Rodger, Edward
Multiplan inherits the Spreadsheet Legacy, in: PC World, Vol. 1, No. 2, S 124 ff.

Vgl. O. V.
VisiCalc oder ... wo liegen die Unterschiede?, in: Computer Persönlich, Ausgabe 2, 12.01.1983, Seite 30 ff.

(15) Vgl. Czupalla, Edith
Business Graphics - Für den schnellen Durchblick, in: Micro Computerwelt mCW, 7/1983, Seite 36 ff.

(16) Vgl. Ebenda

GPSR Compliance

The European Union's (EU) General Product Safety Regulation (GPSR) is a set of rules that requires consumer products to be safe and our obligations to ensure this.

If you have any concerns about our products, you can contact us on ProductSafety@springernature.com

In case Publisher is established outside the EU, the EU authorized representative is:

Springer Nature Customer Service Center GmbH
Europaplatz 3
69115 Heidelberg, Germany

Batch number: 10816188

Printed by Printforce, the Netherlands